Harry Naujoks

**Mein Leben im KZ Sachsenhausen
1936–1942**

Bearbeitet von Ursel Hochmuth

Herausgegeben von Martha Naujoks
und dem Sachsenhausen-Komitee
für die BRD

Harry Naujoks

Mein Leben im KZ Sachsenhausen 1936 - 1942

Erinnerungen des ehemaligen Lagerältesten

Dietz Verlag Berlin 1989

© Röderberg im Pahl-Rugenstein Verlag Köln 1987
© für diese Ausgabe: Dietz Verlag Berlin 1989

Naujoks, Harry: Mein Leben im KZ Sachsenhausen 1936–1942 : Erinnerungen
d. ehemaligen Lagerältesten / Harry Naujoks. Bearb. von Ursel Hochmuth.
Hrsg. von Martha Naujoks u. d. Sachsenhausen-Komitee für d. BRD. – Berlin :
Dietz Verl., 1989. – 352 S. : 41 Abb.

ISBN 3-320-01313-0

Mit 41 Abbildungen
Dietz Verlag Berlin 1989
Lizenzausgabe für die DDR
Lizenznummer 1 · LSV 0288
Einband und Schutzumschlag: Jutta Geyer
unter Verwendung von 9 Fotos (ADN, Zentralbild)
Printed in the German Democratic Republic
Satz: Plambeck & Co., Neuss
Druck und Bindearbeit: INTERDRUCK,
Graphischer Großbetrieb Leipzig – III/18/97
Best.-Nr.: 738 591 3
01250

Inhalt

„Dieser kleine unauffällige Mann" / Von Jiři Hájek 7
Vorwort 10

Mein Leben im KZ Sachsenhausen

1. Der erste Tag 27
2. Zum Lagerarzt 34
3. Im Waldkommando 35
4. Jüdische und politische Häftlinge 39
5. Rückblick auf Oslebshausen 45
6. Weihnachten 1936 47
7. SS-Führer im Lageralltag 49
8. Das Sachsenhausenlied 51
9. „Grüne" 52
10. Ein Kesselschmied wird Fußbodenleger 55
11. Darf ein Häftlingsfunktionär Meldung machen? 57
12. Sonderaktion der Hamburger Gestapo 59
13. Vertreter der Internationalen Handelskammer im Lager 60
14. Auf dem Appellplatz 62
15. Veränderungen und Tagesablauf 1937 67
16. In der Häftlingsbekleidungskammer 69
17. Die ASO-Aktion 77
18. Lagerbesichtigungen 83
19. Politische Diskussion 1938 und ein Radiogerät 86
20. Masseneinlieferungen nach der Judenpogromnacht 90
21. Der Aufbau des Lagers wird abgeschlossen 95
22. Illegale politische Leitung 100
23. Häftlingssanitäter 105
24. Außenkommando Klinkerwerk 110
25. Massenentlassungen und neue Lagerälteste 115
26. SS-Lagerführung und Häftlingsschreibstube 128
27. Die letzten Monate vor dem Krieg 135
28. Haftverschärfung nach Kriegsbeginn 139
29. Tschechische Studenten und andere Zugänge 152
30. Der erste Kriegswinter 159
31. Unter neuer Lagerführung 167
32. Scharlachquarantäne und das erste Lagerliederbuch 173
33. Höß und der 18. Januar 1940 176

34. Strafkompanie unter „Brutalla" 179
35. Meisele, Sekanina und andere Kameraden 186
36. Massentransporte aus Polen 192
37. Transporte in andere Lager 205
38. Ereignisse im Sommer 1940 209
39. Dreiunddreißig polnische Kameraden 214
40. Eine Flucht, ein Brand in Block 13 und anderes 217
41. Die Korruption der SS begann beim Kommandanten 224
42. Häftlingsfunktionäre 229
43. Im Bombensuchkommando 241
44. „Transport S" 247
45. Der 22. Juni 1941 250
46. Arbeitskommando KVA 253
47. Erfahrungen mit SS-Führern 256
48. Massenmord an sowjetischen Kriegsgefangenen 265
49. Flecktyphus 280
50. Sonderlager für sowjetische Kriegsgefangene 282
51. Kulturelle Veranstaltungen und Konflikte mit der SS 287
52. Registrierung für ein Baukommando 300
53. Exekution holländischer Geiseln und jüdischer Häftlinge 301
54. Der Lagerälteste in Nöten 306
55. Mordaktion gegen „Amtsanmaßer" und Homosexuelle 309
56. Weitere Ereignisse aus dem Jahr 1942 314
57. Kampagne gegen die Häftlingsschreibstube 327
58. Im Zellenbau 333
Nachtrag zu Flossenbürg 338

Nachwort 346
Personenregister 347
Verzeichnis der Abbildungen 352

Bildnachweis:
Archiv Nationale Mahn- und Gedenkstätte Sachsenhausen: Abb. 2, 12, 14, 15, 16, 18, 21, 23, 24, 25, 29, 36, 38, 39, 40, 41
Archiv Harry Naujoks: Abb. 3, 5, 6, 7, 8, 9, 10, 11, 19, 26, 27, 28
Archiv Röderberg-Verlag und Privat: Abb. 22, 30, 31, 32, 33, 34
Institut für Marxismus-Leninismus beim ZK der SED, Zentrales Parteiarchiv, Berlin: Abb. 35
Ursel Hochmuth: Abb. 1 und 18
Rudi Wunderlich: Abb. 20

Jiří Hájek

„Dieser kleine, unauffällige Mann..."

Zur allseitigen organisatorischen Beherrschung der Konzentrationslager erdachten ihre Führer eine teuflische Institution, die sogenannte „Häftlingsselbstverwaltung". In der Regel bestand sie aus drei Lagerältesten und aus dem Verantwortlichen für die Organisierung der Arbeitskommandos sowie dem Führer der Lagerkartei; ihnen unterstanden die Blockältesten, also die verantwortlichen Häftlinge der einzelnen Baracken, und die Vormänner in den Arbeitskommandos.

Die deutschen Kommunisten in den Konzentrationslagern sahen sich damit vor eine grundsätzliche, schwerwiegende Entscheidung gestellt: entweder keine Funktionen in dieser „Selbstverwaltung" zu übernehmen, um nicht in die Gefahr zu geraten zum Instrument des Unterdrückungsapparates der SS zu werden, oder Funktionen anzunehmen und zu versuchen, sie zum Vorteil der Häftlinge sowie für die politische Arbeit im Lager zu nutzen. Vom Standpunkt abstrakter Moralprinzipien gesehen wäre es möglich gewesen, jedwede Teilnahme an dieser „Selbstverwaltung" ganz einfach abzulehnen. Das hätte jedoch bedeutet, die Kommunisten und alle Antifaschisten in den Lagern zu absoluter Machtlosigkeit gegenüber dem SS-Terror zu verurteilen und in diesen überaus wichtigen Institutionen das Feld kriminellen Elementen zu überlassen.

Die Arbeit in den „Selbstverwaltungen" gehörte aber zu den schwersten und halsbrecherischsten Aufgaben, die jemals in der Geschichte vor den Kommunisten gestanden hatten. Jeder, der eine solche Aufgabe übernahm, riskierte unweigerlich auf Schritt und Tritt und mit jeder Sekunde sein Leben. Um bestehen zu können, mußte er die SS-Führer intellektuell um einige Köpfe überragen; er mußte ihnen in die Karten sehen und es verstehen, ihre bestialischen Absichten mit solchen Argumenten zu durchkreuzen, die sie anzuerkennen gezwungen waren. Er mußte raffinierter sein als der raffinierteste SS-Scherge, eiserne Nerven besitzen und die Ruhe bewahren, auch wenn schon alles verloren schien. Vor allem aber mußte er in jeder Situation unbeirrbare Menschlichkeit mit stählerner Härte zu vereinbaren verstehen. Überdies durfte er in der Vergangenheit keine allzu exponierte Parteifunktion innegehabt haben. Noch weniger durfte es irgendein politischer Grünschnabel sein. Wenn er es nicht verstand, das Vertrauen und die Unterstützung des unendlich vielschichtigen Kollektivs zu erwerben, dessen Interessen er vertrat, verschlang ihn früher oder später die Maschinerie der SS-Kreaturen und er wurde, ob er es wollte oder nicht, zu ihrem ohnmächtigen Instrument.

Als wir Tschechen im November 1939 im Rahmen der sogenannten „Studenten-Sonderaktion" nach Sachsenhausen kamen, hatten wir von diesen Dingen natürlich keine Ahnung und fühlten uns völlig hilflos, verloren, den

Wolfsgesetzen dieser schrecklichen Welt ausgeliefert, die die SS in den Konzentrationslagern errichtet hatte, und in der nicht die primitivsten Gebote der Menschlichkeit galten. Erst später begannen wir deutlicher zu spüren, daß sich diesen Wolfsgesetzen irgendeine unbekannte bewunderungswürdige Kraft widersetzte, die sich bemühte, uns in den kritischsten Situationen beizustehen und uns vor dem Schlimmsten zu bewahren. Diese merkwürdige Kraft, das war die kommunistische Bewegung im Lager, das war die internationale Solidarität aller Antifaschisten.

Einer der ersten leibhaftigen Vertreter dieser Kraft wurde für uns der führende Lagerälteste der „Lagerselbstverwaltung", der Hamburger Kommunist und Kesselschmied Harry Naujoks. Dieser kleine, gedrungene, unauffällige Mann mit dem ausdrucksvollen Kinn und den hinter einer Brille mit dünnem Metallrahmen versteckten flinken Augen, der mit seinem seltsam wiegenden Gang eher einem Seemann ähnelte, war einer der standhaftesten und klügsten Menschen, die ich in meinem ganzen Leben kennenlernte. Er gehörte zu jenen deutschen Kommunisten, die am schnellsten begriffen hatten, welche neuen Aufgaben und Verpflichtungen ihnen aus der wachsenden Internationalisierung der Lager nach dem Jahre 1939 erwuchsen. Er war es auch, der – leider ohne Erfolg – den Versuch unternahm, die namhaften tschechischen Kommunisten Ivan Sekanina und Pavel Prokop, die zu den ersten tschechischen Insassen des KZ Sachsenhausen gehörten, den todbringenden Klauen der SS-Henker zu entreißen. Er war es, der aus den zwölfhundert tschechischen Studenten die geringe Zahl von Kommunisten herausfilterte und mit ihrer Unterstützung nach und nach bemüht war, jene in ihren Ansichten damals noch überaus vielgestaltige Masse, die wir darstellten, aus der Lethargie völliger Hilflosigkeit zu erwecken und sie in den wachsenden Strom aktiven antifaschistischen Widerstands einzubeziehen. Er brachte uns mit einer ganzen Reihe weiterer hervorragender Persönlichkeiten der deutschen kommunistischen Bewegung in Kontakt, so mit dem unvergeßlichen Musiker Edgar Bennert, mit dem führenden KPD-Funktionär Fritz Selbmann, mit dem Literaturwissenschaftler Wilhelm Girnus und anderen. Diese organisierten dann gemeinsam mit den Genossen Zapotocký und Dolanský für mehrere Studentengruppen an den Sonntagnachmittagen eine Art ganz besonderer, phantastisch lebendiger Form politischer Schulung.

Harry war es auch, der uns in den verschiedensten Situationen vor neuen SS-Schikanen bewahrte, ohne daß wir oft genug überhaupt etwas davon wußten. Er war es, der Weihnachten 1941, als die Typhus-Epidemie am schlimmsten grassierte und es beinahe zwei Wochen lang aus Angst um den eigenen Hals kein SS-Mann wagte, auch nur die Nase ins Lager zu stecken, mit einer überaus verständlichen „unpolitisch-politischen" Rede den internationalen Abend eröffnete, den die tschechischen Studenten in Anwesenheit von Genossen aus den meisten unterworfenen Ländern Europas damals in Sachsenhausen organisiert hatten. Das war zu der Zeit, als nach den verzweifelten dunklen Monaten des schnellen Vormarsches der faschistischen Horden an der Ostfront die Schlacht um Moskau ihrem Höhepunkt zustrebte und es bereits definitiv feststand, daß Moskau nie fallen wird.

Als wir im Oktober 1983 die Nachricht vom Tode dieses großen, edlen Menschen erhielten, mit dem wir uns noch zu unserem Jubiläumstreffen zum 40. Jahrestag am 17. November 1979 im Saal des Prager Radiopalastes gesehen hatten, wurde mir bewußt, wie vieles in meinem Leben untrennbar mit ihm verknüpft ist, welche Werte wir alle ihm zu verdanken haben. Als ich vor acht Jahren in dem Buch „Schon gehen wir die Straße entlang" eine Art erstes Erinnerungsresümee vorlegte, versuchte ich mich auch an einem ersten flüchtigen Porträt Harrys. Seinem Namen begegnet man jedoch auch in der gesamten dokumentarischen Literatur, die seit 1945 in mehr als zehn europäischen Ländern über Sachsenhausen verfaßt worden ist. Harrys tatsächliche menschliche Dimensionen ragen jedoch über all diese ersten Darstellungen weit hinaus. Sie warten auf einen Romanschreiber, der in Harrys Lebensgeschicken den großen Stoff für eine Heldenepopöe des antifaschistischen Widerstandskampfes der deutschen Kommunisten erkennt.

Harry hatte treue Freunde unter den Sachsenhausen-Häftlingen wohl in allen Ländern Europas. Zu uns, den ehemaligen tschechischen Studenten, hatte er jedoch ein ganz besonderes Verhältnis: Wir waren für ihn bis in seine letzten Lebensjahre noch immer ein wenig seine „Kinder". Es tat ihm unendlich gut, daß sich aus den flaumigen Sachsenhausener Studentenküken nach dem Kriege einige namhafte Wissenschaftskapazitäten, Literaten und Künstler sowie Persönlichkeiten des öffentlichen Lebens gemausert hatten, und daß aus vielen damaligen politisch Naiven gute Kommunisten geworden waren. Er war auf seine Weise stolz auf uns. Und ebenso, und mit viel größerer Berechtigung, waren wir stolz auf ihn. Er war einer der Menschen, die für uns zum Quell von Grundüberzeugungen wurden, auf denen wir unser Leben aufbauten.

Und damit ich nicht immer nur in der Mehrzahl spreche: Ich war stolz auf ihn, und ich hatte ihn überdies sehr gern. Und wenngleich er nicht mehr bei uns weilen und nie wieder zu uns nach Hause kommen wird, wenngleich ich ihn nie wieder in seinem Häuschen am Rande Hamburgs besuchen und nicht mehr in seinem einzigartigen Archiv stöbern kann, für mich bleibt er lebendig, solange ich lebe.

(Aus: „Unser Harry" von Prof. Dr. Jiří Hájek, in: „Literarische Monatshefte", Prag, August 1984)

Vorwort

Harry Naujoks hat das Geschehen im KZ Sachsenhausen sechs Jahre als politischer Häftling miterlebt. Als er im Herbst 1936 in das Lager eingeliefert wurde, befand es sich noch in seiner Aufbauphase. Die faschistische Führung hatte damals die Errichtung eines neuen Typs von Konzentrationslagern und die Auflösung der bestehenden KZs – mit Ausnahme von Dachau und einiger kleiner Lager – beschlossen. Die von 1936 bis 1939 entstandenen Lager wie Sachsenhausen, Buchenwald und Ravensbrück sollten nicht nur Isolierungsstätten für weitere Häftlingsmassen insbesondere im Kriegsfall sein, sondern auch der Verwendung in den neugegründeten Wirtschaftsunternehmen der SS dienen. Die Ausbeutung der Häftlinge in den bald in die Rüstungsproduktion einbezogenen SS-Betrieben wurde erstmals in Sachsenhausen praktiziert.

Die Gestapo Berlin hatte sich am 18. Juni 1936 mit der Forderung an das Preußische Forstamt gewandt, das etwa 35 Kilometer nördlich von Berlin „in der Straßengabel Sachsenhausen – Lehnitzschleuse – Oranienburg gelegene... Forstgelände der Preußischen Geheimen Staatspolizei zur Verfügung zu stellen", da hier – wegen der Auflösung der KZs Esterwegen und „Columbia" in Berlin – „sofort ein staatliches Konzentrationslager" entstehen sollte. In der Begründung des von SS-Gruppenführer Eicke gezeichneten Schreibens wird weiter der Kriegsfall hervorgehoben: „Die Militärbehörde ist mit dem Ersuchen an mich herangetreten, im A-Falle einige Hundert staatsgefährliche Elemente in einem Konzentrationslager in der Nähe Berlins unterzubringen." Kaum einen Monat später, am 12. Juli 1936, trafen die ersten Häftlingskommandos aus Esterwegen ein, um das Lager Sachsenhausen aus dem Boden zu stampfen, das das größte in Norddeutschland wurde. 1937 setzte die SS-Führung Sachsenhausener Häftlingskommandos zum Aufbau des KZ Buchenwald ein, danach für die Errichtung Ravensbrücks, Neuengammes und anderer Lager.

Die Leitfunktion, die bisher Dachau im System der faschistischen Konzentrationslager eingenommen hatte, ging bald auf Sachsenhausen über. Es lag in unmittelbarer Nähe der Hauptstadt Berlin, in der die Gestapo-Zentrale, das Reichskriminalpolizeiamt und nach Kriegsbeginn das Reichssicherheitshauptamt ihren Sitz hatten. In Oranienburg, neben dem Lager, befand sich seit 1938 die „Inspektion der Konzentrationslager", der alle KZs unterstanden. Ein großer Teil der SS-Führer wurde in Sachsenhausen ausgebildet, um dann als Kommandanten, Lagerführer, Rapportführer und Blockführer in anderen Lagern eingesetzt zu werden.

In der von der SS-Führung 1941 aufgestellten Einteilung der KZs gehörten Sachsenhausen und Dachau zur Stufe I für „besserungsfähige Schutzhäftlinge". Wie in allen Lagern hatten die Gefangenen in Sachsenhausen schwerste Sklavenarbeit zu leisten, zunächst bei den Rodungs- und Erdarbeiten, dann in dem 1938 entstandenen Klinkerwerk des SS-Betriebes „Deutsche Erd- und

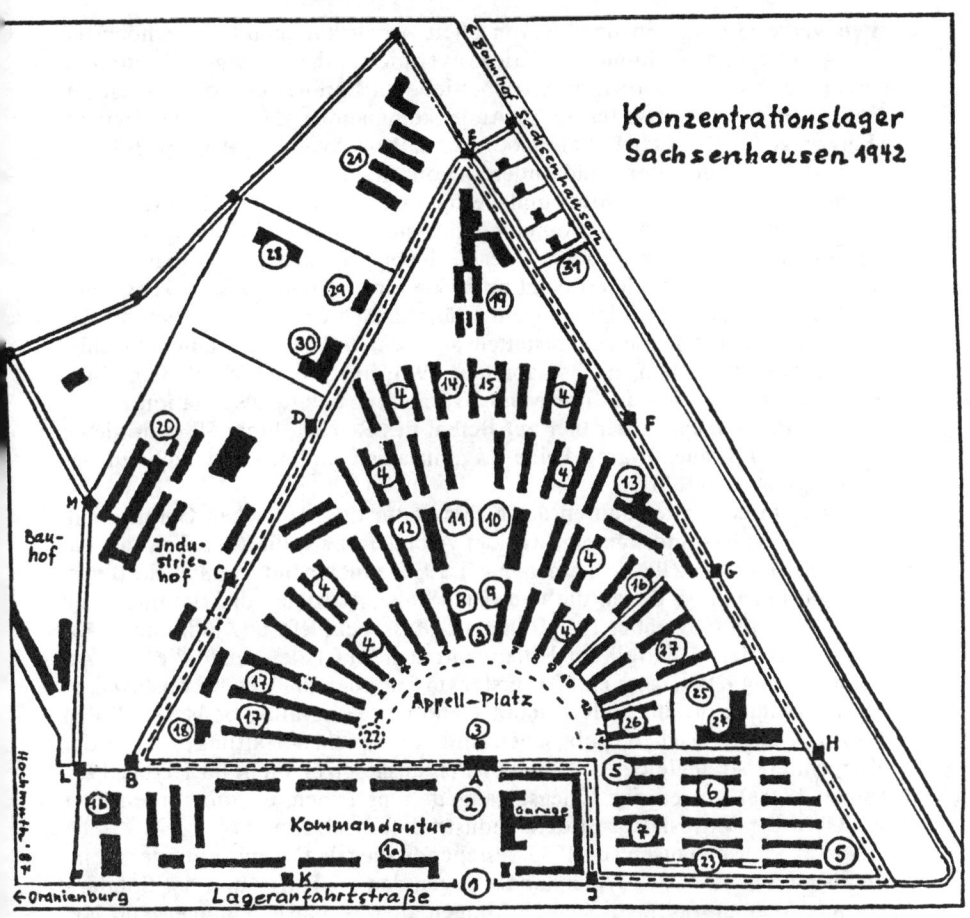

1 Eingang zum KZ (SS-Kommandanturbereich)
1a Sitz der „Politischen Abteilung" 1936–1941
1b „Politische Abteilung" seit 1941
2 Turm A, Eingang zum Häftlingslager (Torkontrolle)
3 Standorte des Galgens
4 Häftlingswohnbaracken
5 Blocks des „Kleinen Lagers"
6 Block 38 u. 39 für jüdische Häftlinge (heute: Ausstellungsraum)
7 Fälscherwerkstatt (Block 18 u. 19)
8 Häftlingsschreibstube, Bücherei u. Duschbad (Block B)
9 Effektenkammer (Block E)
10 Häftlingsküche u. Proviantraum (heute: Lagermuseum)
11 Wäscherei
12 Trockenbaracke
13 Entlausung / Desinfektion
14 Unterkunftskammer
15 Häftligsbekleidungskammer
16 Häftlingskantine
17 Krankenbau (heute: Archiv)
18 Pathologie
19 Gärtnerei, Schweine- u. Pferdestall der SS
20 Werkstätten im Industriehof; Schlosserei, Tischlerei u. a.
21 Schuhfabrik
22 Schuhprüfstrecke
23 Lagerwerkstätten (sog. „Loritz"-Werke)
24 Zellenbau (Gefängnis der Gestapo)
25 Hängepfähle, Erdbunker
26 Strafkompanie (Block 13 u. 14)
27 Arbeitslager für sowjetische Kriegsgefangene (Blocks 10, 11, 12, 34, 35, 36)
28 Genickschußanlage (1941/42)
29 Erschießungsgraben
30 Krematorium und „Station Z"
31 Häuser für Sonderhäftlinge

11

Steinwerke GmbH", in dem es von allen Arbeitskommandos die höchsten Totenzahlen gab. Während des Krieges vermietete die SS-Lagerführung tausende Häftlinge zur Arbeit an Großbetriebe im Berliner und norddeutschen Raum. Das Lager hatte bis zu 75 Außenkommandos, darunter bei Heinkel (Flugzeugbau), Henschel (Lokomotiv- und Panzerbau), bei Krupp, IG Farben, AEG, Daimler-Benz und anderen Konzernen.

Die Sachsenhausener Straf- und Vernichtungsanlagen der SS wuchsen zu einem immer perfekter funktionierenden System an. Auf einem abgegrenzten Teil des Lagers wurden bis 1937 der Zellenbau als Gestapogefängnis, Erdbunker und Hängepfähle errichtet und 1938 eine besondere Barackengruppe zur Isolierung der Strafkompanie eingezäunt. Nach Kriegsbeginn ließ die SS-Führung neben den Lagerwerkstätten auf dem Industriehof einen Erschießungsgraben ausheben, im Spätsommer 1941 eine Genickschußanlage bauen; ein Jahr später wurde diese Massenvernichtungsstätte als „Station Z" fertiggestellt. Die meisten der hier auf Befehl des Reichsführers SS ermordeten Männer und Frauen waren keine Lagerinsassen und wurden nicht in der Häftlingskartei geführt.

Hatten in den ersten Jahren der Nazidiktatur die politischen Gefangenen, vor allem Widerstandskämpfer aus der Arbeiterschaft, die Mehrheit der Lagerbelegschaft gestellt, so kamen nach 1937 zunehmend andere Häftlingsgruppen hinzu, von denen die von der SS als „Asoziale" diskriminierte die größte war. Im November 1938 folgte die Massenlieferung jüdischer Häftlinge. Nach dem Überfall der Hitlerwehrmacht auf Polen setzte die Internationalisierung des Lagers ein. Als erste wurden über 1000 Tschechoslowaken in Sachsenhausen eingeliefert, dann Deportierte aus allen besetzten Teilen Europas. Die jüdischen, polnischen und sowjetischen Häftlinge waren der Vernichtungsstrategie der SS am stärksten ausgesetzt. Allein im Herbst 1941 kamen 18 000 sowjetische Kriegsgefangene ums Leben, davon wurden über 13 000 in der Mordstätte auf dem Industriehof erschossen.

Die in Sachsenhausen seit 1936 bestehende illegale Organisation der Kommunisten war Kern des Widerstandes gegen den SS-Terror und der Solidarität unter den antifaschistischen Häftlingen aller Weltanschauungen und Nationen. Der illegalen Leitung gelang es auch, Verbindungen mit der im Untergrund kämpfenden KPD in Berlin herzustellen, so zum Beispiel in den ersten Kriegsjahren zu Wilhelm Guddorf und nach 1943 mit der von Bernhard Bästlein, Franz Jacob und Anton Saefkow geleiteten Widerstandsorganisation. Dabei wurden politische Analysen, Schriften des Nationalkomitees „Freies Deutschland" und Meinungsäußerungen zu programmatischen Fragen ausgetauscht. Über diese Kontakte war es 1944 möglich, Herbert Tschäpe und einigen anderen Kommunisten zur Flucht aus dem Lager und zum Anschluß an den Berliner Widerstand zu verhelfen.

In den Jahren 1936/37 waren über 2000 Häftlinge in Sachsenhausen; ihre Zahl wuchs 1938 auf 8000, nach Kriegsbeginn auf 12 000 und stieg bis 1944 auf über 47 000 Menschen an. Durch neu ankommende und abgehende Massentransporte in andere KZs änderte sich die Lagerstärke ständig. Insgesamt wurden in Sachsenhausen 204 537 Häftlinge (aus fast 30 Ländern) regi-

KZ Sachsenhausen befreit

Geburtshaus von Henry und Harry Naujoks in Harburg (Wohnung Parterre links). Aufnahme aus den letzten Jahren der Weimarer Republik

striert, von denen mehr als die Hälfte dem Terror der SS und den barbarischen Lebensbedingungen zum Opfer fielen. Die am 20. April 1945 zur Evakuierung gezwungenen Häftlinge, die die Todesmärsche überlebten, erhielten ihre Freiheit von den Armeen der Alliierten. Das Hauptlager wurde am 22. April 1945 von sowjetischen Truppen und polnischen Einheiten befreit.

*

Als Harry Naujoks bald nach seinem 35. Geburtstag nach Sachsenhausen gebracht wurde, hatte er bereits einen für kommunistische Arbeiterfunktionäre charakteristischen Lebensweg genommen. Er war am 18. September 1901 in Harburg bei Hamburg zur Welt gekommen. Seine Mutter, Luise Naujoks, zog ihn und seinen älteren Bruder Henry allein auf und verdiente den Lebensunterhalt als Köchin, Wäscherin und später als Badefrau in den Phönix-Werken. Die Familie lebte in einer Eineinhalbzimmerwohnung in einem kleinen ärmlichen Haus am Krummholzberg. Noch als Schüler wurde Harry auf Veranlassung eines Lehrers und seiner Mutter, die sehr fromm war, Mitglied des evangelisch-lutherischen Männer- und Jünglingsvereins. Dort gab es einen Pfeifer- und Trommlerchor, in dem er voller Begeisterung mitwirkte. Sein Wunsch, sich als Musiker ausbilden zu lassen, blieb unerfüllt. Sein Vormund bestimmte, daß er den Beruf des Kesselschmieds erlernte. In den späteren Harburger Eisen- und Bronzewerken trat er seine Lehre an.

1914 war sein Bruder Henry in den Krieg gezogen. Während der 1917 einsetzenden Hungerjahre und angeregt durch kontroverse Diskussionen zwischen rechten und linken Sozialdemokraten im Betrieb wie in der Nachbarschaft, begann sich Harry für soziale und politische Probleme zu interessieren. Eine große Rolle spielten dabei die Ungerechtigkeiten im Betrieb, in dem die Lehrlinge Gesellenarbeit leisten mußten, ohne entsprechenden Lohn zu erhalten. Er war Mitorganisator eines Lehrlingsstreiks und wurde Anfang 1918 Mitglied der Gewerkschaft.

In den Tagen der Novemberrevolution nahm Harry Naujoks an den Arbeiterdemonstrationen in Harburg teil. Mit seinem aus dem Krieg als Sozialist heimgekehrten Bruder und mit Arbeitskollegen stritt er darüber, ob er zur USPD oder der gerade gegründeten KPD gehen solle. Nach dem Mord an Liebknecht und Luxemburg entschied er sich für die Kommunisten. Als Siebzehnjähriger trat er am 6. März 1919 in die KPD ein und wurde Mitbegründer der Harburger Parteigruppe. Schon als Kind ein Lesehungriger, las er jetzt bis in die Nächte, um sich marxistisches Grundwissen anzueignen. Im März 1920 beteiligte er sich an den bewaffneten Abwehrkämpfen gegen den Kapp-Putsch. Er überzeugte seinen Bruder, sich der KPD anzuschließen; Henry Naujoks wurde später kommunistischer Abgeordneter der Harburger Bürgerschaft und Betriebsratsmitglied in den Phönix-Gummiwerken.

Während des Hamburger Aufstandes im Oktober 1923 wurde Harry Naujoks zum Vorsitzenden der Kommunistischen Jugend Hamburgs gewählt und gehörte als Jugendvertreter zu der von Ernst Thälmann geführten Kampfleitung. Seine Jugendfreundin und spätere Frau, Martha Pleul, wurde in Verbindung mit den Oktoberereignissen als Funktionärin der KPD verhaftet und für mehrere Monate in Untersuchungshaft gehalten. Seit Mitte der zwanziger Jahre war Harry Naujoks als Organisationsleiter der KPD im Stadtteil Barmbek tätig und wurde 1932 verantwortlicher Funktionär für Betriebsarbeit in der Bezirksleitung Wasserkante der KPD.

Am Tage nach der Ernennung Hitlers zum Reichskanzler hielt sich Ernst Thälmann in Hamburg auf und nahm an einer Sitzung der Bezirksleitung teil. Er beauftragte Harry Naujoks, umgehend die Führung der Partei in Lübeck zu übernehmen und alles zu tun, um durch einheitliches Vorgehen der Arbeiter den in der Nacht vom 30. zum 31. Januar 1933 verhafteten SPD-Reichstagsabgeordneten Julius Leber freizukämpfen. Noch im Februar organisierte er in Lübeck mit Sozialdemokraten eine antifaschistische Kundgebung. Er half beim Wahlkampf der KPD für die bevorstehenden Reichstagswahlen und nach dem Reichstagsbrand die Lübecker Parteiorganisation in die Illegalität zu führen. Anfang März wurde er verhaftet und zwei Monate später nach Hamburg in das Konzentrationslager Fuhlsbüttel überführt. Obwohl in Einzelhaft, erfuhr er vom Hungerstreik der politischen Häftlinge und beteiligte sich an der einwöchigen Protestaktion.

Als Harry Naujoks am 1. Juni wieder freigelassen wurde, ging er im Auftrage seiner Partei nach Bremen und arbeitete dort illegal als Politischer Leiter des Bezirkes Nordwest. Mit seinen Genossen organisierte er u. a. die Herstellung antifaschistischer Flugblätter und die Verbreitung der im Ausland gedruckten KPD-Zeitungen „Scheinwerfer" und „Wahrheit", knüpfte Verbindungen zu oppositionellen „Stahlhelm"-Leuten und war an der Vorbereitung einer Konferenz des KJVD in Holland beteiligt.

Am 17. August 1933 meldeten die „Elmshorner Nachrichten", daß es gelungen sei, den „bekannten Hamburger Kommunisten Harry Naujoks festzunehmen". Seine Frau, damals wegen Fortsetzung ihrer Parteiarbeit in „Schutzhaft" genommen, erfuhr davon im Hamburger Untersuchungsgefängnis. Er wurde in das KZ Langelütjen I, einem Fort in der Wesermündung, gebracht, Anfang 1934 auf das KZ-Schiff Ochtumsand in der Weser und schließlich ins Bremer Untersuchungsgefängnis. Das Hanseatische Oberlandesgericht verurteilte ihn am 29. Oktober 1934 wegen „Vorbereitung zum Hochverrat" zu zwei Jahren und drei Monaten Zuchthaus. Er kam ins Zuchthaus Bremen-Oslebshausen, wo er eine Reihe seiner Kampfgefährten wiedertraf. Wie schon in der vorangegangenen KZ-Haft bildeten Harry Naujoks und seine Genossen auch hier eine illegale Widerstandsgruppe, um gefährdeten Kameraden beizustehen und trotz Isolierung von der Außenwelt die gegenseitige politische Information aufrechtzuerhalten.

Nach Verbüßung seiner Strafhaft wurde er nicht freigelassen, sondern am 11. November 1936 in das KZ Sachsenhausen gebracht. Vor seiner Einlieferung hatte die Gestapo von ihm verlangt, sich von seiner inzwischen in die Sowjetunion emigrierten Frau scheiden zu lassen; ein Ansinnen, das er zurückwies. In Sachsenhausen erfuhr er 1937 aus Briefen der Mutter, daß sein Bruder aus den gleichen Gründen wie er vom Hanseatischen Oberlandesgericht zu fünf Jahren Zuchthaus verurteilt und ins Zuchthaus Fuhlsbüttel ein-

30. Oktober 1934 **Hamburger Anzeiger**

Bremer und Hamburger kommunistische Funktionäre vor dem Strafsenat des Hanseatischen Oberlandesgerichts

Der Strafsenat des Hanseatischen Oberlandesgerichts verhandelt in der kommenden Woche gegen eine Anzahl Kommunisten, die sich in der Zeit nach der Machtübernahme für die verbotene KPD und ihre Unter- und Neben-Organisationen in Bremen betätigten.

Die erste Verhandlung richtete sich gegen die Funktionäre Kossel aus Bremen und Naujoks aus Hamburg. Der erste wurde im September, der zweite am 14. August v. J. festgenommen. Der Polizei war gemeldet worden, daß der Hamburger Kurier der Bezirksleitung „Gerhard", der Angeklagte Naujoks, sich an diesem Tage in Bremen in einem als Anlaufstelle bekannten Hause aufhalten würde. Die Polizei überraschte dann auch in dem betreffenden Hause eine Funktionärsitzung und ließ sich, obgleich die Leute erklärten, ihre Versammlung drehe sich um junge Hunde, nicht davon abhalten, Naujoks festzunehmen. Der Angeklagte will an diesem Tage zum ersten Male in Bremen gewesen sein, er gibt aber zu, daß er durch seine Festnahme an einer zweiten Zusammenkunft mit Funktionären verhindert wurde. Aber den vergeblich wartenden „Willy" fand man später doch in dem Angeklagten Kossel. Kossel gab zu, wenn auch sehr vorsichtig, Treffen mit Funktionären gehabt zu haben. Wie Naujoks so war auch Kossel in der illegalen Zeit Mitglied der Reichsleitung der KPD, die er in Kopenhagen und Stockholm vertreten sollte.

Der Strafsenat des Hanseatischen Oberlandesgerichts verurteilte die beiden Funktionäre Kossel-Bremen und Naujoks-Hamburg wegen Vorbereitung zum Hochverrat zu zwei Jahren drei Monaten Zuchthaus. Drei Monate der verbüßten Untersuchungshaft wurden auf die Strafe angerechnet.

gewiesen worden war. Henry Naujoks ist an den Folgen der Haft am 23. Januar 1945 im Alter von 48 Jahren gestorben.

Über sein Leben und Wirken als politischer Gefangener in Sachsenhausen, seit 1939 als Lagerältester, berichtet Harry Naujoks in seinen Erinnerungen selbst. Hier sollen zwei seiner Kameraden zu Wort kommen, die ihm dort in schweren Jahren begegnet sind. Bernhard Wicki, der als 18jähriger Schauspielschüler nach Sachsenhausen kam, sagte 1985 in einem Interview: „Ich lag auf Block 6, und da traf ich das erste Mal Vertreter des politischen Marxismus. Da war der Kesselschmied Harry Naujoks, ein großartiger Kämpfer. Und ein ebensolcher Mensch war Roman Chwalek. Den beiden verdanke ich mein Leben und außerdem viele Einsichten." Der als katholischer Jugendführer wegen aktiven Widerstandes inhaftierte Franz Ballhorn schrieb 1962 über den ehemaligen Lagerältesten: „Er fragte nicht nach Partei- oder Gebetbuch, Hautfarbe oder rassischer Herkunft seiner Leidensgefährten ... Trotz Not und Todesgefahr setzte er sich mannhaft und mutig für alle Häftlinge ein. Die wegen ihres Glaubens oder ihrer Rasse Verfolgten konnten sich keinen besseren Fürsprecher und Verteidiger wünschen als den ‚andersgläubigen' und ‚roten' Harry Naujoks."

Harry Naujoks war dreieinhalb Jahre Lagerältester gewesen, als der SS-Führung sein und seiner Genossen Einfluß auf das Lagergeschehen zu stark geworden schien. Sie deportierte ihn und 17 andere Kommunisten am 27. November 1942 mit der Anweisung „Rückkehr unerwünscht" in das KZ Flossenbürg (Oberpfalz). Von diesen 18 Gefangenen, die alle Einzelhaft im Bunker erhielten und in der Strafkompanie im Steinbruch Schwerstarbeit leisten mußten, kamen zwei ums Leben. Der auf Harry Naujoks angesetzte SS-Kommandoführer schlug ihm die Zähne aus und brach ihm das Nasenbein. Erst nach zwölf Monaten wurden er und seine Kameraden aus dem Dunkelarrest entlassen und auf verschiedene Baracken des Lagers verlegt. Nach zweieinhalb Jahren Haft in Flossenbürg mußten sie am 20. April 1945 mit Tausenden anderen Häftlingen den Evakuierungsmarsch antreten, der nach Tirol führen sollte. Drei Tage später wurden sie bei Freundelsdorf von amerikanischen Truppen befreit. Nach einem kräftezehrenden Fußmarsch traf Harry Naujoks im Mai 1945 wieder in Hamburg-Harburg bei seiner Mutter ein.

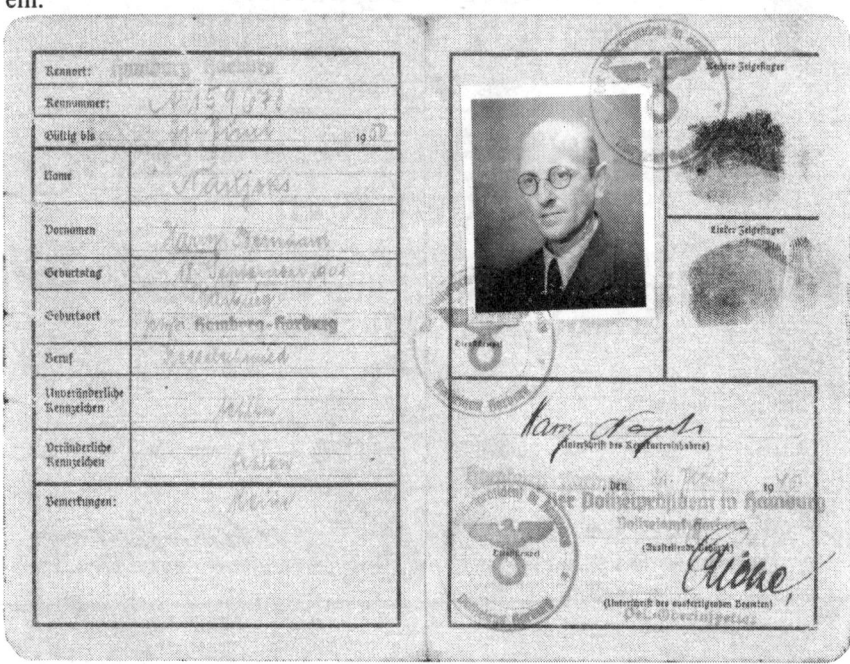

Erster Nachkriegsausweis vom Juni 1945

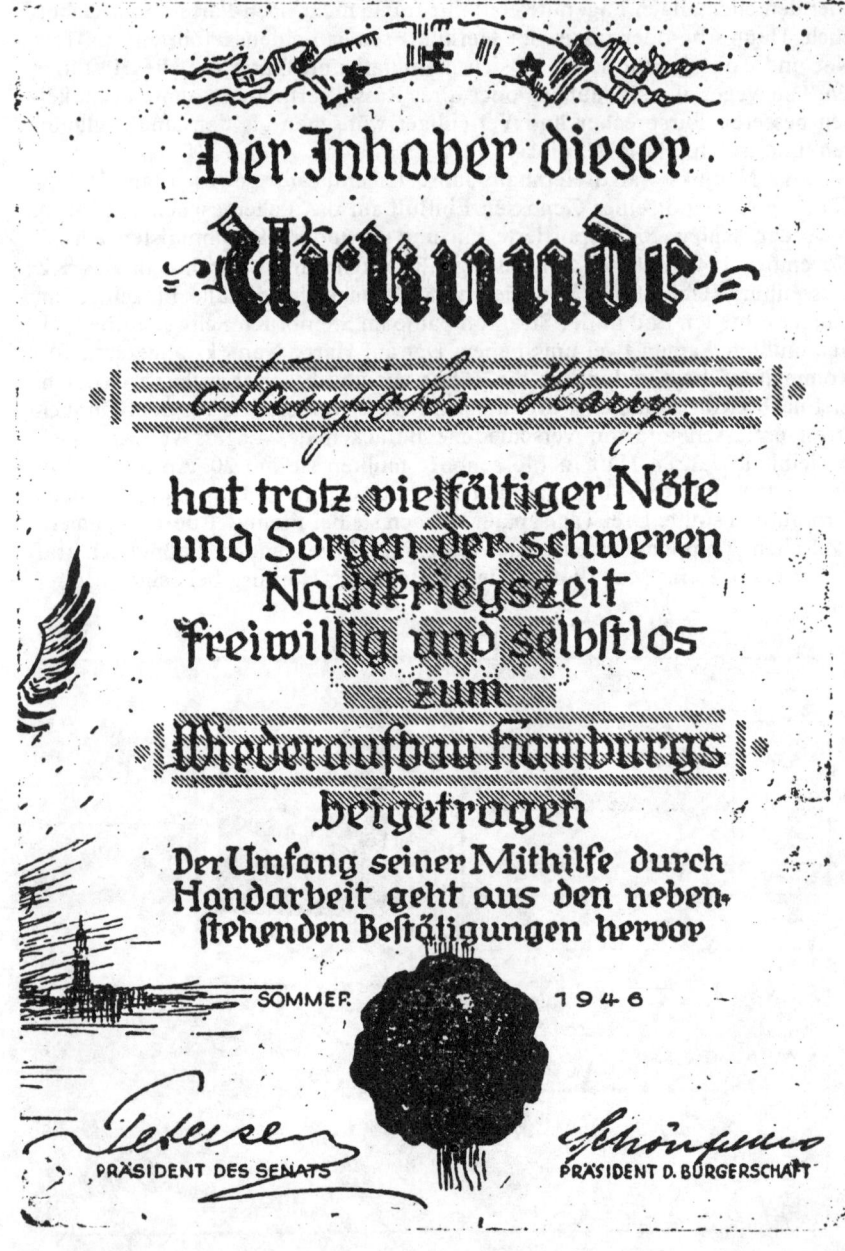

Urkunde des Hamburger Senats für Harry Naujoks (Sommer 1946)

Harry Naujoks als Redner der KPD auf einer Hamburger Gedenkkundgebung am 8. September 1946. Links: Walter Schmedemann als Sprecher der SPD, außen rechts: Erwin Geschonneck; beide waren ebenfalls Häftlinge im KZ Sachsenhausen. Im Anschluß an die Kundgebung wurden die Urnen der Bürgerschaftsabgeordneten Etkar André, Bernhard Bästlein und Franz Jacob sowie 23 anderer ermordeter Antifaschisten im Ehrenhain Hamburger Widerstandskämpfer beigesetzt.

Gemeinsam mit seinen aus den Konzentrationslagern, Zuchthäusern und aus dem Exil heimgekehrten Kameraden stellte er seine Erfahrungen, sein Wissen und seine Energie in den Dienst für den Neuaufbau eines demokratischen und antifaschistischen Deutschland. In den Jahren 1946 bis 1948 arbeitete er als Vorsitzender der KPD Hamburg und wurde, nicht zuletzt durch seine mit Mutterwitz gespickten Reden, neben seinem Genossen, Senator Fiete Dettmann, einer der populärsten Nachkriegspolitiker der Hansestadt. Seine Frau Martha, von der er über zwölf Jahre getrennt gewesen war, kehrte aus der Emigration zurück; es war für beide mit ihrem Sohn Rainer der Neubeginn eines gemeinsamen Lebens.

Nachdem sich 1955 das westdeutsche Sachsenhausen-Komitee konstituiert hatte, wurden er und Franz Ballhorn Präsidenten der Lagergemeinschaft; das Internationale Sachsenhausen-Komitee mit Sitz in Paris wählte ihn zum Vizepräsidenten. Seine umfassenden Kenntnisse über Einzel- und Massenverbrechen im KZ Sachsenhausen ließen Harry Naujoks zu einem Hauptzeugen in den Prozessen gegen einige frühere SS-Führer werden. In der Öffentlichkeit trat er auf gegen die restaurative Entwicklung und die Remilitarisierung der BRD, gegen das Verschweigen der Naziverbrechen. Mit der unbewältigten Vergangenheit in der Bundesrepublik, insbesondere mit der Verschleppung von Prozessen gegen NS-Täter, setzte er sich 1962 in seinem Vortrag „Das Gestern soll nicht das Heute bestimmen" beim Bundestreffen ehemaliger Sachsenhausener in Essen auseinander.

Der Beitrag Harry Naujoks zur Geschichtsschreibung über das Lager Sachsenhausen ist außerhalb seines Kameradenkreises wenig bekannt. Bald nach der Befreiung hatte er begonnen, Dokumente, Zeugenberichte, Zeitungsmeldungen und andere Unterlagen über das KZ zu sammeln und mit Unterstützung seiner Frau zu ordnen. Seinen ersten „Chronologischen Versuch" stellte er 1958 zusammen. 25 Jahre nach der Errichtung des Lagers schrieb er einen kurzen Abriß „Konzentrationslager Sachsenhausen", der als Beilage zum Mitteilungsblatt des Sachsenhausen-Komitees veröffentlicht wurde. Harry Naujoks gehörte zum Autorenkollektiv des Buches „Damals in Sachsenhausen", das 1961 in der DDR erschien, anläßlich der Einweihung der Nationalen Mahn- und Gedenkstätte auf dem Gelände des ehemaligen Konzentrationslagers. Die Mitte der sechziger Jahre in Hamburg, Köln und anderen Städten gezeigte Ausstellung „Kain – wo ist dein Bruder?" war unter seiner Leitung vom Sachsenhausen-Komitee für die BRD erarbeitet worden.

Auch die Beziehungen zu seinen Kameraden im Ausland sind immer lebendig geblieben. Er sprach nicht nur auf Tagungen und Treffen des Internationalen Sachsenhausen-Komitees in West- und Osteuropa, sondern nahm auch an manchem „Schallerabend" in der ČSSR oder in der VR Polen teil. In Prag wurde er zweimal – im November 1964 und 1974 – mit einer Gedächtnismedaille der Karls-Universität für sein aufrechtes und solidarisches Verhalten in Sachsenhausen ausgezeichnet. „Als er an der Karls-Universität geehrt wurde", berichtet sein Kamerad Heinz Junge, „empfingen ihn hunderte Professoren, Staats- und Wirtschaftsfunktionäre mit anhaltendem

Ansprache Harry Naujoks bei der Eröffnung der Nationalen Mahn- und Gedenkstätte Sachsenhausen am 23. April 1961. Hier vor dem Museum des Widerstandes der Völker Europas. Neben ihm sein Kamerad Rudi Wunderlich.

Harry Naujoks erhält vom Rektor der Prager Karls-Universität die Gedächtnismedaille (1964)

Applaus und den Rufen ‚Harry, Harry, Harry!' Es waren seine Freunde aus dem Konzentrationslager, die tschechischen Studenten von damals."

In seinen letzten Lebensjahren war Harry Naujoks vor allem ein aktiver Mitarbeiter der Hamburger „Gedenkstätte Ernst Thälmann". Hier wie in Schulen und Jugendgruppen, im Schulfunk und Fernsehen, in den Geschichtskommissionen der DKP und der VVN, bei wissenschaftlichen und anderen Veranstaltungen stand er Rede und Antwort zu Leben und Wirken Ernst Thälmanns, zur Geschichte der Arbeiterbewegung und der Kommunistischen Partei, zu Widerstand und Verfolgung unter dem Naziregime ebenso wie zu aktuellen politischen Fragen.

Am 20. Oktober 1983 ist Harry Naujoks im Alter von 82 Jahren in Hamburg gestorben. Seine Kameraden, Genossen und Freunde behalten ihn in Erinnerung als einen unbeirrbaren Kämpfer für eine Welt ohne Krieg und Faschismus, als einen kritischen und diskutierfreudigen, humorvollen und schlagfertigen, immer hilfsbereiten und unter rauher Schale gütigen Menschen.

*

Seinen errsten Erinnerungsbericht „Einige Tatsachen aus dem KZ Sachsenhausen" hatte Harry Naujoks im Oktober 1945 verfaßt. Später schrieb er zu verschiedenen Anlässen kleinere Aufsätze über Sachsenhausener Kameraden, Erlebnisse und Ereignisse. Außerdem gab er Forschern Interviews über

Harry Naujoks vor einer Hamburger Schulklasse (Juni 1980)

seine Haftjahre, von denen teilweise Tonbandaufzeichnungen oder Protokollnotizen der Interviewer existieren.

Mit der Niederschrift „Mein Leben in Sachsenhausen" begann er Anfang der siebziger Jahre und arbeitete daran bis zu seinem Tode. Über das Manuskript und seine Arbeitsweise schrieb Harry Naujoks 1981: „Ich stütze mich in erster Linie auf meine Erinnerungen, auf Notizen, die ich im Laufe der Jahre gemacht habe, sowie auf Hinweise aus der Literatur. Alle diese Erkenntnisse habe ich chronologisch geordnet und dann einer Gruppe von Kumpels vorgelesen. Dadurch wurden viele Erinnerungen geweckt, die zu Ergänzungen führen, gegebenenfalls auch zu Korrekturen. Wir stützen uns auf Protokolle des Nürnberger Militärgerichts, auf Zeitungsberichte über Sachsenhausenprozesse, dann auf den Büge-Bericht, außerdem auf die zahlreichen Hinweise, die mir auf meinen ‚Chronologischen Versuch' aus dem Jahre 1958 zugegangen sind..." Zu dieser Arbeitsgruppe, die sich zur Diskussion der Aufzeichnungen im Hause von Harry und Martha Naujoks in Hamburg-Klein Borstel fast monatlich traf, gehörten Fritz Bringmann, Rudi Homes, Erich Hornig, Willi Konsorski, Fritz Winzer sowie die inzwischen verstorbenen Kameraden August Baumgarte, Hugo Dworznik und Bruno Meyer. „Die Schilderung seiner Erlebnisse", schrieb Willi Konsorski 1985, „unterscheidet sich in manchem von den Berichten anderer ehemaligen Häftlinge. Obwohl es sich um Harrys persönliche Aufzeichnungen handelt, sind sie durch regelmäßige Zusammenkünfte einiger seiner Kameraden, die sich im Hamburger Sachsenhausen-Komitee zusammengeschlossen hatten, ständig überprüft und zum Teil präzisiert worden. Man kann deshalb sagen, daß seine Erinnerungen zugleich auch die Erlebnisse seiner Leidensgenossen widerspiegeln."

Die Erinnerungen und Betrachtungen von Harry Naujoks sind bisher der erste Bericht eines ehemaligen Lagerältesten aus einem der großen faschistischen Konzentrationslager. Seine Aufzeichnungen lassen nacherleben, daß diese exponierte Häftlingsfunktion eine schwere Verantwortung für Tausende von Mitgefangenen und ständige Konflikte mit der SS-Hierarchie bedeutete, aber auch tiefe Einblicke in das Innenleben eines KZs, in die Mechanismen, Skrupellosigkeiten und willkürliche Entscheidungen der Lagerführung ermöglichte. Am stärksten beeindruckt die konkrete Schilderung von Solidarität und Widerstand hinter Stacheldraht, die lebensgefährliche Gratwanderung der antifaschistischen Häftlinge, wenn sie mit Mut und List die Anordnungen der SS unterliefen. Diese Niederschrift ist nicht nur eine einzigartige Beschreibung der Lagersituation und der Alltagsprobleme im KZ Sachsenhausen, sondern auch eine historische Rechenschaft über Moral, Politik und Handlungsweise der Häftlingsschreibstube unter dem Lagerältesten Harry Naujoks.

Das handschriftlich angefertigte Manuskript umfaßt ingesamt 720 Seiten. Der Text ist in der Regel ausgeführt, an einigen Stellen noch notizenhaft und mit Fragen versehen. Bei der Schilderung von Ereignissen in Lagerbereichen, mit denen der Autor nicht unmittelbar selbst zu tun hatte – wie zum Beispiel im Krankenbau oder in der Strafkompanie –, gab er anderen Kameraden das Wort.

Harry und Martha Naujoks am 18. September 1981 in der Hamburger „Gedenkstätte Ernst Thälmann"

Nach dem Tode von Harry Naujoks trat das Sachsenhausenkomitee Ende 1983 zu einer Bundestagung in Neuwied zusammen. Im Einvernehmen mit Martha Naujoks legte es fest, die nachgelassenen Erinnerungen seines verstorbenen Präsidenten herauszugeben. Danach wurde der nicht leicht zu lesende, in Sütterlinschrift geschriebene Bericht (siehe Abb. S. 26) unter Mithilfe von Fritz Bringmann, Heinz Junge, Willi Konsorski, Martha Naujoks und Kati von der Reith in ein maschinengeschriebenes Manuskript übertragen. An die kollektive Arbeitsweise des Autors anknüpfend, wurde es dann noch einmal von einigen Sachsenhausener Kameraden gegengelesen.

Die Arbeit an der vorliegenden Buchfassung begann Ende 1985. Die Bearbeiterin hat die Niederschrift im Falle mehrmaliger Wiederholungen behutsam gekürzt. Bei stichwortartigen Formulierungen wurden Passagen aus bereits publizierten oder unveröffentlichten Sachsenhausen-Beiträgen des Verfassers eingearbeitet, im Einzelfall wurde auch aus weiteren Berichten seiner

Kameraden (z. B. zur Häftlingsbücherei) zitiert. Innerhalb der chronologisch angelegten Schilderung der Lagerereignisse wurden nach thematischen Gesichtspunkten eine Reihe von Umstellungen vorgenommen. Die in den Zeitebenen wechselnde Erzählweise des Autors wurde beibehalten. Die Zwischenüberschriften stammen von der Bearbeiterin.

Für kameradschaftliche Unterstützung bei der Herstellung der Buchfassung sagen Herausgeber und Bearbeiterin ihren aufrichtigen Dank den beteiligten ehemaligen Sachsenhausen-Häftlingen in der Bundesrepublik, der DDR, in Polen und in der ČSSR, dem Präsidium der VVN–Bund der Antifaschisten, dem Komitee der antifaschistischen Widerstandskämpfer der DDR und der Nationalen Mahn- und Gedenkstätte Sachsenhausen.

Hamburg, den 8. Mai 1987

Hein Meyn **Ursel Hochmuth**
Präsident des Sachsenhausen-Komitees für die BRD

diese Leitung nahm Einfluß auf die
Besetzung von Lagerfunktionen durch Häftlinge.

Sie sammelte Informationen über die
Vorhaben der SS um ihnen entgegen zu wirken.

Sie organisierte Hilfe für kranke Häftlinge.

Sie sorgte für korrekte Verteilung der
Lebensmittel

Sie nahm ihren Einfluß wahr, um die
Häftlinge vor dem Terror der SS zu schützen

Sie brachte gefährdete Häftlinge in Sicherheit

Aus zahlreichen Informationsquellen schöpfte
die illegale Leitung ihre Kenntnisse der politischen
und militärischen Lage. Durch die Weitergabe dieser

Mein Leben im KZ Sachsenhausen

1.

Der erste Tag

Am Alex in die „Grüne Minna" verladen, kommen wir am 11. November 1936 im Konzentrationslager Sachsenhausen an. Wir – das sind außer mir der Zimmermann Otto Erdmann, der KPD-Abgeordnete des Preußischen Landtages Gustl Sandtner und ein jüdischer Häftling, von dem wir nicht erfahren können, warum er dabei ist. Ich bin ein 35jähriger KPD-Funktionär aus Hamburg, Anfang März 1933 in Lübeck verhaftet, nach drei Monaten freigelassen, im August 1933 in Bremen wieder festgenommen und seitdem in Haft: KZ-Haft, Untersuchungs- und Strafhaft. Meine Frau habe ich zuletzt bei ihrem Besuch im Zuchthaus Oslebshausen gesehen. Ich weiß, daß Martha in Hamburg als illegale Parteifunktionärin gearbeitet hat und es ihr im Sommer 1935 gelang, ins Exil zu gehen.

Ich hatte nichts verbrochen. Ich wurde nicht einmal verdächtigt, etwas verbrochen zu haben. Aber ich galt als überzeugter und unverbesserlicher Antifaschist, und das genügte, um mich nach Verbüßung meiner Zuchthausstrafe in ein KZ einzuweisen. Aus eigener Erfahrung wußte ich, daß man nicht auf richterliche Anweisung ins KZ kam, sondern daß die „Schutzhaft" von der Gestapo verfügt wurde. Bisher waren davon vor allem Funktionäre der Gewerkschaften und der Arbeiterparteien betroffen. Der leiseste Verdacht auf Vorbehalte gegen das Naziregime genügte, um ins KZ eingeliefert zu werden, und kein Schutzhaftgefangener wußte, wie lange seine Haft dauern würde. Meine Kameraden und ich hatten erlebt, daß der Aufenthalt im Gefängnis oder Zuchthaus nach einer bestimmten Hausordnung ablief. Mochten die Direktiven und Anweisungen in der Strafhaft uns auch in einen noch so engen Rahmen zwängen, wir wußten, woran wir waren. Das KZ dagegen hatte kein solches Reglement, oder, wenn es so etwas wie Vorschriften gab, hielten die Bewacher sich nicht daran. Jeder Häftling war zu jeder Stunde ihrer Willkür ausgesetzt. Ich kannte das aus meiner Haft in den Konzentrationslagern Fuhlsbüttel, Langelütjen und Ochtumsand. Wie würde es in Sachsenhausen sein?

Der begleitende Berliner Polizeibeamte läßt uns aus der „Grünen Minna" aussteigen und übergibt einem SS-Führer unsere Begleitpapiere. Auf seinen Wink hin gehen wir mit ihm in ein Büro, dessen Tür die Aufschrift „Politische Abteilung" trägt. Nachdem er meine Akte angesehen hat, fragt er: „Wie heißen Sie? – Warum sind Sie hier?" Ich brülle los: „Naujoks, Harry. Im Anschluß an eine Zuchthausstrafe von zwei Jahren und drei Monaten wegen ‚Vorbereitung zum Hochverrat' bzw. Weiterführung der KPD." Er stellt noch einige Fragen, die ich ebenso laut und zackig beantworte. Das alles ist bei Vorführungen und Vernehmungen so oft durchgespielt worden, daß kaum

Preußische Geheime Staatspolizei

P/SS-TV F/64

Berlin SW 11, den 18. Juni 1936
Prinz-Albrecht-Straße 8

G E H E I M !

Betreff : Freigabe von fiskalischem Forstgelände für den Zweck
der Errichtung eines staatlichen Konzentrationslagers.

An das
Preußische Forstamt
S a c h s e n h a u s e n
b. Oranienburg

1. Das in der Strassengabel Sachsenhausen - Lehnitzschleuse - Oranienburg gelegene, auf beiliegender Übersichtskarte rot bezeichnete fiskalische Forstgelände, bitte ich der Preußischen Geheimen Staatspolizei zur Verfügung zu stellen. Auf diesem Gelände soll sofort ein staatliches Konzentrationslager errichtet werden, welches zum 1. Oktober 1936 fertiggestellt sein muss. Einen Bebauungsplan füge ich zu treuen Händen bei. Als Baufläche wird ein gleichseitiges Dreieck von je 1 km Seitenlänge für ausreichend erachtet. Die Spitze des Dreiecks geht in Richtung Bahnhof Sachsenhausen. An den Strassen- und an der Ortsseite gegen Sandhausen soll ein Schutzstreifen von ca 80 - 100 m bestehen bleiben.

2. Ich bitte den Antrag zu beschleunigen, da mir für den Gesamtaufbau des Lagers nur 3 Monate zur Verfügung stehen. Der Regierung in Potsdam -Politische Abteilung Abtg.der Forsten- habe ich meine Absicht bereits mündlich unterbreitet und Unterstützung gefunden.

3. Begründung :
   a) Das staatliche Konzentrationslager Esterwegen b.Papenburg muß am 1.Oktober 1936 aufgelöst und dem Reichsarbeitsführer, Staatssekretär Hierl, gegen Erstattung der anfallenden Kosten für den Neubau des Konzentrationslagers Sachsenhausen, übergeben werden.
   b) Die Insassen des Konzentrationslagers Esterwegen und 1 SS-Totenkopfsturm als Wachtruppe werden zum 1.Okt.1936 in das neue K.L. Sachsenhausen übergeführt.

Geheimes Schreiben der Gestapo vom 18. Juni 1936

Blatt 2-

c) Das Konzentrationslager "Columbia", Berlin wird am 1. Oktober 1936 gleichfalls aufgelöst; die Baulichkeiten gehen zu diesem Zeitpunkt an das Reichsluftfahrtministerium über. Die Insassen des K.L. Columbia werden zum genannten Zeitpunkt ebenfalls im neuen K.L. Sachsenhausen untergebracht.

d) Die Militärbehörde ist mit dem Ersuchen an mich herangetreten, im A-Falle einige Hundert staatsgefährliche Elemente in einem Konzentrationslager in der Nähe Berlins unterzubringen. Ich habe hierfür das neue Konzentrationslager Sachsenhausen vorgesehen.

4. Nachdem ich in vorstehenden Ausführungen die zwingende Notwendigkeit und Dringlichkeit zur Errichtung eines Konzentrationslagers in der Nähe von Berlin dargetan habe, bitte ich nunmehr, unter Überreichung einer Lageplanskizze und mit Bezug auf die gestrige mündliche Besprechung und Besichtigung an Ort und Stelle, über die zuständige Regierung in Potsdam (z.Hd. des Herrn Forstmeister Lubisch) beim Reichsforstamt die Genehmigung zur Abtretung und Überschreibung der in der Anlage rot angezeichneten Waldflächen an den Preußischen Staat (Preußische Geheime Staatspolizei) zum Zwecke der Errichtung des Lagers nunmehr baldgefl. zu veranlassen, damit mit der Inangriffnahme der Barackenerrichtung umgehend begonnen werden kann, da laut Vereinbarung mit dem Reichsarbeits - dienst das K.L. Esterwegen bis zum 1.Okt.d.Jhs. geräumt und das neue Lager bei Sachsenhausen für die Unterbringung der Schutz - häftlinge bis zu diesem Zeitpunkt fertig sein muß.

Die Errichtung und Unterhaltung von Konzentrationslagern ist eine polizeiliche Angelegenheit und nach wie vor, als solche, Angelegenheit der Länder; im vorliegenden Falle also Aufgabe des Landes Preußen. Unter diesen Umständen bitte ich von einer Bezahlung des Wertes der abzutretenden Waldfläche abzusehen und, wie auch in früheren Fällen geschehen, diese mir zu dem angegebenen Zwecke unentgeltlich zu überlassen.

Für größtmögliche Beschleunigung wäre ich dankbar.

J. A.
Jirka

etwas passieren kann. Bei Gustl Sandtner und Otto Erdmann klappt es genauso. Wir sind über die erste Runde hinweg.

Der jüdische Mithäftling beginnt zu erklären, daß seine Verhaftung ein Irrtum sei und sich alles aufklären werde. Der SS-Mann hört sich das an und wirft ihm plötzlich ein großes Schlüsselbund ins Gesicht. Aus seiner Nase fließt Blut, das er vergeblich hochzuziehen versucht. Als er den SS-Führer auf sich zukommen sieht, hält er schützend den Arm vor das Gesicht. „Was, du dreckiger Jud", schreit der SS-Mann, „du wagst es, deine Hand gegen die SS zu erheben? Ich knall dich auf der Stelle nieder!" Und nun schlägt er auf den jüdischen Kameraden ein, bis er am Boden zusammenbricht. Der SS-Mann holt einen Krug mit Wasser, schüttet ihn über den am Boden Liegenden aus und befiehlt ihm, aufzustehen. Nachdem der Mißhandelte sich mühsam erhoben hat, bekommt er den Befehl: „Aufwischen!" Als er sich vergebens nach einem Lappen umsieht, wird er angeherrscht: „Das ist Befehlsverweigerung! Mach deinen Dreck weg!" In seiner Angst nimmt der Kamerad seinen Mantel und wischt damit den Boden auf. Wir haben erstarrt dabeigestanden und verstehen, daß dieser Empfang eine Lektion für alle vier Neuen sein soll.

Wir erhalten den Befehl wegzutreten. Den Kommandanturbereich in Begleitung eines SS-Postens verlassend, stampfen wir durch den tiefen Sand dem Häftlingslager zu. Wir halten vor einem Tor im Stacheldrahtzaun und betreten das Häftlingslager. Dort werden wir von Paul Blumenthal, einem Hamburger Kommunisten, der uns schon im Zuchthaus mit politischen Informationen versorgt hatte, empfangen. Nach einer kurzen Begrüßung sagt er mir, daß die Hamburger Genossen mich schon acht Tage früher erwartet hätten, und nennt schnell einige Bekannte, die im Lager sind. Paul führt uns in die Häftlingsbekleidungskammer. Als Bekleidung stehen ausrangierte blaue Uniformröcke der Preußischen Polizei, grüne Gendarmerieröcke und schwarze Breecheshosen zur Verfügung, weiter Lederstiefel, Hemden, lange Unterhosen, graue Socken, dazu Uniformmützen ohne Schirm. Aus den vorgelegten Stücken sucht sich jeder von uns etwas einigermaßen Passendes heraus. Wir erhalten unsere Häftlingsmarkierung und gehen dann zum Block 16, auf dem hauptsächlich „Zugänge", d. h. die Neueingelieferten, untergebracht sind.

Auf Block 16 ist Walter Leu Blockältester. Ich kenne ihn aus der Hamburger Parteiarbeit. Wir werden sofort von einigen Kameraden, die nicht zur Arbeit hinaus mußten, umringt. Wir erfahren, daß das Lager vor vier Monaten entstanden ist, daß die Stammbelegschaft aus dem KZ Esterwegen kommt und etwa je zur Hälfte aus politischen Gefangenen und wegen krimineller Delikte Vorbestraften besteht. Letztere werden nach der Farbe ihrer Häftlingsmarkierung „Grüne" genannt; wir Politischen tragen rote Streifen. Auf unsere Frage nach dem Lagerkommandanten antworten die Kameraden, daß es SS-Standartenführer Koch sei. Von ihren Erläuterungen zur SS-Hierarchie – vom Kommandanten über die Lagerführer, die Rapportführer, die Arbeitsdienstführer bis hin zu den Arbeitskommando- und Blockführern – schwirrt uns der Kopf.

Vor allem bekommen wir erst einmal Ratschläge für unser Verhalten gegenüber der SS: Auf keinen Fall dürfen wir SS-Leute mit einem Dienstgrad anreden, weil wir sie meist gar nicht auseinanderhalten können. Etwa einen Hauptscharführer mit „Scharführer" oder „Untersturmführer" anzusprechen, zieht mindestens Ohrfeigen nach sich. Wenn einem Häftling ein SS-Mann entgegenkommt, muß er drei Schritte vor ihm die Mütze mit der rechten Hand ruckartig vom Kopf reißen, sie zwischen Daumen und Zeigefinger halten und mit Händen an der Hosennaht und Blickrichtung auf den SS-Mann in strammer Haltung vorbeigehen. Nach drei Schritten sind die Augen geradeaus zu richten und die Mütze wieder aufzusetzen. Ratsam sei, streng darauf zu achten, daß man bei dieser Handlung keine Miene verziehe. Man dürfe dem SS-Mann keinen Anlaß geben, zu fragen „Was, du lachst noch über mich?". Dann setze es unweigerlich Prügel. Es sei am besten, es überhaupt nicht zu einer Begegnung mit einem SS-Mann kommen zu lassen. Das sind einige Verhaltensregeln, die den „Alten" in Fleisch und Blut übergegangen sind. Eindringlich ermahnen sie uns, möglichst nie Zeuge von Gewalttaten der SS zu werden. Unliebsame Zeugen hätten fast immer mit Racheakten der SS zu rechnen. Falle bei einem Arbeitskommando ein Schuß, sollen wir uns sofort auf den Bauch werfen und das Gesicht auf den Boden drücken. Auf jeden, der den Kopf hebe, werde ohne Anruf geschossen. Die Kameraden erzählen uns vom Schicksal Gustav Lampes, eines Hamburger Hafenarbeiters und Kommunisten, der gerade einen Tag vor unserer Ankunft ermordet wurde. SS-Leute hatten schon vorher gedroht, daß sie ihn „fertig machen" wollten. Ein Anlaß war nicht erkennbar. Im Lager war er als stiller, zurückhaltender Mann bekannt. Niemand konnte sich diese systematische Jagd auf diesen Mann erklären. Schon in den Tagen vorher wurde er beim Marsch zur Arbeit von SS-Männern aus der Kolonne geholt und mit Faustschlägen und Fußtritten traktiert. Bei der Arbeit gingen die Mißhandlungen weiter. Am Morgen des 10. November sagten SS-Leute zu ihm: „Wenn du heute nachmittag noch lebst, legen wir dich um." Die SS machte sich nicht einmal die Mühe, diesen Mord zu tarnen. Gustav sah keinen Ausweg. Am Nachmittag rückte er wieder zur Arbeit aus. Erst schien alles gut zu gehen. Einige Häftlinge beobachteten jedoch, daß die Postenkette, die um den Arbeitsplatz aufgezogen war, sich langsam von ihrem festgelegten Standort ein Stück in den Wald zurückzog. Plötzlich trat der SS-Oberscharführer Anton Birke, wegen seines feisten Aussehens „Schweinebacke" genannt, an Gustav Lampe heran, riß ihm die Mütze vom Kopf und warf sie rückwärts in den Wald. Dann befahl er: „Los, hol sie dir wieder!" Gustav ging zögernd. Als er jedoch die Postenkette überschritten hatte, schoß Birke ihn nieder. Damit hatte sich „Schweinebacke" drei Tage Urlaub verdient.

Während wir Neuen dies mit großer Betroffenheit erfahren, sind wir dabei, uns unsere Markierungen anzunähen. Drei rote Stoffstreifen, rund 10 cm breit und 30 cm lang, je einen ans rechte Hosenbein, an die linke Brustseite und auf den Rücken, die Häftlingsnummer – schwarzer Druck auf weißem Leinwandstreifen – über den Markierungen. Ich hatte die Nummer 384 erhalten. Wenn ein Häftling starb oder entlassen wurde, wurde seine Nummer einem anderen gegeben. Gustav Lampe hatte die Nummer 1, die dann später ein „grüner Zugang" bekam.

Erich Klann, den ich als Funktionär der KPD-Bezirksleitung Wasserkante kannte, holt uns Neue ab und reiht uns in die Kolonne der Essenholer ein. Der Küchenchef, SS-Hauptscharführer Bernhard Rakers, beschäftigt sich gerade damit, die vor der Küche aufmarschierenden Essenholer mit einem scharfen Wasserstrahl auf „Vordermann" zu bringen. Von Erich Klann vorgewarnt, können wir noch rechtzeitig in Deckung gehen. Das erste Mittagessen in Sachsenhausen war ein Steckrübeneintopf. Er sollte mich ununterbrochen in den nächsten achteinhalb Jahren begleiten. Das Essen wird in Kübeln in den Block gebracht. Dort erhalten wir nach gegenseitiger Vorstellung Plätze am zweiten Tisch zugewiesen. Damit sind wir in die Tischgemeinschaft aufgenommen.

Nachdem die Arbeitskommandos wieder zur Arbeit ausgerückt sind, gehen wir daran, unser Bett in Ordnung zu bringen. Auf einem eisernen Bettgestell liegen zwei Wolldecken, ein blaukarierter Kissenbezug mit Kopfkissen, ein ursprünglich weißes und jetzt graues Bettlaken und ein leerer Strohsack. Um unsere Strohsäcke zu füllen, ziehen wir zur Baracke 18. Hier lagert das Stroh. Auch Mobiliar für unsere Baracken ist hier untergebracht. Beim Füllen unserer Säcke mahnen uns die Kameraden zur Eile. Seit vier Tagen habe die SS diese Baracke „unter Wind", denn von hier seien in der Nacht vom 6. zum 7. November sieben Häftlinge geflüchtet.

Nach dem Bericht unserer Kameraden hatten zwei „grüne" Häftlinge von der letzten Baracke aus unter dem Stacheldraht hindurch einen Gang gegraben und ihn mit Bettbrettern, die in dieser Baracke ja reichlich vorhanden waren, abgestützt. Von Berliner Mitgefangenen hatten sie sich Adressen von Bekannten geben lassen, bei denen sie etwas erledigen sollten und mit Hilfe rechnen konnten. Daß sich in der Zeit ihrer KZ-Haft draußen einiges geändert haben könnte, wollten sie nicht wahrhaben. Mit dem Fortschreiten der Arbeit an ihrem Fluchttunnel wuchs auch die Zahl der Interessenten, die den Fluchtweg ebenfalls benutzen wollten. Dadurch wurde der Kreis der Mitwisser ständig größer. Wie die Kameraden berichteten, waren die Ausbrecher keinen Einwänden und Vernunftgründen zugänglich. Der SS Mitteilung zu machen, wäre Verrat gewesen und schied natürlich aus. Es gab damals noch keine Häftlingsautorität unter den Gefangenen, die diesen Fluchtversuch hätte verhindern können. So nahm das Schicksal seinen Lauf. Gleich nach dem Mittagsappell verschwanden die beiden Tunnelbauer heimlich im Block 18. Nichts rührte sich. Da folgte auch schon der nächste hinterher, und in immer kürzeren Abständen einer nach dem anderen, bis es sieben waren. Dann griffen einige grüne Blockälteste ein und stoppten die Aktion. Aber es war bereits zu spät. Beim Abendappell fehlten sieben Gefangene. Die Folgen waren grausam. Die Häftlinge des Transportkommandos mit ihrem Vorarbeiter Hans Körbs gingen erst einmal „über den Bock", das heißt, sie mußten sich über eine hohe Holzbank legen und erhielten 25 Stockschläge auf Gesäß und Rücken. Bei den Vernehmungen wurden verschiedene Gewaltmittel gegen alle Häftlinge eingesetzt, die irgendwie mit den Geflüchteten in Berührung gekommen waren. Andere kamen unter verschärften Lebens- und Arbeitsbedingungen in die Strafkompanie des Lagers. Die Kameraden erzählten uns, daß die Wiedereingefangenen an schnell errichteten Pfählen auf dem Appellplatz an den Handgelenken mit nach hinten gebogenen Armen hochgezogen wurden. Die Schreie der gemarterten Menschen seien bis in den letzten Winkel des Lagers gedrungen. Wir Neuen spürten noch nach Tagen die bedrückende Atmosphäre. In einem Brief des Kameraden Friedrich Schütte wurde dieser Fluchtversuch später wie folgt beschrieben:

Soweit mir erinnerlich, wurde das Fehlen der sieben Häftlinge beim Abendappell festgestellt. Die Flucht wurde zum Anlaß genommen, alle Blockinsassen „über den Bock" gehen zu lassen. Diese Strafe erhielten auch die Beschäftigten in der Arbeitsbaracke, in der die benutzten Bettbretter gelagert hatten und von wo aus der Stollen aus dem Lager führte. Dann mußte das gesamte Lager auf dem Appellplatz antreten und die Nacht durch bis zum folgenden Tag stehen. Am nächsten Morgen erschienen SS-Gruppenführer Eicke und Lagerkommandant Koch, um selbst die Vernehmungen zu führen. Von meinem Platz aus hörte ich einen Häftling verzweifelt schreien: „Herr Kommandant, ich bin verheiratet, habe Kinder und will hier einmal wieder raus. Ich habe nichts mit dieser Sache zu tun". Dies wurde von Koch durch laut klatschende, eigenhändige Schläge mit den Worten „Du Schwein! Du Schwein!" beantwortet. Es war später Nachmittag, als wir endlich wieder in die Baracken einrücken durften.
Am folgenden Tag wurden dann sieben Pfähle gesetzt. Diese Pfähle (Kiefernstämme) ragten bis zu zwei Meter Länge in die Höhe und waren am oberen Ende mit langen Nägeln durchschlagen, die mit Handlänge aus dem Holz hervorragten. Es dauerte nur wenige Tage, da waren sechs der sieben Flüchtlinge wieder im Lager. Von meinem oberen Bett hatte ich durch die Fensterklappe freie Sicht auf den Appellplatz. Mit Einsetzen der Dunkelheit konnten wir sehen, wie die sechs an den Pfählen aufgehängt wurden. Morgens vor dem Hellwerden wurden sie wieder abgenommen. Beim Antritt zum Morgenappell war von dieser Exekution nichts mehr zu merken, nur die Pfähle standen drohend in der nebligen Luft. Eine Häftlingsmütze lag verloren am Pfahl und gab Zeugnis, daß alles kein Traum, sondern unfaßbare Wirklichkeit war! Für sieben Sonntage wurde uns das Mittagessen entzogen...

Das ganze Lager ist in Angst vor neuen Gewaltaktionen. Welche Teufelei wird die SS noch erfinden? Wer wird das nächste Opfer sein? Uns, die mit den Lagergewohnheiten noch nicht vertraut sind, wird geraten, sich klein zu machen und sich nicht auf bisherige Erfahrungen zu verlassen. Hier fange alles wieder ganz von vorne an. Der Abend ist mit solchen Gesprächen ausgefüllt. Nach mehr als zwei Jahren Zuchthaus mit Einzelhaft ist man mit seinen Gedanken und Überlegungen aber nicht mehr allein, man kann mit seinen Freunden und Genossen über alles sprechen, was einen berührt, und das gibt mir einen ersten Eindruck von der Lagerkameradschaft.

Vor dem Schlafengehen bekommen wir den Rat, unsere Notdurft zu verrichten. Der Block hat noch keinen Anschluß an die in Bau befindliche Kanalisation. Die Latrine ist eine zwischen zwei Blocks angelegte Grube, über die zwei Baumstämme gelegt sind. In der Nacht darf der Block nicht verlassen werden. Die Wachtposten haben Befehl, auf alles zu schießen, was sich außerhalb der Blocks bewegt. So werden zum Urinieren zwei Eimer für mehr als hundert Menschen in den künftigen Toilettenraum gestellt. Mein Bett steht an der Fensterfront. Wir werden dringend ermahnt, uns nicht in der Nähe der Fenster zu bewegen. Als ich in der Nacht trotz aller Bemühungen nicht mehr an mich halten kann, muß ich, tief gebückt, die Hände als Stützen benutzend, unter den Fenstern entlangkriechen. Hausschuhe habe ich nicht. Unsere Schuhe müssen wir nachts im Tagesraum unter den Spind stellen. Da im Laufe der Nacht die Eimer überlaufen, quatschen wir in der Brühe herum, schütteln die Nässe von den Füßen ab und sind froh, alles ohne Zwischenfall überstanden zu haben. Das alles geschieht in völliger Finsternis, die nur vom grellen Licht der Scheinwerfer unterbrochen wird, wenn der Wachtposten das Lager ableuchtet.

2.
Zum Lagerarzt

Am nächsten Morgen weckt uns das Läuten einer Glocke. In großer Eile werden Schuhe und Hosen angezogen. Das Hemd bleibt noch im Schrank. Mit nacktem Oberkörper geht es zum Waschen hinaus in den dunklen, nebligkalten Novembermorgen. Zwischen den Baracken sind Tröge aufgestellt, über denen neue Rohrleitungen mit Wasserhähnen angebracht sind. Niemand darf mit bekleidetem Oberkörper hinaus, gleich wie das Wetter auch sein mag. Zum Frühstück gibt es einen Becher mit einem halben Liter Buchweizengrütze, „Blauer Heinrich" genannt. Dann wird das Bett gebaut, wobei mir in den ersten Tagen ein Kamerad behilflich ist. Später brauche ich immer noch viel Zeit vom Wecken bis zum Appell mit dem Bettenbau. Oft reicht es dann nur noch knapp zum Suppefassen und zum Essen.

Nachdem alles zur Arbeit gegangen ist, bringt mich Franz Jacob zum Krankenbau. Ich kenne Franz aus gemeinsamer politischer Arbeit in Hamburg. Im Sommer 1933 wurde ich sein Nachfolger als Leiter der illegalen KPD in Bremen (Bezirk Nordwest). Franz sagt mir noch, daß der SS-Lagerarzt Ehrsam unter den Häftlingen einen schlechten Ruf hat, zu Recht „Grausam" genannt wird, und liefert mich bei Willy Klangwarth, dem Vorarbeiter des Krankenbaus, ab. Jeder neue Häftling soll auf seinen Gesundheitszustand untersucht werden, ob er auch den Anforderungen des Konzentrationslagers gewachsen ist. Der Lagerarzt läßt auf sich warten.

Willy Klangwarth schiebt mich in einen kleinen Raum, in dem ein eisernes Bettgestell mit Strohsack neben einem Schemel steht. Ich stutze: Auf dem Bett liegt ein scheinbar lebloser Mann. Meine Frage: „Ist er tot?" wird mit „Frag' nicht so viel" beantwortet. Der Leblose, den ich mir nun näher ansehe, ist ein Grüner, der Selbstmord begehen wollte. Sein Hals ist stark geschwollen. Der Strick, den er sich um den Hals gelegt hatte, hat breite Striemen hinterlassen. Blut ist herausgetreten, wo die Haut aufgeplatzt ist. Sein Gesicht ist als Folge von Mißhandlungen stark entstellt. Die Lippe ist gespalten. Eine Blutkruste bedeckt die schreckliche Wunde. Beide Augen sind verquollen und rot und blau angelaufen. Ich überlege, ob ich es noch einmal versuche, jemanden zu bewegen, sich des Mannes anzunehmen. Plötzlich geht ein Zukken durch den Körper, und er schlägt mit aller Kraft mit seinen Beinen gegen das eiserne Bettgestell. Er ist barfuß. Die Hose ist hochgerutscht. Ich sehe, wie er sich ein Bein blutig geschlagen hat. Ich halte es nicht mehr aus und laufe los, den Vorarbeiter zu holen. Als ich ihn endlich finde, schimpft er: „Du mußt lernen, dich nicht um Dinge zu kümmern, die nicht deine Angelegenheit sind!"

Er nimmt mich gleich mit zum Arzt. Willy Klangwarth stellt mich dem Lagerarzt, Dr. Ludwig Ehrsam, vor. Dessen scharfe Nase und das markante Kinn fallen mir auf, zusammengewachsene Augenbrauen beherrschen sein Gesicht. Mit schnellen, nervösen Bewegungen ist er dabei, Papiere durchzusehen. Mich beachtet er nicht. Nach einiger Zeit fragt er: „Na, was ist?" Auf einen Wink von Willy Klangwarth rassele ich Namen, Nummer usw. herunter. Ehrsam: „Was für Hochverrat?" –„Weiterführung der KPD." Er blättert weiter in seinen Papieren. Ich warte auf seine Aufforderung: „Machen Sie sich frei!" Statt dessen kommt: „Is noch was?" Willy Klangwarth schiebt mich an die Tür, wobei er mir bedeutet, meinen eingelernten Vers aufzusagen: „Schutzhäftling Naujoks, Nummer 384, bittet abtreten zu dürfen!" Die Prozedur ist abgeschlossen. In meinen Akten ist jetzt ein ärztlicher Vermerk, daß mein Gesundheitszustand der Schutzhaft nicht entgegensteht.

Ich schaue schnell noch einmal in den Raum, wo der Leblose immer noch liegt wie vorher. Später höre ich, daß er wieder zu sich gekommen ist. Wie mag es diesem Menschen zumute gewesen sein, der gehofft hatte, endlich allen Quälereien entronnen zu sein, und jetzt fing für ihn alles wieder von vorne an. Noch am Nachmittag desselben Tages holten ihn die SS-Leute ab. Am Abend wurde bekannt, daß sein Leben unter den Mißhandlungen der SS geendet hatte. Der Lagerführer, Hauptsturmführer Jakob Weiseborn, erließ einen Befehl, wonach jeder Selbstmordversuch mit 25 Stockhieben und strengem Arrest zu bestrafen sei. Kein Häftling sollte das Recht haben, sich eigenmächtig durch einen schnellen Tod der Schutzhaft zu entziehen. Übrigens beging Weiseborn als Kommandant des KZ Flossenbürg am 20. Januar 1939 Selbstmord. Nach übereinstimmenden Berichten von Häftlingen und SS-Leuten gab er beim Morgenappell das Kommando: „Das Ganze stillgestanden! Mützen ab!" Dann ging er in sein Dienstzimmer und erschoß sich.

3.

Im Waldkommando

Mir wird gesagt, daß ich als „Zugang" dem Waldkommando zugeteilt sei, und so rücke ich am Nachmittag mit 25 bis 30 Häftlingen zur Arbeit aus. Wir sollen ein Stück abgeholzten Waldgeländes einebnen. Stubben müssen herausgeholt und große Erdmassen bewegt werden. Hier soll später eine Großgarage für die SS entstehen. Die Arbeit ist schwer und ungewohnt, vor allem für uns, die wir aus dem Zuchthaus kommen und jahrelang kaum körperliche Arbeit mehr gemacht haben. Ein Verschnaufen gibt es nicht, denn SS-Leute gehen ständig von den Verwaltungsbaracken der Kommandantur zum Häftlingslager und zurück, und unser Arbeitsplatz liegt direkt an diesem Weg. Ein Häftlingsvorarbeiter wacht über uns; sein schrilles „Bewegung! Bewegung!" treibt uns unentwegt an.

Langsam nähert sich ein SS-Mann unserem Kommando. Die Hände auf dem Rücken sagt er: „Jetzt will ich euch mal zeigen, was Arbeit ist!" Dann lauter: „Schaufeln nach Zählen! Eins-zwei! Eins-zwei!" Ehe alle begriffen haben, was hier vorgeht, wütet er unter uns, Fußtritte und Faustschläge austeilend. Dann das Kommando: „Auf – hinlegen! Auf – hinlegen!" Wir sind alle fix und fertig, als sein Kommando „Achtung!" uns einen Augenblick stillstehen läßt. „Ich wiederhole: Schaufeln nach Zählen!", sagt er betont leise und dann: „Eins-zwei! Eins-zwei!" Erst langsam und dann schneller werdend gibt er die Kommandos. Jeder von uns schaufelt drauflos, wo er gerade steht. Völlig sinnlos wird die bisherige Arbeit wieder zerstört. Das ganze Gelände verwandelt sich in eine Kraterlandschaft. Die Löcher, in denen wir stehen, werden immer tiefer, die Sandhaufen um uns immer höher. Der Sand fliegt uns bei dem wilden Tempo ins Gesicht und rieselt den Körper hinunter. Nase, Mund und Ohren sind voll Sand. Wir sind nur noch Roboter, die mechanisch auf das Zählen reagieren.

Plötzlich ist es ruhig. Die anderen Arbeitskommandos ziehen zum Abendappell an uns vorbei. Der folternde SS-Mann ist verschwunden. Wir machen uns fertig zum Einrücken. Ein Kamerad liegt auf der Erde. Blut ist ihm aus dem Mund geflossen. Er klagt über starke Schmerzen in der Brust. Der Vorarbeiter untersucht ihn flüchtig und meint, eine Rippe sei gebrochen. „Hoffentlich ist die Lunge nicht verletzt". Zwei Kameraden nehmen ihn unter die Arme und schleppen ihn ins Lager. Am nächsten Tag erfahren wir, daß die Fußtritte des SS-Mannes ihm mehrere Rippen gebrochen haben. Ein anderer Kamerad sucht seine Brille. Er klagt, daß er ohne sie kaum sehen könne. Er wird auf den nächsten Tag vertröstet. Das war mein erster Arbeitstag. Wir haben einen halben Tag gearbeitet, und alles, was wir schafften, mußten wir wieder zerstören, weil ein SS-Mann es so wollte. Kann uns morgen dasselbe passieren? „Selbstverständlich!" sagen die Kameraden, die schon länger da sind.

Völlig ausgepumpt kommen wir in der Baracke an. Wir haben nur den einen Wunsch: Kleider vom Leib und hinlegen. Frische Wäsche gibt es nicht. So gut es geht, schütteln wir den Sand aus den Kleidern. Der eine Ofen, der auf jedem der beiden Barackenflügel steht, reicht bei weitem nicht aus, unsere Sachen zu trocknen. So müssen wir am nächsten Morgen wieder mit der noch feuchten Kleidung zur Arbeit.

Wenige Tage nach der Ermordung unseres Genossen Gustav Lampe werden drei Kameraden und ich abkommandiert, seine Bestattung vorzunehmen.

Frühmorgens nach dem Zählappell fahren wir auf einem Lkw zum Friedhof Oranienburg. Am äußersten Rand, dort, wo sich noch keine Gräber befinden, heben wir eine Grube aus und beerdigen unseren in einem primitiven Sarg liegenden Kameraden. Wie mir bei dieser Arbeit zumute ist, kann ich kaum beschreiben. Der Gedanke: „Wer wird der Nächste sein – wann bist du selber dran?" bewegt mich auf das äußerste, wie ich überhaupt durch diesen Einsatz in eine Depression gerate. Als wir zurückkehren, wird diese Stimmung wieder verdrängt, denn der Lageralltag und die harte Arbeit verlangen meine ungeteilte Aufmerksamkeit.

Am nächsten Tag spüren wir schon auf dem Weg zur Arbeitsstelle, daß in Sachsenhausen „dicke Luft" ist. Ein sechs Mann starker SS-Sondertrupp begleitet unser Kommando. Schon an der Art, wie der Befehl „An die Arbeit! Marsch, marsch!" gegeben wird, ist uns allen klar, daß es hart zugehen wird. Ein unvorstellbares Arbeitstempo wird durch ständige Befehle, begleitet von Schlägen und Fußtritten, erzwungen, so daß schon bis zum Frühstück mehrere Häftlinge zusammengebrochen sind. Die Unfälle beim Loreschieben, beim Baumstämmetragen und Stubbenroden reißen nicht ab. An allen Stellen des Arbeitsplatzes ist durch diesen brutalen Schlägertrupp die Gesundheit der Kameraden in Gefahr.

In den ersten Wochen meiner Lagerzeit wurde an den Sonntagen nicht gearbeitet, aber an den Vormittagen mußte der ganze Block gründlich geschrubbt werden. Dazu wurde die Belegschaft zur Gemeinschaftsarbeit für Schlafsaal, Tagesraum, Toilette, Waschraum, Besenkammer (Kabuff genannt) aufgeteilt. Jeder mußte sein Bett von Grund auf überholen. Der Spind wurde ausgeräumt und ausgewaschen. Der Schemel war ein ganz besonderes Kapitel. Erst wurde er geschrubbt, dann wurden die Schemelbeine mit einem Messer abgeschabt, bis sie blendend hell waren. Die Schemelbeine waren im wahrsten Sinne des Wortes ein ständiger Stein des Anstoßes für die SS-Blockführer. Im Laufe des Tages konnte man wohl kaum zu seinem Tischplatz oder Spind kommen, ohne an irgendein Schemel- oder Tischbein anzustoßen. Da wir unsere Schuhe täglich mit einem schwarzen Öl einschmierten, ergab auch nur die geringste Berührung unvermeidlich einen schwarzen Fleck, der sofort abgeschabt werden mußte, da ständig eine Kontrolle der SS stattfinden konnte.

Wir „Zugänge" sind noch so mit uns selbst beschäftigt, daß wir gar nicht merken, wie die Bauarbeiten im Häftlingslager Tag für Tag fortschreiten. Auch im SS-Bereich, der sich unmittelbar an das Lager anschließt, entwickelt sich eine rege Bautätigkeit. Damit wächst auch unsere Chance, in einem Baukommando unterzukommen. Die Handwerker unter uns sind schnell untergebracht. Maurer, Fliesenleger und Tischler ganz vorne an. Wer nur ein wenig Ahnung von diesen Arbeiten hat, gibt einen entsprechenden Beruf als gelernt an. Die Arbeitskommandoführer der SS sind zu ihrem eigenen Vorteil am schnelleren Fortschreiten der Bauarbeiten interessiert. Das ist für uns ein gewisser Schutz vor gewaltsamen Eingriffen der SS-Blockführer. Verantwortungsbewußte Häftlingsvorarbeiter wissen eine Waffe daraus zu machen, indem sie dringende Arbeiten verzögern, um bedrohten Häftlingen eine Ruhepause zu verschaffen. Fast jeder SS-Kommandoführer versucht die begleitenden Wachtposten zu überreden, wenigstens „seine" Häftlinge im Augenblick in Ruhe zu lassen. So ziehen sich die von der SS kommenden Unwetter vor allem über den Wald- und Erdbewegungskommandos zusammen. Darin arbeiten die Neuankömmlinge oder Gefangene, deren Beruf nicht so dringend benötigt wird, zum Beispiel Angestellte, Künstler, Wissenschaftler sowie die Häftlinge der Strafkompanie und vor allem jüdische Kameraden.

Das ganze Lager ist eine einzige Baustelle. Auch in den bereits bewohnten Baracken arbeiten Handwerker, Elektriker, Installateure usw. Die Unbequemlichkeiten, die daraus entstehen, nehmen wir gern in Kauf. Das vorläufige Durcheinander hält uns meistens die SS vom Leibe. Langsam lernen wir, uns der Situation anzupassen. Die geschundenen Hände heilen allmählich. Wir lernen, auch unter den SS-Leuten zu unterscheiden zwischen miesen und besonders miesen. Wir lernen, wenn ihr Kommando „Rollen", „Hüpfen" oder „Schaufeln nach Zählen" kommt, mit unseren Kräften einigermaßen hauszuhalten. Und doch bleibt die ständige Spannung, unter der wir hier leben müssen, sei es bei der Arbeit oder auch in den „freien" Stunden nach dem Abendappell. Ob es regnet oder schneit, wir sind schutzlos der Witterung ausgesetzt. Doch schlimmer als das schlechteste Wetter ist die unberechenbare Willkür unserer Bewacher.

SS-Blockführer, die verabredet haben, daß es am Abend mal wieder „rund gehen" soll, warten bis zum Abklingen. Wenn dann alles im Bett liegt, stürzen sie schreiend in den Tagesraum, werfen Schemel und Tische durcheinander und brüllen in den Schlafsaal: „Raus aus den Betten! Marsch, marsch! Auf die Balken!" und „Unter die Betten!" Wer unter dem Bett eine Hand oder einen Fuß sehen läßt, muß damit rechnen, daß der SS-Mann ihm mit voller Wucht auf Hand oder Fuß tritt. Wer nicht schnell genug vom Dachbalken herunter ist, wird mit Gewalt heruntergezerrt, daß er krachend auf den Fußboden aufschlägt. Als wir endlich wieder unter uns sind, sind alle Kameraden total erschöpft.

Wenn nach dem Abendappell SS-Leute mit dem Ruf: „Blockkontrolle!" in die Baracke kommen, ist das zumeist die Einleitung zu Schindereien. Sie machen sich gar nicht erst die Mühe, nach Unordnung oder Unsauberkeit zu suchen. Manchmal streicht einer von ihnen vor Betreten des Blocks mit einem Finger über die Fußroste und fährt dann mit dem beschmutzten Finger über einen Schrank. Dann fragt er scheinbar väterlich: „Na, hier ist doch wohl alles sauber?" Auf das erwartete „Jawohl" des Blockältesten wird diesem der verschmutzte Finger des SS-Mannes unter die Nase gehalten. „Das nennst du sauber? Ein Saustall ist das hier", ist die Antwort des SS-Mannes. Die SS-Leute schlagen auf uns ein, reißen alles aus den Spinden und werfen die Spinde um. Wir verbringen die Freizeit dann damit, wieder Ordnung herzustellen. Das passierte zwar nicht jeden Tag; es konnte wochenlang einigermaßen ruhig bleiben. Dann aber begann es eines Tages wieder von neuem.

Die SS-Leute ersparen es sich meistens, für irgendeine Anordnung auch nur einen Vorwand anzugeben. Das gehört eben zur Methode des KZ-Systems, uns ständig unter Druck zu halten und ständig für Unruhe zu sorgen, um uns immer wieder unsere Machtlosigkeit vor Augen zu führen und in eine Situation der Hoffnungslosigkeit und Resignation zu treiben. Wir mochten noch so fleißig, noch so sauber und ordnungsliebend sein, für die SS sind wir keine Menschen. Sie nehmen uns unsere Namen und machen uns zu einer Nummer. Sie wollen unsere menschliche Identität zerstören.

4.
Jüdische und politische Häftlinge

Eines Abends werde ich von einem Kumpel nach draußen gebeten, weil mich jemand sprechen wolle. Es ist mein Freund Herbert Mindus. Er war vor 1933 Mitglied der Gauführung der „Roten Jungfront" in Hamburg. Erfreut fordere ich ihn auf, mit mir in den Block zu gehen. „Das geht nicht", reagiert er. „Warum nicht?" frage ich. Er zeigt auf seine Markierung. Auf den roten Streifen für „Politische" ist ein runder, gelber Fleck genäht. „Was bedeutet das?" frage ich. „Ich bin doch Jude" – „Na und?" – „Es ist uns verboten, mit anderen Häftlingen zu sprechen". Ich explodiere: „Das können wir aber doch nicht mitmachen!" Herbert warnt mich: „Mach' keine Dummheiten! Wir können hier nichts anderes tun, als uns im Dunkeln zu treffen und dabei sehr vorsichtig zu sein." Herbert erzählt mir, daß er nach Ablauf seiner Strafzeit als Schutzhäftling ins Lager Esterwegen kam. Als die Gestapo seine Akte überprüfte, stellte sie fest, daß sein Vater Jude war, und registrierte ihn nach Nazibegriffen als „Halbjude". Er wurde den Juden zugeteilt und im Spätsommer 1936 – nach Auflösung des KZ Esterwegen – mit zwanzig anderen jüdischen Häftlingen nach Sachsenhausen überführt. Es will mir aber immer noch nicht in den Kopf, daß wir uns mit unseren jüdischen Kameraden nicht treffen sollen. Als ich wieder in meiner Baracke bin, stelle ich die Sache gleich zur Diskussion. Zu meinem Erstaunen sind alle Kumpel der gleichen Meinung wie Herbert. Einer zieht das Fazit: „Wenn dich die SS dabei erwischt, bekommst du 25 auf den Arsch, aber der jüdische Kumpel wird umgebracht. Wir lösen das auf andere Weise. Was notwendig ist und von uns gemacht werden muß, wird auch getan." Was mir ein anderer jüdischer Kamerad aus Hamburg, Max Levinsson, über seine erste Zeit in Sachsenhausen erzählte, fasse ich hier zusammen. Max wurde nach 1933 in einem Hochverratsprozeß freigesprochen. Später wurde er wieder festgenommen und ins KZ Fuhlsbüttel eingewiesen. Bei seiner Verhaftung sagte man ihm, er solle umerzogen werden. Das gab er dann bei allen Nachfragen zur Person an und wurde deshalb als regulärer Schutzhaftgefangener und nicht als jüdischer Häftling geführt. Im KoLaFu traf er dann mit Erich Klann und Franz Jacob zusammen, die gerade ihre Zuchthausstrafe hinter sich hatten und jetzt auf Transport nach Sachsenhausen gehen sollten. Auch Max kam auf die Transportliste. Aber durch das Versehen eines Beamten landete er zunächst in Sachsenhausen, einem Stadtteil von Frankfurt am Main. Das Durcheinander, das dabei entstand, erregte die besondere Aufmerksamkeit der SS, als Max endlich in Sachsenhausen/Oranienburg eintraf. Als sich dann noch seine falsche Deklarierung herausstellte, und Max angeblich verschwiegen habe, schon vorher einmal im Lager gewesen und somit ein sogenannter „Rückfälliger" zu sein, bereitete ihm die SS einen besonders grausamen Empfang. Als sie von ihm abließ, mußte er auf dem Wege von der Kommandantur bis zu seiner Baracke singen: „Ich bin ein Jude, kennt ihr meine Nase, mit kühnem Schwunge weht sie mir voran!" Alles nach der Melodie „Ich bin ein Preuße, kennt ihr meine Farben?"

Inzwischen haben wir 21 jüdische Häftlinge in Sachsenhausen, darunter die Sozialdemokraten Ernst Heilmann und Kurt Eisner jr. Außer ihnen gab es noch die sogenannten Rückfälligen, von der SS „Ringeltauben" genannt, weil sie den roten Markierungsstreifen als Ringe um Arme und Beine hatten. Weiter waren da noch die Zeugen Jehovas (Bibelforscher), von der SS als „Himmelskomiker" diskriminiert. Die Juden nannte die SS „Makkabäer".

Für die jüdischen Häftlinge gab es nur schwerste und schmutzigste Arbeiten. Einmal wöchentlich wurden einige von ihnen bestimmt, die Wachstube der Blockführer zu säubern. Das ging immer unter schwersten Mißhandlungen vor sich. Ein Arbeitskommando war für die Entladung von Steinen für die festen Bauten, für Küche, Wäscherei, Zellenbau usw. bestimmt. Die Steine wurden aus den Kähnen entladen und dann in einer Mannschaftskette von Hand zu Hand bis zu den Rollwagen befördert, einem Kastenwagen mit gummibereiften Rädern, der von 12 bis 15 Häftlingen gezogen bzw. geschoben wurde. In kurzer Zeit waren die Hände der Häftlinge durchgescheuert und bald über und über mit eitrigen Wunden bedeckt. Bei den Arbeitskommandos, in denen jüdische Häftlinge beschäftigt waren, trieben sich ständig SS-Leute herum, die durch laute Befehle und Mißhandlungen die Arbeit zur Folter machten. Wurden zum Beispiel Stubben gerodet, mußten die Schwächsten die größten Stubben ins Lager schleppen. In einem Kommando, das mit Ausschachtungsarbeiten beschäftigt war, erhielten einige Häftlinge Order, längliche Gruben auszuschaufeln, in die sich einzelne Juden hineinzulegen hatten. Von anderen Häftlingen mußten sie bis zum Halse zugeschaufelt werden, wobei manche SS-Leute zu ihrem Vergnügen kräftig mitmachten. Nach kurzer Zeit wurden die Eingegrabenen auf Befehl der SS-Leute wieder herausgeholt. Bewußtlose oder durch Schock verstörte Häftlinge wurden mit kaltem Wasser wieder zur Besinnung gebracht. Ohne ihnen Gelegenheit zu geben, Sand aus Augen und Mund zu entfernen, fielen die SS-Leute erneut über die eben Ausgegrabenen her.

Mit besonderer Brutalität verfolgten die SS-Leute die SPD-Funktionäre und Reichstagsabgeordneten Julius Leber und Ernst Heilmann. Beide waren vor 1933 Chefredakteure regionaler SPD-Organe gewesen, außerdem hatte Leber der Lübecker Bürgerschaft und Heilmann dem Preußischen Landtag angehört. Soweit es uns möglich war, halfen wir den unter Druck stehenden Kameraden. Wichtig war dabei auch die Haltung der Vorarbeiter. Sie konnten die Geschundenen auf „Druckposten" setzen, wenn die SS-Leute sich zurückgezogen hatten. Die Häftlinge im Krankenbau behandelten diese Verletzten bevorzugt. André Hövel, damals Vorarbeiter in der Häftlingskleiderkammer, sorgte dafür, daß die Wäsche dieser Häftlinge mehrmals in der Woche gewechselt werden konnte. So bekam auch Julius Leber von Franz Jacob jeden Abend ein Wäschepäckchen.

Der Blockälteste im Judenblock, Max Cohn, ein Kommunist, konnte mit seinen Verbindungen im Lager mancherlei für seine Mitgefangenen organisieren. Das ging alles ohne viel Aufhebens vor sich. Max Levinsson berichtete darüber:

Ich war nach dem Empfang so fertig, daß ich mich schon aufgegeben hatte. Ich war nicht mal mehr eine halbe Portion und wäre bestimmt bald eingegangen. Da bekam ich unerwartet ein neues Arbeitskommando auf dem Holzhof. Die Arbeit war leicht. Da dort kein SS-Mann zu sehen war, verlor ich plötzlich die ständige Angst, die mich Tag und Nacht nicht mehr losgelassen hatte. Es war ein ganz neues Leben für mich. Das alles war zwar nicht von langer Dauer, aber ich hatte die Krise überwunden. Und wie war das gekommen? Die Genossen Bernhard Bästlein und Erich Klann hatten mit dem 2. Lagerältesten, Hubert Richter, ein Wort gesprochen, so daß er mich zum Holzhof kommandierte. Hinzu kam, daß unser Blockältester, Max Cohn, eine Art Patensystem eingerichtet hatte, nach dem ein „armer Kumpel" einem „reichen" zugeteilt wurde. „Reiche Kumpel" waren solche, die regelmäßig Geld für den Einkauf in der Häftlingskantine erhielten. So wurde ich Ernst Heilmann zugewiesen. Von ihm bekam ich über einige Zeit wöchentlich eine kleine Portion Butter und ein halbes Pfund Wurst...

Wir Neuen kriegten selbst bald mit, daß die Häftlingsfunktionäre einen gewissen Einfluß auf den Lageralltag hatten. Die Blockältesten waren die maßgeblichen Häftlingsfunktionäre in den Blocks, die Vorarbeiter waren es in den verschiedenen Arbeitskommandos, und für das gesamte Lager waren es die drei Lagerältesten. Alle wurden von der SS-Lagerführung eingesetzt, konnten aber auch von der Häftlingsschreibstube vorgeschlagen werden. Die Schreibstube, Arbeitsplatz der Lagerältesten, des Lagerschreibers, des Häftlingsarbeitsdienstes, war in ihrer Zusammensetzung gemischt. Sie bestand aus „Grünen" und „Roten". Erster Lagerältester war der Grüne Xaver Eschert, der schon in Esterwegen gewesen war. Zweiter Lagerältester war der Grüne Hubert Richter, ein primitiver, gewalttätiger Mann, der dem berüchtigten Maikowsky-Sturm der SA in Berlin angehört hatte. Von den „Roten", also Politischen, gehörten Jakob Helf als 3. Lagerältester sowie Georg Neumann und Fritz Sbosny zur Schreibstube. Es gab zwar Differenzen und Reibungen untereinander, aber beide Seiten waren bestrebt, einen Bruch zu vermeiden.

Die Stärke der Politischen lag zunächst darin, daß sie überwiegend aus der Arbeiterschaft kamen und große berufliche Erfahrungen hatten. Die meisten Handwerkskommandos waren mit Politischen als Vorarbeitern besetzt, die diese Funktion ihren Fachkenntnissen verdankten. Da die SS in dieser Periode dem Aufbau des Lagers gezwungenermaßen den Vorrang geben mußte, blieben sie verhältnismäßig ungeschoren. Vor allem aber gehörten die Politischen bis auf wenige Ausnahmen der organisierten Arbeiterbewegung an. Sie waren Kommunisten, Sozialisten, Sozialdemokraten, Gewerkschafter und in ihrer Mehrzahl bereits seit drei Jahren in faschistischer Haft. Sie hatten die Folterkammern der Gestapo und die ersten regionalen Konzentrationslager überstanden. Sie brachten ihre Erfahrungen aus den KZ-Lagern Fuhlsbüttel, Esterwegen, Lichtenburg oder Columbiahaus/Berlin mit. Das waren harte Zeiten gewesen. Oft war dem einzelnen, vor allem in den Gestapohöllen, mehr abverlangt worden, als man für menschenmöglich hält. Wer das alles überlebt hatte, kannte die Finten der SS-Leute und war nicht mehr so leicht zu erschüttern. Sahen wir sie kommen, suchten wir ihnen auszuweichen. Wenn irgend möglich, versuchten wir, ihnen entgegenzuwirken. Hier war kein Platz für Anbiederung oder gar Unterwerfung.

In der ersten Zeit der Haft gab es unter den Politischen noch harte Diskussionen über die Schuldfrage der Arbeiterparteien, weshalb es den Nazis gelungen war, an die Macht zu kommen. Gegenseitige Vorwürfe und Schlagworte aus vergangenen Tagen wie „Rote Faschisten" gegen die Kommunisten und „Sozialfaschisten" gegen die Sozialdemokraten geisterten immer noch in unseren Debatten herum. Warum die notwendige Einheitsfront der Arbeiterparteien nicht zustande kam, warum der Generalstreik, der die Übergabe der Macht an die Nazis hätte rückgängig machen können, nicht ausgerufen wurde, darüber stritten wir stundenlang. Diese Diskussionen verloren aber in den Jahren 1937/38 ihren aggressiven Charakter. Der Terror der SS stellte uns auch hier vor andere wichtige Probleme. Jetzt ging es einfach darum: Die Nazis waren lebensgefährlich. Wer bereit war, um sein Leben zu kämpfen, schloß sich denen, die das gleiche taten. So ergab sich, daß die Lösung von Lagerproblemen ein gemeinsames Wollen und Handeln voraussetzte. Wer hier nicht mitmachte, half praktisch der anderen Seite. Diese Grundhaltung gab den Politischen ein Gewicht, das auch von den Grünen akzeptiert wurde.

Übereinstimmung zwischen den Vertretern der Arbeiterparteien bestand nicht nur über die Gestaltung des Lagerlebens, sondern auch weitgehend in der Einschätzung der politischen Situation. Im Lager waren kommunistische Funktionäre aller Ebenen: Mitglieder des Zentralkomitees der KPD und der Bezirksleitungen, Reichstags- und Landtagsabgeordnete, Redakteure unserer Zeitungen, Funktionäre aus Betriebs-und Stadtteilgruppen, des Roten Frontkämpferbundes, des Kommunistischen Jugendverbandes und andere. Sie trafen hier mit einer Anzahl von Funktionären der SPD in Diskussionen zusammen, wie niemals und nirgends zuvor. Es gab keine Abstimmungen. Diskutiert und analysiert wurde, bis es zu einer Übereinstimmung kam. Das Wenige, das offenblieb, konnte nicht mehr zu einem Zerwürfnis führen. So stellte die große Gruppe der politischen Gefangenen ein weitgehend geschlossenes Ganzes gegenüber der SS dar.

Es ist der 25. November 1936. Wir liegen alle schon auf unseren Strohlagern, als die SS-Leute durch die Blocks toben und uns mit dem Ruf: „Antreten zum Appell!" zum Appellplatz treiben. Jeder versucht, von seiner Bekleidung zu ergreifen, was für ihn zu finden ist. Wie viele andere laufe ich barfuß, weil die Schuhe, die während der Nacht unter den Spinden stehen, hoffnungslos durcheinander geraten sind. Andere Kumpel sind ohne Rock, manche nur im Hemd ins Freie gelaufen, um den gewohnten Mißhandlungen der

SS-Leute zu entgehen. Aber diesmal macht es sonderbarerweise nichts aus, daß unsere Kleidung nicht der Vorschrift entspricht. Wir frieren natürlich bei diesem kalten Novemberwetter und stehen in der bangen Erwartung, was da auf uns zukommen wird.

Endlich erfahren wir, daß wir eine Rede über den Lautsprecher anhören sollen, und zwar vom Reichspropagandaminister Joseph Goebbels. Er verkündet, daß die Regierung des Deutschen Reiches und die Kaiserliche japanische Regierung einen Pakt zur Bekämpfung der internationalen kommunistischen Bewegung abgeschlossen haben, den „Anti-Komintern-Pakt". Beide Seiten verpflichten sich, sich gegenseitig über die Tätigkeit der „Kommunistischen Internationale" zu unterrichten und gemeinsam über die notwendigen Abwehrmaßnahmen zu beraten. Dritte Staaten sollen eingeladen werden, um Abwehrmaßnahmen im Geiste dieses Abkommens zu ergreifen oder an diesem Abkommen teilzunehmen.

Nach der Rede von Goebbels herrscht auf dem Appellplatz Totenstille. Was geschieht nun? Wir sind darauf gefaßt, daß die aufgeputschte SS über uns herfällt. Aber Rapportführer Schitli gibt das Kommando: „Abrücken!". Die SS-Leute werden lebhaft und überschütten uns mit höhnischen Bemerkungen: „Jetzt wißt ihr Bescheid. Die Falle ist zugeschnappt und ihr sitzt drin. Bildet euch nur nicht ein, daß auch nur einer nach Hause kommt." Sonst läßt man uns in Ruhe. Die SS ist in Siegesstimmung und will schnell in ihre Kantine.

Am nächsten Abend treffen wir uns abseits der Häftlingskantine auf der „grünen Seite" des Lagers. Franz Jacob, Bernhard Bästlein, Julius Leber und ich wollen über die Goebbels-Rede und die politische Lage diskutieren. Es ist nicht ganz einfach, diese Gespräche heute nachzuzeichnen. Auf jeden Fall bestand volle Übereinstimmung, daß die faschistische Führung auf einen Krieg gegen die Sowjetunion hinsteuerte, daß sie unter der zentralen Politik des Antikommunismus andere Länder für ihre Ziele einzuspannen und jede demokratische Bewegung in der Welt zu diffamieren suchte. Unsere Überlebenschance würde entscheidend abhängen von der Solidarität im Lager und von der Voraussetzung, daß die antifaschistischen Kräfte in Deutschland und in der Welt stark genug sein würden, dem Hitlerregime ein Ende zu bereiten, bevor es mit einem Krieg die Völker in den Abgrund stürzte.

Unsere abendlichen Gespräche mit Julius Leber gingen bis in das Jahr 1937. Dabei wurde von keiner Seite irgendeiner Frage ausgewichen. Leber, der vor 1933 und in den ersten Jahren der Naziherrschaft jede Zusammenarbeit zwischen SPD und KPD kategorisch abgelehnt hatte, entwickelte sich im Lager zu einem entschiedenen Verfechter der Einheitsfront. Obwohl er kein Marxist war, baute er auf die Kraft der Arbeiterklasse. Beide Seiten müßten aus den Fehlern der Vergangenheit lernen, um nach dem Ende der Nazidiktatur zu einer neuen Arbeiterpartei aus SPD und KPD zusammenzufinden. Diese gemeinsame Kraft würde die Gewähr dafür bieten, daß die Arbeiterklasse die Staatsmacht erobern und behaupten könne.

Der Sozialdemokratie warf er vor, daß sie die Führung der Partei verkalkten und arroganten Führern überlassen habe. Das war ein Thema, das er immer wieder anschnitt. Hierin sah er einen der Gründe für den Untergang der Weimarer Republik. Nur die sozialdemokratische „Eiserne Front" hielt Leber für eine Sammlung von Kräften, die von ihrer Zuversicht, Ausbildung und Bewaffnung her dem Vordringen der Faschisten ein Ende hätte setzen können. Der Staatsstreich Reichskanzler Franz von Papens am 20. Juli 1932 gegen die sozialdemokratische Regierung in Preußen hätte zum Entscheidungstag werden müssen. Leber und seine Freunde waren damals überzeugt, daß die Preußische Polizei unter Innenminister Severing sich gegen den illegalen Handstreich zur Wehr setzen würde. Die Männer der „Eisernen Front" hätten viele Stunden, noch die ganze Nacht hindurch gewartet, um zum Eingreifen gerufen zu werden. Aber Braun und Severing kapitulierten. Leber hielt den 20. Juli 1932 für eine entscheidende Zäsur im Niedergang der Weimarer Republik. Während die Nazis einen Sieg feiern konnten, hätten die Massen der „Eisernen Front" den Glauben an ihre Führung verloren und Enttäuschung und Resignation die gesamte Organisation gelähmt.

Leber sah sich als politischen Gegner der KPD, aber ihm imponierte der kompromißlose Kampf der Kommunisten gegen das Naziregime. Die Weltanschauung der Kommunisten, die Theorien von Marx, Engels, Lenin waren für ihn „orthodoxer Marxismus", der nach seiner Meinung die Redefreiheit einschränke. Die Zugehörigkeit der KPD zur Kommunistischen Internationale verurteilte er als „Einengung der Handlungsfreiheit"; er konnte nicht nachvollziehen, daß wir in der Komintern unsere nationalen Erfahrungen einbrachten und die internationalen zurückerhielten. Auch lehnte er die nach 1933 von Kommunisten und anderen Antifaschisten geforderte Volksfront gegen Hitler ab. Er verglich sie mit der Koalitionspolitik der SPD in der Weimarer Republik: „Daran ist doch die Republik zugrunde gegangen. Und wir haben noch dabei geholfen." Unsere Debatten darüber waren sehr erregt. In der Frage Krieg und Frieden war er bereit, mit Kräften des demokratischen Bürgertums zusammenzugehen.

Gegenüber der Sowjetunion hatte er viele Vorbehalte. Er stand auf der Seite des Westens, vor allem Frankreichs. Aber er konnte nicht verstehen, daß die Westmächte der Kriegshochrüstung Nazideutschlands tatenlos zusahen. Daß die Aufrüstung und der „Anti-Komintern-Pakt" vor allem auf den Krieg gegen die Sowjetunion gerichtet war, stand für ihn außer Zweifel. Leber war überzeugt, daß ein militärischer Einfall in die Sowjetunion das Ende der Naziherrschaft mit sich bringen, aber auch den Widerstand der deutschen Arbeiterschaft in großem Maßstab auslösen würde. Aus diesem gemeinsamen Kampf würde sich auch die Arbeiterbewegung wieder zu einer Partei zusammenfinden. Auch wenn er aus dem Lager herauskommen sollte, eine Emigration komme für ihn nicht in Frage; er war der Meinung, im Lande selbst politisch arbeiten zu müssen. Am 5. Mai 1937 wurde Julius Leber entlassen. Merkwürdigerweise habe ich daran keine Erinnerung mehr. Unsere Gespräche und die Art, wie sie geführt wurden, ergaben sich auch aus der Zeit vor 1933. Franz Jacob kannte ihn aus verschiedenen politischen Auseinandersetzungen, und ich war unmittelbar nach Lebers erster Verhaftung in Lübeck der dort für die KPD Verantwortliche.

Im Unterschied zu den Kommunisten waren die Sozialdemokraten in Sachsenhausen nicht besonders organisiert. Soweit ich das übersehen konnte, gab es bei ihnen keine geschlossene Meinung über die politische Entwicklung. Sie hatten freundschaftliche Kontakte in kleinen Kreisen, die sich aber nicht in jedem Fall ausschließlich auf SPD-Mitglieder beschränkten. Viele, vielleicht die meisten Sozialdemokraten, gerieten durch Sonderaktionen der Gestapo ins Lager. Diejenigen sozialdemokratischen Genossen, die wegen illegaler Arbeit abgeurteilt waren und aus den Zuchthäusern nach Sachsenhausen kamen, fanden schnell feste Bindungen zu uns.

So wie die Gruppe um Franz Jacob, Bernhard Bästlein, Julius Leber und mich, fanden sich auch andere zusammen. Sie kamen fast alle aus der Arbeiterbewegung. Die Parteizugehörigkeit spielte bei unseren Diskussionen kaum eine Rolle. Die regionalen Bindungen, d. h. das Sichkennen aus gemeinsamer Tätigkeit in den heimatlichen Gebieten, hatten einen starken Einfluß auf die Bildung einer Gruppe, waren aber nicht die Voraussetzung für ihre politische Arbeit im Lager.

Unsere Informationsquellen reichten zuerst nicht über Nazi-Organe wie „Völkischer Beobachter" und „Der Angriff" hinaus. Aber wir hatten gelernt, hinter den Zeilen zu lesen. Alles, was uns zur Kenntnis kam, wurde gemeinsam besprochen und analysiert. Unser Denken und unser Tun galt nicht nur der Sicherung unseres Lebens. Wir erwogen Entwicklungen und Pläne für die Zeit nach Hitler, unabhängig davon, ob wir sie selbst noch erleben würden. So absurd es klingen mag, wir fühlten uns wieder dem Leben zugewandt.

5.

Rückblick auf Oslebshausen

In den Jahren meiner Untersuchungshaft und der Strafhaft im Zuchthaus Bremen-Oslebshausen war es schon ein Erlebnis, wenn man einem Freund, einem Genossen beim Hofrundgang begegnete und durch ein Augenzwinkern oder eine harmlose Bewegung eine Verständigung erzielte – immer gewärtig, vom Aufseher in die Zelle zurückgeschickt zu werden. Wie hat man sich darauf vorbereitet, sich eine kurze, präzise Information oder Frage einzuprägen, um sie einem anderen zuzuflüstern und dann am nächsten Tag auf Antwort zu warten. Bei diesen hastigen Gesprächen riskierte man immer, erwischt zu werden. Mir ist das auch passiert. Ich wurde deshalb vom Schulbesuch ausgeschlossen und später auch vom Besuch der Zuchthauskirche, beides wichtige Treffpunkte für uns politische Häftlinge.

Anfang 1935 traf ich Matthias Thesen in Oslebshausen wieder. Wir lagen eine Zeitlang auf derselben Station im Haus 3. Matthes, wie ich ihn nannte, war von Beruf Dreher und Mitte der zwanziger Jahre als aktiver Gewerkschafter im Ruhrgebiet aus seinem Betrieb geflogen. Seit Ende 1932 wirkte er als Instrukteur des Zentralkomitees der KPD in den norddeutschen Bezirken unserer Partei. Ich kannte ihn aus der illegalen Arbeit in Bremen, wo er 1933 als Berater des ZK der KPD arbeitete und ich bis zu meiner zweiten Verhaftung für kurze Zeit Pol.-Leiter war.

Da ich zum Kübelentleeren eingeteilt war, konnte ich täglich eine halbe Stunde lang auf der Station herumlaufen. Die Wachtmeister retteten sich vor dem Gestank in ihr Büro, während sich die Kriminellen und Kalfaktoren zum Rauchen und Unterhalten zurückzogen. Diese Gelegenheit nutzte ich, um Verbindungen zu knüpfen. Alle Kameraden hungerten nach politischen Informationen. Nachdem es gelungen war, mir durch den Hauptwachtmeister einen Zellengenossen beizugeben, war die erste Hürde genommen. Er war ein politischer Häftling, der in der Buchbinderei beschäftigt war und an Zeitschriften, Zeitungen, zum Teil mit Fahndungsmeldungen herankam. Das fiel zum Glück in eine Zeit, in der die Abende immer länger wurden. Sonst wäre die Frist zu kurz gewesen, um die nötigen Informationen zu sammeln, denn am nächsten Morgen mußte alles Material wieder zurück sein. Neue politische Ereignisse teilte ich drei Kameraden mit, darunter Matthias Thesen. Er hatte eine gut funktionierende Klopfverbindung zu seiner Nachbarzelle, in der der Lübecker Sozialdemokrat August Klüß lag. Die beiden verständigten sich und spielten auch Schach miteinander, alles über das Klopfsystem.

Dann wurde ich nach Haus 2 verlegt, wo ich eine Häftlingsfunktion bekam und Kalfaktor wurde. Dadurch erhielt ich größere Bewegungsfreiheit, bessere Kontaktmöglichkeiten, und wir konnten einige nebeneinander laufende Informationsbeziehungen zusammenfassen und erweitern. Ein guter Genosse, den ich aus der Arbeiterjugendbewegung kannte, Robert Abshagen, verteilte täglich im ganzen Bau Milch an die Diätempfänger. Außerdem mußte er in der Verwaltung einige Räume in Ordnung halten, in denen sich gelegentlich Rechtsanwälte und Besucher aufhielten. Von dort brachte er öfter Zeitungen mit, die ich ihm dann, zu griffbereiten Kassibern präpariert, am nächsten Tag zur Verteilung gab. Die Empfänger sollten sie dann an andere politische Gefangene weitergeben. Unser Kreis konnte wesentlich erweitert werden, nachdem Franz Bobzien als Kalfaktor in der Bücherei unterkam. Franz hatte als Funktionär der Sozialistischen Arbeiterpartei (SAP) vier Jahre Zuchthaus abzusitzen. Alles, was zur Verteilung kommen sollte, holte er bei mir ab. Es blieb nicht nur bei der Weitergabe von Zeitungen. Matthias Thesen, Franz Jacob und Anton Saefkow schrieben kurze Kommentare zu bestimmten Ereignissen oder warfen Fragen auf, die zum Meinungsaustausch anregen sollten. Franz Bobzien hatte in der Bücherei Gelegenheit, Texte von besonderem Interesse abzuschreiben, die dann weitergegeben wurden. Auch die Erfüllung von Bücherwünschen der Häftlinge durch Franz Bobzien spielte eine große Rolle.

Die Bremer Tabakfirma Brinkmann ließ im Zuchthaus Oslebshausen leere Tabakpackungen präparieren. Die Packungen, die in Ballen gepreßt geliefert wurden, kamen zum Aufweichen in große Bottiche und dann in die Zellen. Hier wurde das Papier vom Stanniol getrennt. In jedem gelieferten Ballen befanden sich mehrere Päckchen mit Tabak, die von den beiden kriminellen Häftlingen, die mit dieser Arbeit beschäftigt waren, eingesteckt wurden. Ich überzeugte sie bald, daß ein bestimmter Anteil davon an mich ging. Als

Nichtraucher verfügte ich nun über Tabak, der ja im Knast einen größeren Wert hat als Gold und Edelsteine. Er wurde von uns in kleinen Portionen mit politischem Material weitergegeben. Er wurde auch gebraucht, um Kalfaktoren anderer Stationen etwas zu geben, damit sie behilflich waren, einige unserer Kameraden zu unterstützen. Der Tabak gab mir auch die Möglichkeit, mich über den Häftlings-Sanitäter zum Arzt zu melden, um dort mit Matthias Thesen oder Franz Jacob zusammenzukommen.

Das ging alles gut, solange wir in Oslebshausen waren. Nachdem aber bis Ende 1936 Franz Jacob, Robert Abshagen und ich nach Sachsenhausen überwiesen worden waren, platzte die illegale „Rote Hilfe" im Zuchthaus. Matthias Thesen kam auch nach Sachsenhausen, wurde aber 1939 wieder abgeholt und wegen unserer politischen Arbeit im Zuchthaus Bremen-Oslebshausen unter Anklage gestellt. Matthias hat bei den Vernehmungen eisern geschwiegen, so daß wir anderen ungeschoren davonkamen. Er erhielt vier Jahre Zuchthaus. Im Anschluß an diese Strafe kam er zum zweiten Male nach Sachsenhausen.

Wie lange hatten wir im Zuchthaus Oslebshausen gebraucht, um eine ständige politische Verbindung aufzubauen! Als unsere illegale Organisation endlich funktionierte, stand im Mittelpunkt die gegenseitige politische Information. Aber die wenigen Worte, die beim Arztbesuch, beim Baden, bei der Vorführung, der Bücherverteilung oder durch Kassiber gewechselt werden konnten, ersetzten nicht das Gespräch, nicht den gemeinsamen Gedankenaustausch.

Das alles fanden wir nun in Sachsenhausen. Hier konnten wir eingehende Analysen der politischen und wirtschaftlichen Situation erarbeiten und Perspektiven der weiteren Entwicklung erörtern. Was alles auf uns zukam, traf uns nicht mehr aus dem Dunkel. Wir konnten unsere Lage nüchtern einschätzen und kollektive Vorsorge treffen, um Unheil abzuwenden oder doch wenigstens abzuschwächen. Wir wußten nicht, wie lange die Naziherrschaft dauern würde, aber daß sie in der Zeitgeschichte nur eine vorübergehende Periode darstellte, war uns gewiß. Für mich war dieser Anschluß an eine Gemeinschaft Gleichgesinnter eine Hohe Schule und beglückende Erfahrung zugleich.

6.
Weihnachten 1936

Wenn wir abends im Bett lagen, wurden oft Vorträge gehalten. Zugänge berichteten über neue Bücher, Filme, Theaterstücke und über das Kulturleben unter Goebbels' Zepter. Ich erinnere mich an den Filmschauspieler Alfred Beierle, der über das Filmen sprach. Karl Gutjahr, wohl der einzige ehemalige preußische Staatsrat, der Kommunist war, erzählte von seiner Fremdenlegionärszeit in Algerien, nicht nur über Land und Leute; er gab auch eine Einschätzung der gesellschaftlichen Situation. Gewerkschafter berichteten über ihre Wanderjahre als Handwerksburschen. Andere erzählten über Arbeits- und Lebensverhältnisse in Schlesien und anderen Provinzen. Ich erinnere mich an den Bericht eines Textilarbeiters, der viele Jahre immer wieder entlassen wurde, weil er am 1. Mai gestreikt hatte. Pfarrer Werner Koch gab uns später eindrucksvolle Schilderungen über die Arbeit der Bekennenden Kirche, wovon wir bisher kaum etwas gewußt hatten. An diese Form abendlicher Bildungsstunden erinnere ich mich besonders für die beiden ersten Jahre in Sachsenhausen.

Weihnachten 1936 kam – das erste im Konzentrationslager Sachsenhausen. Die SS machte in Humanität. Jeder Häftling durfte eine Weihnachtskarte nach Hause schreiben. Er konnte eine Karte kaufen, auf der ein grüner Tannenzweig mit roten Fliederblüten abgebildet war, mit dem Aufdruck: „Die besten Weihnachtsgrüße". Nach Vorschrift der SS durfte darauf außer der Adresse nur stehen „sendet Euch Euer..." Ein Absender durfte nicht angegeben werden, damit nicht ersichtlich war, daß er als Häftling in einem KZ war. Bei den Karten für den regulären Postverkehr dagegen war auf der Adressenseite gleich zweimal in rotem Druck vermerkt, daß sie aus dem Konzentrationslager Sachsenhausen kam. Außerdem enthielt sie einen Auszug aus der Lagerordnung. Um dem Schrecken, den diese Karten verbreiten sollten, den letzten Nachdruck zu geben, war über ihre ganze Breite ein Stempel in rund einem Zentimeter hohen Buchstaben gedruckt: „Zensiert".

Eines der wenigen aus Ziegelsteinen erbauten festen Gebäude im Lager war der Zellenbau. Hier sollten nach Fertigstellung achtzig Einzelzellen zur Verfügung stehen, Zellen für Prominente bzw. Sonderhäftlinge, Arrestzellen und Zellen für Todeskandidaten. Obwohl die SS die Häftlingsbauarbeiter ständig zur Arbeit angetrieben hatte, wurde der Bau nicht wie vorgesehen bis zu den Weihnachtstagen fertig. Trotzdem wurden kurz vor Weihnachten vier jüdische Kameraden in den unwirtlichen Zellenbau gebracht. Nach dem Bericht von Herbert Mindus und Max Levinsson waren es: Franz Reiersbach, ein Funktionär der Deutschen Staatspartei, der auch Minister in der Oldenburgischen Landesregierung gewesen sein soll; der Haus- und Grundbesitzer Leonard Bischburg, der sich geweigert hatte, eine Verzichterklärung auf sein Gut zu unterschreiben; der Kaufmann Julius Burg, der seine Tochter in Moskau besucht hatte; und der Hamburger Zahnarzt Kurt Zeckendorf. Alle vier haben im Zellenbau den Tod gefunden.

Der Heilige Abend ließ uns hoffen, daß sich die SS-Leute in ihrer Kantine der Weihnachtsstimmung hingeben, dem Alkohol zuwenden und uns in Ruhe lassen würden. Als unsere Erwartung sich bestätigte, fanden wir uns in Block 16 zu einer eigenen Feier zusammen. Es war das erste Mal, daß sich eine größere Gruppe politischer Häftlinge zu einer Veranstaltung traf. Ursprünglich sollte es eine Zusammenkunft aller Hamburger Kameraden sein, die sich aus gemeinsamer Partei- und Jugendarbeit kannten. Aber unsere Vorbereitungen hatten sich herumgesprochen, und so nahmen Genossen aus verschiedenen regionalen Gruppen teil. Initiator war Bernhard Bästlein. Bernhard war Hamburger, arbeitete vor 1933 im Bezirk Mittelrhein, war Mitglied des ZK der KPD und Reichstagsabgeordneter; nach Verbüßung seiner Zuchthausstrafe kam er ins KZ Esterwegen, 1936 nach Sachsenhausen und hatte das Lager von Anfang an mit aufbauen müssen. Jetzt hielt er eine kurze Ansprache, daß niemand allein sei und unser gemeinsamer Wille uns auch die schlimmste Zeit überstehen lassen werde. Dann sangen wir unsere Lieder, die wir schon aus der Arbeiterjugendbewegung kannten: Volks- und Wanderlieder, plattdeutsche, köllsche, bayerische, schlesische und Lieder, die die Esterweger aus dem Moorlager mitgebracht hatten. Ich erinnere mich auch an das „Seeräuberlied", an „Wilde Gesellen vom Sturmwind durchweht", „Die Gedanken sind frei", „Wir sind des Geyers schwarze Haufen", oder „Die Bauern wollten Freie sein". Das „Moorsoldatenlied" wurde stehend gesungen. Der Düsseldorfer Schauspieler Edgar Bennert rezitierte. An diesem Abend, wie auch später, gehörte bei ihm immer Goethes „Prometheus" dazu. Peter Bach, ein jüdischer Kamerad, sang Chansons und sprach Verse von Ringelnatz, Tucholsky und anderen Schriftstellern. Bei dieser Veranstaltung wurde jeder einzelne von der Kraft der Gemeinschaft erfüllt, die ihm die Stärke gab, dem Terror zu widerstehen. Wer teilgenommen hatte, übertrug den Geist dieses Erlebnisses auf die Kameraden, die nicht dabeigewesen waren. Unsere Lieder schallten weit hinaus, daß „die Wände dröhnten". Die Kumpels von der Wasserkante nannten solche Zusammenkünfte „Schallerabende", die bald wiederholt und über Jahre hinweg zu einer festen Einrichtung wurden.

7.

SS-Führer im Lageralltag

Die ersten Tage im Februar fangen recht ungemütlich für uns an. Die Erregung der SS nach der Flucht der sieben war abgeebbt; wir glaubten, aufatmen zu können. Jetzt ist auf einmal wieder dicke Luft, ohne daß wir den Anlaß erkennen. Die Appelle werden von der SS in die Länge gezogen. Das Abzählen klappt angeblich nicht, die Ausrichtung auch nicht. Die Haltung einzelner Häftlinge wird beanstandet. Kurz, von der SS wird gebrüllt, geschlagen und getreten. Auf das Kommando „Hinlegen!" müssen wir uns in den Dreck werfen, ohne zu wissen, welcher Block gemeint ist.

Bei der Ausgabe der Post setzen gewohnte Schikanen ein. Die Namen der Empfänger werden vom SS-Rapportführer Schitli so vorgelesen, daß sie selbst in der nächsten Umgebung nicht zu verstehen sind, oder sie werden absichtlich falsch wiedergegeben. Da meldet sich natürlich niemand. Schitli stellt die Postausgabe ein und läßt abrücken mit der Bemerkung: „Wenn ihr keine Post haben wollt, gehen wir eben nach Hause." Kommt jemand nicht schnell genug, seinen Brief in Empfang zu nehmen, wird er zurückgeschickt mit den Worten: „Wenn du nicht willst, nehmen wir ihn wieder mit." Hat er Glück, bekommt er seine Post am nächsten Tag, wenn nicht, erst nach Tagen. Es passiert auch, daß Schitli sagt: „Wenn du kein Interesse hast, dann eben nicht", zerreißt den Brief, scharrt mit dem Stiefel darüber und läßt den Häftling die unleserlich gewordenen Papierfetzen vom Boden auflesen.

Wir waren auch Zeugen, als der katholische Pfarrer Augustin Floßdorf um die Jahreswende ein Telegramm bekommen hatte. Schitli las einen ähnlich klingenden Namen vor. Floßdorf, der am anderen Ende des Appellplatzes stand, verstand nicht, daß er gemeint war. Der entstellte Name wurde immer wieder aufgerufen, bis Schitli sich entschloß, den richtigen Namen zu rufen. Dann las er Floßdorf vor, daß sein Vater gestorben sei. Floßdorf blieb, um Fassung ringend, noch einen Augenblick stehen, da schlug ihm Blockführer Hackmann mit aller Wucht auf die Schulter und rief: „Na, da siehst du, hast du nicht genug gebetet!" Unter höhnischem Gelächter der SS-Leute mußte Kamerad Floßdorf an seinen Platz zurücklaufen.

Es war wieder so wie in den Tagen des Novembers und Dezembers. Mit besonderem Eifer stürzte sich eine Reihe von Blockführern auf die jüdischen Häftlinge, die sie bis zur völligen Erschöpfung jagten und mißhandelten. Diese Aktion nannte die SS „Wilhelm-Gustloff-Gedächtnis-Lauf". Gustloff, Landesgruppenleiter der Schweizer Auslandsorganisation der NSDAP, war vor einem Jahr, am 4. Februar 1936, von David Frankfurter, einem jüdischen Emigranten, in der Schweiz erschossen worden.

Wir führten das Verhalten der SS insbesondere auf die Rede Hitlers am 30. Januar vor dem Reichstag zurück. Die Erfahrung haben wir auch später gemacht, daß die Terroraktionen der SS oft gar nicht von Lagerereignissen, sondern durch bestimmte Hetzmeldungen in der Presse, durch antisemitische und antimarxistische Reden oder provokatorische Artikel prominenter Nazis hervorgerufen wurden.

Mitte Februar wurden drei Männer der Bekennenden Kirche in Sachsenhausen eingeliefert. Der Leiter der Kanzlei der vorläufigen Kirchenleitung, Landgerichtsrat a.D. Friedrich Weißler, Pfarrer Dr. Werner Koch und Ernst Tillich. Die „zweite vorläufige Kirchenleitung der Bekennenden Kirche" hatte am 4. Juni 1936 dem Reichskanzler Hitler eine Denkschrift überreicht; die „Baseler Nachrichten" veröffentlichte sie am 26. Juni 1936. Die Gestapo brachte die drei Männer nach Sachsenhausen.

Dr. Friedrich Weißler war Jude; die SS steckte ihn in den Zellenbau. Wir haben nicht erfahren können, was die SS mit ihm gemacht hat. Am 19. Februar 1937, einige Tage nach seiner Einlieferung, war der 45 Jahre alte Mann tot. Als Todesursache gab die SS ein altes, schweres Leiden an. Dr. Weißler hatte sich aber anläßlich des Abschlusses einer Lebensversicherung bei einer amerikanischen Versicherungsgesellschaft einer ärztlichen Untersuchung unterzogen. Diese Gesellschaft erhob Einspruch, da ihr die Angaben der Todesursache unglaubwürdig erschienen, und setzte eine Obduktion der Leiche durch. Es wurde festgestellt, daß der SS-Arzt eine falsche Todesursache angegeben und Dr. Weißler durch Gewalteinwirkung den Tod gefunden hatte. Die SS mußte sich einen Schuldigen suchen und nahm sich dafür den SS-Hauptscharführer Zeitler heraus. Zeitler verschwand aus dem Lager.

8.
Das Sachsenhausenlied

Anfang 1937 hatte ich mich in den Block 12 verlegen lassen. Blockältester ist hier Willi Warnke aus Hamburg. Ich bekomme mein Bett neben Willi Konsorski, ebenfalls ein Kampfgefährte aus der Heimat. Das bedeutet sehr viel: Ich bin unter Freunden; wir können ein offenes Wort untereinander reden, wie wir es gewohnt waren. Im Block sind viele alte Kumpel aus Esterwegen, die mir mit Rat und Tat zur Seite stehen. Ich empfinde Leben und Atmosphäre im Block als anders. Es läuft alles wie von allein, jeder fühlt sich verantwortlich, Streit wird schnell geschlichtet, Differenzen werden kameradschaftlich geklärt. Oder sollte nur mein eigener Eindruck so gewesen sein?

In unserem Block wurde bis Anfang des Jahres 1937 Carl von Ossietzky als kranker Häftling geführt, in Wirklichkeit lag er in einem Berliner Krankenhaus. Eines Morgens – wir sind gerade zum Appell angetreten – gibt Blockführer SS-Scharführer Brumm dem Blockältesten Willi Warnke die Anweisung, Ossietzky von der Häftlingsliste abzusetzen. Er sagt dazu: „Der ist eingegangen wie eine Primel." Tief erschüttert glauben wir, daß unser Kamerad Ossietzky tot sei. Schnell verbreitet sich diese Annahme im ganzen Lager.

Am Abend kommen die Kumpel im Block 12 zu einer Trauerfeier zusammen. Nachdem das Moorsoldatenlied gesungen war, sprechen einige Kameraden über ihre Erinnerungen an die Zeit mit Carl von Ossietzky in Esterwegen. Hans Christoffers spielt auf der Geige den russischen Trauermarsch. Dann erklingt zum ersten Mal im größeren Kreis das Lied:

Wir schreiten fest im gleichen Schritt.
Wir trotzen Not und Sorgen;
: Denn in uns zieht die Hoffnung mit
Auf Freiheit und auf Morgen!:

Was hinter uns, ist abgetan,
Gewesen und verklungen.
: Die Zukunft will den ganzen Mann,
Ihr sei unser Lied gesungen!:

Aus Esterwegen gingen wir leicht,
Es liegt verlassen im Moore.
: Doch bald war Sachsenhausen erreicht,
Es schlossen sich wieder die Tore!:

Wir schaffen hinter Stacheldraht,
Mit Schwielen an den Händen.
: Wir packen zu und werden hart,
Die Arbeit will nicht enden.:

So mancher kommt, kaum einer geht,
Es wechseln Mond' und Jahre,

:*Und bis das ganze Lager steht,*
Hat mancher graue Haare.:
Das Leben lockt hinterm Stacheldraht,
Wir möchten's mit Händen greifen,
: Dann werden unsre Kehlen rauh,
Und die Gedanken schweifen.:
Wir schreiten fest im gleichen Schritt.
Wir trotzen Not und Sorgen;
: Denn in uns zieht die Hoffnung mit
Auf Freiheit und auf Morgen!:

Dieses Lied war erst kürzlich entstanden. SS-Lagerführer Weiseborn hatte sich in den Kopf gesetzt, daß auch Sachsenhausen ein eigenes Lagerlied haben müsse und Anweisung gegeben, in drei Tagen einen Text vorzulegen. Wie Genosse Karl Wloch berichtet, verfaßten er, Bernhard Bästlein und Karl Fischer die Verse. Bernhard schlug vor, das Lied nach der Melodie „Die Bauern wollten Freie sein" zu singen. Diese Melodie habe Kampfcharakter, ohne bei der SS als Arbeiterlied bekannt zu sein. Karl Wloch schreibt: „Nun kam die schwere Arbeit mit dem Text. Im Lied sollte natürlich an Esterwegen erinnert werden. Es sollte ermutigen und das Wissen um die Zukunft der Arbeiterklasse betonen. Es war eine richtige Kollektivarbeit; was 'reinmußte, wußten wir, und mal fand Bernhard, mal ein anderer von uns den richtigen Reim. Das Lied entsprach dem Geist der Antifaschisten, die nach Jahren der Zuchthausstrafe zu Hunderten und später zu Tausenden nach Sachsenhausen kamen..." Obwohl dieser Geist in dem neuen Lied nicht mißzuverstehen war, hatte Lagerführer Weiseborn zunächst keinen Einwand dagegen erhoben.

Nach unserer Feierstunde für Ossietzky fand das Sachsenhausenlied schnell Anklang. Unser Hamburger Genosse Addi Wendt, der in der Kommandantur beschäftigt war, schrieb den Text gleich in zwanzig Exemplaren auf einer SS-Schreibmaschine ab. Als das Häftlingsarbeitskommando „SS-Leute" dieses Lied beim Ausrücken zur Arbeit sang, griff die Lagerführung ein. Addi Wendt wurde ausgepeitscht, das Arbeitskommando mußte Strafsport machen; außerdem wurde den Häftlingen das Essen entzogen. Aber das Lagerlied war bald darauf auf unseren Schallerabenden und anderen Zusammenkünften zu hören.

9.

„Grüne"

Anfang 1937 fiel der Stacheldraht, der das Lager bisher vom Appellplatz trennte. Auch die strenge Scheidung zwischen der „roten" und der „grünen" Lagerseite wurde nicht mehr so genau eingehalten und verlor sich im Laufe der Zeit völlig. Trafen sich bisher die beiden großen Häftlingsgruppen nur bei der Arbeit, so gab es nun auch in der freien Zeit keine Hindernisse mehr. Aber bald ergaben sich Probleme, die mit dem stärkeren Zuwachs der nichtpolitischen Gruppen an Bedeutung für die Gestaltung des Lagerlebens gewannen.

Im Zuge einer Aktion, die sich über das ganze Reich erstreckte, kamen Mitte März 1937 etwa 300 sogenannte BVer nach Sachsenhausen. BV war die Abkürzung für „Befristete Vorbeugehaft", woraus sich aber in der Lagersprache „Berufsverbrecher" für BVer durchsetzte. Insgesamt waren am 9. März schlagartig 2000 Verhaftungen vorgenommen worden. Die einzelnen Kriminalpolizeistellen hatten schon seit einiger Zeit Listen von Leuten aufstellen müssen, die sie für Berufs-, Gewohnheits- oder Sittlichkeitsverbrecher hielten. Es war eine willkürliche Maßnahme, denn es ging nicht um Leute, die erneut straffällig geworden waren. Gegen wirkliche Schwerverbrecher hatte die nazistische Justiz seit Jahren härtere Strafen verhängt. Es blieb der Kriminalpolizei überlassen, wen sie in Vorbeugehaft nahm. Sie mußte die ihr aufgegebene Anzahl von Vorbestraften an die Konzentrationslager abliefern.

Es war eine merkwürdig gemischte Gesellschaft, die nun ins Lager kam. Es gab einzelne, die etwas auf dem Kerbholz hatten, aber schon Jahre wieder ihrer Arbeit nachgingen und sich nichts weiter zuschulden hatten kommen lassen. Bis auf einige Ausnahmen waren sie Gelegenheitsdiebe und Betrüger gewesen. Bei manchen lagen Auseinandersetzungen persönlicher Art mit Nazifunktionären vor; sie hatten sich auf irgendeine Weise mißliebig gemacht oder waren in Gewaltakte der SA und SS einbezogen worden. Andere kamen wegen Beleidigung oder Hausfriedensbruch als „Kriminelle" ins Lager. Auch eine Reihe Juden wurden mit der Bezeichnung „BVer" eingeliefert. Sie waren vorbestraft, weil sie sich bei Überfällen auf jüdische Geschäfte gegen Plünderer zur Wehr gesetzt hatten, wegen Nichtbefolgung der Namenverordnung, wegen „Zuwiderhandlung gegen Beschäftigung arischer Hausangestellter" oder wegen sogenannter Verunglimpfung, wenn sie z. B. einer Nazidemonstration nicht ausweichen konnten und beim Vorübertragen der Hakenkreuzfahne nur die Wahl hatten, die Naziflagge mit erhobener Hand zu grüßen oder Prügel zu beziehen.

Gestapo und SS bezweckten mit dieser Massenverhaftung von Vorbestraften und Verdächtigten unter anderem auch eine Kriminalisierung der Schutzhäftlinge vor der breiten Öffentlichkeit. Die unterschiedliche Bezeichnung der Haftgründe sollte dabei helfen, alle Nazigegner zu Verbrechern abzustempeln. Die Faschisten wollten jene im Lande, die durch den Terror unsicher geworden waren, dazu bringen, sich von den verfolgten Mitbürgern abzuwenden. Für die Lager schufen Gestapo und SS verschiedene Häftlingskategorien, um die Gefangenen zu spalten und eine einheitliche Haltung zu verhindern.

Diese 300 Neuen wurden von der SS durchweg als BVer (mit grüner Markierung) eingeordnet. Viele von ihnen waren durch die gesellschaftlichen Verhältnisse dazu gebracht worden, auch mal auf krummen Wegen „anzuschaffen". Diese neigten aber auch dazu, sich auf ein Bündnis mit der Macht einzulassen. Herausgerissen aus den gewohnten Lebensverhältnissen, wurden sie in den KZs vom blindwütigen Terror der SS überrannt, die meisten schon in den ersten Stunden von Panik erfaßt. Diese waren bald bereit, sich allem zu unterwerfen, was die SS von ihnen verlangte, nur um ihr Leben zu sichern. Mancher Grüne, der aus einfachen bzw. kleinbürgerlichen Verhältnissen kam oder im Leben ständig herumgestoßen worden war, fühlte offene Genugtuung, hier im Lager auf gleicher Stufe mit führenden Politikern, Wissenschaftlern, Künstlern, Juristen zu stehen. Vielfach führten Haßempfindungen gegen Häftlinge, die sie für „was Besseres" hielten, dazu, diese gründlich auszunehmen. So bahnte sich eine von der SS geförderte gefährliche Atmosphäre an, die Kategorien der Häftlinge gegeneinander auszuspielen.

Für die Politischen wurde ein klares Verhältnis zu den BVern eine entscheidende Frage, die unter uns zu lebhaften Diskussionen führte. Im wesentlichen erzielten wir Übereinstimmung, wenn es auch gelegentlich Rückschläge gab. Unsere Haltung zu den Grünen wurde im allgemeinen durch die Tatsache bestimmt, daß auch diese Menschen Opfer des Nazistaats waren. Oft hatte nicht einmal ein Nazigericht ein Gesetz gefunden, nach dem sie verurteilt werden konnten. Nach Nazirecht waren sie „Vorbeugehäftlinge", also unschuldig. Wir konnten keine Maßnahme, keinen Terrorakt der Nazis als gegeben ansehen oder gar akzeptieren. Die SS hatte am wenigsten ein Recht, über angebliche Kriminelle zu urteilen, da bei ihr Kapital- und Massenverbrechen an der Tagesordnung waren. Wir erkannten also die Kategorisierung, wie sie von den Nazis eingeführt wurde, nicht an. Für uns Politische konnte das Verhältnis der Häftlinge zueinander einzig und allein durch das Verhalten des einzelnen zur Lager-SS bestimmt werden.

Natürlich gab es auch kriminelle Gefangene, die konsequent auf die SS setzten. Zwischen diesen Häftlingen und ihren Bewachern bahnten sich bald Beziehungen an, die im Laufe der Zeit zu einer echten Kumpanei führten. Dadurch brachten sie sich selbst in Gegensatz zur Gesamtheit der anderen Häftlinge. Welcher Kategorie sie auch immer zugeordnet worden waren, wer von ihnen eine Position errungen hatte, führte bald eine Clique an, die zügellos ihre Interessen durchzusetzen versuchte. Unter ihnen kam es unvermeidlich zu Cliquenkämpfen. Sie kämpften gegeneinander um einen Anteil an der organisierten Beute, um Positionen und gerieten immer tiefer in die Fänge der SS.

Hatte bisher unter den Häftlingen eine gewisse Eintracht geherrscht, so ergaben sich jetzt oft Reibungen, die häufig zu Anti-BVer-Stimmungen unter den Politischen führten. Aber andauernde Auseinandersetzungen zwischen den beiden großen Gruppen der Grünen und der Politischen konnte nur der SS, also den Feinden nutzen. So gingen wir von Anfang an einen anderen Weg. Nicht die Zufälligkeit der Eingruppierung in eine Häftlingskategorie, sondern das Verhalten des einzelnen zur SS war für uns bestimmend für die Einschätzung eines Häftlings. Wir kämpften um unser Leben, und wer auf der Seite jener stand, die unseren Tod wollten, stand auf der anderen, der feindlichen Seite.

Wir politischen Häftlinge stellten schon durch unsere Geschlossenheit eine Kraft dar, die in der Lage war, bei einem Konflikt mit Grünen als die Stärkeren daraus hervorzugehen. Unsere Überzeugung, daß die Nazis nicht ewig am Ruder sein würden, gab auch manchem anderen wieder einen Hoffnungsschimmer und trug dazu bei, das Vertrauen in uns zu stärken. Unsere kompromißlose Haltung, die für die Mehrheit der bewußt Politischen bestimmend war, machte Eindruck, auch wenn sie manchmal von den Grünen belächelt wurde: „Du bist zwar ein feiner Kerl – aber verrückt!". Wo politische Häftlinge Einfluß hatten, waren sie bemüht, die Interessen aller Häftlinge konsequent zu vertreten. Es war eine Ausnahme, wenn sich einer korrumpieren ließ. In den langen wirtschaftlichen und politischen Kämpfen der Arbeiterbewegung hatte sich eine Solidaritätsmoral herausgebildet, die sich jetzt auch im Lager bewährte.

Der Mehrheit der Grünen war unser Solidaritätsgefühl fremd. Antifaschistische Kameradschaft, politische Überzeugung galt ihnen gering. Bei ihnen kämpfte jeder zunächst um seinen eigenen Platz im Lagerleben. Ihnen galt der Ellenbogen etwas, und wo der nicht ausreichte, die Faust. Trotz vorübergehender Cliquenbildungen war im Grunde jeder von ihnen auf sich allein gestellt. Sie kannten nur ein Geben, bei dem wiedergegeben wurde. Wer nicht mitkam, konnte zugrundegehen. Die Familien der meisten Grünen waren kaum in der Lage, regelmäßig Geld zu schicken. Sie hatten keins oder nur wenig. Wer etwas zu rauchen brauchte und es auf geradem Wege nicht bekam, beschaffte es sich auf krummem.

Ohne die Gefahren, die diese Haltung für den Lageralltag barg, zu unterschätzen, durfte das kein Hindernis sein, mit der Masse der Grünen eine Möglichkeit des Zusammenlebens zu finden. So erstrebten wir eine Übereinkunft mit ihnen unter der Devise: Leben und leben lassen, ohne daß das ein Freibrief für kriminelles Handeln gegen die Kameradschaft sein durfte. Dieser Grundsatz erleichterte uns für Jahre den Kampf um die Isolierung der mit der SS intrigierenden Cliquen.

10.

Ein Kesselschmied wird Fußbodenleger

Der Winter 1936/37 geht langsam dem Ende zu. Da bietet mir mein Hamburger Kumpel Hans Christoffers einen Platz als Bautischler in seinem Kommando an, in dem er Vorarbeiter ist. Das Kommando ist beim Bau der SS-Führer-Häuser beschäftigt. So heißen die Häuser, in denen die SS-Führer mit ihren Familien wohnen werden. Ich soll beim Fußbodenlegen beschäftigt werden und war dem SS-Kommandoführer als ein besonders tüchtiger Fußbodenleger empfohlen worden. Ich bin Kesselschmied und habe nicht die geringste Ahnung, wie das vor sich gehen sollte. Hans Christoffers und sein unzertrennlicher Freund Hein Brettschneider versuchen nun, an einem Abend aus mir einen Fußbodenleger zu machen. In einer noch im Bau befindlichen Baracke lerne ich einige Handgriffe. Den beiden genügt das. Ich habe allerdings den Eindruck, daß sie von meinem Können nicht sehr überzeugt sind, aber schnell wieder in ihre Baracke zurückwollen.

Hein Brettschneider wird mir für die nächsten Tage als Helfer beigegeben. Und dann geht es los. Hans und Hein hatten einen schon gelegten Fußboden wieder herausgenommen und die Bretter sorgfältig gestapelt. Hein sorgt dafür, daß die Bretter in der richtigen Reihenfolge abgenommen werden, so daß alles reibungslos vonstatten geht. Hans Christoffers und der SS-Kommandoführer sehen zu, bis wir unsere Arbeit beendet haben. Der SS-Mann nickt, und ich habe meine Prüfung bestanden. Dann erst sagen mir Hans und Hein, daß er sich anfangs gesträubt habe, noch einen Häftling in sein Arbeitskommando aufzunehmen. So mußte ich als ein besonders guter Fachmann auftreten, der für das Vorankommen der Arbeit wichtig schien.

Mein neues Arbeitskommando war ausgesprochen gut. Bisher war ich bei der Arbeit gnadenlos dem Wetter und den Launen der SS-Leute ausgeliefert. Hier ließ uns der Kommandoführer weitgehend in Ruhe. Am Abend sah man, was man geschaffen hatte; am Morgen wußte man, wo man die Arbeit fortsetzte. Unser Vorarbeiter Hans Christoffers hat dafür gesorgt, daß niemand in unsere Arbeit hineinreden darf, immer mit der Begründung, das sind Führerhäuser, da muß alles erstklassig und schnell fertig sein. Der SS-Kommandoführer sammele Lorbeer auf sein Haupt, wenn er sich an diese Devise halte. Er ist selbst bestrebt, andere SS-Leute von seinem Kommando fernzuhalten. Es wird nicht gebrüllt, nicht geschlagen, nicht einmal zur Arbeit angetrieben. Natürlich machen wir auch Brennholz für unseren Block. Das fehlerhafte und weniger gute Holz war für die SS gerade gut genug. Der Gedanke, daß wir für den Feind arbeiten müssen, beeinflußt die Qualität unserer Arbeit.

Nicht nur, um den Arbeitsprozeß nicht stören zu lassen – der Kommandoführer weiß auch um eine spezielle Anziehungskraft unseres Arbeitsplatzes. Hier gibt es Holz, Glas, Armaturen und Beschläge, kurz alles, was SS-Leute für ihre Wohnungen gebrauchen können oder was in ihrem Interesse zu verwenden ist.

Eines Tages, ich bin noch nicht lange in dem Kommando, habe ich allein in einem Haus mit dem Annageln der Scheuerleiste zu tun. Als ich mir aus einem anderen Raum Werkzeug holen will, treffe ich unerwartet auf einen SS-Mann, der sich mit Werkzeug aus unserer Kiste davonmachen will. Bevor ich mich verdrücken kann, hat er mich gesehen. „Habe ich dich endlich beim Rauchen erwischt?!" brüllt er mich an. Das Rauchen in der Arbeitszeit war strengstens verboten, was mich aber nicht berührte, da ich absoluter Nichtraucher war. Das sage ich ihm, und daß der Kommandoführer vor kurzem im Haus gewesen sei und geraucht habe. In seiner Wut, von einem Häftling beim Diebstahl ertappt zu sein, schlägt er auf mich ein. Dann befiehlt er mir, mich am anderen Morgen bei ihm zur Strafarbeit zu melden. Als er schimpfend die Treppe heruntergeht, dreht er sich unerwartet um und gibt mir noch einen Kinnhaken, so daß ich die Stufen herunterfalle und bewußtlos liegenbleibe.

Die Attacke geschah kurz vor Arbeitsschluß, und ich bin noch nicht wieder bei Besinnung, als ich von Kameraden gefunden und ins Lager geschleppt werde. Von diesem Vorfall mag das Gerücht herrühren, daß ich von der SS erschlagen worden sei. So fand ich später in der „Prawda" und anderen aus-

ПРАВДА

5 ФЕВРАЛЯ 1939 г., № 35 (7720)

ЗАМУЧЕН РУКОВОДИТЕЛЬ ГАМБУРГСКОЙ РАБОЧЕЙ МОЛОДЕЖИ

ПРАГА, 4 февраля. (ТАСС). Как сообщают из Берлина, в концентрационном лагере Саксенгаузен «скоропостижно скончался» рабочий Гарри Найок — руководитель гамбургской рабочей молодежи. Найок — активный работник областной организации комсомола — был в 1933 году арестован, отсидел по приговору «суда» два года и три месяца, а затем был переведен в концентрационный лагерь. «Скоропостижная смерть» мужественного молодого антифашиста является результатом ежедневных пыток и издевательств, которым он подвергался в концентрационном лагере.

Meldung in der „Prawda" vom 5. Februar 1939, daß der Hamburger Arbeiterjugendfunktionär Harry Naujoks im KZ Sachsenhausen umgekommen sei

ländischen Zeitungen Meldungen, in denen mein Tod im KZ Sachsenhausen mitgeteilt wurde.

Der Zusammenprall mit dem wilden SS-Mann wird von unserem Vorarbeiter Hans Christoffers beigebogen, so daß die Sache noch glimpflich für mich ausgeht. Ich erhalte keine Strafe und bleibe noch einige Zeit in diesem Baukommando.

11.

Darf ein Häftlingsfunktionär Meldung machen?

Ein besonderer Vorfall löste im Lager eine kontroverse Diskussion aus. Block 18, der bisher als Lagerschuppen genutzt wurde, war inzwischen mit Politischen belegt. Blockältester und Stubendienst waren ebenfalls politische Gefangene, die das Vertrauen der Belegschaft hatten.

Eines Tages war ein Häftling aus diesem Block bei der Arbeit an Alkohol herangekommen und hatte ihn mit Freunden getrunken. Auch in den Block hatten sie sich für den Abend noch etwas mitgebracht; so wurden sie immer vergnügter und immer lauter. Der Blockälteste ermahnte sie, leise zu sein; auch aus der Belegschaft kam Kritik. Die drei in ihrer Trunkenheit waren aber nicht zur Vernunft zu bringen. Sie fingen laut an zu singen, prosteten dem etwa 100 Meter weiter hinter dem Zaun stehenden SS-Posten zu und gaben nicht eher Ruhe, als bis der Schnaps ausgetrunken war. Die SS-Leute hatten inzwischen ihrem Postenführer Meldung gemacht. Es gab keinen Zweifel, daß dieser Zwischenfall der Lagerführung zur Kenntnis kommen würde.

Was sollte jetzt der Blockälteste machen? Für seine Funktion ist es vorgeschrieben, der Lagerführung alle „besonderen Vorgänge" zu melden. Bisher hatten wir das abgelehnt und alles unter uns geregelt. In diesem Falle war es aber nicht möglich, da die SS schon einbezogen war. Selbst wenn wir die Ablösung des Blockältesten und die Repressalien gegen die Blockbelegschaft in Kauf nähmen – die Übeltäter kommen um eine harte Strafe nicht herum. Der Blockälteste entschied nach Rücksprache mit den Vertrauensleuten, eine Meldung an den Blockführer zu machen, um die Belegschaft vor kollektiver Bestrafung zu schützen.

Die drei Alkoholtrinker kamen in den Zellenbau, bis sie die über sie verhängte Strafe: 25 Stockhiebe und verschärften Arrest, verbüßt hatten. Ich erinnere mich nur noch an einen von ihnen, einen Bremer oder Bremerhavener mit dem Spitznamen „Tachtu" (?). Von ihm weiß ich, daß er nach diesem Vorfall zum BVer gemacht wurde und statt der roten die grüne Markierung bekam.

Dieser Vorfall wurde nun lebhaft unter den Kameraden diskutiert. Am einfachsten war es, den Blockältesten zu verurteilen und alles auf die Frage zuzuspitzen, darf ein Häftlingsfunktionär über einen Häftling eine Meldung machen? Wer die Position des Blockältesten bezog, wies auf die Zwangslage hin, die durch das Verhalten der Betroffenen für ihn entstanden war.

Das eigentliche Problem aber war: Wie verhindern wir eine Wiederholung? Was müssen wir tun, um nicht wieder in eine solche Zwangslage zu geraten? Der ganze Block hatte mitbekommen, wie die drei sich langsam in die Verantwortungslosigkeit tranken. Außer wirkungslosen Ermahnungen tat aber niemand etwas, um dem ein Ende zu setzen. Als alles vorbei war, blieb die Sorge, was alles hätte passieren können. Wenn zum Beispiel während der Nachtruhe die SS-Posten von den Betrunkenen angequasselt worden wären, wäre damit zu rechnen gewesen, daß die Posten in die Fenster geschossen hätten. Aber an die Idee, den dreien die Schnapsflasche rechtzeitig wegzunehmen, hatte keiner ran gewollt. „Ich kann doch keinen Kumpel anfassen!" Mit diesem Argument ließen sie ihre drei Kameraden offenen Auges in ihr Unglück rennen und brachten einen Mann ihres Vertrauens in die Zwangslage, eine Meldung an die SS machen zu müssen.

Im allgemeinen bereinigten wir Konflikte unter uns. Wo es notwendig war, sprach der Blockälteste ein letztes Wort, das respektiert wurde. Die Bedingungen des Konzentrationslagers erforderten immer wieder einheitliches, entschlossenes, diszipliniertes Handeln. Theoretisch war das alles klar. Jetzt kam es darauf an, im Einzelfall rechtzeitig einzugreifen. Die Diskussion über das Ereignis blieb noch lange lebendig, besonders über die Frage: Wie kontrollieren wir unsere Funktionäre, und wie erreichen wir die nötige Disziplin?

12.
Sonderaktion der Hamburger Gestapo

Nach der geschilderten BVer-Aktion kamen, ebenfalls im Frühjahr 1937, etwa hundert politische Häftlinge im Zuge einer Sonderaktion der Hamburger Gestapo nach Sachsenhausen, unter ihnen unser Genosse Rudolf Klug. Die meisten von ihnen waren Kommunisten oder hatten ihnen vor 1933 nahegestanden. Niemand wußte, warum sie verhaftet worden waren. Ihnen wurde nichts vorgeworfen. Sie kamen ohne Vernehmungen durch die Gestapo ins Lager. Die meisten wurden übrigens schon nach acht bis zehn Wochen wieder entlassen.

Wir ließen uns von ihnen aus der Heimat berichten und erfuhren, wie schwer es geworden war, im Betrieb oder unter den Nachbarn im antifaschistischen Sinne zu wirken. Wir hörten von Ausflügen, die an den Sonntagen auf verschiedenen Wegen zu einem gemeinsamen Ziel führten, um sich auszusprechen; auch von Familienfeiern, auf denen man aus dem gleichen Grunde zusammenkam. Viele erzählten von Verhaftungen aus ihrem Bekanntenkreis, auch über Bespitzelungen oder Denunziationen oder von Freunden, die in die Emigration gegangen waren.

Oft hörten wir von freundschaftlichen Begegnungen mit früheren SPD-Mitgliedern; meistens waren es die bessere Information und ein fundiertes politisches Wissen der Kommunisten, was manchen Sozialdemokraten anzog. Bis auf wenige Ausnahmen sind die neu eingelieferten Hamburger der Auffassung, daß noch ein langer und schwerer Weg vor uns liege. Die Furcht vor einem Kriege sei unter der Bevölkerung vorhanden; den Friedensreden der Nazigrößen möchte man gern glauben, aber könne es doch nicht. Bestimmte Zeitungsmeldungen, etwa über den Bürgerkrieg in Spanien, böten Anlaß, Fragen zu stellen und vorsichtig Sorge vor einem neuen Weltkrieg zu äußern.

Einig sind sich alle Zugänge, daß die Olympiade in Berlin ein politischer Erfolg für die Hitlerregierung war. Auch Veranstaltungen der Naziorganisation „Kraft durch Freude" (KdF) fänden Anklang, während das „Winterhilfswerk" mit seiner ewigen Sammelei ganz schön mies gemacht werde. Das sind Ausschnitte aus dem Bild, das uns die Hamburger Zugänge vorlegen. Ihre Äußerungen sind uns sympathisch, aber sie enthalten so gut wie nichts über einen organisierten Widerstand. Dann treffen wir aber doch auf einige Kommunisten, die uns vom illegalen antifaschistischen Kampf etwas berichten können. Sie erzählen sehr zurückhaltend und ohne Namen oder Örtlichkeiten zu nennen, aber sie geben Kenntnis von der Verbreitung politischen Materials. „Hat man mir in den Briefkasten gesteckt. Lag auf meinem Arbeitsplatz", sagen sie. Wir lassen sie in dem Glauben, daß wir ihnen das so abnehmen. Andere wissen, wie es den Familien der Verhafteten geht.

Alles in allem: Hundert Menschen sind auf einen Schlag zu uns nach Sachsenhausen gekommen und haben uns einen Blick in die Heimat freigegeben. Als sie nach einigen Wochen zurückgehen, können sie ein wahrheitsgetreues Bild vom Leben in einem Konzentrationslager geben, nicht nur von den unmenschlichen Bedingungen, sonden auch von unserer Moral und unseren Hoffnungen.

13.
Vertreter der Internationalen Handelskammer im Lager

Vom 28. Juni bis 3. Juli 1937 findet in Berlin der 9. Kongreß der Internationalen Handelskammer statt. Es sind mehr als 1600 Vertreter aus 40 Ländern erschienen. Die Nazis sagen, dieser Kongreß könne als das größte Ereignis des Jahres 1937 bezeichnet werden. Im Programm dieses Kongresses gibt es Reden von Göring und Schacht, einen Empfang bei Hitler, ein Sommerfest auf der Pfaueninsel und – eine Besichtigung des Konzentrationslagers Sachsenhausen. Führenden Männern aus 40 Ländern zu zeigen, wie die Nazis mit der Opposition verfahren und gleichzeitig ausländische Proteste gegen die deutschen KZs abzuschwächen – diese Gelegenheit wollen sie sich nicht entgehen lassen. Block 12, auf dem ich liege, ist zur Besichtigung ausersehen.

Tische und Schemel werden gescheuert, die Fenster geputzt und der Fußboden geölt, die Betten von besonderen „Fachleuten" unter uns überholt. Es muß an dem Morgen geregnet haben, denn wir hatten im ganzen Tagesraum Bindfäden gezogen und unsere nassen Sachen zum Trocknen aufgehängt. Da es verboten war, die Fenster zu öffnen, hängt die Ausdünstung der nassen und schweißgetränkten Uniformröcke in der Luft.

Die gesamte Belegschaft sitzt im Tagesraum. Wir überlegen, ob wir etwas tun können. Wir einigen uns: Keiner darf auffallen. Wir wollen nicht riskieren, für die nächsten Wochen zum Strafexerieren im knöcheltiefen Sand des Appellplatzes verdonnert zu werden. Wir haben uns angewöhnt, beim Kommando „Achtung!" einige Schemel umzuwerfen. Wenn das so auf einen Schlag geht, klingt das ganz schön zackig. Jetzt einigen wir uns darauf, das diesmal nicht zu tun. Der von uns aufgestellte Wachposten meldet: „Sie kommen!" Da ruft jemand: „Die Dicken nach hinten!" Zwei, drei Leute wechseln die Plätze.

Da stehen die Besucher schon vor der Tür, unter der Führung des Lagerkommandanten, SS-Obersturmbannführer Karl Otto Koch (wegen krimineller Delikte zweimal vorbestraft). Koch stellt sich auf die Fußroste, so daß er etwas erhöht vor den Mächtigen der Wirtschaft steht, und leitet seine Ausführungen mit einigen beschönigenden Daten über das Lager ein. Dann sagt er: „In diesem Block sind marxistische Hetzer untergebracht, die in ihrem ganzen Leben noch nie gearbeitet haben. Hier lernen sie ehrliche Arbeit kennen, und wir sorgen dafür, daß ihnen das Hetzen für alle Zeiten vergeht." Im Unterschied zu anderen bei Besichtigungen gehaltenen Reden, läßt er diesmal alle antisemitischen Ausfälle weg. Offensichtlich muß er Rücksicht auf diese internationale Besuchergruppe nehmen. Koch redet von Erziehung, Fleiß und Ordnung, von Befehlen, von Gehorchen, von Sauberkeit, und dann betreten die Besucher die Baracke.

Auf das Kommando „Achtung!" unseres Blockältesten sind wir aufgesprungen. 70 Augenpaare blicken auf die Tür, sehen den Besichtigern offen ins Gesicht, sehen ihnen in die Augen. Wir lassen einen schmalen Gang, durch den sie hindurch müssen, denn Lagerkommandant Koch führt sie in den Schlafsaal. Ob wohl jemand von diesen Wirtschaftsvertretern schon einmal so hautnah mit seinen Arbeitern und Angestellten zusammengekommen ist? Wir wissen es nicht. Bei uns ist ihnen kaum etwas anzumerken, aber ich glaube, ein leises Unbehagen zu spüren. Ihre Augen gehen hin und her, bleiben an keinem Gegenstand hängen. Sie sind nur darauf bedacht, den Anschluß an den Vordermann nicht zu verlieren. Sie drängen sich, um zu zweit nebeneinander gehen zu können. Dabei berühren sie uns. Manchen von ihnen ist das offensichtlich unangenehm.

Die Luft ist zum Schneiden dick. Zu den Ausdünstungen der Kleidung kommt der Gestank des frischgeölten Fußbodens. Die Besucher beeilen sich, vorwärts in den Schlafsaal zu kommen. Aber hier erwartet sie der penetrante Geruch der Strohsäcke. Die ersten drängen zurück, die Nachkommenden drängen vor, um aus dem Tagesraum herauszukommen. Es hilft nichts, sie müssen alle tief in den Schlafsaal hinein, bis auch der letzte drin ist. „Das wär's, meine Herren." Auf diese Worte des Kommandanten gehen sie in Eile zurück. Endlich sind sie wieder im Freien. Wir beobachten, wie sie nach Luft schnappen, ihre Taschentücher zücken und sich schnell entfernen.

Bevor sie Sachsenhausen verlassen, muß das ganze Lager zum Singen antreten. Wir sangen bereits vor Heinrich Himmler und vor Schwester Pia. Heute singen wir vor der großen Wirtschaft aller Herren Länder. Es mag den Herren merkwürdig vorgekommen sein. Da stehen sie nun als lose Gruppe, um sie herum auf Tuchfühlung die SS. Hinter ihnen, nicht weiter als zwei bis drei Meter, die Todeszone mit elektrisch geladenem Stacheldrahtzaun. Über ihnen bedrohlich in den Wachttürmen die auf uns gerichteten Maschinengewehre, sicherlich geladen und entsichert. Wir haben nie erfahren, was die Besucher bewegt haben mag, was sie wohl gedacht haben, als unser Lied erscholl:

Seid willkommen, frohe Sänger,
Seid gegrüßt vieltausendmal.
Den heutigen Tag zu ehren,
Laßt uns singen und fröhlich sein.
Halleluja, trallala!

Es war eine längere Zeit vergangen, da fiel uns ein Stück einer Zeitung der Deutschen Arbeitsfront (DAF) in die Hände. Darin war eine Antwort zu dem Bericht eines Reporters über den Besuch der Internationalen Handelskammer in einem deutschen Konzentrationslager abgedruckt. Erhalten geblieben waren nur einige Zeilen über unser Singen auf dem Appellplatz.

14.
Auf dem Appellplatz

Zu allen Zeiten war die Häftlingsschreibstube bestrebt, für einen reibungslosen und schnellen Ablauf der Zählappelle zu sorgen. Die Vorbereitung wurde etwa eine Stunde vor Beginn des Appells abgeschlossen. Häftlinge, die während dieser Zeit bei der SS arbeiten mußten (in der SS-Küche, als Kalfaktoren etc.), wurden dem Rapportführer von der SS-Torwache als „kommandiert" gemeldet, d.h. als vom Appell freigestellt. Die im Krankenbau liegenden Häftlinge wurden vom Vorarbeiter des Krankenbaus gemeldet. In den Meldungen der Blockältesten erschienen sie als krank oder „kommandiert". Die Blockältesten meldeten ihre Blockstärke der Häftlingsschreibstube, die alle Zahlen zu einem Rapport zusammenfaßte und an den SS-Rapportführer weitergab. Die Blockältesten und der Stubendienst mußten darauf achtgeben, daß alle Häftlinge des Blocks bis zum Beginn des Appells angetreten waren. Der SS-Blockführer kontrollierte die Anwesenheit der gemeldeten Häftlinge durch Abzählenlassen und gab sein Ergebnis an den Rapportführer.

Wenn alles in Ordnung war, gab der Rapportführer das Kommando: „Das Ganze stillgestanden! Mützen ab!" und meldete dem Lagerführer die Lagerstärke. Dann kam das Kommando: „Mützen auf!" Auf einen Wink gab der Lagerälteste das Kommando: „Rechts und links um, im Gleichschritt marsch!" So sah ein Appell aus, wie ihn sich alle wünschten.

Sehr oft war das aber ganz anders. Kranke oder Verletzte, die von den Arbeitskommandos nach Arbeitsschluß in den Krankenbau gebracht wurden, kamen oft nicht mehr rechtzeitig zum Appell. Deshalb befahl die SS-Lagerführung, daß kranke Häftlinge, die nicht zwei Stunden vor dem Appell im Krankenbau aufgenommen worden waren, mit antreten mußten. So wurden häufig Kranke, Sterbende und Tote mit zum Appell gebracht. Wer nicht mehr gehen konnte, wurde in einer zerschlissenen Wolldecke getragen. So lagen bei jedem Wetter – ob es regnete, schneite oder die Sonne brannte – auf weichem oder gefrorenem Boden kranke Häftlinge. Manch einer starb, ohne daß auch nur die geringste Hilfeleistung möglich war. Wer sich im Fieberwahn bewegte oder nach einem Schluck Wasser jammerte, mußte gewärtig sein, mit einem Fußtritt eines vorübergehenden SS-Mannes zum Schweigen gebracht zu werden. Wenn wir am Abend ins Lager einrückten, stellten wir uns immer wieder die Frage: Was passiert heute wieder?

Eines Abends sahen wir schon beim Einrücken mehrere große Haufen auf dem Appellplatz liegen. Beim Näherkommen zeigte sich, daß es sich um den

Häftlingskolonnen rücken nach der Arbeit ins Lager ein

Zählappell während des Krieges. Rechts vorn: Maschinengewehr auf dem Hauptwachtturm A, rechts hinten: Baracken der Strafkompanie

Inhalt unserer Schränke handelte. Während wir bei der Arbeit waren, hatten sich die SS-Blockführer unter Zuhilfenahme des sogenannten Erziehungssturms (straffällig gewordene SS-Leute) unsere Baracke vorgenommen und unsere Sachen auf den Appellplatz geworfen. Handtücher, Hausschuhe, Tabakwaren, Geschirr, Lebensmittel, Seife, Zahnputzmittel – kurz alles, was wir besaßen. Was die Häftlinge in der Kantine an Getränken gekauft hatten, Limonade oder Mineralwasser, war darüber ausgeschüttet worden, so daß die Lebensmittel ungenießbar gemacht und auch alle anderen Sachen total verschmutzt waren. Im Block waren die Schränke umgeworfen, Tische, Bänke und Schemel lagen obendrauf. Der SS-Lagerführer erklärte diese Aktion als „Erziehungsmaßnahme", da wir „Dreckschweine" anders nicht dazu gebracht werden könnten, uns als ordnungsliebende Menschen zu verhalten. Die kurze abendliche Freizeit und Stunden unserer Nachtruhe brauchten wir, um wenigstens wieder allergröbste Ordnung zu schaffen.

Was konnte sonst noch passieren? Das hing von der Laune der SS-Blockführer ab. Es fing damit an, daß sie besonders darauf achteten, daß die Reihen beim Appell scharf ausgerichtet waren. Fand ein SS-Blockführer aber, daß sein Block ein „Sauhaufen" war, ordnete er Strafmaßnahmen an. Sehr oft kam es vor, daß einzelne Häftlinge, die im SS-Bereich, also außerhalb des eigentlichen Lagers, beschäftigt waren, von ihren SS-Kommandoführern zurückgehalten wurden. Übersah das die Kontrolle am Lagertor, fehlte schon einer. Wir standen oft stundenlang, bis Fehler oder Differenzen bei der Zählung aufgeklärt waren. Die SS-Blockführer ließen inzwischen mehrfach abzählen. Das lief mit unvorstellbarer Geschwindigkeit durch die Reihen. Wer den Rhythmus nur um den Bruchteil einer Sekunde verpaßte, handelte sich einen Faustschlag oder Fußtritt ein. Aufgereizt durch die Verzögerungen, strichen die SS-Leute um die Häftlinge herum, um zur Entladung ihrer Aggressionen Opfer und Vorwände zu suchen, die sie auch immer fanden.

Am schlimmsten aber war es, wenn tatsächlich ein Häftling fehlte, d. h., wenn einer geflohen war. Dann mußten wir alle stehenbleiben, „bis der Kerl wieder eingefangen ist", wie es der allmächtige Lagerführer verkündete. Die längste Zeit, die wir einmal Appell gestanden haben, war eine Nacht hindurch, bis weit in den nächsten Tag hinein, 14 Stunden lang. Auch wenn es „nur" zehn, acht oder sechs Stunden waren, vor allem in den späteren Jahren, bezahlten etliche Häftlinge diese Tortur mit dem Leben. So ist es verständlich, daß, wenn das Heulen der Sirene eine Flucht ankündigte, manch einer in lähmende Angst geriet.

Solange ich in Sachsenhausen war, also mehr als sechs Jahre, sind bis auf einen alle Flüchtlinge ins Lager zurückgebracht worden. Gelegenheiten zur Flucht wurden bei den außerhalb des Lagers tätigen Arbeitskommandos immer wieder genutzt. Im Jahre 1938 gab es zwei Fluchtversuche, die mir besonders im Gedächtnis blieben. Ein Politischer, Karl Leistner, wurde plötzlich in die Kategorie der „175er" eingestuft, was heftige und andauernde Proteste bei ihm auslöste. Als alle Eingaben, daß er kein Homosexueller sei, ergebnislos blieben, verkündete er seinen Kameraden: „Das mache ich nicht mehr mit, ich hau' ab!" Eines Tages war er wirklich verschwunden. Er hatte in der

Tongrube gearbeitet und dort die Aufsicht über die Tonzüge geführt. Er fand eine Möglichkeit, unter der Diesel-Lokomotive unterzukriechen und fuhr auf diese Weise durch die Postenkette. Seine Flucht wurde bald bemerkt und das ganze Gebiet abgesperrt. Karl Leistner mußte sich, wie er später erzählte, im Schilf eines Kanals verstecken und stand so nahe an ausgestellten SS-Posten, daß er ihre Unterhaltung hören konnte. Es gelang ihm, an die Ostsee zu kommen und auf einem Boot in Richtung Dänemark zu fliehen. Aber auf See hielten ihn Fischer an und schleppten ihn samt Boot nach Warnemünde ab. Die Gestapo ließ ihn nach Sachsenhausen zurückbringen.

Das ganze Lager war auf dem Appellplatz angetreten. Der Flüchtling mußte eine aus bunten Flicken genähte Kappe aufsetzen, sich eine große Trommel umhängen und unter dem Schlagen der Trommel pausenlos rufen: „Hurra, ich bin wieder da!" So mußte er zwischen den angetretenen Häftlingen kreuz und quer marschieren. Dann zwang man ihn, den Bock aus dem Zellenbau zu holen, und peitschte ihn aus. Anschließend kam er in Arrest bei Wasser und Brot. Wenn das vorbei war, erhielt der Häftling als zusätzliche Markierung einen schwarzen Punkt auf weißem Untergrund, den sogenannten „Fluchtpunkt".

Die zweite Flucht war die des „Maler Paul". Maler Paul war ein Grüner, von Beruf Maler. Ein stiller, zurückhaltender Mann, beruflich ein Könner. Als ich noch als Tischler beim Bau der Führerhäuser arbeitete, gehörte er zu meinem Kommando. Da er ein ungewöhnlich tüchtiger Handwerker war, wurde er öfter für besonders knifflige oder auch künstlerische Malerarbeiten in den schon bewohnten Führerhäusern angefordert. So fiel es nicht auf, wenn er mit seinen Malutensilien in ein Haus dieses oder jenes SS-Führers ging. Hans Christoffers, der Vorarbeiter unseres Kommandos, schöpfte irgendeinen Verdacht, obwohl sonst zwischen ihm und Maler Paul ein gutes Verhältnis bestand. Hans Christoffers fragte ihn ganz offen, ob er abhauen wolle und ob er sich überlegt habe, was dann mit uns passiere. Maler Paul wies das weit von sich. Er blieb bei den Führerhäusern. Inzwischen hatte er – wie er es nannte – ein festes Verhältnis mit dem Dienstmädchen eines SS-Arztes. Als dieser Arzt mit seiner Familie in Urlaub fuhr, bereitete Paul seine Flucht vor. Im Hause des SS-Arztes richtete er sich in der Dachschräge ein Versteck ein. Eines Tages war Maler Paul aus dem Lager verschwunden. Er wartete in aller Ruhe ab, bis die Suche nach ihm eingestellt worden war. Dann verließ er mit einem gestohlenen Anzug und mit zwei vollen Koffern sein Versteck und fuhr nach Berlin. Dort wurde er beim Verkauf des Kofferinhalts verhaftet. Auch er kam wieder zurück nach Sachsenhausen und mußte dasselbe durchmachen wie Leistner und alle anderen wieder ergriffenen Flüchtlinge.

Für das gesamte Lager brachte jede Flucht zusätzliche Strapazen. Wenn der Lagerführer auf dem Appellplatz ankündigte, daß wir solange zu stehen hätten wie die SS-Postenkette, dann wußten wir, daß das lange dauern würde. Niemand durfte den Platz verlassen. Wer sich nicht mehr aufrecht halten konnte und sich hinsetzte, wurde von der SS mit Fußtritten traktiert. Während der vielen Stunden Wartezeit gab es nichts zu essen, nichts zu trinken, und das nach einem elfstündigem Arbeitstag. Ein solcher Stehappell, der sich meist bis spät in die Nacht hinzog, brachte immer zahlreiche Zusammenbrüche körperlich schon geschwächter Gefangener mit sich. Auch wenn der Häftling längst wieder eingefangen war, hielten die durch eine Flucht veranlaßten Repressalien der SS meist noch längere Zeit an.

Der SS gelang es sogar, das Singen auf dem Appellplatz in eine Strafe zu verwandeln. Das mag merkwürdig klingen, ist doch gemeinsamer Gesang meist ein fröhliches Unterfangen. Wer sich aber nach harter Arbeit ins Lager geschleppt hatte und sehnsüchtig den Augenblick erwartete, an dem er auf seinen Strohsack sinken oder sein Stück Brot zwischen die Zähne bekommen konnte, wer sich den ganzen Tag darauf gefreut hatte, den Abend im Kreise der Kameraden zu verbringen – wenn der Ruf: „Haller!" erscholl, empfanden wir alle erst einmal Ärger und Enttäuschung. Und gleichzeitig war jeder bemüht, die SS es nicht merken zu lassen, denn dann wäre es nicht mit zwei oder drei Liedern abgetan gewesen.

August Haller war ein Häftling, der, auf einem Stuhl stehend, das Singen dirigieren mußte; sonst war er Lagerfriseur. Von ihm – und nach seiner Entlassung vom Kameraden Werner Staake – hing es ab, daß der Einsatz und das Singen klappten, und daß wir alle zur gleichen Zeit das Ende des Liedes erreichten. Dabei muß man bedenken, daß nach Kriegsbeginn zehn- bis zwölftausend Menschen, und zeitweise noch mehr, aus verschiedenen Ländern auf dem Appellplatz standen und deutsche Volkslieder singen sollten. Das Repertoire bestand u. a. aus folgenden Liedern: „Schwarzbraun ist die Haselnuß", „Liegt ein Dörflein mitten im Walde", „Hoch auf dem gelben Wagen", „Siehst du den Auerhahn", „Wenn alles grünt und blüht", „Willkommen, frohe Sänger".

Das mögen alles gute Volkslieder sein, aber unter solchen Umständen und über Jahre hinweg und immer wieder, oft stundenlang, dieselben – das war wirklich eine Strafe. Um dem Stumpfsinn entgegenzuwirken, erfanden wir kleine Textänderungen, die ein bißchen auflockerten. Aber das hielt nicht lange vor. Ein Lied allerdings sangen wir mit wahrer Lust: „Im Wald, im grünen Walde, Lore, Lore . . ." Es wurde behauptet, dieses Lied (Text und Melodie) stamme von einem Juden. Andere sagten, es sei die Goebbels-Hymne, weil es in seinem Rhythmus an seinen Klumpfußgang erinnere. Wie dem auch gewesen sei, irgendwie empfanden wir es als gegen die Nazis gerichtet, und das war Grund genug für uns, es zu singen. Es wurde aber bald von der SS verboten.

Auch ein anderes, das „Seeräuberlied", wurde oft gesungen. Als SS-Oberscharführer Gustav Sorge 1938 nach Sachsenhausen kam, mußten wir, wenn er als Rapportführer Dienst hatte, dieses Lied, das er mochte, öfter singen. Und wenn die Stelle kam: „Dann steigt am schwankenden Mast empor unsere Fahne so rot wie das Blut", wurde jedes Wort artikuliert – und mit besonderer Betonung das „empor" – gesungen. Sorge stand allein in der Mitte der Lagerstraße, bis zum Ende des Liedes. Dann ein kurzer Wink, und wir konnten abrücken.

Zur Abschreckung und Einschüchterung ließ die Lagerführung von Fall zu

Fall die Prügelstrafe vor den zum Appell angetretenen Häftlingen vollziehen. Diese barbarische Strafe wurde zum Beispiel für heimliches Rauchen in der Arbeitszeit verhängt. Einige SS-Leute peitschten in bestimmter Art von oben nach unten oder umgekehrt auf den Häftlingskörper ein, daß die Haut aufplatzte. Andere schlugen mit dem Ochsenziemer so hoch, daß schwere Nierenschäden die Folgen waren. Die Opfer mußten auf Geheiß laut mitzählen. Verzählte sich einer, fing alles wieder von vorne an. Wurde jemand ohnmächtig, wurde weitergeschlagen. Solche Strafprozedur zog sich bis zu zwei Stunden hin. Wenn die herumschleichenden SS-Leute Häftlinge beim Wegsehen ertappten, konnten sie ebenfalls zum Bock geschleift und ausgepeitscht werden. Damals, in den Vorkriegsjahren, konnten sich wohl nur wenige Häftlinge vorstellen, daß es zu diesem öffentlichen Strafvollzug noch eine Steigerung geben könnte. Aber nach dem 1. September 1939 wurde die Exekution im Angesicht der gesamten Lagerbelegschaft eingeführt.

15.
Veränderungen und Tagesablauf 1937

Mitte Juli 1937 werden etwa 150 Häftlinge auf Transport zum Aufbau des KZ Ettersberg bei Weimar geschickt. Um die gleiche Zeit kommen einige hundert Gefangene mit ihren SS-Bewachern aus den aufgelösten Konzentrationslagern Sachsenburg und Lichtenburg. Ein Teil dieser Neuangekommenen geht ebenfalls auf Transport zum KZ Ettersberg, das etwas später den Namen Buchenwald bekommt. Die Belegschaft von Sachsenhausen verändert sich laufend. Viele alte Bindungen werden dadurch zerrissen, neue angeknüpft. Häftlingsfunktionäre müssen ersetzt, ihre Anzahl muß erhöht werden.
Auch bei der SS-Lagerführung gibt es Veränderungen. Den Kommandanten Koch, seine Frau Ilse, den Lagerführer Weiseborn, den Rapportführer Hackmann sind wir an das entstehende KZ Buchenwald losgeworden. Unsere leise Hoffnung, daß es nun vielleicht doch ein wenig menschlicher zugehen würde, erfüllt sich aber nicht. Eine neue Gruppe von SS-Führern drängt in den Vordergrund: SS-Scharführer Hermann Campe, die SS-Oberscharführer Wolfgang Plaul, Gerhard Arnau und Gerhard Palitzsch. Neuer Kommandant wird SS-Oberführer Hans Helwig, Lagerführer werden SS-Hauptsturmführer Albert Sauer und etwas später SS-Sturmführer Hans Mickeleit.
Die Sachsenburger SS bringt eine für uns bis dahin unbekannte Strafe, den „Sachsengruß" mit, die auf den ersten Blick vielleicht harmlos erscheinen mag. Bei dieser Strafe müssen wir mit den im Nacken verschränkten Händen eine oder mehrere Stunden am Lagertor stehen. Schon nach verhältnismäßig kurzer Zeit fangen die Arme an zu schmerzen. Damit in einem unbewachten Augenblick die Arme nicht einmal schnell heruntergenommen werden können (um den Blutkreislauf wieder in Bewegung zu bringen), wird ein Besenstiel durch die Arme geschoben, und wehe, wenn der Stiel herunterfällt. Wer

so eine längere Zeit gestanden hat, kann oft tagelang seine Arme vor lauter Schmerzen nicht mehr bewegen. Diese Strafe kann schon jeder Blockführer verhängen.

Ich erinnere mich an den Bußtag 1937, an dem unser Block stundenlang in Sachsengruß-Haltung auf dem Appellplatz stehen mußte. Eingebrockt hatte uns das ein Häftling vom sogenannten „Erziehungssturm". Der Erziehungssturm nahm eine besondere Stellung im Lager ein, er bestand aus degradierten SS-Männern, die auf irgendeine Weise gegen die Regeln ihrer Organisation verstoßen hatten oder wegen eines Deliktes vorbestraft waren. Im Lager sollten sie wieder zu „vollwertigen" SS-Männern erzogen werden. Ich habe diese Leute kennengelernt, als ich 1937/38 im A-Flügel des Blocks 11 (später Block 6) lag und der Erziehungssturm auf dem B-Flügel untergebracht war. Einige von ihnen suchten und fanden Konakte zu uns und anderen Gefangenen. Von ihnen hörten wir Klagen über unkameradschaftliches Verhalten untereinander. Was wir selbst aus nächster Nähe miterlebten, wurde von ihnen nur noch ergänzt. Die Leute vom Erziehungssturm waren kaum zu bewegen, über irgendein Thema ein ernsthaftes Gespräch zu führen. Ihr Leben im Lager war bestimmt von Arroganz, Prahlerei und ständigen Klagen über die Willkür des Schicksals, das sie nach Sachsenhausen verschlagen hatte.

Der Bußtag ist ein Feiertag, an dem wir nicht zur Arbeit ausrücken. Kurz vor dem Antreten zum Appell geht einer vom Erziehungssturm zur Toilette und verkündet vor seinen Leuten, er setze sich nicht auf die gleiche Brille, die auch von „Kommunistenärschen" benutzt werde. Er stellt sich auf das Becken, zielt und trifft genau auf den Rand. Ein SS-Blockführer entdeckt die Bescherung und fordert den Täter auf, sich sofort zu melden. Da das nicht geschieht, läßt der Rapportführer den ganzen Block in Sachsengruß-Stellung auf dem Appellplatz stehen und gibt dem Blockführer Auftrag, alle zwei Stunden nachzufragen, ob der Täter sich melden wolle. Ohne Erfolg. Es war ein Nebeltag, an dem ein feiner Regen fiel, und wir mußten – nur unterbrochen vom Mittagsappell – mit hinter dem Nacken verschränkten Armen bis zum Anbruch der Nacht stehen. Uns blieb nichts weiter übrig, als diesen Fall von Feigheit eines SS-Mannes im Lager gehörig zu verbreiten. Sein gegen jeden Anstand verstoßendes Verhalten und die folgende Kollektivbestrafung trugen natürlich dazu bei, daß das Nebeneinander in einem Block noch unerträglicher wurde. 1938 entschloß sich der Rapportführer, den „Erziehungssturm" in eine Baracke des „kleinen Lagers" umzuquartieren.

Die Bauarbeiten gehen zügig weiter. Die festen Bauten, Häftlingsküche und Häftlingswäscherei werden in Betrieb genommen. Auch der Zellenbau wird fertig. Die Gestapo belegt die Zellen mit Gefangenen aus der Berliner Zentrale in der Prinz-Albrecht-Straße. Dem Lager wird ein neuer Teil, der Industriehof, angegliedert. Hier werden Baracken als Werkstätten für Schneider, Schuster, Tischler, Schlosser errichtet. An der Spitze des Mauerdreiecks, welches das Häftlingslager umschließt, entsteht als fester Bau ein Schweinestall. Nachdem er fast fertig ist, läßt Kommandant Helwig alles wieder abreißen und geringfügig versetzen. Die Arbeiten an den Häftlingsbaracken gehen dem Ende zu. Die SS-Bauten rund um das Lager beschäftigen den größten

Teil der Häftlinge: SS-Kaserne, Wirtschafts- und Verwaltungsgebäude, Garagen für die SS-Standarte und für die Kommandantur werden errichtet.
 Die Lagerführung ist ständig bestrebt, unsere Arbeitszeit zu verlängern. Der Führer der SS-Wachtruppe, der dafür zu sorgen hat, daß kein Häftling auf dem Weg zur Arbeit fliehen kann, läßt seine Leute aber nicht eher antreten, bis es hell genug ist. Wir Häftlinge stehen abmarschbereit am Lagertor. Manchmal dauert es eine halbe Stunde, ehe wir ausrücken können.
 Die Zeiten im Tagesablauf ändern sich ständig. Je nach der Jahreszeit beträgt die Arbeitsdauer acht bis zwölf Stunden. Im Sommer werden wir um 4.15 Uhr geweckt. Genau eine Stunde später müssen wir angetreten auf dem Appellplatz stehen. Mittags rücken die Kommandos wieder ins Lager ein. Dann wird ein Zählappell abgehalten, anschließend haben wir gerade noch Zeit, unser Mittagessen herunterzuschlingen. Dann wird wieder ein Zählappell abgehalten, bevor wir zum zweiten Mal zur Arbeit ausrücken. Arbeitsschluß ist um 17 Uhr. Um 17.30 Uhr findet der letzte Appell statt. Um 20.30 Uhr wird abgeläutet, dann muß alles in den Baracken sein. Um 21 Uhr wird durch ein Läuten die Nachtruhe angekündigt.
 Um mehr Arbeitszeit zu gewinnen, wurde einige Zeit später der Mittagsappell abgeschafft, und nur die kleinen Kommandos rücken für eine halbe Stunde zum Mittagessen ins Lager ein, während die großen am Arbeitsplatz essen.
 Das Essen ist im allgemeinen erträglich. Zweimal die Woche Steckrüben, zweimal Kohl – das ist fester Bestand. Dann im Wechsel Graupen, Reis, Hülsenfrüchte, braune Soße mit Fleischstücken – Gulasch genannt. Brot gibt es für jeden 500 Gramm am Tag. Für den Abend 25 Gramm Margarine oder Schmalz oder 25 Gramm Fleischwurst („Gummiwurst") oder Leberwurst („graue Salbe"), Rotwurst („Schlimme-Augen-Wurst"). Abends einen Becher Ersatzkaffee zum Brot, morgens im Wechsel einen Becher Ersatzkaffee, dann Haferflocken, am anderen Tag Sago aus Kartoffelmehl, dann Hafergrütze. Wer Geld hat, kann sich in der Häftlingskantine etwas dazu kaufen, vor allem Tabak, aber auch Butter (1937), Zahnpasta, Nähzeug, Limonade, Zwiebeln, rote Rüben, Priem. So ging es mit der Ernährung das ganze Jahr 1937 bis in das Jahr 1938 hinein. Wir empfanden das Essen zwar als Schlangenfraß, aber in diesen ersten Jahren reichte es einigermaßen aus.

16.

In der Häftlingsbekleidungskammer

Im Spätsommer 1937 wird in den Diskussionen der Genossen immer wieder die Frage aufgeworfen, ob unsere illegale Zusammenarbeit noch den auf uns zukommenden Anforderungen entspricht. Alles deutet darauf hin, daß die Häftlingsbelegschaft, die jetzt auf 2500 Mann zugeht, sich noch vervielfachen wird. Unser Berliner Genosse Willi Guddorf meint, sie werde sich verzehnfachen. Das bedeutet, unsere Organisation muß straffer werden, wenn wir der

SS entgegenwirken wollen. Es ergeben sich viele Fragen, über die wir uns die Köpfe heißreden. Manches erledigt sich durch die Praxis, anderes erweist sich als unmöglich, aber einiges ist durchsetzbar.

Ich bekomme von meinen Genossen den Auftrag, das Kommando zu wechseln, und arbeite jetzt in der Häftlingsbekleidungskammer. Nachdem ich mich eingearbeitet habe, werde ich dort anstelle von Franz Jacob Vorarbeiter. Franz übernimmt die Buchhaltung in der Häftlingsbekleidungskammer. Das hatte er dem SS-Hauptscharführer Paul Baehr abgerungen, der als Leiter der Lagerwerkstätten dem SS-Kammerbullen übergeordnet war. Franz hatte vorübergehend einen Büroraum in der Kammerbaracke. Bald erledigte er alle Schreibarbeiten für Baehr, besonders die Statistik, d. h. Soll- und Ist-Stärke der Werkstätten-Kommandos. Darüber hinaus übernahm er nach und nach einen großen Teil der Arbeit, die sich für Baehr aus der Leitung der Werkstätten – wie Schlosserei, Tischlerei – ergaben. So war uns über die Werkstätten ein gewisser Einfluß auf Vorarbeiter und SS-Kommandoführer gegeben, der es ermöglichte, hier und da Arbeitskräfte unterzubringen oder Arbeiten ausführen zu lassen, die wir für das Lager wichtig hielten.

Nicht zu unterschätzen war, daß Franz es sehr gut verstand, die nicht zu umgehende Zusammenarbeit mit den Grünen zu verbessern, aus dem Gegeneinander ein Nebeneinander und oft ein gemeinsames Vorgehen zu erreichen. Das war ein langwieriger und schwieriger Prozeß, der nicht ohne Auseinandersetzungen ablief. Das Verhältnis der Häftlingsschreibstube und des grünen Lagerältesten Eschert zu den Politischen war, wie schon gesagt, nicht unkameradschaftlich, aber distanziert. Wir erfuhren nur, was er und seine Leute für richtig hielten.

Wir brauchten aber mehr. Die Mitarbeiter der Häftlingsschreibstube hatten die Genehmigung, noch nach dem Abklingen eine oder zwei Stunden in der Schreibstube zu bleiben. Dabei wurde natürlich über alles mögliche gesprochen. Franz überzeugte Baehr, daß er in der regulären Arbeitszeit so überlastet sei, daß er seine Buchführung abends nachholen müsse. Da das im Block nicht möglich war, holte Baehr beim Lagerführer die Genehmigung für Franz ein, seine Arbeit nach dem Abklingen in der Schreibstube abzuwickeln. Franz schleppte seine Buchführung jeden Abend in die Schreibstube und fand so Gelegenheit zum Informationsaustausch und zu ausgiebigen Gesprächen. Nach einiger Zeit überredete er Baehr, auch für mich die Genehmigung einzuholen; er brauche einen Helfer für die Buchführung. Das klappte, und ich bekam dabei natürlich einen ganz anderen Einblick in das Lagergeschehen. Das ging eine Weile gut, bis eines Abends SS-Oberscharführer Brumm in die Schreibstube kommt. Mich kennt er nicht. Er guckt mich an, geht um mich herum und fragt dann: „Sind sie Jude?" Ich, wie aus der Pistole geschossen: „Leider nein!" Alle Anwesenden erstarren zu Eissäulen. Brumm guckt mich an, schüttelt den Kopf, geht ein paar Schritte zur Tür, dreht sich um und sagt endlich: „Wieso leider?" Geht dann kopfschüttelnd, als ich antworte: „Nein, ich bin kein Jude." Die anderen machen sich fertig zu gehen. Ich bin Luft für sie. Der grüne Lagerälteste Eschert sagt zu Franz: „Na, das war wohl sein letzter Abend in der Schreibstube!" Und das war es dann auch.

Wieviel Mühe hatte es gekostet, bis wir soweit gewesen waren! Meine obstinate, aber unbedachte Bemerkung warf alles um. Mir blieb nur übrig, ständig auf der Wacht zu sein und Brumm vorläufig nicht über den Weg zu laufen.

Franz Jacob macht zwar offiziell die Buchführung für die Häftlingsbekleidungskammer, ist aber die meiste Zeit für Baehr, den Leiter der Lagerwerkstätten, beschäftigt. Dadurch hat Franz Gelegenheit, täglich mit vielen Häftlingsfunktionären zu sprechen. Seine Hilfsbereitschaft und sein kameradschaftlicher Umgangston beim Ausräumen von Schwierigkeiten bringen ihm viele Freunde unter den Vorarbeitern. Diese geben ihm zum Beispiel Hinweise über besondere Mißstände oder über unbesetzte Arbeitsplätze. Was er den Tag über von den Vorarbeitern und von SS-Kommandoführern erfährt, wird von uns abends im kleinen Kreis durchgesprochen. Es ist nun auch möglich, alten und kranken Kumpels leichtere Arbeiten zu vermitteln. Wir diskutieren Vorschläge, die den Kameraden nützen, und die die SS akzeptieren kann. In aller Stille arbeiten wir daran, korrupte und brutale Vorarbeiter durch andere zu ersetzen.

Für die Häftlingsbekleidungskammer wird ein neuer Kommandoführer eingesetzt: SS-Oberscharführer Paul Wiesenberger. Er kommt von der Bewachungsmannschaft des berüchtigten Berliner KZ „Columbiahaus". Ihm gefällt sein Posten in Sachsenhausen nicht, was er offen zu erkennen gibt. Er läßt uns machen, was und wie wir es für gut halten. Er sitzt entweder in seinem Büro oder steht in der Kammer herum. Was zu unterschreiben ist, wird gegengezeichnet, ohne es anzusehen. Meine täglichen Arbeitsberichte hört er sich mit betonter Gleichgültigkeit an.

Während der Mittagspause ist „Kammertausch", das heißt, reparaturbedürftige Kleidung und Schuhe können getauscht werden. Plötzlich fällt es Wiesenberger ein, sich hinter den Tresen zu setzen, so daß jeder Häftling an ihm vorüber muß. Er muß sich mit Nummer und Namen melden und das schadhafte Bekleidungsstück vorzeigen. Ein Wink mit dem Daumen nach rechts heißt: „Tauschen", nach links: „Raus!" Wer das nicht sofort begreift oder gar Erläuterungen geben will, wird augenblicklich mit solcher Lautstärke angebrüllt, daß er schnellstens verschwindet.

Eines Tages baut Wiesenberger einen Berg Tomaten vor sich auf, die er sich vom SS-Oberscharführer Moll, dem Kommandoführer der Gärtnerei, mitgebracht hat. Einige Tomaten ißt er, dann wirft er dem in der Tür stehenden Häftling mit aller Kraft eine Tomate ins Gesicht. Die Frucht zerplatzt, läuft über Gesicht und Kleidung, bis der erschrockene Häftling verschwindet. Das macht Wiesenberger bis zur letzten Tomate.

Ich stehe mit ernstem Gesicht neben ihm. Er lacht aus vollem Hals. Mir wirft er nur Seitenblicke zu, sagt aber nichts. Als die Tomaten alle sind, meint er zu mir: „Gehen Sie mal zu Moll und holen Sie Nachschub!" Ich entgegne: „Das ist mir als Häftling verboten". Er: „Ich befehle Ihnen! Sie gehen jetzt zum Oberscharführer Moll und sagen ihm, SS-Oberscharführer Wiesenberger bitte ihn um einige Tomaten. Verstanden?!" Ich: „Jawohl. Es ist der Befehl des Kommandanten, der es Häftlingen verbietet, Tomaten zu holen." Er brüllt und trommelt mit den Fäusten auf den Tresen, stampft mit den Füßen.

Ich stehe schweigend da. Ich will ihn nicht noch mehr aufbringen. Wenn ich jetzt etwas sage, wird er zuschlagen, und ich habe Angst, daß er mich zum Krüppel macht. Dann schweigt er, dreht sich zu dem ihm am nächsten stehenden Häftling um, befiehlt ihm, die Tomaten zu holen und geht, ohne ein Wort zu sagen, in sein Büro. Als die Tomaten kommen, läßt er sie unter der Belegschaft verteilen. Mich ignoriert er eine ganze Zeit. Auch später, als sich alles wieder eingerenkt hat, kommt er nie wieder auf diesen Zwischenfall zurück.

Wir haben einen größeren Schub neuer Schuhe bekommen und geben jede Woche einige Paare davon aus. Uns fällt auf, daß bestimmte grüne Blockälteste zwei bis drei Paar völlig verschlissene Schuhe gegen neue bei uns eintauschen. Franz Jacob stellt fest, daß sie aus dem Bestand der bereits ausrangierten Schuhe stammen. Wir vermuten, einem organisierten Schleichhandel auf die Spur gekommen zu sein, und entscheiden uns, eine größere Anzahl von neuen Schuhen auf einmal beim „Kammertausch" auszugeben.

Ohne dem Kommandoführer Mitteilung zu machen, stellen wir hundert Paar Schuhe zur Verfügung. Die Blockältesten der politischen Blocks werden informiert. Sie sollen aber nicht mehr als zwei Häftlinge zum Schuhtausch schicken. Die Sache geht glatt vonstatten. Wir notieren aber heimlich die Häftlingsnummern und den Block der Empfänger. Während des Tausches steht Kommandoführer Wiesenberger daneben. Er ist einverstanden, die letzten hundert Paar neuer Schuhe auszutauschen. Nach einigen Tagen sind 80 Paar an die grünen und 20 an die Häftlinge aller anderen Kategorien ausgegeben worden.

Nach Abschluß der Aktion kommen einige der Scharfmacher unter den grünen Blockältesten und fordern neue Schuhe für ihre Leute. Beim Tausch hätten „nur die Roten" Schuhe erhalten. Sie würden das zur Meldung bringen, wenn sie nicht sofort neue Schuhe bekämen. Es sind aber keine mehr da. Auf die „Roten" schimpfend, ziehen sie ab. Wenig später erscheinen drei oder vier SS-Blockführer. Noch an der Tür rufen sie: „Wo ist der Bolschewistenhäuptling?" Ich melde mich und bekomme gleich einen Kinnhaken.

„Wo sind die neuen Schuhe?"

„Wir haben alle ausgegeben."

„Verschoben habt ihr sie an eure Kumpane!"

Dann stürzen sie in die Schuhabteilung, schmeißen alles durcheinander und werfen auch noch mit Schuhen nach uns. Unter Drohungen gehen sie schließlich.

Wir sind noch beim Aufräumen, als Wiesenberger kommt und von uns den Grund für die Unordnung erfährt. Voller Wut will er den Blockführern nach. Ich versuche, ihn zu überzeugen, daß es nur zu unserem Schaden ist, wenn wir Krach mit ihnen anfangen. Wir würden dann keine ruhige Minute mehr haben. Wiesenberger erwidert, das sei nicht seine Sache. Er sei weder unser Kindermädchen noch auf uns angewiesen. Häftlinge gäbe es genug im Lager. Ihm gehe es nur darum, daß man in seinen Bereich eingedrungen sei, und wo er etwas zu sagen habe, dürfe sich kein anderer einmischen. Denen werde er zeigen, „was eine Harke ist". Ähnliche Sprüche klopfend, marschiert er in die Kommandantur zu den Blockführern.

Ich habe weder den Blockführern noch Wiesenberger etwas von unserer Liste gesagt. Nun gehen wir mit dieser Liste zu den beteiligten Blockältesten und sprechen mit jedem einzelnen. Die Nummernliste in unserer Hand überzeugt die meisten, ihre Kampagne gegen die Politischen abzubrechen, weil sie dabei den kürzeren ziehen würden. Bei diesen Gesprächen, die Franz Jacob und ich führen, kommt heraus, daß einer der Grünen diese Kampagne gegen die Roten angezettelt hat, weil auf unser Drängen üble Vorarbeiter abgelöst worden waren. Als einige der grünen Blockältesten meinen, wir hätten das doch nicht ohne Rücksprache mit ihnen und vernünftigen grünen Vorarbeitern tun sollen, merken wir, daß sie schon auf dem Rückzug sind. Daß diese Angelegenheit für sie auch noch ein gutes Geschäft war, zu dem wir niemals unsere Zustimmung gegeben hätten, war ein weiterer Grund für das Stillhalten dieser Blockältesten. Sie hatten sich einige Paar neuer Schuhe zurückgelegt, um sie bei günstiger Gelegenheit zu verkaufen oder einzutauschen. Auch die SS-Blockführer stimmten sie freundlich, indem sie ihnen einige Paar neuer Schuhe überließen. Unser Verzicht, alles aufzurollen, trug wesentlich zur Verbesserung des Verhältnisses zu den Grünen bei. Auf jeden Fall gewannen wir dadurch. Und ihnen wurde bestätigt, daß es nicht so einfach war, uns übers Ohr zu hauen. Die erwarteten Schikanen durch die Blockführer blieben aus.

Wiesenberger war auch zufrieden und prahlte uns gegenüber, wie er die Blockführer zusammengestaucht habe. Daß die sich hinter seinem Rücken über ihn lustig machten, ignorierte er. Unter den SS-Leuten war er ein ausgesprochener Außenseiter. Er war ihnen – vom Kommandanten bis zum letzten Sturmmann – schon deshalb unheimlich, weil er mit dem Leiter der KL-Inspektion, SS-Gruppenführer Eicke, befreundet war. Sie hatten sich in einem italienischen Lager für die – vor der Hitlerzeit – aus Deutschland geflüchteten Nazis kennengelernt, dessen Leiter Eicke gewesen war.

Wiesenberger hatte die Lust am Dienst bei der SS verloren. Er sagt mir: „Mein Sündenregister ist voll, da kann nichts mehr dazu." Seine Bekanntschaft mit Eicke will er dazu nutzen, um vom Dienst in Sachsenhausen loszukommen, und holt sich dazu Rat bei einem Häftling. Wenn er mit seiner Frau zum Abendbrot bei Eicke eingeladen ist, kommt er vorher zu mir und fragt nach neuen Argumenten, die er Eicke vortragen kann. Selbst wenn ich wollte, was kann ich dazu sagen? Wiesenberger erzählt mir aus seinem Leben, seiner Jugend, aus den Jahren, die er als seine Kampfzeit bezeichnet. Er war maßgeblich an den Gewalttaten der Nazis im Dezember 1932 in Königsberg beteiligt, ebenso an den Verbrechen im Columbiahaus. Es kostet mich Mühe, mir das anzuhören. Wenn er das spürt, hört er mitten im Satz auf und rennt raus, kommt erst nach Stunden oder auch gar nicht wieder. Ich kann nur hoffen, daß er nicht eines Tages bereut, mir das alles erzählt zu haben. Mein ungewollter Verstoß gegen einen der Grundsätze im KZ: „Kein SS-Mann darf wissen, daß du Kenntnis von seinen Verbrechen hast", kann mich teuer zu stehen kommen. Endlich gelingt es Wiesenberger, Sachsenhausen zu verlassen.

Anfang 1938 wird Lagerkommandant Helwig abgelöst. SS-Standartenführer Hermann Baranowski, bisheriger Schutzhaftlagerführer in Dachau, ist sein Nachfolger und wird im November zum SS-Oberführer befördert. Sein Spitzname ist „Vierkant", und es ist bald im Lager herum, daß er makabre Einfälle hat, über die er selbst am meisten lacht.

In dieser Zeit wird der politische Häftling Oskar Müller eingeliefert, der gerade seine Zuchthausstrafe hinter sich gebracht hat. Baranowski fragt die Zugänge aus. Als er feststellt, daß Oskar Müller im Ersten Weltkrieg Offizier gewesen ist, bestimmt er ihn sofort zum 1. Lagerältesten. Das war im März 1938. Unser anfängliches Mißtrauen gegen diese schnelle Ernennung stellt sich bald als grundlos heraus. Es melden sich Genossen, die Oskar aus der legalen und illegalen Arbeit in Hessen sowie aus dem Knast kennen und berichten, daß er vor 1933 KPD-Abgeordneter im Preußischen Landtag gewesen ist.

Der grüne Lagerälteste Xaver Eschert war im Sommer 1937 entlassen worden. Sein Nachfolger Lampe, auch ein Grüner, ließ die Zügel schleifen. So konnten sich kriminelle Gruppen zusammenschließen und ungehindert ausbreiten. Uhren, Schmuck und andere Wertsachen, die aus der Effektenkammer stammten, wurden verschoben. SS-Leute stellten Verbindung zu Kreisen der Berliner Unterwelt her. Sie brachten den beteiligten Grünen das Geld ins Lager, nachdem sie einen großen Teil für sich abgezweigt hatten. Das Geld wechselte beim Glücksspiel seine Besitzer. Die ganze Sache endete dann eines Tages mit einem großen Knall. Angeblich erfuhr die Lagerführung durch einen ihrer Spitzel von dem Glücksspiel. Ein großer Teil der „grünen Prominenz" wurde aus ihren Funktionen abgelöst, in den Zellenbau gebracht und unter verschärften Bedingungen vernommen. Da aber alle über ihre Beziehungen zu den SS-Leuten schwiegen, kamen die Beteiligten glimpflich davon. Im Lager wurde verbreitet, daß der Skandal durch einen Streit über Falschspiel ausgelöst worden sei. Lange Zeit nach dieser Affäre bestätigte einer der maßgeblich beteiligten BVer, daß SS-Leute die Verräter gewesen waren. Ihnen wurde der Boden zu heiß, und sie sahen die Geldquellen langsam versiegen. Die SS-Leute brauchten nicht zu fürchten, durch die BVer verraten zu werden. Wer sie belastet hätte, wäre im gleichen Augenblick umgebracht worden. Als der 1. Lagerälteste (BVer) den wahren Sachverhalt erfuhr, erlitt er einen Schlaganfall, von dem er sich nicht erholte.

Seit Mai 1938 steht die Häftlingsschreibstube unter Führung der drei Lagerältesten Oskar Müller, Jakob Helf und Hans Dzuber. Alle drei sind Kommunisten. Sie sorgen sofort dafür, daß besonders korrupte Elemente in den Blocks und Arbeitskommandos abgelöst werden. Auch können die überbelegten Baracken nach und nach entlastet werden durch das Zusammenrücken der Häftlinge in den nicht so überfüllten Blocks. Die erst kurze Zeit im Amt befindliche Schreibstube hatte ihre erste Belastungsprobe bestanden.

Ich bekomme mit dem neuen Lagerkommandanten Baranowski ungefähr im März/April 1938 zu tun, als er überraschend die Häftlingsbekleidungskammer betritt, um sich von mir die Wäsche, die zur Ausgabe an die Häftlinge bereitliegt, zeigen zu lassen.

Er: „Habt ihr keine andere Wäsche?"

Ich: „Die andere ist noch schlechter."
Er: „Ja, genau die will ich sehen!"
Ich hole Hemden und Unterhosen, die wir nur noch im Notfall ausgeben, und er ist hocherfreut über Stücke, die viele und bunte Flicken haben. „So etwas will ich morgen sehen, dann kommt der Minister mit den..." Er reibt Daumen und Zeigefinger zusammen und sagt fordernd: „Verstanden?" Ich: „Jawohl!"

Baranowski will also vor dem Finanzminister Lutz Graf Schwerin von Krosigk eine Schau aufziehen, genauer, er erwartet das von mir. Soll ich oder soll ich nicht? Wir haben es immer so gehalten, daß wir uns von allem, was die Nazis gegeneinander ausmachen, fernhalten und uns für keine Seite offen einsetzen. Allein will ich keine Entscheidung fällen. Also suche ich gleich meine engsten Genossen auf. Es wird verabredet, im Laufe des Tages die Meinung weiterer Kumpels einzuholen, um abends eine Entscheidung zu treffen. Am Abend stellen wir fest, daß uns die Diskussion noch keinen Schritt weitergeführt hat. Die meisten Genossen meinen, eine solche Entscheidung könne erst nach gründlicher Abwägung gefällt werden. Andere sagen, daß das nicht unser Geschäft sei. Zum Diskutieren bleibt keine Zeit mehr. Wir einigen uns schließlich darauf, die Sache laufen zu lassen.

Ich baue die Wäschestapel so auf, daß in jedem vier Stück Ausschußware in wechselnder Reihenfolge eingelegt ist. Als der Minister die Baracke betritt und die Besichtigung beginnt, stehe ich sprungbereit an den Wäscheregalen. Auf die Anordnung Baranowskis: „Geben Sie mir doch mal ein Hemd rüber", frage ich: „Aus diesem Regal?" – „Nein, das nächste! Nein, das nicht, das da!" und zeigt mit dem Finger in die Luft, irgendwie auf einen Stapel. So geht das einige Zeit. Ab und zu zeige ich aber auch ein gutes Hemd vor. Das Interesse des Ministers erlahmt schnell. Als er mit seinem Troß weiterzieht, muß ich mich in einer Ecke verkriechen, um wieder zur Ruhe zu kommen. Da fällt mir plötzlich ein: Wenn der Minister jetzt in der Häftlingswäscherei die gewaschenen und zur Ausgabe bereitgelegten Hemden sieht, bin ich geplatzt. Ich rase in die Wäscherei. Aber da sind sie schon gewesen, sind an den heilen Hemden vorbeigelaufen und haben nichts wahrgenommen.

Am nächsten Morgen kommt Baranowski auf die Kammer, zieht aus den Stapeln Wäschestücke heraus und spielt das gestrige Programm noch einmal durch. Wenn er dabei ein Stück auf dem Tresen ausbreitet, wird das mit Ausrufen begleitet: „Jawohl! Was versteht dieser Minister, dieser Trottel, dieser Herr von, auf und zu Arschloch schon davon? Haben Sie sein dummes Gesicht gesehen?" „Vierkant" tut so, als habe er dem Finanzminister mit seiner List Geld für das Lager entlockt. Dabei stellt sich schon nach einigen Wochen heraus, daß Tausende von Zugängen für Sachsenhausen vorgesehen sind und Wäsche sowieso dringend benötigt wird.

Einige Zeit danach kommen Lastwagen mit Wäsche an. Sie stammt aus Österreich. Durch die vielen Preisetiketten gewinnen wir den Eindruck, als seien die Hemden direkt aus den Geschäften aufgeladen worden. Alle Arten und Größen liegen durcheinander. Vieles ist aus der Verpackung gerissen und auseinandergenommen. Da gibt es Nachthemden, Frackhemden, auch

Damennachthemden. Die meisten sind nicht strapazierfähig und werden in wenigen Wochen hinüber sein. Es sind fast nur kleine Größen; ausschließlich Hemden in auffallender und moderner Form sind in gängiger Größe dabei. Die vielen Verpackungsetiketten und -materialien, die lose zwischen den Hemden liegen, zeigen, daß viele in den Größen, die wir brauchen, auf dem Wege zu uns andere Interessenten gefunden haben. Als der SS-Kommandoführer der Bekleidungskammer auf dem Lieferschein den Empfang quittieren soll, weigert er sich und geht damit in die Kommandantur. Wir haben dann über die Hemdenaffäre nichts mehr gehört.

Ich habe schon erwähnt, daß der Bettenbau zu den Alpträumen der Häftlinge gehörte. Es gab Kameraden, die es auch in Jahren nicht zustande brachten, ihr Bett vorschriftsmäßig zu bauen. Wie sah die Vorschrift aus? Der Strohsack mußte in die Form eines scharfkantigen Kastens gebracht werden. Über die gesamte Breite des Schlafraums mußte jeder Strohsack die gleiche Höhe haben. Das Stroh mußte täglich so stramm gestopft sein, daß es im Laufe des Tages nicht nachgab und keine Mulden bildete. Das war nur zu erreichen, wenn der Strohsack unter Spannung gesetzt wurde. Das Bettuch wurde an Kopf- und Fußende und der Rückseite festgesteckt, an der Vorderseite stramm unter die Bettbretter gezogen, wobei die beiden Eckbretter den Halt für die Spannung gaben. Das Leinentuch wurde so über die scharfen Kanten der beiden Eckbretter gezogen, daß es wie eine Filmleinwand und das Bett wie ein Kasten wirkte. Das Kopfkissen mußte in Höhe und Breite mit den anderen übereinstimmen. Die Kantigkeit wurde durch den Bettbezug mit der Wolldecke erreicht. Die Bettbezüge mußten so gelegt sein, daß 32 Karos gezählt werden konnten. Die zweite Wolldecke mußte in gleicher Höhe und Breite mit den anderen Betten faltenlos ans Fußende gelegt werden.

Der Bettenbau hatte immer wieder Strafmaßnahmen und Gewaltaktionen gegen uns ausgelöst, und wir stellten Überlegungen an, ob daran nicht etwas zu verändern wäre. Ich wußte aus eigener Erfahrung, daß der Verwaltungschef, SS-Hauptsturmführer Kraus, sich schon lange darüber ärgerte, daß die Bettlaken an den Ecken eingerissen waren. Anstatt aber den Bettenbau umzumodeln, bestellte er neue Bettlaken aus Köper, einem ganz stabilen Stoff, der allen Belastungen gewachsen sein soll.

Wenn wir etwas ändern wollen, so mußte jetzt etwas geschehen. Ich hatte einen Vorschlag, den wir im kleinen Kreis berieten. Die Genossen stimmten zu; Schorsch Schumann und ich sollten die Sache in die Hand nehmen. In einige dieser neuen Bettlaken, die erst kurze Zeit in Gebrauch waren, schnitt ich mit der Schere Löcher in der Form, wie sie sonst beim Bettenbau entstanden. Die Lochränder wurden durch Befeuchten und langes Reiben präpariert. In der Wäscherei sorgte Georg Schumann dafür, daß die Laken häufiger gewaschen und immer wieder bearbeitet wurden, bis die Einschnitte wie alt aussahen. Nach einiger Zeit legte ich dem Verwaltungschef die Bettlaken vor. Es gab Krach und Drohungen, aber wir hatten die stärkeren Nerven. Jedenfalls verkündete die Lagerführung eines Tages, daß die Bettlaken nicht mehr unter die Bettbretter geklemmt werden durften. Es mag eine Kleinigkeit gewesen sein, aber diese „Kleinigkeiten" bedrückten uns und brachten manchen an den Rand der Verzweiflung. Eine ständige Bedrückung war weggefallen; es blieben aber genug andere.

17.

Die „ASO"-Aktion

Im Mai 1938 kommen Gerüchte auf, daß die SS Pläne für industrielle Anlagen in der Nähe des Lagers habe. Aus dem Baubüro heißt es, der Bau einer Großziegelei sei in Aussicht genommen. Anfang Juni werden im Lager Vorbereitungen zur Aufnahme von Zugängen getroffen. Die Häftlingsbekleidungskammer wird bis in den letzten Winkel vollgepackt. Wir erhalten Wäsche, Fußlappen und Holzschuhe, sogenannte Holländer.

Die Markierungsstreifen an Rock und Hose sind inzwischen abgeschafft und durch kleine farbige, gleichschenklige Dreiecke ersetzt worden, den sogenannten Winkel, unter den die Häftlingsnummer aufgenäht werden muß. Wir werden hellhörig, als neuer brauner Stoff für die Markierung von Häftlingskleidung angeliefert wird. Es sieht ganz danach aus, als solle eine neue Häftlingskategorie eingeführt werden. Alle diese Anzeichen lassen darauf schließen, daß SS und Gestapo eine neue Verhaftungskampagne eingeleitet haben. Gegen wen, wissen wir noch nicht. Auf jeden Fall könnte die Lagerkommandantur dabei auch ihr Problem benötigter Arbeitskräfte für den neuen SS-Betrieb lösen.

Am 16. Juni 1938, in später Nachtstunde, kommt ein großer Transport in Sachsenhausen an. Von da an – eine Woche hindurch – müssen die Zugänge Tag und Nacht aufgenommen werden. Insgesamt sind es fast 6000 Männer. Die SS führt sie unter der Bezeichnung „Asoziale" (ASOs). Sie erhalten einen braunen Winkel. Jetzt gibt es an großen Häftlingskategorien „Grüne", „Rote" und „Braune". Später wird die Farbe Braun für ASOs gegen Schwarz ausgetauscht.

Was waren das für Menschen, die über Nacht als „Asoziale" ins Konzentrationslager verschleppt worden waren? Unter ihnen gab es Kommunisten, Sozialdemokraten, Gewerkschafter und nichtorganisierte Arbeiter, die nach 1933 aus ihrem Betrieb hinausgeworfen und dann beim Bau der Autobahnen untergekommen waren. Als sie dort für bessere Arbeitsbedingungen eintraten, wurden sie wegen „Störung des Arbeitsfriedens" festgenommen. Wer in der Weimarer Zeit an Zusammenstößen mit der SS und SA beteiligt war, wurde wegen „Raufhandels", wer an den vor jüdischen Geschäften stehenden SA-Männern vorbeiging und das Geschäft betrat, wegen „Widerstandes" verhaftet.

Unter den Zugängen befanden sich etwa 900 Juden. Es handelte sich vor allem um Menschen, die gegen die von den Nazis erlassenen antijüdischen Gesetze verstoßen hatten. Betroffene waren zum Beispiel Brautleute, die ihre Verlobung nicht auflösen wollten und sich heimlich trafen. Ins Lager kamen Zigeuner, weil sie Zigeuner waren; Bettler, auch wenn sie einen festen Wohnsitz hatten; Landstreicher, weil sie keinen festen Wohnsitz hatten; Zuhälter, wenn sie verdächtigt, aber nicht überführt waren und somit nicht dem Richter vorgeführt werden konnten.

Vorwand für die Einlieferung ins Konzentrationslager konnte auch eine Strafe von einem Monat Gefängnis sein oder eine Geldstrafe, die der Gefängnisstrafe von einem Monat entsprach. Wer wegen Trunkenheit oder als Prügelheld bestraft war, wer seine Alimente nicht regelmäßig bezahlte, wer sich überhaupt auf irgendeine Weise der Einordnung in die „Volksgemeinschaft" widersetzte, wer diesem oder jenem Nazi nicht gefiel, konnte als „Asozialer" festgenommen werden. Hinzu kamen sozialschwache, zerbrochene, am Leben verzweifelnde, kranke und verkrüppelte Menschen, um die sich die soziale Fürsorge hätte kümmern müssen.

Die Zugänge müssen sich in der Wäscherei entkleiden, werden dort geschoren – Kopf- und Schamhaare – und registriert. Die Prozedur zieht sich endlos hin. Körperbehinderte, Geistesverwirrte, die jammernd ihre Unschuld beteuern, und protestierende Häftlinge werden sofort von SS-Leuten rasend verprügelt. Sie treiben uns zur Schnelligkeit an und erschweren selbst den zügigen Ablauf der Registrierung.

Als die ersten hundert Zugänge nackt in der Baracke stehen, kommt Lagerkommandant Baranowski und läßt sie in die Nacht hinaustreten. Draußen steht der Bock. Baranowski bestimmt zehn Häftlinge, die nacheinander ausgepeitscht werden. Die Neuen sind starr vor Entsetzen. Nur das Schreien der Gemarterten gellt uns in den Ohren. Ist das Opfer bewußtlos geworden, hört man nur noch den Ochsenziemer auf den Körper klatschen. Baranowski läßt kaltes Wasser bringen, womit die Besinnungslosen übergossen werden. Dann verkündet er, daß diese Strafe künftig bei dem geringsten Vergehen verhängt werde.

Bei jedem dieser neu eintreffenden Transporte wird eine solche Abschreckung veranstaltet; willkürlich ausgesuchte Opfer erhalten 25 Stockhiebe. Auch wenn Baranowski nicht dabei ist, wird den Zugängen das Auspeitschen vorgeführt. Die Opfer werden durch Abzählen ausgesucht, mal jeder zehnte, mal jeder fünfte oder auch jeder fünfundzwanzigste. So wiederholt es sich, und die Neuen, von Entsetzen erfaßt, laufen zurück in die Wäscherei.

In diesem Chaos ist es uns unmöglich, auch nur annähernd passende Kleidung und Schuhe auszugeben. So laufen viele in zu großen oder zu kleinen Sachen herum, werden zum Gespött und Spielball der SS. Zum Schluß ist die Häftlingsbekleidungskammer leergefegt. Es kann also nichts getauscht werden. Am schlimmsten ist es mit den Schuhen, die nur in wenigen Fällen passen. Schon nach einigen Tagen sind die Füße wund. So läuft mancher lieber barfuß. Die Blockältesten versuchen, Schuhe und Kleidung gegenseitig austauschen zu lassen. Das macht aber Schwierigkeiten, weil mancher glaubt, sich dadurch etwas Schlechteres einzuhandeln. Bald entwickelt sich ein reges Tauschgeschäft, das mancher Geschäftemacherei den Weg freigibt. In diesem Maßstab ein neues Problem für uns, das uns noch manches Kopfzerbrechen bereiten wird.

Ein weiteres Problem, das die Verhältnisse im Lager wesentlich veränderte, war die Unterbringung der 6000 Neuen. Die Wohnbaracken waren für je 146 Mann vorgesehen. Die Blocks des ersten und einige des zweiten Ringes blieben vorläufig mit dieser Stärke belegt. Aber die Baracken des dritten und vierten Ringes wurden jetzt als Massenblocks mit jeweils etwa 400 Häftlingen eingerichtet. Im Schlafsaal mußte man sich helfen, indem die Bettgestelle ausgeräumt und halbgefüllte Strohsäcke auf die Erde gelegt wurden. Auch alle anderen Einrichtungsgegenstände wie Tische, Hocker, Spinde waren für 146 Mann bestimmt. Sie wurden jetzt von zweieinhalb- bis dreimal mehr Menschen benutzt. In einem Spind, vorgesehen für einen Mann, in dem sich zur Not noch zwei einrichten konnten, mußten nun vier oder fünf Menschen versuchen, ihre Sachen unterzubringen. An einem Tisch, der normalerweise für zwölf bis vierzehn Mann Platz bot, mußten jetzt dreißig Männer und mehr um einen Platz kämpfen. Wer alt, krank oder langsam war, kam überall beim Wettlauf nach dem Trinkbecher, der Eßschüssel oder dem Löffel ins Hintertreffen.

Bei jeder Mahlzeit gab es ein fürchterliches Gedrängel in den schmalen Gängen vor den Spinden. Man griff zur nächsten erreichbaren Eßschüssel und zum Löffel. Die Letzten blieben mit leeren Händen zurück, warteten, bis jemand seine Schüssel geleert hatte. Blockälteste, die verantwortungsbewußt waren, hielten immer einige Eßgeschirre für den Notfall bereit. Den Zustand ändern konnten sie jedoch nicht. Die Brotrationen mit den dazugehörigen 25 Gramm Margarine oder Blut- oder Leberwurst wurden meist sofort im Stehen verschlungen. Etwas für den nächsten Tag zurückzulegen, war unmöglich. Man stand dichtgedrängt im Tagesraum herum, immer darauf bedacht, vielleicht doch noch einen Sitzplatz zu erkämpfen. Bei einigermaßen trockenem Wetter zogen die Neuen durchs Lager, um irgend etwas zu ergattern, eine Zigarettenkippe, eine rohe Kartoffel; oder sie wühlten in den Küchenabfällen nach irgend etwas Eßbarem, nach Kartoffel- oder Rübenschalen oder Gemüseresten. Jeder Knochen wurde, obwohl bis zum letzten ausgekocht, nochmals abgenagt.

Jeden Morgen begann ein Kampf um Röcke und Hosen. Am schlimmsten war es mit den Schuhen. In dem ständigen Chaos passierte es immer wieder, daß Schuhe verlorengingen oder jemand zwei linke oder zwei rechte Schuhe erwischte. Fußlappen oder Strümpfe gingen überhaupt verloren. Wer dann barfuß in den derben Schuhen gehen mußte, lief sich immer wieder die Füße wund. Blutende und eiternde Wunden waren die Folge. Dann wurden Handtücher oder Wäsche zerrissen und um die Füße gewickelt. Wer damit aber bei der Kontrolle erwischt wurde, bekam erbarmungslos Prügel.

Frische Wäsche gab es in der Wäscherei nur im Tausch, Stück gegen Stück. So hatten die Wäsche- und Häftlingsbekleidungskammer sowie die Schneiderei vollauf zu tun, das Defizit auf eigene Faust und mit eigenen Methoden irgendwie wieder auszugleichen. Ganz schlimm war es in den ersten Wochen. Es gab nicht genug Mützen, so daß Hunderte von Häftlingen den ganzen Tag in der prallen Hitze ohne Kopfbedeckung blieben. Viele bekamen den Sonnenbrand, und da nichts dagegen unternommen wurde, bildeten sich Blasen, die Haut löste sich, und die Sonne brannte auf das rohe Fleisch. Der Kopf schwoll zur Unförmigkeit an, die Augen quollen zu, so daß die betroffenen Häftlinge von anderen geführt werden mußten. Um sich vor Sonnenbrand zu schützen, wickelten sich die kranken Häftlinge Handtücher um den Kopf. Als Lagerkommandant Baranowski eines Tages die beturbanten Köpfe entdeckte, bekam er einen Wutanfall. Schreiend stürzte er sich mit seinen SS-Leuten auf die kranken Männer und schlug sie zusammen.

Auf Befehl der Lagerführung durfte tagsüber außer dem Stubendienst kein Häftling den Block betreten. Hielt nun der Blockälteste diese kranken Menschen in der Baracke zurück, kamen die SS-Blockführer und prügelten alle, die Kranken, den Blockältesten und den Stubendienst aus der Baracke. Sie ließen sie rollen, hüpfen und stundenlang in Kniebeuge vor dem Block sitzen.

Normalerweise wusch sich jeder Häftling mit entblößtem Oberkörper. Wenn es auch immer eilig zuging und der Platz beengt war, man konnte sich waschen und die Zähne putzen. Das änderte sich aber für die Häftlinge in den Massenblocks. An den Waschfontänen konnte sich in der zur Verfügung stehenden Zeit nur ein Bruchteil der Blockbelegschaft einen Platz ergattern. Seife und Zahnputzmittel mußten in die Tasche gesteckt werden. Legte man etwas aus der Hand, war es blitzschnell verschwunden. Je beschwerlicher das Waschen wurde, um so mehr drückte man sich davor. Wo kontrolliert wurde, ob die Handtücher auch zum Abtrocknen benutzt worden waren, lieferte irgendein Wasserhahn die zur Tarnung nötige Feuchtigkeit. Besonders schlimm war, daß die Klobecken auch nicht annähernd ausreichten. Vor jedem Klo bildete sich ständig eine Schlange, aus der beschwörend oder schimpfend zur Eile angetrieben wurde.

Die ständig auseinanderstrebende Masse der Häftlinge mußte jedoch so zusammengebracht werden, daß sie rechtzeitig und vollzählig zum Appell antreten konnte. Das verlangte eine viel stärkere Aufmerksamkeit vom Stubendienst als bisher. Alles im Lager war dem Zählappell untergeordnet und mußte zurückstehen. An einen Bettenbau in der bisherigen Form war in den Massenblocks nicht mehr zu denken. Strohsäcke und Decken mußten zwar ordentlich auseinandergelegt werden, aber das besorgte in erster Linie der Stubendienst. Nicht einmal den SS-Blockführern, die die Leute den ganzen Tag im Lager hin- und hertrieben und auf sie einschlugen, gelang es, sich die apathische und widerspenstige Masse von Menschen gefügig zu machen.

Kameradendiebstahl, bisher im Lager kaum bekannt, begann um sich zu greifen. Kleine Gauner und Ganoven erneuerten alte Knastbekanntschaften, bildeten Cliquen und verschafften sich durch Rücksichtslosigkeit und Korruption bestimmte Positionen. Nicht nur SS-Blockführer, sondern auch einzelne Häftlingsblockälteste ließen sich bestechen. Wer von den Zugängen noch etwas von seinen Effekten gerettet hatte, erkaufte sich damit einen besseren Schlafplatz, einen Sitzplatz am Tisch oder auch einen Schlag Essen mehr auf Kosten der anderen. Bessere Arbeitsplätze wurden von bestimmten Vorarbeitern verkauft – und nicht nur bessere, sondern überhaupt Arbeitsplätze. Die Schwachen wurden beiseite gedrängt. In den ersten Wochen waren noch Tausende ohne festes Arbeitskommando. Sie durchstreiften das Lager, um sich eine Schaufel, eine Säge, einen Hammer oder ein anderes Werkzeug zu beschaffen, und liefen damit herum. War ein SS-Mann in Sicht, wurde eine Arbeit vorgetäuscht.

Beim Ausschachten des Kellers für die Kantinenbaracke wurden dann mehr als 2000 Häftlinge eingesetzt. Ein großer Teil der Häftlinge mußte eine Kette zum Abtransport der Erde bilden. Der Rock wurde verkehrt, mit dem Rücken nach vorn angezogen und so gehalten, daß eine Schaufel Sand aufgenommen und an eine entferntere Stelle getragen werden konnte. So ging das im ermüdenden Zug durch knöcheltiefen Sand, den ganzen Tag im Kreis herum. In Abständen standen Häftlinge, die darauf achten mußten, daß das Tempo eingehalten wurde. Kamen Blockführer und versuchten, mit Knüppeln und Fußtritten zum Laufschritt anzutreiben, ließen die Nächststehenden den Sand fallen und liefen auseinander.

Die Blockführer gaben bald auf und machten dann Jagd im Lager auf bestimmte Häftlinge, die sie für interessante Typen hielten. Da waren zum Beispiel der größte Häftling, mehr als zwei Meter groß, der kleinste Häftling, 1,18 Meter. Auf Anweisung von Baranowski mußten die beiden immer zusammenbleiben. Sie schliefen zusammen; wenn der eine zum Klo mußte, stand der andere daneben. Wohin sie auch immer gingen, was sie auch immer taten – sie durften sich nicht trennen. Eine Zeitlang beschäftigten sich die SS-Blockführer mit ihnen, bis es ihnen langweilig wurde und die beiden Ruhe hatten. Ein anderer, auch über zwei Meter großer Mann, hatte eine ungewöhnliche Rückgratverkrümmung. Das erweckte das Interesse der SS-Ärzte, und es dauerte nicht lange, dann hatten sie sein Skelett in der Anatomie zur Ansicht ausgestellt.

Die Schwierigkeiten des Lagerlebens im Sommer 1938 wurden noch vermehrt durch viele Körperbehinderte, Epileptiker, Geistesverwirrte und eine große Zahl schon in den ersten Tagen Erkrankter. Im Krankenbau wurden sie nicht aufgenommen. Ein Arbeitskommando gab es nicht für sie. Im Block durften sie sich auch nicht aufhalten. So drückten sie sich im Lager herum und regten durch ihre Hilflosigkeit in besonderem Maße den Sadismus der SS-Leute an. Um diese Menschen dem Blickfeld der SS zu entziehen, erfand die Häftlingsschreibstube eine Notlösung. Der 1. Lagerälteste, Oskar Müller, faßte alle im Augenblick nicht arbeitsfähigen Häftlinge in einem Kommando zusammen und unterstellte sie dem 3. Lagerältesten, Hans Dzuber. Hans, ein Hamburger Genosse, nahm einen noch nicht belegten Barackenkeller in Anspruch, besorgte Ziegelsteine und Bretter, die er zu Sitzgelegenheiten machte und setzte das ganze Kommando in den Keller, der wenigstens wettergeschützt war. Als Arbeitsmaterial wurden rote Ziegelsteine in Stücke geschlagen und durch Aneinanderreiben pulverisiert. Das sollte ein Putzmittel für unsere Eßbestecke sein. Die SS sprach von dieser Kellerbelegschaft nur als vom „Dachschadenkommando". Die meisten SS-Leute, die dort eindringen wollten, kehrten schon an der Tür wieder um. Es war nicht nur das Bild der Kranken, sondern der Gestank und die staubige Luft, die ihnen entgegenschlug. Viele dieser Häftlinge litten an Darmkrankheiten. Überall lagen Menschen auf dem nassen Zementfußboden. Vor Entkräftung zusammengebrochen, wälzten sie sich im eigenen Kot. Andere saßen lächelnd vor sich hinstarrend und lallten unverständliche Worte. Einer stand auf einem Ziegelhaufen und redete über seine Heldentaten bei den Kämpfen in Südwest-Afrika. Ein anderer rief stundenlang, ununterbrochen mit lauter monotoner Stimme: „Oh, oh, ooh, ich habe ja gar nichts getan. Das war ja der große Hamburger. Oh, oh, ooh, ich habe ja gar nichts getan. Das war ja der große Hamburger." Wieder andere stritten sich um Kleinigkeiten. Es war ein herzzerreißendes Bild. Jeden Tag starben Menschen in diesem Elendskeller. Erst nach und nach gelang es, diese Leute bei den Kartoffelschälern, Gemüseputzern, Strumpfstopfern und bei anderen leichter Arbeitenden unterzubringen. Das Kellerkommando wurde langsam kleiner und konnte auch sonst besser versorgt werden.

Die ASO-Zugänge waren in der Mehrheit politisch desinteressiert. Gegen die Nazis hatten die meisten eigentlich nichts. Ihre Verhaftung empfanden sie als Unrecht, waren aber überzeugt, daß sich dies bald herausstellen würde und sie wieder nach Hause gehen könnten. Tatsächlich wurde auch ein kleiner Teil von ihnen schon bald wieder entlassen. Wir schätzten ihre Zahl auf 200 bis 300 Mann und hatten Grund zu der Vermutung, daß sie oder ihre Familien Verbindungen zu höheren Nazistellen hatten.

Die Hoffnung, bald wieder freizukommen, motivierte viele, sich auf die Lagerbedingungen einzustellen und sich in die Gemeinschaft einzugliedern. Wir bemühten uns, die ASOs positiv anzusprechen, ausgenommen jene, die sich bei der SS anbiederten. Wir versuchten zunächst, diejenigen herauszufinden, bei denen sich durch ihr Verhalten oder aus ihren Akten eine frühere politische oder gewerkschaftliche Tätigkeit annehmen ließ. In den Arbeitskommandos war es am einfachsten, Eigenbrötler und Egoisten von denen zu unterscheiden, die bereit waren, sich mit den Umständen auseinanderzusetzen und sich wie ein Kamerad zu verhalten. Wo es möglich war, halfen wir den Zugängen, besonders den neuen Blockältesten und Stubendiensten. Wir bemühten uns, Einfluß darauf zu nehmen, daß aus Opfern der Faschisten ihre Gegner wurden.

In der Zeit der ASO-Aktion kam von höheren Dienststellen die Anweisung, daß ab 1. Juli 1938 in den Sterbeurkunden auch die bzw. eine Todesursache angegeben werden mußte. Von 1936 bis zu diesem Zeitpunkt geschah das nicht. Bei Häftlingen, die den Tod durch Gewaltmaßnahmen der SS fanden, wurde aber nicht die wahre Todesursache angegeben. Da hieß es dann: Herzkranzgefäßverkalkung, Lungenentzündung, Blutvergiftung, Magenkrebs, Wassersucht, Darmerkrankung usw. In der Anatomie hing später eine Tafel, auf der die Namen von Krankheiten vermerkt waren, die als Todesursache angegeben werden konnten. Anfangs konnten Familien ihre Toten überführen lassen. Es gab auch Fälle, in denen der Tote in der Garage vor dem Lagertor aufgebahrt und für die Besichtigung durch Angehörige freigegeben wurde. Da das aber zu Komplikationen führte, wenn die Angehörigen Anzeichen von Gewaltanwendung entdeckten oder gar ihren Toten nicht wiedererkannten, wurde in der Folge der Familie nur noch die Asche des Toten zugestellt.

18.

Lagerbesichtigungen

Aufregung verursachte immer die Ankündigung von Besuchergruppen, die das KZ besichtigen wollten. Dann wurde das Lager auf piekfein präpariert. Da das für das gesamte Lager nicht zu schaffen war, hatte Kommandant Baranowski einen bestimmten Weg festgelegt, durch den er die Besuchergruppen persönlich führte. Die Stationen, die dem Besucher gezeigt werden sollten, waren genau vorgeschrieben: Krankenbau, Wäscherei, Bad, Küche, Bekleidungskammer, Effektenkammer, Gärtnerei, Schweinestall. Auch die Bücherei und die Häftlingsschreibstube wurden vielen Besuchern gezeigt. Es gab auch Gruppen, die den Zellenbau besichtigen konnten. Die Häftlingsschreibstube hatte strenge Vorschrift, dafür zu sorgen, daß die Besucher mit den Häftlingen nicht in Berührung kamen.

Am Beginn des Rundgangs bittet Baranowski die Besucher, stets zusammenzubleiben und sich auf keinen Fall von der Gruppe zu entfernen; denn vor einigen Tagen sei ein SS-Mann allein ins Häftlingslager gegangen und bisher nicht wieder zurückgekommen. Obwohl das ganze Lager gründlich durchsucht worden sei, habe man nichts von ihm wiedergefunden. Der Kommandant läßt den Leuten keine Zeit zum Nachdenken. Fragen überhört er oder reagiert mit einem noch größeren Schwindel. Er geht zum Beispiel mit einer Besuchergruppe in die Gärtnerei. Vor einem Tomatenbeet erklärt er, daß jeder Häftling eine Tomatenpflanze habe, die er selbst aufziehen und pflegen müsse; die geernteten Früchte gehören ihm allein. Zur Probe aufs Exempel ruft er einen Häftling: „Komm' her, mein Sohn, zeig' mir deine Staude und pflücke dir eine Tomate!" Der Häftling weiß nicht, was er machen soll und welche Teufelei dahintersteckt. Als dann Baranowski ungeduldig wird und kommandiert, endlich eine Tomate von seinem Strauch zu pflücken, folgt der Häftling und ißt irgendeine Tomate nach energischem Drängen des Lagerkommandanten auf. Dieser zu den Besuchern: „Da seh'n Sie, wie geizig die Häftlinge sind, die war ihm noch nicht groß genug." Es kommt zwar die Frage, woran die Häftlinge ihre Tomaten erkennen, aber kein Besucher fragt, wo denn die Pflanzen für die anderen 10 000 Häftlinge stehen.

Ein Häftlingswohnblock war für die Besucher präpariert, und zwar Block 2. Der Lagerführer geht mit seinen Besuchern plaudernd durch das Lager. Am Block 2 bemerkt er im Vorbeigehen, daß natürlich auch die Wohnbaracken der Häftlinge besichtigt werden könnten. Er stellt den Besuchern frei, sich diesen oder einen anderen Block anzusehen. Prompt wird jedesmal der Wunsch geäußert, gerade diesen Block besichtigen zu wollen. Da passierte es, daß ein Besuchertrupp aus einer nationalsozialistischen Erziehungsanstalt sich durch die Bemerkung von Baranowski provoziert fühlte, daß sie hier wohl in puncto Ordnung noch einiges lernen könnten. Einige machten sich daran, die Spinde – und überhaupt alles in Tagesraum, Waschraum und Toilette – zu kontrollieren. Sie fanden alles in Ordnung. Der Schlafraum hatte schon bei anderen Besichtigungen Erstaunen hervorgerufen. Als ein Besucher sich erkundigte, welche Hilfsmittel für einen solchen tadellosen Bettenbau benutzt würden, forderte Baranowski ihn auf, sich selbst zu überzeugen. Alles wurde gründlich und fachmännisch geprüft und entsprechend bestaunt. Wir hatten ein Mordsglück gehabt, daß keines der kontrollierten Betten ein Hilfsmittel verbarg. Wenn nämlich Baranowski mit seiner Angeberei hereingefallen wäre, hätte das für den ganzen Block Strafsport und Essensentzug zur Folge gehabt.

Bei der Besichtigung eines Häftlingswaschraumes behauptet Baranowski, daß zum Waschen warmes und kaltes Wasser zur Verfügung stehe. Als ein Besucher das Wasser anstellt und nach dem Hahn für warmes Wasser sucht, dreht der Kommandant scheinbar höchst erstaunt selber an den Hähnen und sagt dann: „Seh'n Sie, so sind die Häftlinge, zu faul, die Warmwasserbereitung zu heizen."

Die Lagerführung war darauf bedacht, die Häftlinge möglichst vor den Besuchern zu verbergen. Hohe Strafen waren jedem angedroht, der sich auch nur aus der Ferne sehen ließ. Nun geschah es, daß ein grüner Häftling nicht rechtzeitig verschwinden konnte und plötzlich vor der Gruppe der Besucher stand. Er war ein kleiner Mann mit X-Beinen, ohne Zähne, unrasiert und mit – wie man sagt – tausend Falten im Gesicht. Wir kannten ihn als einen hilfsbereiten und immer freundlichen Mann. Den Besuchern erschien er, nach allem, was sie über die Häftlinge gehört hatten, als ein schreckeinflößender Mensch. Baranowski rief den Häftling heran und erklärte den Besuchern: „Hier sehen Sie einen besonders gefährlichen Mann. Er ist mehrfacher Mörder und dürfte gar nicht allein im Lager herumlaufen." Da fragt einer der Besucher den Häftling: „Wen haben Sie denn umgebracht?" Der Häftling: „Ich habe keinen umgebracht." – „Warum sind Sie denn hier?" – „Wegen meiner Vorstrafen. Ich habe acht Vorstrafen." Baranowski hört sich das sprachlos an. Er läßt den Mann noch erzählen, daß er unter anderem vorbestraft sei wegen Diebstahl eines Fahrrades, eines Mantels und – sein „dickstes Stück", wegen eines geräucherten Schinkens. Das galt als schwerer Einbruch, weil er, um in die Räucherkammer zu kommen, mehrere Schlösser habe knacken müssen. Baranowski beendet die Szene mit: „Da können Sie mal seh'n, der lügt ohne rot zu werden. Wenn Sie Zeit haben, zeige ich Ihnen seine Akte." Baranowski verstand es, aus solchen Pannen Kapital zu schlagen. Noch am gleichen Tage ließ er den Häftling ermitteln. Dieser mußte dann jeder seiner Besuchergruppen „zufällig" in die Quere kommen, und Baranowski hatte seine Attraktion.

Der Kommandant hatte ein großes Geschick darin, die Besucher das Lager mit seinen Augen sehen und sie die Besichtigung als Bestätigung dessen, was sie schon aus der Nazipresse über die „unverbesserlichen Staatsfeinde" in den KZs wußten, empfinden zu lassen. Bei seinen Erläuterungen ließ er mit berechnendem Zynismus eine Scheinwelt erstehen, während seine SS-Leute das Hereinlegen der Besucher fleißig als „Baranowski-Anekdoten" kolportierten. Der spätere Kommandant von Auschwitz, Rudolf Höß, damals Baranowskis Adjutant in Sachsenhausen, schreibt in seinen nach 1945 in einem

polnischen Gefängnis verfaßten Aufzeichnungen, daß Baranowski als SS-Führer und Nationalsozialist für ihn „zum Vorbild" wurde: „Ich sah in ihm fortgesetzt mein vergrößertes Spiegelbild."
Wir Häftlinge lernten Baranowski als harten, brutalen SS-Führer kennen, der über Leichen ging. Das ist das Bild von Baranowski, wie es in unseren Erinnerungen steht und nicht jenes, das er im Konzentrationslager Sachsenhausen vor den Besuchern produzierte. Wir erlebten ihn als SS-Führer beim nächtlichen Empfang der ASO-Zugänge. Er konnte stundenlang den Auspeitschungen von Menschen zusehen und „seine Männer", wie er die SS-Leute nannte, anfeuern, noch härter zuzuschlagen. Dann dröhnte sein Lachen durch die Nacht, er brüllte und schlug sich auf die Schenkel. Den Häftlingen rief er zu: „Wenn ich lache, lacht der Teufel!" Auch nach dem Ausscheiden Baranowskis wurden die Besucher Sachsenhausens unverschämt hinters Licht geführt, obwohl es leicht gewesen wäre, die plumpen Lügen zu durchschauen.

In der Regel waren es höhere Polizei-, SS- oder Wehrmachtsoffiziere und höhere Justizbeamte, die Sachsenhausen besichtigten. Aber nicht immer konnten wir in Erfahrung bringen, aus welchen Kreisen die Besuchergruppen kamen. Teilnehmer von SS-Lehrgängen und nationalsozialistischen Erziehungsanstalten waren schon auf den ersten Blick zu erkennen. Es kamen Teilnehmer von Tagungen, die in Berlin stattfanden, Gruppen ausländischer Politiker und Staatsfunktionäre, deutsche und ausländische Vertreter aus Handel, Wirtschaft und Verwaltung. Für uns leicht erkennbar waren eine japanische und eine besonders große Gruppe aus Franco-Spanien. Immer wieder kamen Vertreter aus dem SS-Terrorapparat, später auch aus den von der Wehrmacht besetzten Ländern. Auch einzelne Journalistengruppen aus dem In- und Ausland wurden durch das Lager geführt. Unsere Hoffnung, einmal etwas über eine Stimme der Empörung in der Auslandspresse zu erfahren, erfüllte sich nicht. Nur bei dem Besuch der Internationalen Handelskammer 1937 gab es offensichtlich einen kritischen Bericht eines ausländischen Teilnehmers, wie wir einer Stellungnahme in der Zeitung der Arbeitsfront entnahmen. Ein norwegischer Journalist, der einmal solch einer Besuchergruppe angehört hatte, kam später als Häftling nach Sachsenhausen, wo er nun selbst die Wirklichkeit erlebte. Nachdem die „Inspektion der KL" (Inspektion der Konzentrationslager) in Oranienburg ihr Hauptquartier bezog, kamen öfter kleine Gruppen von SS- und Gestapoführern. Ministerbesuche habe ich zweimal erlebt. Einmal Finanzminister Schwerin von Krosigk, das andere Mal Innenminister Frick. Himmler kam öfter ins Lager. Er ging dann meistens, umgeben von SS-Offizieren, geradewegs in den Zellenbau zu irgendwelchen prominenten Häftlingen.

Wer auch immer die Besucher waren, aus welchen Gründen sie auch immer kamen, sie fanden stets ein Lager vor, das wie unter einem Schleier lag. Versuche von Häftlingen, diesen Schleier ein wenig zu lüften, übersahen sie oder wollten sie nicht wahrnehmen. Sie hätten nur einmal um eine Ecke sehen, nur wenige Meter weitergehen sollen, aber das gehörte nicht zum Programm. Nur einmal haben wir einen Zwischenfall erlebt: Eine Besuchergruppe sollte wieder einmal einen Abendappell als „zackige Attraktion" erleben. Nun war es aber Winter, und wir mußten, wie üblich, unsere sterbenden und toten Kameraden zum Zählappell mitbringen und hinter der Front der angetretenen Häftlinge auf die Erde legen. Von der Besuchergruppen waren zwei, drei Leute, denen das Warten zu lange dauerte, seitlich an den Blocks entlanggegangen. Sie sahen nun die vielen Leblosen auf der Erde liegen und drehten schleunigst um. Einer von ihnen rief der Gruppe von weitem zu: „Mensch, kommt doch mal! Hier liejen allet Dote!" Als niemand reagierte, wiederholte er das und schwieg betroffen, als er von seinem Vorgesetzten zur Ordnung gerufen wurde. Hier hatte vor Tausenden von Häftlingen jemand seine Erregung kundgetan. War es Mitleid oder Sensationsgier? Wird er „draußen" darüber reden? Werden irgendwelche Menschen über das Konzentrationslager, über das, was er gesehen hat, etwas erfahren? Diese Fragen bewegten uns. Dann erfuhren wir, daß es sich um eine Gruppe junger SS-Leute handelte, die sich zur Polizei gemeldet und nun als Polizeischüler das Lager besichtigt hatten.

19.
Politische Diskussionen 1938 und ein Radiogerät

In den ersten Februartagen des Jahres 1938 lesen wir im „Völkischen Beobachter", daß in der Spitze der deutschen Wehrmacht Veränderungen vorgenommen wurden. Das „Oberkommando der deutschen Wehrmacht" (OKW) wird gebildet und dem direkten Befehl Hitlers unterstellt.

Von Zugängen aus dem Bürgertum, die sich auf ihre Beziehungen berufen, hören wir schon seit längerer Zeit, daß es unter den Militärs Unzufriedenheit über die Politik Hitlers gibt und in der Bevölkerung Furcht vor einem Krieg aufkommt. Im Lager blüht das Geschäft der Parolenschinder und Wichtigtuer: Ein Militärputsch stehe bevor. Alle diese Gerüchte erwecken bei vielen Hoffnung auf ein baldiges Ende der „Schutzhaft". Wir Politischen wissen aus Erfahrung, wie gefährlich eine solche Stimmung ist. Die Wachsamkeit der Häftlinge läßt nach, in ihrer Hochstimmung wird manch unbedachtes Wort gesprochen. Die gespannte Situation führt zu Entladungen, das heißt zu Gewaltanwendungen der SS. Wenn sich dann die Hohlheit und Verlogenheit der Parolen herausstellt, verfallen die Leichtgläubigen in Hoffnungslosigkeit, Stumpfheit und Lethargie, die manchen an den Rand des Selbstmordes führen. Wenn wir glauben, die Folgen einer Parole überstanden zu haben, folgt schon wieder eine neue.

Wir können dem nur entgegenwirken durch eine sorgfältige Einschätzung der politischen Ereignisse, um die richtigen Schlußfolgerungen für uns zu ziehen. Wir sehen diese Veränderungen in der militärischen Führung in Zusammenhang mit der Ablösung des Reichswirtschaftsministers Schacht Ende 1937, der Ablösung des Reichsaußenministers von Neurath und den von Göring seit Ende 1937 eingesetzten Wehrwirtschaftsführern. Offensichtlich bestimmen damit die aggressivsten, Hitler bedingungslos ergebenen Kreise das Tempo der Kriegsvorbereitung.

Unsere alte Losung „Hitler bedeutet Krieg" wird Schritt für Schritt Wirklichkeit. Daran zweifelt niemand von den politisch engagierten Häftlingen, gleich, welche Richtung sie im einzelnen vertreten. Es ist nicht die Zeit, in Rechthaberei oder Resignation zu verfallen. Vor uns steht immer wieder die Frage: Was wird mit uns, wenn die Nazis den Krieg vom Zaune brechen? Sicher steht es dann nicht gut für uns. Und weiter: Was tut die übrige Welt, um den Krieg zu verhindern? Um diese Frage drehen sich unsere Erkundungen und Diskussionen. Für eine umfängliche und schnelle Informationsbeschaffung reichen unsere Verbindungen nicht aus. Wir suchen nach Wegen, um neue zu erschließen. Überhaupt bestärken uns die Ereignisse des Jahres 1938 in unseren Überlegungen, den Aufbau einer illegalen Leitung zu beschleunigen.

Das Tempo der politischen Entwicklung ist enorm. Nationalsozialistische Provokationen in Österreich, Drohungen gegen Österreich in der deutschen Presse sind Anzeichen in Richtung militärischer Aktionen und Krieg. Aus Sachsenhausen werden SS-Leute abgezogen und nach Österreich beordert. An ihre Stelle rücken ältere Männer aus der allgemeinen SS ein. Am 12. März 1938 marschiert die Hitler-Wehrmacht in Österreich ein und annektiert das Land. Im Sommer höre ich von Kameraden, daß etwa zwanzig österreichische Kommunisten und Sozialdemokraten ins Lager gebracht wurden. Sie sind die erste ausländische Häftlingsgruppe.

Nach Abschluß der Besetzung Österreichs kamen etwa 1500 österreichische SS-Leute nach Sachsenhausen. Sie wurden in den SS-Kasernen untergebracht und zum Wachdienst oder für die Postenketten eingesetzt. Häftlinge, die mit ihnen in Berührung kamen oder in der Nähe beschäftigt waren, berichteten von deren Mißmut. Im Lager entstanden Gerüchte über Meutereien österreichischer SS-Leute, über Schießereien mit der deutschen SS, von in Handschellen abgeführten SS-Leuten. Vieles war sicher übertrieben, aber fest steht, daß viele österreichische SS-Leute auf alles schimpften, auf die Disziplin, das Essen, auf die deutsche SS, auf den Drill. Sie waren mit allem unzufrieden und brachten das auch gegenüber Häftlingen zum Ausdruck. Als sie von ihren Vorgesetzten gerügt wurden, weil sie Häftlingen Brot geschenkt hatten, warfen sie ihr Brot aus dem Fenster. Als es Fischkonserven gab, warfen sie diese, weil sie sie für verdorben hielten, ebenfalls aus dem Fenster. Durch Arreststrafen und Strafsport wurden sie fügsamer, paßten sich allmählich an und unterschieden sich schließlich von den deutschen SS-Leuten fast nur noch durch ihren Dialekt.

Nach der Annexion Österreichs vergehen nur wenige Wochen, und die Nazis zünden ein neues Feuer an, jetzt im Sudetenland, den Randgebieten der Tschechoslowakei. Ständige Provokationen und Zusammenstöße führen zu einer explosiven Zuspitzung der Lage. Am 16. September 1938 trifft Chamberlain sich mit Hitler in Berchtesgaden. Einen Tag später hebt Konrad Henlein, Gründer der faschistischen „Sudetendeutschen Partei", das „Sudetendeutsche Freikorps" aus der Taufe. Er fordert auf, die Waffen zu ergreifen, da der „äußerste Notstand" gegeben sei. Am 29. September kommen Hitler, Mussolini, Daladier und Chamberlain in München zusammen. Hitler setzt sich durch. Seine Wehrmacht marschiert am 1. Oktober 1938 in die Grenzgebiete der ČSR ein. Es ist nur noch eine Frage der Zeit, bis die gesamte Tschechoslowakei von den Nazis überrollt wird.

Das Münchener Abkommen setzt neue Akzente. Die Erklärung Chamberlains: „Der Friede ist gerettet!" hat eine gewisse Wirkung, obwohl auch Skepsis im Lager zu hören ist. Der SS-Kommandoführer der Häftlingsbekleidungskammer, SS-Oberscharführer Blume, bringt die Münchener Konferenz auf folgenden Nenner: „Die stehen da Schlange, um sich vom Führer durch die Wurstmaschine drehen zu lassen." Er drückt damit die allgemeine Stimmung der SS aus. Häftlinge, die sich bisher unpolitisch gaben, werden mobil. Es bilden sich kleine Diskussionsgruppen, auch von Gefangenen aus bürgerlichen Kreisen. Hitlers Erklärung: „Es ist die letzte territoriale Frage, die ich in Europa zu stellen habe", die er in seiner Rede am 26. September 1938 im Sportpalast abgab, machen auf manchen dieser Häftlinge Eindruck. Anhänger des Europa-Gedankens sehen in dieser Bemerkung die Möglichkeit für eine europäische Ordnung. Stärker und lauter tauchen Parolen über eine umfassende Amnestie auf. Man hört: „Weihnachten sind wir wieder zu Hause." Wir bemühen uns um den Nachweis, daß die Hitlersche Politik nach wie vor aggressiv ist.

Aus unserer Sicht rückte die Gefahr des Krieges gegen die Sowjetunion immer näher. Wir sahen in der Politik der „kollektiven Sicherheit", wie sie die sowjetische Regierung entwickelte – also ein Bündnis europäischer Staaten zur Verhinderung einer Aggression, gleich in welche Richtung – den einzigen Ausweg gegen den von den Nazis gewollten Krieg. Schließlich war jedem von uns bewußt, wie sehr das eigene Schicksal von der Erhaltung des Friedens abhing. Wir verfolgten alles mit größter Spannung. Mochte auch unsere Einschätzung der Ereignisse nicht in allen Einzelheiten zutreffen, was bei den mangelnden Informationsmöglichkeiten kein Wunder war, so versuchten wir doch alles, um den Gedankenaustausch zu fördern. Wir bemühten uns um Berührungspunkte zwischen den einzelnen Kreisen, möglichst nicht nur lose und vorübergehend, sondern in Form eines kontinuierlichen antifaschistischen Kontaktes. Es galt, politische Alternativen zu diskutieren, denn es wurde immer deutlicher, daß die Nazis auf den großen Krieg zusteuerten.

In diesen Gesprächen lautete unsere Devise: Nur die Politik der Sowjetunion gibt auch uns die Chance des Überlebens. Bürgerliche und sozialdemokratische Kameraden, die gegen die Sowjetunion eingestellt waren und auf Frankreich oder England schworen, wurden nachdenklich, als die Westmächte Hitler immer wieder nachgaben. Das spürten wir besonders, als die Wehrmacht die tschechoslowakischen Grenzgebiete besetzte. 1938 wurde das entscheidende Jahr für das Erlöschen der Weststimmung und für das Wachsen unseres politischen Einflusses. Die politischen Ereignisse des Jahres 1938 hatten im Lager überaus lebhafte Debatten ausgelöst, die in wesentlichen Fragen zu einer Übereinstimmung der politischen Häftlinge führten. Selbst Optimisten unter uns hätten dies vorher nicht für möglich gehalten. Es mag einzelne gegeben haben, die ihren Frieden mit den Nazis geschlossen hatten und von Politik nichts mehr wissen wollten, aber sie meldeten sich nicht zu Wort.

Eines Tages berichtet Franz Jacob, daß wir ein Radiogerät in Aussicht hätten. Dafür muß schnellstens Platz geschaffen werden. Wir einigen uns auf die Häftlingsbekleidungskammer. In einem Regal wird in einem hochgezogenen Bord in ganzer Länge ein Verschlag gebaut. Eine Schiebetür gibt Zugang zum Radiogerät. In diesem Regal lagern zusammengelegte Mäntel, wobei der Platz für das Versteck ausgespart ist. Ich habe die Vorbereitungen zu erledigen, die für die Unterbringung notwendig sind. Hannes Harder, Vorarbeiter der Zimmerei, und Franz Jacob bauen den Apparat ein. Mein Hamburger Freund Ernst Thorell wird vom SS-Kommandoführer als Verantwortlicher für die Lagerbaracke eingesetzt; nur er und ich haben einen Schlüssel. Überraschender Besuch ist so gut wie ausgeschlossen.

Es vergeht viel Zeit, ehe das Radiogerät Stück für Stück, in Einzelteile zerlegt, im Lager ankommt. Noch länger dauert es, bis es gebrauchsfertig ist. Es handelt sich um ein feldgraues Wehrmachtsgerät und soll „hochkarätig" sein. Als ich aber anfangen will, abzuhören, jault und pfeift das Ding. Ich stelle schnell ab, um nicht die ganze Umgebung mobil zu machen. Dann versucht Franz sein Glück. Bei ihm klappt alles. London und Beromünster sind leicht zu bekommen. Aber wir wollen auch Moskau hören. Das gelingt erst später, als ein tschechischer Genosse, der die russische Sprache beherrscht, das Abhören des Moskauer Senders übernimmt.

Durch die Einkleidung Tausender neuer Häftlinge der ASO-Aktion waren die Bestände der Häftlingsbekleidungskammer so zusammengeschmolzen, daß ein Umtausch zerrissener Oberbekleidung kaum noch möglich war. Nun hatten wir seit Bestehen des Lagers 3000 blaue Uniformröcke auf der Kammer liegen. Sie waren fast neu und aus gutem Stoff gefertigt. Sie stammten aus Beständen der Polizei und konnten nicht verwendet werden, weil sie ausschließlich für kleine Personen bestimmt waren. Als Vorarbeiter der Kammer hatte ich einige Male versucht, den Verwaltungschef, SS-Sturmbannführer Kraus, zu bewegen, sie freizugeben und aus zwei oder drei Uniformen neue Röcke in „Normalgröße" machen zu lassen. Er lehnte ab mit der Bemerkung: „Kümmern Sie sich nicht um Dinge, die Sie nichts angehen!" Heimlich ließ ich einige Stapel kleinerer Röcke zu größeren umarbeiten. Aber aus der Schneiderei kamen nur abgetragene Röcke auf die Kammer zurück. Der Umtausch war für die Leute, die an die Sachen herankamen, zu einem guten Geschäft geworden.

Eines Tages, im Juli 1938, als Verwaltungsführer Kraus die dreitausend auf Lager gelegten Röcke sehen wollte, wußten wir, daß einige Dutzend fehlten, sagten aber nichts. Kraus ordnete an, aus den Röcken eintausendfünfhundert Röcke für korpulente Leute anzufertigen. Er meinte, daß wir dafür bis zum 1. Oktober Zeit hätten. Nach gut vier Wochen kam er schon, um sich die umgearbeiteten Röcke anzusehen. Weil noch nichts fertig war, wurde er ärgerlich, und wir merkten, wie ernst die Sache zu nehmen war. Ich informierte den Vorarbeiter der Schneiderei, einen Grünen, darauf zu achten, daß keine Geschäfte mit diesen Röcken gemacht würden. Bei meinem täglichen Gang durch das Lager achtete ich nun darauf, wer einen verdächtig neuen blauen Rock trug. Ich notierte mir die Häftlingsnummer, gab sie an den Vorarbeiter der Schneiderei weiter, damit er die Sachen wieder eintreiben konnte. Uns kam es darauf an, einen Auftrag, der nicht zu umgehen war, erfüllen zu können. Wir überließen es den Grünen, die krummen Geschäfte wieder rückgängig zu machen.

Inzwischen wurden in der Bekleidungskammer ohne jegliche Vorankündigung Ballen gelben Stoffes angeliefert. Wir wußten nicht, was wir damit machen sollten. Unsere erste Vermutung war, daß daraus Hemden angefertigt werden sollten. Allerdings schien uns der Stoff dafür zu dünn. So ließen wir alles auf Lager. Kraus gab dann den Auftrag, den gelben Stoff in die Schneiderei zu schaffen. Seine angekündigte Inspektion der Bekleidungskammer, die etwa Mitte Oktober 1938 stattfand, schien ihn nicht recht zu befriedigen. Ich erinnere mich an seine Anordnung, auch unsere Bestände an Drillichzeug zur Ausgabe vorzubereiten. Weil es auf den Winter zuging, wunderten wir uns darüber. Auf jeden Fall war die Häftlingsbekleidungskammer gerüstet, einige tausend neuer Häftlinge aufzunehmen.

20.
Masseneinlieferungen nach der Judenpogromnacht

Am 7. November 1938 erschoß der siebzehnjährige Herschel Grynszpan in der deutschen Botschaft in Paris den Legationsrat Ernst Eduard vom Rath. Der Täter war ein Jude, dessen Familie, Eltern und Geschwister kurz zuvor nach Polen ausgewiesen worden waren. Zwei Tage später kam die Naziprominenz in München zusammen, um des Hitler-Putsches vom 9. November 1923 zu gedenken. Mit einer wüsten antijüdischen Propagandarede gab Goebbels den anwesenden Nazifunktionären das Signal für sofort einzuleitende Gewaltaktionen gegen jüdische Mitbürger, gegen deren Geschäfte, Wohnungen und Synagogen. Der Anlaß kam wie gerufen, um auszulösen, was die Nazis durch antisemitische Hetze stimmungsmäßig schon lange vorbereitet hatten. Bei den faschistischen Ausschweifungen in der Nacht vom 9. zum 10. November 1938 wurden im gesamten Reich fast alle Synagogen und Tausende jüdischer Geschäfte in Brand gesteckt, Wohnungen und Läden ausgeplündert, Tausende Fensterscheiben eingeworfen. Etwa 26 000 Juden wurden verhaftet und in die Konzentrationslager gebracht.

Wenn ich mich richtig erinnere, erfuhren wir von dieser neuen Nazibarbarei erstmalig durch entsprechende Bemerkungen von SS-Leuten; das Wort von der „Reichskristallnacht" als angeblich „spontanem Vergeltungsakt des deutschen Volkes" machte die Runde. Was wir in diesen Tagen hörten, brachte das ganze Lager in Erregung. Aus verschiedenen Quellen, aus der Nazipresse, illegalem Radioabhören, konnten wir uns nach und nach ein Bild von den grausamen Vorgängen machen.

Und dann kamen Tag für Tag die Kolonnen jüdischer Häftlinge, total eingeschüchtert, geschunden und in großer Verwirrung. Insgesamt waren es fast 6000 Menschen. Es war damals sehr kalt, und nicht alle konnten in Baracken untergebracht werden. Was wir wenige Monate vorher bei der ASO-Aktion erlebt hatten, wiederholte sich: Das Gebrüll der schlagenden und tretenden SS-Leute, das sinn- und ziellose Hin- und Herjagen der verzweifelten Neuankömmlinge. Und doch gab es wieder eine Steigerung: Die Menge der meist elegant Gekleideten, Beleibten oder Brillenträger reizte die SS-Leute noch mehr auf. Wie solch eine Ankunft im Konzentrationslager Sachsenhausen verlief, schilderte 1954 Kamerad Siegmund Weltlinger:

...Nach langer Fahrt über die nördlichen Vororte Berlins landeten wir im Konzentrationslager Sachsenhausen. Als wir in der Dunkelheit vom Wagen springen mußten, wurden wir von SS-Leuten mit Ohrfeigen, Fußtritten und Kolbenstößen empfangen. Dann wurden wir durch ein großes Tor auf den riesigen, durch drei große Scheinwerfer erleuchteten Lagerplatz getrieben. Dort wurden wir geordnet und durch eine Ansprache des Lagerkommandanten begrüßt. Er sagte ungefähr folgendes: „Ihr seid hier als Sühne für die feige Mordtat eures polnischen Rassegenossen Grynszpan. Ihr müßt als Geiseln hierbleiben, damit das Weltjudentum nicht weitere Morde unternimmt. Ihr seid hier nicht in einem Sanatorium, sondern in einem Krematorium. Jedem Befehl der SS ist Folge zu leisten... Bei einem Fluchtversuch wird geschossen. Eure Verpflegung müßt ihr abarbeiten. Wir werden dafür sorgen, daß eure dicken Bäuche verschwinden."
...Wir standen die ganze Nacht auf dem riesigen Appellplatz. Austreten war nicht erlaubt. Alle paar Minuten trafen neue Transporte ein. In den frühen Morgenstunden wurden wir in eine Baracke geführt und mußten uns dort vollkommen ausziehen. Geld und Wertsachen wurden uns gegen Quittung abgenommen. Dann kamen wir nackt in einen Nebenraum, wo uns der Kopf geschoren wurde. In einem dritten Raum wurden wir dann mit primitiver Unterwäsche versehen sowie einem blau-weiß gestreiften Drillichanzug. Schließlich wurden wir registriert und wieder zum Appellplatz zurückgeführt. Wir erkannten uns gegenseitig nicht mehr in diesem Aufzug. Während wir da standen, belustigten sich die SS-Leute damit, uns wahllos zu ohrfeigen oder zu treten... Als nach einer Nacht, die uns endlos lang erschien, der Tag graute, kam Leben ins Lager. Wir sahen, wie bleiche, ausgemergelte Gestalten, die meisten am Kopf und an den Händen verbunden, gekleidet wie wir, in endlosen Kolonnen zur Arbeit zogen. Wir konnten uns damals nicht vorstellen, daß wir selbst in wenigen Monaten genauso gespenstig aussehen würden.
Nun kamen wir endlich in eine Baracke, in die 300 Personen hineingepreßt wurden. Dies war unsere Schlaf- und Speisestätte. Wir mußten nachts auf dem Fußboden schlafen, so eng aneinandergepreßt, daß wir nur seitlich liegen konnten. Viele Kranke waren unter uns, die in den nächsten Tagen genauso hart arbeiten mußten wie alle anderen... Wie oft kam es vor, daß nachts der Nachbar röchelte und im Todeskampf lag. Keiner konnte ihm helfen, und am Morgen lag man neben einer Leiche.... Aber etwas Erfreuliches und Tröstliches hatte mir Sachsenhausen gebracht! Auf den Arbeitsstätten kam man auch mit nichtjüdi-

schen Insassen zusammen und begegnete dort vielen prachtvollen Menschen. . . . Im allgemeinen herrschte eine große Verbundenheit unter den Insassen des Lagers, die auch gegenseitig sehr hilfsbereit waren. Ich lernte dort erkennen, daß es doch viele mutige Deutsche gegeben hat, welche gegen die Regierung aufgetreten waren. Dafür mußten sie ihr Leben qualvoll im Konzentrationslager verbringen. Ich unterhielt mich oft mit den „Politischen" und bewunderte ihren Mut und ihre Zuversicht . . .

Nachdem die ersten Tage mit Einkleiden, Registrieren und Aufteilen auf die Blocks und wieder stundenlangem Stehen am Tor vergangen waren, wurde der größte Teil jüdischer Häftlinge zur Arbeit auf dem Klinkerwerk bestimmt. Das Werk war noch im Aufbau. Es wurde mit primitiven Mitteln unter ständigem Antrieb der SS-Leute gearbeitet. Kein Wunder, daß die Neuen nach kurzer Zeit völlig erschöpft zusammenbrachen. Sie zitterten vor jedem neuen Tag. Die unzulängliche Nachtruhe, die ständigen Mißhandlungen durch die SS und das ununterbrochene Geschrei, mit dem zur Arbeit angetrieben wurde, brachten sie zur Verzweiflung. Wer jeden Morgen vor die Frage gestellt ist: Wirst du den Abend noch erleben?, ist eines Tages bereit, alles zu tun oder zu unterschreiben, was von ihm verlangt wird.

Unter den jüdischen Häftlingen in Sachsenhausen waren Hunderte, wenn nicht noch mehr, die unter dem Druck des KZ ihren Betrieb „arisieren" ließen. Sie mußten „Arisierungsverträge" unterschreiben. Viele taten es unter dem Versprechen der SS, daß sie nach Unterschriftsleistung und Bereitschaftserklärung zur Auswanderung entlassen werden würden. Es waren aber auch viele, die sich zunächst weigerten. Auf diese richtete sich die Wut der SS besonders. Mit allen Mitteln wurden sie bis an die Grenze des Todes getrieben, Tod durch Erschöpfung oder Selbstmord. Einer der besonders Hergenommenen sagte einem SS-Mann offen ins Gesicht: „Schlagen Sie mich doch tot! Dann erben meine Frau und meine Kinder alles, und die leben in London."

Die SS-Leute erfanden immer neue Methoden, um zu Unterschriften zu kommen. Sie suchten sich die Juden mit den größten Vermögen aus. Je vier von ihnen stellten sie an eine der Loren, mit denen auf einem langen Weg durch das Lager Sand transportiert wurde. Ein SS-Mann stellte sich mit einem Knüppel auf die Lore, schlug auf die Häftlinge ein und schrie: „Hier eine fünfhunderttausender, hier eine achthunderttausender Lore!" Und so weiter, bis eine Million. Wer von den Häftlingen dann in der Mittagspause seine Bereitschaft zur Unterschrift bekundete, konnte im Block bleiben, um am anderen Morgen wegen seiner Entlassung zur Politischen Abteilung gebracht zu werden. Eine andere Methode war folgende: Zum Transport eines dicken Baumstammes wurden sechs, acht oder mehr Juden, je nach der Stärke des Baumes, zusammengestellt. Während des Transportes nahm der SS-Mann nach und nach einen heraus. Die letzten hatten dann zu wählen: Entweder unter dem Baumstamm zusammenzubrechen – oder zu unterschreiben.

Als im Winter hoher Schnee lag, mußten vorwiegend die jüdischen Häftlinge den Schnee mit den Bänken aus den Wohnräumen ihres Blocks zusammenschieben, dann mit bloßen Händen den Schnee auf Tragen laden und wegtragen. Vielen erfroren Hände und Füße. Eine Behandlung im Revier war nur mit Hilfe der Häftlingspfleger möglich, die auch zahlreiche Notamputationen durchführen mußten, denn Lagerarzt SS-Sturmführer Dr. Ehrsam erklärte lauthals: „Für Juden stelle ich nur Totenscheine aus." Siegmund Weltlinger berichtet, daß im Jüdischen Krankenhaus in Berlin etwa sechshundert Amputationen von erfrorenen Gliedern an entlassenen Sachsenhausener Juden vorgenommen wurden.

Meine Erinnerungen an das Jahr 1938 sind weitgehend bestimmt von den Masseneinlieferungen der ASOs im Juni und der Juden im November. Das Interesse der SS-Leute konzentrierte sich für längere Zeit auf die jüdischen Blocks und die jüdischen Häftlinge überhaupt. Die Angst, die Unbeholfenheit und Unerfahrenheit ihrer Opfer regten die SS-Leute besonders an, diese Menschen zu quälen. Es gab für sie aber auch andere Gründe, sich an jüdische Gefangene heranzumachen. Manchen von ihnen war es bei der Einlieferung gelungen, Geld oder Wertsachen trotz Kontrolle durchzuschmuggeln. Wer nun etwas zu bieten hatte, konnte sich damit einen besseren Schlafplatz, ein besseres Arbeitskommando, einen Essennachschlag und irgendwie auch das „Stillhalten" der SS-Leute erkaufen. Das alles endete immer abrupt, wenn die Quelle versiegte. Aber die SS-Leute und ihre Komplizen unter den Häftlingen fanden noch andere Wege, um an Geld heranzukommen. Sie veranlaßten jüdische Häftlinge mit zahlungskräftigen Verwandten, Bittbriefe zu schreiben mit der Aufforderung, dem Überbringer eine größere Geldsumme zu geben, um ihre Lage zu verbessern oder auch ihre Entlassung zu beschleunigen. Bestimmte Verbindungsleute überbrachten solche Briefe und kassierten.

Eine besonders üble Rolle spielten dabei zwei Blockälteste auf den jüdischen Blocks: der Grüne Hans Zerres und der „Politische" Friedrich Weihe. Zerres war ein wüster Berliner Zuhälter, Weihe ein früherer SS-Obersturmbannführer, der wegen krimineller Vergehen ins Lager kam. Beide waren V-Leute, das heißt, Vertrauensleute der SS, und leisteten Spitzeldienste. Mit Hilfe der Blockführer hatten sie den Stubendienst aus willfährigen, sich bedingungslos unterordnenden Häftlingen zusammengestellt. Darüber hinaus versuchten sie, ihren Einfluß auf andere Blockälteste und Vorarbeiter zu erweitern. Bei einer Auseinandersetzung, die ich mit Weihe hatte, brüstete er sich, daß er eine ganze Reihe von SS-Blockführern in der Hand habe, die an dieser „Juden-Spendenaktion" verdient hätten. Wenn ihm „etwas passiere", sei er sowieso verloren, deshalb würde er auspacken und alle Beteiligten nennen. Die betroffenen SS-Blockführer, die von Weihes Drohungen wußten, reagierten nicht darauf. Auch das Schicksal des SS-Blockführers Hillgenfeld schreckte sie nicht ab. Dieser hatte über den Häftling Hilmar Bach in einer Geldbeschaffungsaktion Verbindung nach draußen aufgenommen. Das kam heraus. Eines Abends mußten alle Häftlinge des Lagers in einem großen Karree auf dem Appellplatz antreten. Auch die SS trat an. Dann wurde der Bock gebracht. Der SS-Mann Hillgenfeld und der Häftling Bach wurden dann nach einer kurzen Begründung des Kommandanten ausgepeitscht. Beide kamen anschließend in den Bunker.

Franz Jacob, ich und andere Kumpels gehen täglich in die Blocks der jüdischen Häftlinge. Wir haben dort einige Kameraden gefunden, mit denen auch mal vertrauliche Gespräche geführt werden können. Die sehr unterschiedliche soziale Zusammensetzung erschwert es aber, eine Gruppe zu gemeinsamem solidarischem Handeln zusammenzubringen. Ihre Erwartungen und Hoffnungen drehen sich verständlicherweise immer nur um einen Punkt: Raus aus dem Lager und raus aus Deutschland. Die meisten wollen in die USA, junge Juden zieht es nach Palästina. Wir bemühen uns, ihr Verständnis dafür zu wecken, daß hier im Lager erst einmal die Frage des Überlebens steht.

Eines Tages komme ich dazu, als Franz Jacob einen heftigen Streit mit dem Blockältesten Weihe hat. Der Grund: Weihe hatte nach dem Abendappell seinen Block „Sport" machen lassen, das heißt, Laufschritt, Hinlegen, Hüpfen, Rollen, bis zum Umfallen. Den Waschraum hatte er abgeschlossen. Wer von den Erschöpften seinen Durst stillen wollte, mußte für einen Becher Wasser eine Mark bezahlen, angeblich für die Blockkasse. Auch war uns zu Ohren gekommen, daß Weihe manchmal selbst die Toilette abschloß und für die Benutzung ebenfalls eine Mark kassierte. Die Auseinandersetzung mit Weihe endete damit, daß er uns androhte, Meldung darüber zu machen, daß wir die Juden gegen ihn aufhetzten.

Nach Bemerkungen einiger SS-Leute halten wir es für ratsam, Franz Jacob aus der Schußlinie zu ziehen und ihn mit einem Arbeitskommando, das gerade zusammengestellt wird, nach Fürstenberg zu schicken. Dieses Kommando hat den Auftrag, dort ein neues Konzentrationslager aufzubauen, Ravensbrück, in dem Frauen untergebracht werden sollen. Wir rechnen mit vier bis sechs Monaten Aufbauzeit.

Noch vor Ende 1938 wurden viele Juden entlassen, einige in ihre Heimatorte, andere, weil sie ihre Auswanderungspapiere in Ordnung gebracht hatten. Ich war dabei, als ein schon in Zivil gekleideter Jude zur Entlassung an der Tür der Effektenkammer stand und uns laut weinend seine Hände zeigte, an denen einige Finger amputiert waren. „Ich lebte mit meiner Geige. Ich kann ohne sie nicht weiterleben, mein Leben hat seinen Sinn verloren." Wir hörten sein Weinen noch auf dem Wege zum Lagertor. Ein anderer, dem auch Finger amputiert waren, war Zahnarzt. Auch er würde seinen Beruf nicht mehr ausüben können.

Dann war ich Zeuge, als ein Opernsänger zur Entlassung kam. Er stand vor der Tür der Effektenkammer und wurde von einem SS-Mann aufgefordert, etwas zu singen. Er erwiderte: „Ohne musikalische Begleitung geht das nicht." Da ließ der SS-Mann einen Zigeuner mit seiner Geige holen. Er sollte den Sänger zu „Komm, Cygan, spiel mir was vor" begleiten. Es folgten noch andere Lieder, die der SS-Mann vorgesungen und vorgespielt haben wollte. Als er endlich genug hatte, jagte er den Zigeuner davon, und der Opernsänger ging in die Freiheit. An der Tür gab er mir die Hand und sagte: „Scheißkerl, der ich bin. Mensch, bin ich ein Scheißkerl!"

Anders sah eine Entlassung eines Häftlings aus, die im Beisein des Kommandoführers der Effektenkammer erfolgte. SS-Scharführer Johannes Brandt, mit dem Spitznamen „Naucke", interessierte sich bei der Aushändigung der Zivilsachen für ein Notizbuch mit Aufzeichnungen und Adressen. Er machte sich wortlos, betont langsam daran, ein Blatt nach dem anderen herauszureißen. „Aber die brauche ich!", ruft der schon in Zivil gekleidete Entlassene und will nach dem Buch greifen. Brandt schlägt ihm mit dem Buch auf die Finger und fragt: „Wozu brauchen Sie das denn?" „Die brauche ich für den Minister." – „Für den Minister, so, so, für den Minister?" und reißt immer weiter Blatt für Blatt heraus. Der Jude blickt auf seine Uhr und sagt: „Ich bin in anderthalb Stunden beim Ministerpräsidenten Göring. Dafür brauche ich die Notizen. Ich werde dem Herrn Ministerpräsidenten berichten, wie Sie mich hier behandelt haben." Brandt zerreißt die letzten Blätter in kleine Schnipsel und streut sie über den Kopf des Juden. „So, so, Sie wollen dem Herrn Ministerpräsidenten berichten? Denn man zu!" Damit läßt er den Mann gehen. Ich ging noch ein Stück mit ihm über den Appellplatz, weil ich wissen wollte, wer er sei. Er ging, ohne mich zu beachten, zum Tor.

Entlassungen hatten schon bald nach der Einlieferung der Juden begonnen. In Frage kam, wer seine Auswanderung eingeleitet, wer Beziehungen hatte, zum Beispiel Bankiers, Geschäftsleute, oder wer der Arisierung seines Betriebes zugestimmt hatte. Jüdische Häftlinge, die die SS als ASOs oder BVer eingestuft hatte, mußten im Lager bleiben, ebenso die Politischen, Kommunisten und Sozialdemokraten, die im Anschluß an ihre Zuchthaushaft nach Sachsenhausen gekommen waren.

Nach wenigen Wochen und Monaten war der größte Teil der nach dem Pogrom im November 1938 Inhaftierten wieder entlassen. Aus eleganten, wohlgenährten Persönlichkeiten waren verängstigte Elendsgestalten geworden, manche mit Verbänden am Körper. SS-Hauptscharführer Sorge nutzte die Stunde. Er brachte einen Fotografen ins Lager und ließ bei ungünstigen Lichtverhältnissen ausgesuchte Häftlinge als „typisch jüdische Untermenschen" fotografieren. Er selbst drehte dabei den Kopf der zur Entlassung kommenden Männer so, wie er glaubte, den von ihm gewünschten Eindruck am besten erreichen zu können. Wo auch immer sie nach ihrer Entlassung erscheinen würden, müßten sie Aufsehen erregen: die Köpfe kahlgeschoren, die Angst noch im Gesichtsausdruck und ihre Kleidung zu groß, zu weit und durch die Desinfektion völlig verknittert. Der Berliner Bevölkerung wurde an einigen tausend entlassenen Juden demonstriert, was ein faschistisches Konzentrationslager in kurzer Zeit aus Menschen machen konnte.

21.

Der Aufbau des Lagers wird abgeschlossen

Als der größte Teil der jüdischen Häftlinge entlassen wurde, ergab sich manchmal auf den Blocks ein gewisser Überschuß an Lebensmitteln, wovon ein Teil den übrigen Gefangenen zugutekam. Auch konnten neuerdings wieder Lebens- und Genußmittel in der Kantine gekauft werden. „Wir hatten Einkauf", hieß es in der Lagersprache. Das war natürlich nur möglich für diejenigen, die Geld von ihren Angehörigen erhielten, denn für unsere Arbeitsleistungen gab es keinen Lohn. Ich bekam fast regelmäßig drei Mark im Monat, abwechselnd von meiner Mutter und von meinen Schwiegereltern. Es kam auch vor, daß ein Monat ausfiel. Wenn ich auch nicht viel damit anfangen konnte, hatte ich aber doch etwas Geld, und weder ich noch meine Familie hatten wegen des Geldes seitens der Gestapo Schwierigkeiten zu befürchten. In der Lagerordnung hieß es nämlich unter § 10: „Mit 42 Tagen strengem Arrest oder dauernder Verwahrung in Einzelhaft wird bestraft, wer Geldbeträge, die aus verbotenen Sammlungen der Roten Hilfe stammen, sich schicken läßt oder an Mitgefangene verteilt."

Die Auszahlungslisten der einzelnen Gefangenen wurden kontrolliert, und wenn der SS die eingezahlten Gelder hoch erschienen, gab es Vernehmungen über die Vermögens- und Eigentumsverhältnisse der Familie. Es sollen auch durch die SS-Lagerführung Hinweise an die Gestapo der Heimatbehörde gegeben worden sein. Im gleichen Paragraphen der Lagerordnung hieß es auch, daß mit der gleichen Strafe belegt wird, wer „Geldbeträge im Lager sammelt und damit verbotene Bestrebungen in- und außerhalb des Lagers finanziert". Diese Strafandrohung hinderte uns nicht daran, unseren Solidaritätsbeitrag in Form des „Zeitungsgeldes" abzuführen, denn das Lesen nationalsozialistischer Zeitungen war ja keine „verbotene Bestrebung".

Alle von den Häftlingen des Lagers ausgeführten Bauarbeiten wurden das ganze Jahr 1938 über forciert. Lagerkommandant Baranowski war ständig bestrebt, die Arbeitszeit zu verlängern. Er ließ den Morgenappell im Scheinwerferlicht abhalten. Es kam vor, daß der SS-Führer der Wacheinheiten sich „wegen Fluchtgefahr" weigerte, die Arbeitskommandos in der Dunkelheit ausrücken zu lassen. Wir standen dann, in Kolonnen angetreten, eine endlos scheinende Zeit, auf das Kommando „Abrücken!" wartend. Eines Tages warteten wir schon länger als eine Stunde auf das Begleitkommando. Baranowski kam heraus und begann zu toben. Er brüllte die Häftlinge und die SS-Leute an, trat gegen das verschlossene Lagertor und gab dann plötzlich das Kommando „Alarm!" Die Posten auf Turm A folgten dem Befehl und ließen die Alarmsirenen heulen. Das Wachkommando rückte im Laufschritt an, als sei eine Revolte ausgebrochen. Am Tor gab es eine lautstarke Auseinandersetzung zwischen dem Lagerkommandanten und dem Führer der Wachtruppe, die damit endete, daß Baranowski ihn strammstehen ließ und ihm klarmachte, daß er als Lagerkommandant die Arbeitszeit bestimme, und daß sich der Wachtruppenführer der Gehorsamsverweigerung schuldig mache, wenn er die Arbeitskommandos nicht sofort abrücken lasse. Der Führer der Wachtruppe stand, Hände an der Hosennaht, und sagte nur immer: „Jawoll, Oberführer". Und das alles vor Augen und Ohren von fast zehntausend Gefangenen.

Baranowski hatte seinen Auftritt gehabt. Stolz spreizte er sich vor den vorbeiziehenden Arbeitskolonnen. So vergnüglich es für uns war, solche Attakken mitzuerleben, die Erfahrung hatte uns doch gelehrt, besonders vorsichtig zu sein, denn wir mußten mit der Vergeltung der Wachtruppe rechnen. Die kam jedoch diesmal nicht, denn alles war auf die Häftlingsarbeit und auf den Abschluß des Lageraufbaus eingestellt. Der schnell wachsende Apparat der SS erforderte auch immer mehr Arbeitskräfte aus den Reihen der Häftlinge: Kalfaktoren für die SS, Kellner, Küchenpersonal für die verschiedenen Kantinen der SS, Verwaltungspersonal, Schreibkräfte, Sprachenkundige, Baufachleute, Automechaniker für die ständig steigende Zahl der Autos, dazu Handwerker aller Art. Hinzu kamen Vorarbeiter und Hilfskräfte für die vielen neuen Kommandos, Blockälteste und Stubendienst für die neu belegten Blocks. Alles in allem wurden so viele Menschen gebraucht, daß schon schnell auf die Zugänge zurückgegriffen wurde.

Die handwerklichen Fähigkeiten und Möglichkeiten der Gefangenen wurden immer mehr von den SS-Leuten ausgenutzt: Reparaturen von Schuhen und Bekleidung, von elektrischen Geräten und Radioapparaten, Schlosser-, Tischler- und Klempnerarbeiten. Aus den Reparaturen wurden oft auch Neuanfertigungen. Was uns selbst besonders zugutekam, war die Reparatur von Radiogeräten. Es waren meistens so viele Ersatzteile nötig, daß am Ende welche übrig blieben, die – beiseite gebracht – ein neues Gerät für uns ergaben. Bei diesen Reparaturarbeiten konnten wir meistens auch unser Informationsbedürfnis befriedigen. Auf jeden Fall hörten wir – unter Einhaltung gewisser Vorsichtsmaßnahmen – fast täglich ausländische Sender.

Die Handwerker waren auf den Blocks, auf denen die „alten Gefangenen" lagen, untergebracht, getrennt nach „Roten", „Grünen", „Schwarzen" (bzw. „Politischen", „Vorbeugehäftlingen" und „Asozialen"). Wenn nun SS-Leute in diesen Blocks einmal alles auf den Kopf stellten, „fehlten" am nächsten Tag mit Sicherheit einige Teile, die für die Reparatur notwendig waren, das heißt, die Arbeit konnte nicht termingerecht abgeliefert werden. Das führte zu Gegensätzen unter den SS-Leuten. Die Folge war, daß wir dann einige Zeit in Ruhe gelassen wurden. Wenn wir sonst bei einem Abzählfehler mindestens mit Faustschlägen und Fußtritten traktiert wurden, so ging unter diesen Umständen der Blockführer auch mal weiter, zählte sogar laut mit, ohne daß dem, der sich verzählt hatte, etwas passierte. Dem Blockältesten sagte er dann: „Stell' ihn doch nicht ins erste Glied!" Der betroffene Gefangene war zum Beispiel Pelznäher und nähte im Augenblick Pelzhandschuhe für die Frau des Blockführers.

Die Zahl der Häftlinge, die durch ihre Arbeit auf Tuchfühlung mit SS-Leuten kamen, wuchs 1938 ständig. Es gab sogar Fälle, in denen ein SS-Mann seinen Posten nur halten konnte, wenn er ein erträgliches Verhältnis zu seinen Häftlingen hatte. Kalfaktoren, Kellner, Küchenarbeiter wurden von SS-Leuten ständig mit Privatwünschen wie nach Sonderportionen angegangen. Es gab kaum noch SS-Leute vom Lagerpersonal, die sich ihre langen Stiefel selber putzten.

Wir versuchen, alles in gewissen Grenzen zu halten, vor Euphorie zu warnen, können aber im Augenblick wenig bremsen. Wir sind darauf aus, auf einzelne SS-Leute einzuwirken, sie zu beeinflussen und Wichtiges zu erfahren zum Nutzen für die Gefangenen. Verbindungen dieser Art ermöglichen es uns, rechtzeitig diversen Vorhaben der SS entgegenzuwirken. Jede andere Beziehung zu SS-Leuten kann zu Komplizenschaft führen. Notorische Eigenbrötler, die sich aus der Achtung ihrer Kameraden wenig machen, fühlen sich erhaben und anerkannt, wenn sie SS-Leuten irgendwelche Dienste leisten können. Sie versuchen, unter Berufung auf bestimmte SS-Leute, eine Sonderstellung im Block einzunehmen, drücken sich vor notwendigen Arbeiten, erkennen diszipliniertes Verhalten nicht an, berufen sich ständig auf „ihren" SS-Mann. Diese Typen werden dadurch leicht zum „Block-Ekel", verfeinden sich mit der ganzen Blockbelegschaft.

Mit Ende des Jahres 1938 wurde der Aufbau des Häftlingslagers abgeschlossen. Es standen 68 Wohnbaracken, von denen einige vorübergehend oder auch dauernd für andere Zwecke benutzt wurden, wie zum Beispiel als Häftlingsbekleidungskammer, als Effektenkammer, als Werkstatt oder Krankenbau, Bad, Kantine. Die Baracken standen im Halbkreis um den Appellplatz. Die Anlage verengte sich zur Spitze, da das Lager die Form eines Dreiecks hatte. Die Schenkel dieses Dreiecks waren ca. 700 m lang, und die Grundlinie betrug ca. 650 m. An dieses Lager wurde 1938 rechts neben der Kommandantur noch das sogenannte „neue" oder „kleine" Lager angebaut.

Das gesamte Lager wurde von den auf dem Eingangsturm (Turm A) und auf acht weiteren Wachtürmen stationierten und mit Maschinengewehren ausgerüsteten SS-Leuten Tag und Nacht bewacht. Es gab keinen Winkel im Lager, der nicht unter Kontrolle stand. Das Lager war von einem streng gegliederten Sicherungsstreifen umgeben. Dieser Streifen begann mit einem Grünstreifen, auf dem Warnschilder mit dem Totenkopf und gekreuzten Knochen standen. An den Grünstreifen schloß sich ein zwei Meter breiter Weg, der „Todesweg", an. Auf jeden, der ihn betrat, wurde ohne Warnung geschossen. In geringerem Abstand war dann ein Stolperdraht gezogen, dem sich nun ein Stacheldrahthindernis in etwa dreiviertel Meter Höhe und eineinhalb Meter Breite anschloß. Dieses Drahthindernis reichte bis zu dem zweieinhalb Meter hohen, elektrisch geladenen Stacheldrahtzaun. Dahinter kam der drei Meter breite Postenweg, der sogenannte „Schlauch". Eine zweieinhalb Meter hohe Mauer, auf der nochmals ein elektrisch geladener Stacheldraht in etwa einem halben Meter Höhe montiert war, schloß den Sicherungsgürtel ab.

Die Unterkunftsbaracken waren 53,50 Meter lang, 8 Meter breit und 2,65 Meter hoch. Sie waren in einen A- und einen B-Flügel unterteilt. Jeder Flügel hatte einen Tages- und einen Schlafraum. Der Tagesraum war 9x8 m groß. Er enthielt sechs Reihen mit etwa 2 Meter hohen und 30 cm breiten Spinden, außerdem fünf Tische, Bänke und Schemel. Der Blockälteste hatte auf dem einen Flügel und der Stubenälteste auf dem anderen einen eigenen Tisch in einer Ecke, in der auch Spinde für den Kantineneinkauf und für den Friseur standen. In der Mitte des Tagesraumes stand ein etwa einen Meter hoher Ofen. Der Schlafraum war 12x8 Meter groß und enthielt normalerweise 36 doppelstöckige Eisenbetten mit Strohsäcken und je zwei Wolldecken sowie ein Einzelbett an der Tür für den Block- oder Stubenältesten. Bei normaler Belegung faßte jeder Block 146 Häftlinge. Das traf bis Mitte des Jahres 1938

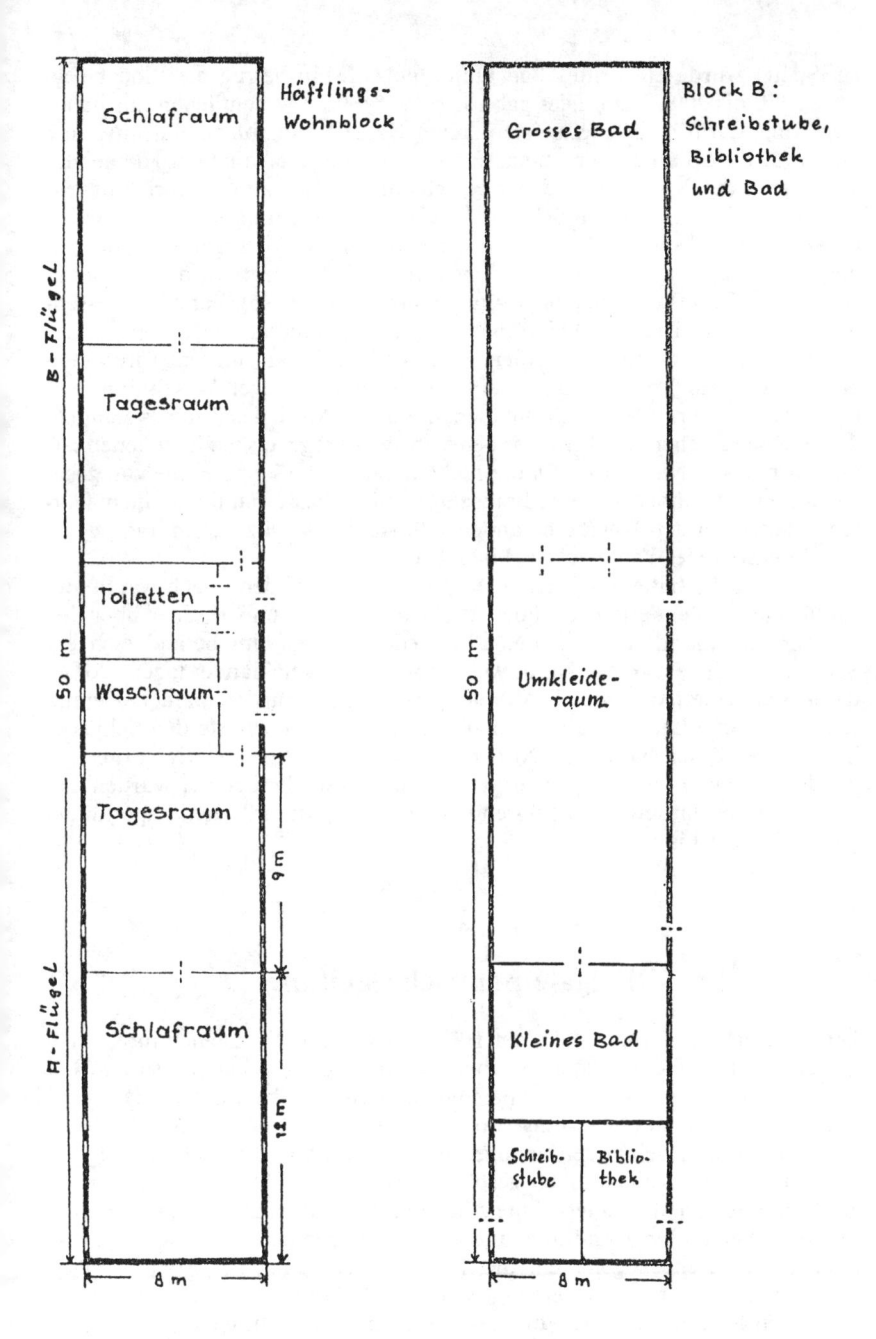

Barackengrundrisse Wohnblock und Block B mit Häftlingsschreibstube

zu. Später wurde ein drittes Bett aufgestockt. Dann betrug die Blockbelegschaft 180 bis 200 Mann. Dies gab es ab 1938/39 im wesentlichen nur im ersten Ring, darin lagen die meisten „alten Hasen" und solche Häftlinge, die direkt für die SS arbeiten mußten, und das Häftlingspersonal der Küche, der Wäscherei, der Kantinen und der verschiedenen Verwaltungseinrichtungen. In anderen Blocks wurden bei Überbelegung des Häftlingslagers die Betten ausgeräumt und die Strohsäcke auf die Erde gelegt. Auch gab es Zeiten, in denen die Tagesräume zur Nacht mit Strohsäcken belegt wurden; tagsüber wurden die Strohsäcke im Schlafraum gestapelt. In den sogenannten Massenblocks waren meistens 400 Häftlinge zusammengepfercht.

Vom Flur zwischen den beiden Flügeln des Blocks führten Türen zum Waschraum, zur Toilette und zu einer Besenkammer. Der Waschraum enthielt zwei große runde Waschfontänen, die in der Mitte des Raumes standen. An der Wand neben der Tür befanden sich zwei Tröge aus Zink, in denen das Geschirr gewaschen wurde. An der rechten Seite gab es eine Reihe von gekachelten Fußwaschbecken, eine Brause und einen Wasserhahn mit einem Gartenschlauch. In der Toilette befanden sich sieben Klositzbecken und gegenüber ebenso viele Wandbecken (Pinkelbecken).

Jede Baracke hatte auf jeder Seite 22 Fenster. Auf dem Dach waren vier Entlüftungsschächte, je einer über den Schlafräumen und je einer über den Waschräumen und der Toilette. Über jedem Tagesraum befand sich ein Schornstein. Jede Baracke hatte zwei Türen, die nebeneinander lagen. Vor jeder Tür lag eine Holzroste als Abtreter. An der Stirnseite der Baracke befand sich eine grüne Lampe als Notsignal, für die der Blockälteste den Schlüssel hatte. Jeder Block hatte eine Nummer. Es gab auch Blocks, die vorübergehend, manchmal auch für dauernd für andere Zwecke benutzt wurden. Ab Oktober 1938 wurden die Blocks endgültig numeriert, links vom Lagertor beginnend von 1 bis 68.

22.
Illegale politische Leitung

Die natürliche politische Zelle der Häftlinge war im allgemeinen ihre Tischgemeinschaft auf dem Block. Sie bot Aussprachemöglichkeiten sowie Halt und Beistand, wenn es galt, eine persönliche Krise zu überwinden. Sie forderte den einzelnen, an der Lösung von Tagesproblemen mitzuwirken. Sie bezogen ihn ein in Auseinandersetzungen um politische und moralische Probleme. Auf die Tischgemeinschaft gestützt, verfügte der Blockälteste in der Regel über eine von allen anerkannte Autorität. Konflikte, die sich aus dem Zusammenleben auf engstem Raum und aus den Folgen des SS-Terrors ergaben, konnten in Grenzen gehalten, das Fehlverhalten einzelner Mitgefangener konnte meistens im Block bereinigt werden. Natürlich wurde es schwieriger, wenn sich Blockälteste und Vorarbeiter unkameradschaftlich verhielten oder dem Druck der SS nachgaben.

Jedoch konnten Arbeitsbeschaffung, solidarische Hilfe, Beobachtung der SS und ihrer Vorhaben nicht allein Sache der Blockfunktionäre sein. Die Sammlung politischer und anderer Informationen und ihre Weitergabe an eine qualifizierte Häftlingsinstanz würde Verallgemeinerungen und Schlußfolgerungen für die Gefangenen erleichtern. Schnelle Entscheidungen konnten nur zentral getroffen werden. Alles drängte darauf hin, eine illegale Leitung zu schaffen, die Autorität und Vertrauen der antifaschistischen Häftlinge genoß und der SS nicht auffiel.

Die Kommunisten waren unter den politischen Gefangenen die stärkste Gruppe; sie hob sich hervor durch ihre Geschlossenheit und Solidarität, durch ihre prinzipielle und konsequente Gegnerschaft gegen die Nazis, durch ihre Erfahrung und ihr theoretisches Wissen. Die meisten von ihnen waren seit Jahren in Haft. Von Anfang an hatten sie nach Möglichkeiten gesucht, in legaler und illegaler Arbeit die Interessen der Gefangenen zu wahren und den Absichten der Nazis entgegenzuwirken. Wenn es der Verwaltung oder der Gestapo einmal gelang, eine Widerstandsgruppe zu zerschlagen, wurde bald danach wieder ein neuer Kreis aktiv. Die nach 1945 veröffentlichten „Gestapoberichte" zeugen von der Vielzahl und politischen Breite der Widerstandsgruppen in den verschiedenen Haftanstalten Hitlerdeutschlands.

Viele nichtkommunistische Gefangene, die mit der Widerstands- und Solidaritätsaktivität der Kommunisten in Berührung gekommen waren, schlossen sich uns an: Sozialdemokraten, SAP- und KPO-Leute, Gewerkschafter sowie Bürgerliche und Intellektuelle, die bisher keiner politischen Organisation angehört hatten. Wer kam, kam freiwillig. Jeder Druck, sich einer solchen Gruppe anzuschließen, widersprach den Gesetzen der Illegalität. Die politischen Gruppen waren keine festen Verbindungen, sie waren auch nicht streng abgegrenzt. Man kannte sich und sprach miteinander über Dinge, die man nur mit Vertrauten erörtern konnte. In diesen Gruppen bildete sich ein Kern, der über die Diskussion hinaus Schlußfolgerungen zog und sich um die Lösung praktischer und anderer Probleme kümmerte. So war es auch in Sachsenhausen.

Es gab hier eine starke Phalanx langjähriger kommunistischer Funktionäre, ungewöhnlich aktive, selbständig denkende Menschen. Das mußten selbst SS-Leute und die ihnen verbundenen Lagerfunktionäre in Rechnung stellen. Bis zum Frühjahr 1938 war die Häftlingsschreibstube in den Händen der Grünen. Obwohl Hubert Richter, ein brutaler ehemaliger SA-Mann, anfangs zweiter Lagerältester war und später auch in Buchenwald eine üble Rolle spielte, kam er gegen uns nicht an. Irgendwie waren wir eine unzerstörbare Front durch Übereinstimmung im Denken und auch im Charakter. Diese Gemeinsamkeit der Gesinnung – selbst bei unterschiedlicher Beurteilung von Einzel- und Nebenfragen – bot eine sichere Grundlage für einheitliches Verhalten. Die kommunistische Arbeiterbewegung hatte uns dazu erzogen, geschlossen aufzutreten, wenn es gegen den Gegner ging.

Sachsenhausen war 1936 noch ein kleines Lager. 1937 können vielleicht tausend Kommunisten dort gewesen sein. Sie hatten unter den Häftlingen die absolute Majorität. Der Aufbau einer illegalen Leitung aus einer solchen Riesengruppe von Spitzenfunktionären stellte sich nach meiner Erinnerung damals noch nicht als erstes Problem. Bei komplizierten Fragen ging ich zu Martin Weise, Hans Jendretzky, Karl Wloch, Bernhard Bästlein, Franz Jacob, die schnell Antworten und Argumente fanden, die jede Diskussion tiefgründig machten.

In Sachsenhausen hatten sich Mitglieder einer illegalen Gruppe aus dem Zuchthaus Bremen-Oslebshausen wiedergetroffen, die dort 1935/36 Organisatoren der politischen Arbeit gewesen waren: Matthias Thesen, Franz Jacob, Robert Abshagen, ich und Franz Bobzien, der 1938 ins Lager kam. Es war nur natürlich, daß die im Zuchthaus gewachsenen Bindungen im Konzentrationslager weiter bestanden. Die lange, nicht ungefährliche Zusammenarbeit hatte uns zusammengeschmiedet; einer konnte sich auf den anderen verlassen. Das galt nicht nur für die Kumpels aus Oslebshausen, sondern für alle Kameraden, die in den verschiedenen KZs und Moorlagern, Gestapogefängnissen und Zuchthäusern Widerstand organisiert hatten. So fanden sich in Sachsenhausen Erfahrungen zusammen, die für die Gestaltung unseres Lagerlebens und für das Einwirken auf den Lageralltag von immenser Bedeutung waren.

Ich war 1936 erst einige Tage in Sachsenhausen, als mir Franz Jacob erzählte, daß sich Freundeskreise und politische Gruppen im Lager gebildet hätten, die untereinander enge Beziehungen pflegten. Er selbst stehe besonders mit Bernhard Bästlein, Walter Leu und Julius Leber in Kontakt. Seinen Vorschlag mitzumachen nahm ich an. Julius Leber war eine Zeitlang in der Strafkompanie und konnte praktisch nicht mitarbeiten, aber er konnte uns wertvolle Ratschläge geben. Ich war noch zu neu und hatte zu den Problemen des Lagers noch keine Beziehung.

Walter Leu und Bernhard Bästlein hatten damals bereits großen Einfluß unter den Genossen, ebenso Franz Jacob. Außerdem waren alle drei schon Lagerfunktionäre, die u. a. mit der Unterbringung der Zugänge zu tun hatten und daher wußten, wer neu hinzukam. Jedenfalls war das damals immer ein Hauptthema unserer Zusammenkünfte, wobei es speziell um den Ausbau unseres politischen Einflusses ging. 1937/38 erweiterte sich unsere Gruppe. Willi Guddorf kam hinzu, Georg Schumann und Karl Schirdewan. Willi Guddorf, der fast alle europäischen Sprachen sowie Arabisch und Hebräisch beherrschte, war vor 1933 außenpolitischer Redakteur der „Roten Fahne" (Zentralorgan der KPD) gewesen, Georg Schumann war Mitglied des ZK der KPD und Reichstagsabgeordneter, Karl Schirdewan Mitglied des ZK des Kommunistischen Jugendverbandes (KJVD). Die Häftlingsbelegschaft war inzwischen nicht nur bedeutend gewachsen, sondern hatte sich auch in ihrer Zusammensetzung stark verändert. Die Bildung einer illegalen Leitung für das ganze Lager und die Zusammenfassung aller antifaschistischen Kräfte wurden jetzt in den Mittelpunkt all unserer Überlegungen gestellt.

In diese Situation platzte im Sommer 1938 die Einweisung der Kommunisten Lambert Horn, Bernhard Bästlein, Walter Duddins und etwas später Emil Ottos in den Zellenbau. Die SS mußte unserer Meinung nach von unseren Bestrebungen auf irgendeine Weise Wind bekommen haben. Auf jeden

Fall war das der Anlaß, zunächst mal kurz zu treten und den Kreis der Informierten kleiner zu halten, als ursprünglich geplant. Die vier kamen aber bald wieder aus dem Bunker in ihre Blocks zurück.

In Sachsenhausen hat es von Anfang an kommunistische Parteigruppen auf regionaler Basis, die „Ländergruppen", gegeben. Die ersten Diskussionsvorschläge für die zentrale illegale Leitung gingen noch von den alten Organisationsvorstellungen aus. In jedem Block sollten die Kommunisten Dreier- oder Fünfergruppen bilden. Jede Gruppe sollte einen Delegierten für die nächsthöhere Gruppe stellen und so fort bis zu einer zentralen Leitung von etwa 15 Mann. Diese Pläne wurden schnell aufgegeben, weil sie für die Verhältnisse im Lager unrealistisch waren, denn eine illegale Leitung konnte nicht gewählt und ihre Namen nicht bekanntgegeben werden. Das Vertrauen mußte sie sich durch ihre Haltung erwerben. Sie mußte klein und flexibel sein. Eine Zusammenkunft mit mehr als fünf, sechs Leuten konnte nicht, ohne aufzufallen, stattfinden. Solange der Appellplatz noch nicht mit einer festgewalzten Schlackendecke versehen war, hatten wir die Möglichkeit, an Sonntagen nachmittags mit sechs bis acht Mann im Kreis liegend uns zum Beispiel um ein Schachbrett zu versammeln. Eine Beratung abends im Block war ausgeschlossen. Es blieb die Möglichkeit, mit drei bis vier Mann bei einem Spaziergang auf dem Appellplatz alles zu besprechen.

Eine illegale Leitung mußte zu jeder Zeit in kürzester Frist zusammenkommen können. Manche Situationen erforderten schnelle Entscheidungen, die der einzelne oft nicht zu übernehmen bereit war. Als ich als Vorarbeiter der Kleiderkammer einmal eine Stellungnahme der Kumpels brauchte, hatten wir einen ganzen Tag darüber diskutiert, ohne bis zum Abend zu einer einheitlichen Meinung zu kommen.

Aus dem Kreis der Genossen mit verantwortlichen Lagerfunktionen sollten einige in die illegale Leitung aufgenommen werden. Ich war für eine Trennung dieser Funktionen, denn Blockälteste, Vorarbeiter, Lagerälteste können sich schlecht selbst kontrollieren. Die Mehrheit der Genossen entschied sich aber dafür, auch Häftlingsfunktionäre in die Leitung aufzunehmen, weil auf ihre Erfahrungen und Verbindungen nicht verzichtet werden konnte und ihre Tätigkeit immer einen legalen Grund für unsere konspirativen Treffen abgab. Die Diskussion über die Notwendigkeit, eine zentrale Leitung zu bilden, wurde auch durch den Gedanken beeinflußt, daß wir unbedingt versuchen müßten, mit der Partei draußen im Lande in Verbindung zu kommen.

Auf Initiative Willi Guddorfs hatten wir schon einige Dinge in Angriff genommen. Wir verschafften uns Einfluß in der Schreibstube, obwohl damals noch ein Grüner Lagerältester war. Durch den Arbeitsdienst mit Franz Jacob und die Häftlingsbekleidungskammer, in der ich Vorarbeiter war, hatten wir eine ständige Verbindung zu den meisten Blockältesten und Vorarbeitern. Seit Frühjahr 1938 wurde die Situation für uns noch dadurch verbessert, daß mit Oskar Müller ein Genosse Lagerältester wurde. Weiter hatten wir unser Radiogerät, über das wir Nachrichten aus aller Welt empfangen konnten. Außerdem werteten wir Nazizeitungen aus.

Mit Zusammenkünften aus dem Kreis der genannten Genossen wurden die ersten Schritte zu einer illegalen Leitung getan. Aber durch die Masseneinlieferungen im Juni und November 1938 und unseren damit verbundenen Arbeitseinsatz ergaben sich gewisse Schwierigkeiten. Wir konnten uns nicht immer so einfach treffen, wie das vorher möglich gewesen war.

Unter streng konspirativen Bedingungen gelang es, eine zentrale Instanz, ein kleines Kollektiv aus erfahrenen und verantwortungsbewußten Genossen zu bilden, das das Vertrauen der politischen Häftlinge und die Mittel sich durchzusetzen hatte. Diese Leitung nahm Einfluß auf die Besetzung von Lagerfunktionen. Sie sammelte Informationen über die Vorhaben der SS, um ihnen entgegenzuwirken. Sie setzte sich für eine korrekte Verteilung der Lebensmittel ein und organisierte Hilfe für kranke Häftlinge. Sie nahm ihren Einfluß wahr, um die Häftlinge vor dem Terror der SS zu schützen und brachte gefährdete Kameraden in Sicherheit.

Aus zahlreichen Informationsquellen schöpfte die illegale Leitung ihre Kenntnisse zur politischen und militärischen Lage. Durch die Weitergabe ihrer Informationen und Einschätzungen wurde unter den Häftlingen die Überzeugung gestärkt, daß der Hitlerfaschismus eines Tages sein Ende finden werde. Die Leitung organisierte illegale politische Schulungen und legale kulturelle Veranstaltungen. So wurden der Überlebenswille gestärkt und der Kreis der am Widerstand Beteiligten erweitert.

Unter den Bedingungen des KZ waren den Maßnahmen der illegalen Leitung natürlich Grenzen gesetzt. Sie waren überhaupt nur zu verwirklichen durch die Mitarbeit und Solidarität zahlreicher Gefangener aus allen politischen und religiösen Richtungen, von Häftlingen aller Kategorien. Wer ein Gegner der Nazis war, schloß sich dem Widerstand an. Ohne Wenn und Aber, ohne Vorbehalt. Die Parteizugehörigkeit, das religiöse Bekenntnis, die Hautfarbe oder die Nationalität waren kein Hindernis, Hilfe zu gewähren oder Hilfe zu empfangen.

Auch im Lager bestand der Kern des Widerstandes aus Kameraden der organisierten Arbeiterbewegung: Kommunisten, Sozialdemokraten, Gewerkschaftern. Die Erfahrungen aus den politischen und wirtschaftlichen Kämpfen in der Weimarer Republik und aus dem antifaschistischen Kampf gegen das Naziregime waren uns beim Aufbau der illegalen Organisation zugute gekommen. Wir stützten uns auf die Ländergruppen der Genossen, wenn bestimmte Maßnahmen in den Blocks oder Arbeitskommandos durchgesetzt werden mußten. Wenn es etwas zu beraten, zu entscheiden oder vorzubereiten galt, hieß es: Wir müssen „im kleinen Kreis" zusammenkommen.

Im November 1938 wurde ein großes Häftlingskommando nach Ravensbrück zum Aufbau eines Frauenlagers geschickt, dem Franz Jacob als erster und Franz Bobzien als zweiter Lagerältester angehören sollten. Sie fielen nun einige Zeit für unsere Arbeit in Sachsenhausen aus.

Ich erinnere mich, daß wir 1938/39 über zwei Probleme lebhaft und erregt diskutierten: Kurz vor Weihnachten 1938 geht eine Kolonne von 100 Häftlingen zum Aufbau des Außenkommandos nach Neuengamme bei Hamburg. Es tauchen Gerüchte auf, daß hier ein neues Konzentrationslager entstehen soll und alle norddeutschen Häftlinge nach Neuengamme kommen. Später wird von unseren Gewährsleuten – Häftlingen, die in der Verwaltung arbeiten – bestätigt, daß Neuengamme ein selbständiges Konzentrationslager wird, es aber keine Anweisungen der SS gibt, die weiteren Transporte dorthin ausschließlich aus Hamburgern und Schleswig-Holsteinern zusammenzustellen. Das hätte auch Probleme für unsere politische Arbeit mit sich gebracht, und wir atmen erst mal auf.

Ein anderes Ereignis löste ebenfalls Unruhe und starke Diskussionen aus. Beim Bau eines unterirdischen Durchganges für die Heizungsanlage zwischen Revier I und Revier II wurden am 15. März 1939 mehrere Häftlinge verschüttet. Zwei von ihnen fanden den Tod. Schuld war das Hetztempo, mit dem die SS-Leute die Arbeiter angetrieben hatten. Natürlich konnte auch der beste Vorarbeiter Eingriffe der SS-Kommandoführer nicht verhindern. Das durfte aber nicht dazu führen, daß er den Dingen freien Lauf ließ. Der Vorarbeiter war ein politischer Gefangener, von dem es hieß, er habe Erfahrungen in Erdarbeiten. Aber er brüllte selbst herum und soll Häftlinge, die ihm nicht schnell genug waren, auch geschlagen haben. Um diesen Vorarbeiter gab es nun eine heftige Auseinandersetzung. Seine Landsleute zogen ihn zur Rechenschaft. Er versuchte sein Verhalten mit der Zwangslage, in der er sich befunden habe, zu begründen.

Nach dem Tod der beiden Kameraden stellten sich uns eine Reihe Fragen, auf die wir eine Antwort finden mußten. Einig waren wir uns, daß der Vorarbeiter nicht alles getan hatte, den Unfall zu verhindern. Erneut kam die Frage: Sollen Politische überhaupt Funktionen wie die eines Vorarbeiters oder Blockältesten annehmen? Machen sie sich nicht – ob sie es wollen oder nicht – zum verlängerten Arm der SS? Darauf erwiderten andere Genossen: Sollen wir denn das Lager den Werkzeugen und Helfershelfern der SS überlassen? Zuletzt überwog die Meinung: Wir sollten eine dauernde und echte Hilfe organisieren, und die einzelnen Funktionäre mit ihren Problemen nicht allein lassen.

23.
Häftlingssanitäter

Besonders hart waren die Verhältnisse im Krankenbau. Die SS-Ärzte zeigten nur geringes oder überhaupt kein Interesse an den kranken Häftlingen. Die Hauptlast lag auf den Schultern der Häftlingssanitäter. Wir hatten zwar mehrere Mediziner als Häftlinge im Lager, die SS-Lagerführung hatte aber streng verboten, sie als Hilfskräfte im Krankenbau einzubeziehen. So waren es erst einmal frühere Mitglieder des Arbeiter-Samariter-Bundes, die wir im Krankenbau unterzubringen versuchten. Sie verfügten über ein gutes medizinisches Wissen, hatten jahrelange praktische Erfahrung und vor allem ein tiefes Mitgefühl mit den kranken Kameraden. Mit Hilfe der im Lager lebenden Mediziner erweiterten sie ständig ihr Wissen. Neue Häftlinge, als Sanis herangezogen, wurden von ihnen unterwiesen. Aus dem Solidaritätsfonds der politischen Häftlinge wurden Gelder abgezweigt, um die nötige Fachliteratur zu besorgen. Es fand sich schon einmal ein SS-Arzt oder ein Sanitätsdienstgrad (SDG), die sich bewegen ließen, ein Fachbuch für die Häftlingssanitäter zu kaufen, natürlich von unserem Geld.

Fritz Bringmann, damals unser jüngster Kamerad, arbeitete in den Vorkriegsjahren im Revier. Er stammte aus einer Lübecker Arbeiterfamilie und war nach eineinhalbjähriger Haft im November 1936 nach Sachsenhausen gekommen, ein 18jähriger Antifaschist, der sich parteipolitisch noch nicht gebunden hatte. Wie er selbst sagt, beeindruckte ihn in dieser Hölle des Nazifaschismus die aufrechte menschliche und politische Standfestigkeit der Kommunisten zutiefst, und er wurde einer der ihren. Im September 1940 ging er auf Transport nach Neuengamme und erhielt seine Freiheit erst im Mai 1945 zurück. Ein Auszug aus einem Bericht Fritz Bringmanns über seine Tätigkeit als Häftlingssanitäter in Sachsenhausen möge einen Einblick eines direkt Beteiligten in die damalige Situation im Krankenbau geben:

Anfang Februar 1937 erkrankte ich an Grippe, und am dritten Tag wurde ich von Kameraden aus unserem Block ins Revier gebracht und aufgenommen. Die kameradschaftliche Fürsorge, das Bemühen zu helfen, wie überhaupt die gesamte Anteilnahme machten den Aufenthalt zu einem für mich entscheidenden Erlebnis. Ich lag in Saal 3, der zuständige Häftlingssanitäter, Karl Eckardt aus Dortmund, war selbst erkrankt, und der Kamerad Hermann Stange hatte so viel zu tun, daß er es kaum schaffte. Zu dieser Zeit war SS-Untersturmführer Pfitzner aus dem Rheinland Lagerarzt (er soll ein Sohn des Komponisten Hans Pfitzner gewesen sein, beging im Juni 1946 in Rotterdam Selbstmord). SS-Unterscharführer Mehrer war Sanitätsdienstgrad (SDG), Willi Klangwarth war Vorarbeiter, Walter Lembcke Leiter der chirurgischen Abteilung, Walter von Schwichow verantwortlicher Laborant. Auf unserem Saal lag auch der Kamerad Willi Noll mit einer beidseitigen Lungenentzündung. Diese hatte noch nicht den Höhepunkt erreicht, und er war in einer äußerst deprimierten Verfassung. Nachdem ich aufstehen durfte, bat mich Karl Eckardt, mich um den Kameraden Noll zu bemühen. Ich sollte ihn ablenken und in seiner Energie stärken. Ich war darauf bedacht, ihm alle erdenklichen Wünsche zu erfüllen, und mit Karl Eckardts Erfahrungen und Ratschlägen gelang es dann auch allmählich, eine stärkere Lebensbejahung zu erwecken. Die Krisis ward überwunden, und damit hob sich auch die allgemeine Verfassung und Stimmung.

Drei Wochen durfte ich auf diese Weise im Revier helfen. Der Zustand des Kameraden Karl Eckardt hatte sich auch wesentlich gebessert, so daß er wieder voll seine Tätigkeit aufnehmen konnte. So kam der Tag, an dem ich den Krankenbau verlassen mußte. Der Revieraufenthalt hatte für mich einen bleibenden Wert. Ich erfuhr hier kameradschaftliche Hilfe und sollte bald merken, wie sich dadurch auch mein Leben im Lager veränderte.

Anfang Oktober 1937 wurde ich in den Krankenbau gerufen, und die Kameraden fragten mich, ob ich bereit sei, zunächst als Läufer im Revier zu beginnen. Als ich dies bejahte, wurde ich dem Lagerarzt vorgestellt, der seine Zustimmung gab. Bald schon half ich unter Anleitung der erfahrenen Sanitäter in der Ambu-

lanz bei der Wundbehandlung. Immer intensiver wurde die praktische Ausbildung; die theoretischen Grundlagen mußte ich mir vorwiegend während der Nachtwache aneignen. Zur Nachtruhe mußte ich sonst immer in meinen Block zurück. Die Kameraden Robert Abshagen, Ludwig Eisermann, Albert Lukas, Walter Mach und Walter Lembcke (Spitzname „Muckermann"), um nur einige zu nennen, leisteten Großes in der Aneignung medizinischer Kenntnisse. Es sollte sich schon bald zeigen, wie notwendig dieses Lernen im Interesse der Erhaltung des Lebens von Kameraden war.

Bei der Einstellung, die SS-Arzt Ehrsam zu seinem Beruf und zu den Häftlingen hatte, konnte man keine ehrliche ärztliche Betreuung unserer Kameraden erwarten. Ehrsam verließ einmal sogar den Operationsraum, obwohl er eine Blinddarmoperation begonnen hatte, mit den Worten: „So, macht weiter, ihr blöden Russen!" Das war ein Befehl für „Muckermann", die Operation zu beenden. Aber auch in anderer Hinsicht versäumte Ehrsam fast täglich, seiner ärztlichen Sorgepflicht nachzukommen. Während meiner Tätigkeit vom Oktober 1937 bis August 1939 im Krankenbau habe ich Ehrsam nur in sieben oder acht Fällen eine Untersuchung vornehmen sehen. Im allgemeinen verließ er sich vollkommen auf die Häftlingssanitäter.

Die Kälte im Winter 1937/38 nahm stetig zu, ohne daß die Lagerführung die Herausgabe der Winterkleidung anordnete. Der Krankenbestand wuchs von Tag zu Tag. Die Erfrierungen an Händen und Füßen konnten von uns kaum noch behandelt werden. Durch ständiges Drängen der Kameraden konnten wir erreichen, daß Ehrsam zusätzliches Verbandsmaterial anforderte. So konnte wenigstens die Wundbehandlung fast regelmäßig durchgeführt werden. Trotz Heranziehung aller Sanitäter konnten wir oftmals bis zum Abläuten der Nachtruhe nicht alle Kameraden behandeln. Oft konnte ihnen erst am nächsten Abend geholfen werden. Die Krankmeldungen beim Frühappell stiegen stetig. Immer rigoroser entließ Ehrsam die Kranken aus dem Revier. Stetig stieg die Zahl der Erkrankten und der Toten. So verging der Winter.

Im Laufe des Jahres 1938 legte Ehrsam eine rege Tätigkeit an den Tag, um Sterilisations- und Kastrationsanträge zu bearbeiten. Aber er stellte nicht nur die Anträge, sondern führte nach erfolgter Entscheidung einer Behörde oder Dienststelle (welcher, ist mir nicht bekannt) die Eingriffe zum Teil auch selbst durch. So habe ich aus Gesprächen in Erinnerung, daß Ehrsam mit zwei oder drei weiteren SS-Ärzten an einem Tag mehrere Sterilisationen durchführte, und der Arzt, der dies in der kürzesten Zeit schaffte, „hatte gewonnen".

Bei Visiten sah Ehrsam sich die Krankenblätter an, danach entschied er, ob der betreffende Kamerad noch im Revier bleiben durfte oder nicht. Auch ließ er die Kranken oft Kniebeugen vor dem Bett machen und entschied hiernach, ob dieselben im Revier verbleiben oder es verlassen mußten. In der chirurgischen Abteilung mußten die Verbände vorher entfernt werden; dann ging Ehrsam von Bett zu Bett. Wenn er der Meinung war, daß eine Wunde nicht mehr so schlimm aussah, wurde der Kamerad entlassen. Von einer Untersuchung der Wunde konnte in den meisten Fällen nicht die Rede sein. Ich sah Ehrsam eigentlich nur mit einem weißen Kittel durch das Revier gehen, aber Kranke untersuchte und behandelte er so gut wie nicht. Oft wurden Kameraden, die von Ehrsam am Vormittag entlassen wurden, am Mittag wieder aufgenommen, manchmal sogar in Gegenwart von Ehrsam, ohne daß dieser den vorher entlassenen Häftling wiedererkannte.

Natürlich riskierten unsere Sanis in der Ambulanz, daß Ehrsam (oder auch der SDG) doch einmal einen Häftling wiedererkannten. Dies hätte schlimme Folgen haben können. Trotzdem verhielten sich die Kameraden bei den Medikamentenbestellungen genau so verantwortungsbewußt. Nachdem Ehrsam die Bestell-Listen durchgesehen und Streichungen vorgenommen hatte, mußten die Listen nochmals geschrieben werden. Dann wurden als Ersatz für die gestrichenen Medikamente solche mit gleicher Wirkung, nur von einer anderen Herstellerfirma, zusätzlich aufgenommen. Auch dies war keine ungefährliche Arbeit; aber die Kameraden der Revierschreibstube hatten eine so feine Methode entwickelt, daß es während meiner Zeit nicht auffiel.

Nach Fertigstellung der dafür vorgesehenen Räumlichkeiten installierte der Elektriker Franz Cyranek die Röntgenanlage und bediente sie anschließend auch selbst. Röntgenaufnahmen und Durchleuchtungen waren dann bald seine tägliche Arbeit. Sie waren eine wichtige Ergänzung bei der Diagnose, ähnlich wie die ständige Weiterentwicklung des Labors unter dem Kameraden Ludwig Eisermann. Wie schwer es oft war, die richtige Diagnose zu stellen und die Behandlung darauf einzustellen, läßt sich nachträglich kaum noch einschätzen. Eine Fehldiagnose mußte notgedrungen auch zu einer falschen Behandlung führen; aber unsere Kameraden drückten sich nicht vor dieser Verantwortung. In Zweifelsfällen wurde mit mehreren Kameraden über die Symptome beraten, um so zu einer zweifelsfreien Diagnose zu gelangen.

Pfingsten 1938 war Kommandant Baranowski nicht im Lager. Da schon Tage vorher viele Häftlinge mit grippeartigen Symptomen ambulant behandelt werden mußten, nutzten wir seine Abwesenheit aus, um den Block 18, der als Erweiterung für das Revier schon seit März leerstand, mit kranken Kameraden zu belegen. Am Dienstag nach Pfingsten erschien dann Baranowski und warf die Kranken aus Block 18 wieder hinaus. Um seinen Aufforderungen mehr Nachdruck zu verleihen, lief er mit einer Feuerwehrspritze von Fenster zu Fenster. Einige Kranke schleppten sich bis vor den Block und brachen fast vor seinen Füßen zusammen. Ein kleiner Teil hatte seinen Aufforderungen nicht Folge geleistet. Wir Sanis hatten uns versteckt gehalten, um nicht Handlanger des Kommandanten zu werden und unsere Kameraden aus dem Block treiben zu müssen. Die Kameraden, die nicht aufgestanden waren, und die, die sich vor den Block geschleppt hatten, durften wir dann in das Revier aufnehmen. Aber Block 18 mußte vollkommen geräumt werden.

Unser Lagerarzt war an diesem Morgen nicht zu sehen. Erst kurz vor Mittag erschien er und nahm die Meldung über die Vorgänge ungerührt entgegen. Mit dieser Aktion von uns war aber doch die Inbetriebnahme des Blocks 18 auf die Tagesordnung gesetzt, und nach etwa acht Tagen wurden die ersten Kranken dort offiziell eingewiesen.

Folgender Vorfall (die Zeit kann ich nicht genauer bestimmen) ist noch in meiner Erinnerung vorhanden: Eines Morgens wurde nach dem Frühappell ein jüdischer Kamerad, der beim Aufstellen der Arbeitskommandos zusammengebrochen war, auf einer Bahre vom Appellplatz geholt und in die Ambulanz getragen. Als SS-Arzt Ehrsam kurze Zeit darauf ins Revier kam, begab er sich mit dem SDG Mehrer in die Ambulanz. Er ließ den Kranken in einen leerstehenden Raum neben der Ambulanz tragen. Ich hörte Schimpfen, das Klatschen von Schlägen, darauf ein Stöhnen und Wimmern. Ehrsam und Mehrer kamen aus dem Raum, schlossen ihn ab und nahmen den Schlüssel mit. Erst gegen Mittag wurde einem Sani der Schlüssel ausgehändigt. Als wir in den Raum eintraten, sahen wir, daß der jüdische Kamerad auf dem Boden lag, die Bahre zum Teil auf ihm. Er war tot. An Kopf und Oberkörper waren nach der Entkleidung die Zeichen von Mißhandlungen mit blutunterlaufenen Stellen deutlich sichtbar. Bemerken muß ich noch daß Ehrsam die Juden besonders haßte und seinem Haß auch durch Mißhandlungen Ausdruck verlieh.

Innerhalb des Lagers gab es eine Isolierung, bestehend aus den Blöcken 11, 12, 35 und 36. Blockälteste waren dort bis April 1939 nach meiner Erinnerung Robert Brink, Rudi Rothkegel, Albin Lüdke und Rudi Steinwand. Ein hoher Zaun umgab diese Blocks, um jeden Kontakt mit den Kameraden aus dem Hauptlager unmöglich zu machen. Sogenannte Rückfällige, Bibelforscher und die Kameraden der Strafkompanie (SK) waren hier untergebracht. Blockführer waren die SS-Leute Kuhn, Knittler, Beerbaum und „Bello" (Spitzname). Die Kameraden der Isolierung unterlagen erschwerten Haftbedingungen. Es durfte nur alle drei Monate geschrieben werden. Geld durften sie auch nur in diesem Zeitabstand von den Angehörigen empfangen. Ursprünglich kamen erkrankte Kameraden nach dem Frühappell zur Behandlung in das Revier. Da aber auch diese Kontakte unterbunden werden sollten, wurde ein Schrank mit Medikamenten und Verbandsstoffen versehen und die Behandlung von einem Häftlingssanitäter in der Strafkompanie durchgeführt. Bald schon traten die ersten Schwierigkeiten auf; die dortigen SS-Blockführer verhinderten eine sachgemäße Betreuung. Oftmals untersagten sie eine Aufnahme Erkrankter ins Revier; es kam sogar zu Mißhandlungen. Um eine strafweise Ablösung unseres Sanitäters zu verhindern, wurde ich mit Zustimmung des SS-Lagerarztes Ehrsam für die Betreuung der Kameraden in der Isolierung eingesetzt. Die Kameraden im Revier waren der Auffassung, daß ich mit seiner Rückendeckung die Betreuung wirksamer durchführen konnte. Bald schon sollte ich merken, daß es gar nicht so einfach war, meinen Aufgaben gerecht zu werden. Oft versuchten die SS-Blockführer, Einfluß auf die Behandlung zu nehmen. Hatte ich einem Kameraden Schonung verschrieben, zerrissen einige von ihnen den Zettel und teilten den Kranken am nächsten Tag zur Arbeit ein.

Eines Abends flüsterte Rudi Rothkegel mir eine Nummer zu. Das bedeutete, den entsprechenden Kameraden ins Revier aufzunehmen, da die Blockführer die Absicht hatten, ihn fertigzumachen und somit Lebensgefahr für ihn bestand. An diesem Abend war Bello SS-Blockführer vom Dienst. Ich hatte für diese Zwecke zwei Thermometer mit der gleichen Temperaturanzeige von 39,2 Grad vorbereitet. In Gegenwart von Bello steckte ich dem Kameraden zuerst das eine und zur Kontrollmessung das andere Thermometer unter die Achsel. Beide Temperaturen zeigte ich ihm und sagte, daß der Kamerad unbedingt ins Revier aufgenommen werden müsse. Bello untersagte dies und drohte mir. Daraufhin brach ich die weitere Behandlung ab, schickte die wartenden Kameraden fort und erklärte, daß ich unter diesen Umständen die Krankenbetreuung nicht ausführen könne, wie sie mir vom Lagerarzt Ehrsam aufgetragen sei. Diese Erklärung machte auf Bello keinerlei Eindruck, im Gegenteil, er verjagte die noch zögernden Kameraden mit Schlägen und Fußtritten.

Ich ging ins Revier, und da Ehrsam noch im Lager war, machte ich bei ihm Meldung. Dieser war empört über die Behinderung bei der Ausführung seines Befehls, rief in der Blockführerstube an und beorderte Bello zu sich ins Revier. Diesen brüllte er dann furchtbar an, gab ihm den Befehl, den Kameraden nunmehr selber ins Revier zu schaffen, und verbat sich für die Zukunft jegliche Einmischung in die Krankenbehandlung. So konnte ich meiner Arbeit weiter nachgehen. Als Ehrsam im Herbst 1938 für einige Zeit abkommandiert wurde und nicht im Lagerbereich war, hielten es die Kameraden für besser, wenn ich aus der Isolierung wieder ins Revier käme, um Bello keine Möglichkeiten zur Rache zu geben.

So begann für mich der zweite Winter im Krankenbau. Ich hatte im Revier II einen Krankensaal mit 16 Betten zu betreuen. Mittags und auch abends half ich in der Ambulanz mit. Hatte sich schon im vorigen Winter ein Mangel an Verbandsstoffen und Medikamenten bemerkbar gemacht, so war es in diesem Jahr noch viel schlimmer. Obwohl der Kamerad Herbert Brust und auch sein Nachfolger Hein Meyn mit Verbandsstoffen für den Winter vorgesorgt hatten, zeigte sich schon bald, daß diese keinesfalls ausreichten. Aber auch mit den Salben sah es schlecht aus. Vor allem fehlte Lebertransalbe, die wir für die Frostbehandlung am dringendsten nötig hatten. Im großen und ganzen wiederholten sich die gleichen Vorkommnisse wie im Vorjahr, nur daß zu dieser Zeit wesentlich mehr Häftlinge im Lager untergebracht waren.

24.

Außenkommando Klinkerwerk

Im Juli 1938 wurde ein neues Arbeitskommando mit einer Perspektive auf Beschäftigung von tausenden Häftlingen für den Bau eines Klinkerwerkes zusammengestellt. Etwa zwei Kilometer nordöstlich des Lagers sollte am Ufer des Hohenzollernkanals ein Zweigwerk des SS-Betriebes „Deutsche Erd- und Steinwerke GmbH" (DEST) errichtet und der Rohstoff aus einer sieben Kilometer entfernten Tongrube herangeschafft werden. Es war allen klar, daß es hier um Knochenarbeit, um Sklavenarbeit im wahrsten Sinne des Wortes gehen würde.

Die meisten Häftlinge kamen strafweise ins Kommando Klinkerwerk oder hatten als Politische strafverschärfende Hinweise der Gestapo in ihren Papieren. Wer vor 1933 an Auseinandersetzungen mit der SA oder SS beteiligt oder Mitglied des Reichsbanners oder des Roten Frontkämpferbundes gewesen war, mußte mit seiner Einteilung ins Kommando Klinkerwerk rechnen, das sich bald zu einem gefürchteten Strafkommando entwickelte.

Zunächst einmal waren große Erdbewegungen vonnöten. Sie erfolgten ganz primitiv, nur mit Schubkarre und Schaufel. Alle Arbeit mußte im Laufschritt geleistet werden, dazu das Gebrüll und Prügeln der SS-Antreiber. Wer zusammenbrach, wurde geschlagen und bis zur Bewußtlosigkeit getreten. Jeden Tag wurden Tote ins Lager getragen. Zur Tortur wurde die Arbeit im Winter: die riesengroße offene Baustelle lag im weithin flachen Gelände, über das Wind und Wetter hinwegfegten. Die große Kälte, in den Monaten Dezember 38 bis Februar 39 immer um minus 20 Grad, beschleunigte den körperlichen Verfall der Häftlinge. Der Lübecker Kamerad Fritz Bringmann erzählt, daß auch das Mittagessen im Freien eingenommen werden mußte. Wer sich auch noch so beeilte, schaffte es nicht, die Suppe als Suppe hinunterzuschlingen. Der letzte Rest war schon zu Eis gefroren und mußte mit dem Löffel herausgekratzt werden. Wer einem SS-Mann irgendwie aufgefallen war, mußte, während die anderen aßen, in strammer Haltung, mit der Mütze in der Hand, danebenstehen. Als das Thermometer auf unter minus 25 Grad fiel, blieb ein Teil des Kommandos in den Baracken.

Die Hamburger Kameraden Hugo Dworznik und Fritz Winzer, die vom SS-Arbeitsdienstführer Gustav Sorge zur Strafverschärfung hierher abkommandiert worden waren, berichten, daß das Klinkerwerk im Herbst 1939 schon einmal fast fertig gewesen sein mußte. Man war nun dabei, den größten Teil der Arbeit, die 2000 Mann in fast eineinhalb Jahren geleistet hatten, wieder abzureißen. Die meterdicken Fundamente wurden herausgebrochen. Ein Teil dieser Betonbrocken, in mühsamer Arbeit mit Hammer und Meißel zerkleinert, wurde für den Appellplatz des Lagers gebraucht. Der größere Teil Betonbrocken wurde auf Tragen in Schuten verladen, und alles im Laufschritt. Auch Maschinen und Rohrleitungen wurden herausgerissen. Kurz: Das Klinkerwerk hatte sich als eine gigantische Fehlkonstruktion herausgestellt. Delegationen und Kommissionen waren gekommen und hatten vernommen, welch ein Wunderwerk hier entstehen sollte. Fachleute aus allen Gegenden wurden herumgeführt. Aber viele Millionen Reichsmark waren verpulvert. Unzählige Häftlinge hatten ihr Leben verloren.

Was auch immer im Klinkerwerk an Umstellungen vorgenommen wurde, für die Häftlinge änderte sich nichts, weder das mörderische Arbeitstempo im Laufschritt bei ständiger Antreiberei, noch der lange An- und Abmarsch. Die Opfer unter den Häftlingen blieben enorm.

Ende April 1941 wurde das Klinkerwerk ein selbständiges Außenlager mit eigener Verwaltung. Wohnbaracken, eine Küchen- und eine Sanitätsbaracke, eine Kleiderkammer wurden eingerichtet. Die Häftlinge sparten zwar den Hin- und Rückmarsch, aber das zahlte sich für sie nicht aus, denn die Arbeitszeit wurde verlängert. Die Häftlingsstärke betrug 2000, ging aber oft bis auf 1500 zurück und mußte immer wieder aus dem großen Lager ergänzt werden. Vom Arbeitsplatz durch einen Zaun getrennt, waren die Häftlinge in zehn Wohnbaracken untergebracht. In den Baracken standen dreistöckige Holzbetten; sonst glichen sie den Baracken im großen Lager. Für die Strafkompanie gab es eine Sonderbaracke, in der die Fenster zugekalkt waren. Lagerführer für das Außenlager war zeitweise SS-Obersturmbannführer

111

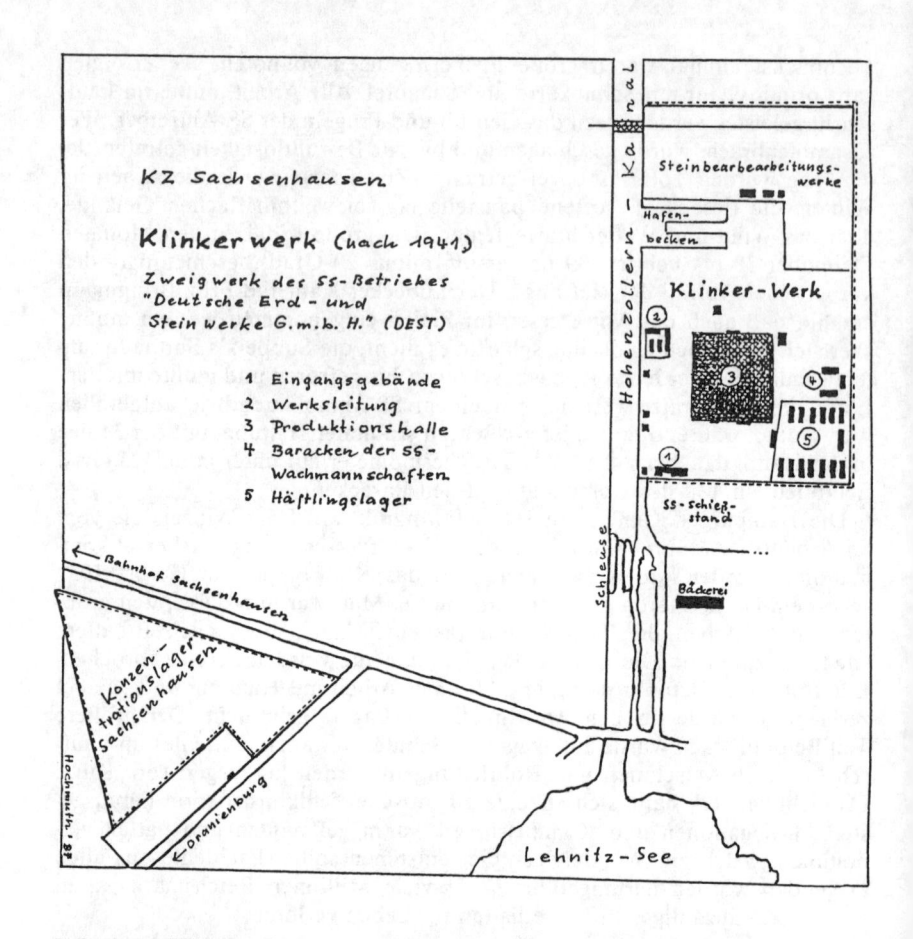

```
KZ Sachsenhausen

Klinkerwerk (nach 1941)

Zweigwerk des SS-Betriebes
"Deutsche Erd- und
Steinwerke G.m.b.H." (DEST)

1  Eingangsgebäude
2  Werksleitung
3  Produktionshalle
4  Baracken der SS-
   Wachmannschaften
5  Häftlingslager
```

Außenlager Klinkerwerk

Hermann Heidrich. Kennzeichnend für diesen Mann war sein ständig gebrauchter Spruch: „Hier gibt es nur Gesunde oder Tote." Verletzte oder kranke Häftlinge wurden ausschließlich ambulant behandelt. Sie wurden zur Arbeit mit hinausgenommen und kehrten am Abend wieder in ihren Block zurück. Wer dann nicht mehr konnte, wurde ins große Lager gefahren, auf dem gleichen Wagen mit den Toten. Viele von ihnen starben nach kurzer Zeit im Revier. Im Prozeß vor dem Kölner Schwurgericht gegen den SS-Oberscharführer Otto Kaiser wurde festgestellt, daß die Todesrate durchschnittlich zwei bis drei Häftlinge täglich betrug, wobei die Verhungerten und Entkräfteten, die täglich nur noch zum Sterben ins Lager getragen wurden, nicht mitgerechnet sind. Man kann davon ausgehen, daß es von allen Arbeitskommandos im Klinkerwerk die höchste Sterberate gegeben hat.

Die Umwandlung des Kommandos Klinkerwerk in ein selbständiges

Außenlager Klinkerwerk

Außenlager stellte uns auch im großen Lager vor neue Probleme. Die SS hatte sich im Klinkerkommando eine Reihe von willfährigen Kreaturen herangezogen, die, dem Druck nachgebend, sich zu Werkzeugen der SS machen ließen. Solange das Kommando noch gemeinsam mit uns im großen Lager lebte, konnten wir durch unseren Einfluß manches ändern, sogar mildern. Vor allem der Arbeitsdienst von Häftlingsseite, der von 1938/39 bis 1942 nacheinander unter der Leitung der Genossen Franz Jacob, Emil Otto und Albert Buchmann stand, konnte Druck auf unkameradschaftliche Vorarbeiter ausüben und im Einzelfall auch Absetzungen erreichen. Das wurde aber mit der Selbständigkeit des Klinker-Außenlagers auf ein Minimum beschränkt. Häftlingsschreibstube und Häftlingsarbeitsdienst konnten zwar Lagerälteste und Vorarbeiter auffordern, gelegentlich zu begründeten Besprechungen einzuladen, verhindern konnten wir aber nicht, wenn diese den Weg des geringsten Widerstandes einschlugen.

Hinzu kam ein anderes Problem: Die Politischen, soweit sie nicht zur Strafkompanie gehörten, waren in Block 6 des Klinkerwerk-Lagers untergebracht, und es gab dort eine Zeitlang Meinungsverschiedenheiten, man könnte sagen: Auseinandersetzungen mit opportunistischen und ultralinken Auffassungen. Einige Genossen waren der Meinung, daß die Situation im Klinkerkommando zu brisant sei, um Solidarität und Widerstand zu organisieren; es würde mit Sicherheit die Ausrottung aller Kommunisten zur Folge haben. Andere übten unter Mißachtung aller konspirativen Regeln daran lautstarke Kritik, suchten die offene Auseinandersetzung mit den BVern und kündigten offene Abrechnung an, wenn die Rote Armee erst komme. Jede andere Meinung hielten sie für falsch und feige.

Die besondere Situation im Außenlager Klinkerwerk machte uns als illegaler Leitung der politischen Häftlinge große Sorgen; wir berieten mehrfach darüber, wie Abhilfe oder wenigstens Erleichterungen zu schaffen seien. Ernst Schneller, von Beruf Lehrer, Mitglied des Politbüros der KPD und Reichstagsabgeordneter, der 1939 nach Sachsenhausen gekommen war, nahm an diesen Aussprachen teil. Trotz mancher Einsprüche setzte er seinen Entschluß durch, zum Kommando Klinkerwerk zu gehen, um beim Aufbau der politischen Arbeit mitzuwirken. Schneller war eine der bedeutendsten Persönlichkeiten im Lager und spielte bei der Zusammenführung antifaschistischer Kräfte eine große Rolle. Das war für mich ein Grund, Bedenken gegen seine Entscheidung zu äußern. Schnellers Auffassung aber war, daß er im Klinkerwerk durch seine Autorität und seine Verbindung zur illegalen Leitung im großen Lager zu einer Stärkung von Solidarität und Widerstand überhaupt beitragen könne. Er würde ja regelmäßig Vorwände finden, um zur Rücksprache ins große Lager zu kommen. Kurt Schliwski berichtet, daß Ernst Schneller im Klinkerkommando damit begann, einen Kreis von Genossen zusammenzufassen, mit denen er die politische Arbeit beriet. Dazu gehörten Siegmund Sredzki, Ludger Zollikofer, Oskar Hoffmann, Kurt Schliwski und andere. Im Vordergrund ihrer Tätigkeit standen Schulungsarbeit, Sammeln und Verbreiten politischer Informationen, Organisierung von Solidaritätsmaßnahmen. Nach und nach gelang es, 60 Antifaschisten zu erfassen, die bereit waren, von ihrer Brotration ein Stückchen abzugeben. Es wurden kleine Gruppen gebildet, die das Einsammeln und Verteilen an besonders bedürftige und kranke Kameraden übernahmen.

Unsere Diskussionen, warum die SS das Klinkerwerk zum selbständigen Außenlager machte, liefen immer mehr in die Richtung, daß dies mit dem Krieg im Zusammenhang stehen mußte. Wir hatten schon ein Großkommando von 5000 Häftlingen im Heinkelwerk. Würde das Klinkerwerk ein neues Rüstungskommando werden? Dann konnte das auf einen langen Krieg hindeuten. Von meinen heute in Hamburg angesprochenen Kameraden konnte keiner Näheres darüber berichten. Aber in einer 1963 veröffentlichten Studie Enno Georgs „Die wirtschaftlichen Unternehmungen der SS" fand ich einen Hinweis: „Rüstungsarbeiten in eigener Regie übernahm die DEST (Deutsche Erd- und Steinwerke GmbH) im Großziegelwerk Oranienburg, wo im Auftrage des Oberkommandos des Heeres Großgranaten (8 und 12 cm) angefertigt wurden. Die großen Tunnelöfen der Ziegelei eigneten sich sehr gut zum Glühen bzw. Tempern von Granaten. Die gesamte technische Leitung unterstand Dipl.-Ing. Schondorff und dem Oranienburger Werkleiter der DEST. Die Produktion sollte monatlich etwa 4 Millionen Wurfgranaten erreichen."

25.
Massenentlassungen und neue Lagerälteste

Im April 1939 tauchen Gerüchte über „Massenentlassungen" auf. Das ist nichts Neues. Von Zeit zu Zeit gibt es solche Gerüchte; sie erwecken Hoffnungen, die sich nicht erfüllen, und rufen Resignation bei denen hervor, die daran geglaubt hatten. Das Arbeitskommando Ravensbrück kam im April, wie uns schien, vorzeitig zurück. Es konnte eine Bestätigung dafür sein, daß etwas im Gange war. Dann hörten wir Namen von Häftlingen, die entlassen werden sollen, darunter Funktionäre aus der Arbeiterbewegung, auch Kommunisten. Wir können der Sache kaum Glauben schenken, bis dann die in der SS-Verwaltung beschäftigten Kameraden bestätigen, daß an Entlassungslisten gearbeitet werde.

Am 15. April 1939, gleich nach Arbeitsanfang, kommt der Chef der Häftlingsbekleidungskammer, SS-Scharführer Höpken, auf mich zu. Die Hände auf dem Rücken, stellt er sich vor mich hin und sagte grinsend in seinem breiten, ostfriesischen Dialekt: „Na, Holzauge!" Ich hieß seit 1937 „Holzauge", weil ich öfter den Spruch „Holzauge, sei wachsam!" benutzte. Der Kammerbulle sagt also zu mir: „Na, Holzauge, ihr habt wohl morgen euren Feiertag?" Ich sehe ihn verständnislos an. „Tu man nicht so, du weißt genau, was ich meine". – „Ich weiß es wirklich nicht". – „Na, eurer Thälmann hat doch morgen Geburtstag, und das willst du nicht wissen?" Wir hatten tatsächlich für Sonnabend, den 15. April und Sonntag, den 16. April in verschiedenen Blocks unsere Liederabende (Schallerabende) vorbereitet. Die SS war an diesem Wochenende mit anderen Dingen beschäftigt, so daß wir ungestört blieben. Diese Schallerabende waren wie keine zuvor. Sie standen schon unter dem Eindruck der kommenden Ereignisse. Sie hatten, wie sich später bestätigte, die Bindungen zwischen den Entlassenen und Zurückbleibenden ganz fest gefügt.

Die Entlassungen sollen am 20. April 1939, am 50. Geburtstag Adolf Hitlers, vorgenommen werden. Von unserem 1. Lagerältesten, Oskar Müller, wissen wir, daß er geht. Vorher muß er seine Vorschläge für die Neubesetzung der Häftlingsschreibstube dem Rapportführer oder dem Lagerführer vorlegen. Wir haben nicht mehr viel Zeit zum Überlegen. Auch die Auswahl ist nicht groß, da nur Häftlinge vom Rapportführer akzeptiert werden, die ihm schon unter die Augen gekommen sind. Abends am 19. April finden wir uns in den politischen Blocks zusammen, um Abschied zu nehmen von denen, die genau wissen, daß ihre durchweg sechsjährige Gefangenschaft morgen zu Ende geht. Wir anderen leben noch in der Ungewißheit. Noch sieht jeder eine Chance für sich, bevor nicht die ganze Liste bekanntgeworden ist.

Nach dem Zählappell am Morgen des 20. April beginnt der Rapportführer tatsächlich, die Namen der Entlassenen aufzurufen. Dann gehen sie alle recht formlos zum Umkleiden. Ich bin mit der Belegschaft der Bekleidungskammer den ganzen Tag voll beschäftigt, die Häftlingssachen einzusammeln und zu sortieren. Die Oberbekleidung und das Schuhzeug haben die meisten schon in ihren Blocks getauscht, so daß fast alles als reparaturbedürftig gleich in die Werkstätten geht oder in der Bekleidungskammer gesondert untergebracht wird. Alles muß auf Listen erfaßt werden. Ich habe Bewegungsfreiheit zwischen den einzelnen Gruppen. So kommen unzählige Wünsche an mich heran, familiäre und politische. Auch Briefe gebe ich weiter, und immer wieder Adressen mit der Bitte, daß die zur Entlassung vorgesehenen Kameraden die Angehörigen aufsuchen und informieren.

Entlassen wurden am 20. April etwa 1400 Gefangene. Nicht nur Juden, ASOs und Grüne, sondern zu unserer Überraschung auch etwa 250 politische Gefangene, darunter eine Reihe führender Funktionäre der Arbeiterparteien und Gewerkschaften. Aus Hamburg sind u. a. die Genossen Robert Abshagen, Hein Brettschneider, Gustav Bruhn, Hans Christoffers und Walter Leu dabei. Wir sehen sie aus dem Lager und zum Bahnhof gehen. SS-Leute dazwischen, ohne Fußtritte, ohne Schläge – ein ungewohnter Anblick.

Natürlich löst diese Massenentlassung zahlreiche Spekulationen unter den Zurückbleibenden aus. Wir halten es für überflüssig, das Rätsel zu raten, ob das ein Zeichen der Schwäche oder der Stärke der Nazis ist, ob die Zeit der Konzentrationslager zu Ende geht. Wir versuchen, die Kameraden in der Überzeugung zu stärken, daß nicht die Gnade der Faschisten uns die Freiheit bringen wird, sondern einzig und allein der Sturz der Naziherrschaft.

Endlich finde ich Gelegenheit, an den Abschlußgesprächen über die Umbesetzung der Häftlingsfunktionen teilzunehmen. Zwölf bis fünfzehn Kameraden, meist schon zwei oder drei Jahre in Sachsenhausen, haben sich nach langen Beratungen geeinigt. Als 1. Lagerältester wird Roman Chwalek vorgeschlagen. Roman ist Eisenbahner aus Oberschlesien, alter Gewerkschafter und Kommunist. Den 2. Lagerältesten soll ich machen. Als 3. Lagerältester

Robert Abshagen (links), Hein Bretschneider (zweiter von rechts), Hans Christoffers (rechts) als Bauarbeiter im Winter 1940/41 nach ihrer Entlassung aus dem KZ Sachsenhausen. Als kommunistische Antifaschisten gehörten sie der Hamburger Widerstandsorganisation Bästlein–Jacob–Abshagen an. Christoffers starb im Lager Wietzendorf für sowjetische Kriegsgefangene im Januar 1942 an Typhus, Abshagen und Brettschneider wurden im Juli 1944 in Hamburg hingerichtet.

steht Franz Bobzien, Sozialist und Lehrer aus Hamburg auf der Liste; als Verantwortlicher für den Arbeitsdienst Franz Jacob, Kommunist und Schlosser aus Hamburg. Als 1. Lagerschreiber wird Rudi Grosse, Kommunist und Schlosser aus Berlin, der schon in der Schreibstube beschäftigt war, vorgeschlagen; und Rudi Wunderlich, Kommunist und Schriftsetzer aus Leipzig, als Läufer für die Schreibstube. Diese Vorschläge müssen natürlich von der SS-Lagerführung bestätigt werden.

Ich wehre mich dagegen, die Funktion des 2. Lagerältesten zu übernehmen. Einmal habe ich als Vorarbeiter der Häftlingsbekleidungskammer die besten Möglichkeiten, Verbindungen im weitesten Rahmen zu pflegen, was für unsere illegale Arbeit von großer Bedeutung ist. Zum anderen fühle ich mich nicht geeignet, einen einigermaßen reibungsfreien Verkehr mit den SS-Führern zu garantieren. Ich bin überzeugt, daß das schiefgeht. Zum dritten hatte ich schon seit einiger Zeit einen nichtpolitischen Häftling für diese Funktion vorgeschlagen. Ich bin auch überzeugt, daß die SS uns sonst einen ihrer Leute aufzwingen wird. Wir müssen eine Enscheidung fällen. Ich nehme auf Wunsch der Genossen trotz meiner Bedenken an.

Nach dem Appell am nächsten Morgen soll ich dem Rapportführer zur Genehmigung vorgestellt werden. Rapportführer Campe ist nicht da. Der stellvertretende Arbeitsdienstführer und zweite Rapportführer, Gustav Sorge (der „Eiserne"), hat Dienst. Roman Chwalek spricht ihn auf dem Appellplatz an, um mich als 2. Lagerältesten bestätigen zu lassen. Ich stehe mehr als hundert Meter entfernt vor der Schreibstube. Roman winkt mich heran. Der „Eiserne" dreht sich nach mir um und winkt ab. Ein Blick, und ich bin von ihm anerkannter 2. Lagerältester.

Die kurze, formale Abwicklung dieses „Dienstvorganges" gefällt mir nicht. Ich habe genügend Erfahrungen mit der SS, um zu wissen, daß Rapportführer Campe sich übergangen fühlen wird. Empfindlichkeit, Neid und Mißgunst der SS untereinander beherrschen ihr Zusammenleben. Auch auf die genaue Einhaltung der Grenzen ihres Dienstbereiches, des Dienstranges, Dienstalters wird streng geachtet. Rapportführer Campe wird in meiner Ernennung eine Verabredung gegen sich sehen, und ich werde das ausbaden müssen. Und so kommt es auch. Für eine ganze Zeit bin ich Luft für Campe. Wo er mich nicht umgehen kann, drangsaliert er mich. Um nur ein Beispiel anzuführen: Da werden täglich außerhalb des regulären Arbeitsablaufs Häftlinge einzeln oder in kleinen Gruppen zur Vorführung angefordert, zum Lagerführer, zur Politischen Abteilung oder zur SS-Lagerschreibstube. Das erfolgte über die telefonische Verbindung zwischen dem Rapportführer und der Häftlingsschreibstube. Bin ich am Telefon, nuschelt Campe eine Reihe Häftlingsnummern und -namen mit irrer Geschwindigkeit ins Telefon. Will ich die Nummern zur Kontrolle wiedergeben, legt er auf. Rufe ich zurück, beschimpft er mich. Gehe ich dann zu ihm, wirft er mich raus. Dann geht Grosse hin und bekommt anstandslos die Nummern. Dabei muß er dann eine lange Epistel über meine Unfähigkeit anhören. Übrigens hat der 3. Lagerälteste, mein Kumpel Franz Bobzien, ähnliche Schwierigkeiten wie ich.

Diese Vorfälle lassen bei mir Überlegungen aufkommen, ob ich nicht, um diesem täglichen Kleinkrieg auszuweichen, mit einem Transport in ein anderes Lager gehen sollte, bevor ich mir den Hals breche. Aber im Grunde weiß ich: Es geht nicht. Ich bin in einer Position, von der es kaum ein Zurück gibt. Es ist eine alte Lagererfahrung, niemals aus der Masse der Häftlinge herauszutreten. Wer es versteht, darin unterzutauchen, erhöht seine Überlebenschancen. Ein Häftling, ob er Funktionen hat oder nicht, kann sich aus einer Gefahrenzone durch kameradschaftliche Hilfe oder durch einen Transport in ein anderes Lager absetzen; für Häftlingsfunktionäre, die in ständiger Berührung mit der SS-Lagerführung stehen, gibt es eine solche Möglichkeit nicht. Die Überlebenschance verringert sich noch dadurch, daß man in solch einer Funktion – gewollt oder nicht – Kenntnis von bestimmten Handlungen der SS bekommt, was ihr im höchsten Grade unerwünscht ist. „Geheimnisträger", wie die SS solche Häftlinge nennt, sind nach aller Erfahrung auch schnell Todeskandidaten. Es ist kaum damit zu rechnen, die Lagerzeit zu überleben. Aber dieses „Kaum" enthält immer noch ein kleines Fünkchen Hoffnung, das man braucht, um weiterzumachen.

Die ersten Tage unserer neuen Tätigkeit waren damit ausgefüllt, Pannen auszubügeln. Am Tage der Entlassung war ein Häftling übriggeblieben, der auf der Entlassungsliste stand, sich aber bei den Aufrufen nicht gemeldet hatte. Er hatte den Namen Gatz. Sein Vorname war nur mit dem Buchstaben A. angegeben. Beim nächsten Morgenappell rief der Rapportführer Campe dem Häftling Gatz mit verschiedenen Vornamen auf, die mit dem Buchstaben „A" anfingen. Die Arbeitskommandos durften nicht ausrücken, ehe der Fall nicht geklärt war. Rudi Grosse, der neue Lagerschreiber, stand neben dem ratlosen Rapportführer. Dann versuchte Grosse noch einmal ganz langsam und artikuliert den Namen aufzurufen.: „A. Gatz", was plötzlich mit einem lauten „Hier!" aus der Masse der angetretenen Häftlinge beantwortet wurde. Es war Willi Agatz, Bergmann aus dem Ruhrgebiet und früherer kommunistischer Reichstagsabgeordneter. Von Stunde an hat Grosse beim Rapportführer Campe einen Stein im Brett, was für unsere Arbeit nützlich ist.

Eine Differenz zwischen den Häftlingszahlen der SS und der Häftlingsschreibstube beschäftigte uns mehrere Tage. Nach der Statistik der SS fehlt ein Gefangener. Hat einer das Durcheinander der letzten Tage zur Flucht genutzt? Der Rapportführer gibt uns zwei Tage Zeit, den Fall aufzuklären. Wir entschließen uns, selber das ganze Lager zu zählen. Es soll gleich eine Übung für die neuen Blockältesten werden. Die Gefangenen treten vor ihrem Block an. Dann werden Stammlisten verlesen und verglichen. Beim Eintreten in den Block wird wieder gezählt. Es werden Posten aufgestellt, die überwachen, daß niemand den Block verläßt. Am nächsten Tag sollen dann noch die Toten gezählt werden. Sie liegen in einem Holzschuppen, der sich hinter dem Revier II des Krankenhauses befindet, auf einen Haufen zusammengeworfen, wie es gerade kam. Der Leichenberg reicht fast zur Decke. Die Toten werden zur Einäscherung nach Berlin gebracht. Die Särge, einfache Kisten aus rohem Holz – die SS nannte sie „Fleischkisten" –, werden per LKW dorthin transportiert. Später wurde im Lager ein eigenes Krematorium gebaut.

Jedem Toten ist seine Häftlingsnummer mit Farbe auf die Brust geschrieben. Viele Leichen waren geöffnet und mit großen Stichen wieder zugenäht worden; die SS-Ärzte haben nach abnormen inneren Organen gesucht, die dann in großen Gläsern in Spiritus aufbewahrt wurden. Das Zählen der Toten ist eine in jeder Hinsicht schreckliche Arbeit, und wir müssen die Zähne zusammenbeißen. Wir ziehen vorsichtig einen Toten nach dem anderen heraus, vergleichen die Häftlingsnummer mit unserer Liste und legen die Leiche nach draußen. Als Rudi Grosse dabei ist, einen Toten herauszuziehen, kommt der ganze Berg von Leichen ins Rutschen und begräbt ihn unter sich. Wir müssen uns überwinden und die Toten so schnell wie möglich nach draußen zerren, um Grosse freizukriegen. Da die Totenstarre bei vielen schon nachgelassen hat, ist es wahnsinnig schwer, die Toten wegzuschaffen. Plötzlich kommt Rapportführer Campe. Er sieht die Toten, er sieht uns an und sagt: „Daß ihr mir so nicht vor die Augen kommt!" und verschwindet wieder. Nachdem wir gebadet und unsere Kleidung gewechselt haben, geht Grosse zum Rapportführer und meldet ihm, daß unsere Zahl richtig ist. Campe respektiert das, woraus wir schließen, daß es seine Zahl war, die nicht gestimmt hat.

119

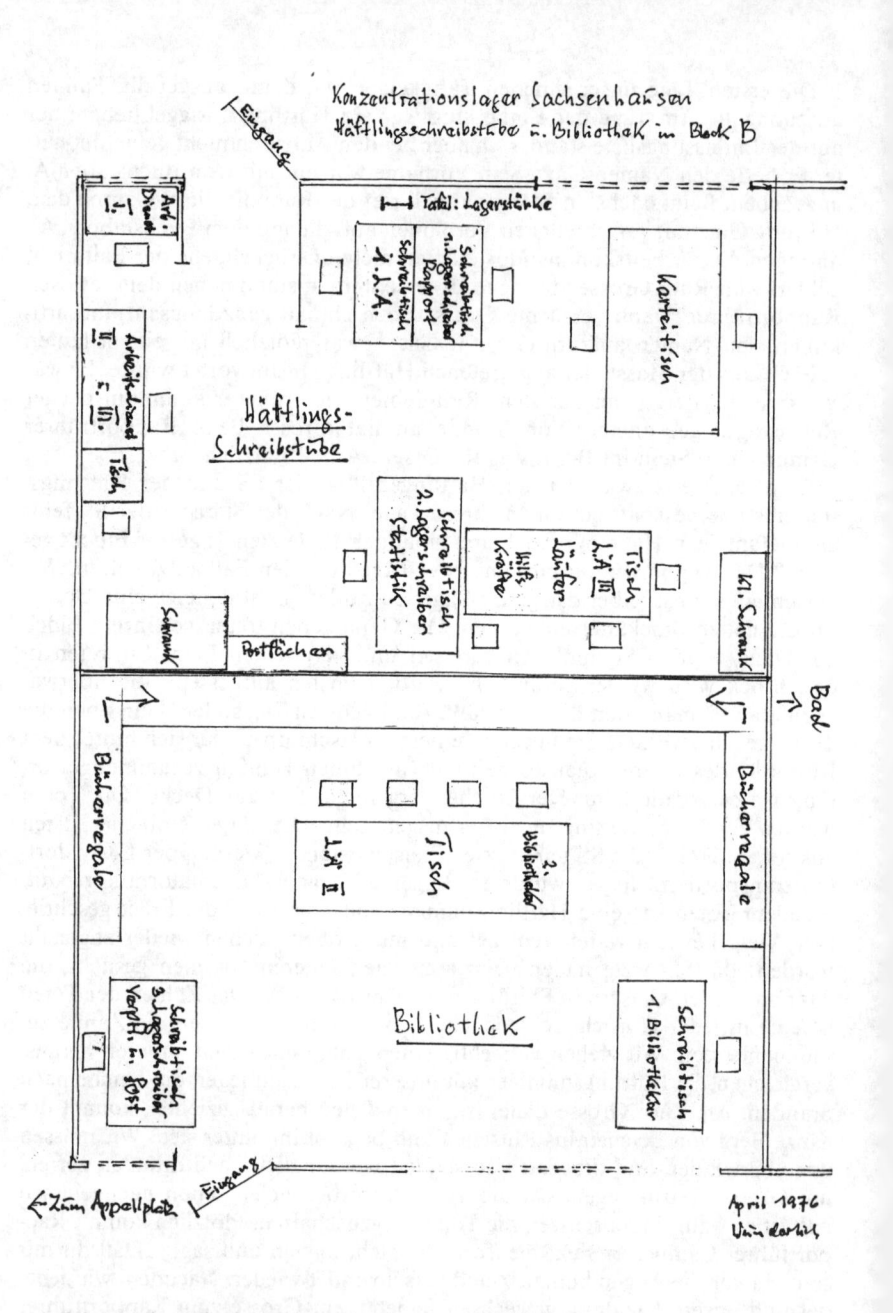

Skizze Häftlingsschreibstube und Bibliothek in Block B

Zu den am 20. April 1939 entlassenen Gefangenen gehörte auch Genosse Willi Guddorf, der bis dahin die kleine Häftlingsbücherei geleitet hatte. Sein Nachfolger wurde nun Karl Schirdewan. Später, im Herbst 1942, übernahm Hellmut Bock die Leitung der Bibliothek, nach ihm Edgar Bennert. Die Bücherei, ein Mittelpunkt kultureller Arbeit im Lager, war in der gleichen Baracke untergebracht, in der sich auch die Häftlingsschreibstube und der Duschraum befanden. Die Bibliothek entstand aus Büchern, die von Häftlingen, die aus dem KZ Esterwegen zum Aufbau des Lagers und danach aus Zuchthäusern oder durch Sonderaktionen der Gestapo nach Sachsenhausen kamen, als privater Lesestoff mitgebracht worden waren. Karl Schirdewan berichtet, daß die Bibliothek 1936/37 rund 500 Bücher hatte. 1939 waren es etwa 800 Titel – Romane, deutsche Klassiker und Literatur des 19. Jahrhunderts, Reisebeschreibungen, Nachschlagewerke, historische, wissenschaftliche und philosophische Schriften und Fachliteratur. Natürlich gab es auch nazistische und rassistische Propagandaschriften, die die SS-Lagerführung eingebracht hatte. Karl Schirdewan schreibt: „Wenn man den Buchbestand mit der Zahl der vielen tausend Häftlinge im Verhältnis sieht, dann erkennt man, daß nur ein paar hundert – und nur in Abständen – Nutzen davon hatten. Man denke auch an die Leiden, Mißhandlungen, an die schwere körperliche Arbeit, Müdigkeit und Erschöpfung, da hatten nur wenige noch Kraft, zu einem Buch zu greifen. Doch die Bedeutung der Bücherei lag auch darin, daß sie ein Zentrum des antifaschistischen Widerstandes, der Solidarität, der Information und Konspiration war. Ein ‚Schaufenster‘ der SS für ‚Besucher‘ aus dem In- und Ausland nutzten wir für die Interessen der Häftlinge."

Wenige Tage nach den Massenentlassungen wird der neue 1. Lagerälteste Roman Chwalek von der Gestapo in Berlin angefordert. Er bleibt mehrere Tage weg. Als er wiederkommt, ist er ganz durcheinander. Es ist ihm unverständlich, daß auch er entlassen wird.

Da heißt es nun, daß ich die Funktion des 1. Lagerältesten annehmen soll. Das muß etwa Ende April/Anfang Mai 1939 gewesen sein. Auch als 1. Lagerältester bleibe ich für die SS-Lagerführung zunächst Luft. Ich hatte auch kein Interesse, mich vorzudrängen. Was organisatorisch zu machen war, schafften Rudi Grosse und Franz Jacob.

Das schwierigste Problem, einen reibungslos ablaufenden Zählappell zu erreichen, wurde durch die Energie und das Können Rudi Grosses in wenigen Wochen gelöst. Auch die Arbeitskommandos rückten bald ohne große Schwierigkeiten in den angeforderten Stärken aus. Dafür sorgte schon Franz Jacob. Damit hatten wir der SS manchen Grund genommen, uns in Organisationsfragen hereinzupfuschen, und wir konnten bei Eingreifen der SS den Nachweis führen, daß dadurch die Arbeitsleistung beeinträchtigt werde. Wie überhaupt eine gute Organisation eines der wichtigsten Mittel gegen den Terror war. Wir hielten uns die SS vom Leibe, wenn alles klappte. Wir machten uns bis zu einer gewissen Grenze unentbehrlich. Die SS erwartete aber mehr von uns, nämlich unsere Bereitschaft, als ihre Erfüllungsgehilfen zu funktionieren. Wir dagegen waren, gestützt auf das Vertrauen der Mehrheit der Häftlinge, willens, allen Anfechtungen und Zumutungen zu widerstehen und unseren schmalen Spielraum voll zugunsten der Gefangenen zu nutzen.

Die Häftlingsbelegschaft war durch die Entlassungen und Transporte in andere Lager so zusammengeschmolzen, daß manche Blocks nicht voll belegt waren und es auch leere Wohnbaracken gab. Manche Bekleidungsprobleme waren dadurch gelöst worden, daß die Entlassenen, die vorher ihre einigermaßen guten Sachen mit Kumpels auf ihrem Block tauschten, nun durchweg alte Klamotten auf der Kammer abgegeben hatten. Auch zusätzlich gekaufte Lebensmittel, Tabakwaren und Geld wurden Freunden und Bekannten zurückgelassen. Die Kommunisten hatten beschlossen, ihr ganzes Geld, bis auf Fahrgeld und ein kleines Zehrgeld, für die Solidaritätskasse zu spenden.

Damals kamen viele Briefe von Familien, die von den Entlassungen erfahren hatten: „Warum warst Du nicht dabei?" – „Wann kommst Du denn nach Haus?" Fragen über Fragen, die Unruhe brachten. Für viele von uns wurde das Leben schwerer. Jeder überlegte, wie er seiner Familie Mut machen könnte. Die SS-Vorschriften über den Briefwechsel machten das aber fast unmöglich.

Wenn wir nicht Gefangene wären, konnte man im Augenblick fast von einem ruhigen Leben sprechen. Das Essen war zwar kümmerlich, aber ausreichend. Die SS-Exzesse ließen nach. Die Sterblichkeit unter den Gefangenen sank. Im Mai 1939 starben 19, im Juni 11, im Juli 7 und im August 8 Gefangene.

Wir fanden auch die Ruhe, unsere personellen Entscheidungen vom April zu überdenken. Als ich 1. Lagerältester wurde, schlug Georg Schumann den Leipziger Kommunisten Werner Staake als 2. Lagerältesten vor. Das wurde vom Rapportführer akzeptiert. So waren alle wesentlichen Positionen in der Häftlingsschreibstube von politischen Häftlingen besetzt. Das versuchten wir selbst zu ändern, indem wir für den Arbeitseinsatz noch einen Grünen, den Berliner Otto Küsel, vorschlugen. Anstelle von Franz Bobzien, der nach einem Zusammenstoß mit der Lagerführung Blockältester geworden war, brachten wir den Grünen Jakob Groß, genannt Köbes, als 3. Lagerältesten ins Gespräch und bekamen beide durch. Aber auch noch einen ASO in die Häftlingsschreibstube aufzunehmen, lehnte der Rapportführer ab. Die neue Besetzung der Häftlingsschreibstube wurde von der Mehrheit der politischen Gefangenen mit Sympathie aufgenommen. Aber die Aufnahme von Grünen fand auch offene Kritik, der wir uns stellten. So ergab es sich, daß ein größerer Kreis in unsere Überlegungen einbezogen wurde über das, was für die Häftlingsschreibstube notwendig oder möglich war.

Einige Kumpels sahen in der Neubesetzung der Häftlingsschreibstube einen „roten Sieg" und äußerten das auch lautstark. An einem Samstagnachmittag bemerkte ich, wie sich vor dem Revier eine große Gruppe von Kumpels sammelte und sich langsam in Richtung Häftlingsschreibstube in Bewegung setzte. Der Haufen wurde immer größer. Mir schwante Unheil, und ich ging ihnen auf dem Appellplatz entgegen. „Was ist denn hier los?" Nach einigem Hin- und Herreden sagt endlich einer: „Wir wollen zur Schreibstube!"

– „Und was wollt ihr da?" – „Wir wollten euch hochleben lassen!" Mir platzt der Kragen. Direkt vor den Augen der SS wollen sie einen Erfolg der Kommunisten demonstrativ feiern. Mir sind bei der Auswahl meiner Argumente die Hände gebunden, da ich auch Spitzel unter der Menge vermuten muß. Heute abend noch wird die SS die Berichte über diese Demonstration haben. So warte ich den richtigen Augenblick ab, wo meine Anordnung, Schluß zu machen, befolgt wird. Mit den Hauptbeteiligten versuche ich in nachträglichen Gesprächen auf die Gefahr, die in solchen überflüssigen Demonstrationen liegt, aufmerksam zu machen. Es gab aber immer noch Kameraden, die nicht verwinden konnten, daß ich ihnen den Spaß verdorben hatte.

Der Vorfall war indessen auch Wasser auf die Mühlen derjenigen, die mit unserer Einsetzung ihre Felle fortschwimmen sahen: SS-Führer und die mit ihnen zusammenarbeitenden Häftlinge. Seit 1938 hatten durch die Massenzugänge Korruption, Erpressung und Gewalttätigkeit auch unter einer Reihe von Häftlingsfunktionären beträchtlich zugenommen. Die Nutznießer dieser Situation traten offen gegen Anordnungen der Schreibstube auf. Vor allem veranlaßten sie SS-Leute, mich unter Druck zu setzen, und taten überhaupt alles, um mich als völlig unfähig hinzustellen. Es hatte sich alles so zugespitzt, daß ich die erste Gelegenheit benutzen wollte, es auf eine Kraftprobe ankommen zu lassen.

Es fing alles ganz harmlos an. Im Lager hatten wir eine Katze, die sich so an mich gewöhnt hatte, daß sie mich morgens immer an der gleichen Stelle erwartete und mich auf meinem Rundgang begleitete. Sie ließ sich von mir streicheln und lief dann fort. Diese Katze war plötzlich verschwunden. Ich sprach die Blockältesten auf der morgendlichen Beratung auf die Katze an und verband damit die Bemerkung, daß ich jeden Hinweis als persönlichen Gefallen ansehen würde. Es kamen aber keine Hinweise, und die Katze blieb verschwunden. Als ich dann eines Morgens dem Geruch von Lorbeerblatt und Zwiebeln nachging, fand ich die Katze im Topf eines Blockältesten schmorend.

Ein Helfer des Blockältesten, den er heimlich im Block hielt, war mit dem Schmoren beschäftigt. Mein Ansehen als Lagerältester war noch nicht so gefestigt, daß ich diesen Blockältesten frontal angehen konnte, aber ich mußte ihn an einer empfindlichen Stelle seiner Autorität treffen. Ich sagte ihm, daß ich sein Verhalten als Vertrauensbruch ansehe, ihm aber die Chance lassen wolle, sein Verhalten zur Schreibstube zu ändern. Er solle seinen illegalen Helfer wieder zur Arbeit schicken. Er versprach mir das in die Hand, und ich erklärte die Sache für erledigt.

Am nächsten oder übernächsten Abend spricht mich ein Grüner aus diesem Block an. Er erzählt mir unter dem Siegel der Verschwiegenheit, daß der frühere SS-Führer und jetzige Blockälteste in einem Judenblock, Friedrich Weihe, bei seinem Blockältesten gewesen sei und ihn ermuntert habe, mir nicht nachzugeben. Weihe habe dem Blockältesten eine Schlipsnadel mit Perle mitgebracht, die er seinem SS-Blockführer geben solle, damit der ihm bei der Auseinandersetzung gegen mich beistehe.

Kurz bevor zur Nachtruhe geläutet wird, gehe ich in den Block. Der Tagesraum ist menschenleer; der Blockälteste hat alle Häftlinge in den Schlafraum verwiesen. Am Ofen steht noch derselbe Helfer und rührt in einer großen Pfanne Bratkartoffeln. Nun ist es nicht verboten, Bratkartoffeln zu machen; die Zutaten sind in der Kantine zu kaufen. Warum wurden aber alle Leute ins Bett geschickt? Ich vermute, es geht um Schnaps, um gestohlenes Fleisch oder um Kartenspiel. Ich rufe den Blockältesten heran. „Schick' ihn weg!" sage ich und zeige auf den Kartoffelbrater. „He! He!" macht der, aber der Blockälteste sagt: „Nu geh' schon!" Endlich macht er sich auf, provokatorisch umständlich und langsam, aber er geht. Ich erinnere den Blockältesten daran, daß sein Helfer sich ein Arbeitskommando suchen sollte. Ich pokere und sage, wie er sich wohl denken könne, hätte ich gerade den heutigen Abend ausgesucht, um ihn daran zu erinnern. (Wenn der wüßte, daß ich gar nichts wußte, würde ihm wohler sein.) Als er mir auseinandersetzen will, warum er seinen Helfer noch nicht abgelöst hatte, unterbreche ich ihn mit der Bemerkung, daß ich über diesen Fall nicht mehr diskutieren wolle. Spätestens übermorgen ist der Mann in einem anderen Kommando. Er kann sich das selbst aussuchen. Sie können auch die Gründe dafür selbst bestimmen. Ich würde über den Fall schweigen. Ich sei immer dafür, daß wir alle unsere Meinungsverschiedenheiten unter uns regeln. Ich hoffe, daß er genauso denke, da ich nicht annehmen wolle, daß er ein Zinker sei. Ich hielte ihn auch nicht für so verblendet, daß er daran denke, seinen Blockführer gegen mich in Anspruch zu nehmen, indem er ihn mit einem Brillantring oder einer Schlipsnadel mit Perle zu bestechen versuche. Im übrigen solle er sich nicht mit Leuten einlassen, die zuviel reden. Dann ging ich.

Am nächsten Morgen bei der Abgabe seines Blockberichts sagte er im Vorbeigehen: „Er rückt heute zur Arbeit aus." – „In Ordnung", antwortete ich. So war die Sache zwischen uns abgeschlossen, ohne ein weiteres Wort darüber zu verlieren, auch später nicht. Das war natürlich nur ein kleiner Erfolg auf einem Teilgebiet. So sahen wir das auch bei der Besprechung dieser Angelegenheit auf der Schreibstube. Wir wollten in dieser Richtung weitermachen. Natürlich konnten wir nicht verhindern, daß unter den Beteiligten und Eingeweihten über den Vorfall gesprochen wurde. Wir wollten das auch gar nicht verhindern. Nur ich sprach nicht darüber, nur in unserem engeren Kreis. Hier war allen deutlich geworden: Wir sind keine Zinker. Meinungsverschiedenheiten wurden unter uns geklärt, ohne die SS-Leute einzuschalten. Wir hatten durch unser Auftreten erreicht, daß die andere Seite glaubte, wir hätten den Lagerführer oder den Kommandanten hinter uns, während sie höchstens einige Block- und Kommandoführer gegen uns aufbieten konnten. In ihren Augen hatten wir einen solchen Einfluß im Verwaltungsapparat des Lagers, daß sie davon ausgingen, von der Zusammenarbeit mit uns abhängig zu sein. Es gab in der Tat für jeden unterschiedliche, aber gute Gründe, mit den Kommunisten zusammenzuarbeiten.

Ich war erst einige Tage Lagerältester, als ich einen Zusammenstoß mit dem Lagerführer, SS-Hauptsturmführer Walter Eisfeld (Spitzname „Eiskalt") hatte, der mit dem Sprengen des Appellplatzes zusammenhing. Der Appellplatz hatte eine Schlackendecke. Sie wurde durch die tausende nägelbeschlagener Schuhe der Gefangenen zu feinem Staub zerrieben. Wenn der Wind über den Appellplatz fegte, sahen wir wie Kohlenarbeiter aus. Je nach der Windrichtung wurde der Staub hin- und hergefegt. Bei Nordwind bekamen die SS-Leute die volle Ladung ins Gesicht. Die Lagerführung ordnete deshalb an, den Platz in der appellfreien Zeit zu sprengen. Die langen zusammengekoppelten Schläuche der Feuerwehr durften nicht auf dem Boden schleifen. So wurden sie auf den Schultern von Gefangenen getragen, die in kurzen Abständen hintereinander über den Appellplatz zogen. Dazu wurden Alte, Kranke und Körperschwache eingesetzt. Vorarbeiter dieses Kommandos war der katholische Pfarrer August Floßdorf, der nun ständig hin- und herlief, um die Leute zu veranlassen, den Schlauch doch auf den Schultern zu halten. Eines Tages stehe ich in der Schreibstube am Fenster, als Lagerführer Eisfeld ins Lager geht. Er bleibt bei dem Kommando stehen, dort, wo ein Stück des Schlauches den Boden berührt. Er sieht mich und spricht einen Gefangenen an, der sich dann zu mir in Bewegung setzt und sagt: „Ich soll dir vom Lagerführer ausrichten, du sollst darauf achten, daß die Schläuche besser geschont werden."

Ich bin sprachlos, sein Verhalten widersprach bisherigen Gepflogenheiten. Der Lagerführer steht in Hör- und Sichtweite zu mir. Ein Wink oder ein Anruf hätte genügt, mir diesen Auftrag selbst zu geben. So fängt das an und so wird das weitergehen, wenn ich mir diese Umgangsform gefallen lasse. Meine Grenzen in meinem Verhalten zur SS kenne ich. Jetzt ist die Gelegenheit, daß ich dem Lagerführer seine Grenzen in seinem Verhalten zum Lagerältesten klarmache. Ich laufe also voller Empörung los, ihm meine Meinung zu sagen. Als ich ihn erreiche, macht er kehrt. Ich hinterher, und da er keine Anstalten zeigt, mich anzuhören, rede ich ihn von hinten an: „Lagerführer, Sie haben mir eben durch einen anderen Häftling einen Auftrag ausrichten lassen. Ich möchte Sie bitten, mir Ihre Aufträge persönlich mitzuteilen." Er ist stehengeblieben und sieht mich betont amüsiert an. Da er nicht antwortet, rede ich weiter: „Lagerführer, wenn Sie meinen, ich sei nicht der richtige Mann als Lagerältester, bitte ich Sie um Ablösung." Er tritt ganz nahe an mich heran und sagt dann leise, aber offensichtlich selbst erregt: „Was ich zu tun habe, bestimme ich ganz allein, verstehen Sie?! Ich und kein anderer, und Sie schon gar nicht! Und Sie, Sie werden nicht abgelöst. Sie sind abgelöst, wenn Sie hier in einer Kiste herausgetragen werden. Haben Sie das verstanden?" Obwohl sich offensichtlich seine Erregung steigert, weil ich mich nicht zum obligaten „Jawohl!" aufschwingen kann, stehen wir uns stumm gegenüber, so nahe, daß wir uns fast berühren. Dann dreht er sich um und geht aus dem Häftlingslager.

Im Januar 1940 wird Eisfeld nach Dachau versetzt. Daß ich von ihm nicht weiter behelligt wurde, kann ich mir nur damit erklären, daß er mit anderen Dingen beschäftigt war und ich ihm in den Monaten, die er noch in Sachsenhausen blieb, nicht mehr begegnet bin.

Im März 1940 werden 1000 oder gar 1500 Gefangene nach Dachau geschickt. Ich bin bei der Abfertigung der Transporte im Bad beschäftigt, als atemlos einer mit der Meldung zu mir kommt: „Dicke Luft! Eiskalt ist da, er kommt hierher!" Ich lasse alles stehen und liegen, um schnell das Bad zu verlassen. Als ich die Tür aufstoßen will, wird sie schon aufgerissen. Wir stehen uns gegenüber: Eisfeld und ich, so nahe wie damals. Ich reiße die Mütze herunter und knalle die Hacken zusammen, drücke mich an die Wand, um Eisfeld und seinen Begleiter, den „Eisernen Gustav", vorbeizulassen. „Sie sind immer noch da?" Er scheint wirklich erstaunt zu sein. Dann dreht er sich zu Sorge hin und fragt: „Wie macht er sich denn?" „Och", sagt der, „ganz gut." Eisfeld wieder zu mir: „Wenn ich hiergeblieben wäre, wäre es für Sie anders gelaufen!" Was ich ihm ohne weiteres glaube.

Nach einem Bericht des damaligen Häftlingssanitäters Fritz Bringmann wurde unser Kamerad Lambert Horn im Mai 1939 mit einer Leukämie in den Krankenbau eingeliefert. Lambert hatte im Lager einen guten Namen. Nicht nur politische Häftlinge wußten, daß er 1938 mit anderen Genossen schwere Tage im Zellenbau hatte zubringen müssen. Er stammte aus Düsseldorf, war von Beruf Schlosser und vor 1933 als Abgeordneter der KPD in den Reichstag gewählt worden. Unsere Häftlingssanitäter, wie Ludwig Eisermann und Walter Mach, bemühten sich sehr um ihn, aber sein Zustand verschlimmerte sich ständig. Zu dieser Zeit war SS-Hauptsturmführer Ludwig Ehrsam Standortarzt und der junge SS-Hauptscharführer Dr. Stelling Lagerarzt. Als unsere Kameraden keinen Rat mehr wußten, baten sie Dr. Stelling, das Leben Lambert Horns zu retten. Und es geschah etwas Ungewöhnliches: Dr. Stelling stellte nicht nur seine ärztlichen Kenntnisse voll zur Verfügung, sondern besorgte auch die nötigen Medikamente, die in der Lagerapotheke nicht vorhanden waren, sowie Fachliteratur. Er machte regelmäßige Krankenbesuche und – was kein Lagerarzt vor ihm getan hatte – erschien selbst nachts am Krankenbett. Aber trotz aller Bemühungen konnte das Leben von Lambert Horn nicht erhalten werden. Er starb in der Nacht zum 2. Juni 1939 im Alter von 39 Jahren.

Die Nachricht von seinem Tod verbreitete sich wie ein Lauffeuer im Lager. Schon am Mittag hatten die politischen Häftlinge des Krankenbaus Lambert Horn mit reichem Blumenschmuck auf einer Trage zwischen zwei Türen in einem langen Flur von Revier I aufgebahrt. Die Kameraden nutzten die Mittagszeit, um in den Krankenbau zu kommen und Abschied von Lambert Horn zu nehmen. Es war ein seltener Anblick, als Hunderte Häftlinge an seiner Bahre vorbeidefilierten.

Einige kriminelle Häftlingsfunktionäre nahmen diese Trauerkundgebung zum Anlaß, um die starke Stellung der Politischen im Krankenbau zu untergraben, und machten Meldung bei Rapportführer Sorge. Bald nach der Mittagspause erschien Sorge im Krankenbau, begleitet von einigen SS-Blockführern. Er ließ die Häftlingspfleger antreten und forderte diejenigen, die diese Aufbahrung veranlaßt und durchgeführt hatten, auf, sich freiwillig zu melden. Zwei oder drei Kameraden traten vor, aber das war Sorge nicht genug. Er griff weitere Häftlingssanitäter heraus, die ihm nicht genehm waren. Die Kameraden Ludwig Eisermann, Ernst Saalwächter, Otto Gäde, Karl Gräfe, Emanuel Petri, Hein Meyn und Karl Heinz Ring ließ er ans Lagertor stellen. Sie wurden vernommen, einige von ihnen wurden in den Zellenbau eingewie-

Hängepfähle beim Zellenbau

sen. Ihre Strafen waren Pfahlhängen, Auspeitschen und anschließend eine mehrmonatige Unterbringung in der Strafkompanie.

Aber auch für SS-Hauptscharführer Dr. Stelling hatte sein Einsatz für Lambert Horn ein Nachspiel. SS-Hauptsturmführer Dr. Ehrsam ordnete eine Untersuchung gegen ihn an. Sie erstreckte sich nicht nur auf die Motive, warum er nachts zu dem kranken Häftling gegangen war, sondern wurde auch auf die Blumen für die Aufbahrung ausgedehnt, deren Beschaffung man ihm unterstellte. Stelling begründete seine Besuche mit seiner Pflicht als Arzt. Das machte aber auf Ehrsam keinerlei Eindruck, da ihm ärztliches Pflichtbewußtsein gegenüber Häftlingen vollkommen fremd war. Wenige Tage danach wurde Dr. Stelling als Lagerarzt abgelöst und mußte Sachsenhausen verlassen.

Für die gemaßregelten Häftlingssanitäter setzten die Lagerführer nun überwiegend BVer und ASOs im Revier ein. Der Krankenbau als eine wichtige

Stütze der Solidarität und des Widerstandes wurde dadurch merklich geschwächt.

26.
SS-Lagerführung und Häftlingsschreibstube

An der Spitze des Konzentrationslagers stand der Kommandant, ihm zur Seite der Lagerführer. Als ich Lagerältester wurde, waren das die schon erwähnten SS-Führer Baranowski und Eisfeld. Es gab einen zweiten Schutzhaftlagerführer, zeitweise auch einen dritten. Die meisten Lagerführer wurden schon nach wenigen Monaten wieder ausgewechselt, so daß es schwer war, sich auf sie einzustellen. Wenn der eine „hüh" sagte, kam der nächste und sagte „hott". Ich ging ihnen tunlichst aus dem Wege. Die einzige Möglichkeit, ihre einander widersprechenden Anordnungen zu unterlaufen, bestand darin, die Anweisungen der Schutzhaftlagerführer durch den Filter der Rapportführer an uns herankommen zu lassen, denn mit denen hatten wir ständig zu tun.

Es gab einen ersten und einen zweiten Rapportführer. Erster Rapportführer war SS-Hauptscharführer Hermann Campe. SS-Hauptscharführer Gustav

Hermann Baranowski (genannt „Vierkant"), Lagerkommandant in Sachsenhausen von 1938 bis 1939

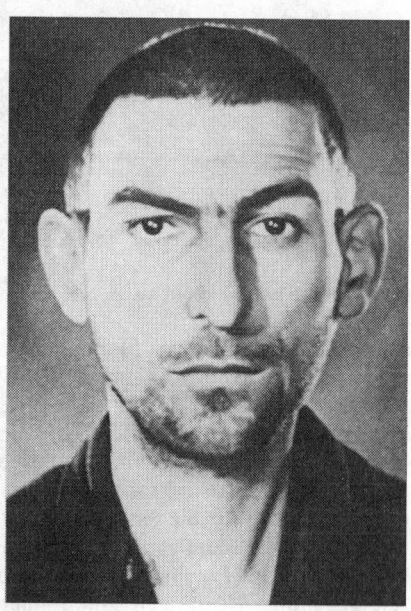

Gustav Sorge (der „eiserne Gustav"), SS-Rapportführer und Arbeitsdienstführer in Sachsenhausen 1938 bis 1942

Sorge tat lange Zeit Dienst als zweiter Rapportführer, sein Hauptamt war das des Arbeitsdienstführers. 1941 wurde er erster Rapportführer, 1942 übernahm er als Lagerführer das Sachsenhausener Außenkommando Berlin-Lichterfelde.

Der Rapportführer war Dienstvorgesetzter sämtlicher Blockführer und für den Einsatz der SS-Unterführer des Schutzhaftlagers verantwortlich. Bei den Zählappellen nahm er die Stärkemeldungen der Blockführer entgegen und stellte die tägliche Lager- und Verpflegungsstärke zusammen. Er hatte die Neuzugänge zu übernehmen, sie auf die einzelnen Blocks zu verteilen und in Verbindung mit dem Arbeitsdienstführer Transporte in andere Lager vorzubereiten sowie Verlegungen im Lager selbst vorzunehmen. Weiterhin hatte er die sogenannten Strafrapporte über Häftlinge und die Strafvollstreckungen vorzubereiten, weiter mußte er die wöchentlichen Strafvollzugsmeldungen erstellen, in denen die vollzogenen Strafen im einzelnen aufgeführt waren. Er hatte ferner die einzelnen Häftlingskarteien, insbesondere die Fahndungskartei zu überwachen, 14tägig einen Veränderungsrapport aufzustellen und mit dem Arbeitsdienstführer und dem Leiter der politischen Abteilung einen Monatsbericht über das Schutzhaftlager zu erstatten. Er bereitete auch die Akten für die Erstellung von „Führungsberichten" über die Häftlinge durch den Lagerführer vor. Ferner wertete er die Meldungen der von der Lagerführung in den Blocks und in den Arbeitskommandos eingesetzten Häftlingsspitzel sowie die entsprechenden Häftlingsakten aus und legte das Ergebnis dem Lagerführer vor. Er führte auch „Vernehmungen" durch, soweit es sich um sogenannte Lagervergehen handelte.

Der SS-Arbeitsdienstführer war dafür verantwortlich, daß die angeforderten Arbeitskräfte vollzählig und pünktlich zur Stelle waren. Ferner sorgte er dafür, daß die nötigen Fachkräfte den Kommandos zugeteilt wurden. Das heißt, das waren Tätigkeiten, die er dem Verantwortlichen Franz Jacob und den anderen Funktionären des Häftlingsarbeitsdienstes überließ. Der Arbeitsdienstführer hatte beim Wachbataillon die bewaffneten Posten für die Arbeitskommandos anzufordern. Er mußte weiterhin darauf achten, daß bestimmte Gefangene nicht zu jedem Arbeitskommando herangezogen wurden; Häftlinge, die in der Umgebung Sachsenhausens wohnten oder Verwandte dort hatten, durften nur in Arbeitskommandos innerhalb des Lagers arbeiten. Im Arbeitskommando für die „Inspektion der KL", der höchsten Verwaltungsstelle für die Konzentrationslager, durften keine politischen Gefangenen arbeiten, sondern nur Grüne und Bibelforscher. Der Arbeitsdienstführer hatte auch dafür zu sorgen, daß in jedem Arbeitskommando Spitzel eingesetzt waren, und daß sie ihre Berichte regelmäßig an ihn ablieferten. Er mußte auch Spitzel unterbringen, die mit besonderem Auftrag der Gestapo im Lager tätig waren, so im Häftlingskommando des Erkennungsdienstes, im Krankenbau, in den Häftlingskommandos, in Betrieben, in denen auch Zivilisten als Spezialarbeiter beschäftigt waren, um auch diese zu überwachen. Alle Strafmeldungen aus den Arbeitskommandos wurden dem Arbeitsdienstführer übergeben, der sie an den Lagerführer weitergab. Neben dem Rapportführer nahm auch der Arbeitsdienstführer an den Strafrapporten teil.

Für die Ordnung im Lager waren die Blockführer verantwortlich. Je nach der Belegungsstärke des Lagers hatte jeder SS-Blockführer zwei bis drei Häftlingsblocks unter seiner Aufsicht. Sie hatten völlig freie Hand, darüber zu verfügen, was sie für Ordnung hielten und welche Methoden sie zur Durchführung ihrer Anordnungen gegen die Gefangenen anwendeten. Sie mußten bei Dienstantritt eine Erklärung unterschreiben: „Ich verpflichte mich, keine eigenmächtigen Mißhandlungen an Häftlingen durchzuführen." Obwohl sie diese Erklärung in größeren Abständen wiederholt abgeben mußten, ließen sich die meisten SS-Blockführer dadurch nicht von Gewaltanwendungen abhalten.

In den vielen Jahren meiner KZ-Zeit habe ich nur zwei- oder dreimal erlebt, daß von den unzähligen Morden überhaupt einer von der SS-Führung überprüft wurde, und das passierte nur, weil ein „falscher" Gefangener umgebracht wurde, einer mit Beziehungen zu führenden Nazis oder – wie im Falle Dr. Weißler –, als eine ausländische Versicherungsgesellschaft eingriff. Das waren Fälle, in denen die Blockführer für die Lagerführung den Kopf hinhalten mußten.

Nach einem vom Rapportführer aufgestellten Plan wurden die Blockführer zum „Wach- und Bereitschaftsdienst" am Lagertor eingeteilt. Das war zunächst einmal der Blockführer vom Dienst. Er wurde von einem zweiten Blockführer unterstützt. Dieser wurde als „Hilfsdienst" bezeichnet. Sie kontrollierten und registrierten aus- und eingehende Häftlinge und führten Buch über die ausrückenden und zurückkehrenden Häftlingskommandos und Vorführungen zur Politischen Abteilung. Zwei bis drei Blockführer wurden zum Bereitschafts- und Lagerdienst eingeteilt. Sie brachten und holten Gefangene zum Zellenbau, wurden zur Vollstreckung der offiziell verhängten Lagerstrafen herangezogen, beteiligten sich an Mißhandlungen, die unter der Bezeichnung „Vernehmungen" liefen. Sie machten Jagd auf Gefangene, die aus irgendwelchen Gründen nicht zur Arbeit ausgerückt waren und sich nicht, wie es Vorschrift war, in der Toilette ihres Blocks aufhielten.

Die eigentlichen Herren des Häftlingslagers waren der 1. Rapportführer Campe, der 2. Rapportführer und Arbeitsdienstführer Sorge, „Eiserner Gustav" genannt. Wir Lagerältesten waren in den ersten Wochen ausschließlich Befehlsempfänger Campes und des „Eisernen", die mißtrauisch unser Tun beobachteten. Vor allem Campe achtete sehr darauf, daß alles haargenau nach seinen Anweisungen ging. Oft gaben die Rapportführer über die SS-Blockführer Anweisungen an die Blockältesten. Wir wurden so übergangen. Auch die Blockführer trafen Anordnungen, die in unserem Bereich lagen, ohne uns zu informieren. Ohne uns wurden Blockälteste eingesetzt, Verlegungen von Häftlingen vorgenommen, was die Cliquenbildung förderte. Was wir anordneten, wurde oft nur teilweise oder gar nicht durchgeführt oder durch Campe oder Sorge rückgängig gemacht. Es gab korrupte Blockälteste, die sich bei den Blockführern über uns beschwerten, daß wir sie daran hinderten, die „Disziplin" im Block aufrechtzuerhalten. So brachten zum Spitzeldienst bereite Häftlinge den „Eisernen" dazu, die offiziell gemeldeten und genehmigten Blockkassen zu kontrollieren, in erster Linie dort, wo Kommunisten Blockälteste waren.

Der frühere Rapport- und Arbeitsdienstführer, SS-Hauptscharführer Sorge, sagte im Prozeß Sorge-Schubert aus, die SS hätte fast 300 Spitzel unter den Gefangenen gehabt. Das seien etwa 200 V-Leute (Verbindungsleute), 30 bis 40 K-Leute (Kontrolleure, welche die Nachrichten der V-Leute nachprüften) gewesen. Daneben gab es noch besondere G-Leute, Spitzel, die von der Gestapo eingesetzt worden waren. Außerdem kam es immer wieder vor, daß einzelne Häftlinge von sich aus Meldungen bei der SS machten, sei es, daß sie aus Ärger oder Neid Kameraden anzuschwärzen versuchten oder das Wohlwollen von SS-Leuten erwerben wollten. Wir entlarvten sie oft selbst, und mancher dieser Denunzianten wurde dann von den Geschädigten zur Rechenschaft gezogen.

Berichte über politische Äußerungen wurden für die SS erst interessant, wenn sich daraus Rückschlüsse auf unsere Informationsquellen ergaben, Berichte über von uns ausgelöste Diskussionen oder solche, die Hinweise auf irgendwelche Gruppenbildungen brachten. Auch Informationen über das Verhalten einzelner Häftlingsfunktionäre waren das, was die SS von ihren Spitzeln erwartete. Für diese Tätigkeit köderten sie Gefangene, die über entsprechende Fähigkeiten verfügten, „brauchbare" Berichte zu liefern. In erster Linie waren das reaktionäre Elemente, die irgendeine Meinungsverschiedenheit mit der NSDAP gehabt hatten und jetzt im Lager beweisen wollten, daß sie keine Feinde der Nazis seien. In allen Häftlingskategorien fanden sich einzelne, die sich als Zuträger zur Verfügung stellten; sie erlagen dem Druck der SS oder hatten die Hoffnung verloren, das Ende der Nazizeit zu erleben. Es hat eine ganze Zeit gedauert, bis diese Elemente wirksam werden konnten. Erfolge konnten sie dort erringen, wo unsere Wachsamkeit nachließ, wo die Regeln strengster Konspiration nicht genügend gewahrt wurden. Eine weitere Gruppe, die Spitzelarbeit leistete, waren die von der Gestapo Angeworbenen, die als Häftlinge in Sachsenhausen eingeliefert wurden. Darunter gab es Leute, von deren Gestapotätigkeit wir erst aus Dokumenten nach 1945 erfuhren.

Eine besondere Rolle spielte der sogenannte „Erziehungssturm" aus bestraften oder sonstwie degradierten SS-Leuten, worauf ich schon eingegangen bin. In einem Bericht Rudi Wunderlichs heißt es, daß die Leute des „Erziehungssturms" sich mit wenigen Ausnahmen auf die Seite der korrupten Blockältesten stellten. Sie nutzten ihre Beziehungen zu den SS-Block- und Kommandoführern zu einer Hetzkampagne gegen politische Lagerfunktionäre. Sie erbaten sich Hilfe bei den SS-Führern gegen die Schreibstube, wenn bei den gemeinsamen Schiebungen etwas schiefgegangen war. Sie behaupteten, die Schreibstube bedrohe sie, weil sie SS-Leute seien. Sie hetzten Blockführer gegen Blockälteste auf, die auf seiten der Schreibstube standen. Die Häftlingsschreibstube und diejenigen, die hinter ihr standen, nannten sie die „Roten", „die Kommune", die „Bolschewiken". Dabei spielte es keine Rolle, welcher Häftlingskategorie die Betreffenden angehörten. Da wir die Rapportführer nicht für uns hatten, da wir wußten, daß Lagerführer Eisfeld gegen uns war, konnten wir es nicht auf eine offene Auseinandersetzung mit dem „Erziehungssturm" ankommen lassen.

Es hatte eine gewisse Wirkung, daß wir immer wieder unter Beweis stellten, kein Gegeneinander der Kategorien zu wollen. Das bezog sich anfangs nur auf die Mitarbeiter der Häftlingsschreibstube. Auf den Arbeitskommandos, in denen alle Kategorien zusammenkamen, gab es ständig Streitereien. Diese Auseinandersetzungen liefen leider meist darauf hinaus: Farbe gegen Farbe und nicht Sache gegen Sache.

Es brauchte seine Zeit, um die Grünen, mit denen wir als Blockälteste oder Vorarbeiter von Arbeitskommandos zusammenarbeiteten, zu überzeugen, daß es uns mit der Zusammenarbeit ernst war. Wir hatten große Mühe, Köbes, den grünen dritten Lagerältesten, davon zu überzeugen, daß er nicht als Vertreter der Grünen Lagerältester sei. Er sei für die Arbeit, die allen Gefangenen zugute kommen sollte, mitverantwortlich. Es gab aber auch Rückschläge, wenn er bei politischen Blockältesten auf Mißtrauen und Zurückhaltung traf.

Wir drei Lagerältesten, Werner Staake, Köbes und ich, ließen es zur Gewohnheit werden, einen gemeinsamen Gang durch das Lager zu machen. Dabei stießen wir immer auf Sachen, die in Ordnung gebracht werden konnten, bevor die SS darauf aufmerksam wurde. Das hat uns oft den Ruf eingetragen, Pedanten zu sein, vor allem Werner, der es meistens übernahm, Mißstände zu beseitigen. Wir erreichten aber damit, daß der SS Gründe oder Vorwände genommen wurden, gegen die Gefangenen Strafmaßnahmen oder Gewaltanwendungen durchzuführen. Wir suchten nacheinander die Blockältesten auf, besprachen ihre Schwierigkeiten und gaben Rat und Hilfe. Wir kritisierten sie und respektierten ihre Kritik. Wir übernahmen manche von ihren Vorschlägen. Aus diesen Begegnungen ergaben sich oft Gespräche unter vier Augen, auch über persönliche Fragen. Ohne diese Arbeit zu überschätzen, hat sie erst einmal zur Verbesserung des Klimas beigetragen.

Mit der Zeit ließen wir den einen oder anderen der Clique Friedrich Weihe-Hans Zerres bei unseren Besuchen aus; die gehörten nicht mehr dazu. Mit denen verkehrten wir nur „dienstlich". Inzwischen kamen aus allen Blocks Gefangene mit irgendwelchen Klagen, meistens über den Blockältesten, den Vorarbeiter oder den Stubendienst. Bald lernten wir zu unterscheiden, ob es um ernsthafte Beschwerden oder um Quertreibereien ging. Wir gingen allen Beschwerden nach und stellten ab, was abzustellen war. Wer zu uns kam, hatte unser – der drei Lagerältesten – Versprechen, daß wir Namen der Informanten niemals nennen würden. Sie blieben anonym und hatten keine Gegenmaßnahmen im Block oder auf ihrer Arbeitsstelle zu befürchten. Sie hatten aber auch keine Belohnung zu erwarten. Solche Berichte halfen, die Lebensumstände im Lager zu verbessern. Diese moralische Position unterschied unsere Informanten von den Spitzeln, die SS und Gestapo im Häftlingslager arbeiten ließen.

Als ich Lagerältester geworden war, veränderte sich mein Leben in Sachsenhausen in gewisser Hinsicht. Vorher war ich einer von vielen gewesen. Jetzt stand alles, was ich sagte oder tat, im Licht der Lageröffentlichkeit.

Seit Sommer 1939 konnte ich mich an unserer illegalen Schulungsarbeit aus Sicherheitsgründen nicht mehr in bisheriger Weise beteiligen. Schon wenn ich mit jemandem über den Appellplatz ging, wurde das im Lager registriert. Es fiel auch immer auf, mit wem ich sprach. Wenn ich irgendwo im Lager zu tun hatte, waren gleich so viele Häftlinge um mich herum, die etwas von mir wollten, daß es kaum möglich war, mit jemandem längere Zeit allein zu reden. Es fiel mir besonders schwer, auf die gemeinsame Bildungsarbeit verzichten zu müssen. Mit den Jahren hatten wir uns einige verbotene Bücher besorgt, vor allem marxistische Literatur, darunter das „Kommunistische Manifest", Marx' „Lohn, Preis und Profit" und Lenins „Der Imperialismus". Neben den illegalen Kursen im kleinen Kreis hatten wir uns bemüht, daß so viele Kameraden wie möglich die Entwicklung in Deutschland und in der Welt bewußt miterlebten. Unsere Diskussionen über die politische und wirtschaftliche Lage wurden so geführt, daß die SS uns keine Schwierigkeiten machen konnte. So weiß ich von jüdischen Genossen, daß sie sich abends auf dem Block mit den uns zugänglichen Zeitungs- und Rundfunkmeldungen auseinandersetzten. Vorher hatte Fritz Weimann, den ich schon aus Hamburg kannte, einen Tagesbericht gegeben, den er so geschickt formulierte, daß ein SS-Mann, der zufällig dazukäme, nicht gemerkt hätte, daß es hier um eine Information in unserem Sinn ging.

Unsere Schulungen waren zum Teil organisiert, d. h. ein bestimmtes Thema wurde durchgenommen, zum Teil ergaben sie sich spontan, wenn ein theoretisch qualifizierter Genosse von anderen Genossen nach etwas gefragt oder gebeten wurde, ein Problem darzulegen. Dann gab es Antwort und es entwickelte sich eine Diskussion. Wir informierten uns gegenseitig, welche Fragen aufgeworfen wurden. Es gab in den Vorkriegsjahren ein reges politisches Leben in Sachsenhausen. Das war sicher auch eine Form des Widerstandes. Aber wir haben es damals nicht so gesehen. Wir machten unsere Arbeit von früher eben weiter. Der Kampf gegen den Faschismus endete nicht am Lagertor.

Eine politische Leitung, wie wir sie vor 1933 und danach draußen in der Illegalität kannten, konnte es im KZ unter den Bedingungen ständiger Kontrolle durch die SS und ihre Spitzel nicht geben. Ich habe schon berichtet, wie wir im Lager neue Organisationsformen fanden. Bei der Bildung unserer illegalen Leitung hatte ich zunächst die Meinung vertreten, daß wir Lagerfunktionen und Zugehörigkeit zur illegalen Leitung nicht in einer Person vereinigen, sondern getrennt halten sollten. Ich lernte, daß meine Ansicht falsch war. Die Verbindung zwischen legaler Lagerfunktion und illegaler Leitung war schon entscheidend. Jetzt als Lagerältester sah ich das vollends ein. Für den Lagerältesten war es jedoch fast unmöglich, mit einem größeren Kreis von Genossen zusammenzukommen, um etwas zu beraten. Das ging vielleicht ein- oder zweimal im Jahr unter ganz besonderen Umständen. Aber eine Leitung muß ständig auf Draht sein und Kontakt zu allen Teilen des Lagers haben. Deshalb war es wichtig, geeignete Kameraden mit politischen Erfahrungen in die offiziellen Lagerfunktionen zu bringen. Die politische Arbeit konnte nur mit einer entsprechenden Übersicht, also in ständiger Verbindung mit bestimmten Schaltstellen, erfolgreich gesteuert werden.

Das Häftlingslager lag zu jeder Zeit wie auf einem Präsentierteller. Ringsum auf den Wachtürmen standen Tag und Nacht SS-Posten. Die Blockführerstube im Turmhaus befand sich zwar im Erdgeschoß, aber die Lagerführer, Rapportführer und andere SS-Leute saßen oben in ihren Schreibstuben, von wo aus sie das ganze Lager übersehen konnten. Wenn ich jetzt mit einigen bekannten Kameraden in einen Block ging, um etwas zu besprechen, mußten wir immer damit rechnen, daß in fünf Minuten ein SS-Mann da war. Als Lagerältester wurde ich aber ständig vor Situationen gestellt, in denen schnelle Entscheidungen getroffen werden mußten und ich Meinung und Rat der Genossen brauchte. Irgendwo fanden wir aber trotzdem zu gemeinsamer Beratung zusammen. Ich stimmte mich mit Georg Schumann, Franz Jacob und anderen Genossen ab, je nach Notwendigkeit zehn Minuten oder auch länger.

Schon vor einiger Zeit, als es hieß, unser Berliner Genosse Willi Guddorf solle entlassen werden, hatten er und Franz Jacob abgesprochen zu versuchen, miteinander eine politische Verbindung aufrechtzuerhalten. Über einen grünen Vorarbeiter vom Außenkommando Klinkerwerk, der ständig Kontakt zu Zivilarbeitern hatte, sollten Briefe zwischen einer Berliner Adresse (mit Verbindung zur illegalen KPD-Leitung) und uns ausgetauscht werden. Der Vorschlag kam von Willi, der auch die Anschrift angab. Auch Franz hielt diesen Vorarbeiter für sicher genug, eine solche Briefbestellung zu übernehmen. Nach Willi Guddorfs Entlassung im April klappte das. Als erstes bekamen wir eine umfangreiche Wirtschaftsanalyse des Jahres 1939. Anfang 1940 erhielten wir eine Stellungnahme der illegalen KPD zum Krieg. Es traf auch noch ein dritter Brief ein. Mit der Entlassung Franz Jacobs im September 1940 brach dieser Kontakt ab. Ich erinnere mich, daß uns dieser Briefwechsel bei den politischen Diskussionen im Lager sehr geholfen hat.

In diesem Zusammenhang muß festgehalten werden, daß fast alle mir bekannten Arbeiterfunktionäre, die bis 1939 oder Anfang der vierziger Jahre aus Sachsenhausen entlassen wurden, in ihren Heimatorten den antifaschistischen Kampf fortsetzten und zu den führenden Widerstandskämpfern während des zweiten Weltkrieges gehörten. Unter vielen anderen waren es Willi Guddorf, Martin Weise und Julius Leber in Berlin, Georg Schumann in Leipzig, Martin Schwantes in Magdeburg, Franz Jacob und Bernhard Bästlein in Hamburg und Berlin. Bernhard Bästlein schrieb Ende 1942 über die Faktoren, die ihn bestimmt hatten, erneut den Widerstandskampf zu organisieren: „Der erste Faktor war meine siebenjährige Haft von 1933 bis 1940 – davon vier Jahre in Konzentrationslagern – während der ich entsetzliche Dinge erlebt, gesehen und gehört habe. Diese Zeit hat mir jede Möglichkeit des Zweifelns in bezug auf meine weltanschauliche Einstellung genommen, denn meine Überzeugung, daß eine Gesellschaftsordnung, in der solche Dinge möglich sind, wie ich sie erlebte, beseitigt werden muß, wurde dadurch grundfest gemacht. Der zweite Faktor war der 1939 begonnene zweite Weltkrieg."

27.

Die letzten Monate vor dem Krieg

Vom April bis August 1939 treffen jeden Monat etwa 200 bis 300 Zugänge in Sachsenhausen ein, darunter viele aus den Zuchthäusern entlassene politische Gefangene. Es kommen aber auch Menschen, die den „falschen" Rundfunksender gehört und dessen Nachrichten weitererzählt haben, junge Leute, die sich der Hitler-Jugend entzogen, Jazz und Swing pflegten, langes Haar trugen, was im Nazireich verpönt war. Es gab manches Mal Tränen, wenn die jungen Burschen, die gar nichts mit Politik zu tun haben wollten, ihrer Lokkenpracht beraubt wurden. Manch einer der jungen Menschen, die unter der Bezeichnung „Swing-Boys" ins Lager kamen, fand Anschluß an den Widerstand.

Wir hörten von den Zugängen, daß draußen die Angst vor einem neuen Krieg groß war. Wir konnten natürlich nicht abschätzen, ob es nun wirklich eine Stimmung war, die größere Kreise erfaßt hatte. Unsere Fragen kreisten immer um das Thema: Wird das deutsche Volk alles hinnehmen, was ihm die Nazis vorsetzen? Wird es den Ausbruch eines Krieges nicht mit passivem oder aktivem Widerstand beantworten? Und immer wieder hören wir: „Wenn es soweit ist, werden die Deutschen marschieren, wohin die Nazis es ihnen befehlen."

In der Nähe des Konzentrationslagers Sachsenhausen liegen die Heinkelwerke. Stundenlang hören wir das Pfeifen und Heulen der Flugzeuge, die im Sturzflug erprobt werden. Wir stellen uns die Angst und das Grauen der Menschen vor, die dieses entsetzliche Geheul als letzte Empfindung ihres Lebens wahrnehmen werden, bevor die Bomben oder Maschinengewehrgarben sie zerreißen. Wir haben eine Vorstellung davon, daß der Krieg, den die Nazis wollen, der grausamste in der Weltgeschichte sein wird.

Wie immer haben wir auch im ersten Halbjahr 1939 die politischen Ereignisse verfolgt. Sie überschlagen sich. Am 22. März erzwingt Nazideutschland den deutsch-litauischen Staatsvertrag und besetzt am nächsten Tag das Memelgebiet. Am 23. März sichert sich Hitler das rumänische Öl; es wird ein deutsch-rumänisches Wirtschaftsabkommen verkündet. Die Entwicklung zum Krieg wird immer bedrohlicher. Wir hatten nun schon Jahre erlebt, wie der Westen duldete, daß Hitler ein Kriegspotential entwickelte und seine Vorbereitungen zum Krieg gegen die Sowjetunion traf, ohne daß ihm Halt geboten wurde. Als die Sowjetunion Mitte April bei Verhandlungen mit Großbritannien in Moskau ein britisch-französisch-sowjetisches Bündnis unter Einschluß Polens anbot, erschien uns dies als ein Auftakt, Hitler gemeinsam die Stirn zu bieten und den Krieg zu verhindern.

Im Sommer 1939 wird auf den Stirnwänden von Block 4 und 9 je eine große Holzplatte angebracht, auf der ein Ausspruch Himmlers zu lesen ist:

„Es gibt einen Weg zur Freiheit. Seine Meilensteine heißen: Gehorsam, Fleiß, Ehrlichkeit, Ordnung, Sauberkeit, Nüchternheit, Wahrhaftigkeit, Opfersinn und Liebe zum Vaterland."

Häftlinge vor Himmlers Spruch

Einige Tage später mußten wir einige Häftlinge zusammenholen. Sie erhielten die ersten, eben eingeführten blauweißgestreiften Sommeranzüge aus Drillich und die Anweisung, sich zum Fotografieren vor Block 9 aufzustellen. In den neuen KZ-Uniformen mit dem Rücken zur Kamera wurden sie dann so aufgenommen, daß der Himmler-Spruch mit aufs Bild kam. Die Nazipresse veröffentlichte das Foto, ich habe eins in einer Illustrierten gesehen. Im Frühjahr 1940 wurde die gesamte Inschrift auf die Stirnseiten der 18 Barakken des 1. Ringes aufgemalt. Das Wort „Liebe" stand ausgerechnet an der Stirnwand von Block 11, in welchem die Strafkompanie untergebracht war und die Mordlust der SS täglich Menschenopfer forderte. Die in den Himmlerschen „Meilensteinen" verborgene Heuchelei wurde nicht nur von den Gefangenen erkannt. SS-Leute wiesen die Zugänge auf den Spruch hin, zeigten auf den Schornstein des Krematoriums und sagten: „Es gibt einen Weg zur Freiheit, aber nur durch diesen Schornstein!"

Eines Morgens Ende August 1939 werde ich sofort nach dem Wecken gerufen: „Lagerältester zum Tor!" Von dort schickt man mich zum Büro des Rapportführers. Ich reiße die Tür auf und mache meine Meldung: „Schutzhäftling 384 zur Stelle." Die letzten Worte bleiben mir im Hals stecken. Ich sehe sämtliche diensthabende SS-Blockführer im Zimmer eng zusammengerückt stehen. Rapportführer Campe steht hinter seinem Schreibtisch. Alle

Stühle sind im Halbkreis in Richtung Tür zusammengestellt. Auf dem Schreibtisch und den Stühlen sind „Völkische Beobachter" ausgelegt. Die Fotos von Ribbentrop und Molotow springen mir ins Auge, und fettgedruckt das Wort „Nichtangriffspakt". Reichsaußenminister Ribbentrop ist in Moskau und hat mit Molotow den deutsch-sowjetischen Nichtangriffsvertrag unterschrieben. Ich kann mir das eine Minute ansehen, aber mir bleibt keine Zeit, mich zu sammeln. Campe fragt: „Na, was nun?" Ich sage nur: „Dann will ich man schnell runter und meine Koffer packen!" Dann stürze ich hinaus. Ich höre brüllendes Gelächter der SS-Leute und Schimpfworte. Auf der Treppe ruft mir ein SS-Mann nach: „Bilde dir bloß nichts ein – wir kriegen dich trotzdem."

Ich informiere die Häftlingsschreibstube und die wieder die Blockältesten und Vorarbeiter. Inzwischen kommen Kameraden, die bei der SS in der Kommandantur beschäftigt sind, für einen Augenblick ins Lager. Sie geben uns erste Informationen, wie die SS-Leute sich verhalten. Bei denen scheint die Meinung vorzuherrschen, alles für einen besonderen „Schachzug des Führers" zu halten; ein erster Kommentar lautete: „Wir werden an der polnisch-russischen Grenze nicht stehenbleiben!" Im allgemeinen sind die SS-Leute irgendwie verunsichert und halten sich zurück.

Wir treffen uns noch vor dem Morgenappell zu einem kurzen Gespräch. Es sind die Genossen Franz Jacob, Martin Schwantes, Max Lademann, Franz Bobzien und ich. Die Meinungen gehen erst einmal auseinander. Franz Jacob und ich sollen am Abend einen Bericht vorlegen. Damit sollen den Genossen im Lager Argumente für die Diskussion gegeben werden. Wir haben nicht viel Zeit, denn es wird zum Antreten gerufen. Während des Appells liegt spürbare Unruhe über den angetretenen Gefangenen. Anders als sonst, läßt die SS alles laufen, ohne irgendwo einzugreifen. Die SS-Leute stehen in Gruppen zusammen und debattieren miteinander, ohne sich um uns zu kümmern. Lange Zeit schon war im Lager die Meinung verbreitet, daß die Hitler-Regierung einen Krieg gegen die Sowjetunion beginnen werde. Wir rechneten damit, daß es dann zu einem Massaker der SS unter den Gefangenen käme. So war im Augenblick alles erleichtert. Sicher würde diese Stimmung nicht anhalten, und die sich aus dem Vertrag ergebenden Fragen werden von uns Antworten fordern.

Unter den Kommunisten hatte das Verhalten der Faschisten gegenüber der Sowjetunion von Anfang an zur Diskussion gestanden. Schon vor 1933 hatte der deutsche Imperialismus durch den Mund Hitlers als sein wichtigstes Ziel die Vernichtung des ersten sozialistischen Staates erklärt. Das Wohlwollen der anderen kapitalistischen Staaten schien ihm sicher. Alle Forderungen nach „Lebensraum", Rohstoffen und Märkten sollten durch die Eroberung des sowjetischen Riesenreiches ihre Erfüllung finden. Um dieses Ziel zu erreichen, mußte Deutschland kriegsbereit gemacht werden, ideologisch durch den Antikommunismus und die Verteufelung der Sowjetunion, ökonomisch durch militärische Hochrüstung und den Einsatz der gesamten Wirtschaft.

Die Annexion Österreichs und der ČSR hatte nicht nur die Verstärkung des wirtschaftlichen und militärischen Potentials gebracht, das Großdeutsche Reich war dadurch auch näher an die Sowjetunion herangerückt. Unter uns gab es nicht den geringsten Zweifel, daß die Hauptrichtung der aggressiven Politik des deutschen Imperialismus dem Osten Europas galt. Unter diesem Aspekt entschieden sich einflußreiche Kreise Englands und Frankreichs zur Politik des Appeasements, der Beschwichtigung des Aggressors. Der Krieg hätte verhindert werden können, wenn Hitler nicht durch das Zurückweichen der Westmächte zu immer neuen Forderungen ermuntert worden wäre.

Im Kriegsfalle hatte die Sowjetunion mit einem Zweifrontenkrieg gegen Hitlerdeutschland und Japan zu rechnen. Auf sich allein angewiesen, mußte sie alles tun, um Zeit für die Stärkung ihrer Verteidigungskraft zu gewinnen. Die Sowjetunion entschied sich unter diesen Umständen dafür, sich so lange wie möglich aus dem Krieg herauszuhalten, und schloß am 23. August 1939 den deutsch-sowjetischen Nichtangriffsvertrag.

Das waren Überlegungen und Argumente, die wir zur Debatte stellten, um der ersten Verwirrung entgegenzuwirken. Es wurde eine lange und bewegende Diskussion, die bis 1941 dauerte. Sie erhielt immer neuen Auftrieb, wenn Zugänge von Politischen aus den Zuchthäusern kamen, die in ihrer Abgeschlossenheit die Entwicklung nicht so verfolgen konnten wie wir. Einige vertraten die Auffassung, daß die Sowjetunion durch ihr Heraushalten aus dem Krieg eines Tages entscheidenden Einfluß auf die Gestaltung des Friedens gewinnen könnte. Andere wieder hielten den Vertrag für einen taktischen Zug der Sowjetunion, die Nazis in den Krieg hineinzumanövrieren, um im gegebenen Augenblick mit der Roten Armee einzugreifen. Dieser Auslegung traten wir entgegen, stand sie doch im schroffen Widerspruch zu unseren bisherigen Erkenntnissen. Die Nazis wollten den Krieg, dazu benötigten sie keine Ermunterung. Zum anderen: Die sowjetische Regierung hatte ihre Verträge immer buchstabengetreu erfüllt. Sie wird auch diesen Nichtangriffspakt einhalten. Die von uns aufgefangenen Moskausendungen betonten das ebenfalls. Weitgehende Übereinstimmung bestand unter uns in der Auffassung, daß die Hitlerregierung den Vertrag eines Tages brechen wird; nur über den Zeitpunkt gab es verschiedene Meinungen.

Die „Parolenfinder" betrieben ihr Geschäft mit „Nachrichten aus erster Quelle". Da sollen die Blockführer Anweisung erhalten haben, nicht mehr zu schlagen und überhaupt um ein besseres Verhältnis zu den politischen Häftlingen bemüht zu sein. Auch stünden große Entlassungen bevor. Die Wehrwürdigkeit solle allen, denen sie abgesprochen worden war, wieder zuerkannt werden. Wir traten diesen Nachrichtenhändlern entgegen, indem wir die schlimmsten unter ihnen öffentlich stellten und sie als Lügner entlarvten. Die Lagerverhältnisse verschlechterten sich bald so rapide, daß viele dieser Parolen von selbst ihr Ende fanden.

Wir waren von Anfang an bemüht, den Pakt als das einzuschätzen, was er war: ein Nichtangriffsvertrag zwischen den beiden Staaten, voraussichtlich ein zeitlich begrenztes Abkommen, das vom Naziregime gebrochen wird, wenn es die Zeit für den Krieg gegen die Sowjetunion für gekommen hält. Unsere Einstellung zum Nationalsozialismus wird von diesem Vertrag in keiner Weise berührt. Der deutsche Faschismus ist und bleibt der Feind, gegen den wir um unser Leben kämpfen.

28.
Haftverschärfung nach Kriegsbeginn

Am Freitag, dem 1. September 1939 müssen alle Gefangenen gegen 9.30 Uhr auf dem Appellplatz antreten. Die Außenkommandos rücken zum großen Teil wieder ein, um an dem Appell teilzunehmen. Die ungeheure Spannung, die auch den letzten Gefangenen erfaßt, schlägt um in Unruhe und Besorgnis, als uns über die Lautsprecher Hitlers im Reichstag gehaltene Rede entgegendröhnt und wir erfahren, daß die Wehrmacht Polen überfallen hat.

Während der gesamten Rede, die wir entblößten Hauptes anhören müssen, schleichen SS-Blockführer durch unsere Reihen. Sie achten auf stramme Haltung, auf absolute Aufmerksamkeit und versuchen, irgendwelche Bemerkungen der Häftlinge aufzuschnappen. In meiner Nähe streicht Rapportführer Sorge herum und bleibt plötzlich vor einem Gefangenen stehen. Es ist unser Bibliothekar, Karl Schirdewan. Da er die Augen geschlossen hält, merkt er gar nicht, daß der „Eiserne" vor ihm steht. Erst ein kräftiger Kinnhaken ruft ihn in die Wirklichkeit zurück. Sorge zischt ihn an: „Sie wagen es, bei einer Rede unseres Führers zu schlafen?" – „Ich habe nicht geschlafen, ich habe mich konzentriert. Zum Beweis kann ich Ihnen die ganze Rede wiederholen." Und Karl fängt an, Hitler zu zitieren. Die Wut Sorges steigert sich bis zu der Ankündigung, Karl Schirdewan in die Strafkompanie einzuweisen. Es hat Werner Staake und mich viel Mühe gekostet, den „Eisernen" von Repressalien gegen Karl abzubringen.

Am Nachmittag läßt Sorge mich kommen. Als zweiter Rapportführer gibt er mir Anweisungen, die die Lagerführung anläßlich des Krieges für die Häftlinge festgelegt hat. Zunächst aber funkelt er mich an: „Diesmal sind wir es, die den Krieg gewinnen. Ein zweiten 9. November 1918 wird es nicht geben. Auch hier wird alles anders: Wer nicht pariert, wird erschossen!"

Mit sofortiger Wirkung wird angeordnet: Alle, die innerhalb des Lagers arbeiten oder sich während der Arbeitszeit dort aufhalten, haben sich im Laufschritt zu bewegen. Die Lebensmittelrationen werden bedeutend gekürzt, das Angebot der Kantine wird verringert. Die Zugänge erhalten keine Lederschuhe mehr, sondern Holzpantoffeln, sogenannte „Holländer". Später sollen alle im Lager beschäftigten Häftlinge ihre Lederstiefel gegen Holzschuhe eintauschen. Die Strümpfe werden nach und nach durch Fußlappen ersetzt. Gefangene, die aus irgendeinem Grund nicht zur Arbeit ausrücken – Vorführungen, Arztmelder, Schonungskranke u. a. –, müssen den Tag in der Toilette ihres Blocks verbringen.

Das alles rasselt er in einem Zuge herunter. Dann folgt eine lange Pause. Erwartet er, daß ich um Einzelheiten feilsche? Ich überlege noch, ob ich nicht wenigstens über den völlig sinnlosen Laufschritt im Lager eine Bemerkung mache. Dann sagt er in einem anderen Tonfall: „Sagen Sie das ihren Leuten. Sorgen Sie dafür, daß wir keinen Ärger kriegen." Dann wieder drohend, warnend: „Sie haften mit ihrem Kopf dafür, daß alles klappt!" Mir liegt es schon auf der Zunge, ihm zu sagen, „wollen wir doch einmal die Dinge an uns rankommen lassen", behalte es aber doch für mich. So entsteht wieder eine Pause, bis der „Eiserne" sagt: „Sie können gehen!" Das übliche „Verstanden?" und das „Jawohl!" als exakte Antwort fehlen. Das merke ich aber erst später.

Was uns von einem Tag zum anderen am meisten trifft, ist die Kürzung unserer Lebensmittelrationen. Zum Mittag gibt es einen Liter Suppe, die immer dünner wird. An Fleisch-, Fett- und Gemüsezugaben wird gespart; beim Brot nimmt die Beigabe von Streckungsmitteln zu. Noch können Gefangene, die Geld haben, einige Lebensmittel und Tabakwaren in der Häftlingskantine bekommen, aber auch das wird spürbar weniger. Nach dem 1. September 1939 wird der Verkauf von Butter, Wurst, Kaffee und anderen hochwertigen Lebensmitteln eingestellt. Vor allem verteuert sich der Einkauf von Lebensmitteln durch Kopplungsverkäufe, die den größten Teil des Geldes der Gefangenen verschlingen. So mußten zum Beispiel große Mengen „Sudetenquell" gekauft werden, um ein Glas Marmelade oder etwas Tabak erwerben zu können. „Sudetenquell" war ein Mineralwasser, das von der „Sudetenquell GmbH", einem SS-Betrieb, vertrieben wurde.

Die Holzschuhe und auch die Holzpantoffeln machten anfangs den Gefangenen zu schaffen, weil sie auf dem Spann Entzündungen hervorriefen, die oft zu eiternden Wunden führten. Als Verbandsstoff gab es nur noch Papierbinden, und auch die reichten nicht aus. So liefen viele barfuß, die Holzpantinen in der Hand. Mit den Fußlappen, die sowieso unter diesen Umständen nicht zu gebrauchen waren, umwickelte man die Wunden oder zerriß sie zu Taschentüchern oder zu anderen Zwecken.

Der für den Lagerbereich angeordnete Laufschritt während der Arbeitszeit führte dazu, daß das Lager einen gespenstischen Eindruck machte. Es wirkte menschenleer, weil jeder bemüht war, den Block oder die Arbeitsstelle nur zu verlassen, wenn es durchaus nicht zu umgehen war. Gelegentlich wurde vorsichtig eine Tür geöffnet. Die Lage wurde gepeilt, ob die Luft rein war, ein Gefangener flitzte hinaus, um auf dem kürzesten Wege sein Ziel zu erreichen. Dann herrschte wieder Ruhe. SS-Blockführer machten Jagd auf Alte und Kranke, die einfach nicht in der Lage waren, Laufschritt zu machen und dafür Ohrfeigen und Fußtritte bekamen. Mancher wurde auch vom SS-Blockführer „ans Tor" geholt und mußte dann zur Strafe bis zum nächsten Appell – oft stundenlang – dort stehenbleiben.

Vom ersten Tag an versuchten wir, die Anordnungen der SS wenigstens erst einmal abzuschwächen. Da waren die Handwerker, die im Häftlingslager mit Reparatur- und Ausbesserungsarbeiten beschäftigt waren, vor allem Tischler, Schlosser, Klempner. Die mußten ihre Werkmeister dazu bewegen, den Rapportführer zu veranlassen, Gefangene, die Werkzeug oder Arbeitsmaterial trugen, vom Laufschritt zu befreien. Wo einmal eine Lockerung eingetreten war, ließ es sich einrichten, weitere Gruppen einzubeziehen. Wir mußten nur darauf achten, daß bestimmte Grenzen eingehalten wurden. Wenn ein SS-Mann in Sicht war, mußte gelaufen werden. Das heißt, daß wir immer wieder an die Wachsamkeit appellierten. Auch die Blockältesten und den von anderer Arbeit freigestellten Stubendienst mußten wir auffordern, ihre Wege im Laufschritt zu erledigen. Das waren immerhin über hundert Menschen, die so zwei- oder dreimal am Tage durch das Lager liefen. Das bewirkte eine Zeitlang, der SS den optischen Eindruck zu vermitteln, daß der Laufschrittbefehl befolgt wurde.

Nach Kriegsbeginn wurden immer wieder einzelne Gefangene zur Exekution nach Sachsenhausen gebracht. Das war eine streng geheime Sache, aber wir erfuhren manchmal einige Tage später durch entsprechende Meldungen im „Völkischen Beobachter" oder im „Angriff" davon. Unsere Nachforschungen ergaben, daß die im Industriehof, dem Werkstättengelände des Lagers, erfolgten Erschießungen mit dem lapidaren Vermerk „auf Befehl des Führers" oder des Reichsführers SS in den Akten geführt wurden. Es soll sich um Menschen gehandelt haben, bei denen das Belastungsmaterial für ein Todesurteil beim „Volksgerichtshof" nicht ausreichte. Der ehemalige SS-Lagerführer Höß schildert in seinen späteren Aufzeichnungen die erste Erschießung dieser Art in Sachsenhausen, die noch vor Kriegsbeginn unter seiner Leitung als Adjutant des Kommandanten Baranowski stattfand. Es han-

Ehemaliger Erschießungsgraben auf dem Industriehof

delte sich um die Exekution eines Österreichers – Höß nennt ihn einen Kommunisten –, der sich geweigert hatte, als Ausländer Rüstungsarbeit zu leisten. Er wurde von der Gestapo nach Berlin gebracht und am 8. Mai 1939 um 0.40 Uhr „auf Befehl erschossen". In seinem Bericht schreibt Höß: „Fast Tag für Tag mußte ich mit meinem Exekutionskommando antreten. Es handelte sich nicht um Kriegsdienstverweigerer und Saboteure. Den Grund, der zur Exekution führte, konnte man nur durch die begleitenden Gestapobeamten erfahren, denn auf dem Exekutionsbefehl war er nicht angegeben." Weiter nennt Höß Johann Heinen, einen Arbeiter aus den Junkerswerken in Dessau, der am 1. September 1939 in Sachsenhausen erschossen wurde.

Mitte September wird eine Exekution vorbereitet, die vor allen Häftlingen des Lagers vorgenommen werden soll. In aller Stille ließ die SS-Führung in der Zimmerei aus dicken Bohlen eine Doppelwand anfertigen, deren Zwischenraum mit Sandsäcken ausgefüllt wurde. Am 15. September 1939 wurde diese Wand auf dem Appellplatz zwischen der Schreibstube und der Effektenkammer aufgestellt.

Nach dem Abendappell, der diesmal in großer Eile abgewickelt wurde, mußten alle Gefangenen stehenbleiben. Aus dem Zellenbau wurde der an den Händen gefesselte Bibelforscher August Dickmann vorgeführt und vor die Wand gestellt. Der Kommandant verlas: „... ist auf Befehl des Reichsführers SS zu erschießen." Dann trat das Erschießungskommando vor die Wand und gab auf Kommando Feuer. August Dickmann brach zusammen. Auf einen Wink Baranowskis sprang sein Adjutant Hauptsturmführer Höß an den auf der Erde Liegenden heran, zog die Pistole und schoß ihm in den Kopf. Der Körper bäumte sich noch einmal auf, und dann war alles zu Ende. Bibelforscher, die in der Nähe der Hinrichtungsstelle angetreten waren, legten die Leiche in den bereitstehenden Sarg.

Rudi Grosse, der Schreiber der Häftlingsschreibstube, und ich waren in der Nähe des Lagertores stehengeblieben, wo während des Appells immer unser Platz war. Der Rapportführer hatte uns zwar zugewinkt, zur Erschießungswand zu kommen, aber wir blieben stur stehen. Ich habe alles aus großer Entfernung, über die ganze Länge des Appellplatzes hinweg, gesehen. Trotzdem konnte ich beobachten, wie Höß auf einen Wink Baranowskis bis zu dem Niedergeschossenen sprang, wie er mit weitausholender Bewegung seine Pistole zog, schoß, sie umständlich wieder einsteckte, den Rock geradezog und seine Meldung machte. Es war wohl das erste Mal, daß ich Höß bewußt wahrgenommen habe. Er war zwar schon seit August 1938 in Sachsenhausen, aber als Adjutanten hatten wir ihn kaum bemerkt. Daß Grosse und ich entgegen dem Wink des Rapportführers am Tor stehengelieben waren, hatte keine weiteren Folgen für uns. Am nächsten Tag fragte mich der Rapportführer so nebenbei: „Sie können wohl kein Blut sehen?" Ich schwieg.

Der Bruder des Erschossenen, Heinrich Dickmann, der auch als Bibelforscher in Sachsenhausen war, mußte mit den anderen Bibelforschern während der Exekution in unmittelbarer Nähe der Todeswand stehen. Im „Wachturm" vom 15. September 1972 schildert er die Exekution:

Im September 1939 wurde mein Bruder August zur Politischen Abteilung gerufen. Er hatte den festen Entschluß gefaßt, Jehova unter allen Umständen treu zu bleiben. Zwei weitere Zeugen, die auch vorgeladen worden waren, erzählten mir abends, daß mein Bruder geschlagen und mit Füßen getreten worden war, weil er den Wehrdienst verweigert hatte.
Am 15. September 1939 war vorzeitiger Arbeitsschluß. Der Lagerälteste, ein politischer Gefangener, erzählte mir, daß mein Bruder noch an diesem Tage erschossen würde. Nun mußten alle Gefangenen antreten, natürlich auch wir. Wir waren ungefähr 350 bis 400 Zeugen Jehovas. Als wir in das Hauptlager gebracht wurden, sahen wir dem Haupttor gegenüber einen Kugelfang mit ein paar Sandhaufen davor. Daneben stand eine schwarze Kiste. Die SS war mit Sturmhelmen und Maschinengewehren ausgerüstet.
Dann wurde mein Bruder mit gefesselten Händen vor den Kugelfang gebracht. Jetzt gab der Lagerkommandant durch den Lautsprecher folgendes bekannt: „Der Häftling August Dickmann aus Dinslaken, geboren am 7. Januar 1910, verweigert den Wehrdienst, weil er ein Bürger des Königreiches Gottes ist. Er sagt, ‚wer Menschenblut vergießt, dessen Blut soll wieder vergossen werden'. So hat er sich außerhalb der Volksgemeinschaft gestellt und wird auf Anordnung des Reichsführers SS Himmler erschossen."
Zu meinem Bruder gewandt schrie er: „Dreh' dich um, du Schwein!" Dann gab er den Schießbefehl. Den Blick zum Kugelfang gerichtet, wurde mein Bruder von drei SS-Unterführern erschossen. Nachdem er zusammengebrochen war, ging der Lagerführer, ein hoher SS-Offizier, hin und schoß ihm noch eine Kugel durch den Kopf. Jetzt wurden ihm die Handschellen abgenommen und wir, seine christlichen Brüder, legten ihn in die schwarze Kiste.

Die Erwartung der SS, uns mit der öffentlichen Vollstreckung ihres Mordbeschlusses einzuschüchtern oder gar zur Kapitulation zu bringen, war eine Fehlrechnung. Unser Mitgefühl mit dem Opfer und eine Stimmung, die ein Gefangener mir gegenüber noch auf dem Appellplatz zum Ausdruck brachte, beherrschten das Gros der Gefangenen: „Ein Punkt mehr für die Abrechnung." Die Bibelforscher wurden unter Druck gesetzt, jetzt ihre Bereitschaft zum Wehrdienst durch Unterschrift zu bekunden. Von den etwa 400 Bibelforschern waren rund 90 dazu bereit. Viele zogen ihre Unterschrift aber wieder zurück.

Wir waren in großer Sorge. Die Exekutionen deuteten darauf hin, daß durch die „günstige" Lage des Konzentrationslagers Sachsenhausen nahe der Reichshauptstadt Berlin diesem Lager eine weitere Funktion zugedacht sein konnte – die eines Hinrichtungslagers. Mußten wir nicht befürchten, daß die SS versucht sein würde, hierfür eines Tages unsere Hilfsdienste in Anspruch zu nehmen? Wir sprachen im kleinen Kreis darüber. Sicher, wir müssen alles erst an uns herankommen lassen, aber unsere Entscheidung kann nur ein eindeutiges Nein sein. Wir sind uns bewußt, daß die SS uns in eine Lage manövrieren kann, die uns mehr abverlangt, als wir verantworten können. So liegt die Bedeutung unseres Kreises auch darin, daß er über alles, was im Lager geschieht, informiert ist und gemeinsam nach Wegen und Auswegen sucht.

Seit Beginn des Krieges trafen fast täglich neue Schutzhaftgefangene in Sachsenhausen ein. Sie waren nach lange vorbereiteten Listen der Gestapo festgenommen worden. Wer vor 1933 einmal politisch oder kulturell engagiert oder irgendwie oppositionell eingestellt gewesen war, kam auf diese Liste: ehemalige Abgeordnete, Partei- und Gewerkschaftsfunktionäre, Kommunalpolitiker, Wissenschaftler, Journalisten, Schriftsteller, Schauspieler, Beamte. Viele von ihnen hatten längst ihren Frieden mit dem Hitlerregime gemacht; manche, die das, was ihnen als Naziverbrechen zu Ohren gekommen war, als „Greuelmärchen" abtaten, sahen sich hier im Lager völlig unvorbereitet dem nackten Terror ausgesetzt. Wer so naiv war, sich auf seinen Namen, seine Verbindungen, seinen Stand, seinen Status zu berufen, fand sich mißachtet, drangsaliert und oft zusammengeschlagen im Dreck des Appellplatzes wieder.

Im Verlaufe dieser Gestapoaktion kamen etwa 800 Zugänge nach Sachsenhausen, in immer größeren Gruppen. Auch bei den SS-Leuten hatte es sich herumgesprochen, daß es sich hier um „besondere Leute" handelte. Oft mußten die Zugänge stundenlang am Tor stehen. Es waren vorwiegend ältere Leute, viele waren krank. Wer nicht mehr stehen konnte, wurde mit Fußtritten wieder hochgebracht. Wer sich zum Austreten meldete, erhielt erst einmal Ohrfeigen. Wer äußerlich auffiel, sei es durch Körpergestalt, Kleidung oder seine Haltung, oder wer Brillenträger war, wurde von den SS-Leuten besonders aufs Korn genommen.

Unter den Zugängen befand sich Prof. Dr. Benedikt Schmittmann, 67 Jahre alt, früher Landtagsabgeordneter des Zentrums. Er war befreundet mit dem Reichstagsabgeordneten der Deutschen Zentrumspartei, dem päpstlichen Hausprälaten Ludwig Kaas. Schmittmann hatte in der Weimarer Zeit einen Plan zur föderalistischen Neugliederung des Deutschen Reiches mit dem Ziel einer Entmachtung Preußens entworfen. Er war Professor für Sozialpolitik an der Universität Köln und hatte 1933 von den Nazis Berufsverbot erhalten. Er fiel den SS-Leuten schon auf, als er seinen Titel nannte: „Professor". Hinzu kam noch seine gebeugte Körperhaltung, so daß die SS-Leute beim „Sport" immer wieder über ihn herfielen. Zwei Tage hielt er mühsam durch, am dritten Tag brach er zusammen. Zwei Häftlinge schleppten Schmittmann noch zu seinem Block.

Zum Appell mußten Häftlinge, die zwischen zwei Appellen erkrankt oder gestorben waren, auf dem linken Flügel des angetretenen Blocks zum Zählen auf die Erde gelegt werden. Der SS-Mann, der Schmittmann so gequält hatte, sah sein am Boden liegendes Opfer noch einmal an. Nach dem Appell wurde Schmittmann ins Revier getragen, wo aber nur noch sein Tod festgestellt werden konnte. Der zweite Rapportführer Sorge sagte später in seinem Prozeß aus, daß zwei Jahre nach dem Tod Professor Schmittmanns ein ausländischer Sender über dessen Schicksal berichtet habe. Er sei daraufhin zur Rückfrage zu einer höheren SS-Stelle bestellt worden. Bei dieser Gelegenheit habe er in der Zentralen Häftlingskartei der SS in den Akten des Dr. Schmittmann den Vermerk „Rückkehr unerwünscht" festgestellt.

Lothar Erdmann, 53 Jahre alt, bis zur Auflösung der Gewerkschaften Chefredakteur der Zeitschrift des Allgemeinen Deutschen Gewerkschaftsbundes (ADGB) „DIE ARBEIT", wurde am 1. September 1939 in seiner Berliner Wohnung verhaftet und nach einigen Tagen mit einer Gruppe von 40 Personen nach Sachsenhausen eingeliefert. Unter diesen Zugängen sind eine Reihe früherer Gewerkschaftsführer und SPD-Funktionäre, Walter Maschke, Erich Lübbe, Carl Vollmerhaus, Otto Passarge, Flatau und andere. Wie alle anderen Neuen mußte auch diese Gruppe am Lagertor stehen. Als ein SS-Mann den über 60 Jahre alten und kranken Gewerkschafter Flatau bei der Beantwortung der Frage nach dem Haftgrund schwer mißhandelte, wies Erdmann aufgebracht und erregt auf das Alter Flataus hin. Dafür bekam er einen Schlag ins Gesicht, auf den er empört reagierte: „Was, Sie schlagen mich? Ich bin preußischer Offizier im ersten Weltkrieg gewesen, und jetzt sind zwei Söhne an der Front." Der SS-Mann schlug weiter auf ihn ein und rief den anderen SS-Leuten zu: „Kommt mal her! Hier ist ein preußischer Offizier!" Dies hatte zur Folge, daß Erdmann beim „Sport" die besondere Zielscheibe der SS-Leute war. Er brach wiederholt zusammen. Als er mit einem scharfen Wasserstrahl wieder zum Bewußtsein gebracht wurde, hielt er die Hände vor sein Gesicht, um sich vor Schlägen zu schützen. Ein SS-Mann brüllte: „Was, du willst mich angreifen?" Erdmann wurde in den Zellenbau gebracht und mußte dort längere Zeit „am Pfahl" hängen. Er kam danach in seinen Block als völlig gebrochener Mann zurück. Unser Versuch, ihn im Krankenbau unterzubringen, scheiterte an der SS, die kontrollierte, ob der „Offizier", wie sie ihn nannten, noch am Leben sei. Am 18. September 1939 starb Erdmann. Als Todesursache hatte man „Herzkranzgefäßverkalkung" aus der Liste der Todesursachen herausgesucht.

Auch der frühere sozialdemokratische Reichstagsabgeordnete Michael Schnabrich aus Hersfeld kam mit der Septemberaktion der Gestapo nach Sachsenhausen. Er war korpulent, hatte aber alle Torturen, denen er als Zugang ausgesetzt war, überstanden. Bei einem Morgenappell stand er in der ersten Reihe seines Blocks. Als der SS-Blockführer beim Abzählen die Front abging, blieb er vor Michael Schnabrich stehen und rief: „Der hier, der ist schuld, daß ihr so schlecht aussehet. Der hat euch alles weggefressen!" Dann schlug er ihn zu Boden und trat ihn mit Füßen, bis er vor eigener Erschöpfung aufhörte. Nach dem Appell mußte Schnabrich ins Revier getragen werden. Der SS-Arzt lehnte es ab, ihn aufzunehmen. Obwohl der Zustand Schnabrichs sich verschlimmerte, so daß er zu jedem Appell getragen werden mußte, verweigerte der SS-Arzt wiederum seine Aufnahme. Am 9. Oktober 1939 starb Michael Schnabrich. Auch für ihn wurde „Herzkranzgefäßverkalkung" als Todesursache angegeben.

Ein anderer Fall soll hier geschildert werden, bei dem eine besondere Beziehung zwischen Täter und Opfer bestand: Die Ermordung des österreichischen Staatsanwalts Karl Tuppy am 15. November 1939. Staatsanwalt Tuppy hatte seinerzeit in Österreich die Anklage gegen die nationalsozialistischen Dollfuß-Mörder vertreten. Rudi Wunderlich berichtet, wie er ihn und andere Zugänge in die Politische Abteilung gebracht hatte. Tuppy wurde als letzter vorgeführt. Wunderlich mußte den Raum verlassen. Als er nach etwa

20 Minuten wieder hereingerufen wurde, lag Tuppy regungslos in einer Ecke, das Gesicht entstellt und blutverschmiert. Die SS-Führer hatten Blut an Händen und Uniformen. Wunderlich und ein anderer Häftling trugen den bewußtlosen Tuppy ins Häftlingslager und legten ihn weisungsgemäß am Tor auf die Erde. Sofort kamen andere SS-Leute, darunter Schubert und Sorge, und übergossen den Bewußtlosen mit Wasser. Nachdem er wieder zu sich gekommen war, drängten sich die SS-Leute um Tuppy, um ihn weiterhin zu mißhandeln. Dann wurde er an seine dritte Leidensstation weitergereicht; im Häftlingsbad warteten schon die Häftlinge des „Erziehungssturms", um über ihn herzufallen. Diese Leute, die nichts mit der Aufnahme von Zugängen zu tun hatten, waren eigens von der SS herangeholt worden, um sich an der Vernichtung des Staatsanwalts Tuppy zu beteiligen. Ich habe es beobachten können, wie sie sich an diesem wehrlosen, wie eine Puppe hin- und hergeworfenen Menschen vergingen. Tuppy wurde schließlich noch in den Krankenbau geschleppt, wo er dann verstarb. Auf der Sterbeurkunde, vom SS-Lagerarzt unterschrieben, stand als Todesursache: „schwerste Verkalkung der Herzkranzgefäße".

So ging es den ganzen Monat September 1939 hindurch. Kamen die Zugänge in die ihnen zugewiesenen Blocks, saßen sie erschöpft, unter Schmerzen, apathisch in irgendeiner Ecke, doch Ruhe fanden sie nicht.

Das ganze Lager lebte seit Kriegsbeginn unter völlig veränderten Umständen, mit denen alle erst fertig werden mußten. Die Baracken, besonders die politischen Blocks, waren mindestens doppelt so stark belegt wie bisher. Alle vorherigen Maßnahmen, die wir eingeführt hatten, um das Leben etwas erträglicher zu machen, mußten neu in Angriff genommen werden. In vielen Dingen mußten wir ganz von vorn anfangen. Tischgemeinschaften, Spindeinteilungen, Aufteilung der Blockfunktionen, kurz alles, was einen möglichst reibungslosen Ablauf garantierte, in dem jeder seinen Platz und seine Aufgaben kannte, war durcheinander gekommen. Das Leben wurde hektischer und lauter. Die rapide Kürzung unserer Lebensmittelrationen wirkte sich katastrophal aus. Der Hunger grassierte im Lager in bisher nicht gekanntem Ausmaß. Was an solidarischer Hilfe geleistet werden konnte, war nur in den dringendsten Fällen möglich.

Ende August 1939 ließ die SS-Lagerführung die Blocks 37, 38 und 39 im sogenannten „Neuen Lager" räumen. Die Luftschächte wurden mit Brettern vernagelt und mit Papier luftdicht verklebt. Dasselbe geschah mit den Fenstern und mit den Wänden. Die Fenster wurden von innen und außen weiß gestrichen. Drei Blockälteste und die Stubendienste hatte Rapportführer Campe selbst ausgesucht. Bevor Gefangene in diese Blocks gelegt wurden, erhielt die Häftlingsschreibstube strengstes Verbot, sich um diese Blocks zu kümmern.

Dann kamen große Transporte jüdischer Gefangener. Nach meiner Erinnerung waren es gut 1000 Zugänge. Sie wurden von der SS in die Baracken getrieben. Für jeden Block war nur der Schlafraum für jeweils 300 bis 400 Menschen freigegeben. Er war völlig leer, kein Bett, kein Tisch, kein Schrank und kein Schemel. Eng aneinandergedrängt mußten die Menschen in Kniebeuge oder im „Türkensitz" hocken. Blockführer und Blockälteste, die Komplizen der SS waren, fielen mit Schemelbeinen über die jüdischen Gefangenen her, prügelten sie durch den ganzen Block, zwangen sie, sich nebeneinander auf den Boden zu legen, und trampelten dann auf ihnen herum.

Da jeder Luftzug fehlte, waren die Schlafräume bald mit den menschlichen Ausdünstungen erfüllt, die sich an der Decke und an den Wänden ablagerten und als Schweißwasser herunterliefen. Die Mißhandlungen dauerten den ganzen Tag über an. Die kurzen Pausen waren nur ein angstvolles Warten auf neue Torturen. Wer zur Toilette mußte, kam erst nach mehrfachem Melden und langem Warten dazu und mußte immer unter Prügeln den Weg zurücklegen. So brachte nur die äußerste Not die Menschen dazu, sich zu melden. Viele urinierten einfach im Schlafraum auf den Fußboden, aus Angst vor Schlägen oder auch, weil niemand auf ihre Meldung reagierte. So war der Fußboden bald naß von Schweiß und Urin.

Es muß in den letzten Septembertagen gewesen sein. Unmittelbar nach dem Wecken ruft Rapportführer Campe mich an: „Was ist denn heute nacht bei den Juden losgewesen?" – „Ich bin noch nicht darüber informiert." Er unterbricht mich, bevor ich sagen kann, daß es mir verboten ist, mich um den Judenblock zu kümmern. Campe: „Ich schicke sofort einen Blockführer hin. Gehen Sie mal mit und berichten mir." Ich falle aus allen Wolken. Campe spricht normal mit mir und vor allem: ich, ein Häftling, soll mit einem SS-Mann gehen und einen eigenen Bericht machen. Ich schließe mich also dem SS-Oberscharführer Kaiser, der von Campe geschickt war, an. „Was war denn dort los?" fragt er mich. Da ich nichts weiß, sagt er, daß bei den Juden eine Gefangenenmeuterei gewesen sei und eine Meldung vom Wachbataillon vorliege. Das sei ein ganz „dicker Hund", weil diese Meldung nach oben weitergegangen sei. Campe sei ganz schön in Erregung.

In den Blocks ist alles ruhig. Wir sind offensichtlich angekündigt worden. Vor der einen Baracke liegen drei tote jüdische Häftlinge. Sie sind schrecklich zugerichtet. Der eine hat ein völlig zerstörtes Gesicht. Ein Auge ist auf der Wange hängengeblieben. Kaiser geht schnell daran vorbei. Ich muß mich zusammennehmen, um die Nerven zu behalten. Der Blockälteste, Wilhelm Hackert, ein demoralisierter Politischer, der durch seine Brutalitäten bereits gebrandmarkt ist, erzählt uns, daß die Juden angeblich den ganzen Tag „provoziert" hätten. Nachts hätten sie dann gegen die Wände geklopft und auf Nachfrage hätten – wie der Blockälteste sich ausdrückte – alle auf einmal zur Toilette gehen wollen. Als sie das dann regeln wollten, seien die Juden über sie hergefallen, und da hätten sie sich wehren müssen. Dabei seien die Juden aus der Baracke herausgelaufen und hätten laut geschrien. So sei der Führer des Wachkommandos alarmiert worden.

Mir ist es inzwischen gelungen, zwei oder drei jüdische Häftlinge zur Schilderung des wahren Sachverhalts zu bewegen. Danach waren in der Nacht SS-Leute gekommen und mit Schemelbeinen bewaffnet über sie hergefallen. In ihrer Angst seien einige von ihnen, laut um Hilfe rufend, aus der Baracke herausgelaufen. Die SS-Leute seien dann verschwunden, der Stubendienst habe die Häftlinge in den Block zurückgetrieben.

Ich bin nun in einer schwierigen Lage. Da liegen zwei Berichte vor. Der Bericht des Blockältesten wird dem Rapportführer von dem SS-Blockführer vorgetragen. Wenn ich den Bericht der jüdischen Gefangenen wiedergebe, muß ich die Namen der Zeugen nennen. Sie würden das nach bisheriger Praxis nicht überleben. Ich kann mich aber auch nicht auf eine falsche Berichterstattung festlegen lassen. Eine Gelegenheit, mich mit jemandem zu beraten, habe ich nicht mehr, denn ich werde schon im ganzen Lager gerufen: „Lagerältester zum Rapportführer!" Ich bin noch gar nicht richtig im Zimmer, da fragt Campe schon unwirsch: „Wo bleiben Sie denn? Was war denn nun los?" Spontan antworte ich erst einmal: „Die Blockältesten da waren überfordert." – „Was heißt das?" – „Ich meine, das hätten sie auch ohne Krach, intelligenter regeln können." Er zögert, will zu einer Antwort ansetzen, sagt dann aber plötzlich: „Ich habe jetzt keine Zeit mehr. Wir müssen zum Morgenappell." Ich bin schon an der Tür, da ruft er zurück: „Naujoks, kommen Sie mal! Nachdem ich wieder vor ihm stehe, sagt er: „Suchen Sie mal drei Blockälteste aus, die wir dahinschicken können." – „Ich werde sie Ihnen heute abend vorstellen." – „Ist nicht nötig. Machen Sie nur!" Ich kann noch schnell fragen: „Dürfte ich Sie darum bitten, sich die Baracken von drinnen anzusehen?" – „Was soll das nun wieder?" – „Ich fürchte, daß wir den Schwamm im Block kriegen." Er hört schon gar nicht mehr zu, blättert in seinen Papieren.

Nach dem Morgenappell geht Campe mit mir zu den Blocks der jüdischen Zugänge. Bei den drei Erschlagenen bleibt er stehen, bevor wir hineingehen. Nachdem der eine Schlafraum geräumt ist, sieht er sich die Wände an. Die Bretter haben sich zum Teil schon verzogen, und ein unheimlicher Gestank kommt uns entgegen. Meine Befürchtung, daß die nassen Wände Schwamm ansetzen könnten, hält er für übertrieben. Den Blockältesten ignoriert er. Den ganzen Weg, den wir bis zum Tor zurückgehen, sagt er kein Wort, nickt nur, als ich mich querstelle und die Hacken zusammenschlage, um zur Schreibstube zu gehen.

In den nächsten Tagen wird alles Vernagelte, Verklebte und Angemalte von den Baracken der jüdischen Häftlinge entfernt. Es werden Schlafsäcke auf die Fußböden der Schlafsäle gelegt. Die Sondermaßnahmen für diese drei Blocks werden aufgehoben.

Wir wissen nicht, was die SS mit diesen Sondermaßnahmen vorhatte. Wir vermuten, daß es sich hier um ein Experiment der Lagerführung handelt, und nicht vom Reichssicherheitshauptamt angeordnet worden war. Nicht weniger wichtig ist die Antwort auf die Frage, warum dieses Experiment auf Anhieb aufgegeben wurde. Drei tote jüdische Häftlinge können nicht der Anlaß gewesen sein. Wir hatten andere Exzesse der SS erlebt, bei denen die Zahl der Toten viel, viel höher lag, ohne daß etwas geändert wurde.

Ärger bereitete der SS-Lagerführung offenbar die Meldung des Führers der Wachtruppe über die nächtlichen Vorgänge. Die Meldung ging an die „Inspektion der Konzentrationslager" in Oranienburg, wenn nicht sogar an den Reichsführer SS. Da mußten Berichte geschrieben, Begründungen gegeben und auch mit einem Anpfiff oder mit schwerwiegenden Maßnahmen – je nachdem, wie die obere SS-Leitung in der gegebenen Situation die Vorgänge beurteilte – gerechnet werden, was dann alles bei einer Beförderung hinderlich sein konnte. Jedenfalls sah es in solchen Fällen so in den Köpfen der SS aus. Aber auch bei ähnlichen Begebenheiten hatte die SS nie so abrupt reagiert wie in diesem Falle.

Die Nazis glaubten, ihre Gefangenen in den Konzentrationslagern völlig von der Welt abgeschlossen zu haben. Wen sie einmal in ihren Fängen hatten, der war ihnen wehrlos auf Leben und Tod ausgeliefert. Jeder Hilferuf blieb ohne Widerhall. Die Mitgefangenen konnten nicht helfen, und die SS rührte es nicht. Als nun die Juden in ihrer Todesangst vor ihren Mördern ins Freie geflüchtet waren und zu Hunderten ihren Hilfeschrei in die Stille der Nacht hinausgeschrien hatten, durchbrachen sie damit die Abgeschlossenheit, auf die die SS gebaut hatte. Es war anzunehmen, daß diese Rufe weithin gehört wurden, wenn sie insgesamt auch ohne Wirkung blieben.

Jede Unsicherheit der SS bot uns aber auch Möglichkeiten, unsere Positionen im Lager zu festigen und zu verbessern. Die Block- und Stubenältesten für diese drei Bocks waren von der SS-Lagerführung eingesetzt worden, ohne die Häftlingsschreibstube vorher darüber zu informieren. Der BVer Hans Zerres hatte die Funktion eines Blockältesten in einem dieser Blocks übernommen und so alles unter Kontrolle gehalten. Ohne Zweifel führte das bei anderen grünen Blockältesten der Clique Weihe/Zerres zu einem Prestigegewinn und zu einem Autoritätsverlust der erst einige Monate tätigen Lagerältesten. Und das in einer Periode, in der das Lager durch die kriegsverschärften Anordnungen der SS-Führung und die vielen Zugänge vor organisatorische und politisch-moralische Schwierigkeiten gestellt war.

Die Fehlentscheidung mit den drei Sonderblocks für jüdische Gefangene veranlaßte offensichtlich die SS-Lagerführung, ihre Haltung uns gegenüber etwas abzuändern. Mochten wir ihnen auch noch so zuwider sein, da nur durch uns der Tages- und Arbeitsablauf geregelt werden konnte, waren sie in diesem Punkt weitgehend auf die politischen Häftlinge angewiesen. Mir wurde das klar, als Campe so wenig Interesse an meinem Bericht über die Vorgänge in diesen drei Blocks zeigte und mir ohne nähere Erklärungen den Auftrag erteilte, neue Blockälteste nach meinem Gutdünken einzusetzen. Wenn Campe uns jetzt etwas mehr Bewegungsfreiheit zugestand oder einräumen mußte, bedeutete das bei ihm zugleich, uns mit noch größerem Mißtrauen zu beobachten als bisher. Er hatte sich dazu durchgerungen, unsere Arbeit, d. h. in erster Linie einen organisationstechnisch geregelten Ablauf des Lagerlebens als Hilfsmittel für seinen Weg nach oben zu betrachten und sonst nichts.

Wir hatten drei neue Blockälteste ausgesucht, zwei Politische und einen Grünen. Als ich Campe fragte, ob ich sie ihm vorstellen solle, winkte er ab. Aber für den Stubendienst – also für den stellvertretenden Blockältesten – benannte er den BVer Willi Krankemann, der das auch bisher schon gewesen war. Krankemann, Zuhälter aus Leipzig, ein ungewöhnlich primitiver und gewalttätiger Kerl, gehörte zu den willfährigen Burschen aus der Clique Weihe/Zerres. Campe machte kein Hehl daraus, daß er dem von uns ausgesuchten Blockältesten seinen V-Mann vor die Nase setzte.

Die abgelösten Blockältesten bekamen die Empörung und Verachtung aus Kreisen der übrigen Gefangenen zu spüren. Vor allem dem Politischen Wilhelm Hackert wurde sein Verhalten in heftigen Worten von seinen früheren Freunden vorgehalten. Sein bester Kumpel, Wilhelm Marker, mit dem er viele Jahre im Lager zusammengearbeitet hatte, kündigte ihm mit dem Ausdruck tiefster Verachtung die Freundschaft auf. Hackert revanchierte sich, indem er Marker an die SS verriet. Marker kam am 5. Oktober 1939 in die Strafkompanie.

Mit dem Ende der strengen Isolierung der jüdischen Gefangenen bahnten sich nach und nach Kontakte zu den Häftlingen des großen Lagers an. Zwar war es jüdischen Gefangenen weiterhin verboten, andere Blocks zu betreten. Das war aber zu umgehen, indem für solche Zwecke Jacken ohne jüdische Markierung bereitgehalten wurden.

Ab Anfang Oktober 1939 rückten die arbeitsfähigen jüdischen Gefangenen zum Klinkerwerk aus. Die kranken und arbeitsunfähigen im Block und die jüdischen Häftlinge auf dem Klinkerwerk waren weiterhin den schwersten Mißhandlungen durch die SS und einige Vorarbeiter ausgesetzt. Die Häftlingsschreibstube und der Häftlingsarbeitsdienst konnten aufgrund ihres Einflusses manchen Vorarbeiter zur Zurückhaltung bei dem brutalen Vorgehen der SS veranlassen. Auch hatte es eine gewisse Wirkung, wenn die Blockältesten sich an den Prügeleien der SS in den Baracken nicht beteiligten.

Solange die Blocks isoliert gewesen waren, mußte der „Erziehungssturm" das Essen für die jüdischen Gefangenen holen. Die „Knochenmänner", wie die Leute vom „Erziehungssturm" ihrer Markierung wegen genannt wurden, lieferten aber nur einen Teil bei den jüdischen Häftlingen ab. Den anderen verschacherten sie heimlich gegen Geld- oder Sachwerte. Jetzt – nach Aufhebung der strengen Isolierung – holten die jüdischen Häftlinge ihr Essen selbst, und die neuen Blockältesten sorgten für gerechte Verteilung. Ebenfalls konnte medizinische Hilfe, wenn auch nur in Grenzen, organisiert werden. Die jüdischen Blocks näherten sich immer mehr den Lebensformen an, die im großen Lager gültig waren. Sie schufen sich einen eigenen Stubendienst und organisierten Solidaritätsmaßnahmen. Ein Kreis von politisch Aufgeschlossenen fügte sich nach und nach ein in die politische Arbeit im großen Lager und in den Widerstand gegen den Vernichtungsterror der SS.

Im September 1939 kamen etwa 200 Danziger, vorwiegend Zoll- und Bahnbeamte. Die meisten von ihnen wurden als BVer eingestuft und bekamen einen grünen Winkel. Wie sie erzählten, hätten sie bei den deutsch-polnischen Auseinandersetzungen über Zollfragen auf der polnischen Seite gestanden. Eines Tages gingen zwei dieser Danziger Zollbeamten auf Transport nach Berlin. Wir hatten uns noch mit ihnen unterhalten; wir hielten sie für höhere Beamte. Sie waren optimistisch und rechneten mit baldiger Entlassung. Nach einiger Zeit kamen sie zurück und standen am Tor. Als Werner und ich an ihnen vorbeigingen, baten sie uns, dafür zu sorgen, daß sie in ihren Block gehen könnten. Es sei in Berlin alles gut verlaufen und sie kämen bald frei. Sie hätten sogar beim Abschied Kaffee bekommen. Der eine von ihnen habe es abgelehnt, aber man habe ihn so bedrängt, daß er aus Höflichkeit etwas Kaffee getrunken habe. Der andere stand dabei und klagte über Übelkeit. Nachdem der Blockführer am Tor mir sagte, daß er die beiden ohne Anweisung des Rapportführers nicht in das Lager zum Umkleiden schicken könne, zogen wir ab. Wir wurden erst aufmerksam, als zwei Sanitäter aus dem Krankenbau kamen und den einen, inzwischen am Boden liegenden Danziger auf einer Trage ins Revier brachten. Den zweiten konnten wir jetzt zum Umkleiden bringen und dann in seinen Block, alles ohne Umstände. Er war sehr schweigsam geworden und sagte nur ein paarmal: „Die haben uns was in den Kaffee getan." Nach vielen Jahren stieß ich jetzt auf den Bericht eines Kameraden über Sachsenhausen, der leider nur mit seiner Häftlingsnummer gezeichnet ist. Es ist die Nummer 12983. In seinem Bericht heißt es:

Ein Tischgenosse von mir, ein polnischer Zollbeamter aus der Bromberger Gegend, wurde nach dem Polizeipräsidium zur Vernehmung geholt. In der Nacht nach seiner Rückkehr starb er einen fürchterlichen Erstickungstod. Er hat gewußt, daß sie ihn vergiftet hatten. Ich blieb die ganze Nacht über bei ihm, bis er in den Morgenstunden starb. Er hat mir Grüße an seine Frau und Kinder, außerdem Rache an seinen grausamen Mördern aufgetragen. Sein Tod hat in mir den größten Haß gegen die Gestapo hervorgerufen. Er hieß Arabscheilis.

Die ersten Spanienkämpfer trafen im Herbst 1939 in Sachsenhausen ein, deutsche und österreichische Kommunisten, Sozialdemokraten, parteilose Antifaschisten, die an der Seite der republikanischen Armee am Krieg gegen die Franco-Putschisten teilgenommen hatten. Größere Gruppen von Interbrigadisten kamen Anfang der vierziger Jahre ins Lager. Insgesamt müssen es weit über 100 Mann gewesen sein. Sie waren nach der Niederlage der republikanischen Truppen über die Pyrenäen in den Süden Frankreichs geflohen und dort in Massencamps interniert worden. Nachdem die Wehrmacht die französische Armee besiegt hatte, lieferte die Vichy-Regierung viele Spanienkämpfer an die Nazibehörden aus, die anderen wurden 1942 in den Massencamps verhaftet, als die Deutschen auch die Südzone Frankreichs besetzten. Die Gestapo übergab sie der Nazijustiz oder der SS in den Konzentrationslagern.

Die Interbrigadisten waren meist wochenlang in Güterzügen unterwegs gewesen und kamen halbverhungert in Sachsenhausen an. Viele schienen zuerst bedrückt und unsicher zu sein. Wie sollten sie uns verständlich machen, warum es zur Niederlage der demokratischen Kräfte Spaniens gekommen war? Sie hatten nicht erwartet, wie umfassend wir über den spanischen Bürgerkrieg informiert waren und mit welcher Hochachtung sie, die sich mit der Waffe dem in Europa vordringenden Faschismus entgegengestellt hatten, von uns empfangen wurden. Sie schilderten uns ihre Erfahrungen in den Internationalen Brigaden, aber auch den brutalen Einsatz der faschistischen Luftwaffe, die in der „Legion Condor" auf seiten der Franco-Putschisten gegen die spanische Zivilbevölkerung gewütet hatte. Ihre Berichte von den Kämpfen für die spanische Republik fanden starkes Interesse und wurden überall im Lager diskutiert. Diese im illegalen und bewaffneten Kampf gereiften Genossen wie zum Beispiel Emil Büge, Heinz Jordan, Franz Primus oder Herbert Tschäpe fügten sich schnell in unsere politische Arbeit in Sachsenhausen ein.

29.
Tschechische Studenten und andere Zugänge

Mitte November 1939 erhalte ich vom Rapportführer Campe den Auftrag, vier Baracken räumen zu lassen und für die Aufnahme von 1000 bis 1500 neuen Gefangenen fertig zu machen. Über ihre Herkunft kann ich von Campe nichts erfahren. Unwirsch weist er mich ab. Die Geheimhaltung durch die Lagerführung macht die Häftlingsschreibstube sofort hellhörig. Die verklebten Blocks für die jüdischen Häftlinge sind noch zu frisch in unserer Erinnerung. Dann erhalte ich von irgendwem den Hinweis, daß es sich um einen Transport tschechischer Studenten handelt.

Es ist das erstemal, daß eine so große geschlossene Gruppe von Ausländern ins Lager kommt. Wahrscheinlich kennen sie nicht einmal unsere Sprache. Wir müssen davon ausgehen, daß sie böse Erfahrungen mit der Wehrmacht, der SS und der Nazi-Bürokratie gemacht haben und auch uns deutsche Häftlinge als einen Teil des faschistischen Machtapparates ansehen werden. Wir können es uns nicht so einfach machen, uns vor sie hinzustellen und zu sagen, daß wir selbst Verfolgte und Antifaschisten sind. Was aber für uns noch wichtiger ist: Die ganze Art, wie die Lagerführung sich zu dem angekündigten Transport verhält, läßt uns Böses vermuten. In dem Prozeß gegen Sorge und Schubert im Jahre 1958/59 sagte der ehemalige Rapportführer Sorge aus: „Diese Studenten sollten zunächst einer Sonderbehandlung zugeführt werden."

Unsere Befürchtungen waren bestimmend bei der Auswahl der Blockältesten und der Stubendienste. Wir mußten die Gewähr dafür haben, daß sie jedem Druck der SS widerstehen, sich an Exzessen nicht beteiligen, sondern ihnen vorbeugend entgegenwirken würden. Es mußten Genossen sein mit viel Mut, Einfühlungsvermögen und einem festen Standpunkt. Wir sagten ihnen jede Hilfe zu, aber die letzte Entscheidung mußten sie allein treffen. Viele Stunden haben wir uns um die Mitarbeit der Genossen, die auch vom Vertrauen ihrer Ländergruppen getragen wurden, bemüht, bis sie sich bereit erklärten, diesen Auftrag zu übernehmen. Die notwendigen Arbeiten zur Aufnahme der Zugänge waren noch im Gange, als wir beim Abendappell Bescheid bekamen, daß der Transport am späten Abend zu erwarten sei. Wir holten uns einige besonnene und zuverlässige Blockälteste und andere Kumpels zu Hilfe, und zwar aus allen Häftlingskategorien. Wir warteten stundenlang. Die Kriegsmaßnahmen erlaubten nur eine Notbeleuchtung.

Endlich traf der Transport ein. Den Weg vom Bahnhof ins Lager mußten die 1200 Mann zu Fuß zurücklegen. Lange bevor das Lager erreicht war, hörten wir schon das Gebrüll der SS-Leute. Die Gefangenen wurden von der SS buchstäblich ins Lager hineingeprügelt. Wir hatten größte Mühe, die Kolonnen in der Dunkelheit zusammenzuhalten. Je unflätiger die SS schimpfte, um so zurückhaltender sprachen wir die jungen Menschen an. So gelang es uns verhältnismäßig schnell, etwas Ruhe in die Masse der verstörten und durch den langen Transport zermürbten Menschen zu bringen. Auch die SS-Lagerführung war offensichtlich bestrebt, die Aufnahmeprozeduren schnell abzuwickeln.

Wir erfuhren nun Näheres über diesen Transport. Am 28. Oktober 1939 hatten in Prag Studentendemonstrationen stattgefunden, wobei der Student Jan Opletal vom deutschen Sicherheitsdienst erschossen worden war. Die Beisetzung des Ermordeten fand am 15. November unter ungewöhnlich starker Beteiligung statt. Dabei kam es zu Zusammenstößen mit der Besatzungsmacht, Verhaftungen wurden vorgenommen, und weitere Studenten fanden den Tod. Am 17. November, um 4 Uhr nachts, wurden die Studentenheime in Prag und in Brünn umzingelt und die Studenten herausgetrieben. Der von Hitler eingesetzte „Reichsprotektor in Böhmen und Mähren", Konstantin von Neurath, gab eine Bekanntmachung heraus, in der es hieß, daß die tschechischen Hochschulen auf die Dauer von drei Jahren geschlossen, neue Täter erschossen und eine größere Anzahl der Beteiligten in Haft genommen seien. Der nächtliche Überfall von Gestapo und SS hatte nicht nur in Prag, sondern auch auf die Studentenheime in Brünn und Pribram stattgefunden, wo es noch keine Demonstrationen gegeben hatte. Bei dieser Aktion wurden nicht nur Studenten, sondern auch andere Bürger verhaftet. Die Studenten sagten uns, daß die Prager Ereignisse von den deutschen Okkupanten als Vorwand zur Ausschaltung der tschechischen Intelligenz ausgenutzt wurden.

Die Studenten kommen aus allen Gesellschaftsschichten des Landes. Ich hatte den Eindruck, daß der größte Teil von ihnen unpolitisch war. Kommunisten mögen etwa 20 unter ihnen gewesen sein, und das ist gut geschätzt. Sie sind natürlich voller Unruhe über ihr weiteres Schicksal. Was sie eng miteinander verbindet, ist ihr nationales Schicksal. Diese Zusammengehörigkeit läßt sie auch das Leben im Lager gestalten und ist von großer Bedeutung für ihr Überleben. Von nicht geringer Wichtigkeit sind für sie ihre Blockältesten und der Stubendienst. Es sind Menschen, die ihnen nicht nur Wege und Umwege zeigen, im Lager durchzukommen, sondern die auch durch ihre solidarische Haltung Vorbilder sind. Sie gewinnen bald das Vertrauen der jungen Tschechoslowaken. Dr. Bohdan Rossa aus Prag schrieb 1959 über diese Beziehungen:

... Aus den Baracken, in denen die tschechischen Studenten untergebracht waren, hörte man ständig erschütternde Schreie und das Wehklagen der gequälten Menschen. Überall begegnete man blutig geprügelten Männern. Die Stimmung war begreiflicherweise sehr bedrückt. Aber gerade in diesen schweren Stunden begegneten die Studenten zum erstenmal der hilfreichen Hand der deutschen politischen Häftlinge. Es war ein sonderbares Gefühl, in deutscher Sprache, in der man bis jetzt nur derbe Befehle gehört hatte, beruhigende und aufmunternde Worte zu vernehmen. Für die Studenten wurden als Blockälteste

oder *Stubenälteste erfahrene, bewährte, gute Antifaschisten wie Christian Mahler, Edgar Bennert, Fritz Meißner, Martin Schöler usw.* eingesetzt, die den jungen Tschechen nicht nur eine moralische Stütze waren, sondern auch die Rolle ihrer Beschützer im unbarmherzigen Lagerleben spielten.

Während der ersten Zeit im Lager wurden die Studenten nicht zur Arbeit eingesetzt. Sie mußten auf eine Entscheidung der Naziführung, was mit ihnen geschehen solle, warten. Stundenlang marschierten sie in unzulänglicher Bekleidung auf dem Appellplatz herum. Die SS-Leute halten sie bis zur Erschöpfung mit Hüpfen, Rollen usw. in Bewegung. Rudi Wunderlich ist in seiner Funktion als Läufer den ganzen Tag damit beschäftigt, Gruppen von Studenten zur Politischen Abteilung zu bringen und auch zurückzuführen. Die „erkennungsdienstliche Behandlung" mit Verhören, Fotografieren, Fingerabdrücken, Fragebogen ausfüllen usw. dauerte einige Wochen. Die tschechischen Kameraden Dr. Ivan Sekanina, Pavel Prokop und Alfred Wallnoch wurden dabei als Dolmetscher hinzugezogen.

Wie unser „Postmeister" Herbert Bergner, damals 3. Lagerschreiber und für Postangelegenheiten verantwortlich, berichtet, waren die tschechischen Studenten die ersten Häftlinge, die – seit 1940 – Pakete in Sachsenhausen empfangen durften. Ihre Angehörigen schickten u. a. größere Mengen von Vitamintabletten (in Bonbonform) mit, die die Studenten für den Krankenbau spendeten. Unsere Häftlingssanitäter verabreichten sie geschwächten Kameraden; die SS-Ärzte erfuhren davon nichts.

Unter den Zugängen im Winter 1939/40 waren auch eine Reihe Mitglieder des ZK der Tschechoslowakischen KP: Dr. Jaromir Dolansky, Jan Vodicka und später auch Antonin Zapotocky. Sie und andere tschechische Genossen wie Ivan Sekanina und Pavel Prokop fanden schnell Kontakt zu uns deutschen Kommunisten, was dazu beitrug, die ersten Monate in Sachsenhausen für alle etwas erträglicher zu machen. Die Diskussionen mit ihnen waren für uns eine Bereicherung und halfen auch allgemein, den Gedanken der internationalen Solidarität im Lager zu stärken.

Nachdem Ivan Sekanina gehört hatte, daß ich Kommunist aus Hamburg sei, sprach er mich eines Tages an und fragte, ob ich Ernst Thälmann gekannt habe. Über Ernst Thälmann erzählte ich ihm viel, vor allem, nachdem er mir anvertraute, daß er in der ČSR als Rechtsanwalt in der „Union für Recht und Freiheit" mitgearbeitet hatte. Diese Organisation sammelte Berichte über Verhaftungen und Folterungen im Nazireich sowie über Prozesse gegen Widerstandskämpfer. Sie veranstaltete Gegenprozesse, verbreitete Broschüren und Flugblätter und hatte sich besonders für Ernst Thälmann eingesetzt. Ivan hatte mit anderen namhaften Juristen Nazibehörden in Berlin aufgesucht. Sie organisierten Postkartenaktionen, Protestversammlungen und versorgten die internationale Presse mit Informationen. Er interessierte sich für alles, was ich ihm über Ernst Thälmann erzählen konnte, über seinen politischen Werdegang, seine Familie, seine Wohnung. Ich mußte ihm vorsprechen, wie Thälmann ungefähr redete: plattdeutsch und missingsch. Er versuchte dann, es nachzusprechen. Durch sein Wirken für die Freilassung Ernst Thälmanns war er menschlich so stark mit ihm verbunden, daß jede Episode, die mir so nach und nach einfiel, von ihm aufgenommen und notiert wurde.

Ivans politische Informationen halfen uns deutschen Genossen, bisherige Kenntnisse zu erweitern. Besonders wichtig war es aber für uns, daß wir mit ihm auch einen Mann hatten, der die Radiosendungen in russischer Sprache abhören konnte. Bis dahin waren wir auf die deutschsprachigen Sendungen Londons und Beromünsters angewiesen; jetzt konnten wir endlich auch Informationen von Radio Moskau auswerten. Durch Ivan erhielten wir einen größeren Spielraum, um unser in der Häftlingsbekleidungskammer versteckt eingebautes Radiogerät für unsere politische Arbeit im Lager zu nutzen.

Ende November kamen mit einem Transport 159 Polen aus Krakau. Während der Aufnahme dieser Zugänge erfuhren wir, daß es sich hier um Professoren der Jagiellonen-Universität aus Krakau handelte, eine der ältesten Universitäten des Landes. Die Professoren waren zum 6. November 1939 von der deutschen Besatzungsmacht aufgefordert worden, sich zu einem Vortrag SS-Obersturmbannführers Müller in der Universität einzufinden. Das Thema lautete: „Der deutsche Standpunkt in Sachen Wissenschaft und Universitäten". Guten Glaubens folgten die Akademiker dieser Aufforderung. Ihnen fielen aber die umfangreiche Absperrung und die vielen Lastwagen in den Nebenstraßen auf. Gegen 12 Uhr mittags wurde der Ring der SS um die Universität geschlossen. Zwei Professoren, die einen Augenblick später kamen, verlangten durchgelassen zu werden, was ihnen auch gestattet wurde. Sie mußten aber sofort die Wagen besteigen.

Im Hörsaal Nr. 66 erklärte inzwischen SS-Führer Müller den Anwesenden, sie seien verhaftet und würden in ein Konzentrationslager überführt, wo man ihnen den deutschen Standpunkt klarmachen würde. Die Professoren wurden völlig überrumpelt. Sie hatten die Universität nicht evakuiert, weil sie der Ansicht waren, daß ihrer wissenschaftlichen Arbeit aufgrund der Bestimmungen der Haager Konvention keinerlei Gefahr drohe. Mit dieser „Sonderaktion Krakau" hatten die deutschen Faschisten die Zermürbung und Dezimierung der polnischen Intelligenz eingeleitet.

Als ich das erste Mal bei den Professoren war, standen sie um mich herum und dachten, vom Lagerältesten auf alle Fragen eine Antwort zu bekommen. Sie waren noch voller Empörung, daß man sie, Wissenschaftler von internationalem Ruf, geschlagen und getreten hatte. Sie verstanden nicht, wie das im 20. Jahrhundert und in Mitteleuropa geschehen konnte und wollten von mir wissen, wie so eine Behandlung möglich war. Ich bemühte mich, ihnen zu erklären, daß sie sich hier in den Händen der deutschen Faschisten befänden, die die Polen wie alle anderen slawischen Völker als minderwertig und Untermenschen betrachteten und es besonders auf deren Intelligenz abgesehen hätten. Es sei schon der Überlegung wert, warum das alles über sie hereingebrochen war, aber jetzt gelte es erst mal, die Situation im Lager zu meistern. Es dauerte aber seine Zeit, bis sie ihre Weltfremdheit überwunden hatten. Hier halfen besonders die Kontakte zu den langjährigen politischen Häftlingen, auch manches Streitgespräch mit den tschechischen Kameraden.

Von den insgesamt 183 nach Sachsenhausen eingelieferten polnischen Pro-

Michal Siedlecki, geb. 8. 9. 1873 in Krakau, Zoologe, Professor an der Jagiellonen-Universität Krakau, am 11. Januar 1940 im KZ Sachsenhausen umgekommen

fessoren haben nur einige die KZ-Haft überlebt. Bis zum Februar 1940 waren von ihnen schon 13 gestorben, darunter der angesehene Zoologe Prof. Michal Siedlecki aus Krakau.

Im Herbst 1939 kamen etwa 250 junge Deutsche ins Lager. Sie wurden unter der Bezeichnung „Sonderabteilung Wehrmacht" (SAW) geführt und als geschlossene Gruppe in einem Block untergebracht. Es handelte sich um Soldaten der Wehrmacht, die nach vorangegangener Verwarnung wegen irgendwelcher Vergehen oder als politisch Verdächtige aus der Wehrmacht ausgestoßen und der Gestapo zur Einlieferung in ein Konzentrationslager übergeben worden waren. Nach Meinung ihrer Vorgesetzten galten sie als „unerziehbar", ihr Verbleiben bei der Truppe bedeute wegen ihrer gesamten Haltung und Gesinnung eine Gefahr für die anderen Soldaten. Nur wenige unter ihnen waren kriminell vorbelastet. Die meisten hatten sich dem militärischen Drill widersetzt. Nur einige standen in bewußter politischer Gegnerschaft zum Nationalsozialismus. Sie alle wurden von den SS-Bewachern hart drangsaliert, immer mit der Betonung, daß sie „Drückeberger" und „Feiglinge" seien, während ihre Kameraden an der Front kämpften. Diese SAW-Leute machten es sich auch darum besonders schwer, weil sie nur ein schwach entwickeltes Solidaritätsgefühl hatten. Jeder versuchte, auf eigene Faust durchzukommen. Jedoch gaben sich nach meiner Erinnerung nur wenige dazu her, V-Leute der SS zu werden.

Nach kurzer Zeit kam die ganze Gruppe der SAW-Leute in die „Isolierung", wo die Bibelforscher, die 175er und die Strafkompanie untergebracht waren. Die Lebens- und Arbeitsbedingungen, denen sie jetzt ausgesetzt waren, gestalteten sich so mörderisch, daß viele die KZ-Haft nicht überlebten. Einigen konnten wir mit großen Schwierigkeiten behilflich sein, sich einem Transport in ein anderes Lager anzuschließen. Als immer mehr SAW-Häftlinge eintrafen, wurden sie im „kleinen Lager" in Block 19 untergebracht.

Mein erstes Zusammentreffen mit den SAW-Leuten hatte ich am Heiligen Abend 1939. Nach dem Abendbrot war ich allein durch einige Blocks der BVer und der ASOs gegangen. In den politischen Blocks liefen durchweg kleine Veranstaltungen. Auch in den Baracken der anderen Häftlingsgruppen versuchte man, mit unterhaltenden Darbietungen über die trübe Stimmung hinwegzukommen. Der Hunger, der das Lager wie eine Epidemie beherrschte, bestimmte Tag und Nacht das Leben aller Häftlingsgruppen. Ein Lichtblick war die Aussicht, an den folgenden zwei Weihnachtstagen nicht zur Arbeit ausrücken zu müssen und von der SS verschont zu bleiben.

Der einzige Block, in dem Totenstille herrschte, war der Block der SAW-Leute. Alle saßen auf ihren Plätzen an den Tischen im Tagesraum, den Kopf auf den Tisch gelegt und vor sich hinsinnend, nur zwei bis drei Gruppen in leiser Unterhaltung. Die Spindtüren hinter ihrem Rücken waren weit geöffnet und mit selbstgemalten oder aus Zeitungen ausgeschnittenen Bildern und winzigen Portionen Tannenreisig ausgeschmückt. All das wirkte gespenstisch hinter diesem Vordergrund von Trübsinn. Der Blockälteste erzählte mir, daß sie so niedergeschlagen seien, weil er ihren Wunsch nicht erfüllt habe, ihnen das Brot, welches für die Morgenmahlzeit des ersten Weihnachtstages bestimmt war, schon heute abend zu geben. Die Blockältesten der Massenblocks hatten darum gebeten, die Brote erst am nächsten Morgen auszuteilen, weil bei deren Aufbewahrung für vier bis sechs Mann in einem offenen Schrank mit Diebstahl gerechnet werden mußte. So gab die Schreibstube die Anweisung, die Brote bis zum nächsten Morgen unter Verschluß zu halten. Meine Erklärung für unsere Gründe interessierte die SAW-Leute in keiner Weise. Als ich dann aber vorschlug, an diesem Abend und am nächsten Mor-

Meine genaue Anschrift:

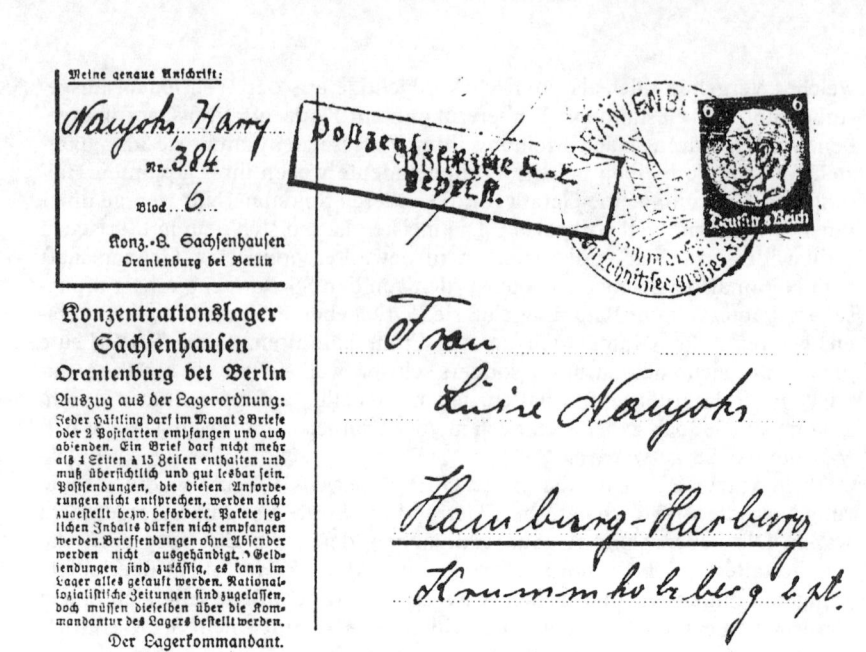

Nanjoks Harry
Nr. 384
Block 6
Konz.-L. Sachsenhausen
Oranienburg bei Berlin

Konzentrationslager Sachsenhausen
Oranienburg bei Berlin

Auszug aus der Lagerordnung:
Jeder Häftling darf im Monat 2 Briefe oder 2 Postkarten empfangen und auch absenden. Ein Brief darf nicht mehr als 4 Seiten à 15 Zeilen enthalten und muß übersichtlich und gut lesbar sein. Postsendungen, die diesen Anforderungen nicht entsprechen, werden nicht ausgestellt bezw. befördert. Pakete jeglichen Inhalts dürfen nicht empfangen werden. Briefsendungen ohne Absender werden nicht ausgehändigt. Geldsendungen sind zulässig, es kann im Lager alles gekauft werden. Nationalsozialistische Zeitungen sind zugelassen, doch müssen dieselben über die Kommandantur des Lagers bestellt werden.

Der Lagerkommandant.

Frau
Luise Nanjoks
Hamburg-Harburg
Krummholzberg 2 pt.

Sachsenhausen, den 3.12.39.

Meine Lieben!

Eure Karte vom 2.11. und die 5 Mark habe ich erhalten. Herzlichsten Dank dafür. Ich kann Euch mitteilen, daß der Empfang eines Weihnachtspaketes nicht gestattet ist. Wir werden in diesem Jahre so wieder einmal jedes Weihnachtspaket verhalten. Seid nicht traurig darüber. Es wird schon wieder werden. Herzlichste Grüße Euer Harry.

Postkarte an die Mutter, Dezember 1939

gen sich jeweils mit zwei Mann ein Brot zu teilen, gab es Zustimmung und freundliche Gesichter. Dieser Stimmungsumschwung angesichts eines kleinen Entgegenkommens ließ ahnen, was auf uns zukommen würde, denn wir standen am Beginn einer Hungerperiode, über deren Ausmaß noch niemand von uns eine Vorstellung haben konnte.

30.
Der erste Kriegswinter

Seit dem Überfall der Wehrmacht auf Polen hatte sich die Belegschaft des Lagers fast verdoppelt. Die Häftlinge, die Erfahrungen gesammelt hatten, um mit den Widrigkeiten des Lagers einigermaßen fertig zu werden und den Maßnahmen der SS zu begegnen, waren jetzt in der Minderheit.

Auch in dieser Zeit kamen immer noch eine Reihe politischer Gefangener, die ihre Strafzeit im Zuchthaus beendet hatten. Sie hatten vieles über Sachsenhausen gehört, neben all dem Schrecklichen auch manch Gutes: Über den Zusammenhalt der Politischen, ihre gemeinsamen Diskussionen, ihre Solidarität untereinander. Das alles bezog sich auf die Jahre vor Kriegsbeginn. Nun aber kamen sie in ein Lager Sachsenhausen, das ganz anders aussah. Es hielt keinem Vergleich mit den Verhältnissen stand, in denen sie bisher in festen Anstalten gelebt hatten, und es entsprach auch nicht den Vorstellungen nach dem bisher Gehörten. Die Überbelegung des Lagers, der Hunger, die Kälte, Regen und Schnee, denen die vielen Tausende völlig entkräftigter Gefangener ausgesetzt waren, hatten eine deprimierende Wirkung auf sie. Dennoch fanden die Kommunisten unter ihnen oft schon am ersten Tag Genossen, die sie seit Jahren kannten, mit denen sie in der Haft zusammen gewesen waren. Jetzt bekamen sie Anschluß an die Ländergruppen. Ländergruppen ergaben sich aus der Zusammenfassung der Kommunisten, die sich aus ihren Heimatgebieten – Hamburg, Berlin, Sachsen, Hessen usw. – kannten. So fanden sie hier Rat, oft auch eine bescheidene Unterstützung, und wurden Schritt für Schritt zur Mitarbeit herangezogen.

Mit Beginn des Winters gab die Häftlingsbekleidungskammer Unterjakken, Mäntel, Handschuhe und Ohrenschützer aus. Auf Befehl der Lagerführung mußten diese Sachen aber im Schrank bleiben; wer sie benutzte, wurde bestraft. Gefangene, die beim Bau beschäftigt waren, machten sich Zementtüten zurecht, die sie sich überzogen, um sich vor Kälte und Nässe zu schützen. Erwischten die SS-Leute einen Gefangenen dabei, schlugen sie ihn erst einmal zusammen und machten anschließend noch eine Meldung, die Prügelstrafe oder Arrest zur Folge hatte. So fanden die Gefangenen den Ausweg, die Zementtüte unter dem Hemd auf der nackten Haut zu tragen. Aber der Zementstaub, der an der Tüte haftete, rief Hautentzündungen hervor, die den Betroffenen schwer zu schaffen machten.

Es muß im November gewesen sein, als vor der Häftlingsküche ein Lastwagen, hoch mit Kartoffeln beladen, vorfuhr. Wir hatten eine Tagestemperatur von minus 12 Grad. Viel Schaden konnte diese Temperatur bei den Kartoffeln nicht mehr anrichten, weil sie sowieso schon erfroren waren. Als der Fahrer die Seitenwand des Wagens löste, kullerten die gefrorenen Kartoffeln auf den Fußboden. So kamen Lastwagen an Lastwagen, bis die Keller bis unter die Decke gefüllt waren. Aus Bohlen wurden Spundwände gezogen, die es ermöglichten, die Kartoffeln bis unter die Decke zu lagern. In den Spundwänden war oben zum Nachfüllen Platz gelassen worden, ebenso unten, um die Kartoffeln zur Verarbeitung in der Küche zu entnehmen. In den Kellern wurde es aber warm wie in überheizten Räumen, und so dauerte es nicht lange, bis die Kartoffeln zu gären begannen. Der Fußboden war mit einer stinkenden Brühe bedeckt, es roch schlimmer als in einem Schnapsfaß. Es wurden dann Holzroste angefertigt; aber obwohl die Gefangenen damit beschäftigt waren, die Flüssigkeit mit Eimern auszuschöpfen, schafften sie es nicht. So wurde erst ein Ziegelstein und später noch ein zweiter unter die Roste gelegt.

Anfangs konnten die erfrorenen Kartoffeln noch geschält werden, später war auch das nicht mehr möglich, und so wurden sie Stück für Stück gewaschen, faule Stellen herausgedrückt. Was dann übrig blieb, wurde noch in das Essen gegeben. Wir hätten nichts verloren, wenn die Steckrüben-, Kohl-, Mohrrüben- oder Fischsuppen ohne Kartoffeln gekocht worden wären, weil auch die Kohlrüben und Kohlköpfe genau so erfroren waren. Mit diesen Bestandteilen wurde buchstäblich jedes Essen zur stinkenden Brühe. Der Küchenchef, von uns angesprochen, berief sich darauf, daß er sich an den Küchenzettel halten müsse und Kartoffeln eben dazugehörten. So stieg jeden Mittag, wenn vor der Küche einige hundert Essenskessel zur Essensausgabe aufgestellt wurden, eine übelriechende Dunstwolke auf, die sich im Häftlingslager und im gesamten SS-Bereich niederschlug.

Die SS bekam natürlich einwandfreie Kartoffeln, die vor Einbruch der Kältewelle im Gärtnereibereich außerhalb des Häftlingslagers eingemietet worden waren. Wir aber mußten erst die Unmengen fauler Kartoffeln verbrauchen, bevor die eingemieteten für uns freigegeben wurden. Aber dann waren auch die bei dem harten, frostigen Winter nicht besser. Für das SS-Führerheim wurden nur extra ausgesuchte, stellenfreie Kartoffeln verwandt, die auch von besonderes ausgewählten Gefangenen geschält werden mußten. Sie hatten darauf zu achten, daß alle Kartoffeln in Größe und Form gleich waren, „mundgerecht" wurde das genannt. Die Kartoffeln mußten völlig glatt sein, durften keine „Augen" oder Spuren ausgestochener Augen zeigen. So wurden große Kartoffeln ausgesucht und so lange rundherum geschält, bis sie makellos waren. Hundert und mehr Pfund Kartoffeln wurden täglich geschält, um vierzig Pfund „mundgerechter Kartoffeln" für die SS-Führer zu liefern.

Jeden Mittag, wenn wir vor unseren Schüsseln mit der widerlich riechenden Suppe saßen, standen wir vor der Frage, ob wir nicht darauf verzichten sollten. Verzichten konnte aber nur, wer noch andere Möglichkeiten hatte, und so trieb uns der Hunger, wenigstens die festen Stückchen Kohl oder Rüben herauszusuchen und herunterzuwürgen. Für den Rest fanden sich vor den Blocks noch Dutzende sogenannter „Muselmänner" als Abnehmer, so wurden die nur noch vegetierenden, seelisch und körperlich heruntergekommenen Häftlinge genannt.

Die Gefangenen, die im Freien arbeiteten und draußen auch trotz großer Kälte ihr Mittagessen bekamen, verschlangen es in größter Eile, weil es schon nach kurzer Zeit in den Schüsseln total kalt oder gar zu Eis gefroren war. Damit war es dann leichter, den Ekel zu überwinden. Das Fleisch, soweit für den jeweiligen Tag überhaupt vorgesehen, stammte oft von notgeschlachteten Tieren; es kam aus den front- und aus bombengeschädigten Gebieten. Eine Zeitlang bekamen wir anstatt Fleisch Wagenladungen voller Rinderschädel.

Ab November 1939 erhielten wir als Tagesration 350 Gramm Brot. Aus einem Brot, das 1500 Gramm wog, wurde in der Mitte eine Scheibe von 100 Gramm herausgeschnitten und das Brot dann in vier Portionen geteilt. Die Empfänger der 31 halben Scheiben wechselten täglich. Als Beilagen gab es je 25 Gramm Margarine oder 25 Gramm Blut- oder Leberwurst; Sülze, Magerkäse oder Magerquark gab es 50 Gramm. Wenn es morgens anstatt der Morgensuppe einen Becher Ersatzkaffee gab, bekam man zugleich einen Eßlöffel Steckrübenmarmelade dazu.

Nach der Besetzung Dänemarks bekamen wir eine Zeit lang 25 Gramm Speck pro Häftling. Der Verpflegungschef der SS-Kommandantur nahm aber wiederholt die Gelegenheit wahr, den Speck in der Häftlingsküche abzuholen und ihn gegen Sülze auszutauschen, und zwar im Verhältnis 1 zu 1. Das Abzweigen von Lebensmitteln für die SS war übrigens gang und gäbe; bei Brot, Margarine, Fleisch besonders dann, wenn die SS-Küche ein Manko in ihren Verpflegungsbeständen hatte.

Unsere Suppen wurden noch dünner. Oft war das aufbewahrte Stück Brot das einzige, was wir am Morgen zu essen hatten. Es gab Blockälteste, die im Einverständnis mit der Blockbelegschaft die Brotportionen teilten und die eine Hälfte am Abend und die andere am Morgen ausgaben. Die Schreibstube unterstützte das, vor allem aus gesundheitlichen Erwägungen, aber auch, um dem Brotdiebstahl vorzubeugen. Jetzt, wo sich fünf oder gar sechs Mann einen Spind teilen mußten, war es nicht mehr möglich, Brot darin liegenzulassen, ohne zu riskieren, daß es gestohlen wurde. Mancher trug deshalb auch nachts sein Brot bei sich. Wir lehnten es ab, Brotdiebe an die SS-Lagerführung zu melden. Es brauchte aber seine Zeit, diesen Standpunkt durchzusetzen. Viele Blockälteste hatten zu harter Selbsthilfe gegriffen. Es gab Blocks, in denen erwischte Brotdiebe erbarmungslos verprügelt wurden. In anderen bekamen sie ein Schild umgehängt „Ich bin ein Brotdieb" und mußten damit auf einem Schemel im Tagesraum stehen. Wieder andere Blockälteste verweigerten Brotdieben den Aufenthalt im Tagesraum. All das aber waren Maßnahmen, die nicht von uns gebilligt werden konnten, weil man sie der SS abgeguckt hatte: Die Prügel, der Schandpfahl, die Ausstoßung aus der Gemeinschaft. Die Hungerkatastrophe war doch eine Sache, die die SS angerichtet hatte, für die die SS auch verantwortlich war. Sie sollte nun nicht auch noch den Triumph haben, uns auseinander und gegeneinanderzubringen.

Alles deutete darauf hin, daß dieser Winter große Opfer fordern würde. Unsere Hilfe konnte nur ein Tropfen auf den heißen Stein sein. Wir bemühten uns aber mit allen Kräften, der Demoralisierung und der Brutalität entgegenzutreten. Vor allem versuchten wir, zusammen mit den Blockältesten, einen wirksamen Schutz vor Brotdieben zustande zu bringen. So veranlaßten wir die Aufstellung einer Nachtwache im Tagesraum. Wer zum Austreten ging, durfte dann nur den geraden Weg zu den Toiletten benutzen und bekam ein strenges Verbot, in der Nacht an den Spind zu gehen. Zwar konnten wir damit die Brotdiebstähle eindämmen, sie ganz zu verhindern, war aber nicht möglich.

Zum Hunger kam die Kälte. Viele Gefangene hatten nicht mehr die Kraft, zur Arbeit auszurücken. Die fürchterliche Kälte beschleunigte den rapiden körperlichen Verfall. Die Menschen schlichen völlig apathisch, nur vom Hunger getrieben, durch das Lager, immer nach irgend etwas Eßbarem Ausschau haltend. Sie durchsuchten die Küchenabfälle. Kartoffel- und Gemüseabfälle, obwohl oft hart gefroren, wurden auf der Stelle verschlungen. Jede Gelegenheit, eine Mohrrübe oder ein Stück Steckrübe zu stehlen, wurde genutzt, das Ergatterte sofort aufgegessen.

Krankheiten, vor allem Magen- und Darmkrankheiten, nahmen in diesem Winter rapide zu. Der Vorarbeiter der Ambulanz, Ewald Wand, berichtete, daß sich täglich 80 bis 150 Gefangene krank meldeten. Es wird ein Sonderblock für die Dysenteriekranken eingerichtet, der aber nach wenigen Tagen schon überfüllt ist. Die SS-Lagerführung ordnet an, daß sich nur zwanzig Gefangene pro Tag zum Arzt melden dürfen. Sie müssen sich vor der Häftlingsschreibstube aufstellen und durch die Vorkontrolle eines SS-Mannes gehen. Das heißt, der sieht sie an, läßt sich sagen, was jedem fehlt und entscheidet dann, ob jemand krank ist oder nicht. Von den zwanzig bleiben dann nur wenige übrig, die zum Revier geschickt werden. Vielfach müssen die Kranken förmlich in den Krankenbau geschleppt werden.

Eines Tages kommen vier polnische Professoren zur Schreibstube. Sie haben einen kranken Professor, eingehüllt in eine Decke, zum Revier getragen. Dort hat man den Kranken aber nicht aufgenommen. Jetzt wollen sie von uns eine Entscheidung für seine Aufnahme. Ich versuche ihnen klarzumachen, daß wir dabei nichts tun können, gehe aber schließlich doch mit ihnen zum Krankenbau. Die Ambulanz ist voller Kranker. Der Professor liegt in der dünnen Wolldecke auf dem Fußboden. Ich habe den Eindruck, daß er höchstens noch Stunden am Leben bleiben kann. Seine Kameraden drängen mich, mit dem Vorarbeiter des Krankenbaus zu sprechen. Der sagt mir: „Geh' selbst in den Dysenterie-Block und überzeuge dich, daß es nicht geht!" Die polnischen Kameraden reden mir zu. „Wir wissen, daß er stirbt, aber laß' ihn in einem Bett sterben. Er ist ein in vielen Ländern bekannter Wissenschaftler. Er ist Mitglied der französischen Akademie und hat viele Auszeichnungen. Er hat große Verdienste um die Wissenschaft."

So reden sie auf mich ein, so daß ich mich entschließe, einen letzten Versuch zu unternehmen, um für ihn ein Bett zu bekommen. Aber auch im Dysenterie-Block sagt mir der Vorarbeiter, daß kein Bett frei sei. Als ich ihn weiter bedränge, erregt er sich und sagt: „Gut, gib mir eine Anweisung, wen ich rauswerfen soll. Komm' mit, zeig' ihn mir!" Er zwingt mich, mit ihm zu gehen, obwohl ich schon aufgeben wollte. Was ich dann zu sehen bekam, übersteigt jedes Vorstellungsvermögen. Mühsam ringt man nach ein bißchen Luft. Jedes Bett ist belegt. In den Gängen zwischen den Betten liegen Kranke auf dem nackten Fußboden. Sie warten darauf, daß einer stirbt, um dessen Bett zu bekommen. Ich bleibe stehen. In dem Gang zwischen zwei Betten liegen drei Kranke nebeneinander. Der Zwischenraum ist so schmal, daß die beiden rechts und links vom Mittleren zur Hälfte unter einem Bett liegen. Der Mann in der Mitte hält fest in der linken Hand einen schmalen Kanten Brot. Die beiden anderen versuchen, sich in den Besitz des Brotes zu setzen. Es gelingt ihnen aber nicht, die Hand des bereits im Sterben Liegenden aufzubrechen. Ich muß hier raus! Keine Sekunde länger kann ich das aushalten.

Der Vorarbeiter kommt hinter mir her: „Kannst deinen Professor bringen. Der eben Gestorbene sollte in das frei gewordene Bett." So konnte der polnische Professor in einem Bett sterben. Ob er noch wahrgenommen hat, daß er in einem Bett lag, weiß ich nicht. Ich mußte daran denken, wie der Vorarbeiter der Dysenteriebaracke mir sagte: „Wir legen die Leute nicht zum Sterben ins Bett, sondern um sie am Leben zu erhalten." Aber die Härte, die der Dienst ihm abverlangt, läßt auch ihn hart werden. Die Toten registriert man. Wie viele Menschen aber mögen der aufopfernden Tätigkeit der Häftlingspfleger ihr Leben verdanken? Sie arbeiten bis zur Erschöpfung. Sie nehmen Einfluß auf die SS-Ärzte, dringen auf Beschaffung von Medikamenten und Verbandstoff. Sie verschaffen sich mehr Bewegungsfreiheit und organisieren in enger Zusammenarbeit mit der Häftlingsschreibstube jede mögliche Hilfe.

Die erbarmungslose Kälte läßt Erfrierungen an Füßen und Händen sprunghaft ansteigen. Sanitäter, die im Arbeitersamariterbund ausgebildet wurden, machen Abend für Abend einen fliegenden Sanitätsdienst von Block zu Block, behandeln und verbinden die schwärenden Wunden. Die Mediziner unter den tschechischen Studenten, denen das Betreten anderer Blocks verboten ist, riskieren es, in die Blocks zu kommen und zu helfen. Sie operieren unter primitivsten Bedingungen erfrorene Gliedmaßen.

Auch Hautkrankheiten, Furunkulose und andere Krankheiten vermehren sich. Besonders schlimm war die Verbreitung von Beingeschwüren. Dafür gab es Papierbinden, die aber nicht im entferntesten ausreichten. Bei unzähligen Gefangenen waren die Wunden größer als eine Handfläche. Papierverbände waren oft von Blut und Eiter so durchtränkt, daß sie wie ein Ring aus Pappe die Beine umschlossen. Die geschwollenen Stellen quollen über den Verband hinaus. Viele begannen, ihre Wunden selbst zu verbinden, wobei unzählige Hemden zu Verbandsstoff zerrissen wurden. Unsere Sorge war es nun, wie wir die Wäscherei und die Häftlingsbekleidungskammer veranlassen konnten, den Schwund an Gefangenenwäsche auszugleichen. Kam die SS dahinter, so riskierten die Belegschaften dieser Kommandos schwere Strafen.

Durch das enge Zusammenleben der Gesunden mit den Kranken ergab sich die Verbreitung von ansteckenden Krankheiten. Die Kranken in den Waschräumen und Toiletten unterzubringen, wie es in einigen Massenblocks geschah, war unmenschlich. Auch die Einrichtung von besonderen Krankenecken in den Schlafräumen war unhaltbar für die Betroffenen und brachte für die Gesunden absolut keinen Schutz vor Ansteckung. So versuchten wir, in einem größeren Kreis von Kumpels einen Ausweg zu finden. Die Sanitäter des Krankenbaus und die Blockältesten wurden angesprochen, um Vorschläge zu diskutieren.

Ein Vorschlag, der von den meisten gemacht wurde, besondere Blocks für Körperschwache und Leichtkranke einzurichten, gefiel uns Lagerältesten am wenigsten. Anlaß zu unserem Vorbehalt war ein Zwischenfall, dem ich bis dahin keinerlei Bedeutung beigemessen hatte. Es war üblich, daß sich „Krankmelder", die in einem Außenkommando arbeiteten, nach der Behandlung im Krankenbau in ihrem Block aufhielten, bis sie zu ihrem Kommando zurück konnten oder zu einer Arbeit im Lagerbereich herangezogen wurden. Solange mußten sie sich im Waschraum ihres Blocks aufhalten. Eines Tages hatten mich die Krankmelder eines Blocks rufen lassen, um mich davon zu überzeugen, daß sie sich alle in dem kalten Waschraum eine Lungenentzündung holen könnten. Als ich den Block verlasse, geht SS-Hauptsturmführer Höß, der gerade Lagerführer geworden war, vorbei. Durch die offene Tür sieht er die Krankmelder und fragt mich: „Was ist mit denen?" Ich erkläre ihm den Sachverhalt und erwähne dabei, daß es sich um vorübergehend Kranke, aber sonst Arbeitsfähige handele, unter denen wichtige Handwerker seien. Diese Menschen könnten sich hier leicht eine Lungenentzündung zuziehen und würden dann für längere Zeit bei der Arbeit ausfallen. Auf meine Hinweise geht er nicht ein, sondern erwidert mit leiser Stimme: „Das sind keine Menschen, das sind Häftlinge." Dann läßt er mich stehen. Er brüllt nicht, er schnarrt nicht, sondern – in einer anderen Situation würde ich fast sagen – mit freundlicher Stimme sagt er so Unmenschliches. Das geht mir erst auf, als ich darüber nachdenke, und nun liegt es mir warnend im Ohr, als der Vorschlag kommt, Sonderblocks für Körperschwache einzurichten. Ich würde der SS durchaus zutrauen, die Blocks hinter Stacheldraht zu setzen und die Kranken und Schwachen ihrem Schicksal zu überlassen.

Ein anderer Vorschlag, den Krankenbau zu erweitern, erschien sinnvoller. Lag es aber in unserer Kraft, das zu erreichen? Diese Blocks standen dann einerseits mehr unter dem Einfluß der Häftlingssanitäter und -pfleger, andererseits aber auch unter der Regie der SS-Ärzte, die sehr darauf achteten, in ihrem Bereich als unbestrittene Herrscher anerkannt und tätig zu sein. Und trugen nicht auch die SS-Ärzte Schuld an diesem Elend? Sie wußten, daß dieser Hunger im Lager herrschte, weil die SS-Führung in Berlin unsere Verpflegungssätze laufend herabgesetzt hatte, und daß darüber hinaus die SS uns um wesentliche Anteile unserer Lebensmittel betrog. Die SS-Ärzte unterschrieben skrupellos die Küchenzettel mit den Angaben über Menge und Zusammensetzung der Mahlzeiten, wohl wissend, daß diese Angaben nie stimmten. Sie unterschrieben, daß sie das Essen gekostet und sich von der Qualität überzeugt hätten. In Wahrheit flüchteten sie aus dem Lager vor den scheußlichen Gerüchen dieser Mahlzeiten. Sie erhoben keinen Widerspruch, wenn der Küchenzettel als amtlicher Bericht in den Dokumenten des Lagers erschien. Sie standen auch dabei, wenn Besuchergruppen vor den glänzenden Kesseln in der blitzblanken Küche belogen wurden. Natürlich wurden bei solchen Gelegenheiten nicht gerade stinkende Kohlrüben zubereitet. Wir mochten die Sache drehen und wenden wie wir wollten, von der SS war jedenfalls eine Änderung zugunsten der Gefangenen nicht zu erwarten. Wir selbst aber hatten nicht die Möglichkeit, die Lage zum Besseren zu ändern, und doch konnten wir nicht untätig bleiben angesichts der Tatsache, daß die SS Tausende von Gefangenen zugrunde richtete.

In jedem Block gab es eine Reihe von Gefangenen, die regelmäßig von ihren Angehörigen Geld bekamen, so daß sie in der Kantine einkaufen konnten. Wenn es auch außer Sauerkraut und Rote Bete kaum Lebensmittel zu kaufen gab, konnten sie doch davon etwas abgeben; auch für die Raucher, die kein Geld hatten, fiel dabei etwas ab. Für die Betroffenen war die unschätzbare, wunderwirkende Zigarette von großer Bedeutung. Auch diejenigen, die eine Arbeit hatten, bei der es etwas zu essen gab und auch noch Eßbares organisiert werden konnte, trugen ihren Teil an Solidarität bei. Das waren die in der Häftlingsküche und im Häftlingsproviantraum Beschäftigten, die in den SS-Küchen Tätigen, die Kellner, Kalfaktoren. Aber auch Handwerker, die in der SS-Siedlung oder für einzelne SS-Leute arbeiteten, Rundfunktechniker, Elektriker, Tischler, Klempner, Schlosser, Maler, Schuster und Schneider, bekamen gelegentlich ein Stück Brot oder ein paar Zigaretten für ihre Arbeit. Wer dazu in der Lage war, übernahm es, einen anderen Kumpel zu unterstützen, bis der über die schwerste Zeit hinweg war. Das galt vor allem für Zugänge, die schon viele Jahre KZ und Zuchthaus hinter sich hatten. Manche von ihnen erlitten durch die Folterungen der Gestapo Körperschäden und bedurften besonderer Fürsorge. Aber auch die Solidarität der Tischgemeinschaft – meistens nur begrenzt möglich – konnte immer nur über die schwerste Zeit hinweghelfen. Am allerwichtigsten war es immer wieder, den Lebenswillen wachzuhalten und durch praktische Unterstützung und kameradschaftliches Verhalten zu stärken. Und dennoch erreichten solche Maßnahmen immer nur einen relativ kleinen Kreis. Tausende blieben Hunger, Krankheit und Vereinsamung hilflos ausgeliefert.

Die Häftlingsschreibstube machte es sich zur Aufgabe, alle Hilfsmaßnahmen zu koordinieren und dabei den Krankenbau, die Häftlingsküche, Häftlingskantine, Bekleidungs-, Geräte- und Unterkunftskammer, die Wäscherei, die Schneiderei und die Schuhmacherwerkstatt einzubeziehen. Alle konnten auf irgendeine Weise zu gewissen Hilfsmaßnahmen beitragen. Am wichtigsten war es zu verhindern, daß durch Korruption und Schiebungen den Gefangenen das, was für sie vorgesehen war, entzogen wurde. Soweit wir die Vorarbeiter einsetzten und damit Einfluß auf die Zusammensetzung der Arbeitskommandos und der Blocks nehmen konnten, war es in Ordnung. Aber dort, wo das nicht der Fall war, wo für wichtige Funktionen die Häftlinge von der SS bestimmt wurden, mußten wir wenigstens zu einer Zusammenarbeit auch mit diesen Vorarbeitern und deren Arbeitskommandos kommen. Je umfassender unsere Informationen waren, um so leichter fiel es, manche Gefahren rechtzeitig abzuwehren. Ohne Zweifel hat unser Verhalten in diesen

Fragen wesentlich dazu beigetragen, bei den anderen Häftlingsgruppen, vor allem bei den Grünen und ASOs, erheblich an Vertrauen zu gewinnen. Mit unseren Erfahrungen konnten wir auch manche Auseinandersetzung schnell beenden. In den politischen Blocks war die Solidarität untereinander sehr stark, allein schon dadurch, daß die Mehrheit der Blockbelegschaft aus der Arbeiterbewegung kam. Die politische, antinazistische Grundhaltung trug auch dazu bei, vielen bürgerlichen Häftlingen den Anschluß an die politischen zu erleichtern. Die wenigen Individualisten, die eine Zusammenarbeit nicht wünschten, waren nicht ausschlaggebend.

Anders war es in den grünen Blocks, bei den BVern. Eine ganze Reihe Grüner war politisch interessiert und durchaus auch in anderer Beziehung aufgeschlossen, nur kannten sie nicht so den kameradschaftlichen Zusammenhalt wie die Politischen. Bei ihnen sah eben jeder zu, wie er durchkam. „Organisiert" waren dagegen die wirklich alten Kriminellen, die sich schon von früher kannten. Zwar handelte es sich nur um eine kleine Gruppe, die aber auf die übrigen Grünen geringschätzig herabsah. Wer sich ihr nicht fügte, wurde gnadenlos ausgestoßen. In den Blocks, in denen solche Cliquen lagen, hatten sie beherrschenden Einfluß. Sie unterstützten nur Blockälteste, die sie respektierten. Wenn es für sie von Nutzen war, konnten sie auch hilfsbereit sein. Sie arbeiteten meist in guten Arbeitskommandos als Handwerker und verstanden es immer sehr geschickt, sich Einnahmequellen zu verschaffen. Wer sich auf ihre Seite stellte, ihnen zu Diensten war, konnte seine Lebenslage, wenn auch noch so gering, verbessern. Aber die große Masse der BVer und der ASOs mußte sich jeder für sich und jeder auf seine Weise durch den Hunger- und Kältewinter 1939/40 durchschlagen.

Gefangene, die im Augenblick keine Arbeitskommandos hatten oder deren Arbeitskommandos wegen Regen oder Kälte nicht ausrücken konnten, mußten sich während der Arbeitszeit in den Toiletten und Waschräumen ihrer Wohnblocks aufhalten. Der Aufenthalt im Tagesraum war ihnen verboten. Wurde einer von einem SS-Mann im Tagesraum oder im Freien erwischt, mußte er den ganzen Tag, auch in der größten Kälte, am Tor stehen oder in Kniebeuge hocken. So wurde im November 1939 eine Gruppe Gefangener im Block 3 – einem politischen Block – im Tagesraum am geheizten Ofen von einem SS-Mann erwischt. Es handelte sich um Häftlinge, die noch nicht lange im Lager waren, alle Warnungen in den Wind geschlagen und auch keinen Wachposten aufgestellt hatten. Sie wurden ans Tor gestellt und mußten in Kniebeuge mit „Sachsengruß" hocken. Die SS-Lagerführung begnügte sich nicht mit dieser Strafmaßnahme, sondern verhängte für das ganze Lager zehn Tage Heizverbot.

Eines Tages wurden die berüchtigten „Stehkommandos" eingerichtet. Die SS-Lagerführung ordnete an, zwei oder drei Wohnblocks zu räumen. Die Strohsäcke wurden herausgenommen, und in diesen Schlafräumen mußten sich dann die Gefangenen, die nicht zur Arbeit ausrückten, während der Arbeitszeit aufhalten, pro Schlafraum 500 Gefangene und mehr. Dabei war es strengstens verboten, sich in Ruhestellung an die Wände zu lehnen. Der Raum war 12 Meter lang und 8 Meter breit. So mußten je fünf Gefangene auf weniger als einem Quadratmeter stehen, und das acht bis neun Stunden am Tag, mit nur einer kurzen Unterbrechung zum Mittagessen. Nachdem die SS festgestellt hatte, daß sich einige Gefangene an die Wände lehnten, kam der Befehl, einen Meter von den Wänden entfernt zu stehen. Die zusammengepreßte Menschenmasse drängte automatisch nach außen in den schmalen, freien Raum und drückte dabei die am Rand Stehenden an die Wand. Sobald ein SS-Mann in Sicht kam, drückten die am Rand Stehenden zur Mitte. Dabei entstand natürlich Unruhe und Lärm, was wiederum den SS-Leuten Anlaß zum Prügeln bot. Die Knüppel dafür lagen an den Eingängen bereit. Meistens wurden dabei die Gefangenen unter lautem Gebrüll der SS-Leute und der von ihnen ausgesuchten Vorarbeiter durch die engen Türen geprügelt. Im Freien begann dann der übliche „Sport", bis die SS-Leute ihres Treibens überdrüssig wurden. Dann prügelten sie die Gefangenen wieder in die Schlafräume hinein. Da keine Fenster geöffnet werden durften, war die Luft zum Ersticken und erbrachte einen Hustenreiz, der sich bei den eng aneinandergedrängten Betroffenen sehr unangenehm auswirkte. Auch waren unter diesen Umständen die Möglichkeiten, zur Toilette zu gehen, so begrenzt, daß viele es nicht rechtzeitig schafften, und so wurden diese Stehkommandos zusätzliche Brutstäten für die Verbreitung von Krankheiten.

31.

Unter neuer Lagerführung

Bald nach Kriegsbeginn war Kommandant Baranowski schwer erkrankt, er starb Anfang 1940. Schon im Herbst 1939 wurde der bisherige Lagerführer Eisfeld Kommandant und zum SS-Sturmbannführer befördert. Hauptsturmführer Forster wurde neuer Lagerführer. Der bisherige Adjutant von Baranowski, Höß, wurde im Dezember 1939 erster Lagerführer. Als Kommandant Eisfeld im Januar 1940 nach Dachau versetzt wurde, kam an seine Stelle SS-Oberführer Loritz nach Sachsenhausen.

Loritz war im Jahre 1936 Kommandant im KZ Esterwegen gewesen, dann bis 1939 Kommandant im KZ Dachau und danach Abschnittsführer der allgemeinen SS in Klagenfurt. Er war ein primitiver, rücksichtsloser und korrupter SS-Führer, der dem Lager für die nächsten Jahre seinen Stempel aufdrückte. Seine Ausnutzung von Häftlingsarbeit zu persönlicher Bereicherung war ständiges Lagergespräch. Die Werkstätten im kleinen Lager wurden nur noch „Loritz-Werke" genannt. Bis zum August 1942 stand er an der Spitze des KZ Sachsenhausen. Die genauen Gründe für seine Ablösung erfuhren wir nicht, aber dann konnte wohl auch der „Reichsheini" – wie Himmler von Loritz lautstark genannt wurde – ihn nicht mehr halten und schickte ihn „in die Wüste". Er soll nach Norwegen versetzt worden sein. Als Loritz nach der Befreiung für seine Taten geradezustehen hatte, beging er am 31. Januar 1946 im Internierungslager Neumünster Selbstmord.

Als Anfang 1940 bekannt wurde, daß Loritz der neue Kommandant sei, meldeten sich eine ganze Reihe von Häftlingen, die ihn aus Esterwegen oder Dachau kannten, um mit den nächsten Transporten in ein anderes Lager geschickt zu werden. Nach ihren Erfahrungen konnte kein KZ schlimmer sein als dasjenige, in dem Loritz zu bestimmen hatte.

Während wir auf dem Appellplatz dabei waren, Zugangshäftlinge auf die Blocks aufzuteilen, kam Carl Vollmerhaus, ein bekannter sozialdemokratischer Gewerkschaftsführer, aufgeregt zu mir und bat um Hilfe für den Häftling Clemens Hoegg. Nach meiner Erinnerung war Hoegg in der Verwaltung der Stadt Augsburg ein maßgeblicher Mann gewesen. Zur gleichen Zeit war der dort damals als Polizist tätige Loritz wegen irgendeines Deliktes aus dem Dienst entlassen worden. Diese Entlassung hatte Clemens Hoegg vorgenommen. Nun sollte ich behilflich sein, ein Zusammentreffen dieser beiden unbedingt zu vermeiden, denn das hätte Lebensgefahr für Hoegg bedeutet. Es gab keinen anderen Ausweg, als zu versuchen, ihn sofort in ein anderes Lager zu schicken. Da gerade ein neuer Transport nach Dachau zusammengestellt wurde, schlug ich vor, Hoegg so unterzubringen, daß er bis zum Abgang des Transportes nach Dachau Loritz nicht unter die Augen kommen konnte. Und weil dieser Transport schon am nächsten oder übernächsten Tag Sachsenhausen verlassen sollte, war diese Möglichkeit gegeben. Inzwischen war uns aber bekannt geworden, daß Loritz die Transportliste für Dachau angefordert hatte, um nach ihm bekannten Personen zu suchen, so wie er es stets tat. Darum gab es keinen anderen Ausweg als eine schnelle Überweisung Hoeggs in ein anderes Lager, aber genau das konnte er sich nicht zutrauen, weil er in einem erbarmungswürdigen körperlichen Zustand war. Darum hielt er seine Überlebenschance für größer, wenn er trotz Loritz im Lager blieb. Bald darauf wurde er in die Strafkompanie eingewiesen und kam später in den Zellenbau. Hoegg soll die Lagerzeit überlebt haben, über sein weiteres Schicksal ist mir aber nichts bekannt.

Die Veränderungen in der SS-Lagerführung hatten zunächst kaum Folgen, soweit es das Häftlingslager betraf. Gelegentlich ging Lagerführer Höß durch das Lager, aber außer einem kurzen Wortwechsel gab es bisher keine Berührungen zwischen ihm und der Häftlingsschreibstube. Den Lagerführer Forster sahen wir nur beim Appell. SS-Hauptscharführer Campe als 1. Rapportführer, SS-Hauptscharführer Sorge als 2. Rapportführer und SS-Oberscharführer Palitzsch als Arbeitsdienstführer bestimmten, was im Lager zu tun war.

Franz Jacob, der schon erwähnte Hamburger Kumpel, arbeitete beim Arbeitsdienstführer Palitzsch, der immer zufrieden war, wenn jeden Morgen die Arbeitskommandos in voller Zahl durch das Lagertor marschierten. Mit großer Pünktlichkeit und Genauigkeit sorgte unser 1. Lagerschreiber, Rudi Grosse, dafür, daß die Zählappelle und die Verwaltungsarbeit, soweit sie das Häftlingslager betrafen, reibungslos verliefen. Campe stellte große Anforderungen. Er war viel zu gerissen, um sich hinters Licht führen zu lassen, und Grosse war zu klug, um das so zu tun, daß Campe es merkte. Sorge, der „Eiserne Gustav", kümmerte sich um die Verwaltung, um die Arbeitskommandos und um das Häftlingslager. Er ging rücksichtslos vor, war ein überaus brutaler SS-Führer, der schnell und bei jeder Gelegenheit zuschlug. Gefangene, die einmal bei ihm aufgefallen waren, verfolgte er erbarmungslos. Sie waren nur zu retten, wenn es gelang, sie auf Transport zu schicken. Es gab aber auch Gefangene, die ihm schlagfertig und ohne Furcht zu zeigen gegenüberstanden. Denen krümmte er meist kein Haar.

Wir drei Lagerältesten hatten es vor allem mit Campe, Sorge und Palitzsch zu tun. Vorwiegend wurde ich, als 1. Lagerältester, in Anspruch genommen. So mußte ich mich nun zwischen den Kompetenzstreitereien und Eifersüchteleien der drei SS-Führer bewegen. Campe hatte zwar sein Verhalten mir gegenüber geändert, ich mußte mich aber immer davon leiten lassen, daß er all unsere Maßnahmen mit größtem Mißtrauen verfolgte. Wir konnten auch die Auseinandersetzungen mit den Leuten um Weihe und Zerres nicht länger hinausschieben, wenn wir nicht zum Opfer dieser Clique werden wollten.

Die chaotischen Zustände des Winters 39/40 erforderten im Lager manche Improvisation, um mit den Schwierigkeiten fertig zu werden. Dabei mischten wir uns aber so wenig wie möglich in Blockangelegenheiten ein, nur bei solchen Vorgängen oder Verhaltensweisen, bei denen es auf Kosten der Häftlinge ging. So gelang es uns, die korrupten und brutalen Schlägertypen bei den Blockältesten ohne spektakuläre Maßnahmen unter Druck zu setzen oder beiseite zu drängen. Es mögen zwölf bis fünfzehn Blockälteste gewesen sein, die sich um die Clique Weihe/Zerres geschart hatten, durchweg Leute, die mit den SS-Blockführern unter einer Decke steckten und dadurch auch einen gewissen Schutz vor unseren Maßnahmen hatten. Der Kopf dieser Gruppe, der ehemalige SS-Führer Friedrich Weihe, garantierte seinen Leuten die Gunst der SS-Leute bis hinauf zur Lagerführung. Weihes Beziehungen zur höchsten SS-Führungsspitze waren auch der Lager-SS bekannt, und so hatten alle SS-Blockführer Angst vor ihm, was er dann wieder gründlich ausnutzte. Als Höß Lagerführer wurde, bekam er erst recht Oberwasser. Höß erhielt im Häftlingslager von Weihe ungeniert und ungetarnt Informationen.

Zwischen der Weihe/Zerres-Gruppe und uns gab es einen langen Kleinkrieg, bei dem wir aber insofern am längeren Hebel saßen, weil immer die Frage der Disziplin, der Sauberkeit und Verläßlichkeit zu unseren Gunsten gestellt werden konnte. Dabei habe ich aber immer Wert darauf gelegt, keinen Kontrahenten in eine Ecke zu drängen, aus der er nicht wieder herauskommen konnte. Es mußte ihm immer ein Ausweg bleiben, weil ich mir darüber im klaren war, daß die SS-Lagerführung sich bei einem offenen Konflikt doch hinter Weihe stellen würde. Darum durften wir es nicht zu einem solchen Kampf kommen lassen.

Weihnachten 1939 startete die SS auf Initiative des 2. Rapportführers Sorge eine Aktion, die für uns völlig überraschend kam. Alle politischen Gefangenen mußten blockweise auf dem Appellplatz antreten. Der „Eiserne" ging mit SS-Blockführern durch die Reihen und ließ eine Anzahl ihm bekannter Häftlinge anhand einer Liste heraustreten. Es handelte sich um politische Gefangene, die in irgendwelche Auseinandersetzungen mit der SA oder SS verwickelt gewesen waren, also vorwiegend um Mitglieder des früheren Roten Frontkämpfer-Bundes oder des Reichsbanners. Er fragte jeden nach Einzelheiten seiner Straftat, dann wurde jeder vom „Eisernen" und den Blockführern brutal zusammengeschlagen. Wir mußten stehenbleiben und dabei zusehen. Ab sofort wurden die Genossen von ihren bisherigen Arbeitskommandos abgelöst und der Strafkompanie des Klinkerwerkes zugeteilt. Dort ist eine Reihe von ihnen nach ununterbrochenen Mißhandlungen ums Leben gekommen.

Einige Tage danach ruft mich Sorge am Abend, als alle Gefangenen in ihren Blocks sind. „Kommen Sie mal mit! Sie haben da noch Blockälteste, die unsere Männer ermordet haben. Die wollen wir uns mal ansehen." – „Solche Leute haben wir hier nicht." – „Lassen Sie das! Gehen wir!" Der „Eiserne" ist so geladen, daß ich lieber den Mund halte. Offensichtlich ist er angespitzt worden. Aber was soll ich machen? Ich kann ihm doch nicht Gefangene nennen, die er in die Strafkompanie des Klinkerwerkes schicken wird. Ich werde dabei bleiben, daß ich die Akten und die politischen Aktivitäten der einzelnen Blockältesten aus früheren Jahren nicht kenne. Plötzlich geht der „Eiserne" in einen Block. Dort ist Erich Klann Blockältester, ein politischer Freund von mir. Erich macht seine übliche Meldung. Der „Eiserne" steht verdutzt vor ihm, sieht erst mich, dann Erich an, zieht dann einen Zettel mit Blocknummern aus der Tasche und fragt Erich nach seiner Blocknummer. Diese vergleicht er mit seinem Zettel und geht dann schweigend hinaus, ich hinterher. Nach einigem Überlegen fragt er mich: „Der Klann ist doch ein Genosse von Ihnen? Was hat der eigentlich gemacht?" – „Der war Vorsitzender der KPD in Lübeck, dann war er auch in der Bezirksleitung der KPD Wasserkante", womit ich ihm nur das bestätige, was er längst weiß. Erich Klann war Blockältester in einem Block, für den Sorge vor längerer Zeit einmal Blockführer war. Erich Klann ist kein Duckmäuser und kein Kriecher. Wo er es für nötig hielt, war er Sorge entgegengetreten, kurz, er hatte dem „Eisernen" durch seine eigene feste Haltung irgendwie imponiert.

Wir gehen zum nächsten Block, den der „Eiserne" nach seinem Zettel bestimmte, und erleben dasselbe. Dort ist Hein Krützer, ebenfalls ein alter Politischer, Blockältester, der das auch schon unter Sorge als Blockführer gewesen war. Kaum hat Hein seine Meldung abgegeben, als der „Eiserne" abrupt kehrt macht. Draußen knüllt er mit einer verärgerten Geste seinen Zettel zusammen und wirft ihn weg. Ich hinterher und hebe ihn auf: „Es ist verboten, Papier auf die Erde zu werfen!" – „Das könnte Ihnen so passen! Her damit!" Ich muß ihm den Zettel geben, den ich gern behalten hätte, weil ich davon überzeugt bin, daß er von einem Spitzel stammt. Ich bin sicher, daß es sich um eine hinterhältige Attacke gegen die Häftlingsschreibstube und bekannte Lagerfunktionäre handelt.

Offensichtlich ist Sorge nun darüber wütend, daß ihn hier jemand in eine Intrige einspannte, ohne ihn über deren Sinn voll ins Bild zu setzen. Wie es auch sein mag, wir sind zwar wieder einmal davongekommen, aber die ganze Anlage dieser Attacke zeigte, daß irgend jemand den „Eisernen" gezielt gegen uns angespitzt hatte. Daß Sorge selbst zu brutalem Vorgehen gegen kommunistische Häftlinge bereit war, hatte gerade seine Weihnachtsaktion wieder bewiesen. Man hatte hier nur seine Empfindlichkeit nicht berücksichtigt.

Wir lassen uns nichts anmerken und schweigen über diesen Vorgang. Trotzdem sickert etwas bei den Blockältesten durch. Die Weihe/Zerres-Leute isolieren sich immer mehr. Jeder Verstoß von ihnen wird bei den Besprechungen mit den Blockältesten scharf gerügt. Jede Gelegenheit, sie zur Ordnung zu rufen, wird vor dem Kreis der Blockältesten wahrgenommen. Diese nun machen kein Hehl daraus, wie unkameradschaftlich sie es empfinden, daß man über seine Sorgen nicht mehr offen sprechen kann, weil man ja nicht weiß, wo all das, was man sagt, landet. So nehmen alle Zusammenkünfte, an denen Leute der Weihe/Zerres-Gruppe teilnehmen, einen formellen, „amtlichen" Charakter an. Auch geraten alle Gespräche in der Häftlingsschreibstube sofort ins Stocken, sobald ein Häftling aus dieser Gruppe hinzukommt. So gewinnen die Einzelgespräche an Bedeutung. Die Weihe-Leute scheinen ihre Schwäche richtig einzuschätzen und fangen einer nach dem anderen an, sich nach anderen Arbeitskommandos umzusehen oder in andere Lager zu kommen. Auf jeden Fall können wir Anfang 1940 konstatieren, daß die Position der Häftlingsschreibstube sich ganz entscheidend gefestigt hat. Wir sind in der Lage, mehr eigene Vorstellungen in unsere Arbeit einzubringen.

Rudi Wunderlich erfährt in der Politischen Abteilung, daß über mich eine Anfrage der Hamburger Gestapo vorliegt. So bin ich also vorbereitet, als ich zum Lagerführer Höß bestellt werde. Außer mir sind es noch zehn bis zwölf weitere Häftlinge. Ich komme als letzter dran. Höß sitzt am Schreibtisch und liest in meiner Akte. Ich mache meine Meldung und warte. Nach einiger Zeit sagt er: „Na, Naujoks, Sie sind ja nun schon lange genug hier." – „Das kann man wohl sagen." – „Ihre Mutter ist ja auch schon über siebzig und wartet wohl darauf, daß ihr Junge nach Hause kommt." – „Ja, meine Mutter würde sich sehr freuen." – „Gut, Naujoks, ich will mal sehen, was sich machen läßt. Sie können gehen." Ich gehe, und dann erfahre ich, daß in meiner Akte vermerkt wurde: „Naujoks ist ein unverbesserlicher Kommunist. Er ist faul und auch nicht durch härtere Strafen zur Arbeit zu bewegen. Seine Haftentlassung kann von uns nicht befürwortet werden." Die Stellungnahme zur Haftentlassung ist noch schärfer formuliert, eine wortgetreue Wiedergabe ist mir aber nicht mehr in Erinnerung.

Eine Zeitlang ließen wir gelegentlich die Blockältesten zur Instruktion auf dem Appellplatz antreten. Anschließend wurden dann unter meinem Kommando eine Viertelstunde lang Marschübungen gemacht. Zwar hatte ich von militärischen Dingen keine Ahnung, hatte mich aber über einige Wendungen in Marschkolonnen informiert, so daß die Sache eben und eben noch durchging.

Dabei passierte eines Tages folgendes: Ich stehe vor der Front und spreche mit den Blockältesten, als ich Höß aus dem Krankenbau auf uns zukommen sehe. Er ist schon so weit heran, daß ich nicht mehr abbrechen kann. So gebe ich also das Kommando „Stillgestanden! Mützen ab! Augen rechts!" und gehe ihm in meiner Verwirrung entgegen. Einige Meter von der Gruppe entfernt mache ich meine Meldung. Er ist offensichtlich überrascht, hebt seinen Arm und sagt: „Heil Hitler!" Diese Situation muß man sich einmal vorstellen. Er, der SS-Lagerführer, grüßt einen Gefangenen, den er nicht als Menschen anerkennt, mit „Heil Hitler!", und das vor einer Gruppe von Häftlingen, die ihm auch noch den Rücken zuwendet. Plötzlich begreift er, reißt den Arm herunter und geht in höchster Eile an den Blockältesten vorbei, ohne sie anzusehen. Die SS-Blockführer, die vom Lagertor aus alles beobachtet haben, verschwinden eiligst. Nach dem Abendappell sagt der Rapportführer im Vorübergehen zu mir: „Da haben Sie sich aber einen Schinken eingesalzen!" Ich sehe nur noch wenig Chancen für mich und werde in dieser Auffassung noch durch einen Vorfall mit Fritz Gebauer bestärkt.

Gebauer ist als Asozialer eingestuft, ein agiler Bursche, der es verstand, elegant durch das Lager zu kommen. Er geht seinen eigenen Weg, verschafft sich Gönner bei der SS, kommt aber auch mit den Häftlingen aller Gruppen zurecht. Er ist Vorarbeiter in der Gärtnerei. Bei seinem Kommandoführer, SS-Scharführer Moll, hat er sich unentbehrlich gemacht und hat es auch erreicht, daß er sein Bett im Treibhaus der Gärtnerei aufbauen durfte. Höß holt sich, wie auch andere SS-Leute, beim Vorarbeiter der Gärtnerei Tomaten, Gurken, Blumen oder was es jeweils sonst noch gibt.

Eines Tages, nach dem Abendappell, wartet Campe, bis ich das Kommando zum Abrücken gegeben habe, und sagt zu mir: „Wir brauchen einen neuen Vorarbeiter für die Gärtnerei. Der Gebauer wird abgelöst." Das kommt für mich völlig überraschend, und ich sage deshalb: „Der ist doch in Ordnung. So einen Mann finden Sie nicht wieder." Campe antwortet: „Der Lagerführer will ihn nicht mehr sehen." Ich nenne ihm einige Arbeitskommandos, in denen wir Gebauer gebrauchen könnten. Unwirsch unterbricht er mich: „Verstehen Sie denn nicht? Der Lagerführer will ihn nicht mehr sehen." – „Nicht mehr sehen", das ist im Konzentrationslager ein Todesurteil. Sagt ein SS-Mann zu einem Häftling: „Ich will dich nicht mehr sehen!", so hat derjenige nur die Wahl, entweder sich aufzuhängen oder sich am nächsten Tag langsam totquälen zu lassen. Warum sagte Campe mir, daß Höß den Gebauer nicht mehr sehen will? Er braucht doch nur das übliche zu tun, nämlich dem nächstbesten SS-Mann den Auftrag zur Ablösung zu geben.

Ich versuche, Zeit zu gewinnen und sage, daß ich erst einmal feststellen möchte, was denn da los gewesen sei. Campe sagt nichts weiter dazu. Auch Fritz Gebauer kommt zuerst nicht darauf, warum er abgelöst werden soll, und baut auf seinen Kommandoführer Moll: „Der bringt das morgen früh in Ordnung." Erst als ich ihn frage, ob er etwas mit Höß gehabt habe, erzählt er mir, daß dieser vor einigen Tagen wankend zu ihm in sein Zimmer ins Treibhaus gekommen und dann zusammengesackt sei. Gebauer habe ihn auf sein Bett gelegt, den Uniformrock und den Hosenbund geöffnet, ihm dann mit einem nassen Handtuch die Stirn gekühlt, worauf Höß dann bald wieder zu sich gekommen sei. Schweigend habe dieser dann seine Kleidung in Ordnung gebracht und sei gegangen, ohne Gebauer auch nur anzusehen. Für uns war es nun klar, daß Höß den Gebauer als Zeugen seines Schwächeanfalls beseitigen lassen wollte.

Gebauer muß also aus dem Blickfeld des Lagerführers verschwinden und erst mal anderswo untergebracht werden, was dann auch mit Campes stillschweigender Duldung geschieht. Offensichtlich ist er unzufrieden damit, daß Lagerführer Höß ins Häftlingslager geht und mit Gefangenen Verbindung aufnimmt, die auch Campe als Spitzel bekannt sind. Das verunsichert ihn; das kann sich auch gegen ihn richten. Das Häftlingslager ist für ihn „sein Laden". Darin hat niemand anders herumzurühren als er allein. Vor Entscheidungen solcher Art, wie der Zwischenfall Gebauer/Höß einer ist, drückt er sich. Geht es schief, dann kann er mich zur Rechenschaft ziehen. Ich wiederum bemühe mich, den Eindruck zu erwecken, als sei ich nicht daran interessiert, etwas über Dinge zu erfahren, die „Sache der SS" sind.

32.
Scharlachquarantäne und das erste Lagerliederbuch

Am 11. Januar 1940 wird Jindrich Demuth, ein tschechischer Student, mit Scharlach in den Krankenbau eingeliefert. Nach weiteren Scharlachfällen werde ich zum 1. Rapportführer Campe gerufen. Er teilt mir mit, daß auf Beschluß der Ärzte über die drei „Studentenblocks" Quarantäne verhängt sei. „Sie bürgen dafür, daß in diese Blocks keiner raus- oder reinkommt. Wenn Sie damit nicht fertig werden, machen wir das selbst!" Wir nehmen die Sache nicht so ernst, weil normalerweise eine Quarantäne 14 Tage dauert und dann alles wieder seinen alten Gang geht. Wir veranlassen aber eine Information an alle Gefangenen, daß wir diese Quarantäne einhalten und daran interessiert sind, das Lager vor einer Epidemie zu schützen. Die tschechischen Studenten werden darauf aufmerksam gemacht, daß ihre Blocks ständig von den Diensträumen der SS im Torhaus einzusehen sind. Sie dürfen also keine Besuche empfangen und müssen die Fenster geschlossen halten. Essen und auch Feuerung werden ihnen vor die Tür gestellt. Ihre Zeitungen bekommen sie weiter wie bisher. Kurz vor Ablauf der Quarantänezeit gibt es einen neuen Scharlachfall, und so gilt die Quarantäneordnung weiter. Es entsteht ein Dauerzustand, der auch an die Studenten einige Anforderungen stellt. Kamerad Bohdan Rossa aus Prag erinnert sich, daß die Scharlachquarantäne für den Block 52 fast ein halbes Jahr dauerte.

Viele der tschechischen Studenten haben Geld von zu Hause erhalten, mit dem sie nun nichts einkaufen können, weil sie den Block nicht verlassen dürfen. Ich schlage Rapportführer Campe vor, von den Blockältesten das Geld einsammeln und den Einkauf tätigen zu lassen. Campe lehnt dies aber wegen Ansteckungsgefahr durch die Geldscheine ab. Nachdem ich mich vergewissert habe, daß es möglich ist, genügend Hartgeld zusammenzubringen, mache ich Campe den Vorschlag, den Einkauf von den drei Lagerältesten besorgen zu lassen. Ihnen sollte dann das Geld durch ein Fenster in einen Eimer mit Desinfektionsmitteln geworfen werden. Campe stimmt erst zu, als ich anhand von Zahlen den Nachweis bringen kann, daß die Geschäfte in der Kantine zurückgegangen sind. So ziehen dann die drei Lagerältesten mit Eimern voller Sagrotanlösung vor die Fenster der Studentenblocks. Dort wird von den Blockältesten das Geld in einem Leinenbeutel in den Eimer geworfen, und

Lagerliederbuch

I. Teil:
Was alle können.

Gesungen und gesammelt in
KLS. Anno 1941.

---

200 Lichtenburger Lagerlied 20	Trum, trum 49	Wir saßen in Jonnys Spelunke 65	Wenn ich an Dich denke 38
Lied an die Elbe 187	Unser liebe Frauen 43	Wir sind Geyers schwarze Haufen 31	Vöglein hätt ich deine Schwingen 166
Lied der Legion 185	Und wenn ik wedder no Hamburg kommt 152		
Lola 179	Über die Heide 131	Wir sind jung 103	
Lübecker Jungs 163		Wir sind Moorsoldaten 11	
Moorlied 5	Verklungen sind die alten Weisen 184	x Wir schreiten fest in gleichem Schritt 6	
Mütterchen, Mutter 170	Von Karette schwank die Feder 40		
Nordseewellen 160	Wann wir schreiten 25	Wir wollen zu Land ausfahren 105	
Nun lebe wohl, du kleine Gasse 135	Wenn alle Brünnlein fließen 118	Wir Seeleute haben's doch wirklich fein 145	
Petsano 58	Wenn die Arbeit zu Ende 104		
Prager Musikanten 193	Wenn die bunten Fahnen wehen 97	Wohlauf die Luft geht frisch 93	
Rose Marie 133	Wenn wir marschieren 24	Wohlauf zu Wandern 111	
x Sachsenhausener Lagerlied 14	Weit ist der Weg 62	Zigeunerkind 140	
x Sang der Alten 21	Weit laßt die Fahnen wehen 190		
Sängergruß 183	Westfallerland 180		
Schwarzbraun ist die Haselnuß 132	Wilde Gesellen 36		
Seeräuberlied 34	Wildgänse rauschen 192		
Trina, kumm mal 157			
Tronnterknabe 77			

wir notieren die Einkaufswünsche, die sich vor allem auf Tabakwaren beziehen.

Unter den Studenten sind viele Maler und Zeichner. Während der Quarantäne geben wir ihnen die Texte der im Lager gesungenen Lieder und bitten sie, diese in einem Liederbuch zusammenzufassen. Einige tschechische Künstler schufen Illustrationen zu einzelnen Liedern. So entstand das erste KLS-Lagerliederbuch. Zuerst hatte ich es nur für mich gewünscht. Es fand aber einen solchen Anklang, daß bald nach diesem Muster zahlreiche Lagerliederbücher von tschechischen und deutschen Kameraden angefertigt wurden. Auf Veranlassung Robert Oelbermanns, einem führenden Funktionär der bündischen Jugend, wurden im Stehkommando seines Blocks zwei Liederbücher mit Zeichnungen Richard Grunes hergestellt. Das Stehkommando stand eng gedrängt im Waschraum. In der äußersten Ecke arbeitete Richard Grune, auf den Boden gekauert und so der Sicht der SS-Leute entzogen. Eine Reihe Liederbücher wurden illegal aus dem Lager gebracht und sind bis heute erhalten geblieben.

Unser Bibliothekar Karl Schirdewan versorgte die drei Quarantäneblocks bevorzugt mit ausgewählter Literatur. Auch das trug dazu bei, diese Wochen sinnvoll zu verbringen und den Diskussionen unter den Studenten neue Impulse zu geben. So konnten wir ihnen ein wenig helfen, die Quarantänezeit etwas erträglicher zu gestalten. Von der SS, die einen großen Bogen um die drei Blocks machte, konnten sie nicht belästigt werden. Als ich dann bei Campe wieder einen neuen Scharlachkranken melden mußte, sagte er: „Nun ist es aber genug. Das hier ist der letzte Scharlachfall! Verstanden?" – „Jawohl, ich habe verstanden." Damit war die Sache erledigt. Den Studenten blieben noch vierzehn Tage, um sich wieder auf die volle rauhe Wirklichkeit vorzubereiten.

Etwas später regten die tschechischen Studenten und Wissenschaftler an, eine Geldsammlung zu organisieren, um für die Häftlingsbibliothek neue Bücher kaufen zu können. Obwohl Karl Schirdewan nicht wissen konnte, wie die Lagerführung darauf reagieren würde, unterbreitete er dem Rapportführer diesen Vorschlag. Zu unserer Überraschung gab es Zustimmung. Karl berichtet: „Der Bücherankauf wurde einem bei der SS-Postzensursstelle tätigen Hauptscharführer, der Buchhändler war, übertragen. Wir übergaben eine Liste mit wohl 1000 Titeln, die von belesenen Leuten zusammengestellt worden war: fortschrittliche Schriftsteller, nicht ausgesprochen faschistische Literatur, wissenschaftliche Werke. Die tschechischen Kameraden hatten rund 10 000 Mark gesammelt, die auf einem Konto der SS-Lagerführung deponiert wurden. Wir rechneten mit etwa 800 Büchern. Erhalten hat die Bücherei nur 450 Werke. Zähneknirschend mußten wir feststellen, daß die SS und der Buchhändler etwa 4000 Mark für sich einbehalten hatten, als Gewinnspanne und für Bücher für die SS-Bücherei. Doch der Zuwachs für unseren Bestand hatte sich trotzdem gelohnt."

Eine solche Geldsammlung für die Häftlingsbibliothek gab es wohl nur dieses eine Mal.

33.
Höß und der 18. Januar 1940

Vom August bis Dezember 1939 war die Zahl der Häftlinge von 6563 auf 12 168 angestiegen. Die Lebensbedingungen hatten sich rapide verschlechtert, und für einige tausend Gefangene gab es keine Arbeitsmöglichkeit. Als der Frost jede Erdarbeit ausschloß, wurde es noch schlimmer. Die nicht zur Arbeit eingeteilten Männer mußten sich tagsüber in den Waschräumen und Toiletten aufhalten. In den Baracken durfte nicht geheizt werden. Dann wurden sogenannte „Stehblocks" eingerichtet, d. h. in zwei völlig ausgeräumte Baracken wurden Häftlinge, die keinem Arbeitskommando angehörten, hineingetrieben. Dort mußten sie – Gesunde und Kranke – eng aneinandergepfercht vom Morgen- bis zum Abendappell stehen. Einzige Unterbrechung war der Mittagsappell mit anschließendem Mittagessen.

Am Abend des 17. Januar teilte mir Lagerführer Höß mit, er habe den SS-Blockführern Anweisung gegeben, am nächsten Morgen nach dem Ausrükken der Arbeitskommandos die Stehkommandos auf dem Appellplatz stehen zu lassen. Er meinte, diese Häftlinge sollten auch einmal draußen bleiben, da sie den ganzen Tag nichts täten. Meinen Hinweis, daß es sich um Alte und Kranke handele, tat er ab mit der Bemerkung, das schade nichts. Wenn die anderen draußen frieren müßten, könnten diese „Faulpelze" auch mal einen Tag in der Kälte aushalten. Bei der körperlichen Verfassung dieser Häftlinge befürchtete ich das Schlimmste.

Noch am selben Abend kamen Genossen der illegalen Leitung zusammen. Wir – Franz Jacob, Franz Bobzien, Ivan Sekanina, Martin Schwantes und ich – trabten im Dunkeln über den menschenleeren Appellplatz und suchten eine windgeschützte Stelle, wo wir ungestört beraten konnten. Rudi Wunderlich, der als Läufer der Schreibstube ungehindert durch die Kommandantur streifen konnte, hatte dort gehört, das Stehen sei mit einer „Kontrolle", d. h. mit einer namentlichen Erfassung dieser Häftlinge für den Transport in ein anderes Lager verbunden. Wir konnten Höß noch nicht ganz einschätzen, da er erst wenige Wochen Lagerführer war. Wir waren auf Vermutungen angewiesen. Falls es sich bei seinem Befehl nur um eine Kontrollmaßnahme handelte, wäre nach relativ kurzer Zeit alles ausgestanden; würde er jedoch auf einem Dauerappell bestehen, so würde das für Hunderte den Tod bedeuten. Wir hatten minus 26 Grad.

Wir beschlossen, sofort Blockälteste und Vorarbeiter zu informieren. Es mußten Mittel und Wege gefunden werden, um möglichst viele Kameraden aus den Stehkommandos wenigstens für diesen einen Tag in einem Arbeitskommando unterzubringen. Die Kumpels vom Krankenbau mußten Vorbereitungen treffen, um für kurze Zeit noch mehr Kranke aufzunehmen; eine fast unmögliche Aufgabe, wenn man bedenkt, daß der Krankenbau längst überbelegt war. Die Kumpels der Schreibstube, des Arbeitsdienstes und die mit uns verbundenen Blockältesten waren sich einig, passive Resistenz zu üben, aber überall aktiv zu werden, wo es sich nur machen ließ. Auf jeden

Fall sollte trotz Heizverbot schon das Anheizen der Öfen vorbereitet werden. Die in der Kommandantur beschäftigten Häftlinge (Küchenpersonal, Kellner, Kalfaktoren usw.) sollten ausgefragt werden, um zu erfahren, was die SS wirklich vorhatte. Für den nächsten Morgen wurde zu höchster Wachsamkeit aufgefordert. Franz Jacob, Verantwortlicher für den Arbeitsdienst, übernahm es, zusammen mit Otto Küsel eine Liste arbeitsfähiger Häftlinge aus den Stehkommandos anzufertigen, um diese noch vor dem Morgenappell dem Arbeitsdienstführer Palitzsch übergeben zu können. Wir hofften darauf, daß Palitzsch sich bereit fände, diese Listen nach einer kurzen Überprüfung dem Lagerführer vorzulegen und damit dessen Anforderung in letzter Minute abzuschwächen.

So kam der 18. Januar 1940. Noch vor dem Morgenappell geht Franz Jacob zu Palitzsch. Der läßt sich aber auf nichts ein und verweist auf den Befehl von Höß. Unser Lagerschreiber Rudi Grosse spricht mit Rapportführer Campe. Der zuckt jedoch die Schultern, was soviel heißt, daß er sich aus der Sache heraushält. Nach dem Ausmarsch der Arbeitskommandos bleiben über 800 Menschen auf dem Appellplatz zurück. Die meisten stehen ohne Mäntel und ohne Handschuhe; die Unterjacken waren schon im November eingezogen worden. Viele trugen nur Drillichanzüge (Sommerzeug). So stehen sie Stunde um Stunde auf dem Appellplatz, über den ein eisiger Wind fegt. Schon nach kurzer Zeit liegen die ersten Häftlinge auf der gefrorenen Erde, von Kälte und Entkräftung umgeworfen. Sie werden von Blockältesten ins Revier geschleppt.

Nach kurzer Zeit werde ich zu Lagerführer Höß gerufen. Er verbietet uns, die Kranken ins Revier zu bringen. Werner Staake, der zweite, und Köbes, der dritte Lagerälteste marschieren fortlaufend mit größeren Gruppen zum „Austreten". Es dauert nicht lange, da muß ich wieder zu Höß. Sein Befehl: „Austreten verboten!" Er läßt sich aber herab, Palitzsch anzuweisen, mit der „Kontrolle" zu beginnen. Meine Frage an Palitzsch, warum er noch nicht angefangen habe, beantwortet er damit, daß Anweisung von Höß vorliege, die Häftlinge erst einmal durchfrieren zu lassen.

Vom Fenster seines Arbeitszimmers aus beobachtet Höß die Vorgänge auf dem Appellplatz und gibt weitere Anweisungen. Die SS-Blockführer haben sich verdrückt. Höß setzt sie nun in Bewegung, die Baracken nach Häftlingen abzusuchen. Finden sie einen, wird er unter Fußtritten und Prügeln zum Appellplatz getrieben. Sie stellen diese Tätigkeit aber bald wieder ein. Dann fällt Höß auf, daß die Blocks der tschechischen Studenten, die generell noch nicht zur Arbeit eingeteilt waren, fehlen. Anpfiff für mich, Anweisung an Rapportführer Campe: Die Studenten müssen antreten. Die Blockältesten der Studenten, voran Christian Mahler, geben Ohrenschützer aus, die zur Benutzung noch nicht freigegeben waren. Erstaunlicherweise passiert nichts.

Palitzsch steht inmitten der Häftlinge und fragt nach Namen und Beruf. Wir, die drei Lagerältesten, die anwesenden Blockältesten, der Arbeitsdienst, beginnen auf eigene Faust vom anderen Ende der Häftlingskolonnen aus mit dem Aufstellen der Listen. Als Franz Jacob unsere fertigen Listen Palitzsch übergibt, zerreißt der sie in kleine Fetzen. Alle weiteren Versuche, Palitzsch zum Abschluß der Aktion zu bewegen, prallen an ihm ab.

Immer mehr Menschen brechen zusammen; Sterbende und Tote liegen auf der Erde. Die Leichen schafft niemand weg. Die Kranken dürfen wir nicht ins Revier oder in die Baracken bringen. Viele legen sich einfach auf den Boden; sie sind vollkommen apathisch und schützen sich nicht vor Erfrierungen. Blockälteste reiben ihnen die erfrorenen Glieder mit Schnee ein und reden ihnen zu, sich doch in Bewegung zu halten.

Die Zahl der Häftlinge, die trotz Verbot zum Revier kriechen, wird immer größer. In der Ambulanz, in den Sälen, in den Gängen, überall liegen Kranke und Sterbende. Die im Krankenbau beschäftigten Kumpels tun, was sie nur können. Sie suchen verzweifelt nach Unterbringungsmöglichkeiten. Die Ärzte haben den Krankenbau inzwischen verlassen. Höß läßt die Tore schließen. Nach einiger Zeit erscheint er selber im Krankenbau. Eine schwache Hoffnung steigt in mir auf, daß ihn die Konfrontierung mit dem Elend veranlassen würde, die Aktion zu beenden.

Vor dem verschlossenen Tor hat sich ein verkrampftes Knäuel verzweifelter, am Boden kriechender Menschen gebildet. Als Höß den Krankenbau wieder verläßt, muß er hindurch. Er steigt über die auf der Erde Liegenden hinweg. Hände greifen nach seinen Hosenbeinen, seinem Mantelsaum. Bittende Hände erheben sich. Man fleht um Hilfe. Er schüttelt alle ab und versucht weiterzukommen. Da schreit einer „Mörder! Mörder!" und noch einmal „du Lump, du Mörder!" Höß tritt um sich, um wegzukommen.

Der Moment, ihn jetzt zum Abbruch der Aktion zu bewegen, ist denkbar ungünstig. Aber ich kann nicht mehr zurück. So nehme ich Haltung an – mehr als mir lieb ist – und sage im SS-Untergebenen-Deutsch: „Lagerführer, bitte darum, wegtreten lassen zu dürfen." Er starrt mich geistesabwesend an. Ich versuche, mit ihm wie mit einem normalen Menschen zu sprechen: „Lagerführer, die Leute können nicht mehr." Ohne ein Wort geht er weiter, dann dreht er sich zu mir und sagt: „Das sind keine Leute, sondern Häftlinge." Eilig nimmt er seinen Beobachtungsstand am Fenster des Torhauses wieder ein. Rudi Grosse ruft beim Rapportführer Campe an, daß er den Mittagsappell nicht vorbereiten könne. Campe fragt tatsächlich Höß, ob er abbrechen lassen könne. Der lehnt ab.

Entgegen der Anordnung der SS beginnt sich langsam alles aufzulösen. Wer noch Kraft hat, sucht sich im Lager einen Platz, der etwas Schutz bietet. Palitzsch droht mir, in zehn Minuten das ganze Lager antreten und einen Tag lang stehen zu lassen, wenn wir die Leute nicht zur Räson brächten. Inzwischen hat Höß seinen Beobachtungsposten verlassen. Noch während wir in der Schreibstube beraten, ruft Campe an, daß die Stehkommandos in die Blocks abrücken können, wenn der Arbeitsdienstführer die Listen fertig habe. Ich melde Palitzsch die Anordnung des Rapportführers.

Nun bemühen sich alle, so schnell wie möglich in die Baracken zu kommen. Einige Blockältste haben Schubkarren organisiert, mit denen jeweils zwei Kranke transportiert werden können. Im Revier kann niemand mehr aufgenommen werden, da an diesem Tage schon zusätzlich 240 Erkrankte untergebracht worden waren. In allen Blocks wird geheizt. Wo der Kaffee nicht reicht, muß heißes Wasser zur inneren Aufwärmung genügen. In Decken gehüllt, eng aneinandergepreßt, kommen die Menschen langsam wieder zu sich.

An diesem Tage starben 78 und in der Nacht zum 19. Januar noch einmal 67 Menschen. Viele hatten sich den Todeskeim geholt und lebten nur noch Tage oder Wochen. Die Sterbeziffer schnellte von 266 im Dezember 1939 auf 702 im Januar 1940 hoch. Im Februar starben 488 Häftlinge. Viele, die mit dem Leben davonkamen, trugen Frostschäden für ihr ganzes Leben davon.

SS-Hauptsturmführer Höß hatte es erreicht, durch eine alltägliche Lagerprozedur Hunderte von Häftlingen zu Tode zu bringen. Es geschah nicht mit Knüppeln und Pistolen. Mit eiskalter Berechnung hatte sich Höß die Natur zunutze gemacht und die wehrlosen Menschen bei minus 26 Grad dem Frost ausgesetzt. Mit dieser Mordaktion hatte er seine „Fähigkeit" in seiner neuen Funktion als SS-Lagerführer unter Beweis gestellt.

In der deutschen Geschichte ist der 18. Januar der Tag der Reichsgründung von 1871. In der Geschichte des Konzentrationslagers Sachsenhausen ist der 18. Januar 1940 ein Tag des heimtückischen Massenmordes, den alle, die ihn miterlebt und überlebt haben, nie vergessen werden.

34.
Strafkompanie unter „Brutalla"

Von allen SS-Führern ist Richard Bugdalle der hinterhältigste und gewalttätigste. Dieser Menschenschinder wurde heimlich nur „Brutalla" genannt. Er war von Beruf Handwerker, Wagenbauer oder Stellmacher und überaus kräftig. Er soll auch Boxer gewesen sein, worauf die SS-Leute seine Kenntnisse von verbotenen Schlägen, vor allem Kinn- und Magenschlägen, zurückführten. Wenn Hauptscharführer Bugdalle durch das Lager zog, um sich ein Opfer zu suchen, dann schlossen sich ihm durchweg andere SS-Leute an, die wie er auf ständige Menschenquälerei besonders scharf waren.

In dem nach 1945 gegen Bugdalle angestrengten Prozeß sagte SS-Rapportführer Sorge als Zeuge u. a. aus: „Schubert und ich nahmen Bugdalle immer mit, wenn ein Mann zu liquidieren war. Er war einen Kopf größer und viel stärker. Während Schubert immer in Erregung geriet, nahm Bugdalle Mißhandlungen in der größten Ruhe vor. Bugdalle täuschte die Gefangenen durch sachliche Fragen in einer Art, die viele als ‚freundlich' empfanden. Wenn der Gefangene dann seine hilflos-ängstliche Haltung aufgab, schlug er plötzlich zu. Ohne Bewegung zu zeigen, beobachtete er das Verhalten seines Opfers, um ihm dann plötzlich einen Fußtritt in die Weichteile zu versetzen." Der psychiatrische Sachverständige faßte Bugdalles Verbrechen so zusammen: „Die Zahl seiner Opfer ist nicht zu ermitteln. Außer seiner Beteiligung bei der Ermordung der sowjetischen Kriegsgefangenen wird er durch Zeugen mit sechshundert Morden beschuldigt." In dem Prozeß, den das Münchener Schwurgericht im Januar 1960 gegen Bugdalle führte, erklärte der Staatsanwalt, wenn so viele Verbrechen einwandfrei bewiesen seien, sei die Höchststrafe sicher. Bugdalle wurde dann wegen Mordes in neun Fällen und des Mordes in Mittäterschaft in sieben Fällen zu lebenslänglicher Zuchthausstrafe verurteilt.

Es muß in den ersten Wochen des Jahres 1940 gewesen sein, als ich einen Hinweis bekomme, daß SS-Hauptscharführer Bugdalle – zu der Zeit Blockführer in der „Isolierung" – für die Strafkompanie Portionsentzug angeordnet hat. Die „Isolierung" ist ein abgegrenzter Teil des Lagers, in dem u. a. die Strafkompanie (SK) untergebracht ist. Es war kein Geheimnis, daß eine Reihe SS-Männer in Sachsenhausen oder Oranienburg Liebschaften mit Frauen hatten, deren Männer Soldaten waren. Während der Urlaubszeit dieser Ehemänner wurden die Beziehungen unterbrochen. Nachdem sie nun an die Front zurückgekehrt waren, sollte das gefeiert und alles, was zum Kuchenbacken gehörte, wie Mehl, Zucker, Fett aus dem Häftlingsproviantraum oder der Häftlingsküche entnommen werden. Den Bedarf an Margarine wollte man mit dem Portionsentzug aus der Strafkompanie decken. Was an diesen Gerüchten wahr ist, wissen wir nicht, konkret bekannt ist uns nur, daß die Strafkompanie keine Margarine erhält, bzw. daß die Blockältesten dort diese Margarine unter Verschluß aufbewahren.

Wir besprechen im kleinsten Kreis, was wir machen können. Einig sind wir uns darüber, daß wir einer direkten Auseinandersetzung mit der SS aus dem Wege gehen wollen. Unser tschechischer Kamerad Ivan Sekanina schlägt vor, Rapportführer Campe wissen zu lassen, daß Blockälteste in der Isolierung die Margarine einbehalten. Das genügt uns aber nicht. So wollen wir erst einmal abwarten und die Sache streng geheimhalten. Dann bekomme ich die Mitteilung, daß die gesamte zurückgehaltene Margarine in einen BVer-Block gebracht werden soll, und zwar deshalb, weil der Eingang der Isolierung den Räumen der SS-Verwaltung direkt gegenüberliegt und die beteiligten SS-Leute es nicht riskieren wollen, mit den Margarinepaketen vom Rapportführer oder Lagerführer gesehen zu werden.

Wie gesagt, wir wollen den SS-Leuten die Suppe versalzen, aber ohne es zu einem Zusammenstoß kommen zu lassen. Den ganzen Tag über habe ich die Isolierung im Auge. Endlich, als sich zum Abendappell der Appellplatz füllt, geht der grüne Blockälteste Bruno Brodniewicz mit zwei Leuten aus seinem Stubendienst in die Isolierung und kommt nach einem Augenblick mit zwei Tabletts, die mit Handtüchern zugedeckt sind, wieder heraus. Ich gehe ihnen entgegen. „Hallo! Was habt ihr denn da?" Brodniewicz: „Das sind Bugdalles Sachen." – „Na, na, du willst doch Bugdalle keine Lampen machen?" Ich hebe ein Handtuch hoch. „Wohin wollt ihr damit?" – „Das ist für Bugdalle." – „Also, alles sofort in die Schreibstube! Wenn das Bugdalle gehört, könnt ihr das wieder abholen. Ich glaube aber nicht, daß Bugdalle damit was zu tun hat." Auf dem Wege zur Schreibstube nimmt Brodniewicz mich beiseite und sagt mir: „Bugdalle will ‚Hochzeit feiern', und da soll Kuchen gebacken werden. Glaube mir, das ist für Bugdalle." – „Ich glaube dir nicht." Die Margarine – es sind mehrere Pfunde – wird in der Schreibstube abgestellt.

Ich gehe jetzt zu Campe, der schon auf dem Appellplatz steht. „Rapportführer, ich habe eben mehrere Pfund Margarine sichergestellt. Was soll damit geschehen?" – „Woher kommen die?" – „Aus der Isolierung." Campe schweigt. „Soll ich sie wieder in die Isolierung zurückbringen?" – „Nein, eßt das selber!" – „Kann ich die Margarine denn wenigstens in den Krankenbau geben?" Er schüttelt den Kopf. Ich bleibe stehen. Nach einem kurzen Augenblick sagt er: „Meinetwegen!"

So schnell wie es nur geht, haste ich zurück in die Schreibstube und bitte noch zwei Kameraden, die Margarine mit mir in den Krankenbau zu bringen. In letzter Minute fällt mir ein, mir von Matthias Mai, dem Vorarbeiter des Krankenbaus, eine Quittung geben zu lassen. Noch nie habe ich so etwas getan, hier aber habe ich das Gefühl, daß ich ganz sicher gehen muß.

Am nächsten Tag rauscht Bugdalle in Begleitung einiger Blockführer in die Häftlingsschreibstube. Nur selten kommt ein SS-Mann auf unsere Schreibstube, und jetzt noch Bugdalle, und dann mit so einem Aufgebot. Die ganze Begegnung dauert nur ein paar Minuten. Irgend jemand hat „Achtung!" gerufen. Wir flitzen hoch und stehen alle in strammer Haltung. Bei mir dauert es ein bißchen länger, weil der Zwischenraum zwischen meinem Schreibtisch und der Wand ziemlich eng ist. Ich schiebe den Stuhl mit den Fußspitzen in die richtige Lage, so daß ich stehe, als Bugdalle sich mir zuwendet. „Wo ist die Margarine?" – „Im Krankenbau, Hauptscharführer." – „Beweise!" sagt er und winkt mit seiner Hand. Ich hole die Quittung aus der Schublade, gebe sie ihm und sage: „Auf Anordnung des Rapportführers, Hauptscharführer Campe."

Er blickt lange auf den Zettel, knüllt ihn zusammen und läßt ihn auf die Erde fallen. Dann rückt er näher an mich heran. Wir stehen uns ganz dicht gegenüber. Es ist totenstill im Raum. Dann unterbricht er die Stille: „Nimm die Brille ab!" Ich werfe die Brille auf meinen Schreibtisch, bewege nur die Hand dabei, ohne meine Haltung zu verändern. Wir blicken uns an. Er schweigt einen langen Augenblick. Dann: „So, und jetzt schlage ich dir in die Fresse!" Pause. „Ich schlage dich hier zusammen, und dann kannst du zu deinem Oberführer gehen!" Ich warte auf den Schlag und kann nichts anderes denken, als ‚nur nicht auf den Boden gehen, dann bist du verloren'. Noch immer stehen wir uns Auge in Auge gegenüber. Es passiert nichts. Dann dreht er sich plötzlich um und geht schweigend hinaus. Die SS-Blockführer folgen ihm.

Es dauert lange, bis wir uns gefaßt haben. Was ist in Bugdalle vorgegangen? Wie ist das alles, was völlig im Widerspruch zu seinem sonstigen Verhalten steht, zu erklären?

Nachdem Bugdalle erfahren hatte, daß „seine" Margarine von mir beschlagnahmt worden war, hatte er wie ein Irrer getobt und wilde Drohungen ausgesprochen. In entsprechender Stimmung kamen er und seine Begleiter bei uns in der Schreibstube an. Und dann hörte er etwas für ihn völlig Unverständliches. Wir hatten die Margarine nicht „selbst gefressen", wie er es von seinen Kreaturen gewohnt war, sondern sie in den Krankenbau gegeben. So etwas konnte er einfach nicht glauben, und darum war sein erster Gedanke: ‚Das muß er mir erst mal beweisen, und das kann er sicher nicht, dieser Bolschewik!' Als ich ihm die Quittung überreichte, fiel mir ein, daß es, wenn er wach war, jetzt einen schwachen Punkt für mich gab. Aber immer noch verwirrt, starrte er auf die Quittung mit der schwungvollen Unterschrift und begriff nicht – oder übersah –, daß es die Unterschrift eines Häftlings war. Hätte Matthias Mai seine Häftlingsnummer dazugeschrieben, wäre der Schein für Bugdalle völlig wertlos gewesen. So aber wurde in seinem SS-Gehirn das Ganze zu einer „Dienstsache", und nur so war seine Bemerkung zu verstehen: „Dann kannst du zu deinem Oberführer gehen!" Es war ja nicht mein Vorgesetzter, sondern sein SS-Oberführer Loritz, der Kommandant des Konzentrationslagers Sachsenhausen. Ich kannte Loritz noch gar nicht, hatte noch kein Wort mit ihm gesprochen, jedoch schien Bugdalle davon auszugehen.

Für Bugdalle konnte eine solche „Dienstsache" Folgen haben, die er nicht riskieren mochte, und so mußte der von allen Häftlingen und auch SS-Leuten gefürchtete „Brutalla" einen Rückzieher machen. Für unseren Ruf, für die Einstellung der SS zur Häftlingsschreibstube und damit für unsere Arbeit war das von nicht geringer Bedeutung. Die SS unterstellte uns einen Einfluß, den wir in Wirklichkeit gar nicht hatten. Und wir mußten uns davor hüten, unsere Position zu überschätzen. Bugdalle würde diese Schlappe nicht so hinnehmen. Von seiner Seite war alles zu befürchten. Wer einmal in sein Blickfeld geraten war, mußte mit dem Schlimmsten rechnen.

Die bisher von der SS angewandten Folter- und Tötungsmethoden genügten Bugdalle bald nicht mehr. Er erfand neue und wandte sie an. Als Kommandoführer beim Bau eines Schießstandes für die SS führte er den „Bärentanz" ein: Der Gefangene mußte den Schaufelstiel umklammern, den Kopf auf den Stiel oder die Arme legen und sich auf Kommando mit zunehmender Geschwindigkeit drehen. Die Augen mußte er geschlossen halten. Wenn Bugdalle diesen „Bärentanz" auf Kommando abrupt unterbrach, stellte er sich so hin, daß der taumelnde Gefangene gegen ihn stoßen mußte. Das war dann für ihn ein Vorwand, den Gefangenen „wegen Angriffs auf einen SS-Mann" zusammenzuschlagen.

Im Korridor, der den A- mit dem B-Flügel eines Blocks verband, war zwischen dem Waschraum und der Toilette ein kleiner Raum von etwa 1 qm Grundfläche, der Besenraum oder – wie wir ihn nannten – das „Kabuff". Hier waren Besen, Schrubber, Reinigungsmittel usw. untergebracht. Borde oder Regale, in denen die Putzmittel aufbewahrt wurden, verengten den Raum noch zusätzlich. Diesen Raum benutzte SS-Blockführer Bugdalle zum Quälen, ja selbst zum Töten von Häftlingen. Später übernahmen auch andere SS-Leute diese Methode. In diesen Raum – ohne Fenster und fast luftdicht abgeschlossen – ließ Bugdalle bis zu acht Gefangene mit brutaler Gewalt hineinpressen. Die Opfer krallten sich zusammen und kletterten aneinander hoch, bis die Tür hinter ihnen mit aller Gewalt geschlossen wurde.

So war es auch an einem Tag um den 1. Mai 1940, als Bugdalle im Block erschien und ankündigte, er wolle jetzt mal eine „Maifeier" veranstalten. Er suchte sich einige Häftlinge heraus, prügelte sie ins Kabuff, bis keiner mehr hineinpaßte, und ließ die Tür verschließen. Dann veranlaßte er seinen Helfer unter den Häftlingen, den BVer und Blockältesten August Siewertsen, das

Schlüsselloch mit Papier zuzustopfen. Als dann am späten Nachmittag die Tür geöffnet wurde, fielen die Opfer heraus. Fünf waren tot, die anderen zwei oder drei bewußtlos. Einer der Überlebenden erzählte mir später, er habe mit dem Gesicht zur Tür gestanden und es an die Türritze gepreßt, bis er ohnmächtig geworden sei. Vieles habe er erlebt, vorher und auch in späterer Zeit, dies aber sei das Schlimmste gewesen, diese endlose Zeit, in der Minuten zu Stunden wurden, als er ein Teil dieser wehrlosen, vor Todesangst schreienden, klagenden, langsam stiller werdenden Menschen war. Die Hoffnung, daß die Gestorbenen zu Boden sinken und Platz für die ums Überleben Kämpfenden schaffen würden, habe sich nicht erfüllt. Zu fest sei dieses Menschenknäuel ineinander verkeilt gewesen. Er habe an der Tür gestanden und nicht einmal den Raum gehabt, mit dem Fuß gegen die Tür zu treten, um sich bemerkbar zu machen. Er könne auch nicht froh darüber sein, überlebt zu haben. „Diese Stunden werden mich mein ganzes Leben nicht mehr verlassen", sagte er mir 23 Jahre nach diesem Erlebnis.

Alfred Hellriegel, der im Anschluß an seine Zuchthausstrafe nach Sachsenhausen kam, wurde als Zugang im März 1940 in die Strafkompanie eingewiesen und blieb dort bis Juni 1940. Aus seinem Augenzeugenbericht sollen folgende Auszüge Zeugnis ablegen über das, was unter Bugdalle in der Isolierung und besonders in der Strafkompanie vor sich ging. Alfred Hellriegel war einer der wenigen, die wir damals aus der Strafkompanie lebend herausholen konnten. Er berichtet:

In der „Isolierung", einem vom großen Lager abgetrennten Teil des Lagers, waren die Bibelforscher, Homosexuellen, Häftlinge der „Sonderabteilung Wehrmacht" (SAW), sogenannte politisch Rückfällige und die Strafkompanie untergebracht. Die Strafkompanie war im Block 11, gegenüber Block 12, stationiert. Die zahlenmäßige Stärke der Strafkompanie belief sich ständig auf rund hundert Häftlinge, darunter Politische, Kriminelle, polnische Häftlinge u. a. Der Hauptverantwortliche für die „Isolierung" war SS-Hauptscharführer Bugdalle, dem die beiden SS-Blockführer Knittler und Ficker zur Seite standen. Die in der Strafkompanie untergebrachten Häftlinge waren Todeskandidaten. Sie wurden unter Anwendung verschiedener Methoden systematisch fertiggemacht, wobei sich Bugdalle durch seinen Sadismus besonders hervortat.

Vor und hinter Block 11 sowie in dem Quergang, der zu den anderen Baracken der Isolierung führte, mußten die Häftlinge der Strafkompanie oft Tage hintereinander von früh bis spät im „Sachsengruß" hocken, d. h. in Kniebeugestellung, die Hände vorgestreckt oder im Genick gefaltet. Weiter wurde unter dem Kommando Bugdalles „Sport" betrieben, wobei schon viele Häftlinge an Ort und Stelle wegen Überanstrengung starben. Der Tod anderer wurde dadurch herbeigeführt, daß Bugdalle durch die Reihen der zusammengebrochenen, am Boden liegenden Häftlinge ging und ihnen mit der Stiefelspitze in den Unterleib und gegen das Geschlechtsteil trat. Auch aus den Reihen der in Kniebeuge verharrenden Häftlinge suchte er sich laufend neue Opfer heraus. Mit der Anrede „Na, du Mistvogel, bist du immer noch nicht verreckt?" schlug er den Betreffenden zusammen, bis er kein Lebenszeichen mehr von sich gab. Andere schleppte er – mit unter auch unterstützt vom Blockältesten August Siewertsen – in den Waschraum, wo er sie eigenhändig im Fontänebecken ertränkte. Bugdalle hatte in der „Isolierung" auch das Verbot der polnischen Sprache eingeführt, und die polnischen Kameraden durften sich nicht in ihrer Muttersprache unterhalten. Wurden sie doch einmal dabei ertappt, so erfolgte meist eine Bestrafung im Waschraum, die oft den Tod zur Folge hatte. Es war für mich ein unglücklicher Zufall, daß ich immer in unmittelbarer Nähe der Eingangstür von Block 11 knien und den Verbrechen Bugdalles zusehen mußte.

Im Mai 1940 stellte Bugdalle eine sogenannte „Schwarze Liste" mit etwa 20 bis 24 Häftlingen auf, die für besondere Strafmaßnahmen vorgesehen waren. Jeden Morgen, bevor diese Gefangenen ihren Platz in knieender „Sachsengruß"-Haltung einnehmen mußten, wurden sie samt Bekleidung im Waschraum von Bugdalle oder seinen Komplizen Knittler und Ficker mit einem Wasserschlauch bis auf die Haut durchnäßt. Die Häftlinge der „Schwarzen Liste" erhielten weder Essen noch Trinken. In der Mittagszeit wie auch während des Abendbrotes mußten diese vor Block 11 knieenden Häftlinge kehrtmachen, um den Häftlingen der Strafkompanie beim Essen zuzusehen. Diese Strapazen mußten solange durchgehalten werden, bis man zusammenbrach und starb, was meistens nach etwa zehn Tagen geschah.

In der letzten Mai-Woche wurde ich selbst der „Schwarzen Liste" zugeteilt. Ich war erst kurz dabei, als Bugdalle sich eine neue Tortur ausgedacht hatte. Er ließ das Essen für die Häftlinge der Strafkompanie eine ganzen Tag zurückhalten. Am Abend mußten diese Gefangenen dann die Morgensuppe, das Mittagessen und das Abendbrot auf einmal einnehmen. Danach mußten sie zusammen mit uns von der „Schwarzen Liste", die wie üblich von der Esseneinnahme ausgeschlossen waren, antreten. Im Laufschritt ging es dann durch das Tor des Isolierlagers zum Appellplatz des großen Lagers. Dort wurde in einer unbeschreiblichen Art und Weise unter der Leitung Bugdalles „Sport" betrieben. Die Häftlinge mit vollgestopftem Magen, ebenso die völlig Ausgemergelten der „Schwarzen Liste", mußten tanzen, hüpfen, kriechen und laufen. Dabei erbrachen die Häftlinge das soeben eingenommene Essen. Bugdalle lief durch die Reihen und trat dabei den zusammengebrochenen Häftlingen mit dem Stiefel in den Leib, in das Kreuz, sogar ins Gesicht. Nach etwa einer Stunde krochen wir alle ins Isolierlager zurück. Sechs bis acht Häftlinge aber waren auf dem Platz liegengeblieben. Noch am Abend mußten zwei BVer mittels eines zweirädrigen Wagens sechs Leichen aus der Isolierung ins Revier abtransportieren.

Eines Tages – es war in den Morgenstunden und ich vermutete Bugdalle nicht in der Isolierung – war ich, von unerträglichem Durst gequält, in den Waschraum gekrochen, um in der Fontäne meinen Durst zu stillen. Plötzlich stand Bugdalle vor mir, packte mich im Genick und drückte mit eisernem Griff mein Gesicht ins Wasser, wahrscheinlich in der Absicht, mich zu ertränken. Was dann geschah, habe ich erst später von dem neben mir knieenden Kameraden erfahren. Danach sei unerwartet der Lagerführer in die Isolierung gekommen. Als Bugdalle davon Kenntnis erhielt, habe er von seinem Vorhaben Abstand nehmen müssen, weil er sonst einen Zeugen, der nicht seiner Befehlsgewalt unterstand, gehabt hätte, dem er überdies sofort hätte Meldung machen müssen. Bugdalle habe dann mit dem Lagerführer die Isolierung verlassen. Ein politischer Häftling habe mich wieder an meinen Platz geschleppt.

Wie bereits geschildert, mußten die Häftlinge der „Schwarzen Liste" in völlig durchnäßter Kleidung von früh bis abends vor dem Block 11 knieen und zwischendurch auf dem schwarzgrauen Boden vor den Baracken „Sport" machen. Wir waren total verdreckt, und zwischen den Fingern hatten sich krätzeartige Wunden gebildet. Anfang Juni 1940 erschien Bugdalle und machte eine „Sauberkeitsvisite". Wir mußten auch unsere Hände vorzeigen, worauf er wörtlich sagte: „Ihr Dreckschweine! Wollt ihr in diesem Dreck sterben? Na, wartet, ich werde euch Sauberkeit beibringen!" Vier Häftlinge der Strafkompanie wurden von ihm beauftragt, aus der Häftlingsküche mehrere Eimer kochenden Wassers zu holen und einige neue Wurzelbürsten zu beschaffen. Zum Scheuern der Hände wurden einige Bänke bereitgestellt. Aus Furcht vor weiteren Mißhandlungen tauchten wir unsere Hände ungeachtet der Schmerzen in das heiße Wasser und scheuerten sie ohne Seife mit den Wurzelbürsten, als ginge es um unser Leben. Beim Eintauchen ins heiße Wasser platzten die Wunden zwischen den Fingern zusehends weiter auf, und einzelne Wurzelborsten blieben in den Wunden stecken, die wir dann mit den Fingern herausziehen mußten.

Im Anschluß an diese „Säuberungsaktion" erschien Bugdalle wieder und überzeugte sich von dem „Erfolg". In Kniebeugestellung mußten wir unsere Hände vorhalten, die einen einzigen Blutklumpen bildeten und vor Schmerzen zitterten. Bugdalle, sichtlich zufrieden, sagte darauf: „Na, seht ihr, es geht, wenn ihr nur wollt!" Ein Häftling, etwa 18 Jahre alt, unser Jüngster der „Schwarzen Liste", hatte den Schmerz nicht ganz unterdrücken können und erregte dadurch die Aufmerksamkeit des SS-Führers. Wie ein Wahnsinniger trat Bugdalle ihm mit aller Wucht in den Unterleib. Von dessen Hilferuf: „Mutter! Mutter!" dann anscheinend besonders erregt, trat Bugdalle um so kräftiger zu, bis der junge Häftling tot war.

Wenn ich mich auch nur auf die Schilderung bestimmter Verbrechen beschränke, so kann ich doch zusammenfassend sagen: Bugdalle hat während meiner zwölfwöchigen Haft in der Isolierung täglich gemordet, teils mit Unterstützung der Blockführer Knittler und Ficker, zum größten Teil aber allein.

Etwa nach der ersten Juni-Woche 1940 wurde ein Transport für das KZ Neuengamme zusammengestellt. Es war mein neunter Tag als Häftling der „Schwarzen Liste", als ich plötzlich als einziger zu den aus dem Kreis der Strafkompanie bereits Ausgesuchten gestellt wurde. Weil ich so gut wie nicht mehr laufen konnte, nahmen mich zwei Kameraden in ihre Mitte, und so gelangte ich ins große Lager zum gesamten Transport. Dabei erfuhr ich, daß dies schon von langer Hand vorbereitet worden war, und zwar durch politische Häftlinge des großen Lagers. Rudolf Wunderlich, der in der Schreibstube arbeitete und bei der Zusammenstellung von Transporten hin und wieder hinzugezogen wurde, hatte meinen Namen unter großer Gefahr für sich selbst auf die Transportliste geschmuggelt. So gelangte ich völlig erschöpft in Neuengamme an. Dem sicheren Tod in der Isolierung Sachsenhausens war ich dadurch entgangen.

35.
Meisele, Sekanina und andere Kameraden

Am 11. November 1939 waren dreißig bis fünfzig Juden einer polnischen Minderheit aus Gelsenkirchen eingeliefert worden. Unter ihnen befand sich ein kleiner, schwächlicher Jude, namens Salomon Meisele, 73 Jahre alt, mit einem langen, weißen Bart. Ein SS-Mann rief: „Einen Weihnachtsmann habt ihr auch mitgebracht!" Er zündete mehrere Male ein Streichholz an und brannte den Bart fast vollständig ab. Dann wurden alle Juden stundenlang über den Appellplatz gehetzt. Meisele, der Brandwunden im Gesicht davongetragen hatte, wurde dabei besonders gequält und mußte schließlich von den Kameraden zu seinem Block 37 geschleppt werden. In den nächsten Tagen suchte der SS-Mann Meisele im Block auf. Schon von weitem rief er: „Wo ist denn der Weihnachtsmann?" Als er ihn vor sich hatte, schlug er auf Meisele ein. Sobald dieser unter den Schlägen am Boden lag, rief der SS-Mann: „Los, auf! Du markierst nur!" Diese Quälerei wurde auch in den nächsten Tagen fortgesetzt, bis Meisele endgültig zusammenbrach und starb. „Körperschwäche" war die von den SS-Ärzten angegebene Todesursache.

An einem anderen Tage kommt ein SS-Mann in den Block 39, der mit jüdischen Häftlingen belegt ist und fragt, ob hier Väter und Söhne seien. Darauf melden sich ein Vater und sein 17jähriger Sohn. Der SS-Mann fordert den Sohn auf, seinem Vater eine Ohrfeige zu geben, weil der Schuld daran habe, daß er hier im KZ sei. Auf Zureden seines Vaters gibt ihm der Sohn einen leichten Streich. Der SS-Mann ist damit nicht zufrieden, schlägt den Vater mit der Faust ins Gesicht und tritt ihn in den Leib. Als darauf der Junge laut weinend den SS-Mann anfleht, seinen Vater in Ruhe zu lassen, wird auch der Sohn von ihm zusammengeschlagen. Der SS-Mann hört mit seinen Mißhandlungen erst auf, als der Vater tot liegenbleibt.

Hermann Landmann, ein jüdischer Häftling aus dem Gelsenkirchen-Transport, hatte eine etwas schiefe Mundstellung. Bei der Abnahme des Zählappells fiel er damit einem SS-Mann auf. „Na, Jude, warum grinst du? Dir geht es wohl zu gut!" Und er wurde geschlagen und getreten. Der große, kräftige Hermann Landmann blieb trotz Mißhandlungen stehen. Dieser SS-Mann suchte ihn immer wieder auf, schlug und trat ihn mit der Bemerkung: „Dich krieg' ich auch noch klein!" Selbst als Landmann nach Tagen der Mißhandlungen schon zum Appell getragen werden mußte, bekam er von diesem SS-Mann noch Fußtritte. Am 27. Februar 1940 starb Landmann.

Der jüdische Gefangene Abraham Nußbaum war kleiner als 1,60 Meter. Wegen seiner krummen Beine und der unbeholfenen Art beim Marschieren fiel er einem SS-Mann auf, weil er schlecht Schritt halten konnte. Eines Tages, beim Einrücken des Arbeitskommandos, holte sich der SS-Mann den Abraham Nußbaum aus der Kolonne und schrie: „Ich werde dir schon das Marschieren beibringen!" Immer wieder griff er sich ihn heraus und quälte ihn mit besonderen Übungen zum Marschieren, zum Strafsport, weil es bei ihm einfach nicht so klappte, wie es der SS-Mann haben wollte. Es dauerte nicht lange, bis Nußbaum nicht mehr in der Lage war, zur Arbeit zu gehen. Er mußte in einer Decke zu den Appellen getragen werden. Eines Tages kam der SS-Mann, der Nußbaum schon mehrfach mißhandelt hatte, in den Block und schrie schon an der Tür: „Ihr Dreckjuden, euer Gestank ist ja nicht auszuhalten!" Dann ließ er sich den Abraham Nußbaum bringen, zerrte ihn in den Waschraum, stellte ihn dort unter die Brause und spritzte mit einem Schlauch kaltes Wasser auf seine Herzgegend und auf die Halsschlagader. Nußbaum, der ohnehin nur noch schwach bei Kräften war, erlag dieser Tortur. Er starb am 14. April 1940.

Der Bauer August Klosterschulte, 70 Jahre alt, aus Werne an der Lippe, war ins Lager gekommen, weil er Wehrmachtsangehörige in der Scheune anstatt in seinem Wohnhaus einquartiert hatte. Mir sagte er, sein Bauernhof sei seit Generationen Eigentum der Familie, nur er habe dort die Verantwortung und lasse sich von niemandem dazwischenreden. Nachdem die Soldaten sich schlecht benommen hätten, sei ihm nichts anderes übrig geblieben, als sie zur Ordnung anzuhalten. Wir nannten ihn „die westfälische Eiche". Sein unerschütterliches Selbstbewußtsein und die ruhige Verachtung, mit der er den SS-Leuten begegnete, faßten diese als Herausforderung auf und verstärkten ihre Quälereien. Er nannte die SS-Männer nur „die jungen Leute". Als ihn der Rapportführer einmal fragte, woher er die Kopfwunde habe, zeigte er auf einen SS-Blockführer und sagte: „Es war dieser junge Mann." Eine Aufforderung der SS-Leute, er sollte sich doch aufhängen, beantwortete er ganz ruhig, das könne man doch nicht von ihm verlangen, sein christlicher Glaube lasse das nicht zu. In dem kalten und schneereichen Winter 1940 mußte er ohne Mantel, Handschuhe und Ohrenschützer zur Arbeit ausrücken. So wurde er langsam zu Tode geschunden. Am 19. Januar 1940 starb er „an einem Herzschlag", wie die Todesursache auf Anordnung des SS-Arztes lautete.

Am 18. April 1940 fehlte beim Abendappell der Gefangene Walter Koloska. Nachdem wir – wie bei solchen Anlässen üblich – einige Stunden gestanden hatten, wurde die Leiche Koloskas ins Lager getragen. Die Bahre mit der Leiche wurde in die Mitte des Appellplatzes gestellt, und dann mußten Tausende von Gefangenen hintereinander an der Bahre vorbeilaufen. SS-Leute achteten darauf, daß auch von jedem der blutbesudelte Tote angesehen wurde. Obgleich wir schon viele Tote gesehen hatten und der ständige Anblick Toter und Sterbender doch allmählich abstumpft, geschah hier etwas, das uns alle bewegte. Ich kann nicht erklären, warum, aber hier waren alle tief ergriffen von dem Anblick dieser geschundenen Kreatur. Sämtliche Häftlinge, einzeln und eng hintereinander, mußten, was bisher noch nie geschehen war, an dem Toten vorbeifilieren. Nach dieser Maßnahme war auf dem Appellplatz und auf den Wegen zwischen den Blocks kaum ein Häftling zu sehen. Alle hielten sich in den Baracken auf; die Gespräche untereinander waren zurückhaltend und leise. Im Lager war alles still, bis die Glocke die Nachtruhe ankündigte.

Die erste Meldung, die uns am nächsten Morgen erreicht, kommt von einem Blockältesten aus der Strafkompanie, also aus der Isolierung. Der Häftling Franz Otto Heitsch, der dort im Stubendienst half und als Blockfriseur fungierte, ist in der Nacht ermordet worden. Unsere Nachforschungen ergeben, daß Heitsch vom SS-Blockführer auf den Ausweisungshäftling Josef Jarmalowic angesetzt worden war, den der SS-Mann „nicht mehr sehen wollte". Heitsch hatte Jarmalowic von der Absicht der SS in Kenntnis gesetzt, nachdem wir abends an dem erschossenen Koloska vorbeidefiliert waren. Beim Abendessen war Jarmalowic nicht an seinem Tisch. Er muß im Schlafsaal von einem der eisernen Betten ein rund 30 cm langes und 2 cm breites Flacheisen losgeschraubt haben, damit in der Nacht zu dem schlafenden Heitsch geschlichen sein und ihm das Flacheisen über den Kopf und ins Gesicht geschlagen haben. Da keiner dieser Schläge tödlich war, erwürgte er Heitsch und suchte sich dann ein Versteck im Lager.

Noch vor dem Antreten zum Morgenappell wurde ich ans Tor gerufen: „Lagerältester zum Kommandanten!" Beim Lauf zum Tor denke ich darüber nach, was ich Loritz berichten kann; dann aber will er gar nichts von mir wissen, deutet nur mit der Hand zur Strafkompanie und sagt: „Gehen wir." Mit einem Schlage ist alles, was ich ihm sagen wollte, wie weggewischt. Was will er von mir? Warum will er mit mir zur Mordstelle? Ich kenne ihn nicht, weiß nur, daß er unberechenbar ist. Plötzlich habe ich Angst; eine Angst, die mich nicht zum Nachdenken kommen läßt. Ich habe so ein Gefühl wie jedesmal dann, wenn es zu den Vernehmungen bei der Gestapo ging: Was kommt heute auf mich zu? Das Schlimmste ist, daß man nicht den geringsten Anhaltspunkt hat, wogegen man sich wehren muß, wo man ausweichen kann. Ich gehe einfach mit ihm los, in meiner Verwirrung drei Schritte vor ihm, wie es Vorschrift ist, auf dem Wege zur Vernehmung drei Schritte vor dem Wachposten zu gehen. Automatisch beachte ich aus den Augenwinkeln heraus, diesen Abstand zu halten. Sobald er seine Schritte beschleunigt, gehe auch ich schneller. Loritz quetscht durch die Zähne: „Nu lauf er doch nicht immer vor mir her!" Darauf gehe ich neben ihm weiter, unbewußt auf seiner rechten Seite. Das war natürlich die falsche. Er, nun schon ärgerlich und entsprechend lauter: „Nu geh' er schon auf die andere Seite!" Ich handle automatisch und laufe vor ihm herum auf die linke Seite. Er knurrt etwas, was ich nicht verstehe. Dann stehen wir vor der Leiche des Franz Otto Heitsch. Jarmalowic muß von Sinnen gewesen sein. Loritz sieht sich alles an, hört zu, was der Blockälteste ihm berichtet und geht dann, nachdem er auch mich mit einer Handbewegung zum Mitkommen aufgefordert hat.

Mit einem Schlage ist die Angst von mir abgefallen; es ist wieder einmal gutgegangen. Schweigend gehen wir über den Appellplatz. Plötzlich fragt Loritz mich: „Wo schläft denn er?" Weil ich nicht gleich antworte, wiederholt er: „Wo schläft er, will ich wissen!" Ich antworte: „In meinem Block, Block 6." – „Er richtet sich sofort ein Zimmer ein, sonst geht es ihm wie dem da." Er zeigt zurück auf die Isolierung. „Ich habe keine Angst, daß mich einer umbringt." – „Ich habe gesagt, daß er sich ein Zimmer einrichtet." Er bleibt stehen und sieht auf die Baracken. „Vom Bad können Sie sich einen Raum abteilen. Suchen Sie sich aus, was Sie brauchen." Bevor er weitergeht, sage ich schnell: „Oberführer, wenn ich das mache, bin ich verraten und verkauft.

Wie soll ich denn wissen, was im Lager los ist, wenn ich nicht mehr unter den Häftlingen lebe?" – „Das Zimmer wird gemacht. Er weiß also Bescheid." Dann geht er.

Als wir zum Appell antreten, läßt mich SS-Lagerführer Forster rufen: „Der Oberführer hat angeordnet, daß Sie im Bad einen Raum abteilen und sich ein Zimmer einrichten." – „Ich habe den Oberführer gebeten, davon Abstand zu nehmen." Er geht weiter, als ob er nichts gehört hätte. Am Nachmittag läßt mich SS-Rapportführer Campe zu sich rufen. Vor ihm liegt ein Bauplan vom Häftlingsbad; er will mit mir den Bau meines neuen Zimmers besprechen. „Der Oberführer hat angeordnet..." Ich antworte ihm mit den gleichen Worten wie dem Loritz. Er: „Sagen Sie das dem Oberführer selbst." – „Das habe ich schon getan." Ich erkläre Campe noch einmal all das, was dagegen spricht. Campe ist offensichtlich von meiner Meinung angetan, will dies mir gegenüber aber nicht äußern und sagt nur: „Wenn Sie meinen, damit durchzukommen." Ich kann gehen. Als ich schon an der Tür bin, sagt er noch: „Mensch, das kann aber schiefgehen!" Ich habe den Eindruck, als betrachte er das alles als ein interessantes Experiment und als warte er nun darauf, daß ich mir die Finger verbrenne.

Inzwischen hatte im Lager eine große Suchaktion nach Josef Jarmalowic begonnen. Alle verfügbaren SS-Leute, Block- und Kommandoführer, die SS-Leute aus der Kommandantur und eine ganze Reihe von Vorarbeitern und Blockältesten beteiligen sich daran. Wir – die Schreibstube – halten uns heraus. Jeder Winkel des Lagers, jeder Wohnblock, jede Werkstatt wird bis in die letzte Ecke durchsucht. Da fällt mir plötzlich ein: Unser Radio! Wenn die das finden! Ich laufe zur Häftlingsbekleidungskammer. Dort erwartet mich schon Ernst Thorell. Den Schlüssel zur Baracke der Häftlingsbekleidungskammer hat er in der Tasche. Wenn sie also dort hinein wollen, um ihre Suche fortzusetzen, wird Ernst als erster dorthin gehen, wo unser Radio steht.

Ich will in der Nähe bleiben und gehe in die Kammerbaracke. Dort steige ich in der Wäscheabteilung auf eine Leiter. Als ich im obersten Regal einen Wäschestapel wegnehme, habe ich plötzlich das Gesicht des Geflüchteten vor mir, die Augen vor Entsetzen aufgerissen, den Mund weit offen, als ob er schreien wollte. Ich verschaffe mir erst einmal Zeit zum Überlegen, indem ich den Finger auf meine Lippen halte. Er bleibt ruhig, und ich schiebe den Stapel Wäsche wieder in die Lücke.

Beim Verlassen des Raums stoße ich auf Franz Jacob und Martin Schwantes, und wir beraten, was wir tun können. Im Augenblick sehen wir kaum eine Möglichkeit. Können wir ihn ein paar Tage verstecken? Aber wo? Dort, wo unser Radio steht, ist es unmöglich. Wer ist dieser Mann überhaupt? Wir müssen an seine Akten in der Politischen Abteilung herankommen. Das könnte uns gelingen, weil die Akte jetzt herausgesucht ist und sicher auf dem Schreibtisch eines SS-Führers liegt. Sobald wir über Jarmalowic Bescheid wissen, können wir ihn vielleicht mit einem Toten auswechseln. Sicherheitshalber legen wir fest, daß nur ich mit ihm zu tun haben darf, weil er mich ja schon gesehen hat. Wir sind alle sehr erregt darüber, in so eine gefährliche Lage geraten zu sein, aber mit so etwas muß man ja immer rechnen. Wir trennen uns, Franz mit dem Auftrag, in der Tischlerei oder auch in einer anderen Werkstatt ein Versteck zu suchen. Ich werde mit Rudi Wunderlich und Ivan Sekanina darüber sprechen, wie wir an die Akte herankommen können. Martin wird für die Verpflegung sorgen. Es dauert aber nicht lange, als im Lager laut gerufen wird: „Wir haben ihn!" Ein SS-Mann hatte noch einmal dort, wo ich schon gewesen war, nachgesehen und dann, als er den Geflüchteten entdeckte, sofort geschossen. In der amtlichen Totenmeldung hieß es: „Josef Jarmalowic 19. 4. 1940, 8.45 Uhr, auf der Flucht beim Widerstand erschossen."

Ende April 1940 wurde Hermann Kronenberg, der Häftlingsvorarbeiter in der „Politischen Abteilung" und des Erkennungsdienstes, von der SS abgelöst. Er hatte beim Einkauf in der Kantine mit einem Zwanzigmarkschein bezahlen wollen. Kein Häftling aber bekam einen Zwanzigmarkschein, auch nicht von seinem Eigengeld, weil ihm jeweils nur 15 Mark im Monat ausgehändigt wurden. Bisher hatte Hermann Kronenberg gelegentlich größere Geldscheine in der Kantine untergebracht, ohne daß ihm etwas passiert war. Diese größeren Geldscheine hatte er Zugängen abgenommen und ihnen dafür den zugelassenen Betrag von 15 Mark gegeben. Die SS hatte dabei ein Auge zugedrückt, weil Kronenberg ihnen Berichte über andere Häftlinge und Vorfälle im Lager lieferte. Außerdem hatte er enge Beziehungen zu dem SS-Mann Claussen aus Hamburg, der vorübergehend als Häftling im „Erziehungssturm" gewesen war. Als Claussen nach Beendigung seiner Haft in die Politische Abteilung versetzt wurde, holte er Kronenberg in das dortige Arbeitskommando und machte ihn zum Vorarbeiter. Als Vertrauensmann der SS und Vorarbeiter fühlte er sich sehr sicher und prahlte offen mit seinen „Beziehungen nach oben". Wir kannten Kronenberg und seine Lagerkarriere, wir hielten deshalb ihm gegenüber Distanz. Zwei Kommunisten in diesem Arbeitskommando, die tschechischen Dolmetscher Pavel Prokop und Ivan Sekanina, waren von uns über seine Rolle informiert worden.

Als Kronenberg mit dem Zwanzigmarkschein auffiel, glaubte er, genügend Rückhalt bei der SS zu haben, daß er sich darauf berufen könne: SS-Unterscharführer Heinz Wiegandt habe ihm einen Hundertmarkschein gewechselt. Damit hatte er aber einen SS-Mann in die Affäre hineingezogen und sich bei der SS unmöglich gemacht. Er kam in die Strafkompanie und wurde dort am 2. Mai 1940 ums Leben gebracht.

Bei der jetzt eingeleiteten Untersuchung gegen das gesamte Häftlingskommando „Politische Abteilung" wurden eine ganze Reihe von Geldgeschichten aufgedeckt, ohne daß den Häftlingen etwas passierte. Sie blieben ohne Strafe weiter in dem Kommando, obwohl einige von ihnen größere Schiebungen zugegeben hatten. Nur die beiden Kommunisten Sekanina und Prokop wurden beschuldigt und als Häftlingsfunktionäre abgelöst. Die SS behauptete einfach, Kronenberg habe ausgesagt, sie seien es gewesen, die den Hundertmarkschein zum Einkauf gegen 15 Mark eingetauscht hätten. Beide wurden sofort in die Strafkompanie gesteckt. Am 8. Mai 1940 wurde der Tod des Genossen Pavel Prokop gemeldet.

Nach dem Tod Prokops spreche ich mit dem Blockältesten der Strafkompanie, August Sievertsen, und sage ihm, daß es sicher zu einer großen Untersuchung käme, wenn nun auch Sekanina plötzlich stürbe. Das könne auch für ihn als Blockältesten böse Folgen haben. Damit konnte ich erreichen, daß Sievertsen und sein Stubendienst sich nicht an Mißhandlungen Sekaninas beteiligen. Aber da war noch SS-Blockführer Bugdalle. Nach ein paar Tagen wirft er einen schweren Fußrost, den nach meiner Vorstellung kaum ein Mensch allein heben kann, nach Sekanina und bricht ihm damit einen Arm. Ivan kommt in den Krankenbau und bleibt dort zur Behandlung. Bald wird er wieder zuversichtlicher: „Die werden doch sicher nicht meinen Arm kurieren, um mich dann umzubringen." Auch hat er von seiner Frau Nachricht über den Erhalt seines Hilferufs, den er ihr verschlüsselt zukommen lassen konnte. Ivan Sekanina weiß nun, daß sich bekannte Leute im Ausland um ihn bemühen. Nach seiner Meinung hätte das bereits dazu geführt, daß er im Hause der Gestapo in der Prinz-Albert-Straße den Besuch seiner Frau genehmigt bekam.

Am Montag, dem 20. Mai 1940 wird Ivan Sekanina zur Politischen Abteilung vorgeladen. Bevor er geht, sprechen wir noch miteinander. Er ist davon überzeugt, daß es um seine Verlegung in ein anderes Lager oder gar um seine Entlassung geht, möglicherweise auch um den Besuch seiner Frau. Nachdem er von der Vorführung in der Politischen Abteilung zurückkommt, berichtet er mir freudestrahlend, daß er zum Reichssicherheitshauptamt kommen solle, was nichts anderes bedeuten könne als seine Entlassung. Er sieht darin den Erfolg der internationalen Proteste gegen seine Verhaftung und einen neuen Ansporn zur Weiterarbeit für die Befreiung Ernst Thälmanns. Dann erzählt er mir, daß er auch über die Verhältnisse in der Strafkompanie, über den Tod Prokops, wie Bugdalle ihm den Arm brach und über andere Vorfälle berichtet habe; auch bei seinem Aufenthalt im Reichssicherheitshauptamt werde er darüber nicht schweigen. Ich bin sehr erschrocken und sage zu Ivan: „Das kann aber böse für dich ausgehen!" Er erwidert, dieses Risiko müsse er eingehen. Er erwarte mit Sicherheit, daß allein schon seine Ankündigung, höheren Orts über die Zustände im Lager zu berichten, Erleichterungen für die Häftlinge bringen könne, und sei es auch nur für eine kurze Zeit. Er ist fest davon überzeugt, daß Blockführer Bugdalle von der Lagerführung zurückgezogen wird, um einer Untersuchung von oben aus dem Wege zu gehen. Ich gebe ihm den Rat, im Krankenbau im Bett liegenzubleiben, seinen Raum nicht zu verlassen, und den Krankenbau schon gar nicht. Auch dürfe er auf keinen Fall darüber reden, was er in der „Politischen Abteilung" erlebt und gesagt habe.

Am Abend kommt der Blockälteste der „SK", August Sievertsen, zu mir und sagt: „Deinem Freund, dem Tschechen, kann ich nicht mehr helfen. Da muß heute morgen was gewesen sein, was, weiß ich nicht, aber ich will dir nur sagen, da kann ich nichts mehr machen." Als Bugdalle am nächsten Morgen ins Lager kommt, nimmt er nicht den üblichen Weg zur Strafkompanie, sondern geradewegs zum Krankenbau, obwohl den SS-Blockführern der Zutritt dort von den SS-Ärzten verboten worden ist. Er geht sofort zu Sekanina. Der einzige Zeuge, der Bremer Buchhändler Conny Fritsch, sagt mir später, Bugdalle sei in das Krankenzimmer gekommen, habe Ivan Sekanina angestarrt – ihm sei das endlos vorgekommen – und dann gesagt: „Fertig machen!" Ivan habe sich angezogen und sich von allen mit den Worten verabschiedet: „Was man auch immer sagen wird, ich werde keinen Selbstmord begehen. Die Kraft habe ich noch. Darauf könnt ihr euch verlassen." Dann habe Bugdalle ihn selbst zur Strafkompanie gebracht. Einige Stunden danach kam Bugdalle in die Schreibstube. „Ihr könnt jetzt euren Freund abholen!" rief er uns zu und ging sofort wieder. Laut Totenschein starb Ivan Sekanina am 21. Mai, um 16.00 Uhr. Als Todesursache wurde angegeben: „Freitod durch Erhängen."

Wilhelm Marker ist jetzt mehr als acht Monate in der Strafkompanie. Alle Versuche, ihn aus der SK herauszuholen, waren erfolglos geblieben. Seine Hilferufe werden drängender. Bei einem heimlichen Gespräch sagt er mir: „Ich bin am Ende. Bugdalle macht Jagd auf mich. Bei mir geht es nur noch um Tage, dann ist es aus mit mir." Die Morde an Pavel Prokop und Ivan Sekanina lassen das Schlimmste für Wilhelm Marker befürchten. Nachdem wir alles, was in unseren Möglichkeiten lag, versucht hatten, kamen wir darauf, Wilhelm Hackert anzusprechen. Er hatte Wilhelm Marker bei der SS denunziert, und wir konnten ihm die Möglichkeit bieten, dies wieder gutzumachen. Am 22. Mai 1940, am Tage nach dem Tode Ivan Sekaninas, findet gleich nach dem Morgenappell die übliche Besprechung der Lagerältesten mit den Blockältesten statt, diesmal in Block 5. Bevor alle beisammen sind, gehe ich mit Hackert in den Schlafsaal, um ihm unseren Vorschlag zu erläutern. Er lehnt heftig und lautstark ab, auch nur den kleinen Finger für Wilhelm Marker zu rühren, und will den Schlafsaal eilig verlassen. Ich packe ihn vor der Brust: „Du hörst jetzt zu, was ich dir zu sagen habe. Ich wollte dir eine Chance geben. Du hast sie nicht genutzt. Für mich bist du ein feiger Mörder!" Er reißt sich los und rennt aus dem Block in Richtung Blockführerstube.

Am Nachmittag sitze ich am Schreibtisch, als Bugdalle in die Häftlingsschreibstube kommt. „Ihr könnt euren Genossen abholen." Sonst nichts. Er blickt jeden von uns an. So habe ich das öfter an ihm beobachtet, wenn er seinen Triumph auskostet. Wir sind bemüht, unsere Erschütterung zu verbergen. Die SS-amtliche Version der Totenmeldung lautet: „Wilhelm Marker, 22. 5. 1940, Freitod durch Erhängen."

36.

Massentransporte aus Polen

Während der ersten Monate des Jahres 1940 waren wir voll mit den Tausenden von Zugängen aus Polen beschäftigt. Zur Aufnahme der polnischen Gefangenen wurden die drei jüdischen Blocks 37, 38 und 39 im „kleinen Lager" geräumt. Die jüdischen Häftlinge kamen für einige Zeit ins große Lager. Das „kleine" bzw. „neue Lager" war durch einen Stacheldrahtzaun mit einem stets verschlossenen Tor vom großen Lager getrennt.

Rapportführer Campe überraschte uns mit der Mitteilung, daß er selbst

Blockälteste und Stubendienst für die polnischen Zugänge ausgesucht habe; der Häftlingsschreibstube sei der Zutritt zum „neuen Lager" verboten. Dies unterstehe dem 2. Schutzhaftlagerführer, SS-Hauptsturmführer Otto Andresen. Andresen stammte aus Hüxmark, Kreis Eckernförde. Im Vergleich mit anderen SS-Leuten fiel er ziemlich aus dem Rahmen. Er war klein und schmächtig und trug eine auffallend große Mütze. Mit seinen fünfzig Jahren war er einer der ältesten SS-Leute. Bisher hatten wir nichts mit ihm zu tun gehabt. Die SS nannte ihn spöttisch „Onkel Otto", und dieser Name wurde auch bald von den Häftlingen gebraucht. Ich war noch mit den Räumungsarbeiten im „neuen Lager" beschäftigt, als auch Andresen mir den Zutritt dort untersagte. Als wir dann die neuen Blockältesten mit ihrem Stubendienst das „neue Lager" beziehen sahen, wußten wir, warum die SS-Lagerführung die Häftlingsschreibstube ausgeschaltet hatte. Es handelte sich fast ausschließlich um Leute, die der SS bedingungslos ergeben waren. Unserer Kontrolle und unserem moralischen Druck entzogen, konnten sie nach völliger Willkür hausen.

Unsere Befürchtungen wurden wahr, als ab März 1940 die großen Polentransporte ins Lager einrückten. Völlig entkräftet, viele von ihnen mit Spuren von Mißhandlungen, die sie schon während des Transportes hatten erdulden müssen, wurden sie durch das Lager getrieben. Wohl jeder Transport brachte Tote mit. Die zu Tausenden eingelieferten Polen setzten sich aus allen Schichten der Bevölkerung zusammen: Junge und Alte, Arbeiter, Bauern, Beamte, Unternehmer, Künstler, Wissenschaftler, Lehrer, Richter, Politiker, Gewerkschafter und Geistliche. Die SS hatte sie zusammengetrieben und in die Konzentrationslager verschleppt. Die antipolnisch eingestimmte Nazipresse und der Rundfunk hatten die Emotionen gegen die Polen so aufgestachelt, daß fast jeder SS-Mann eine Gelegenheit suchte, seinen Haß an den wehrlosen Gefangenen auszulassen.

Bis in den Herbst hinein kamen mehr als 13 000 Polen. Für diese große Anzahl reichten die drei Blocks des „neuen Lagers" nicht aus, so daß noch zehn weitere von den Baracken südlich des Zellenbaus hinzugenommen wurden. Dieser Komplex, der von der SS die Bezeichnung „Polnisches Quarantänelager" erhielt, wurde an den noch offen gebliebenen Stellen mit Stacheldraht eingezäunt und hatte ein bewachtes Eingangstor.

Tonangebend bei den Blockältesten im Lager der polnischen Gefangenen war der BVer Bruno Brodniewicz, einer der Vertrauten von Weihe und Zerres, die ich schon mehrmals erwähnte. Diese Clique war eng liiert mit früheren SS-Leuten, die jetzt als Häftlinge dem sogenannten Erziehungssturm angehörten. Diese beteiligten sich nicht nur an den Gewalttaten, sondern auch an der Ausplünderung der Deportierten. Der Lagerführer für das „neue Lager", Andresen („Onkel Otto"), fand hier eine Gelegenheit, sich als SS-Führer zu „bewähren", und war voller Aufregung ständig auf den Beinen. Wo er auch nur ein Wort anbringen konnte, heizte er die Pogromstimmung gegen die Polen an. Er und seine Leute fühlten sich sicher, weil auch SS-Lagerführer Höß ihnen Rückendeckung gab.

Zu keiner Zeit hatten es bisher die Neuen in Sachsenhausen leicht gehabt, aber die polnischen Zugänge der Monate März und April des Jahres 1940 traf der Terror der SS und ihrer Helfershelfer besonders schwer.

Wir überlegten, wie wir den polnischen Kameraden helfen könnten. Eines Tages, nachdem SS-Hauptsturmführer Andresen und die anderen SS-Leute frühstücken gegangen waren, tobten die Blockältesten besonders laut mit den Polen herum. So machten wir – die drei Lagerältesten Werner Staake, Jakob Groß und ich – uns kurzentschlossen auf, erzwangen den Zutritt zum „neuen Lager" und übernahmen selbst das Kommando. Jeder von uns holte sich einen Dolmetscher heran. Dann übten wir Antreten, Ausrichten, Abzählen, Mützen ab – kurz alles, was den neuen Kameraden zumeist völlig unbekannt war und der SS Anlaß zum Drangsalieren bot. Jeden Versuch der Blockältesten, einzugreifen und gewalttätig zu werden, konnten wir unterbinden. Schließlich hatten wir auch bei ihnen eine gewisse Autorität. Das ging eine Zeitlang gut. Dann jedoch hatte jemand „Onkel Otto" geholt, der vor Wut über unsere Aktion rot angelaufen war. Unter Drohungen wies er uns aus dem „neuen Lager". Ich versuchte noch, ihm zu erklären, daß wir ausschließlich „inspizieren" wollten, ob die Zugänge genügend geübt seien, die für den Ablauf der Appelle wichtigen Kommandos auszuführen. Er verbot mir den Mund und warf mich hinaus: „Wenn ich Sie noch einmal hier sehe, kriegen Sie Arrest!"

Alle Zugänge mußten bei der Einlieferung Geld und Wertsachen in der Effektenkammer abgeben, die auf einer Karteikarte eingetragen wurden. Dabei wurden die polnischen Häftlinge, die fast alle der deutschen Sprache nicht mächtig waren, aus einer Ecke in die andere geprügelt, so daß es für die Bewacher, ob SS-Blockführer oder Blockälteste, ein leichtes Spiel war, sich manche Uhren, Ringe und andere Wertsachen anzueignen. Um den Mißhandlungen zu entgehen, unterschrieben die Zugänge meist alles, was ihnen zur Unterschrift vorgelegt wurde. Sobald ein Zugangstransport abgefertigt war, verschwanden die SS-Leute, die Häftlinge vom „Erziehungsturm" und die BVer, um die Beute in Sicherheit zu bringen. Die SS-Leute hatten draußen unmittelbare Verwendung dafür, aber für ihre Häftlings-Helfershelfer waren die Wertsachen im Lager schwer zu Geld zu machen. Mit einem Teil davon konnten sie SS-Leute, die nicht an die Polenzugänge herankamen, korrumpieren, einiges wurde Zivilarbeitern in den Außenkommandos zum Kauf angeboten, anderes irgendwo versteckt, um es im Falle einer Entlassung hervorzuholen. Mit den Lebensmitteln, die diese Häftlinge in zum Teil beträchtlichen Mengen mitbrachten, wurden ebenfalls Geschäfte gemacht. Ein großer Teil davon – Speck, Schinken, geräucherte Wurst, eingemachtes Fleisch – wurde von den SS-Leuten requiriert; es wurde aus dem Lager herausgeschmuggelt und zum eigenen Bedarf oder für den Schwarzhandel mit nach Hause genommen.

Nun machten wir uns daran, den Unterschlagungen und Schiebungen, die durch den Zustrom von Wertsachen und Lebensmitteln aus dem „neuen Lager" ständig zunahmen, zu Leibe zu rücken. Wir gingen jeder Spur nach, was sich auch gar nicht als schwierig erwies, weil die beteiligten Häftlinge sich immer sicherer fühlten und mit der Tarnung nachlässiger wurden. Wir konnten auch alle, die zu uns hielten, zur Mitarbeit an der Lösung dieses Problems überzeugen. Auf diesem Wege erhielten wir eine Fülle von Informationen, die wir sorgfältig überprüften und sammelten.

Als eines Tages ein Transport nach dem KZ Flossenbürg zusammengestellt wurde, bot sich die Möglichkeit, die in die Ausplünderungsaffäre verwickelten Häftlinge auf die Transportliste setzen zu lassen. Campe bekam die Namenlisten. Er konnte sich die Leute selbst ansehen, entweder wenn sie dem Arzt vorgestellt wurden oder wenn sie auf dem Appellplatz angetreten waren. Diesmal waren diverse Häftlinge mit Beziehungen zu SS-Leuten dabei, die daran interessiert waren, ihre Helfer in Sachsenhausen zu behalten. Würden mehrere SS-Leute für sie ein Wort bei Campe einlegen, dann wäre damit zu rechnen, daß er alles umstieß. Also mußten wir mit den Betroffenen sprechen und sie selbst überzeugen. Ich gehe zu dem Blockältesten, aus dessen Block wir die vom Stubendienst an den Schiebungen Beteiligten für den Transport nach Flossenbürg vorschlagen wollen. Alle Angesprochenen protestieren dagegen. Nachdem ich ihnen aber einen Teil unseres Materials über sie vorlege und mich bereit erkläre, mit jedem einzeln zu sprechen, falls dies gewünscht werde, machen die meisten davon Gebrauch. Als sie dann selbst hören, was die Schreibstube alles über sie weiß, brauche ich nur noch zu sagen, daß es nur eine Frage der Zeit sei, bis die SS-Lagerführung von sich aus hinter ihr Treiben käme. So erklären die meisten ihre Bereitschaft mitzugehen.

Als einige Wochen darauf wieder ein Transport nach Flossenbürg geht, melden sich fast alle übrigen an den Unterschlagungen Beteiligten freiwillig. Alles scheint somit gelaufen zu sein, als Campe, so wie er es meistens macht, sich auch diesen Transport noch einmal ansehen will. Ich denke, wenn das nur gutgeht. Campe beschaut sich alle Angetretenen, langsam, Mann für Mann, bei manchem zögernd stehen bleibend. Dann geht er mit mir ein Stück weiter und sagt: „Da sind aber Galgenvögel dazwischen!" Ich antworte: „Es sind etliche Handwerker dabei, die sich denken, das ist ein neues Lager, da können sie weiterkommen als hier." Schweigend geht Campe weiter. Ich bin jetzt überzeugt davon, daß von ihm keine Einwände mehr kommen. Mit Sicherheit ist er informiert über die Schiebungen mit den Wertsachen und Lebensmitteln der polnischen Häftlinge sowie über das Komplizenverhältnis zwischen der SS und einigen Häftlingen.

Campe hat aber auch drei politische Lagerfunktionäre auf diese Transportliste setzen lassen, ohne vorher ein Wort darüber zu verlieren. Wir erfahren, daß der Blockälteste Hein Schlote über Berichte ausländischer Radiosender mit anderen gesprochen habe, und daß Karl Saß und Walter Hellmann, beide Heizer für Küche und Wäscherei, an Zuckerschiebungen der SS-Unterführer Birke und Rakers (dem Küchenchef) beteiligt gewesen sein sollen. Alle drei wären normalerweise im Lager mit schwersten Strafen belegt worden. Campe erledigt das auf seine Art: keine Meldungen nach oben, keinen Anstoß bei den Vorgesetzten riskieren. Auch im Fall Hein Schlote gilt für Campe: keinen Stein ins Rollen bringen, keine Untersuchungen übergeordneter Stellen im Lager veranlassen. Die Häftlinge werden abgeschoben, den SS-Leuten aber geschieht nichts.

Nachdem Lagerführer Höß öfter bei dem BV-Blockältesten Brodniewicz gewesen ist, entwickelt dieser eine große Aktivität. Bruno Brodniewicz ist ein Grüner, ein Schläger übelster Sorte. Er ist tonangebend bei den gewalttätigen Blockältesten und willfährigen Werkzeugen der SS. Wir erfahren bald, daß er mit Höß zusammenarbeitet. Sie suchen unter den Häftlingen solche Leute heraus, die zu jeder Schandtat bereit sind und in Sachsenhausen bisher nicht Fuß fassen konnten. In Polen soll ein neues Lager eingerichtet werden. Dort würden sie nicht zur Arbeit herangezogen, sondern als Blockälteste und Vorarbeiter eingesetzt werden. Die Ausgewählten schwelgen schon in den ihnen versprochenen Freiheiten und Vorteilen. Die Häftlingsschreibstube ist bei der Zusammenstellung dieser Kommandos bisher nicht hinzugezogen worden. Als der Termin zur endgültigen Aufstellung näherkommt, spricht Arbeitsdienstführer Palitzsch Franz Jacob und mich an, ob wir ihm nicht helfen könnten, ein paar ordentliche Leute für das neue Lager in Polen auszusuchen. Höß habe bisher eine Räuber- und Schlägerbande ausgewählt, mit der er als Rapportführer nicht zusammenarbeiten wolle. Palitzsch war uns gut genug bekannt, und wir waren nicht daran interessiert, seinem Wunsche nachzukommen. Als er uns in den nächsten Tagen nicht erneut daraufhin ansprach, waren wir heilfroh.

Anfang Mai 1940 ist es soweit: SS-Hauptsturmführer Höß und Oberscharführer Palitzsch rücken mit ihren Häftlingskommandos ab, um in das neue Konzentrationslager in Polen zu fahren – nach Auschwitz. Es sind dreißig Häftlinge, fast alles BVer. Viele von ihnen haben ganz ungeniert Wertsachen bei sich, die sie den polnischen Zugängen abgenommen haben. Als wir dazu unsere Bedenken äußern, teilen sie uns prahlend mit, Lagerführer Höß habe ihnen zugesichert, daß sie keine Kontrolle durch die SS-Wachmannschaften zu befürchten hätten. Obwohl wir wissen, daß das neue Lager nichts Gutes von ihnen zu erwarten hat, atmen wir doch erleichtert auf, als das Lagertor hinter ihnen geschlossen wird.

Einige Monate nach Kriegsbeginn sind die deutschen Häftlinge in Sachsenhausen zur Minderheit geworden. Ständig treffen neue ausländische Gefangene ein, vorwiegend aus Polen. Allein aus Warschau kommen am 3. Mai 1200 Zugänge, am 17. Juli 1260 aus Radom und Kielce. Nach übereinstimmenden Berichten sind die meisten von der Straße weg verhaftet worden, und alle, die sich gerade draußen aufhielten, wurden unter Kolbenschlägen auf die Lastwagen getrieben. Es gab keine Anklage, keine Beschuldigungen, ja, nicht einmal Verhöre. Für ihre Angehörigen waren sie für Wochen wie vom Erdboden verschwunden, da sie aus Sachsenhausen erst nach einiger Zeit schreiben durften.

Mit den Zugängen aus Polen hatten wir besondere Probleme, nicht nur wegen der Sprachbarriere. Für sie waren wir erst mal Deutsche, und sie konnten nach allem, was Deutsche ihnen angetan hatten, kein Vertrauen zu uns haben. Vor allem bemühten sich die Genossen aus Oberschlesien, den polnischen Gefangenen unseren Standpunkt und unser Verhältnis zu ihnen zu erklären. Auch die mit der Schreibstube verbundenen Blockältesten, Stubendienste und Vorarbeiter in den Arbeitskommandos versuchten, den Zugängen die Zwangssituation, in der wir deutschen Antifaschisten uns befanden, zu erläutern, das heißt, wie wir mit den Befehlen der SS fertig werden mußten, und wie die Probleme, die sich aus dem Zusammenleben im Lager ergaben, bewältigt werden konnten. Die verschiedenen Ländergruppen unserer Partei fanden auf ihren Blocks sehr bald Kontakt zu den polnischen Kameraden, gaben politische Informationen weiter und trugen zum Abbau der Schwierigkeiten bei. Anfangs hatten viele Polen sich aufgrund regionaler Zusammengehörigkeit oder gemeinsamer weltanschaulicher Basis zusammengeschlossen. Auch spielte bei ihrer Gruppenbildung die frühere gesellschaftliche Stellung eine Rolle. So gab es einige, die uns nicht nur als Deutsche, sondern auch als Kommunisten ablehnten, beides Gründe für ihre anfängliche Distanz, ja, fast Feindschaft. Die Häftlingsschreibstube war ständig bemüht, in Gesprächen und durch ihr Verhalten dieses Mißtrauen zu überwinden. Das erleichterte den polnischen Häftlingen die Erkenntnis, daß wir hier im Lager das gleiche Schicksal wie sie erleiden, und daß es jetzt darauf ankommen mußte, gemeinsam unsere Interessen wahrzunehmen. Die Ländergruppen unserer Partei arbeiteten ebenfalls daran, persönliche Verbindungen zu polnischen Kommunisten, Sozialisten und Sympathisierenden herzustellen.

Je mehr die Polen sich einlebten, desto besser wurde die allgemeine und politische Zusammenarbeit. Ungewollt half dabei auch die SS. Die Blockführer versuchten immer wieder, die Sprachschwierigkeiten auszunutzen, um die polnischen Gefangenen bis zur Erschöpfung herumzujagen. Aber bald hatten die Polen begriffen, daß ein Zusammentreffen mit einem SS-Mann lebensgefährlich sein konnte. Sie lernten es auch, auf Verhalten und Ausdrucksweise der SS-Leute schnell zu reagieren. Dabei halfen ihnen nach Kräften die „alten Lagerhasen". So wuchs die Gemeinschaft auch mit ihnen langsam zusammen. Auf jeden Fall war die unterschiedliche Nationalität bald keine Hürde mehr.

Die SS-Lagerführung hatte angeordnet, die polnischen Jugendlichen in einem Block zusammenzufassen. Dieser Block war im „neuen Lager" isoliert, d. h., es durfte kein anderer Häftling diesen Block betreten. Als Blockältesten genehmigte uns Rapportführer Campe unseren Kameraden Franz Bobzien, einen sozialistischen Lehrer aus Hamburg, der im Lager Kommunist geworden war. Nach anfänglichem Mißtrauen gewann er schnell die Sympathien der Jungen; Lucjan Mierzwinski, Zdzislaw Jasco und andere polnische Kameraden haben später darüber berichtet. Franz organisierte es, daß die Jungen, deren Väter im großen Lager untergebracht waren, sich heimlich mit ihnen treffen konnten. Er begann bei seinen Schützlingen sofort mit dem Deutschunterricht; denn die Unkenntnis der deutschen Sprache war für die SS immer Vorwand, die jungen Polen zu quälen. Als dem SS-Blockführer dieser Schulunterricht zu Ohren kam, ging er auf den Block, drehte ein Schemelbein heraus und tobte in der Baracke herum. Trotz der Ohrfeigen, die Franz einstecken mußte, blieb er völlig ruhig und erklärte, die Deutschstunden seien notwendig, um den jungen Polen die Befehle der Lagerführung verständlich zu machen. Als Antwort trommelte der Blockführer mit dem Schemelbein auf dem Tisch herum und brüllte: „Das ist die Sprache, die die Polen verstehen!"

Die SS war immer bestrebt, die jungen Polen gegen ihre älteren Landsleute aufzuhetzen. Franz setzte seine ganze Person ein, um die Jugendlichen patriotisch und zugleich internationalistisch zu erziehen. Er machte sie mit der sozialistischen Weltanschauung vertraut. Ohne Wissen der SS-Lagerführung wurden abends im Jugendblock Vorträge von bekannten KPD-Funktionären oder anderen fortschrittlichen Persönlichkeiten gehalten. Gerade diese Jugendlichen traten später als Vermittler zwischen deutschen und polnischen Kommunisten auf, überhaupt zwischen den Nazigegnern beider Nationen, um die antifaschistische Front im Lager zu stärken.

Franz verstand es, seinen jungen Kameraden Mut zu machen und ihre Überzeugung zu stärken, daß Hitler-Deutschland den Krieg verlieren und sie ihre Freiheit wiedergewinnen würden. Nach der Befreiung schrieb Lucjan Mierzwinski im Namen seiner polnischen Gefährten über Franz Bobzien: „Die Deutschen hatten unsere Heimat zerstört, unsere Landsleute zu Tausenden ermordet und uns selbst in die Hölle von Sachsenhausen verschleppt. Franz Bobzien vermochte es, inmitten dieser Hölle unseren abgrundtiefen Haß gegen Deutschland und alles Deutsche zu besiegen. Er verkörperte für uns das wahre, edle Deutschland. Er war unser Gefährte im gemeinsamen Kampf gegen die Ungeheuer, die sein eigenes Land hervorgebracht hatte. Er hat uns, die wir fast alle aus bürgerlichem Hause kamen und ahnungslos in die Hände der Faschisten fielen, den Glauben an den Menschen wiedergegeben und uns zu überzeugten Sozialisten erzogen. Wir werden ihn niemals vergessen."

Später genehmigte Rapportführer Campe offiziell den Vätern einen zeitlich begrenzten Besuch ihrer Söhne. Damit war faktisch die Isolierung des Jugendblocks aufgehoben.

Eine Gruppe von neunzig Polen war besonderen Repressalien der SS ausgesetzt. Es handelte sich um Menschen, die im Zusammenhang mit dem Niederholen der Nazifahne vom Rathaus in Thorn verhaftet worden waren. Auch der Blockälteste, ein ASO mit Spitznamen „Perrunje", den die SS sich ausgesucht hatte, beteiligte sich an den Quälereien. Diese Menschen aus Thorn wurden fortlaufend gehetzt und geprügelt, in den Pausen mußten sie deutsche Lieder singen. Wer nur den Mund auf- und zumachte, weil er die ihm fremde Sprache nicht beherrschte, bezog „Sonderbehandlung". Der Pole Tadeusz Zalanowski, der beschuldigt wurde, die Hakenkreuzfahne heruntergeholt zu haben und deswegen von der SS nur „Flaggenschänder von Thorn" gerufen wurde, war Tag für Tag Mißhandlungen bis zur Bewußtlosigkeit ausgesetzt. Als er dann völlig kraftlos und apathisch auf nichts mehr reagierte, befahlen die SS-Leute dem Stubendienst seines Blocks, einem ASO-Häftling, ihn vor ihren Augen aufzuhängen. Der aber antwortete: „Das kann ich nicht. Das habe ich noch nie gemacht." Ein SS-Mann zog seine Pistole und sagte: „Er oder du!" Da fügte sich der Häftling dem Befehl.

Mit Zalanowski war auch Pawel Kalamarski, Lehrer aus Thorn (Torun), am 7. Juli ins Lager eingeliefert worden. In einem Arbeitskommando mußte er die auf dem Oranienburger Bahnhof eintreffenden Güterzüge mit Metallgegenständen ausladen. Als er entdeckte, daß es sich um Glocken aus Polen handelte und er sich über diesen Raub empörte, wurde er in die Strafkompanie gesteckt. Dort nahm ein SS-Mann ihn die Mütze ab, schmiß sie weit über die Postenkette und befahl ihm, sie zurückzuholen. Als Kalamarski sich außerhalb der Postenkette befand, wurde er einfach abgeknallt. An die Familie ging eine Nachricht: „... auf der Flucht erschossen".

Unter den polnischen Gefangenen befanden sich zahlreiche Geistliche, fast alle katholischen Glaubens. Die SS bezeichnete sie abfällig als „die Pfaffen". Die Häftlinge übernahmen das und nannten sich dann auch selbst „wir Pfaffen". So wurde dem Schimpfwort der SS die Spitze genommen. Die Geistlichen beider Konfessionen wurden von der SS gleich behandelt, das heißt, auch nicht anders als alle Häftlinge. Zugangstransporte von Geistlichen zogen die SS-Leute aber besonders an. Wer nur irgend konnte, kam, um sie zu verhöhnen und zu schikanieren. So wurde das Scheren der Kopf- und Schamhaare mit vulgären Witzen begleitet. Korpulente Geistliche bekamen von der SS besonders ausgesuchte Bekleidung, die viel zu klein und zu eng war. Dadurch waren sie dem dröhnenden Gelächter der SS ausgesetzt. Diese Menschen, die sich bisher ihr ganzes Leben in einer Atmosphäre der Bedächtigkeit bewegt hatten, begriffen überhaupt nichts mehr, als sie in diesem von der SS ausgelösten Wirbel hin- und hergeworfen wurden. Unter den 17 000 polnischen Häftlingen, die 1940 nach Sachsenhausen deportiert wurden, waren etwa 600 Pfarrer, von denen 80 ums Leben gekommen sind.

Die Geistlichen wurden gemeinsam in Blocks des neuen Lagers untergebracht. Solange sie noch nicht zur Arbeit eingeteilt waren, machten die SS-Leute mit ihnen „Sport". Erst später wurden sie Arbeitskommandos wie Waldkommando, Kanalbau, Klinkerwerk oder Industriehof zugeteilt. Während der Arbeit kamen Kontakte zustande, die über die Blocks nicht möglich gewesen wären, da das neue Lager streng vom großen Lager isoliert war. Es ergaben sich nun schnell Berührungspunkte vor allem mit jenen Geistlichen, die sich in der politischen Auseinandersetzung gegen den Faschismus engagierten. Einen großen Anteil an der Verständigung zwischen uns und den Geistlichen hatten religiös eingestellte Häftlinge, die leichter mit ihnen ins Gespräch kamen. Wo wir im Hinblick auf katholische Bedürfnisse helfen konnten, taten wir es. So besorgte ich über Klaus Pieper, den Vorarbeiter in der Effektenkammer, religiöse Literatur wie Gebetbücher und anderes. Wir ließen uns Namen von Geistlichen nennen, die ihr Einverständnis gaben, Bücher aus ihren Effekten zu beschaffen. So brachte mir Klaus Pieper eines Tages eine Bibel – eine Dünndruckausgabe des Alten und Neuen Testaments –, die nicht bei den Effekten registriert war, und ich gab das Buch den polnischen Pfarrern.

Im Sommer 1940 informiert mich Rapportführer Campe, daß der Block 57 zu einer „Kirche" – wie er mir sagte – umgebaut werden solle. Das geschieht dann auch in wenigen Tagen. Der polnische Geistliche, die Seele aller, die mit der Kirche verbunden sind, ist ein energischer und furchtloser Mann. Er beruft sich immer darauf, daß die Errichtung der Kirche auf Veranlassung des Papstes vorgenommen worden sei, womit er dann mehr durchsetzt, als der Lagerführung lieb ist.

Die Häftlingsschreibstube und die Häftlingshandwerker hatten bei der Ausstattung der Kirche mitgewirkt, und als alles fertig war, wurden auch noch Blumen besorgt. Schwieriger war die Beschaffung des Meßweins. Der verantwortliche Geistliche, dessen Name mir entfallen ist, kommt zu mir: „Ich habe vom Rapportführer eine Flasche Wein für den Gottesdienst bekommen. Wie ich gesehen habe, hat er noch eine Flasche. Er will sie mir aber nicht geben. Versuch du es doch mal!" Ich trage Campe den Wunsch vor. Erst will er nicht – der Pfaffe käme dann jeden Tag und töte ihm den Nerv. Dann läßt er sich aber doch herab, die zweite Flasche Meßwein zu holen, die nur noch ein Drittel gefüllt ist. „Das ist der Rest. Mehr gibt's nicht." Wir müssen uns also selbst helfen. Ich weiß von zwei Grünen, die als Handwerker im SS-Bereich arbeiten und hin und wieder Zutritt zum Weinkeller des Lagerkommandanten haben, daß der Keller seit dem Frankreichfeldzug randvoll ist. Die beiden holen sich immer ihren Anteil, aber sehr zurückhaltend, damit sie nicht auffallen. Außer den beiden wissen nur noch zwei Leute davon, und einer davon bin ich. Mit einem zuverlässigen grünen Kumpel bespreche ich, die beiden zu überreden, zwei Flaschen unverschnittenen, also reinen Wein für die Messe mitzubringen. Unter dem Siegel der Verschwiegenheit gehen die beiden Flaschen, von denen ich die Etiketten entfernt habe, an die Geistlichen, die natürlich nicht wissen, daß dieser Wein aus dem Keller von Loritz stammt.

Einige Tage später läßt mich Rapportführer Sorge rufen. Er ist ganz erhitzt. Auf der Erde liegen zersplitterte Spazierstöcke. „Ich habe eben die beiden BVer, die Handwerker aus dem SS-Bereich, verhört und durchgehauen. Sie haben dem Oberführer Wein geklaut." Ich überlege, warum er mich deshalb rufen läßt, denn solche Sachen erledigt er immer ohne mich. Ich warte ab, was noch kommen könnte, da schreit er schon wieder: „Das sind aber harte Burschen. Ich habe kein Wort von ihnen herausbekommen. Also lassen Sie die in Ruhe. Die Burschen sind schon in Ordnung." Damit kann ich gehen. Weiß er etwas über die beiden entwendeten Flaschen Wein für den Gottesdienst? Am Abend nach dem Appell ruft Rapportführer Campe mich heran und fragt: „Sind Sie katholisch?" – „Nein, ich gehöre keiner Religionsgemeinschaft an." – „Aha! Sie wollen wohl auf ganz sicher gehen? Das kann aber auch mal schief laufen." Offenbar soll es eine Warnung sein, und da im Augenblick bei mir alles „in Ordnung" ist, kann es sich nur um die Weinflaschen handeln. Ich frage die beiden Grünen, die mir antworten, daß sie nichts von den beiden Flaschen erwähnt hätten. Etwas Konkretes hatte Sorge nicht gegen sie vorbringen können, sonst wären sie mit Sicherheit von ihrer Arbeit abgelöst worden. Bei dem Verhör seien die Geistlichen nicht erwähnt worden, auch die Häftlingsschreibstube nicht.

Sorge und Campe sind offensichtlich daran interessiert, diesen Fall nicht an die große Glocke zu bringen. Die ganze Sache mit den „Pfaffen" scheint ihnen nicht geheuer zu sein. Sie befürchen, daß ein Übergriff unangenehme Folgen für die Lager-SS haben könnte. Da gibt es internationale Beziehungen, den Papst und jetzt auch noch eine Kirche, gebaut im Konzentrationslager. Das alles verunsichert sie. Aber sie finden einen Ausweg, um die Situation in der Hand zu behalten: Sie legen Leute vom „Erziehungssturm" mit den Geistlichen zusammen. Die „Knochenmänner" – wie sie wegen ihrer Markierung, die ähnlich dem SS-Symbol aus zwei gekreuzten Menschenkochen besteht, genannt werden – sind junge, lebhafte Leute, die es verstehen, mit vorgetäuschter Hilfsbereitschaft sich das Vertrauen bei einer Reihe von Geistlichen zu erschleichen. Auf jeden Fall hatte die SS-Lagerführung eines erreicht: Sie erfuhr manches, was die Geistlichen taten und redeten. Für uns bedeutete das, die Beziehungen zu den – in Konspiration meist unerfahrenen – Geistlichen so zu gestalten, daß die SS keinen Angriffspunkt gegen uns finden konnte.

Eines Abends wurde eine größere Gruppe vorwiegend junger polnischer Geistlicher oder Mönche eingeliefert. Die meisten von ihnen trugen lange schwarze Kutten, worüber die anwesenden SS-Leute unpassende Bemerkungen machten. Es war schon spät am Abend, und nur die zum Nachtdienst eingeteilten SS-Blockführer waren anwesend. Weil auch die Verdunkelungsvorschriften eine Aufnahme und Registrierung der Zugänge unmöglich machten, ordnete SS-Rapportführer Campe an, sie bis zum anderen Morgen in einem Block im neuen Lager unterzubrinen. Die drei Lagerältesten sollten bei ihnen bleiben.

Wir stellten uns auf eine interessante Nacht ein, weil wir hofften, viel darüber zu erfahren, was in Polen vor sich ging. Bald aber merkten wir, daß es schwer war, mit ihnen ins Gespräch zu kommen; zuerst nahmen wir an, wegen der Sprachschwierigkeiten. Erst später stellten wir fest, daß viele von ihnen unsere Sprache beherrschten. An diesem Abend aber waren es anscheinend nur wenige, und auch die verstanden erst Deutsch nach einer in Polnisch untereinander geführten Besprechung. Uns imponierte das geschlossene Auftreten dieser Gruppe, und wir versuchten, sie davon zu überzeugen, daß wir absolute Gegner der Nazis seien und uns deshalb schon viele Jahre im KZ befinden. Aber wir sprachen gegen eine Wand. Wir informierten sie, daß schon Tausende ihrer Landsleute in Sachsenhausen seien, und nannten ihnen die Namen einiger bekannter Professoren und Geistlicher. Wir bemühten uns, ihr Mißtrauen zu überwinden, indem wir ihnen Tips gaben, den Schwierigkeiten, die ihnen im Lager bevorstandenn, aus dem Wege zu gehen. Auch das ging daneben. Sprachen wir über das Verhalten der Häftlinge gegenüber der SS, so empfanden sie das als Anweisungen.

Wir konnten sagen, was wir wollten, für sie waren das Drohungen und keine Ratschläge. Seit ihrer Verhaftung waren sie überall, wo sie mit Deutschen in Berührung kamen, bedroht, drangsaliert und geprügelt worden. So mußte unser Versuch scheitern, sie in einer Nacht darüber aufzuklären, was sie im Lager erwartete.

Rapportführer Sorge hat inzwischen Wilhelm Hackert als Blockältesten für den „neuen Pfaffenblock" bestimmt. Hackert war das – nach seiner Ablösung im Block der jüdischen Häftlinge – schon eine Zeitlang in einem anderen Polenblock gewesen. Dort hatte er, unterstützt von einer ihm blind ergebenen Clique, eine wilde Gewaltherrschaft ausgeübt. Im übrigen Lager wollte kein

Gefangener sein Freund sein. Wir in der Häftlingsschreibstube und alle Genossen, mit denen er „dienstlich" zu tun hatte, behandelten ihn korrekt, aber mit äußerster Zurückhaltung. Wir hatten auch den von ihm mitverschuldeten Mord an Wilhelm Marker nicht vergessen. Jetzt ist er, eingesetzt vom Rapportführer, wieder in seinen alten Block im kleinen Lager zurückgekehrt. Nur sind es diesmal keine jüdischen Häftlinge, sondern polnische Geistliche, über die er das Sagen hat.

Kurze Zeit, nachdem der Block bezogen ist, komme ich dort auf meinem Gang durch das Lager vorbei. Die gesamte Belegschaft sitzt mit vorgestreckten Armen in Kniebeuge vor der Baracke. Ein Geistlicher steht erhöht im Blockeingang und kritisiert mit lauter Stimme, wenn jemand die Arme sinken läßt oder sich auf die Erde setzt. Als er mich sieht, wird er lauter und schreit auf polnisch auf seine Landsleute ein. Ich frage ihn: „Wer hat das angeordnet?" – „Der Blockälteste." – „Wer?" – „Der Blockälteste, der Blokowse." – „Hole ihn mal!" sage ich und lasse die Geistlichen aufstehen.

Hackert hat hinter dem Fenster alles mit angehört. Noch in der Tür stehend, sagt er wütend: „Die Leute sind laut, und unordentlich sind sie auch. Ich muß da Disziplin reinbringen, und das muß ich so machen, wie ich das für richtig halte. Dies ist mein Block, hier habe ich zu sagen." – „Ich will wissen, wer das angeordnet hat." – „Ich!" – „Du weißt, daß nur der Blockführer solche Anordnungen treffen kann. Du maßt dir an, hier eigenmächtig und über den Kopf des Blockführers hinweg Befehle zu erteilen. Wenn du willst, können wir ja mit dem Rapportführer darüber reden." Er fängt sich und sagt leise zu mir: „Warum mußt du das vor versammelter Mannschaft machen? Das hättest du mir doch auch allein sagen können. Ich verliere so jede Autorität." – „Deine Autorität verlierst du, wenn du dir als Häftling anmaßt, wie ein SS-Mann aufzutreten." Er schluckt das. Dann sagt er: „Kommst du mal mit rein?" Ich gehe schweigend mit ihm. Drinnen zieht Hackert die Luft tief durch die Nase, schnüffelt herum und sieht mich dabei an. „Riechst du nichts?" Er zieht mich in eine Ecke: „Riechst du immer noch nichts?" Als ich schweige, bricht es aus ihm heraus: „Hier stinkt es nach Leichen! Ich halte es nicht mehr aus! Im ganzen Block dieser Leichengeruch. Wenn man mich hier nicht herausnimmt, werde ich noch wahnsinnig!" Ich schlage ihm vor, den Fußboden hochzunehmen. „Vielleicht hast du oder dein Stubendienst, als dies noch der Judenblock war, einen Toten darunter versteckt. Aber ich habe dich hier nicht als Blockältesten eingesetzt. Laß' dich von dem ablösen, der dich hier eingesetzt hat." Ich will schon gehen, drehe mich an der Tür noch einmal um und sage: „Wenn du dir eine andere Arbeit besorgen willst, werde ich dir keinen Stein in den Weg legen."

Für den Polenblock, den Wilhelm Hackert bisher als Blockältester hatte, schlage ich Rapportführer Campe den sozialdemokratischen Kumpel Paul Drews, den späteren Senator in Lübeck, vor. Paul hat Bekannte in diesem Block, und er weiß, wie Hackert und sein Stubendienst die Leute drangsaliert haben. So hat er den Wunsch, in diesem Block die Verhältnisse zu ändern. Ich spreche mit ihm, daß er nichts überstürzen dürfe, sondern erst Erfahrungen sammeln müsse, um dann Zug um Zug Veränderungen vorzunehmen.

Als Drews zwei Tage Blockältester war, schreit Rapportführer Campe mich an: „Was ist denn das für ein Mann, den Sie mir da als Blockältesten angedreht haben! Der redet zuviel, der ist abgelöst und hat noch heute abend aus dem Block zu verschwinden!" Ich kann nur noch sagen: „Ich kenne den Mann als ordentlichen und besonnenen Menschen." Campe fällt mir ins Wort: „Ich will keine Leute, die Volksreden halten!", dreht sich um und geht. Paul Drews fällt aus allen Wolken, als ich ihm das mitteile. Er habe den Leuten doch nur gesagt, daß nun ein neuer Wind in diesem Block wehe. Er begreift einfach nicht, daß es viele Dinge im Lager gibt, über die man nicht spricht, sondern die man einfach tut.

Dann sagt Paul, daß er sowieso gerade zu mir wollte, greift in die Tasche und hält mir seine Hand mit einigen Goldstücken hin, die er in einem Versteck seines Vorgängers gefunden habe. Soviel Naivität bringt mich zur Raserei. Warum muß er sie mir geben, anstatt sie still verschwinden zu lassen? Sind wir nun auch noch in eine Goldschiebung verwickelt? Alles hängt davon ab, ob außer uns beiden sonst noch jemand davon weiß. Paul berichtet, daß er sich vor mehreren Häftlingen über diesen Fund empört habe. Die Sache kann also nicht mehr verheimlicht werden. Für Paul, mich und die Häftlingsschreibstube droht nun ein Strafgericht mit folgenschwerem Ausgang (wie ihn das Lager in einem ähnlichen Fall erlebt hat). Ich muß schnell handeln, weil damit zu rechnen ist, daß ich von einem SS-Blockführer, der an der Goldschiebung beteiligt ist, gefilzt und dann als der Schuldige hingestellt werde.

Ich laufe zum Tor. Im Zimmer des Rapportführers brennt kein Licht mehr. Er ist also nicht mehr da. Ich laufe automatisch weiter. Da glaube ich, in der Dunkelheit Campe außerhalb des Tores zu sehen und rufe völlig regelwidrig: „Rapportführer! Rapportführer!" Und der Mann, den ich etwa 30 Meter außerhalb des Tores auf dem Weg in die Kommandantur sehe, ist tatsächlich Rapportführer Campe. Er kehrt zögernd um, und als wir uns am Gittertor gegenüberstehen, sage ich noch ganz atemlos: „Rapportführer, bitte Sie sprechen zu dürfen." Er nickt. Als ich auf die herumstehenden Blockführer blicke, deutet er mit dem Kinn auf das Tor. Der diensthabende SS-Mann schließt auf, und wir gehen in das Büro des Rapportführers. Dort lege ich die Goldstücke vor ihm auf den Schreibtisch. „Hat ein Blockältester in seinem Block gefunden." Campe hat die Goldstücke vor sich liegen, streicht mit den Fingern darüber und schweigt. Nach einiger Zeit hebt er den Kopf und sagt: „Ist gut, Sie können gehen!" Keine Frage nach den näheren Umständen oder nach Block und Namen. Verwirrt über sein unbegreifliches Verhalten, sage ich noch: „Ich wollte nur Unheil vermeiden", was ihn zu einem Grinsen veranlaßt. Jetzt bin ich davon überzeugt, daß er die Sache mit den Goldstücken schon gewußt hat. Anders kann ich mir sein Verhalten nicht erklären. Ich habe das Gefühl, wieder einmal eine Klippe umschifft zu haben.

Im Block der Geistlichen hatten die Älteren und Ranghöheren den beherrschenden Einfluß. Sie machen kein Hehl daraus, daß die Beziehungen ihrer Glaubensbrüder zu uns nicht gern gesehen werden, und diese Einstellung wurde von den SS-Leuten des „Erziehungssturms" noch ständig angeheizt.

So kamen auch die Blockältesten mit ihren Versuchen, wenigstens in ihren Baracken ein kameradschaftliches Verhältnis zu schaffen, nur langsam voran. Viele unter den Geistlichen betrachteten sich als privilegierte Gruppe. Sie wollten nicht anerkennen, genauso Häftlinge zu sein wie alle anderen auch. Der Versuch, bisherige hierarchische Strukturen untereinander aufrechtzuerhalten und ihr Leben im Lager ganz entsprechend ihren kirchlichen Prinzipien zu führen, brachte sie in Konflikt mit dem harten Lagerleben und führte zur Isolation von den übrigen Häftlingen.

Seit den ersten Anfängen des Lagers hatten wir Geistliche der beiden großen Konfessionen unter uns als Häftlinge gehabt, und immer war es uns gelungen, nach einer gewissen Zeit der Distanz und des Mißtrauens Kontakte zu ihnen herzustellen und sie in die Erörterungen von Lagerproblemen einzubeziehen. Das ging nicht immer ohne Auseinandersetzungen ab. Aber wenn wir uns auf eine gemeinsame Stellungnahme geeinigt hatten, vertraten sie sie konsequent, und aufgrund ihres Einflusses, den sie oft auf ihren Blocks hatten, war uns ihre Unterstützung sehr hilfreich. Auch die Eigenarten der Häftlinge, die aus verschiedenen Sekten kamen, waren für uns kein Hindernis, ein kameradschaftliches Verhältnis anzustreben und zu entwickeln. Unabhängig von der individuellen Überzeugung hatten wir alle miteinander genug mit den Auseinandersetzungen gegenüber der SS zu tun und mußten darauf alle Kraft verwenden.

Es gab aber auch eine ganze Reihe von Geistlichen, die, sobald sich die Isolierung für sie lockerte, Beziehungen zu ihren Landsleuten aufnahmen, und so bahnten sich nun auch über die religiösen Beziehungen hinaus politische an. Informationen wurden ausgetauscht und erörtert. Das trug auch wesentlich zur Überwindung nationaler Barrieren bei. Karl Schirdewan, der Leiter der Häftlingsbücherei, belieferte die Geistlichen mit Literatur, soweit er ihren Wünschen und Interessen nachkommen konnte. Das brachte manche Diskussion mit literarisch und sonstwie interessierten Häftlingen. All das bezog sich aber nur auf den Kreis der Geistlichen, der die Absonderung in den „Pfaffenblocks" durchbrach und an dem Leben der Häftlinge im gesamten Lager Anteil nahm.

Wir hielten Erich Klann für geeignet, hier als Blockältester eingesetzt zu werden, auch, weil er mit dem katholischen Pfarrer Floßdorf befreundet war. Er selbst war überzeugt davon, ein gutes Verhältnis zu den Geistlichen herstellen zu können, und so schlugen wir ihn Rapportführer Campe vor, der seine Zustimmung gab.

In der Zeit, als die Geistlichen noch nicht zur Arbeit eingesetzt worden waren, saßen sie den ganzen Tag über im Block. Während der Arbeitszeit der anderen Häftlinge durften sie nicht lesen und auch nicht miteinander sprechen. Als ich mit Rapportführer Campe darüber redete, ob sie nicht wenigstens die Zeitung lesen dürften, wehrte er ab: „Die sollen beten!" Erich Klann sagte mir nach einiger Zeit: „Wenn die so weitermachen, werden sie verrückt, und ich auch." Er schlug vor, zweimal eine halbe Stunde am Tag leichte Freiübungen zu machen. Das aber hätten die Geistlichen mißverstehen und als Schikane betrachten können. Ich hatte dagegen Bedenken, weil die SS-Blockführer diese Gelegenheit wahrnehmen würden, um mit den Geistlichen das zu tun, was sie als „Sport" bezeichneten. So machte Erich nun von sich aus jeden Tag mit allen – bis auf die Kranken – eine Stunde Stubendienst. Nach und nach gelang es ihm dann doch, unter Beteiligung fast aller beim Stubendienst und bei den Freiübungen, dem sich ausbreitenden Trübsinn und der Depression zu Leibe zu gehen.

Kurz vor Weihnachten 1940 ging ein Transport mit Geistlichen nach Dachau, wozu auch die Belegschaft dieses Blocks gehörte. Nach meiner Erinnerung wurde kurz danach der als Kirche eingerichtete Block geschlossen.

Etwa um die gleiche Zeit wurde der evangelische Pastor Heinrich Grüber eingeliefert. Er kam ins Lager, weil er Hilfsaktionen für jüdische Christen organisiert hatte. Unter seiner Leitung wurde durch das „Büro Grüber" vielen Juden die Ausreise ermöglicht. Nachdem er einige Tage im Lager war, bat er über seinen Blockältesten um ein Gespräch mit mir. Wenn sonst einmal jemand etwas von der Schreibstube wollte, dann kam er einfach zu uns. Auch jeder, der an mich ein Anliegen hatte, sprach mich ohne Umstände an. Heinrich Grüber aber ließ sich einen Termin geben. Der Blockälteste berichtete, daß Grüber überall tüchtig zugreife und ihm eine große Hilfe sei. Es wurde ein langes Gespräch zwischen Grüber und mir. Er erzählte von sich, von der Hilfe, die er jüdischen Mitmenschen habe leisten können, von den Anfeindungen, denen er „draußen" ausgesetzt gewesen sei und bot mir schließlich seine Mitarbeit in allen Lagerangelegenheiten an. Darüber, daß er als Geistlicher uns dieses offene Angebot machte, war ich begreiflicherweise sehr erfreut und brachte das ihm gegenüber auch zum Ausdruck. Es dauerte nicht lange, daß er in den Stubendienst eines Geistlichenblocks übernommen wurde. Dort konnte er dann einiges dazu beitragen, die Zusammenarbeit zwischen den Geistlichen und der Schreibstube wesentlich enger zu gestalten.

Aufgrund zentraler Anweisungen begann die SS-Lagerführung im Herbst 1941 damit, in kurzen Abständen die Geistlichen auf Transport nach Dachau zu schicken, wo sie konzentriert wurden. Viele von ihnen kamen auf die Häftlingsschreibstube, um mit uns einen Weg zu suchen, daß sie in Sachsenhausen bleiben konnten. Da wir keine Möglichkeit hatten, auf die Zusammensetzung dieser Transporte Einfluß zu nehmen, konnten wir den Geistlichen nur empfehlen, sich krank zu melden oder sich von den Vorarbeitern ihrer Arbeitskommandos reklamieren zu lasssen. Nur einige wenige hatten Erfolg damit.

37.

Transporte in andere Lager

Die starke Fluktuation der Lagerbelegschaft hält uns fast das gesamte Jahr 1940 in Bewegung. Etwa 19 000 Häftlinge werden in Sachsenhausen eingeliefert. Sie kommen aus anderen Lagern, aus den Zuchthäusern und zu Tausenden aus den von der Wehrmacht besetzten Ländern. Im gleichen Jahr werden etwa 20 000 Gefangene von der Lagerstärke abgesetzt: die großen Transporte in andere Konzentrationslager, entlassene Häftlinge und die vielen Toten. Es gibt verschiedene Arten von Transporten. Da sind zunächst die Massentransporte mit einigen hundert bis zu tausend oder mehr Häftlingen. Hier werden Menschenmassen zwischen den verschiedenen Konzentrationslagern hin- und hergeschoben, ohne daß wir irgendeinen Sinn darin erkennen können. Dann gibt es die Aufbautransporte, die von Sachsenhausen aus zur Errichtung neuer KZs geschickt werden; Arbeitskommandos, überwiegend aus Handwerkern und Gefangenen, die für Häftlingsfunktionen vorgesehen sind, zusammengestellt.

Die Straftransporte setzten sich aus Häftlingen zusammen, die wegen ihrer Widerstandstätigkeit in Sachsenhausen mit strafverschärfenden Hinweisen in die Steinbrüche von Flossenbürg und Mauthausen oder in andere Lager gebracht wurden. Einzelne Häftlinge oder Gruppen von Grünen oder ASOs, die meistens durch Schiebungen untereinander oder auch mit SS-Leuten aufgefallen waren, wurden – ebenfalls mit entsprechenden Hinweisen – den allgemeinen Transporten angeschlossen.

Mit den Todestransporten kamen Häftlinge nach Sachsenhausen, um durch die hier errichtete Vernichtungsmaschinerie ums Leben gebracht zu werden. Es handelte sich meist um einzelne Personen oder kleinere Gruppen von Gefangenen, die das große Lager gar nicht erst betraten, sondern sofort in den Industriehof zur Erschießung geführt wurden. Ich bin auf solche Mordaktionen, die seit 1939 stattfanden, schon eingegangen und werde über andere sowie über Massenexekutionen noch zu berichten haben. In Sachsenhausen zusammengestellte Todestransporte gingen 1941 nach Sonnenstein, 1942 (nach der Wannseekonferenz) nach Auschwitz und in andere Lager.

Ab Oktober 1942 gab es noch eine Reihe von Häftlingstransporten unter dem Namen „Baubrigaden", die als bewegliche, sogenannte „fliegende" Kolonnen zum Arbeitseinsatz in die durch Bombenangriffe schwer getroffenen Städte Deutschlands fuhren. Zeitweise wurden sechs „Baubrigaden" und sieben „Eisenbahnbaubrigaden" in Sachsenhausen als Aufbaukommandos geführt.

Ich greife in diesem Zusammenhang noch einmal auf unsere Erfahrungen mit Transporten in den früheren Jahren zurück. Im Mai 1937, wir waren noch mitten in der Aufbauarbeit des Lagers, wurde ein Arbeitskommando zusammengestellt. Es war dazu bestimmt, in Thüringen ein neues Konzentrationslager zu errichten: Das KL Ettersberg, das später den Namen Buchenwald erhielt. Unter den 300 Häftlingen, die im Juli 1937 von Sachsenhausen nach Buchenwald gingen, gab es je 75 Häftlinge, die aus den aufgelösten Konzentrationslagern Lichtenburg und Sachsenburg gekommen waren. Von den 149 Häftlingen, die Sachsenhausen stellte, waren 52 Politische, die meisten von ihnen hatten wichtige Positionen in den Arbeitskommandos und in der Lagerverwaltung eingenommen. Daraus ergaben sich überall Schwierigkeiten. Häftlingsfunktionäre mit wenig Erfahrung mußten erst lernen, sich gegen die SS zu behaupten. Manche Dreier- oder Fünfergruppe unserer illegalen Organisation und auch persönliche Freundschaften wurden auseinandergerissen. Es erforderte immer viel Zeit und Anstrengungen, um nach diesen Eingriffen der SS alles wieder aufzubauen. Häftlingstransporte, die von uns gingen, hinterließen immer große Lücken. Andererseits wußten wir aber, daß in den Transporten für die neu zu errichtenden Lager Kumpels waren, die wie schon bei uns bemüht sein würden, die Interessen der Häftlinge gegenüber der SS konsequent zu vertreten.

Im November/Dezember 1938 wurde eine große Arbeitskolonne von etwa 500 Häftlingen zum Aufbau des Frauen-Konzentrationslagers Ravensbrück nach Fürstenberg beordert. Das Kommando kam im April 1939 nach Sachsenhausen zurück, nachdem die Arbeiten dort im wesentlichen abgeschlossen waren.

Die nächste Gruppe von Fachleuten aus Handwerk und Häftlingsverwaltung verließ Ende Dezember 1938 Sachsenhausen, um das Konzentrationslager Neuengamme zu errichten. Das waren erst einmal hundert Mann, im März 1939 folgten vierhundert und im Juni 1939 noch einmal fünfhundert Mann. Dann wurde Neuengamme ein selbständiges Lager, und dorthin gingen danach die üblichen Massentransporte, zum Beispiel 1940 am 30. Juni 500 Häftlinge, am 15. August 500 und am 30. September 1 000.

Im Frühjahr 1939 ging ein Transport von 90 Häftlingen zum Aufbau eines Lagers nach Wewelsburg, vorwiegend Grüne. Die meisten kamen einige Zeit später nach Sachsenhausen zurück und wurden isoliert in der Strafkompanie untergebracht. Viele dieser Häftlinge sind dort umgekommen. Im Januar 1940 wurde ein neuer Transport für Wewelsburg zusammengestellt, Häftlinge, die als Handwerker, Blockälteste und Vorarbeiter vorgesehen waren. Nach meiner Erinnerung waren darunter viele Bibelforscher. Ab 1. September 1941 ist Wewelsburg unter dem Namen Niederhagen ein selbständiges KZ geworden, seine Belegschaft wurde immer wieder mit Häftlingstransporten aus Sachsenhausen ergänzt.

Im Mai 1940 wurden 30 Häftlinge in das neue Konzentrationslager Auschwitz geschickt, worüber ich bereits berichtet habe.

Am 2. August 1940 ging ein Häftlingstransport nach Groß-Rosen, um dort ein neues Konzentrationslager zu errichten; wieder waren es vorwiegend Handwerker, Vorarbeiter, Blockälteste. Am 1. Mai 1941 wurde Groß-Rosen ein selbständiges Lager. Bereits einen Tag später ging ein Transport von 722 Häftlingen, 551 Deutsche und 171 Polen, in das neue KZ.

Nach Dachau wurden allein im zweiten Halbjahr 1940 folgende Transporte abgefertigt: am 27. August, am 2., 5. und 16. September jeweils 1 000 Häftlinge aller Kategorien, am 12. Dezember eine große Gruppe Politischer. Außerdem gingen größere Häftlingsgruppen, teilweise als Aufbaukommandos, nach Flossenbürg, nach Natzweiler-Struthof und später in zwei Nebenlager von Sachsenhausen, nach Falkensee und Lieberose.

Wir mußten in Sachsenhausen immer wieder Herr der Lage werden, mit Kräften, die vor völlig neue Situationen und Aufgaben gestellt waren. Für die größte Unruhe sorgte die SS mit Befehlen, die sich oft änderten oder widersprachen, und mit Eingriffen, die unsere Arbeit erschwerten. So waren wir einfach gezwungen, auf eigene Faust zu handeln, oft gegen die Anordnungen der SS. Das mußte schnell geschehen, damit alles erledigt war, bevor sie unsere Eigenmächtigkeit bemerkte und dazwischenfahren konnte.

Wer auf Transport ging, versuchte heimlich mitzunehmen, was er konnte: Löffel, Eßgeschirr, Handtücher, Decken, Bekleidung, Schuhe, Wäsche. Was immer zu gebrauchen war, wurde eingepackt, und oft fehlte es dann den Neuen. Ersatz war nicht da, also mußten die Blockältesten rechtzeitig kontrollieren, daß dabei gewisse Grenzen eingehalten wurden. Das durften wir nicht der SS überlassen.

Wir, die Lagerältesten, suchen regelmäßig in der Woche die SS-Kommandoführer der verschiedenen Kammern auf, der Gerätekammer, der Unterkunftskammer, der Häftlingsbekleidungskammer und der Wäscherei, um eine schnellere und bessere Versorgung des Lagers zu erreichen. Wir tun so, als handelten wir im Einverständnis mit dem SS-Rapportführer. Da die Arbeitskommandoführer wissen, daß sie dem sich ständig wiederholenden und zunehmenden Durcheinander nicht gewachsen sind, gehen sie meistens auf unsere Vorschläge ein.

Die Schneiderei und die Schuhreparaturwerkstätten stehen unter dem Einfluß der Grünen. Sie haben das Vertrauen ihrer SS-Kommandoführer. Beide Werkstätten müssen sich aufgrund der vielen Transporte darauf einstellen, die reparaturbedürftige Bekleidung – Oberkleidung, Wäsche und Schuhe – sofort auszubessern. Wir sprechen mit den grünen Vorarbeitern und gehen anschließend gemeinsam zu den SS-Kommandoführern, um zu erreichen, daß alle nur möglichen Hilfskräfte herangezogen werden.

So ändern wir auf eigene Faust die Zusammensetzung der Arbeitskommandos und wechseln oft tageweise Handwerker aus. Wo der SS-Kommandoführer Einspruch erhebt, wird ihm erklärt, daß das auf Anweisung des SS-Arbeitsdienstführers geschehe. Gelegentlich werden solche Anweisungen auch tatsächlich vom Arbeitsdienstführer unterschrieben.

Das Schlimmste war, daß die Häftlingsschreibstube nicht vorher erfuhr, wann ein neuer Zugangstransport ankam, und vor allem kaum etwas darüber, um wie viele Leute es sich handelte. So verdankten wir es nur unseren in Absprache mit den Vorarbeitern der Kammern und Werkstätten rechtzeitig angelegten Reserven an Kleidung, Wäsche und Schuhwerk, daß wir einigermaßen über solche Schwierigkeiten hinweggekommen sind.

Unser Bemühen, eine gewisse Stammbelegschaft in jedem Block zu erhalten, wurde oft durch die abgehenden oder neu eintreffenden Transporte durchkreuzt. Vor allem Transporte in andere Lager hielten die Häftlinge in Unruhe. Jeder fürchtete das Unvorhergesehene, das Unerwartete. Da hatte man nun langsam Wurzeln geschlagen, und dann ging es ins Unbekannte. Bei jeder Veränderung mußte man von neuem anfangen, immer wieder auf der untersten Stufe. Auch den Zurückbleibenden erging es so, wenn aus ihren Blocks die Hälfte und mehr fortmußten, wie es bei den Massentransporten in andere Lager oft der Fall war. Alle Gemeinschaften, an die man sich gewöhnt hatte – auch dann, wenn man sich nicht unbedingt eng verbunden fühlte – lösten sich auf, veränderten sich. Bisherige Gewohnheiten des Zusammenlebens galten nicht mehr. Jeder mußte immer wieder umlernen, sich umstellen.

38.
Ereignisse im Sommer 1940

Im Sommer 1940 wurde im Halbrund des Appellplatzes eine „Schuhprüf- und Schuhversuchsstrecke" eingerichtet. In etwa 50 Meter Abstand von den Wohnbaracken wurde eine etwa sechs Meter breite Straße mit verschiedener Oberflächenbeschaffenheit rund um den Appellplatz angelegt. Der erste Abschnitt war eine betonierte Strecke, dann kam eine Strecke lockeren Bodens Ackerland, danach je ein Stück Feld-, Kies- und Sandweg, dann Kopfsteinpflaster, Splitt und als letztes eine Strecke nassen Lehms. Hier sollte auch eine neue Art von Besohlungsmaterial überprüft werden.

Die Gesamtlänge der Strecke betrug 700 Meter. Die Kolonne der Häftlinge mußte am Tag etwa 30 bis 40 Kilometer marschieren. Die Gefangenen aus dem Strafkommando trugen dabei einen Rucksack mit Sand von 10 bis 15 kg Gewicht. Der SS-Lagerführer, der Rapportführer und die Blockführer hatten aus ihren Räumen im Torhaus ständig die Marschkolonne im Blick. Hatte der Lager- oder Rapportführer etwas zu beanstanden, so mußte die Kolonne Laufschritt machen. Auch wurde immer wieder das Tempo angetrieben und „strafweise" das Gewicht des Gepäcks erhöht. Das geschah besonders bei den Häftlingen, die in Verbindung mit Strafanzeigen zu Aussagen erpreßt werden sollten. Da die Schuhe neu waren und oft auch nicht paßten, hatten viele Häftlinge sich schon im Laufe des ersten Tages die Füße wundgelaufen. Die schwärenden Wunden machten die Märsche zur Höllenqual. Marschiert wurde bis zum Zusammenbrechen. Fußkranke wurden dann für einige Tage durch andere Häftlinge ersetzt, aber danach fing alles wieder von vorn an. Marschiert wurde bei jedem Wetter, was immer wieder zu neuen Erkrankungen von Häftlingen führte. Besuchergruppen, die diese Marschkolonnen an sich vorbeiziehen sahen, bestätigten der SS-Lagerführung die „gute Idee", von den Häftlingen nutzbringende Arbeit in gesunder, frischer Luft ausführen zu lassen. Daß die SS alles, was sie tat, zu einer Schikane machte, sahen sie nicht; denn die Häftlinge nahmen aus Angst vor eventuellen Folgen ihre Kräfte aufs äußerste zusammen.

Seit April 1940 haben wir einen neuen SS-Lagerarzt. Es ist SS-Hauptsturmführer Dr. med. Gustav Ortmann, ein ruhiger, zurückhaltender Mensch. Er brüllt nicht und schlägt auch nicht. Er nimmt sich der Kranken ernsthaft an. Wir haben auch den Eindruck, daß er Verkehr mit anderen SS-Leuten nicht gerade sucht. Bei den Blockführern gilt er als Außenseiter. Die Häftlingspfleger finden bei ihm ein offenes Ohr, wenn sie ihre Vorschläge für Verbesserungen im Krankenbaubetrieb machen. So setzt er sich für eine Erweiterung des Krankenbaus ein, was gleichzeitig eine erhöhte Bettenzahl und auch eine gewisse Modernisierung mit sich bringt. Er wehrt sich dagegen, daß SS-Leute die Häftlingspfleger unter Druck setzen, um die Herausgabe von Medikamenten zu erreichen. Eingriffe der Lager-SS in den Krankenbaubetrieb rufen seinen Protest hervor, da er darin eine Einmischung in seine Kompetenzen sieht.

Eines Morgens müssen alle Blockältesten am Tor antreten. Nach und nach finden sich auch die verfügbaren SS-Blockführer, die SS-Rapportführer, die Arbeitsdienstführer, der 2. Lagerführer, SS-Hauptsturmführer Forster, und der Lagerarzt Dr. med. Ortmann ein. Wir warten eine Ewigkeit. Dr. Ortmann spricht erregt auf Lagerführer Forster ein, der sich – demonstrativ unbeteiligt – alles anhört. Endlich geht das Tor auf. Es erscheint der 1. Schutzhaftlagerführer, SS-Hauptsturmführer Florstedt. Nach der üblichen Begrüßung sagt Florstedt zu den versammelten SS-Leuten und Blockältesten: „Mir ist zu Ohren gekommen, daß kranke Häftlinge gehindert werden, zum Arzt zu gehen. Jeder kranke Häftling muß dem Arzt vorgeführt werden. Wer diesen Befehl nicht befolgt, wird bestraft." Dann dreht er sich um und verläßt mit „Heil Hitler" das Lager. Beim Auseinandergehen ruft Campe mich zu sich: „Es bleibt alles beim alten. Ist das klar?" Kurz darauf läßt der 2. Lagerführer Forster mich rufen: „Es bleibt alles so, wie es war. Machen Sie keine Geschichten, sonst kriegen Sie es mit mir zu tun!" „Jawohl, Lagerführer." Und so blieb alles beim alten. Wie sollte es denn auch anders sein.

Jeden Abend nach dem Appell zogen die Kranken – oft hundert und mehr – zum Krankenbau, um sich von den Häftlingspflegern behandeln zu lassen. Ein Arzt war nicht dabei, gelegentlich jedoch ein SS-SDG (Sanitätsdienstgrad). Es wurden Wunden verbunden und Medikamente ausgegeben. Dringende Fälle wurden – wenn es nur irgendwie möglich war – als Kranke aufgenommen. War dies nicht möglich, wurde der Kranke für den nächsten Morgen „zur Vorführung beim Arzt" bestellt. Laut Anweisung des Lagerführers durften dem Arzt nie mehr als zwanzig Häftlinge vorgeführt werden; bei fünfzig Wohnblocks also nicht einmal ein Kranker aus jedem Wohnblock. Die Kranken mußten dann im Laufe des Tages illegal behandelt werden. Jüdische Häftlinge waren überhaupt von einer Behandlung ausgenommen. Auch hier handelten die Häftlingspfleger gegen das Verbot. Deshalb geschah es immer wieder, daß Häftlingspfleger in die Strafkompanie oder in den Zellenbau kamen und von der SS mit schweren Strafen belegt wurden.

Im Laufe des Sommers 1940 flüchteten immer wieder Häftlinge aus Kommandos, die außerhalb des Lagers arbeiteten. Alle wurden – oft allerdings erst nach zehn bis zwölf Stunden – wieder eingefangen. Das Lager mußte dann solange antreten, bis die SS den Geflüchteten triumphierend und mit lautem Getöse wieder durchs Lagertor führte. Wenn er nicht angeschossen war, mußte der Geflüchtete mit einer bunten Flickenmütze auf dem Kopf und die Pauke schlagend auf dem Appellplatz durch die angetretenen Häftlingskolonnen marschieren. Beides wurde ihm auf der Blockführerstube am Tor aufgezwungen. Die Empörung der Häftlinge darüber, daß sie viele Stunden auf dem Appellplatz stehen mußten, schlägt dann um, wenn ein blutiggeschlagener, armer Kerl unter den Rufen: „Hurra, ich bin wieder da!" von der SS durch die Reihen getrieben wird.

Ein besonderer Fall soll hier genauer geschildert werden. Es handelt sich um den Häftling Alfred Wittig. Ich hatte ihm eine Arbeit besorgt. Wenn er mir begegnete, sprach ich ihn an, er aber kam nie aus sich heraus. Auch im Block und im Arbeitskommando war er ein ausgesprochener Einzelgänger. Am 16. Juli 1940 – eine knappe Stunde vor dem Einrücken der Arbeitskommandos zum Abendappell – läuft er mir beim Gang durch das Lager in die Arme. Er kommt mir irgendwie verwirrt vor. Ich spreche ihn an, ob er krank sei. Er reagiert mit Kopfschütteln. Ich rede ihm noch zu, sich nicht erwischen zu lassen, da zwei SS-Blockführer sich im Lager aufhalten. Während ich auf ihn einrede, geht er ruhig weiter, und ich lasse ihn laufen. Dann kommen mir aber aufgrund seines abwesenden Verhaltens Bedenken, und ich versuche, ihm nachzugehen. Da ich ihn nicht finde, hole ich seinen Blockältesten und später noch einige andere vertrauenswürdige Kumpels hinzu. Wir suchen schnell das Lager ab. Weil wir ihn bis zum Appell aber nicht gefunden hatten, mußte er als fehlend gemeldet werden. Nach mehrmaligen Überprüfungen wird dann festgestellt, daß er sich kurz vor dem Appell am Lagertor bei der SS gemeldet hatte. Der diensthabende SS-Mann hatte seine Nummer notiert und ihn – ohne seine Angaben zu prüfen – einfach in den Kommandanturbereich passieren lassen.

Nach kurzer Beratung der Lagerführer untereinander wird Alarm für die Wachtruppe gegeben, daß heißt Ausschwärmen zum Suchen im Kommandantur- und Standartenbereich. Nun bleibt – wie in solchen Fällen üblich – das ganze Lager auf dem Appellplatz stehen, stundenlang, bis weit in die Nacht hinein. Wer zusammenbricht, bleibt liegen. Die SS hat es aufgegeben, die Zusammengebrochenen hochzutreiben. Endlich, gegen halb zwölf Uhr nachts, genehmigt SS-Lagerführer Florstedt, daß wir bis drei Uhr in die Blocks abrücken dürfen. Auf seinen Befehl müssen die Tore des Krankenbaus geschlossen bleiben. Alle im Verlaufe des Tages krank gewordenen und auch die während des Stehens zusammengebrochenen Häftlinge müssen beim nächtlichen Antreten auf dem Appellplatz dabei sein. Ab 3 Uhr morgens stehen wir wieder.

Gegen 8 Uhr ruft Florstedt die Blockältesten in der Nähe des Tores zum Industriehof zusammen. Er droht ihnen Repressalien an, wenn der Flüchtling nicht bald gefunden wird. Dann sagt er, im „vertraulichen Ton" an die Tüchtigkeit und Intelligenz der Blockältesten appellierend, daß sie das Gebiet des Industriehofes noch einmal durchsuchen sollten. Er schließt seine Rede mit den Worten: „Wenn ihr ihn findet, könnt ihr mit ihm machen, was ihr wollt. Ich denke, wir haben uns verstanden." Die Blockältesten laufen los und durchkämmen den Industriehof. Es dauert eine gute halbe Stunde, da kommen sie schon zurück, das Gros der Blockältesten schweigend, hinter ihnen eine kleine Gruppe, einen Toten schleppend, mit dem Ruf „Wir haben ihn!" Als die näherkommen, erkennen wir, daß es die Kreaturen der SS sind, die im Lager bekannten und gefürchteten Prügelhelden und Totschläger. Heute brauchen sie ihre Untat nicht zu tarnen. Auf der Todesbescheinigung des Lagerarztes für Alfred Wittig steht als Todesursache: „Verletzung der Lunge und anderer Organe."

Eines Tages, im August 1940, läßt SS-Unterführer Baehr mich rufen. Wir kennen uns aus der Zeit, als ich auf der Häftlingsbekleidungskammer arbeitete, wo er Kommandoführer war. Jetzt ist er Leiter der Lagerwerkstätten, denen die sogenannten „Loritzwerke" angegliedert sind. Baehr hatte gerade Bescheid bekommen, daß er am bevorstehenden Sonntag Dienst habe. Nun war er ärgerlich, weil er etwas anderes vorgehabt hatte. Er eröffnet mir, daß er das ganze Lager an diesem Sonntag bis zum Abklingen – also bis zur Blockruhe – singen lassen werde, da das Singen in letzter Zeit „saumäßig" gewesen sei. Meine Hinweise, daß wir in den letzten Wochen 5000 polnische Zugänge gehabt hätten, von denen die meisten kein Wort deutsch verstünden, wehrt er mit den Worten ab: „Dann werden wir sie den ganzen Sonntag deutsch singen lernen lassen." Obwohl kaum einer glaubt, daß dabei etwas herauskommen kann, müssen wir es versuchen. Wir beraten uns mit einigen deutschsprechenden polnischen Kameraden und wählen schließlich zwei Lieder aus. Das eine davon weiß ich noch: „Willkommen, frohe Sänger..." Und dann wird von morgens bis abends gesungen, nur mit kurzen Unterbrechungen, abgesehen von den Appellen und den Mahlzeiten. Sobald ein SS-Blockführer kommt, um den üblichen „Sport" mit den Zugängen zu machen, weise ich darauf hin, daß es Befehl des Lagerführers sei, mit den Häftlingen Singen zu üben. So bewahren wir sie zwar vor der Tortur des „Sports", aber auch dieses Singen ist eine Qual für die polnischen Kameraden. Wir fanden unser Gleichgewicht erst wieder, als alles vorbei war. Wir hatten den „Sängergruß" gesungen, wer den Text nicht konnte, hatte so getan, als sänge er mit. Baehr war offensichtlich zufrieden. Als das Lied zu Ende war, zögerte er einen Augenblick, dann winkte er mir zu, abrücken zu lassen. Auf das zweite Lied verzichtete er.

Im September 1940 erfahren wir, daß Franz Jacob entlassen werden soll. Franz war vor 1933 führender Funktionär der Kommunistischen Partei. Er war Mitglied der KPD-Bezirksleitung Wasserkante und Abgeordneter der Hamburger Bürgerschaft. In der Bezirksleitung hatte er die Abteilung Agitation und Propaganda geleitet und durch seine vielen öffentlichen Auftritte und argumentationsreichen Reden gegen die Faschisten sich deren besonderen Haß zugezogen.

Wir alle – und besonders Franz – können es nicht fassen, daß er das KZ verlassen kann. „Warum tun die Nazis das? Wollen sie von mir eine politische Erklärung erzwingen? Wenn sie das von mir verlangen, bin ich bald wieder hier." Das sagt er in seinen Abschiedsworten auf dem Schallerabend, den wir für ihn organisiert haben. (Ähnlich hatte er sich auch gegenüber seinem unmittelbaren Vorgesetzten, dem 2. Rapportführer Sorge, geäußert). Es wird ein langer, bewegender Abschied. Nach dem Abklingen sitzen wir – Franz, Martin Schwantes und ich – noch lange beisammen. Eigentlich war alles in den letzten Tagen beraten worden. Es gibt aber noch Überlegungen, die besondere Art des Briefwechsels zwischen uns und Willi Guddorf in Berlin neu zu regeln. Weil bisher alles über Franz lief, soll es nun über Martin weiterge-

**Konzentrationslager
Sachsenhausen**
Oranienburg bei Berlin

Auszug aus der Lagerordnung:

Jeder Häftling darf im Monat 2 Briefe oder 2 Postkarten empfangen und absenden. Eingehende Briefe dürfen nicht mehr als 4 Seiten à 15 Zeilen enthalten und müssen übersichtlich und gut lesbar sein. Pakete jeglichen Inhalts sind verboten. Geldsendungen sind nur durch Postanweisung zulässig, deren Abschnitt nur Vor- und Zuname, Geburtstag und Häftlingsnummer trägt, jedoch keinerlei Mitteilungen. Geld, Photo und Bildereinlagen in Briefen sind verboten. Die Annahme von Postsendungen, die den gestellten Anforderungen nicht entsprechen, wird verweigert. Unübersichtliche und schlecht lesbare Briefe werden vernichtet. Im Lager kann alles gekauft werden. Nationalsozialistische Zeitungen sind zugelassen, müssen aber vom Häftling selbst im Konzentrationslager bestellt werden.

Der Lagerkommandant

Meine genaue Anschrift:
Schutzhäftling

Nayoks, Harry
Nr. 10595 Block 6
Oranienburg
Konzentrationslager bei Berlin

Postkarte

Frau

Liese Nayoks,

Hamburg-Harburg I.

Krummholzberg 2 pt. 1.

Postkarte an die Mutter, Dezember 1941

hen. Wir sprechen die Fragen, die im Augenblick im Lager gestellt werden, noch einmal durch. Die politische Diskussion wird vor allem bei den nichtkommunistischen Kreisen von den geheim abgehörten englischen Rundfunksendungen beeinflußt. Das Abhören des Moskauer Senders hatte nach dem Tode Ivan Sekaninas Franz Jacob besorgt. Im Augenblick haben wir keinen sprachkundigen Kameraden, der die verschiedenen Sendungen des Moskauer Senders abhören kann, darum soll Ernst Thorell dies erst einmal für die deutschsprachigen Sendungen übernehmen. Die Bereitschaft zur Übernahme von Funktionen ist im Augenblick unter den politisch bewußten Häftlingen so gut wie gar nicht vorhanden. Darum ist es für uns im Lager im Augenblick – so merkwürdig das klingen mag – ein schlimmer Schlag, daß Franz freigelassen wird. Seine Funktion beim Häftlingsarbeitsdienst übernimmt schließlich Emil Otto, ein erfahrener politischer Funktionär seit den zwanziger Jahren.

39.
Dreiunddreißig polnische Kameraden

Im Laufe des Monats Oktober 1940 kommen zwei SS-Leute von der Politischen Abteilung in unsere Schreibstube. Die an der Häftlingskartei arbeitenden Gefangenen müssen ihre Plätze räumen. Die SS-Leute suchen anhand mitgebrachter Listen bestimmte Namen in der Kartei. Obwohl die beiden SS-Leute mit dieser Arbeit schlecht fertig werden, sehen wir keinen Anlaß, ihnen unsere Hilfe anzubieten. Wir befürchten, daß wieder eine besondere Gestapo-Aktion in Vorbereitung ist. Inzwischen können wir anhand der laufenden Seitenzahl ihrer Listen feststellen, daß sie mehr als dreihundert Namen überprüfen. Bald merken wir auch, daß es sich ausschließlich um polnische Häftlinge handelt. Die SS-Männer nehmen schließlich 33 Karteikarten mit in die Kommandantur.

Am 9. November, nach dem Morgenappell, wurde eine größere Anzahl von Häftlingen aufgerufen, zum Rapportführer zu kommen. Es waren zum großen Teil Polen, die nach dem Abrücken der Arbeitskommandos am Lagertor antreten mußten. Hier wurden sie nach namentlichem Aufruf in zwei Gruppen geteilt. Die eine nahm links vom Tor Aufstellung, die andere, bei der es sich um die 33 von der SS ermittelten Polen handelte, rechts. In beiden Gruppen herrschte die Meinung vor, daß sie entlassen werden sollten. Sie fühlten sich in dieser Annahme insofern bestärkt, als die Gruppe, die an der linken Seite des Tores stand, tatsächlich zur Entlassung kam.

Die anderen 33 Kameraden standen bis etwa 9.30 Uhr am Tor; unter ihnen kam schon Unruhe auf, was mit ihnen geschehen würde. Ich ging zu ihnen, um von einigen, mit denen ich näher bekannt geworden war, Abschied zu nehmen und – wie wir das immer machten, wenn Kameraden von uns gingen – noch irgendwelche Wünsche entgegenzunehmen. Ich sprach mit dem polnischen Geistlichen Henryk Figat, zu dem ich seit seiner Einlieferung im Mai

1940 in enger freundschaftlicher und politischer Beziehung stand. Er glaubte nicht an eine Entlassung, sondern war überzeugt davon, am Ende seines Erdenweges angekommen zu sein.

Auch der zweite, von dem ich mich verabschieden wollte, rechnete mit seinem Tode. Es war ein junger Pole, den ich einmal gestellt hatte, als er einen Teil seiner Brotration gegen eine Zigarette eintauschen wollte. Er hatte mich gebeten, die Sache zu vertuschen, weil sein Vater, der auch im Lager war, nichts davon erfahren sollte. Die Zigarette sei für seinen Vater, einen leidenschaftlichen Raucher, bestimmt gewesen. Der Junge war Student und im Kriege als polnischer Offizier beim Rückzug in Richtung Ostpolen in sowjetische Gefangenschaft geraten. Von dort hatte er flüchten und in sein Heimatgebiet zurückkehren können. Kurz danach wurde er dann zusammen mit seinem Vater wegen Zugehörigkeit zu einer illegalen polnischen Widerstandsorganisation von der Gestapo verhaftet und mit einem Massentransport nach Sachsenhausen gebracht. Der Vater hatte mich einmal gebeten, ihm zu helfen, in ein anderes Lager zu kommen. Er könne es nicht mehr mit ansehen, wie sein Junge sich für ihn aufopfere. Er möchte auch nicht vor den Augen seines Sohnes vor die Hunde gehen. Nachdem beide sich darüber ausgesprochen hatten, verließ der Vater mit einem der nächsten Transporte Sachsenhausen. Jetzt beim Abschied sagte mir der Junge, er sei froh darüber, daß sein Vater nicht mehr hier sei und ihm dieser Schmerz erspart bleibe. Sie alle würden der SS zeigen, wie Polen sterben.

Ein anderer Pole sagte mir beim Abschied: „Siehst du, ich habe es ja gewußt, daß wir entlassen werden." Dieser Mann arbeitete vor seiner Inhaftierung als Ingenieur in einem von den Deutschen besetzten Werk in Mielk. Die Direktion dieses Werkes hatte ein Gesuch der Ehefrau auf Entlassung ihres Mannes aus der KZ-Haft befürwortet, weil er ein guter Fachmann und angeblich „deutschfreundlich" gesinnt sei.

Als SS-Rapportführer Campe kam, ging ich schleunigst. Aus der Ferne konnte ich beobachten, wie Campe noch einmal die Namen anhand einer Liste aufrief. Jeder Häftling mußte vortreten, Campe verglich Namen und Nummern mit seiner Liste. Danach mußten die Häftlinge die Oberkleidung ablegen. Ein geschlossener Wagen fuhr an das Tor heran und brachte sie zum Industriehof. Von dort konnten wir im Lager die Schüsse des Exekutionskommandos hören. So ermordete die SS am 9. November 1940 in der Zeit von 10 Uhr 42 bis 11 Uhr 20 Uhr dreiunddreißig polnische Kameraden auf dem Industriehof im KZ Sachsenhausen. In den Totenmeldungen hieß es: „Auf Befehl des Chefs der Sicherheitspolizei und des SD erschossen." Später erfuhren wir, daß diese 33 Kameraden schon in Palmiry bei Warschau, wo die Gestapo eine große Abschreckungsaktion durchgeführt hate, erschossen werden sollten. Aus irgendwelchen Gründen wurden sie aber nach Sachsenhausen deportiert, wo der lange Arm des SD sie nun unglücklicherweise doch noch erreicht hatte.

Emil Büge schreibt in seinen kurz nach diesem Mord angefertigten Aufzeichnungen: „Einige Tage danach ... habe ich einen Brief gelesen, den die Frau des erschossenen Witkowski, Nr. 24534, nach dem 9. 11. 1940 an das

Nr 3934.   C

                               Oranienburg, den 13. November 1940.

Der Geistliche Heinrich F i g a t — — — — — —
— — — — — — — — — — — , katholisch — — — —
wohnhaft in Studzieniec, Kreis Skierniewice — — — —
ist am 9. November 1940 — — — um 10 - Uhr 48 - Minuten
in Oranienburg im Lager Sachsenhausen — — — — verstorben.

Der Verstorbene war geboren am 1. Januar 1906 — — — —
in Warschau. — — — — — — — — — — — — — — — —

(Standesamt — — — — — — — — — — — Nr. — — —)

Vater: Josefat Figat, wohnhaft in Warschau. — — — —
— —

Mutter: unbekannt — — — — — — — — — — — — —

Der Verstorbene war — nicht — verheiratet — — — —

Eingetragen auf mündliche — schriftliche Anzeige des Lagerkommandanten des Lagers Sachsenhausen in Oranienburg. — — — —

Die Übereinstimmung mit dem
Erstbuch wird beglaubigt.

Oranienburg, den 15.11.1940.
 Der Standesbeamte   Der Standesbeamte
 In Vertretung: In Vertretung: Kempfer

Todesursache: Auf Befehl des Chefs der Sicherheitspolizei
und SD erschossen.

Eheschließung des Verstorbenen am

(Standesamt

Todesurkunde für den polnischen Geistlichen Henryk Figat

Lager gerichtet hat und anfragte, was mit ihrem Mann sei, da sie eine an ihn gerichtete Karte mit unverständlichem Vermerk zurückbekommen habe." Die Angehörigen der Erschossenen wurden von deren Ableben benachrichtigt. Aber ihr Nachlaß wurde nicht zurückgesandt, sondern „zugunsten des Deutschen Reiches" eingezogen.

Nach dem Abendappell hörten wir, daß die polnischen Kameraden in ihren Baracken Gedenkfeiern abhalten wollten. Ich habe einer dieser Feiern zusehen können. Zur Absicherung gegen die SS war an den vier Ecken der Schlafräume je ein Wachposten an den Fenstern in Deckung aufgestellt worden. Da die Strohsäcke, auf denen die Häftlinge schliefen, auf der Erde lagen, war der Schlafraum übersichtlich. Einleitend sangen die Polen leise ein christliches Lied. Ein Kamerad hielt eine kurze Ansprache, anschließend folgte die Rezitation eines Gedichtes und dann wieder ein Lied. Die Feier wurde mit einem gemeinsamen Gebet beendet.

Nicht nur die Polen, sondern das ganze Lager war unruhig und besorgt. Seit Bestehen des Lagers Sachsenhausen war hier zum erstenmal eine Massenexekution vorgenommen worden. Immer neue Gerüchte tauchten auf und brachten Unruhe unter die Häftlinge. Anlaß gaben Erschießungen von einzelnen Polen, die von ihren Arbeitsstellen abgeholt und zum Industriehof gebracht worden waren. Wir vermuteten, daß die Gestapo oder der SD die im Laufe des Sommers eingelieferten Transporte systematisch durchkämmten und alle einer Widerstandshaltung Verdächtigen ohne jede Untersuchung erschießen ließ.

40.
Eine Flucht, ein Brand in Block 13 und anderes

Am 21. Oktober 1940 fehlte beim Morgenappell ein polnischer Häftling. Wir suchten das ganze Lager ab, um ihn vor der SS zu finden, aber ohne Erfolg. Dann entdeckten die Wachtposten an der Außenmauer des Lagers eine Leiter. Nach kurzer Zeit wurde der Häftling wieder zurückgebracht. Der Entflohene mußte nun einer Gruppe hoher SS-Führer vorführen, wie er den hohen, unter Starkstrom stehenden Drahtzaun überwinden konnte. Er hatte sich eine Holzleiter besorgt und damit sowohl die Stacheldrahthindernisse, den elektrischen Draht als auch die Außenmauern bezwungen. Einige Kumpels meinten, dieser Pole müsse Artist oder Elektriker gewesen sein. Auch Kamerad Hans Bruhn erinnert sich noch an diese Flucht. Er schreibt:

Von 1940 bis März 1943 war ich als Läufer und Putzer in der SS-Lagerverwaltung (Turm A) beschäftigt. Während des Morgenappells hatte ich die Räume des 1. und 2. Lagerführers, das Rapportführerzimmer und die SS-Schreibstube zu reinigen. Von meinem Arbeitsplatz konnte ich das ganze Lager übersehen. Als die Flucht des polnischen Häftlings entdeckt worden war, tagte in der Rapportführerstube der Einsatzstab. Ich erinnere mich, daß der Lagerführer den Befehl

Häftling, der im KZ Sachsenhausen durch Berührung der mit Hochspannung geladenen Stacheldrahtumzäunung Selbstmord begangen hat

gab: *„Der Häftling muß lebend ins Lager zurück!" (Sonst gab es für einen „auf der Flucht erschossenen" Häftling drei Tage Urlaub.) Mit dem Suchkommando rückte auch die Hundestaffel ab. Die Bluthunde fanden den Häftling im Schilf eines Sees bei Sachsenhausen. Als er zurückgebracht wurde, kam der Befehl des*

Lagerführers: „Alle bleiben in den Baracken!" Nun mußte der Pole nochmals die Starkstromleitungen überwinden, und zwar genau neben dem Wachturm A. Draußen wurde er von der SS in Empfang genommen und in den Zellenbau gebracht. Nachträglich möchte ich noch sagen, daß diese ganze Fluchtgeschichte der SS fürchterlich in die Knochen gefahren war. *

Häftlinge, die versuchten, aus dem Lager zu fliehen, starben meist unter den Kugeln der SS-Wachtposten oder blieben im elektrischen Draht hängen. Manch einer, der Haft und Mißhandlungen nicht mehr ertragen konnte, kürzte den langsamen Tod mit einem Sprung in den elektrischen Draht ab. So auch der letzte der vor vier Jahren im November 1936 geflohenen sieben Häftlinge. Ich habe schon berichtet, daß sechs von ihnen schnell wieder eingefangen und durch Pfahlhängen zu Tode gefoltert wurden. Dem siebenten Flüchtling war es damals gelungen, über die Grenze des Landes zu entfliehen. Er wurde 1940 in Belgien verhaftet, zurück nach Sachsenhausen gebracht und in die Isolierung gesteckt. Die SS-Blockführer prophezeiten ihm einen qualvollen Tod. Er entschloß sich, solange er noch die Kraft hatte, in den Draht zu gehen. Obwohl er streng bewacht wurde, nutzte er einen Moment, als seine Folterknechte durch das Tor in die Isolierung kamen, um ihnen zu entkommen. Er rannte aus der Isolierung über den ganzen Appellplatz und raste mit einem so kraftvollen Hechtsprung in den Draht, daß dieser zerriß. Die SS-Leute liefen laut schreiend hinter ihm her. Das alles ging unmittelbar an Werner Staake und mir vorbei. Der sofort vom Schlag Getötete mußte, wie das in solchen Fällen üblich war, so lange im Draht hängenbleiben, bis Arzt und Gerichtsoffizier die Entfernung genehmigt hatten. Der Gerichtsoffizier führte dann eine „Untersuchung" durch, die sich darauf beschränkte, den Lauf über den Appellplatz und den Sprung in den Draht zu registrieren. Todesursache „Selbstmord" – vom Arzt und vom Gerichtsoffizier beglaubigt, gestempelt und unterschrieben. Sichtbare Zeichen „äußerer Gewalteinwirkung", die den Häftling zu diesem Selbstmord getrieben hatten, existierten nicht.

Im Oktober 1940 wird die neue Entlausung in Betrieb genommen, als fester Steinbau mit großer Duschanlage, Umkleideraum, extra Heizungsanlage

---

* In einem Brief der polnischen Kameraden Zdzislaw Jasko, Josef Kuzba und Antoni Lewinski an Martha Naujoks wird der Name des Entflohenen genannt und über seine Rückkehr nach Polen berichtet. In dem Schreiben von 1987 heißt es: „Bei der SS herrschte die Meinung, daß eine Flucht aus dem Lager nicht möglich sei. Der damals Stanislaw Owczarek Genannte hat das Gegenteil bewiesen. Owczarek war ein Deckname, in Wahrheit hieß der Flüchtling Stanislaw Frystak. Nachdem Frystak geschnappt worden war, wurde er in die Strafkompanie eingeliefert, die als ‚Himmelfahrtskommando' galt. So wie wir wissen, hat Harry dem Jungen geholfen und ihn in eine Transportliste eingetragen, um ihn aus der Strafkompanie herauszubekommen. Frystak kam ins Lager Neuengamme. Dann wurde er nach Mauthausen abtransportiert. Und gerade aus diesem Transport ist er wieder entkommen. Zum letzten Male ist er in Warszawa – kurz vor dem Aufstand – von einem unserer Sachsenhausener, der entlassen worden war, in einer Konditorei gesehen worden. Bei seiner Flucht aus Sachsenhausen hatte Frystak einfach eine Leiter und ein Brett benutzt. Er war der erste, der Draht und Strom ‚besiegte'..."

und zwei Kammern zur Desinfektion der Kleidung. Hier werden jetzt alle Zugänge abgefertigt. Ihnen werden Kleidung und Wäsche abgenommen, die zu einem Bündel zusammengelegt, die Ärmel der Jacken um das Bündel verknotet, und dann in die Desinfektionskammer geschoben werden. Ein Behälter mit Blausäure (Desinfektionsmittel) ist so angebracht, daß er von außerhalb der Kammer mit einem Hebeldruck geöffnet werden kann. Nachdem es eine Trocken- und Entlüftungsphase durchlaufen hat, wird das völlig zerknitterte Zeug in große Papierbeutel getan und in der Effektenkammer aufbewahrt (Häftlinge, die entlassen wurden, waren schon von weitem an ihren zerknitterten Anzügen zu erkennen). Den Zugängen wurden nach der Aufnahme der Personalien Kopf- und Körperhaare geschoren. Dann wurde gebadet, anschließend der Körper gegen Verlausung mit einer Lösung „Cuprex" besprüht. Danach bekamen sie ihre Häftlingskleidung und Häftlingsnummer.

Im Oktober 1940 mußten wir unseren Angehörigen mitteilen, daß wir neue Häftlingsnummern erhalten hatten; diese Nummern mußten in der Postanschrift immer deutlich angegeben werden. Seit 1936 war es bisher so gehandhabt worden, daß sowohl an Politische wie an BVer, jeweils bei Nr. 1 beginnend, gleiche Nummern ausgegeben wurden; den einzigen Unterschied stellte die Farbe des Winkels dar. Dadurch gab es bei Strafmeldungen und bei anderen Gelegenheiten oft Verwechslungen der Personen. Anfang 1940 wurde damit begonnen, für politische Häftlinge, beginnend mit der Nr. 10 000, neue laufende Nummern auszugeben. Bei den alten BVern, ASOs usw. blieb es bei den Nummern 1 bis 9999. Im Herbst 1940 wurde die Umnumerierung der alten politischen Häftlinge abgeschlossen. Ich hatte bisher die Nummer 384 und bekam jetzt die Nummer 10 595. Ab November 1940 erhielten die Neuzugänge, unabhängig von ihrer Kategorie, eine einheitlich fortlaufende Häftlingsnummer.

Weiter mußten wir den Briefen an unsere Angehörigen eine Mitteilung der SS-Lagerführung beilegen, daß wir zu Weihnachten Pakete empfangen konnten:

Jeder Häftling darf ein Paket empfangen (Höchstgewicht 5 kg). Pakete dürfen nur enthalten: Lebensmittel und Tabakwaren. Geld, Alkohol, Parfümerien, Kleidungsstücke, Arzneien, Zahnpasta, Seife, usw. werden aus den Paketen entfernt und beschlagnahmt. Schriftstücke, Briefe, Karten usw. werden nicht ausgehändigt. Pakete dürfen vom 18. Dezember bis 23. Dezember (einschl.) empfangen werden. Pakete, die nach dem 23. Dezember eintreffen, werden zurückgesandt.

Die Weihnachtspakete wurden im Häftlingsbad gelagert, und nachdem eine genügende Anzahl eingetroffen war, begann die SS mit der „Kontrolle", was einige Tage in Anspruch nahm. Dann wurden die Pakete an die Gefangenen ausgegeben. Was aber daheim liebevoll und weihnachtlich verpackt worden war, fanden wir nun zerrissen oder zerschnitten vor. Weil die Familien der Häftlinge meist in wirtschaftlich kleinen Verhältnissen lebten, herrschte der selbstgebackene Kuchen vor, Beigaben waren meist Räucherwurst, Süßigkeiten, Zigarren oder Zigaretten. Der Inhalt der Pakete war von der SS zu einem lieblosen Durcheinander gemixt und teilweise auch „erleichtert" worden. Unter dem Vorwand, nach geheimen Mitteilungen zu suchen, waren bei der rücksichtslosen Kontrolle der Kuchen zerbröckelt, die Zigarren zerbrochen worden; von mancher Wurst war nur ein Torso übriggeblieben. Aber all das wog nicht so schwer, als daß es die Freude über dieses Zeichen der Verbundenheit unserer Familien mit uns hätte trüben können. In den politischen Blocks war es selbstverständlich, daß jeder, der das Glück hatte, ein Paket erhalten zu haben, einen Teil an Kameraden abgab, die keins bekommen hatten.

Im Herbst 1940 war SS-Hauptsturmführer Florstedt abgelöst worden und in ein anderes Lager gekommen (1945 war er in Buchenwald in kriminelle Affären des Lagerkommandanten Koch verwickelt und wurde von der SS erschossen). Neuer Lagerführer wurde SS-Hauptsturmführer Hüttig, der mit seinem Vorgänger Florstedt eine gewisse Ähnlichkeit hatte, so daß es im Nachhinein manche Verwechslung gab. Hüttig ging im April 1941 als Lagerführer in das KZ Natzweiler.

Wir lernten Hüttig am 17. Dezember 1940 kennen. Einen Tag vorher hatte sich der Häftling Christian Schlapp in der Gärtnerei aus einem Eimer mit Küchenabfällen etwas herausgenommen und in den Mund gesteckt. Dabei war er vom Kommandoführer der Gärtnerei, SS-Scharführer Moll, beobachtet worden. Nachdem er den Häftling verprügelt hatte, sperrte er ihn zu dem großen Affen in den Käfig. Bevor Moll von den beiden Affenwärtern – zwei Häftlingen – überredet werden konnte, Schlapp wieder herauszulassen, um zum Appell zur Stelle sein zu können, hatte der Affe den Häftling übel zugerichtet. Moll befahl dem völlig verschreckten Schlapp, sich am anderen Morgen wieder bei ihm zu melden. Schlapp, ein Mann von etwa 60 Jahren und körperlich sehr heruntergekommen, war seiner Sinne kaum mehr mächtig, so daß sein Blockältester ihm erlaubte, sich gleich nach dem Appell ins Bett zu legen.

Am anderen Morgen, noch vor dem Wecken, brannte der Block 13, in dem Schlapp lag, lichterloh. Das Feuer war an mehreren Stellen im Schlafsaal gelegt worden und breitete sich schnell aus. Das Stroh und die Bretter, auf denen die Strohsäcke lagen, fingen Feuer, so daß sich die Belegschaft in höchster Eile in Sicherheit bringen mußte. Nachdem sich herausstellte, daß Schlapp fehlte, leiteten wir sofort im ganzen Lager eine Suchaktion ein. Vom Appellplatz, wo inzwischen das ganze Lager angetreten stand, kam immer wieder der Blockälteste von Block 13 zu mir, ich solle mich sofort beim Lagerführer melden. Solange aber noch Hoffnung bestand, Schlapp zu finden, konnte ich die Suche nach ihm nicht aufgeben. Lebendig oder tot, wir mußten ihn finden, sonst würden sich Vergeltungsmaßnahmen der SS gegen die Blockbelegschaft richten, und das gesamte Lager würde darunter zu leiden haben. Deshalb blieb ich bei den Löscharbeiten im Schlafsaal, um dort nach dem Vermißten zu suchen. Ich hatte mir ein nasses Handtuch um den Kopf gebunden und kämpfte mich nach und nach über schwelende Strohsäcke und Bettbretter durch die engen Gänge zwischen den eisernen Betten durch, immer durch kurze Pausen draußen unterbrochen. Obwohl die starke Rauchentwicklung die Suche erschwerte, fand ich Christian Schlapp endlich. Er lag unter einem Bett. Ich zerrte ihn mühsam ins Freie, wo wir aber nur noch seinen Tod feststellen konnten. Uns drei Lagerältesten fehlte die Kraft, um die Leiche zum Appellplatz zu schaffen. Von dort hörten wir schon von weitem den Lagerführer ungeduldig nach dem Lagerältesten rufen. Als ich dann vor Hüttig stand, nicht fähig, mich vorschriftsmäßig zu melden, blieb ihm die Schimpfkanonade im Halse stecken: „Wir sehen Sie denn aus?" Das sah er ja, klitschnaß, über und über mit Ruß beschmutzt. Ich konnte nur noch sagen: „Wir haben den Brandstifter gefunden. Er ist tot." „Gehen Sie erst mal und ziehen Sie sich um." – Es war auch die höchste Zeit, denn die nasse Kleidung vereiste langsam.

Nach dem Appell mußte der Block 13 am Tor stehenbleiben – strafweise. Die Häftlinge standen den ganzen Tag, auch während der Nacht und des nächsten Tags. Wer zusammenbrach, blieb auf der gefrorenen Erde liegen, keiner durfte ihm helfen. Mein Versuch, den Lagerführer zu bewegen, die Tortur abzubrechen, blieb ohne Erfolg. Wir hatten den Täter. Es gab also nichts, was eine Strafmaßnahme gegen den gesamten Block rechtfertigte. All unsere Bemühungen aber waren vergeblich. Nach meiner Erinnerung starben in diesen zwei Tagen mehr als dreißig Häftlinge von Block 13.

Mit der Sonderabteilung Wehrmacht (SAW) wurde auch ein Soldat der Luftwaffe, Hans Ruppel, eingeliefert. Er war ein wendiger Bursche, der durch sein schneidiges Auftreten und seine Rücksichtslosigkeit gegenüber anderen Häftlingen bald Aufsehen bei den SS-Blockführern erregte. Die SS bestimmte ihn zum Blockältesten in der Strafkompanie. Er wurde ein Komplize der SS, der ihr bei der Behandlung der Häftlinge an Brutalität gleichkam. Nachdem er aber auch die SS-Leute mit seiner Arroganz verärgerte, lösten sie ihn dann eines Tages als Blockältesten wegen „Verstößen gegen die Lagerordnung" wieder ab. Daraufhin drohte er, daß er, wenn er eine Strafmeldung bekäme, auspacken würde. Damit hatte er sein eigenes Todesurteil gesprochen. Einige Tage lang muß er in der Winterkälte strafweise vor dem Block stehen, wird von den SS-Führern mehrfach mit Wasser überschüttet, hält aber durch. Am 24. Dezember 1940 nach dem Morgenappell sagt der zuständige SS-Blockführer zu Ruppel: „Ich will dich nicht mehr sehen!" Dem dabeistehenden Stubendienst gegenüber wiederholt er: „Habt ihr verstanden, ich will ihn nicht mehr sehen!" Der SS-Führer verläßt die Isolierung. Als der neue Blockälteste zum Mittagsappell seine Stärkemeldung in der Schreibstube abgibt, wird uns der Tod Ruppels mitgeteilt.

Im Dezember 1940 erfuhren wir, daß im Zellenbau drei Zellen zu einem Komplex verbunden worden waren. Aber wir wußten damals noch nicht für wen; nur, daß dieser Aufwand irgendeinem geheimnisvollen Sonderhäftling galt. Es war Georg Elser, der Mann, der am 8. November 1939 im Münchner Hofbräukeller ein Bombenattentat auf Hitler verübt hatte. Elser wurde hier in einer Wohn-, einer Schlaf- und einer Arbeitszelle untergebracht. Die Gestapo führte ihn unter dem Namen „Eller". Er durfte mit niemandem sprechen. Zu seiner Bewachung wurden vier SS-Leute aus Oranienburg eingesetzt. Elser bekam Sonderverpflegung, erhielt ein Radiogerät, einen Tisch mit Tischdecke und eine Vase mit Blumen, außerdem einen größeren Spiegel. In seiner Arbeitszelle wurde eine Hobelbank aufgestellt. Er soll ein geschickter Handwerker gewesen sein, Holzarbeiten für die SS-Leute hergestellt und sich auch mit Geigenbau beschäftigt haben. An der Wand seiner Zelle hing eine Landkarte, auf der er die Kriegsentwicklung verfolgte. Von der Anwesenheit des Attentäters erfuhren wir durch die wenigen Häftlinge und einzelne SS-Leute, die trotz der strengen Isolierung Elsers in dessen langer Sachsenhausener Haftzeit irgendwie mit ihm in Berührung gekommen waren. Er blieb bis zu seiner im März 1945 erfolgten Überführung nach Dachau, wo er auf Befehl Himmlers erschossen wurde.

Von der Anwesenheit eines anderen Sonderhäftlings im Zellenbau hörten wir bald nach dessen Einlieferung in Sachsenhausen. Es handelte sich um den jüdischen Gefangenen Herschel Grynszpan, der 1938 den deutschen Legationsrat Ernst vom Rath in der Pariser Botschaft niederschoß, weil die Nazis seine Familie ausgewiesen hatten. Nach der Tat war er von den französischen Behörden verhaftet und 1940 von der Vichy-Regierung an die Deutschen ausgeliefert worden. In Sachsenhausen wurde Grynszpan am 18. Januar 1941 unter der Häftlingsnummer 35 181 registriert und in den Listen der Zellenbaugefangenen geführt. Zuerst streng isoliert, war er dann als eine Art Kalfaktor im Zellenbau tätig. Er erhielt SS-Verpflegung, durfte seine Haare behalten und hatte gewisse Bewegungsfreiheiten. Der Häftlingsheizer im Zellenbau, Genosse Hans Appel aus Kiel, gab uns einige Informationen über Grynszpan. Er war nur etwa ein Jahr in Sachsenhausen. Als die Nazijustiz seinen Prozeß vorbereitete, kam er in Untersuchungshaft nach Berlin.

Im Dezember 1940 wurde der ehemalige SS-Hauptsturmführer Walter Brand aus Reichenberg als Homosexueller eingeliefert. Angeblich kam er aus dem Führungskreis Henleins. Kurze Zeit darauf kam Dr. Josef Suchy aus Reichenberg. Auch er gehörte zum Führungskreis um Henlein und war Gauschulungsleiter. Ohne daß ich ihn dazu animierte, erzählte Suchy mir, wie peinlich es ihm sei, als Homosexueller im Lager geführt zu werden. Er sei von sich aus gar nicht schwul, sondern seine Organisation, die SS, habe ihn praktisch gezwungen, homosexuelle Beziehungen zu jungen Leuten anzuknüpfen. Sie hätten lange Zeit illegal arbeiten müssen, und daraus hätten sich überaus gefährliche Aufgaben ergeben. Es sei nicht seine Idee gewesen, sondern ein Auftrag seiner Organisation, junge Menschen durch sexuelle Bindungen so fest in die Hand zu bekommen, daß von ihnen alle Befehle „freudig erfüllt" worden seien. Darüber hinaus – das sei vor allem seine Überlegung gewesen – sichere das „innige Verhältnis vor allem vor Verrat", und rückblickend könne er sagen, daß diese Methode erfolgreich gewesen sei. Um so weniger verstehe er, daß man ihn heute dafür zur Verantwortung ziehen wolle. Das seien alles nur Eifersüchteleien; er würde bestimmt nicht lange hierbleiben. Das alles erzählte er mir, weil er mich aufgrund meiner Armbinde als „LÄ I" für vertrauenswürdig hielt. Aber schon am nächsten Tage ging er mir aus dem Wege. Seine Kumpane hatten ihm wohl inzwischen erklärt, wer ich sei.

Die durch die Massentransporte nach und von Sachsenhausen verursachte Fluktuation unter den Häftlingen und die sich daraus ergebenden Schwierigkeiten in der Abwicklung des „normalen" Lagerlebens waren im Laufe des Herbstes 1940 langsam abgebaut worden. Die großen Bauvorhaben im erweiterten Lagerbereich erforderten vor allem Handwerker. Mit Hilfe der Handwerker wurde manch anderer, ursprünglich nicht handwerklich qualifizierter Häftling zum Maurer, Zimmerer, Klempner und konnte in Handwerkskommandos untergebracht werden, mit 200 Gramm Schwerarbeiterzulage (Brot) und relativ unbehelligt vom SS-Terror. Die beim Häftlingsarbeitseinsatz beschäftigten Kumpel Franz Jacob und, nach dessen Entlassung, Emil Otto, Hein Montanus, Rudi Lodes, Albert Buchmann und grüne Kameraden wie Otto Küsel – um nur einige zu nennen – haben hier im Interesse der Häftlinge wertvolle Arbeit geleistet.

Gebaut wurden u. a. SS-Kasernen, ein Verwaltungsgebäude für die „Inspektion der Konzentrationslager", größere Führerhäuser, ein SS-Bad, SS-Garagen und eine kraftfahrzeugtechnische Versuchsanstalt. Andere Betriebe wurden ausgebaut und brauchten neue Arbeitskräfte. Auch von der Rüstungsindustrie wurden immer wieder Häftlinge angefordert, nicht nur Handwerker, sondern auch Techniker und Bürokräfte. Die Arbeitskraft der Häftlinge gewann so an Wert. Das wirkte sich auch auf das Lagerleben aus. Die SS-Kommandoführer waren darauf bedacht, daß jeder ihrer Häftlinge voll arbeitsfähig zur Verfügung stand. Willkürliche Terroraktionen anderer SS-Leute gegen Häftlinge ihres Kommandos bemühten sie sich abzudrehen. Das führte oft zu Auseinandersetzungen unter der SS und zu wechselnder Behandlung der Häftlinge.

41.
Die Korruption der SS begann beim Kommandanten

Ein besonderes Kapitel war die Korruptheit der SS-Leute. In der Lagerordnung, die den SS-Leuten ausdrücklich bekanntgegeben wurde, hieß es über das Verhalten der Häftlinge: „Wer einem Posten, Blockführer oder anderen Hoheitsträgern Geschenke anbietet, zu bestechen versucht..., wird als gemeingefährlich behandelt." Die SS-Leute nahmen keine „Geschenke" an, sie ließen sich auch nicht „bestechen". Sie verlangten von den Häftlingen, etwas für sie zu „organisieren". Das „Organisieren" der SS-Leute nahm einen solchen Umfang an, daß Reichsführer SS Heinrich Himmler sich in einer Rede vor SS-Führern gegen das „Organisieren" aussprach und diese Rede auch im „Schwarzen Korps" veröffentlichen ließ. Seine Ausführungen endeten mit dem Slogan: „Organisieren ist Diebstahl." Kaum ein SS-Mann nahm Himmlers Forderungen ernst. Wenn es um seinen Vorteil ging, pfiff er auf Befehle und tat das, was seinem persönlichen Interesse und Nutzen entsprach.

Im Frühjahr 1940 hatte die Naziführung die deutsche Bevölkerung zu einer Metallspende aufgerufen. Was bei dieser Sammlung zusammenkam, landete in einem Hüttenwerk in Oranienburg bei der Firma Kayser. Die Lagerführung ließ ein neues Arbeitskommando mit etwa 200 bis 300 Häftlingen einrichten, das die eintreffenden Waggons entladen und die Metallstücke sortieren mußte. Gegenstände aus Messing und Kupfer wurden für Kriegszwecke in Barren eingeschmolzen. Auf Flugblättern, die den „Metallspenden" beigefügt waren, hieß es: „Deutscher Volksgenosse! Hast Du dem Führer schon Dein Geburtstagsgeschenk in Form einer Metallspende gegeben? Bis zum 20. April 1940 hast Du Gelegenheit dazu!"

Und es trafen Metallgegenstände in allen möglichen Formen ein: Ringe und Uhren, Ketten, Büsten und allegorische Darstellungen, Töpfe und Teller, Trinkgefäße und Vasen, Tischplatten und Teile von Sitzgelegenheiten, Plaketten und Ehrenpokale, Musikinstrumente, unzählige Glocken aller Größen sowie Gold- und Silbersachen. Mancher SS-Kommandoführer nutzte die Gelegenheit, sich ein besonders schönes Stück anzueignen. Bald kam eine „Verordnung zum Schutze der Metallsammlung des Deutschen Volkes vom 29. März 1940" (RGB II S. 565) heraus:

Der Ministerrat für die Reichsverteidigung verordnet mit Gesetzeskraft: Die Metallsammlung ist ein Opfer des Deutschen Volkes für das Durchhalten in dem ihm aufgezwungenen Lebenskampf. Wer sich am gesammelten oder vom Verfügungsberechtigten zur Sammlung bestimmten Metall bereichert oder solches Metall sonst seiner Verwendung entzieht, schädigt den großdeutschen Freiheitskampf und wird daher mit dem Tode bestraft.

Diese Verordnung blieb – trotz Androhung der Todesstrafe – ohne nachhaltige Wirkung auf die SS-Leute. Die Gefangenen, die in diesem Kommando arbeiteten, wurden von uns angehalten, sich nicht an den Sachen zu vergreifen. Es lohnte nicht, deswegen das Leben zu riskieren, und sie konnten ohnehin kaum etwas damit anfangen. Wir gaben den Rat: „Findest du ein besonders schönes Stück, lege es sichtbar hin und gucke weg. Dann hast du keine Arbeit mehr damit." Und so geschah es. Die Häftlinge kümmerten sich nicht darum, wenn die SS-Leute etwas mitgehen ließen. Uns war das gleich, es war ja nicht unser Krieg. Mit der Zeit erlahmte die Kontrolle, und unsere Kameraden konnten – mit Genehmigung der SS-Kommandoführer – auch etwas abzweigen, woran uns sehr gelegen war: einige Blasinstrumente für unsere Lagermusikkapelle. Wir faßten auch eine große Lagerklingel, die wir noch heute im Sachsenhausen-Komiteee bei unseren Sitzungen benutzen.

Vor allem waren die SS-Leute auf die Beschaffung zusätzlicher Lebensmittel aus. Die Häftlinge, die im Führerheim und Unterführerheim als Küchenhelfer, Kellner oder Kalfaktoren eingesetzt waren, standen unter dauerndem Druck. Es gehörte viel Mut und Geschick dazu, den vielen Erpressungsversuchen der SS auszuweichen oder gar Widerstand entgegenzusetzen. Oft wurden zuviel ausgegebene oder verschobene Lebensmittel aus den Kommandanturbeständen durch Entnahme aus den Beständen der Häftlingsküche oder des Häftlingsproviantraums ersetzt. Es gab immer Blockälteste und Stubendienste, die sich an den Portionen, die sie ausgeben sollten, vergriffen. Deshalb kontrollierten die drei Lagerältesten ständig die Portionen.

In den Massenblocks wurde das Brot am Nachmittag im Block geschnitten und auf die Tische gelegt. Zum Empfang ihres Anteils gingen die Häftlinge einzeln an ihren Tisch und nahmen nacheinander die Portionen. Es war eine Anordnung der Lagerältesten, daß bei der Reihenfolge der Ausgabe nicht manipuliert werden durfte, etwa durch tisch- oder kommandoweise Übergabe der Nahrung. Blocks, aus denen wir Hinweise bekamen, daß mit den Portionen etwas nicht stimmte, wurden von uns beobachtet, ob irgend etwas Verdächtiges aus dem Block herausgeschleppt wurde. Während LÄ II und LÄ III sich um den Abendappell kümmerten, suchte ich in Blocks, aus denen wir Klagen über zu kleine Portionen erhalten hatten, nach Verstecken, in denen gestohlene Nahrung liegen konnte. Nach dem Ausrücken zum Appell wurden die Baracken vom Blockältesten abgeschlossen. Ich hatte mir drei Ersatzschlüssel machen lassen, zwei für Türschlösser und einen für Vorhängeschlösser. So gelang es uns, manches Versteck auszuheben. Das machten wir seit 1941. Manchmal hatte ich im Eifer der Suche die Zeit verpaßt, so daß ich zum Abendappell nicht auf dem Appellplatz war. Die SS-Lagerführung nahm das hin, ohne es zu beanstanden. Das war für uns wichtig; denn die SS-Leute und ihre Häftlingskomplizen, die mit den Lebensmittelschiebungen zu tun hatten, mußten annehmen, daß wir von der Lagerführung beauftragt oder zumindest gedeckt wurden.

Für die SS-Leute gab es viele Möglichkeiten, sich im Lager zu bereichern. Aber die Spitze hielt in dieser Hinsicht SS-Oberführer Loritz, Kommandant des Lagers von 1940 bis 1942. Unübertroffen in Gaunereien aller Art, war er seinen SS-Männern darin Leitbild. Seine Ganovenehre veranlaßte ihn, seinen SS-Untergebenen beizustehen, wenn Gefahr bestand, daß irgendeine Manipulation über das Lager hinaus bekannt würde. Er versuchte dann, Meldungen nach oben zu unterdrücken oder zu bagatellisieren. Um sich selbst machte er sich keine Sorgen und bemühte sich kaum, seine Geschäfte und Aneignung von Lagereigentum vor den ihm untergebenen SS-Leuten oder vor den Häftlingen zu verbergen.

Loritz ließ sich im SS-Kommandobereich einen „Germanischen Bierkeller" einrichten mit Parkettfußboden, getäfelten Wänden, Holzschnitzereien und im Lager angefertigten Möbeln. Nachdem alles fertig war, erhielt er einen Fingerzeig, daß Himmler die Sache wohl nicht genehmige. Eiligst ließ er alles wieder herausreißen und lud eine angekündigte Kontrollkommission zur Besichtigung eines gewöhnlichen Luftschutzkellers für SS-Leute ein. Nach dieser Kontrolle wurde der germanische Bierkeller noch schöner und wertvoller, als er vorher schon war, wieder hergerichtet.

Auf seinem Privatgrundstück im Salzkammergut beschäftigte Kommandant Loritz 1941 ein „Am See" benanntes Arbeitskommando von 24 Häftlingen. Mit Baumaterial aus Sachsenhausen, mit Spezialanfertigungen in den Lagerwerkstätten ließ er sich in St. Gilgen eine luxuriöse Villa erbauen und einrichten. Emil Büge schrieb darüber: „... Ich selbst muß im Erkennungsdienst einige hundert Fotokarten mit Ansichten dieses schönen Besitzes ‚Franzosenschanze' in St. Gilgen am Wolfgangsee beschriften ... Loritz genießt alle Vorteile seiner Stellung. Er läßt vom KZ Sachsenhausen vier Lastautos mit Klinkersteinen und Bäumen nach St. Gilgen bringen. Häftlinge müssen ihm Ölbilder malen, etwa 60 Teppiche und Brücken werden für ihn gewebt, Lampenschirme aus Leder gemacht, Wäschekörbe, Tische, Sessel aus Flechtwerk, Briefbeschwerer mit Helmverzierung aus Silber, kunstvolle Zahnstocher geschnitzt, nicht zu vergessen ein großes Schutzgitter aus Schmiedeeisen für drei Fenster, woran allein vier Häftlinge zweieinhalb Monate arbeiteten."

 Wir hatten im Lager einen Häftling, der zu Adolf Hitlers Vertrauten aus der „Kampfzeit" vor der Machtübernahme gehörte, einen „wilden Mann". Die SS-Leute sagten von ihm, er komme aus dem „bayerischen Urwald". Weil er in seiner Dienstzeit anscheinend oft betrunken gewesen war und Dummheiten gemacht hatte, kam er nun auf Anordnung Hitlers nach Sachsenhausen in den „Erziehungssturm". Nach einigen Wochen wurde er zwar entlassen, kam aber nach kurzer Zeit wieder. So ging das einige Male. Dann wurde er eines Tages zum „Zivilarbeiter" ernannt und „arbeitete" in den sogenannten „Loritzwerken". Er genoß eine relativ große Bewegungsfreiheit im Lager und im SS-Kommandanturbereich. Er duzte sich mit Loritz wie auch mit anderen SS-Führern, die hin und wieder einmal das Lager besuchten. Mit der Zeit fing er an zu klauen, und zwar von dem Diebesgut, das sich beim Kommandanten Loritz stapelte. Toni Lehner – so hieß der heruntergekommene SS-Mann und Hitler-Freund – brachte sich gelegentlich ein Fahrrad mit und schob es hochbepackt durch das Lagertor. Kein SS-Blockführer wagte es, ihn anzuhalten und zu kontrollieren. Loritz bekam eines Tages Wind davon und stellte sich auf Beobachtungsposten in der Nähe des Lagertors auf. Toni Lehner wartet, bis die Häftlingsarbeitskommandos einrücken, und dann erleben zahlreiche Häftlinge die im tiefsten bayerischen Dialekt geführte, mit allen nur denkbaren Schimpfwörtern gespickte Auseinandersetzung. Verstanden und behalten haben wir nur die Begründung Toni Lehners für sein Tun, seine Worte an Loritz: „Du schiebst deine Sachen mit dem Möbelwagen raus, und ich begnüg' mich mit dem Fahrrad. Du kannst mich am Arsch lecken!" Dann zog er unbehelligt davon.

 Im Häftlingsbereich, in der Gärtnerei war der Schweinestall. Die Schweine wurden überwiegend mit den Küchenabfällen gefüttert und – wenn die nicht reichten – aus den Kartoffel-, Steckrüben- und Kohlbeständen, die für die Häftlingsverpflegung bestimmt waren. Manch ein Sack Mehl aus diesen Beständen wurde ebenfalls dafür abgezweigt. Was die SS-Führung brauchte, forderte sie an. SS-Oberscharführer Birke brachte eines Morgens in einem Handziehwagen ein Ferkel mit ins Lager und meldete am Lagertor: „Ein Schwein zur tierärztlichen Begutachtung ins Lager." Nach Dienstschluß nahm er sein Schwein wieder mit nach Hause. Im Torprotokollbuch stand: „Ein Schwein aus dem Lager". Das Ferkel hatte über Tag zwei Zentner zugenommen.

 Wenn es auf Weihnachten ging, waren die Werktätigen stark mit der Herstellung von Weihnachtsgeschenken für die SS-Führung beschäftigt, für deren Familienangehörige, für die Familien anderer SS-Führer, für deren Verwandte und Bekannte.

Die SS-Leute hielten sich an Häftlinge, die in den Werkstätten und Materialausgabestellen des Lagers arbeiteten. Sie veranlaßten auch bestimmte Blockälteste und Häftlinge des Stubendienstes, andere Häftlinge für sie arbeiten zu lassen. Blockführer ließen ihre Schuhe kostenlos in der Häftlings-Schuhreparaturwerkstatt reparieren. In der Schneiderei ließen sie sich Hosen anfertigen und Kleidungsstücke ändern oder reparieren. Die Tischlerei fertigte kleinere Möbelstücke auf Bestellung einzelner SS-Leute an. Größere Gegenstände, z. B. Schränke, gingen zerlegt durch die Kontrolle am Lagertor, indem einige Teile als Bretter angemeldet und wohl auch bezahlt wurden. Ihre Uhren und die mancher Verwandter und Bekannter wurden von Häftlingen repariert, ebenso elektrische Artikel aller Art. Die Elektrowerkstatt war wohl die am meisten für rein private Zwecke beschäftigte Werkstatt, allein schon wegen der vielen reparaturbedürftigen privaten Radiogeräte der SS.

In die Elektrowerkstätten schickte der Häftlingsarbeitsdienst ab 1940 vor allem Häftlinge aus der ČSR und Polen, die politisch klar und aufgeweckt waren. Während ihrer Reparaturarbeiten hörten sie die Radiosendungen Londons und Moskaus sowie den Soldatensender in Tschechisch oder Polnisch ab. Von diesen Kumpels kam viel Neues ins Lager. Der Werkmeister der SS merkte überhaupt nichts. Das Abhören klappte zwar nicht jeden Tag, ging aber lange gut. Auch in anderen Arbeitskommandos gab es Möglichkeiten, illegal ausländische Sender abzuhören.

Bei einem Kontrollgang mit dem 2. Lagerältesten, Werner Staake, fanden wir in der Trockenbaracke in einer Kiste ein Radiogerät, das so offen dalag, daß jeder zufällig vorübergehende SS-Mann es hätte sehen müssen. War das eine Falle für uns? Oder hatte sich ein Häftling das Radio organisiert, war durch irgend etwas verunsichert worden und hatte es dann eiligst hier abgestellt? Jedenfalls beschlossen wir, uns nicht weiter darum zu kümmern. Auch in den Kellerräumen des Krankenbaus war zeitweilig ein Gerät untergebracht. Ich wußte davon, habe aber aus Sicherheitsgründen nie davon Gebrauch gemacht.

Häftlinge vom Stubendienst, die sich an der Verpflegung vergriffen hatten, wurden von uns sofort abgelöst. Sie konnten sich ein anderes Kommando suchen. Oft wandten sich solche Häftlinge an ihren SS-Blockführer um Hilfe. Meistens bestritten sie den Diebstahl oder bagatellisierten alles. Wir mußten also von vornherein mehrere Beweise haben, um den Umfang und die Wiederholung der Fälle belegen zu können. Kamen solche Blockführer zu uns in die Schreibstube, so hielten wir ihnen entgegen: „Würden Sie bei Ihrer Truppe Kameradendiebstahl billigen?" Oder: „Ich bin verpflichtet, eine Meldung zu machen; lieber ist mir aber, das unter der Hand zu erledigen. Dann haben Sie auch keinen Ärger mit dem Rapportführer." Meistens war dann die Sache erledigt. Die Art der Beziehung dieses SS-Mannes zu dem betroffenen Häftling wurde nicht angeschnitten. Es kam aber auch oft vor, daß ein SS-Mann mir offen sagte, er brauche den von mir Beschuldigten, deswegen müsse er seine Blockfunktion behalten. So zum Beispiel sagte mir ein SS-Mann: „Ich brauche den Mann aber noch. Er läßt mir eine Hose machen." – „Wie lange dauert das?" – „Acht bis zehn Tage." – „Gut, in vierzehn Tagen geht der

Mann dann in ein neues Kommando." Auch diese Sache erledigte sich ohne weitere Komplikationen.

SS-Oberscharführer Schubert, auch unter dem Namen „Pistolen-Schubert" bekannt, geht mit mehreren SS-Leuten an der Häftlingskantine vorbei. Die Fenster der Kantine, die alle nach außen aufgehen, sind geöffnet. Angestachelt von den anderen SS-Leuten zieht Schubert die Pistole und schießt gezielt durch alle Fensterscheiben, die dann zu Bruch gehen. Am Nachmittag kommt der Häftlingsglaser mit seinem Blockältesten zu mir, er solle so an die 20 Scheiben „organisieren" und einsetzen; Schubert habe das von ihm verlangt mit: „Aber Tempo!" Ich erwidere ihm: „Von mir aus geht das nicht, sage Schubert, du könntest das nur über deinen Kommandoführer machen." Als ich ihm rate, sich nicht einschüchtern zu lassen, sagt er: „Ich bin ein alter und kranker Mann. Wenn die mich vornehmen, geh' ich kaputt. Laß' mich das doch machen." Ich erkläre ihm, daß wir zu unserem eigenen Vorteil nicht so ohne weiteres nachgeben könnten. Wir würden ihm aber, was immer auch kommen möge, behilflich sein. Später kommt ein SS-Mann: Wir sollten uns nicht so anstellen, über den Kommandoführer ginge es nicht, der sei zu stur. Unsere Antwort: „Wir sind gar nicht stur, wir dürfen nicht."

Zwei Tage sind vergangen, und noch immer sind keine Scheiben eingesetzt worden. Am dritten Tag ist wieder ein SS-Mann bei mir: „Jetzt ist es aber genug. Wenn Sie keinen Ärger haben wollen, lassen Sie die Scheiben einsetzen. Heute nachmittag kommt Schubert zu Ihnen, und dann machen Sie keinen Quatsch!" Wir besprechen die Sache mit einigen Kumpels und sind uns einig, daß wir den Bogen nicht überspannen dürfen. Die Scheiben sollen eingesetzt werden, aber erst dann, wenn Schubert mit mir gesprochen hat. Schubert erscheint und sagt, es seien einige Scheiben kaputtgegangen; ich solle mal sehen, das in Ordnung zu bringen. Es fällt ihm sichtlich schwer, mit mir darüber zu sprechen. Ich sage ihm: „Ich will es versuchen." Damit gibt er sich zufrieden und zieht eilig ab. Die Sache ist also erledigt, aber ganz wohl ist uns bei der Geschichte nicht. Wir erfahren dann, daß bei den SS-Blockführern die Meinung geteilt war. Einige seien dafür gewesen, die politischen Blocks des ersten Ringes, in denen auch wir von der Häftlingsschreibstube lagen, „auf den Kopf zu stellen". Das hätte schlimm ausgehen können. Auf jeden Fall verhalten wir uns vorläufig ganz ruhig.

42.

Häftlingsfunktionäre

Die ständigen Umstellungen im Häftlingslager zwangen die Häftlingsschreibstube dazu, durch schnelle und eigenmächtige Maßnahmen Komplikationen auf ein Mindestmaß zu beschränken. Das konnte nur gutgehen, wenn wir die Empfindlichkeit und das Mißtrauen des SS-Rapportführers und des SS-Arbeitsdienstführers einkalkulierten, ihnen so schnell wie möglich von unseren Maßnahmen Kenntnis gaben und ihre Billigung einholten. Dabei handelte es sich meist um technische Dinge, mit denen wir uns das Leben im Lager etwas erleichtern konnten, ohne dabei mit den Kompetenzen der SS in Konflikt zu kommen. Wenn wir auch nicht immer mit unseren Vorschlägen bei der SS-Lagerführung durchkamen, so verbesserte sich doch durch das von uns Erreichte unsere Postion gegenüber der SS. Das zeigte sich vor allem bei Neubesetzungen von Häftlingsfunktionen. Es ging nur dann reibungslos vonstatten, wenn von keiner Seite Einspruch kam. Der konnte gegeben werden von den SS-Block- und Arbeitskommandoführern und von Häftlingen, die als Zuträger tätig waren. Das mußten wir bei jeder Besetzung einer Funktion berücksichtigen. Vorschläge kamen auch von den SS-Block- und Kommandoführern, ebenso versuchten Häftlingscliquen, Lagerfunktionen in die Hand zu bekommen, was sie immer wieder über SS-Leute versuchten. Dabei handelte es sich vor allem um Häftlinge, die ausschließlich ihren eigenen Vorteil im Auge hatten, bei denen es keine sozialen, politischen oder sonstigen Bindungen zu anderen Häftlingen oder Häftlingsgruppen gab. So versuchten bestechliche und kriminelle Elemente, an Häftlingsfunktionen heranzukommen. Viele von ihnen kannten wir schon aus den Zuchthäusern und Gefängnissen, wo sie eine ähnliche Rolle gespielt hatten. Hierbei muß aber auch gesagt werden, daß manche wegen krimineller Delikte Vorbestrafte sich sehr kameradschaftlich verhielten. Die miesen Elemente konnten oft mit Hilfe der SS-Leute besonders in Massenkommandos Fuß fassen und dort Vorarbeiter werden. Bei Erd-, Rodungs- und Transportarbeiten hetzten sie gemeinsam mit den SS-Leuten die Häftlinge zur Arbeit an.

Bei Häftlingskommandos, in denen Facharbeit verlangt wurde, verhielt es sich anders. Dort konnten wir uns beim Einsatz von Vorarbeitern auf die Fachkenntnisse der von uns vorgeschlagenen Häftlinge berufen. So war es möglich, ehemals aktive Gewerkschafter und Aktivisten aus den Arbeiterparteien für Funktionen vorzuschlagen. Das waren durchweg Männer mit guter beruflicher Qualifikation und Erfahrung, die viele Jahre in gewerkschaftlichen und betrieblichen Funktionen die Interessen der Arbeiter gegenüber den Unternehmern vertreten hatten, die sich dem Aufkommen der Nazis in Deutschland von Anfang an entgegenstellten. Sie hatten in ihren früheren Tätigkeitsbereichen beträchtliche organisatorische Erfahrungen gesammelt und brachten dadurch auch bessere Voraussetzungen in der Menschenführung mit. Es gab nur wenige unter ihnen, bei denen sich nach einer gewissen Zeit dann doch herausstellte, daß sie den Anforderungen und Belastungen dieser oder jener Lagerfunktion nicht gewachsen waren. In ihrer Gesamtheit aber waren sie ein entscheidender Faktor bei unserem Widerstand gegen die SS. Ein Vorarbeiter nach unserer Vorstellung hatte entscheidenden Einfluß auf das Klima seines Kommandos. Gelang es ihm, gestützt auf andere, moralisch saubere, ehrliche und antifaschistisch eingestellte Kumpels, einen reibungslosen Arbeitsablauf zu organisieren, sicherte er damit gleichzeitig das Kommando vor Eingriffen von SS-Leuten. Er konnte dann immer auch einige schonungsbedürftige Häftlinge unterbringen, was für diese lebenswichtig war. Das galt vor allem für Neuzugänge, die jahrelang im Zuchthaus gesessen und in den Gestapokellern durch die Folterungen Gesundheitsschäden erlitten hatten. Wenn der Vorarbeiter sein Arbeitskommando durch gute Arbeitsanleitung und gerechte Arbeitsverteilung fest in der Hand hatte, konnte er sich auch um zusätzliche Essenzulagen für sein Kommando bemühen, konnte Informationen sammeln und weitergeben. Viele Vorarbeiter hielten, abgesehen von dem Kontakt mit der Häftlingsschreibstube, auch enge Beziehungen zu einer der politischen Gruppen oder zur illegalen Leitung.

Jeder Block hatte einen „Blockältesten", der für den ganzen Block verantwortlich war. Er konnte mit Zustimmung des SS-Blockführers einen „Stubendienst" einsetzen, der die Verantwortung über einen Blockflügel übernahm und auch sonst dem Blockältesten behilflich war. Beide Häftlinge waren von der sonstigen Arbeit in einem Arbeitskommando innerhalb und außerhalb des Lagers befreit. Es gab aber auch Zeiten, in denen auch der „Stubendienst" mit zur Arbeit ausrücken mußte. In jedem Block fanden sich meistens auch einige leicht kranke Häftlinge, die beim Stubendienst halfen. Das war vor allem in den Massenblocks der Fall, in denen ohne größere Hilfe ein geregelter Ablauf des Zusammenlebens gar nicht möglich war. Dafür erhielten sie dann meistens kleine Vergünstigungen, etwa einen besseren Schlafplatz; Nachschlag, wenn beim Mittagessen etwas übrigblieb; bessere Spindunterbringung. Oft waren aber auch Häftlinge, die den Stubendienst machten, anfällig für Bestechungen, Schiebungen usw. Ein guter Blockältester aber hielt das in Grenzen. Wo es not tat, mußten wir gelegentlich eingreifen, einmal zur Warnung vor einem Überhandnehmen von Unregelmäßigkeiten, aber auch – und das war wohl das wichtigste – um der Herrschaft von Block-Cliquen entgegenzuwirken. Diese Cliquen arbeiteten so gut wie immer mit den SS-Blockführern zusammen und verbreiteten sich wie eine Seuche im Lager, wenn wir nicht ständig daran arbeiteten, ihnen das Wasser abzugraben.

Es gab eine Reihe von Blocks, in denen die Gefangenen unter besonders erschwerten Bedingungen leben mußten. Das waren vor allem von 1938 bis 1942 die jüdischen Häftlinge und vom Sommer 1941 an die sowjetischen Kriegsgefangenen. In anderen Baracken waren besondere Häftlingsgruppen untergebracht, zum Beispiel die Homosexuellen, die Geistlichen und zeitweilig die „Sonderabteilung Wehrmacht". Das alles mußten wir bei der Auswahl der Blockältesten berücksichtigen. Es war oft schwer, Blockälteste zu finden, die unsere Erwartungen voll erfüllen konnten.

Wir schärften allen Blockältesten ein, niemals dem Drängen der SS-Leute nachzugeben. Wer einmal – und wenn es auch noch so geringfügig schien – den Erwartungen der SS gefolgt war, hatte sich in deren Hände begeben. Unser Bemühen ging dahin, die notwendige Ordnung und Disziplin durch eine gute Organisation aufrechtzuerhalten, das hieß, jede Anordnung vorher sorgfältig zu überlegen, sie dann mit dem Blockältesten gründlich durchzusprechen, damit sie im Ablauf nicht geändert werden mußte. Jeder Blockälteste brauchte Hilfskräfte und mußte dabei sehr darauf bedacht sein, daß diese nur so handelten, wie er es von ihnen verlangte. Es durfte keine Durchstechereien und keine Brutalitäten geben; jeder Cliquenbildung im Block mußte entschieden entgegengetreten werden.

Ganz obenan stand die gerechte Verteilung der Lebensmittel. Sie lag in der Verantwortung des Blockältesten bzw. des Stubenältesten und durfte keiner Hilfskraft überlassen werden. Dazu gehörte auch, den Verkauf oder Tausch von Lebensmitteln, beispielsweise gegen Tabakwaren, unter allen Umständen zu unterbinden. Der Blockälteste mußte rechtzeitig Hilfe für die kranken Häftlinge organisieren, Diebstähle verhindern, sich um die sanitären Verhältnisse kümmern, die regelmäßige Wäscheverteilung organisieren, Läusekontrolle durchführen, Maßnahmen gegen Krätze ergreifen, Ersatz für verlorengegangene Eßschüsseln, Eßbestecke, Handtücher, Wolldecken schaffen; sich bemühen, Wäsche, Kleidung und Schuhe zu tauschen; sich beim Häftlingsarbeitseinsatz um Arbeitsplätze für Häftlinge aus seinem Block kümmern, und noch vieles andere mehr.

Ein einigermaßen geregeltes Leben auf dem Block war nur möglich, wenn der Blockälteste einen guten, kameradschaftlichen Kontakt mit den Häftlingen seines Blocks unterhielt. Hatte er vergessen, wie es ihm vorher selbst im Lager ergangen war, mit der schweren Arbeit draußen bei Wind und Wetter, dem Hunger und der Angst, dann entfernte er sich vom Denken und Fühlen der Häftlinge und verlor die Bindungen zu seinem Block. Der nächste Schritt war, sich mit Speichelleckern zu umgeben und die Arbeit im Block einer Clique zu überlassen, die nur ihren Vorteil im Auge hatte. Jede Kritik aus der Blockbelegschaft wurde dann brutal unterdrückt und um das Wohlwollen des SS-Blockführers gebuhlt. Sobald unsere Bemühungen, eine Änderung zum Besseren zu erreichen, mißlangen, sind Blockälteste dieser Art meistens zu Komplizen der SS geworden. Unsere Aufgabe, Häftlingsfunktionäre zu einer kameradschaftlichen Haltung zu bewegen, konnte nur erfolgreich sein, wenn wir bei etwaigen Verfehlungen ohne Ansehen der Person durchgriffen. Wer immer es auch war, derjenige, der zum Werkzeug der SS wurde, war unser Feind und mußte hart und kompromißlos bekämpft werden.

Wir durften aber auch nichts unversucht lassen, helfend einzugreifen. Handelte es sich um Kommunisten, dann mußte die Parteigruppe aktiv werden, auch wenn kein Genosse auf dem betreffenden Block lag. Vorarbeiter und Häftlinge aus Handwerker- und Baukommandos konnten bei der Verbesserung der Blockverhältnisse behilflich sein. Die Häftlingsschreibstube konnte bei Verstößen durch Angehörige der Cliquen eingreifen. Wenn Korruption, Schiebung oder anderes vorlag, was wir als „Verstoß gegen die Lagerordnung" verstanden, war es möglich, durch unser Eingreifen die betreffenden Häftlinge in einen anderen Block verlegen zu lassen, in dem sie kein Unheil anrichten konnten. Wir kontrollierten regelmäßig diese Blocks, sprachen mit den Blockältesten, um Dummheiten zu vermeiden und halfen ihnen aus der Patsche, wenn sie in Druck waren.

Solange das KZ Sachsenhausen noch im Aufbau war, hatten wir für die Lagerfunktionen fast immer Antifaschisten gefunden, die in den ersten Jahren die überwiegende Mehrheit der Häftlinge stellten und allgemein angesehen waren. Die Blockbelegschaft sorgte von sich aus dafür, daß alles ordentlich verlief. Hatte der Blockälteste etwas zu beanstanden, stellte er sich beim Abendessen in die Mitte des Blocks: „Hört mal eben zu...", und dann lief es. Da wurde nicht gebrüllt, nicht gedroht und schon gar nicht geschlagen. Streitigkeiten unter einzelnen ließen sich von der Tischgemeinschaft regeln.

Mit der Einrichtung neuer und der Vergrößerung der bestehenden Arbeitskommandos wurden viele politische Häftlinge als Vorarbeiter, Handwerker usw. eingesetzt. Oft mußten sie eine relativ gute, das heißt ruhige und unbelästigte Arbeit, einen „guten Posten" aufgeben. Nicht alle waren dazu gleich bereit, oft erst dann, wenn die Parteigruppe entsprechend entschieden hatte. Mochte ein Kumpel auch politisch oder moralisch noch so in Ordnung sein, die Menschenführung unter diesen Umständen konnte möglicherweise trotz aller Hilfe seine Kräfte übersteigen. Darum akzeptierten wir nur solche Häftlinge, die sich überzeugen ließen und freiwillig eine Funktion übernahmen, und das waren in erster Linie ehemalige Funktionäre der Arbeiterbewegung. Mit der Zeit fanden sich aber auch Männer aus dem christlichen und bürgerlichen Widerstand, die sich bereiterklärten, zum Beispiel die Funktion eines Blockältesten zu übernehmen.

Wir begannen schon im Zugangsblock, uns nach geeigneten Kräften für Funktionen umzusehen. Rudolf Rothkegel, mit dem ich schon lange vor 1933 befreundet war, leitete den Zugangsblock viele Jahre mit großer Umsicht und sicherem Urteil. Seine Vorschläge halfen uns bei der Auswahl der Häftlingsfunktionäre.

In den ersten Jahren in Sachsenhausen hatte vor uns oft die Frage gestanden: Können wir es verantworten, überhaupt eine Funktion im Lager zu übernehmen? Wir wußten, daß man diese Frage nicht nur auf die KZs beschränken konnte. Alle Tätigkeiten, was immer sie auch waren, kamen mehr oder weniger zunächst einmal dem nazistischen Terrorregime zugute, in den Städten, in den Dörfern, an der Kriegsfront, in den besetzten Gebieten. Aber überall gab es kleinere oder größere Gruppen von Menschen, die ihre Tätigkeit gegen das Hitlerregime nutzten. Je größer der Einfluß der Widerstandskräfte in den Betrieben, im Staatsapparat, in der Armee oder an den Universitäten war, um so bedeutender waren die Ergebnisse ihres Kampfes. In bürgerlichen Kreisen behauptete man sogar, Widerstand sei überhaupt nur von Leuten in hohen und wichtigen Funktionen möglich.

In den Konzentrationslagern waren Tausende Männer und Frauen, die viele Jahre gegen die Nazis gekämpft hatten, und hier sollten sie nun plötzlich den Kampf gegen den Nazismus einstellen? Etwas anderes würde es nicht sein, wenn wir alles den Nazis und ihren willfährigen Elementen überlassen hätten. Alle Genossen, die im Lager als Blockälteste, Vorarbeiter, Sanitäter, Läufer, Schreiber oder Lagerälteste wirkten, waren ja nicht nur Häftlingsfunktionäre, d. h. Interessenvertreter der Gefangenen, sondern blieben auch hinter Stacheldraht gleichzeitig Funktionäre der Arbeiterklasse, die unter den Augen der SS die Einheitsfront und die Antifaschistische Aktion weiterführten.

Im Lager war jeder einzelne gefordert, aber ohne ein Kollektiv, das er selbst immer wieder mit Inhalt füllen mußte, in dem einer für den anderen einstand, konnte keiner bestehen. Wie war denn auch das Leben im Lager anders zu bewältigen als durch Zusammenhalt und Zusammenarbeit, um dem

Terror der SS standzuhalten und entgegenzuwirken. Erst die Gemeinschaft machte die Gefangenschaft auch unter den schlimmsten Bedingungen erträglicher, sie half, Gefahren zu überwinden und den Widerstandswillen zu stärken.

Aber auch solche Häftlinge, die meinten, es ihrem Gewissen gegenüber nicht verantworten zu können, Lagerfunktionen zu übernehmen, nahmen es als selbstverständlich hin, daß Blockälteste und Häftlingsschreibstube aufgrund ihres Einsatzes und ihres Einflusses es verstanden, die Befehle der SS abzufangen oder Wege zu finden, sie zu umgehen. Es dauerte seine Zeit, sie für unsere Auffassung zu gewinnen, und schließlich waren es nur noch einzelne, die Eigenbrötler blieben. Sie gehörten dann auch zu den ersten, die den schweren Lebensbedingungen des Lagers, dem Hunger und dem Terror zum Opfer fielen.

Wir hatten im Laufe der Jahre 1941/42 erreicht, daß die SS uns in lagerorganisatorischen Fragen einen gewissen Bewegungsspielraum ließ. Zwar mußten wir immer damit rechnen, daß man uns auch aus geringstem Anlaß diese Freiheit wieder nehmen konnte, aber das hing wesentlich von unserer Wachsamkeit ab. Aus Erfahrung wußten wir, daß nach einer bestimmten Zeit die von der SS angeordneten Maßnahmen an Schärfe verloren. Den SS-Blockführern verging die Lust oder sie wurden zu bequem, sich dauernd um die Durchführung zu kümmern, oder sie waren durch neue Anordnungen abgelenkt. Wir versuchten, die schwachen Punkte jeder Anweisung herauszufinden und uns danach zu richten. Das konnte aber nur Erfolg haben, wenn alle Blockältesten sich an die Auslegung der Häftlingsschreibstube hielten. Um ein Beispiel anzuführen: Der SS-Lagerführer ordnet im Winter an, daß die Wohnblocks erst nach dem Abendappell angeheizt werden dürfen. Das heißt in der Praxis, daß es im Block erst warm wird, wenn die Nachtruhe beginnt. Solange hocken die Häftlinge frierend in den kalten Tagesräumen. Bei der Weitergabe dieses Befehls des SS-Lagerführers schließe ich ab: „Der Lagerführer will keinen Schornstein vor dem Abendappell rauchen sehen." Damit weiß jeder, daß das Feuer rauchlos angemacht, das heißt, mit vielem, kleingesplittertem Holz langsam in Gang gebracht werden muß. Das klappt einige Zeit, bis einige Blockälteste die Geduld verlieren. Der Lagerführer sieht aus seinem Fenster den Rauch aus einigen Schornsteinen aufsteigen. Die Folge: Generelles Heizungsverbot für eine Woche.

Der SS kam es hauptsächlich darauf an, daß im Lager alles lief, und daß sie sich um nichts zu kümmern brauchte. Wir bewiesen ihr täglich, daß wir ohne sie besser fertig werden. Immer wieder ließen wir sie merken, daß es schiefgeht, wenn sie sich in unsere Sachen einmischte. Es tat mir immer „furchtbar leid", wenn eine ihrer Anordnungen ins Leere gelaufen war. Sie mußten lernen: Lassen wir die Leute machen, dann haben wir unsere Ruhe. Und sie waren immer um ihre Ruhe besorgt. Um das Beste aus unserer Situation herauszuholen, mußten wir jede Lücke ausnutzen, die die SS uns ließ, psychologisch an die Dinge herangehen, schnell reagieren, uns mitunter zum Schein auf den Gegner einlassen, auch bluffen, wenn es uns half. Wir bewegten uns, als hätten wir gewaltigen Einfluß, gewaltige Macht. Diese Macht beruhte auf Täuschung. Jeder mickrige Blockführer hätte uns fertigmachen können. Ich hatte die Eisen an den Schuhabsätzen etwas vorstehen lassen. Wenn ich vor einem SS-Führer die Hacken zusammenschlug, dann knallten zwei Hufeisen aneinander. Das klang immer so, als sei ich sehr zackig. Dabei war ich der geborene Zivilist. Wenn ich einmal eine Arbeit über praktische Psychologie schreibe, werden diese Erfahrungen eine große Rolle spielen.

Die drei Lagerältesten gehen jeden Tag einige Stunden durch das Lager. Dabei sind die Gespräche so eingeteilt, daß mindestens einmal in der Woche mit jedem Blockältesten die Angelegenheiten des Blocks und oft auch seine persönlichen Probleme beraten werden. Fast täglich ziehen wir durch die Abteilungen des Krankenbaus, gehen durch die verschiedenen Kammern im Lagerbereich, reden dabei auch mit den SS-Kommandoführern über Sachfragen. Mit dem Chef der Unterkunftskammer wird auch mal ein politisches Wort gewechselt. Küche und Proviantraum sind für uns tabu, obwohl der Küchenchef, SS-Hauptscharführer Rakers, uns öfter von sich aus anspricht. Auch die Lagerwerkstätten besuchen wir kaum. Durch unsere Rundgänge und die Gespräche in der Schreibstube sind wir ständig im Bilde, hören viel, können unsere Vorstellungen und Ratschläge weitergeben, Erfahrungen diskutieren und austauschen.

Die Aufrechterhaltung der im Interesse aller Häftlinge notwendigen Disziplin war für uns ein Problem, das sich nie befriedigend lösen ließ. Das lag an den ständigen Eingriffen der SS, an der Größe des Lagers, der unterschiedlichen Zusammensetzung der Häftlinge in sozialer und nationaler Hinsicht, der Demoralisierung großer Gruppen von Gefangenen, der Sprach- und Verständigungsprobleme mit den ausländischen Kameraden. Emil Büge hat in seinem Bericht die Zusammensetzung der Lagerbelegschaft – nach den vorgegebenen Häftlingskategorien – für August 1940 wie folgt notiert:
3564 Politische (einschließlich tschechische Studenten),
1268 BVer,
2069 ASOs,
 450 Bibelforscher,
4169 Polen,
1212 jüdische Häftlinge;
Gesamtzahl: 12 867.
In Sachsenhausen waren 1941/42 schon Gefangene mit über 20 verschiedenen Nationalitäten inhaftiert: Deutsche, Österreicher, Tschechen, Slowaken, Polen, Ungarn, Rumänen, Griechen, Italiener, Serben, Kroaten, Norweger, Luxemburger, Holländer, Belgier, Franzosen, Spanier, Letten, Litauer, Esten, Ukrainer, Russen, ein Chinese, viele Staatenlose sowie Häftlinge „ohne Angabe der Nationalität".
Als die SS uns in die Funktionen einsetzte, wußte sie genau, wer wir waren. Sie hatte unsere Personalakten, war genau orientiert über unsere Weltanschauung und unsere frühere politische Tätigkeit. Sie kannte die Vernehmungsprotokolle, die bei der Gestapo entstanden waren. Sie sah aus all die-

Bernhard Bästlein, geb. 1894 in Hamburg, Feinmechaniker; Bezirkssekretär der KPD Mittelrhein, MdR; organisierte nach seiner Freilassung aus Sachsenhausen (April 1940) den Widerstandskampf in Hamburg und Berlin; am 18. September 1944 zusammen mit Franz Jacob und Anton Saefkow in Brandenburg hingerichtet

Franz Bobzien, geb. 1906 in Hamburg, Lehrer; Funktionär der SAP und Mitglied der Zentralleitung des Sozialistischen Jugendverbandes (SJVD); gehörte in Sachsenhausen der illegalen Leitung an, fand in einem Häftlingskommando beim Bombenentschärfen am 28. März 1941 den Tod

Gustav Bruhn, geb. 1889 in Angermünde, Tischler; Mitglied der Bezirksleitung Wasserkante der KPD, Abgeordneter des Preußischen Landtages; nach seiner Entlassung aus Sachsenhausen (April 1939) führend am Widerstandskampf in Hamburg beteiligt; am 14. Februar 1944 mit seiner Frau Lisbeth im KZ Neuengamme gehenkt

Rudolf Grosse, geb. 1905 in Berlin, Schlosser, Funktionär der KPD; wegen antifaschistischer Tätigkeit in Sachsenhausen zusammen mit 17 anderen Kommunisten Ende November 1942 in das KZ Flossenbürg strafversetzt, dort am 9. Dezember 1942 im Steinbruch erschlagen

Wilhelm Guddorf, geb. 1902 in Melle/Belgien; Funktionär der KPD, Redakteur der „Roten Fahne"; nach seiner Entlassung aus Sachsenhausen (April 1939) führend am Widerstandskampf in Berlin und Hamburg beteiligt; am 13. Mai 1943 in Berlin-Plötzensee hingerichtet

Lambert Horn, geb. 1899 in Düsseldorf, Schlosser; Bezirkssekretär der KPD Niederrhein; gehörte in Sachsenhausen der illegalen Leitung an, kam 1938 in den Zellenbau; am 2. Juni 1939 im Lager an den Folgen der Haft gestorben

Franz Jacob, geb. 1906 in Hamburg, Schlosser; Mitglied der Bezirksleitung Wasserkante der KPD, Abgeordneter der Hamburger Bürgerschaft; organisierte nach seiner Entlassung aus Sachsenhausen (September 1940) den Widerstandskampf in Hamburg und Berlin; am 18. 9. 1944 in Brandenburg hingerichtet

Max Lademann, geb. 1896 in Leipzig, Schlosser; Mitglied der Bezirksleitung Halle-Merseburg der KPD, MdR; gehörte in Sachsenhausen der illegalen Leitung an, fand in einem Häftlingskommando beim Bombenentschärfen am 29. März 1941 den Tod

Dr. Julius Leber, geb. 1891 in Biesheim/Elsaß, Journalist; Funktionär der SPD, Chefredakteur des „Lübecker Volksboten", MdR; war nach seiner Entlassung aus Sachsenhausen (Mai 1937) führend im Widerstand des „Kreisauer Kreises" und stand mit der illegalen KPD in Verbindung; am 5. Januar 1945 in Berlin-Plötzensee hingerichtet

Gustl Sandtner, geb. 1893 in München, Bäcker; Sekretär der Bezirksleitung Schlesien der KPD, Mitglied des Preußischen Landtages; gehörte in Sachsenhausen der illegalen Leitung an, wurde gemeinsam mit 23 deuschen und drei französischen Kommunisten am 11. Oktober 1944 im Lager erschossen

Dr. Ivan Sekanina, geb. 1900 in Neustadt/Mähren, Rechtsanwalt; Funktionär der tschechoslowakischen KP, setzte sich in der „Union für Recht und Freiheit" für in Deutschland inhaftierte Antifaschisten ein; gehörte in Sachsenhausen zur illegalen Leitung, wurde am 21. Mai 1940 im Lager ermordet

Ernst Schneller, geb. 1890 in Leipzig, Lehrer; Mitglied des Zentralkomitees der KPD; Leiter der zentralen Parteischule „Rosa Luxemburg", MdR; gehörte in Sachsenhausen zu den Funktionären der illegalen Leitung, am 11. Oktober 1944 zusammen mit 26 anderen Kommunisten im Lager erschossen

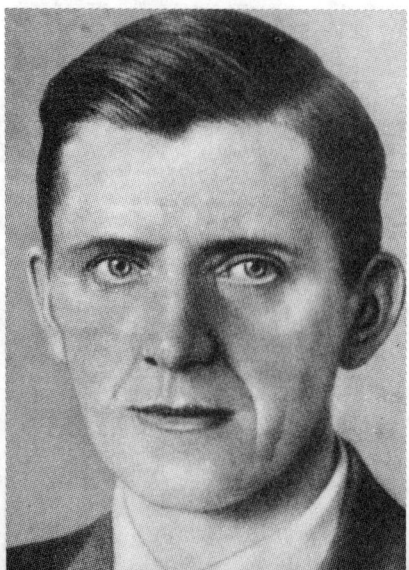

Georg Schumann, geb. 1886 in Reudnitz bei Leipzig, Schlosser; Bezirkssekretär der KPD Westsachsen, Mitglied des ZK der KPD, MdR; organisierte nach seiner Entlassung aus Sachsenhausen (Juni 1939) den Widerstandskampf in Sachsen, am 11. Januar 1945 in Dresden enthauptet

Martin Schwantes, geb. 1904 in Drengfurth/Ostpreußen, Lehrer; Mitglied der Bezirksleitung Magdeburg der KPD; nach seiner Entlassung aus Sachsenhausen (Februar 1941) führend am Widerstand in Magdeburg beteiligt, am 5. Februar 1945 in Brandenburg hingerichtet

Matthias Thesen, geb. 1891 in Ehrang bei Trier, Dreher; Instrukteur des Zentralkomitees der KPD für die norddeutschen Parteibezirke, MdR; gehörte in Sachsenhausen der illegalen Leitung an, wurde am 11. Oktober 1944 zusammen mit 26 anderen kommunistischen Funktionären im Lager erschossen

Martin Weise, geb. 1903 in Torgau, Angestellter; Funktionär der KPD, Redakteur der „Roten Fahne"; nach seiner Entlassung aus Sachsenhausen (April 1939) im Berliner Widerstand an der Herausgabe der illegalen Zeitschrift „Die innere Front" beteiligt, am 15. November 1943 in Brandenburg enthauptet

sen Unterlagen und auch aus den Akten der sonstigen Lager und Zuchthäuser, wo wir ab 1933 gewesen waren. Es gab nicht den geringsten Zweifel, daß wir in unserer politischen Überzeugung auch nur um ein Jota nachgegeben hatten. Natürlich ging die SS davon aus, daß die Kommunisten auch im Lager ihre Partei weiterführen und illegal weiterarbeiten würden. Aber eine wirkliche Einsicht in unsere Arbeit hatte sie nicht oder nur bruchstückweise, sofern ihr durch Spitzel Anhaltspunkte gegeben worden waren; aber ihre Spitzel – das wußte die SS auch – lieferten meistens unzuverlässiges oder nur zum Teil wahres Material.

Die SS-Lagerführung griff massiv gegen uns ein, wenn sie sich aus politisch-taktischen Gründen dazu veranlaßt sah, nach bestimmten Vorfällen im Lager oder wenn sie den Eindruck hatte, daß unser Einfluß zu stark wurde:
– Im Sommer 1938 ließ die SS-Führung mehrere führende Kommunisten, darunter Bernhard Bästlein und Lambert Horn, wegen illegaler Arbeit im Zellenbau einsperren.
– Ende September 1942 wurden 18 kommunistische Lagerfunktionäre abgelöst und nach Flossenbürg in den Steinbruch geschickt.
– Nachdem die SS im März 1944 eine Rundfunkabhörstelle und im Lager hergestellte antifaschistische Flugblätter entdeckt hatte, wurden fast 200 politische Gefangene von ihren Lagerfunktionen entfernt.
– Am 11. Oktober 1944 wurden die kommunistischen Arbeiterführer Gustl Sandtner, Ernst Schneller, Matthias Thesen sowie 21 andere deutschen und drei französische Kommunisten wegen ihrer Widerstandstätigkeit im Lager von der SS im Industriehof erschossen. Weitere 102 Kameraden schickte die Lagerführung in den Steinbruch des Konzentrationslagers Mauthausen.

Wenn wir uns bereitfanden, Lagerfunktionen zu übernehmen, so taten wir es, weil wir darin eine wichtige Möglichkeit sahen, die Interessen der politischen und überhaupt aller Gefangenen wahrzunehmen. Nur so konnten wir verhindern, daß die SS diese Funktionen Häftlingen überließ, die sie in der Hand hatte und in ihrem Sinne dirigieren konnte. Unsere politische Überzeugung erleichterte uns ein gemeinsames Handeln und Auftreten und gab uns schon dadurch ein größeres Gewicht gegenüber den diversen kriminellen Cliquen und Gruppierungen.

Bei der Übernahme von Lagerfunktionen hatten wir uns nicht getarnt, sondern unser Gesicht und unsere Gesinnung offen gezeigt. Wir verheimlichten nicht, wer wir waren. Wir stellten uns zur Verfügung, die Häftlingsverwaltung so in Ordnung zu halten und so zu benutzen, daß es keinen Anlaß für Menschenschinderei und Menschenopfer gab. Wenn es uns nicht möglich war, Ausschreitungen der SS zu verhindern, hielten wir uns fern. Wo bedauerlicherweise auch einmal Arbeiterfunktionäre – unter Druck gesetzt oder aus persönlicher Schwäche – sich an Gewaltmaßnahmen beteiligten, sprachen wir mit ihnen, versuchten, politisch und moralisch auf sie einzuwirken. Wenn das aber alles nicht half, brachen wir demonstrativ im Block oder im Arbeitskommando unsere Beziehungen zu ihnen ab. Unser Verhalten lag offen, für alle Gefangenen sichtbar und stand ständig zur Kritik. So kam es, daß die

Häftlingsschreibstube und die mit ihr verbundenen Lagerfunktionäre durch ihr konsequentes und kameradschaftliches Verhalten Autorität und Ansehen unter den Häftlingen hatten und in gewissem Maße auch ein Gegengewicht zur SS-Lagerführung darstellten.

Als ich und andere Lagerfunktionäre später, Ende 1942, strafweise ins KZ Flossenbürg geschickt worden waren, fanden wir dort auch einige ehemalige Sachsenhausener vor, vorwiegend „grüne" Häftlinge. Fast alle hatten damals schwere Lagerstrafen zu erwarten gehabt und waren deshalb auf eigenen Wunsch und mit meiner Hilfe nach Flossenbürg geschickt worden, wo sie inzwischen maßgebliche Häftlingsfunktionen ausübten. Wir, die wir jetzt dort eintrafen, waren 18 Kommunisten. Wir kamen in den Bunker, erhielten Einzelhaft und Dunkelarrest. Der Lagerführer von Flossenbürg sagte uns, daß wir auf Befehl des Reichsführers SS wegen politischer Zellenbildung und bolschewistischer Propaganda im Konzentrationslager unser Dasein verwirkt hätten. An die Blockältesten, Vorarbeiter und SS-Führer ging die Anweisung, daß wir nicht lebend davonkommen sollten.

Ich kam als erster in den Steinbruch, in die Strafkompanie, das schlimmste Kommando, das es in Flossenbürg gab. Auf mich war der SS-Unterscharführer Wodak angesetzt worden; er mußte den ganzen Tag über in meiner Umgebung bleiben und immer neue Methoden anwenden, um mich – wie es in der Lagersprache hieß – „fertigzumachen" oder im Klartext, mich „langsam aber sicher zu Tode zu bringen". Als er sich am zweiten oder dritten Tag von seiner Beschäftigung mit mir „erholen" und sein Frühstück in der Baracke der Vorarbeiter einnehmen wollte, war keins für ihn da. Auch die übliche Zigarettenbeigabe fehlte. Die Vorarbeiter erklärten, sie hätten ihm aus dem Fenster zugeguckt, und da sei ihnen der Appetit vergangen. Die Grünen, ehemalige Sachsenhausener, veranlaßten den SS-Kommandoführer, die Anweisungen über meine Behandlung abzuschwächen. Es wurde von ihnen alles unternommen, um mein Leben zu retten. Einige Kommunisten in Flossenbürg, wie Karl Saß, Karl Fugger, Willi Ratschak und andere, sorgten für weitere Erleichterungen, nicht nur für mich, sondern für alle achtzehn. Als besondere Kennzeichnung (und Zielpunkte für die SS) mußten wir einen blaugestrichenen Blechdosendeckel auf Brust und Rücken sowie an den Hosenbeinen tragen. „Blaupunkte" wurden wir deshalb genannt. Das Leben blieb bis zum Schluß schwer für uns. Sechzehn Blaupunkte erlebten 1945 die Befreiung; unsere beiden Kameraden Rudi Grosse und Ernst Guckenhan sind in Flossenbürg umgekommen.

43.

Im Bombensuchkommando

Seit Ende 1940 steht in Sachsenhausen unter den Politischen ein heikles Thema zur Diskussion: Sollen sich auch welche von uns in die Kommandos zum Bombensuchen melden? Schon seit Frühjahr 1940 sind Häftlinge aus dem

Kreis der ASOs im Raum Berlin zum Entschärfen und Bergen englischer Fliegerbomben eingesetzt worden. Diesen Häftlingen wird eine vorzeitige Entlassung nach zehn- bis zwölfmaligem Suchen in Aussicht gestellt; bis dahin Vergünstigungen im Lager wie 200 Gramm Brot pro Tag (die sogenannte Schwerarbeiterzulage), bevorzugter Kantineneinkauf, bessere Einkleidung, persönlicher Haarschnitt. Da immer mehrere Gruppen zum Bombensuchen eingeteilt sind, zieht sich die Beteiligung des einzelnen über mehrere Monate hin. Einige Entlassungen hat es auch schon gegeben. Diese Chance verlockt natürlich auch manch einen Politischen. Da es bisher keine Unfälle gegeben hat, wird das Risiko geringer eingeschätzt als das eines unbefristeten Aufenthalts im Lager mit all seinen Eventualitäten, seinem Hunger und Terror der SS. Manch ein Genosse läßt sich auch von dem Gesichtspunkt leiten, käme er durch eine Meldung zum Bombensuchen frei, dann könne er sich nach einer gewissen Zeit wieder in die illegale Parteiarbeit eingliedern. Andere wiederum lehnen eine Beteiligung grundsätzlich ab, weil sie den Nazis nicht bei der Beseitigung der Folgen ihres Krieges behilflich sein wollen.

Etwa im März 1941 bekam ich durch Rapportführer Campe Bescheid, daß auch politische Häftlinge sich freiwillig zur Beseitigung nicht explodierter Fliegerbomben melden sollten. Ursprünglich war ich dagegen gewesen, daß wir Politischen uns daran beteiligten, weil wir nicht verantworten konnten, unsere eigenen Leute faktisch an die Front und eventuell in den Tod zu schicken. Dieses Problem wurde neu diskutiert, nachdem die SS-Lagerführung die Freiwilligkeit zur Voraussetzung erklärt und den Beteiligten erneut in Aussicht gestellt hatte, nach zehnmaliger Teilnahme am Bombensuchen zur Entlassung zu kommen. Auch der Gedanke, als Häftling dieses Kommandos vielleicht Verbindung zu Gesinnungsfreunden in Berlin aufnehmen zu können, beschäftigte manchen Genossen. Bald gab es Freiwilligenmeldungen von Politischen. Das alles entschied nicht nur meine, sondern auch die Haltung der illegalen Lagerleitung. Nach wie vor setzten wir uns nicht für die Teilnahme ein, aber im Einzelfall traf jeder selbst den Entschluß, mitzumachen oder nicht. Die Freiwilligkeit der Beteiligung konnte aber nur gewährleistet werden, wenn nicht die SS die Sache in der Hand hatte, sondern die Meldungen über die Häftlingsschreibstube liefen. Trotzdem passierte auch da eine Panne. So wurde der frühere kommunistische Landtagsabgeordnete Otto Fleischhauer ohne sein Wissen und ohne Wissen der Lagerältesten auf die Liste gesetzt. Er weigerte sich mitzugehen und wurde von der SS zur Strafe einen ganzen Tag ans Tor gestellt. Diese Weigerung hat ihm damals das Leben gerettet: Das Kommando, dem er irrtümlich zugeteilt worden war, fand beim Bombenentschärfen den Tod.

Nachdem ich selbst in einem Bombensuchkommando gewesen war, wurde es mir klar, daß unsere Hoffnung, irgendwelche Gelegenheiten zu finden, mit der Bevölkerung zusammenzukommen oder Neuigkeiten und Stimmungen zu erforschen, sich als Fehlerwartung erwies. Auch unser Bestreben, in Berlin vielleicht eine Verbindung zu unserer illegalen Partei zu finden, blieb eine Illusion. In unserem geheimen Schriftverkehr mit der Partei, der nur mit großen Unterbrechungen stattfinden konnte, hatten wir auf die Möglichkeit hingewiesen, daß aus dem Lager eventuell Genossen auf Bombensuche gehen würden. Wir konnten darüber aber noch nichts Näheres mitteilen.

Ich war beim Bombensuchen mehrmals mit einem Feuerwerker aus der Armee zusammen, der vieles unternahm, uns die Zeit dieser gemeinsamen Arbeit ein wenig zu erleichtern. Immer brachte er etwas mit: Schokolade, Zigaretten, Butterbrote, alles, was er für uns auftreiben konnte. Auch bemühte er sich darum, unser Arbeitstempo etwas zu mäßigen. Einmal war mitten in Berlin eine Kette kleiner Bomben gefallen. Unser Feuerwerker hatte mit der Arbeitsdauer für einen ganzen Tag gerechnet und dementsprechend für uns angeschafft, einschließlich Schnaps. Dann riet er uns, ein tiefes Loch zu graben, uns darin zu verkriechen, um uns in Ruhe an seinen Mitbringseln laben zu können. Er hielt sich in unserer Nähe auf, und sobald der SS-Blockführer sich unserer Kuhle näherte, vertrieb er ihn mit lauten Warnungsrufen.

Eines Tages – wir waren in der weiteren Umgebung Berlins zum Bombensuchen – aßen wir in einer einfachen Gastwirtschaft zu Mittag. Auf Veranlassung des Feuerwerkers bediente die Wirtin uns als erste. Zwar gab es zu unserem Kummer Steckrüben, aber es war viel Fleisch darin, und das fanden wir großartig. Die Blockführer mußten an einem anderen Tisch auf ihr Essen warten. Als ihnen das zu lange dauerte, begannen sie darüber zu schimpfen, daß wir als erste unser Essen bekommen hatten. Die Wirtin sagte darauf: „Die Leute haben gearbeitet, und Arbeit geht vor."

Mitte April 1941 waren wir in Berlin-Marienfelde eingesetzt. Dort wurde eine 20-Zentner-Bombe, angeblich die größte britische Bombe, die bisher über Deutschland abgeworfen worden war, von uns ausgebuddelt. Die Anweisung lautete, sie nicht zu sprengen, sondern zu entschärfen, auf der Straße hochkant hinzustellen und dort zu verankern. Daran haben nacheinander verschiedene Kommandos von Sachsenhausen gearbeitet. Ich war beim letzten Einsatz dazu eingeteilt. Die Bombe lag in einem Garten und hätte sowieso nicht gesprengt werden können, ohne dabei auch das Gartenhaus mit zu zerstören. Als die Bombe dann auf der Straße aufgerichtet war, mußten wir warten, weil nacheinander eine ganze Reihe Vertreter von NS-Dienststellen mit PKWs herangekarrt wurden. Sie waren teils in Zivil, teils in Uniformen und stellten sich hinter der Bombe auf. Nachdem ein Fotograf die ganze Gruppe geknipst hatte, zogen alle wieder ab. Das Ganze hatte Stunden gedauert, während wir nur so herumstehen mußten. Auf der anderen Seite der Straße grenzte eine lange Mauer ein Grundstück ein. Nun konnte ich beobachten, wie sich langsam erst eine Baskenmütze, dann ein Kopf bis Augenhöhe hob, dann war ein Fotogerät zu sehen – und „klick" waren wir Häftlinge geknipst worden. Der Fotograf soll der Pfarrer der katholischen St.-Alfons-Kirche gewesen sein. Irgendwo mögen diese Bilder noch herumliegen; und wahrscheinlich weiß niemand, wer und was auf ihnen festgehalten ist.

Erwähnenswert ist auch noch ein Bombensuchkommando, das etwa im Mai 1941 an einem schönen Frühlingstag zum Einsatz kam. Wir, eine vier Mann starke Häftlingsgruppe, Rudi Wunderlich, Albrecht Sohl, Kurt (oder Walter?) Rau und ich fuhren mit dem SS-Blockführer Meier zu einem Ort südlich von Berlin. Wir wurden in einem Bereitschaftswagen des Sicherheits-

und Hilfsdienstes vom Luftschutzkommando Potsdam befördert, das auch einen Kraftfahrer und zwei Wachposten für uns abgestellt hatte. In Potsdam stieg der Feuerwerker ein. SS-Blockführer Meier war vorn beim Fahrer, während wir mit dem Feuerwerker und den Wachposten zusammensaßen. Sie packten gleich Zigaretten und Butterbrote für uns aus, und dann wollten sie alles von uns bestätigt haben, was sie bisher über Sachsenhausen gehört hatten. Die Wachposten wußten eine ganze Menge, was auch im wesentlichen stimmte. Wir bestätigten nichts, bestritten aber auch nichts. Endlich platzte dem einen der Kragen: „Mensch, nu erzähl doch mal, wie denn dat nun wirklich ist! Wir quasseln und quasseln, ihr sitzt da wie Piefke. Sag' doch mal wat!", herrschte er mich an. Ich schwieg demonstrativ. Als er mich weiter bedrängte, griffen die anderen ein: „Merkst du denn nicht, der darf doch nischt sagen!" – „Stimmt dat?" – „Ich bin doch kein Selbstmörder!" – „Mensch, wir hier sind alle echt. Wir waren doch Sozis, als wir damals zur Polizei gingen. Aber lassen wir das. Wir wollen euch keinen Ärger machen. Wechseln wir das Thema." Und dann wurden Witze über die Nazis erzählt. Wir haben uns krumm und schief gelacht. Das war doch für uns ganz was Neues.

Endlich waren wir am Einsatzort angekommen. In einem Wald zwischen zwei Dörfern sollte die Bombe liegen. Der Feuerwerker und wir vier Häftlinge fingen an zu buddeln. Wir gruben und gruben und fanden dann in ein bis eineinhalb Meter Tiefe zwei Flakgranaten-Blindgänger des größten Kalibers, also keine Ami- oder Tommy-Bomben.

Am Nachmittag fahren wir zurück. Unter den Wachposten beginnt gleich eine lebhafte Unterhaltung, die anscheinend auch etwas mit uns zu tun hat. Der eine fragt uns dann: „Ihr seid doch anständige Kerle und werdet uns nicht in die Pfanne hauen?" Ich antworte: „Wir haben genug mit uns zu tun und kümmern uns um euch überhaupt nicht." Dann erklären sie uns, daß sie einen Umweg machen wollen, um noch kurz bei einer Hochzeit vorzusprechen. Von uns wollen sie wissen, ob wir ihnen unser „großes Ehrenwort" geben können, uns im Wagen ruhig zu verhalten, während sie bei der Hochzeit sind. Natürlich tun wir's, und der Kurs wird nun geändert. Mit erhöhtem Tempo erreichen wir die Hochzeitsgesellschaft. Wir – und mit uns SS-Blockführer Meier – bleiben im Wagen sitzen, während sich die Wachposten in die Hochzeitsgesellschaft stürzen. Bald darauf bringt man uns einen Berg Kuchen in den Wagen. Der SS-Mann wird von dem Hochzeitspaar mit Schnaps begrüßt und aufgefordert, ins Haus zu kommen, und er folgt der Einladung. Da wir uns darüber einig waren, keinen Alkohol anzurühren, bringt man uns Kaffee, später belegte Brote, Zigaretten, Süßigkeiten, Eingemachtes. Alle Augenblicke kommen Hochzeitsgäste, um uns zu sehen und einige Worte mit uns zu wechseln: Was für Landsleute wir sind, wie lange wir schon drin sind, wie lange wir noch in Haft bleiben müssen, warum wir in Haft sind, ob wir denn alle Kommunisten seien. Die gehobene Stimmung steckt an und macht uns auch das Antworten leichter. Dabei führt es aber auch zu Gedanken, die Gelegenheit wahrzunehmen. Wird uns hier nicht eine Chance zur Flucht geboten? Aber wie soll es dann weitergehen – in einer fremden Gegend, ohne jede Hilfe? Könnte einer fliehen und sich vielleicht auch durchschlagen, so würde das für die anderen bedeuten, zur Abschreckung öffentlich gehängt oder als Mitwisser totgeschlagen zu werden. Und was würde aus dem Lager, in dem dann Zehntausende Häftlinge vielleicht tage- und nächtelang stehen müßten, was Dutzende von Toten zur Folge hätte. Es ist Wahnsinn, überhaupt daran zu denken.

Auf der Rückfahrt sind unsere Bewacher alle recht angeregt. Der Alkohol hatte seine Wirkung getan. Bei der Fahrt durch Ortschaften wird die Sirene eingeschaltet, die Einwohner werden aus ihrem Schlaf gerissen. Nun fangen wir an zu singen, unsere Lieder, die wir sonst immer erst singen können, nachdem die SS-Blockführer das Lager verlassen haben. Da manche Lieder die Melodien von Soldatenliedern haben, versucht der eine Wachposten mitzusingen. Dabei wird er aber von dem anderen zur Ruhe gerufen, weil er gern unsere Texte hören möchte. Manchmal werden wir sogar gebeten, einen Vers oder auch ein ganzes Lied zu wiederholen. „Wir sind Kameraden, allzeit in Einigkeit..." oder „... dann rufen wir: Befreit! Dann findet die Fahne uns wieder bereit!" Im Lager mußten wir's ändern in: „... die Heimat uns wieder bereit!".

Es ist schon spät, als wir in Sachsenhausen ankommen. Die Wachposten und der Kraftfahrer verabschieden sich mit einem Händedruck von uns. Als wir noch mit SS-Blockführer Meier am Tor stehen, sagt er: „Eigentlich müßte ich über euch eine Meldung machen." Ich stehe vor ihm und blicke dabei starr auf seine Manteltasche, die von der Schnapsflasche ausgebeult ist. Danach schaue ich ihn an. Er war meinen Blicken gefolgt. Dann sagt er: „Macht, daß ihr wegkommt! Und daß ich keine Klagen höre!" Damit war alles geregelt.

Das Bombensuchen forderte viele Opfer, auch unter den politischen Häftlingen. Am 28. März 1941 fanden bei der Beseitigung von Fliegerbomben Franz Bobzien, Fritz Dauß, Hein Krützer und Egon Nickel den Tod. Schwer verletzt wurden bei dieser Explosion Max Lademann und Sepp Aulbach. Während Max Lademann am 29. März starb, blieb Sepp Aulbach am Leben, trug aber schwere Narben im Gesicht davon. Es waren alles Genossen, die sich aktiv im Lagerwiderstand betätigt hatten, Max Lademann und Franz Bobzien gehörten außerdem zum engeren Kreis der illegalen politischen Leitung.

Kamerad Oskar Ohlendieck starb am 28. März 1941 an den Verletzungen, die er sich eine Woche zuvor beim Bombenentschärfen zugezogen hatte. Am 2. August 1941 fanden Reinhold Hoffmann und Gustav Graf bei der Explosion eines Blindgängers den Tod. Vier andere Häftlinge ihres Kommandos überlebten trotz schwerer Verletzungen. Unser tschechoslowakischer Kamerad Alfred Wallnoch starb am 16. September 1941 beim Beseitigen eines Blindgängers.

Zwölfmal war ich beim Bombensuchen dabei, einmal ging es bis in die Nähe von Leipzig. Ich sagte schon, daß unsere Hoffnung, bei den Einsätzen irgendwelche politischen Kontakte knüpfen zu können, sich nicht erfüllte. Aber wohin wir auch kamen, wurden wir freundlich behandelt, ganz gleich, ob wir es mit Wehrmachtsangehörigen, Polizisten, Leuten vom Luftschutz oder mit Zivilpersonen zu tun hatten. Offensichtlich entsprang ihr Verhalten mehr dem Mitleid oder Mitgefühl, seltener einer politischen Sympathie. Wer aber so viele Jahre wie wir unter SS-Gewalt hatte leben müssen, für den waren normale menschliche Umgangsformen, wie wir sie draußen erfuhren, schon viel.

Was aber war von all den Versprechungen der SS-Lagerführung uns gegenüber geblieben? ASO-Häftlinge, die oft nur einmal zum Bombensuchen gehen mußten, wurden nach einer gewissen Zeit entlassen. Politischen Häftlingen aber, die mindestens zehnmal dabei waren und denen die Entlassung zugesagt worden war, wurde dies verwehrt. Tatsächlich entlassen wurden nur wenige, und das geschah nach folgenden Gesichtspunkten: Zur Entlassung kam, wer ohne politische Vorstrafen war, oder wer aus politischen Gründen ausschließlich mit Gefängnishaft vorbestraft war. Wer nicht entlassen wurde, bekam „Hafterleichterung", wie die SS es nannte. Er konnte sich selbst ein Arbeitskommando aussuchen, zum Beispiel mit leichterer Arbeit. Ferner durfte er sich die Haare im Militärschnitt stehenlassen und hatte bevorzugten Einkauf in der Häftlingskantine. Außerdem durften diese Häftlinge eine Zeitlang jede Woche einen Brief an ihre Familien schreiben.

Neben dem Einsatz beim Bombensuchen hatten auch andere größere Häftlingskommandos einmal Gelegenheit, aus dem Lager zu marschieren, und zwar mußten diese vom Bahnhof Oranienburg französische Beutewagen holen. Dabei handelte es sich um Pferdewagen der französischen Armee, die in früheren Zeiten im Train gebraucht worden waren. Die Beutewagen wurden in der Umgebung des Lagers untergestellt und den Bauern in den umliegenden Dörfern zum Kauf angeboten. Was unverkauft blieb, zerlegte eine Arbeitskolonne später in Einzelteile, die dann auch noch verkauft oder verschrottet wurden.

Zu diesem Kommando wurden gesunde und kräftige Häftlinge bestimmt. Für die Einwohner Oranienburgs war es dann immer ein ungewöhnlicher Anblick, wenn sie täglich mehrmals die sich mühsam fortbewegenden Kolonnen von Häftlingen, umgeben von schwerbewaffneten SS-Leuten, die Beutewagen hinter sich herziehend, beobachten konnten. Wenn dann auf den Ruf: „Ein Lied!" alle Häftlinge auch einmal Lagerlieder anstimmten, die nicht auf dem Appellplatz gesungen werden durften, wurde die SS-Begleitmannschaft sichtlich nervös. Ganz gegen ihre Gewohnheiten mußte sie es aber hinnehmen, denn vor der Öffentlichkeit wagte sie es nicht, zu brüllen und zu prügeln. Ihre Versuche, das Singen dieser Lieder zu unterbinden, mißlangen, weil durch den Gesang immer mehr Menschen aufmerksam wurden. Aus diesen Liedern, die wir sonst nur abends, wenn die Blockführer das Lager verlassen hatten, singen konnten, erklang unsere Kameradschaft und Solidarität, unsere Sehnsucht nach Freiheit und Hoffnung auf die Zukunft:

„Wir schreiten fest im gleichen Schritt,
Wir trotzen Not und Sorgen.
Denn in uns zieht die Hoffnung mit
Auf Freiheit und das Morgen."
oder:

*„Denn wir wissen,
daß nach dieser Not
uns leuchtet hell das Morgenrot."*

44.

„Transport S"

Im Verlaufe des Jahres 1940 meldeten sich immer wieder kriegsversehrte und körperlich behinderte Gefangene für Transporte in andere Lager, denen das Gerücht vorauseilte, es gebe dort bessere Lebensbedingungen und leichtere Arbeit. Groß war die Enttäuschung, wenn gerade diese Häftlinge wegen ihrer Körperschäden von diesen Transporten wieder aussortiert wurden. Eines Tages forderte der SS-Rapportführer tatsächlich eine Liste von Häftlingen mit Körperschäden und Dauerkrankheiten an. Meine Frage, ob auch Kriegsversehrte in Frage kämen, wurde von Campe bejaht. Nachdem die Blockältesten in den Blocks herumgefragt hatten, hieß es, daß ein Transport für ein Kommando „Kräutergarten" nach Dachau zusammengestellt werden würde, und „Kräutergarten" wurde gleichbedeutend mit „Genesungslager" verstanden. So meldeten sich Hunderte freiwillig bei den Blockältesten. Seit dieser Zeit spukte in Sachsenhausen immer wieder das Gerücht von dem „guten Kommando Kräutergarten" in Dachau.

Längere Zeit hörten wir nichts mehr über die Körperbehinderten. Im April 1941 kam eine Ärztekommission aus Berlin nach Sachsenhausen, darunter Prof. Dr. Heyde, Dr. Mennecke und Dr. Steinmeyer. Heyde, der Chef der Gruppe, blieb nur einen Tag, die anderen eine knappe Woche. Im Krankenbau untersuchten sie etwa 300 bis 350 Gefangene, angeblich solche mit geistigen Defekten. Es waren aber auch Körperbehinderte, Kriegsverletzte, Diätempfänger und andere geistig gesunde Häftlinge darunter.

An einem dieser Tage wurden dreißig bis vierzig Mann zum Krankenbau bestellt, wo sie den Ärzten vorgeführt werden sollten. Ich entdeckte in dieser Gruppe zwei grüne Häftlinge, die ich kannte. Beide waren große und kräftige Männer. Verwundert fragte ich sie, ob sie krank seien. Sie erzählten mir, daß sie eine Magenkrankheit simuliert hätten, um für eine bestimmte Zeit Diätkost bewilligt zu bekommen. Beide arbeiteten auf dem Klinkerwerk, der eine als Schmied, der andere als Zuschläger, beide waren Schwerstarbeiter. Sie hätten für einen SS-Arzt Kunstschmiedearbeiten gemacht und sich die Diätkost verschreiben lassen, um ihren Speisezettel aufzubessern. Jetzt wollten sie sich wieder von der Diätliste streichen lassen. Es dauerte lange, bis sie von der Untersuchung zurückkamen. Zwar hatten sie dort strenges Schweigeverbot auferlegt bekommen, aber sie wünschten doch, mit mir zu sprechen. Wir machten einen unauffälligen Treffpunkt aus, und dann berichteten sie, sie seien einer Kommission vorgestellt worden, vor der sie anhand eines Fragebogens viele Fragen hätten beantworten müssen. Diese hätten sich aber nicht nur auf Krankheiten bei ihnen und Familienangehörigen bezogen, sondern ihr ganzes Leben und das ihrer Familien sei unter Zuhilfenahme ihrer Personalakten durchleuchtet worden. Lagerkommandant Loritz, der meistens dabeigewesen sei, habe ständig eingegriffen, zur Eile gedrängt, die Häftlinge als Lügner beschimpft und ihnen mit Strafkompanie, Bock oder Pfahl gedroht. Habe es ihm zu lange gedauert oder die Antwort nicht gefallen, habe er das Gespräch mit einem: „Nu is es aber genug!" beendet und den Gefangenen hinausgejagt. Die wartenden Häftlinge hätten vieles davon mitbekommen und seien schon verängstigt zur Befragung gegangen.

Nach fünf Tagen hatte die Ärztekommission ihre Tätigkeit beendet. Einige der vorgestellten Häftlinge wurden wieder ausgesondert, eine Liste mit knapp 300 Gefangenen blieb übrig. Wieder hieß es, sie kämen als Invaliden zu leichter Arbeit in die Kräuterplantagen in Dachau. Ende Mai erschienen Oberscharführer Eilers und ein anderer SS-Mann aus der Politischen Abteilung in der Häftlingsschreibstube. Sie jagten die am Karteitisch beschäftigten Häftlinge hinaus und fingen an, anhand einer mitgebrachten Namenliste Karteikarten auszusortieren. Als sie damit den Raum verlassen wollten, stellte sich ihnen Lagerschreiber Rudi Grosse in den Weg und verlangte eine Quittung über die entnommenen Karteikarten, da er für den Bestand der Kartei verantwortlich sei. Er erntete aber nur Gelächter der SS-Leute, und sein Anruf beim Rapportführer Campe brachte ihm einen schweren Anpfiff ein.

Am 3. Juni 1941 wurden für den Morgen des nächsten Tages 95 Häftlinge in den Krankenbau beordert. Mir sagte Campe nach dem Abendappell: „Bei dem Transport, der morgen vom Krankenbau geht, haben Sie nichts zu suchen, auch Ihre Leute nicht. Wenn ich einen dort erwische, geht es gleich ab in den Zellenbau!" Am nächsten Morgen fährt ein Lastwagen, mit einer Persenning überzogen, vor und bleibt in der Toreinfahrt stehen. Die 95 Häftlinge kommen aus dem Krankenbau und werden auf dem Wagen verstaut. Die Persenning wird festgezurrt. Der SS-Fahrer Fliegerbauer und der SS-Blockführer Meier, mit einer Maschinenpistole bewaffnet, besteigen die Fahrerkabine, und der Wagen fährt ohne Umstände los. Am 5. Juni geht dasselbe noch einmal so vor sich, diesmal sind es 89 Häftlinge.

Für den 7. Juni sind wieder 85 Gefangene zum Transport in den Krankenbau bestellt. Alles läuft zunächst so wie an den beiden anderen Tagen. Der Wagen steht in der Toreinfahrt, die für den Transport bestimmten Häftlinge kommen aber nicht. Es mag eine halbe Stunde vergangen sein, da klingelt das Telefon in der Schreibstube. Campe will mich haben. Mit lauter Stimme fällt er über mich her: Ich sei zu nichts zu gebrauchen, wo der Transport bleibe? Als ich erwidere, daß er es mir selbst verboten habe, mich darum zu kümmern, schreit er mich erst einmal an. Dann wird er ruhiger und sagt: „Sie gehen jetzt in den Krankenbau und sorgen dafür, daß der Transport sofort ans Tor kommt!"

Ich eile zum Krankenbau. In der Ambulanz sind die Häftlinge durch das lange Stehen schon unruhig geworden. Die meisten haben den Oberkörper entblößt, andere haben einen Ärmel hochgezogen. Alle sind ungeduldig und schimpfen, daß es so lange dauert. Von dem Häftlingspflegepersonal ist nur der Vorarbeiter der Ambulanz anwesend, August Born, ein Vertrauensmann der SS. Während der Auseinandersetzung, die ich mit ihm über den Abmarsch des Transportes habe, kommt der Lagerarzt, SS-Obersturmführer Dr. Hattler, in die Tür. Ich gehe ihm entgegen, um ihn über meinen Auftrag zu informieren. Er sieht an mir vorbei und geht wie geistesabwesend durch den Raum. Ich bleibe, auf ihn einredend, neben ihm. Ohne darauf zu reagieren, verschwindet er in sein Zimmer. Dieses unnatürliche Verhalten Dr. Hattlers erinnert mich an etwas, was unser Häftlingspfleger Magnus Grantin, Spitzname „Mungo", einmal erwähnt hatte. Mungo war dazugekommen, als Dr. Hattler aus dem Giftschrank gerade zwei Ampullen Morphium und fünf Ampullen Novokain entnahm. Daraufhin hatte Mungo ihn in seiner Bärbeißigkeit gezwungen, eine Quittung auszustellen, damit keine Häftlingspfleger belastet werden konnten. Mungo meinte: „Der war so fertig, daß er alles unterschrieben hätte." Dr. Hattler stand auch heute morgen offensichtlich unter Drogen, und ich konnte mir sein seltsames Verhalten jetzt erklären.

Bis der SS-Arzt zurückkommt, unterhalte ich mich mit den Wartenden. Viele verabschieden sich und wollen von mir wissen, in welches Lager es gehe. Auch die beiden Schmiedegesellen sind dabei. Sie sind davon überzeugt, bald zurück zu sein, denn ihr SS-Kommandoführer würde sie wieder anfordern. Endlich kommt der SS-Arzt mit einer großen Flasche voll heller Flüssigkeit und einer Spritze in der Hand. Der Vorarbeiter sorgt dafür, daß die Häftlinge hintereinander an den Tisch treten. Jeder erhält eine Spritze in den Arm.

Machtlos stehe ich daneben. Ich kann nicht eingreifen und will schon gehen. Da begrüßt mich der jüdische Kumpel Siegbert Fränkel. Er ist Berliner und soll ein bekannter Buchhändler gewesen sein. In seinem Block hat er immer einen Kreis geistig regsamer und interessierter Kumpel um sich gehabt und Diskussionen über philosophische und literarische Probleme organisiert. „Na, was sagst du jetzt?" meint er. Ich will ihn trösten und antworte: „In dem neuen Lager kann es vielleicht besser sein als hier." Er erwidert: „Ich werde bald mehr wissen als du, wenn ich hinter den schwarzen Vorhang getreten bin." Ich wende ein: „Du mußt nicht gleich so schwarz sehen!" Er deutet mit dem Kopf zum Tisch des Arztes. Als ich nicht begreife, was er mir klarmachen will, sagt er: „Achte doch mal drauf. Die Einstichstelle wird nicht mit Alkohol abgerieben. Die Flüssigkeitsmenge wird unkontrolliert gegeben. Mit derselben Kanüle spritzt er alle Mann, ohne sie zu erneuern. Es ist ganz klar, man behandelt uns wie Todeskandidaten."

Seine Worte treffen mich wie ein Schlag. Ich will hier fort, will raus. Er hält meinen Arm fest, so muß ich ihm noch etwas sagen. Mir fällt nichts anderes ein als: „Warum bist du nicht gegangen wie so viele andere?" – „Warum sollte ich gehen und wohin?" Ich hatte ihn für einen vermögenden Mann gehalten, dem es möglich gewesen wäre, auszuwandern. So sage ich: „Nach Palästina." – „Zion ist für uns eine Hoffnung, ein Traumbild, das immer weiter entrückt, wenn wir ihm näherkommen, und das zerfällt, wenn wir es berühren. Was soll ich in Zion? Ich bin ein alter Mann, ein Buchhändler. Ich habe nicht mehr die Kraft, ein Bauer oder ein Landarbeiter zu werden. Ich könnte dir eine lange Liste von Gründen geben, warum wir nicht nach Zion gegangen sind. Am Anfang würde das Klima stehen. Und am Ende würden wir sagen: ‚Wir sind Deutsche, und deshalb sind wir in Deutschland geblieben'." Fränkel verabschiedet sich von mir und schließt sich den anderen an, die zum wartenden Wagen am Lagertor gehen.

Der Lastwagen, der die Transporte befördert hat, bringt die Hinterlassenschaft der Häftlinge noch am 7. Juni 1941 zurück. Der SS-Kraftfahrer Fliegerbauer kommt vor die Effektenkammer gefahren und kehrt persönliche Gegenstände der Deportierten auf ein Stück Rasenfläche: Prothesen, Bruchbänder, Stöcke, Zahnprothesen, Brillen, Hörgeräte. Wer das gesehen hatte, wußte Bescheid.

Später erfuhren wir, daß dieser „Transport S", genannt nach seinem Endziel, der Heil- und Pflegeanstalt „Sonnenstein" bei Pirna in Sachsen, im Rahmen der faschistischen Euthanasie-Aktion durchgeführt worden war. „Transport S" hat 269 Menschen aus Sachsenhausen das Leben gekostet.

45.
Der 22. Juni 1941

Den Winter 1940/41 hatten wir insgesamt gesehen etwas leichter überstanden als den des Vorjahres mit seiner grimmigen Kälte. Es waren vor allem die Polen, die 1940 zu Tausenden ins Lager gekommen waren, die die großen Opfer bringen mußten. Sie waren in Massenblocks mit 300 und mehr Häftlingen zusammengepfercht und mußten überwiegend in den gefürchteten Arbeitskommandos wie Klinkerwerk oder Waldkommando bei Wind und Wetter arbeiten.

In der Verpflegung hatte es eine geringfügige Verbesserung gegeben. Von den in den besetzten Ländern geraubten Lebensmitteln fielen auch für uns mal Brosamen ab, anfangs nicht für uns gedacht, aber gezwungenermaßen dann doch dem Lager zugewiesen. So erhielten wir im Frühjahr 1941 für die Häftlingsverpflegung zum ersten Mal eine Waggonladung notgeschlachteter Rinder aus Polen, die zu lange unterwegs war, schon sehr unangenehm roch und deshalb anderweitig nicht mehr verwendet werden konnte. Wir bekamen pro Häftling und Mahlzeit statt 50 Gramm das Doppelte davon. Ähnlich verhielt es sich mit einer Lkw-Ladung Schachtelkäse aus Frankreich, der schon von selbst zu laufen begonnen hatte. Statt mit 25 Gramm als vorgeschriebene Normalportion wurde er mit 50 Gramm pro Kopf an mehreren Tagen verteilt. Eine spürbare Verbesserung der Verpflegung bestand für die in kriegswichtigen Betrieben oder handwerklichen Werkstätten arbeitenden Häftlinge darin, daß fast alle nunmehr die Arbeitszulage von 200 Gramm Brot, d. h. zwei Schnitten mit 10 Gramm Margarine bestrichen, erhielten. Fast die Hälfte aller Häftlinge bekam diese Zulage. Nicht zuletzt trugen auch die ersten sonnigen Frühlingstage dazu bei, die Stimmung im Lager etwas zu heben. Das Leben begann sich nach dem Abendappell wieder mehr auf dem Appellplatz und auf den Schotterwegen zwischen den Baracken abzuspielen.

War aber das Leben wirklich leichter geworden? Quälten uns, die Politischen und viele andere Kameraden, nicht die Kriegsereignisse mehr und mehr? Die faschistische Wehrmacht hatte inzwischen fast ganz Europa unterjocht. Einige Länder Osteuropas, die Slowakei, Ungarn und Rumänien wurden nur deshalb nicht mit Krieg überzogen, weil die dort herrschenden reaktionären Kreise sich selbst den fremden Machthabern unterordneten. Im Februar 1941 waren deutsche Truppen in Libyen gelandet. Es folgte der Einmarsch in Bulgarien, die Besetzung Jugoslawiens und Griechenlands. Die okkupierten Länder wurden jeder Selbständigkeit beraubt. Konnte das gutgehen? Gab die faschistische Führung sich damit zufrieden? Unter uns fand ein erregter Meinungsaustausch statt. Werden die Nazis ihre bisher durchgeführten Versuche, England zu unterwerfen, mit mehr Konsequenz wieder aufgreifen, oder werden sie nun den Krieg gegen die Sowjetunion provozieren? Kann England, nachdem es seine sämtlichen Verbündeten auf dem Kontinent verloren hat und im Kern jetzt selbst bedroht ist, der direkten Auseinandersetzung mit den deutschen Aggressoren noch ausweichen? Hat der faschistische Eroberungskrieg schon einen Höhe- und Wendepunkt erreicht? Die Atmosphäre ist geladener und zugespitzter denn je. Die Häftlinge aus der Arbeiterbewegung vertreten überwiegend die Meinung: Die deutschen Imperialisten stehen erst noch vor der Erreichung ihres Endzieles, das in den Naziparolen „Volk ohne Raum", „Land ohne Rohstoffe" und „Lebensraum im Osten" seinen Ausdruck fand. Und diese Parolen wurden immer in Zusammenhang gebracht mit der Weizenkammer und den Rohstoffvorkommen in der Ukraine, mit dem Erdölreichtum am Kaspischen Meer.

All diese Fragen und Möglichkeiten diskutierten wir untereinander, oft sehr kontrovers; nur wenige berufen sich noch auf den deutsch-sowjetischen Nichtangriffsvertrag. Zum jetzigen Zeitpunkt sind schon fast alle der Meinung, daß die Nazis den Krieg gegen die Sowjetunion vom Zaune brechen werden. In dieser Meinung bestärken uns neueintreffende Inhaftierte aus der Tschechoslowakei und aus Polen, die von auffälligen Truppenbewegungen in ihren Ländern berichten. Aus unserer unmittelbaren Umgebung gibt es die Tatsache, daß die SS-Standarte nach und nach aus ihrem hiesigen Standort abgezogen wird. Schließlich läßt auch mancher SS-Blockführer verlauten, daß er „versetzt" werde. Es dauert nicht lange, daß SS-Formationen aus älteren Jahrgängen, darunter viele Sudetendeutsche und Österreicher, im Lager als Blockführer Dienst tun und die Wachmannschaften für die Arbeitskommandos stellen. Ganz besonders wichtig war für uns die Tatsache, daß die illegale Parteileitung der Emigranten in Holland die Situation ähnlich beurteilte wie wir. Einige in Holland verhaftete deutsche Kommunisten, die nach Sachsenhausen überführt wurden, hatten uns diese Stellungnahme mitgeteilt.

Das Austauschen vieler Blockführer und Wachmannschaften wurde natürlich sofort von allen Häftlingen registriert. Gerüchte schwirren durchs Lager, Unruhe und Angst nehmen zu, denn alle bringen diese Vorgänge mit einer möglichen weiteren Kriegshandlung in Verbindung. Wir haben in diesen Tagen immer wieder einiges zu tun, um unter den Politischen, besonders auch unter den tschechischen und polnischen Kameraden, für Ruhe und Besonnenheit zu sorgen. Sie sind es in erste Linie, die von einer Ausweitung des Krieges gegen die Sowjetunion überzeugt sind und sich deshalb in großer Gefahr sehen.

Am 22. Juni 1941 ist noch keine Stunde nach dem Morgenappell vergangen, als einige politische Häftlinge, die im SS-Kommandanturbereich arbeiten, einen Vorwand finden, eilig ins Lager zurückzukommen. Erregt teilen sie uns mit, was sie im Radio oder von SS-Leuten gehört haben: Die Wehrmacht hatte frühmorgens die sowjetische Grenze überschritten.

Obgleich seit Monaten befürchtet und alles Für und Wider immer wieder erörtert, überfällt uns jetzt Lähmung und Entsetzen. Unter den Kameraden in der Schreibstube herrscht betroffenes Schweigen. Jeder beginnt seine alltägliche Arbeit, aber seine Gedanken kreisen um ganz andere Fragen. Ich stehe am Fenster mit Blick über den Appellplatz und zum Lagertor. Einige Kranke gehen, sich gegenseitig stützend, zum Krankenbau. Nichts Besonders scheint sich in der und um die SS-Blockführerstube, von wo immer alle Gefahren für die Häftlinge ausgehen, abzuspielen. Ein Anruf vom Rapportführer mit der Ankündigung von mehreren Zugängen für den Vormittag, sonst nichts weiter. Mein „Jawohl, Rapportführer" und auch nichts weiter. So vergeht eine gute halbe Stunde, bis ich mich aus meinen Gedanken reiße und beschließe, die Blockältesten über die neue Lage zu informieren. Wir beraten uns kurz und lassen danach nach und nach die Blockältesten zur Schreibstube kommen, bemüht, soweit wie möglich selbst keine Unruhe und Unsicherheit merken zu lassen oder zu verursachen. Es zeigte sich, daß fast alle schon Bescheid wissen. In unserem Verhalten sind wir uns einig: Wachsamkeit gegenüber der SS, beobachten, was sich im Kommandanturbereich abspielt. Nicht provozieren lassen. Besonnenheit und Disziplin bewahren.

Über dem Lager liegt eine spürbare Spannung und Unruhe, aber der 22. Juni verläuft äußerlich fast wie alle Tage, und so bleibt es auch zunächst. Überall wird die neue Lage diskutiert, immer in der Befürchtung, was jetzt mit dem Lager geschehen könnte. Informationen werden ausgetauscht, alles mit größerer Zurückhaltung und Vorsicht. Aber auch die SS-Leute halten sich in den ersten Tagen nach dem Überfall auf die Sowjetunion zurück. Waren sie sich ihrer Sache nicht mehr so sicher wie bisher, dämmerte ihnen, was auf sie zukommen könnte, fürchteten sie das Ungewisse?

Dann kommen die erschreckenden Siegesmeldungen des Oberkommandos der Wehrmacht: Vormarsch im gesamten westlichen Sowjetland, Gefangennahme Tausender sowjetischer Soldaten, Rückzug der Roten Armee in die weiter östlich gelegenen Gebiete. Unter den Politischen nimmt die Bedrückung zu; manch ein Kommunist ist der Verzweiflung nahe. Fragen über Fragen: Hat die sowjetische Regierung die Gefahr nicht rechtzeitig erkannt? Ist die Rote Armee nicht genügend gerüstet zum sofortigen Widerstand und zur Gegenoffensive? Ist das Zurückweichen Taktik, um die in Blitzkriegsoperationen erfahrene Wehrmacht sich abnutzen und leerlaufen zu lassen? Will die sowjetische Regierung die Weite ihres Landes nutzen, um zu Gegenschlägen auszuholen? Den Fragenden und Zweifelnden stehen aber auch in diesen Tagen diejenigen Kommunisten zur Seite, die durch nichts zu erschüttern sind, die über zwei Jahrzehnte hinweg den schweren Aufbau eines sozialistischen Landes mit unbeirrbarer Sympathie und Hingabe verfolgt haben. Auch in dieser schrecklichen Situation vertrauen sie ganz dem revolutionären Geist der sowjetischen Menschen, ihrer Kraft und Fähigkeit zur Verteidigung all dessen, was sie sich geschaffen haben. So verstricken uns die Ereignisse, wie es unvermeidlich war, wieder in vielfache Auseinandersetzungen. Sie tragen dazu bei, unsere Besorgnisse der ersten Tage, was nun mit dem Lager, insbesondere mit den politischen Gegnern der Nazis geschehen würde, in den Hintergrund zu drängen.

Schon die ersten Wochen nach dem Überfall auf die UdSSR ließen uns ahnen, welche Dimensionen dieser Krieg annehmen wird: Er würde die Völker der Sowjetunion in Not und Elend stürzen und unser Volk in die Katastrophe führen. Uns im Lager wurde immer bewußter, daß wir noch eine lange und harte Zeit der Bewährung vor uns haben.

Im August 1941 trafen die ersten kleineren Gruppen sowjetischer Kriegsgefangener in Sachsenhausen ein, ihnen folgten bald größere Transporte. Was den sowjetischen Soldaten und Offizieren im Lager geschah, welche Verbrechen die Faschisten an ihnen begingen, darüber werde ich noch berichten.

46.
Arbeitskommando KVA

Im Frühjahr 1940, vielleicht auch schon eher, sollte ein neues Häftlingskommando zur Arbeit im SS-Führungshauptamt in Berlin-Lichterfelde vorbereitet werden. Franz Jacob, der dem Arbeitsdienstführer Sorge unterstand, kam damals mit dieser Nachricht in die Schreibstube. Für uns war es von größter Bedeutung, an SS-Führungsstellen oder auch an hohe SS-Führer irgendwie heranzukommen. Dann wurden vor allem Automechaniker angefordert, und wir wählten eine Reihe politisch zuverlässiger Häftlinge aus, um sie dem „Eisernen" vorzustellen. Als Franz Jacob nun beiläufig diesen oder jenen Autofachmann Sorge gegenüber erwähnte, ließ der sich den von uns vorgesehen Kumpel Max Metzler aus Hannoversch Münden vorstellen. Max, Kraftfahrer von Beruf, alter Kommunist, abgeurteilt wegen „Vorbereitung zum Hochverrat", machte Eindruck auf Sorge, und wir rechneten stark damit, daß er für das neue Kommando berücksichtigt würde. Als der „Eiserne" dann Franz und mich zu sich bestellte, legten wir ihm eine Liste mit Fachleuten vor. Er ließ uns aber gar nicht erst zu Wort kommen. „Das habt ihr euch wohl gedacht, das könnte euch so passen, überall eure Nase reinstecken. Kommt überhaupt nicht in Frage!" Er hatte ein Gespür dafür, wo und wie wir unsere Position ausbauen wollten. Dennoch forderte er ein paar Tage danach von Franz die Liste der Autofachleute an, die wir gemeinsam mit Max Metzler zusammengestellt hatten. Später teilte er uns mit, daß er einverstanden sei, diese Liste zum Grundstock für das neue Kommando zu machen, das den Namen „Kraftfahrtechnische Versuchsanstalt" (KVA) erhalten sollte.

Inzwischen war entschieden worden, dieses Kommando in der Umgebung des Lagers einzurichten, was dann auch mit Hochdruck geschah. Dieses Kommando war zunächst gut 40 Häftlinge stark und wuchs im Laufe der Zeit auf 1500 Mann an. Vorarbeiter war Max Metzler, der es auch bis zur Auflösung des Lagers blieb. Hier wurden zunächst Wagen repariert, dann aber mehr und mehr Lkws diverser Größen zu Mannschaftswagen mit Kettenantrieb, zu Werkstattwagen wie überhaupt für Zwecke der Kriegführung umgebaut.

Nach und nach wurde auch die Teilfertigung militärischer Geräte aufgenommen. Funkwagen wurden gebaut oder repariert. Für uns ergaben sich daraus zusätzliche Möglichkeiten, Nachrichten und Informationen zu erhalten. Kommandoführer war SS-Obersturmbannführer Westphal. Die SS-Bewacher waren meistens von Beruf auch Handwerker. Einige miese Kerle unter ihnen konnten hier leichter in Schach gehalten werden, weil Übergriffe zur Produktionsminderung oder zu Produktionsfehlern geführt hätten, die SS-Kommandoführung aber an einem reibungslosen Ablauf der Produktion interessiert war. Außerdem waren sie hier sicher, nicht an die Front zu kommen. Dieses Kommando war für sie wie ein „Heimatschuß".

Alles in allem: Dieses Kommando gilt als ein „gutes" Kommando. Die Häftlingsschreibstube hat vom ersten Tage seines Bestehens an engste Verbindung zu ihm. So kann eine ganze Reihe von Zugängen, die durch die Folter der Gestapo und SS sowie nach jahrelanger Zuchthaushaft schwere gesundheitliche Schäden erlitten hatte, in diesem Kommando eine Zuflucht finden und erst einmal wieder zu sich kommen.

Auf Vorschlag der Genossen dieses Kommandos wird eine „Lehrlingsabteilung" eingerichtet. Der SS-Führer Westphal läßt sich überzeugen oder duldet zumindest diese Einrichtung. Ganz langsam beginnen wir damit, einige Jugendliche, vorwiegend russischer, ukrainischer, polnischer und tschechischer Nationalität hier unterzubringen. Sollten aber die SS-Rapportführer und der SS-Arbeitsdienstführer während des Aufbaus dieses Kommandos dahinterkommen, müßten wir damit rechnen, daß alles schon in den Anfängen zerschlagen würde, weil sie eine unserer Eigenmächtigkeiten darin sehen würden. So muß versucht werden, diese Lehrlingsabteilung nach und nach aufzubauen. Jugendliche gibt es zu Hunderten im Lager. Sie haben große Schwierigkeiten, sich dem Lagerleben anzupassen und in den Arbeitskommandos die Schwere der Arbeit bei Wind und Wetter und dem Terror der SS standzuhalten. Die Jungen von vierzehn, fünfzehn und sechzehn Jahren haben noch keinen Beruf, in dem sie zur Arbeit eingesetzt werden könnten, insbesondere aber gibt es große Sprachschwierigkeiten. In dieser neugeschaffenen Lehrlingswerkstatt bleiben sie nun nicht allein auf sich angewiesen, sondern leben im Arbeitskommando gemeinsam, so wie sie auch in den Blocks zusammen leben. Sie werden nicht mit Nebenarbeiten beschäftigt, sondern von Facharbeitern zu Fachleuten in Metall- und Holzberufen ausgebildet. Für uns ist es auch wichtig, daß sie hier mit Männern aus der organisierten Arbeiterbewegung in Kontakt kommen. Das Lehrlingskommando nimmt mit der Zeit so an Stärke zu, daß wir es den Rapport- und Arbeitsdienstführern nicht mehr verheimlichen können. Aber das fertige Lehrlingskommando wird gebilligt, und nun hält der „Eiserne" das Ganze für seine Idee. Am Ende haben 180 junge Häftlinge in diesem Arbeitskommando ihren Platz gefunden. Die Belegschaft der Kraftfahrtechnischen Versuchsanstalt setzt sich mittlerweile aus Häftlingen aller Nationen und Kategorien zusammen. Beim Stand von etwa tausend Mann Belegschaft waren rund ein Drittel deutsche Häftlinge in diesem Kommando. Die Vorarbeiter wurden nach fachlichen, aber auch nach politischen Gesichtspunkten ausgewählt. Obwohl der Häftlingsvorarbeiter dabei einen gewissen Einfluß ausüben konnte, erfolgte die endgültige Auswahl durch die SS. Max Metzler hatte sich auch beim SS-Obersturmbannführer Westphal die Genehmigung geholt, alle Vorarbeiter in Abständen von drei bis vier Wochen zusammenzuholen, um mit ihnen „arbeitsorganisatorische" Fragen zu besprechen. Anfangs waren auch SS-Leute dabei anwesend, bald aber wurde es ihnen zu langweilig, so daß sie wegblieben. Hier konnte dann vieles besprochen werden, „Linie gegeben" werden, wie Max sagte. Das Zusammengehörigkeitsgefühl wurde gestärkt, Querulanten konnten zur Ordnung gerufen werden. Auch wurden hier Maßnahmen besprochen, um die Arbeitsbedingungen der Häftlinge zu erleichtern.

Im Vordergrund stand immer die Frage der Ernährung. Das Mittagessen, ein Liter Suppe für jeden, wurde von der Häftlingsküche im Lager geliefert. Für Schwerarbeiter gab es dann noch eine Zusatzportion von 200 Gramm Brot, mit 10 Gramm Margarine bestrichen. Die Arbeit war schwer und die Mittagssuppe so dünn, daß sie in der Ernährung kaum eine Rolle spielte. Aber der Betrieb war inzwischen für die SS-Führung zum wichtigsten im Lagerbereich geworden, nicht zuletzt deshalb, weil er sich zu einem ausgesprochenen Rüstungsbetrieb entwickelt hatte. Wir hielten jetzt die Zeit für gekommen, energischer für die Häftlinge etwas dabei herausholen zu können, insbesondere was die Verpflegung betraf. So wurde dem Kommandoführer ein Plan vorgelegt, wie man den Speisezettel ergänzen könnte. Die Häftlinge bekamen ab 1942, je nach der Qualität ihrer Arbeit, eine Bezahlung in Form von Lagergeld. Nun wurde dem SS-Kommandoführer vorgeschlagen, von diesem Geld soviel abzuzweigen, daß Gemüse und Kartoffeln gekauft, im Betrieb gekocht und dem regulären Mittagessen zugefügt werden konnten. Unser Argument, es handele sich um einen kriegswichtigen Betrieb, zog endlich. Nachdem die SS-Lagerführung nach langen Überlegungen zugestimmt hatte, wurden über die SS Kartoffeln und Gemüse gekauft, dann eine Kochgelegenheit im Betrieb geschaffen und zehn ältere Häftlinge als Kartoffel- und Gemüseputzer angestellt. Gekocht wurde dann immer das gleiche wie in der Häftlingsküche, nur mit weniger Wasser. Dann wurde das Essen im Betrieb zusammengeschüttet und ergab jedesmal fast einen halben Liter für jeden mehr als die normale Portion. Max Metzler hatte inzwischen auch Verbindung mit der Großbäckerei aufgenommen, die das Lager sowie sämtliche SS-Institutionen mit Brot versorgte, von wo er dann alle vierzehn Tage zwei Sack Fegsel erhielt. Fegsel war das in der Bäckerei zusammengefegte Mehl, das einige Male gesiebt und dann zum Andicken des Essens benutzt wurde.

In der Kraftfahrzeugtechnischen Versuchsanstalt boten sich viele Gelegenheiten zur Sabotage. Mancher Häftling setzte sein Leben ein, wenn er ganz allein für sich durch die Beseitigung einiger Schrauben oder eines kleinen Werkstückes die Produktion verlangsamen konnte. Wurde er aber dabei erwischt oder auch nur verdächtigt, dann konnte es schlimm für ihn ausgehen.

Im größerem Umfange konnte Sabotage dort betrieben werden, wo sich SS-Leute mit persönlichen Wünschen an die Häftlinge wandten. Nachdem für den provisorischen Küchenbetrieb Töpfe und Pfannen aus Rüstungsmaterial angefertigt worden waren, ließen sich auch die SS-Leute Geräte verschiedenster Art fabrizieren. Schließlich kamen neue Bedürfnisse und Wünsche auf. Kommandoführer Westphal hatte sich ein Relief anfertigen lassen. Das hatte sich schnell herumgesprochen, und jetzt kamen auch andere SS-Führer gehobener Funktion und wollten so etwas haben. Bereitwilligst gingen die Häftlinge an neue Aufträge heran, allerdings immer darauf bedacht, daß jeder einzelne Auftrag von dem Kommandoführer selbst, immerhin einem Obersturmbannführer, erteilt oder genehmigt worden war. Da wurden Reliefs aus bestem, wertvollem Glockenguß oder Glockenbronze hergestellt, bis zu einem Meter lang und 60 Zentimeter hoch: Hitler, Himmler, Göring – zu dritt oder auch jeder allein; Hirsche und Rehe, Cuxhavener Fischerfrauen, Hufeisen mit Pferdekopf und andere Motive. Wenn unser Hamburger Kumpel Rudi Homes Einzelheiten über die Fremdverwendung der Bronze erzählte, sagte er abschließend: „Das war zwar nicht kriegsentscheidend, aber besser als gar nichts." Rudi Homes war als Elektroschweißer in der KVA beschäftigt. Als der SS-Aufseher, der kein Fachmann war, eine Schweißnaht mit Höckern sah, befahl er, die ganze Naht glattzuschleifen. Da ein Häftling die Befehle eines SS-Mannes widerspruchslos befolgen muß, wurde sie prompt glattgeschliffen. Bei der nächsten größeren Beanspruchung mußte diese Naht unweigerlich reißen.

Schließlich ließ Kommandoführer Westphal einen Luftschutzbunker für sich bauen: 15 Meter lang und etwa eineinviertel Meter hoch. Da der Zement nur für die Decke reichte, wurden für die Wände Stahlplatten genommen, und zwar immer doppelt gesetzte, obwohl ursprünglich nur eine einfache vorgesehen war. Die SS-Führer waren ständig bestrebt, aus den zum Teil wertvollen Kriegsmaterialien etwas abzuzweigen und für ganz persönliche Zwecke verarbeiten zu lassen. So bestand ein Stück erfolgreicher Sabotage auch darin, ihnen hier freie Bahn zu lassen. In allen Arbeitskommandos, die für die Rüstung arbeiteten, war es wohl so wie in der KVA: Viele politische Häftlinge waren bewußt darauf aus, durch Schädigung der Rüstungsproduktion zur schnelleren Beendigung des Krieges beizutragen.

47.

Erfahrungen mit SS-Führern

Die Häftlingsschreibstube hatte nur gelegentlich mit den SS-Lagerführern zu tun. Wie ich schon berichtete, lief alles über die beiden Rapportführer Campe und Sorge, auch als letzterer Arbeitsdienstführer wurde. Später kam als dritter noch SS-Hauptscharführer Nowacki hinzu. Von ihnen erhielten wir unsere Anweisungen, und wir achteten darauf, daß Anordnungen der Lagerführer mindestens von einem der drei Rapportführer abgezeichnet wurden. Obwohl wir die SS-Führer nicht offen gegeneinander ausspielen konnten, nutzten wir jedoch jede Gelegenheit aus, wenn Befehle des einen durch einen anderen eingeschränkt oder unterschiedlich ausgelegt wurden.

Es muß im Frühjahr 1941 gewesen sein, als Lagerführer Forster die Anweisung erteilte, daß alle Häftlinge ihre Hosentaschen zuzunähen hätten. Wahrscheinlich war vorher bei einer Kontrolle dem Lagerführer oder gar dem Kommandanten der Tascheninhalt einiger Häftlinge unangenehm aufgefallen. Daraufhin gab es Strafmaßnahmen gegen die Betroffenen, in einigen Fällen auch gegen die Blockältesten, da diese ihre Blockinsassen nicht kontrolliert hatten. Weil aber im Block – auch in den Schränken – kein Platz war, um etwas aufzubewahren, wurde alles in die Taschen gesteckt: das Stück Brot, das man erst später essen wollte; der eigene Löffel; ein Stück Bindfaden; ein Knopf und anderes, was einem mal von Nutzen sein konnte; manchmal aber auch ein Stückchen Kartoffel- oder Rübenschale, wenn der Hunger zu groß geworden war. Kurz und gut, es gab einen ziemlichen Wirbel, als über 10 000 Menschen jetzt schnellstens ihre Taschen zunähen sollten. Sie fanden keinen geeigneten Platz zum Nähen, sie hatten keinen Zwirn und keine Nadeln. Ganz abgesehen davon bot sich mit diesem Befehl für jeden SS-Mann ein Vorwand, um „Hosentaschen-Kontrolle" vorzunehmen.

Lagerführer Forster hatte keine Ausnahmen festgelegt. Wir brauchten aber eine, wenn wir den alten Zustand wieder herstellen wollten. Eine gut zu vertretende Ausnahme fanden wir bei den Vorarbeitern, Handwerkern, Kalfaktoren und jenen Häftlingen, die Zollstock, Bleistift, Papier oder Putzlappen für ihre Tätigkeit brauchten und diese Dinge in der Tasche haben mußten. Wir diskutierten mit diesen Häftlingen, damit sie ihre SS-Kommandoführer veranlaßten, sie von dieser Anordnung zu befreien. Rapportführer Campe wurde daraufhin von vielen Seiten angesprochen. Nach langem Hin und Her überließ er es der Häftlingsschreibstube, wie diese Anordnung durchgeführt wurde. Dabei übernahmen es die Blockältesten, alles so zu regeln, daß keiner auffiel. Nur wer von einem Blockältesten mit Taschen voller Unrat erwischt wurde, mußte sie zunähen. Langsam begann die ganze Sache einzuschlafen, und so lief der Befehl des SS-Lagerführers allmählich aus.

Doch uns saß die Drohung mit den zuzunähenden Taschen noch lange im Genick, denn die Rapportführer hielten den Befehl in der Schwebe. Letzten Endes hatten sie uns wieder einmal etwas zugeschoben, mit dem sie uns bei Bedarf unter Druck setzen konnten. Aber zunächst waren wir zufrieden, einen Berg zusätzlicher Schwierigkeiten aus dem Wege geräumt zu haben. Innerhalb kurzer Zeit hatten wir einen Befehl des Lagerführers einschränken können. Ohne daß wir dabei direkt in Erscheinung traten, war eine von uns lancierte Aktion geglückt, die nur gelingen konnte, weil zahlreiche Häftlingsfunktionäre sich für deren Erfolg eingesetzt hatten.

Alle neuen Lagerführer stellten, wenn sie einige Zeit in Sachsenhausen waren, an die Lagerältesten die Frage: „Warum bekomme ich von Ihnen keine Meldungen?" Ich habe jedesmal die gleiche Antwort gegeben: „Ich habe den Auftrag, für die Aufrechterhaltung der Lagerdisziplin zu sorgen. Das kann ich nur kraft meiner Funktion als Lagerältester. Ich würde meine Autorität verlieren, wenn ich nicht von mir aus Ordnung schaffen könnte." Meistens ergab sich ein Disput aus diesem Gespräch, dann aber blieb alles so, wie es bisher war.

Das Arbeitskommando „Waldkommando" war überaus schwer. Zeitweise waren in diesem Kommando Hunderte von Häftlingen mit Bäumefällen, Wurzelroden und Erdplanierungen beschäftigt. Es war wegen seiner alltäglichen Opfer an Kranken, Verwundeten und oft auch Toten ein gefürchtetes Kommando, nicht zuletzt auch wegen des dort herrschenden Terrors der SS und einiger Vorarbeiter. Die Häftlingsschreibstube mußte dort oft eingreifen. Eines Tages holt sich Lagerführer SS-Sturmbannführer Sauer den Vorarbeiter dieses Kommandos und droht ihm Strafen an, weil er mit der Arbeitsleistung nicht zufrieden ist. Als der Lagerführer ihn auffordert, mehr „dazwischenzuschlagen", sagt der Vorarbeiter: „Das hat mir der Lagerälteste verboten." Der Lagerführer ruft sofort laut über den Platz: „Lagerältester!" Ich komme angelaufen. „Hier, der Mann sagt, Sie hätten ihm verboten, Faulenzer zu verprügeln." Der Vorarbeiter zu mir: „Nein, du nicht. Das war der Arbeitsdienst!" Auf einen Wink vom Lagerführer rufe ich den Leiter des Häftlingsarbeitsdienstes, Albert Buchmann, der auch gleich kommt. Der Lagerführer zu Albert: „Warum verbieten Sie dem Vorarbeiter, Faulenzer zu verprügeln?" Albert Buchmann: „Lagerführer, ich muß jeden Morgen die Arbeitskommandos vollzählig stehen haben. Wenn auch nur einem Mann die Knochen kaputtgeschlagen sind, fehlt der am anderen Morgen, und dann bin ich dran, bei Ihnen, Lagerführer!" Sauer: „Und wenn er nun eine ganz dünne Wurzel nimmt und dem Faulpelz ein paar drüberzieht, das kann doch nicht so schlimm sein!" Albert: „Und wenn er ihm damit ein Auge aushaut, auch dann habe ich am anderen Morgen einen Mann weniger." Mit einer weitausholenden Bewegung und einem verächtlichen „Haut ab!" schickt uns der Lagerführer weg.

Eines Tages stehen die Kommandos nach der Mittagspause fertig zum Ausrücken auf dem Appellplatz. Rapportführer Campe ist auf seinem Platz, ich gehe langsam hin und her. Da ruft mich von hinten der Vorarbeiter eines Arbeitskommandos: „Hallo Holzauge!" (das war seit Jahren mein Spitzname, aber seit ich Lagerältester war, wurde er nur noch im vertrauten Gespräch gebraucht). Er winkt mich mit dem Kopf heran. Die Hände hat er auf dem Rücken. Ich gehe zu ihm. Kaum habe ich ein paar Worte mit ihm gesprochen, ruft mich Campe. Ich habe ihn noch gar nicht erreicht, da dröhnt er los: „Was sind das für Zustände! Holzauge! Holzauge! Und das zum Lagerältesten! Und wie der Kerl da steht! Gehen Sie hin und hauen ihm eine runter!" Ich überlege kurz, mache eine Kehrtwendung hin zum Vorarbeiter, ziehe meinen Schreibblock aus der Tasche und frage ihn nach seinem Namen und nach seiner Häftlingsnummer. Campe ruft: „Sie sollen ihm eine runterhauen!" Während ich dem Vorarbeiter allerlei Vorhaltungen mache, quetscht er zwischen den Zähnen hervor: „Hau doch, Mensch! Macht doch nichts!" Ich brülle auf ihn ein. Er steht stramm, Bauch eingezogen, Hände an der Hosennaht und wiederholt: „Hau doch zu, Mensch!" Ich leise: „Das könnte dir wohl so passen". Dann sage ich lauter: „Vier Wochen Scheißhausdienst, und ich kontrollier' das!" Ich stecke meinen Block ein und gehe zurück. Alle, die auf dem Appellplatz stehen, haben gesehen, was da vor sich ging, Häftlinge und SS-Leute. Als ich wieder in Campes Nähe bin, sagt er: „Is wohl'n Genosse von Ihnen?" Ich sage nur: „Weiß ich nicht", verkneife mir aber, was mir auf der Zunge lag: Parteibücher haben wir beim Pförtner abgegeben. Campe stößt nach: „Sie haben wohl Angst, daß Ihre Genossen Sie heute abend auseinandernehmen!" Ich schweige und lasse ihn bei seiner Vermutung. Wichtiger ist mir, ihm gezeigt zu haben, wo für uns die Grenzen unserer Lagerarbeit liegen. Er hätte mich natürlich bestrafen können, weil ich vor aller Augen seinen Befehl nicht ausführte, unterließ es aber. In solche Situationen, die uns zu sofortigen und noch vertretbaren Reaktionen zwangen, gerieten wir immer wieder. Aber nur selten waren sie vor aller Öffentlichkeit auszufechten.

In keinem Fall habe ich Ohrfeigen im Auftrag der SS ausgeteilt. Ich tat das höchstens freiwillig. Wenn wir im Lager waren, mußten wir alle Wege im Laufschritt machen. Ein alter Genosse hatte eine gute Position bei der SS, stützte sich darauf und lief nicht. Der Rapportführer ruft uns und fragt, wie es angehen kann, daß jemand von der Schreibstube kommt und nicht läuft. Werner Staake und ich gehen hinaus und sprechen mit dem Genossen. „Fällt mir gar nicht ein, daß ich laufe", erwidert er mir, „Du kannst ja eine Meldung über mich machen!" Wie er das sagt, habe ich ihm eine geknallt. Es gab einen Sturm. Unser Kamerad Heinz Schumann kam und verlangte, daß ich mich bei dem Genossen entschuldige. Ich antwortete: „Selbstverständlich entschuldige ich mich bei ihm, wenn er sich für seine Bemerkung entschuldigt, daß ich über ihn eine Meldung hätte machen können."

SS-Arbeitsdienstführer Sorge hat mich nach dem Morgenappell zu einer Unterredung bestellt. In seinem Büro liegen auf dem Tisch Handstöcke aller Art, die den Zugängen abgenommen worden waren. Der „Eiserne" ließ in der Heizung deren Handgriffe so durchbiegen, daß sie ihm als Schlagstöcke gut in der Hand lagen und er sie bei seinen Gängen durchs Lager entsprechend verwenden konnte. Als ich nach seinen Ausführungen wieder gehen will, sagt er so nebenbei: „Och, nehmen Sie die Dinger zum Geradebiegen mal eben mit zur Heizung!" Ich zögere. Als er das merkt, sagt er: „Lassen Sie man. Das kann mein Kalfaktor machen."

Eines Tages läßt Sorge mich abermals rufen. „Ich brauche etwa zwanzig Häftlinge." Als ich Näheres wissen will, um welche Art Arbeit es sich handelt, legt er mir sein Vorhaben dar. Der Krankenbau sei überfüllt mit Faulenzern, und er wolle sie vertreiben. Die zwanzig Häftlinge sollten auf die Dächer der Krankenbaracken steigen und den ganzen Tag mit Hämmern auf das Dach klopfen. Er vermute, daß die Kranken dann ihre Sachen holen und in großen Scharen aus dem Krankenbau herauslaufen würden. Dabei solle ich ihm helfen. Als er endlich fertig ist, erwidere ich: „Arbeitsdienstführer, wenn ich an Ihrer Stelle wäre, täte ich das nicht. Das würden die Ärzte als Af-

259

front gegen sich auffassen. Sie würden sich über Sie beschweren. Dabei ziehen Sie den kürzeren." Er erwidert, daß Lagerkommandant Loritz auf seiner Seite stehen würde. Ich versuche ihn zu überzeugen, daß die SS-Ärzte beste Beziehungen zur „Inspektion" hätten und von dort höchste Stellen mobil machen könnten. Ich spreche gegen seinen Plan, weil ich ihn für unverantwortlich halte und dabei nicht sein Helfershelfer sein will. Er wird ungehalten und sagt kurz: „Sie können gehen!" Sorge ließ sein Vorhaben dann von Häftlingen verwirklichen, die er mit Drohungen dazu gebracht hatte. Wer von den Kranken sich noch bewegen konnte, wurde durch das stundenlange Hämmern auf die Barackendächer gezwungen, das Revier zu verlassen. Sie kamen am Abend oder am nächsten Tag wieder in den Krankenbau zurück. Bei vielen hatte sich der Zustand verschlechtert. Sorge sah in seiner Lärmaktion einen Riesenspaß. Offensichtlich respektierte er aber meine Haltung. Jedenfalls hat er über diesen Vorgang nie wieder mit mir gesprochen.

Im Frühsommer 1941 wurde ein neuer Lagerführer angekündigt. Früher war er für uns immer dann sichtbar, wenn er den ersten Appell abnahm. Diesmal aber liefen schon vorher Gerüchte unter SS-Leuten um, die uns irgendwie beunruhigten: Er sei von höchster Stelle eingesetzt worden, um Ordnung im Lager zu schaffen. Wir befürchteten, der Neue könnte Methoden anwenden, die unsere Arbeit, unser Leben überhaupt zu unseren Ungunsten verändern würden. Für uns drehte sich alles darum, ob er den Handlungsraum, den wir uns mühsam errungen hatten, einschränken oder gar beseitigen würde. Die bisherigen Lagerführer waren vor Sachsenhausen schon längere Zeit in anderen KZs gewesen und brachten entsprechende Erfahrungen und Gewohnheiten mit. Wir wußten im großen und ganzen, wie sie sich dort verhalten hatten, und konnten uns darauf einstellen. Mehr oder weniger hatten sich alle SS-Lagerführer von den Verhältnissen in Sachsenhausen beeinflussen lassen, und wir hatten unsere Häftlingsposition halten können. Das war selbst bei so einem „wilden Mann" wie dem Kommandanten Loritz gelungen.

Der neue Lagerführer, SS-Hauptsturmführer Suhren, Jahrgang 1908, soll – wie wir von SS-Leuten hören – zum erstenmal mit dem Dienst in einem Konzentrationslager in Berührung kommen. Das sagen sie überheblich, mit dem Unterton: „Der macht das nicht lange, der schafft das doch nicht". Sie meinen aber auch: „Das ist ein Scharfer". Ganz offensichtlich ist ihnen der neue Lagerführer selbst nicht ganz geheuer. Er soll nicht von Himmler, dem obersten Chef der Konzentrationslager, sondern vom SD, dem Sicherheitsdienst, eingesetzt worden sein. Dann hören wir, daß Suhren schon längere Zeit in der „Inspektion der Konzentrationslager" (IKL) tätig war, um sich auf sein Amt als SS-Lagerführer vorzubereiten. Die IKL war 1938 von Berlin in die unmittelbare Nähe Sachsenhausens nach Oranienburg verlegt worden.

In den ersten Tagen verbringt der neue Lagerführer viel Zeit im Büro des Arbeitsdienstführers. Dort sitzt er oft stundenlang allein hinter Berichten und Statistiken, läßt sich von Sorge erläutern, was ihm nicht klar ist. Dann sucht er die Arbeitskommandos auf, auch die außerhalb des Häftlingslagers, durchstöbert die Neubauten, beanstandet herumliegendes Werkzeug und läßt sich von den SS-Kommandoführern informieren. Die Werkstätten im Neuen Lager, die den Spitznamen „Loritzwerke" haben, sucht er einzeln auf. Er geht zu den Bootsbauern, den Kunstmalern, den Keramikkünstlern, in die Schlosserei, Tischlerei, zu den Lumpentrennern und Teppichwebern. Er fragt die Häftlinge, was sie arbeiten, holt aus den Ecken und Winkeln fertige Arbeitsstücke hervor, begutachtet sie („eine schöne Arbeit") und spricht auch mit den Häftlingen darüber.

Eines Abends wird der Lagerälteste von der SS-Torwache gerufen. Als ich dort ankomme, sagt man mir, der Lagerführer habe seinen Schlüssel zum Büro vergessen, und um die Tür zu öffnen, solle ich einen Schlosser holen. Ich hatte mir von Fachleuten schon vor längerer Zeit drei verschiedene Dietriche machen lassen, weil ich sie bei unseren Kontrollgängen durch das Lager gebrauchte. Ich denke, daß ich genug geübt bin, auch die Tür zum Büro des Lagerführers zu öffnen. Trotz Warnung der Blockführer, daß der Lagerführer in Eile sei, gehe ich nach oben. Da steht er nun, der SS-Hauptsturmführer Suhren. Obgleich die Beleuchtung dort schlecht ist, kann ich erkennen, daß er einen großen Drahtring mit vielen Dietrichen in der Hand hat. Ich melde mich: „Schutzhäftling 10595 zur Stelle!" – „Sind Sie Schlosser?" – „Nein, Kesselschmied." – „Ich habe einen Schlosser verlangt. Ich will sofort einen Schlosser haben!" – „Was ist denn zu tun?" – „Ich habe meinen Schlüssel vergessen und komme mit diesen Dingern nicht zurecht." Ich greife nach meinem Dietrich und gehe mit einem „Darf ich mal?" auf die Tür zu. Er weicht meiner vorgehaltenen Hand aus und läßt mich an die Tür heran. Ich konzentriere mich ganz auf meine Arbeit. Es klappt schon beim ersten Versuch. Ich mache die Tür auf: „Bitte!", knalle die Hacken zusammen und gehe, ohne mich bei ihm abzumelden. Beim Weggehen fällt mir ein, daß die bisherigen Lagerführer sich niemals eines Häftlings bedient, sondern einen SS-Mann angefordert hätten.

Am nächsten Tage muß ich mit Suhren durch das Lager gehen. Auf dem Wege stellt er viele Fragen, hat auch einige Beanstandungen. Was ich an Verbesserungen vorschlage, hört er sich an, ohne darauf einzugehen. Vor Block 29 bleibt er stehen. „Was sagen Sie dazu?" Da ich nichts entdecken kann, sagt er: „Sehen Sie denn nicht, daß alle Fensterhaken herunterhängen?" Ich: „Das werden wir abstellen." Bei der nächsten Blockältestenbesprechung sage ich, daß alle Fensterhaken eingehängt werden müssen, sobald die Fenster geschlossen sind. Ich weise darauf hin, daß der neue Lagerführer selbst darauf achtet und jeder Blockälteste diese Anordnung in seine tägliche Kontrolle einbeziehen muß.

Nach einigen Tagen spricht mich Suhren auf dem Appellplatz an: „Hören Sie einmal genau zu. Wenn ich etwas wünsche, dann ist das ein Befehl. Bei mir gibt es keine ‚letzte Warnung'. Wenn ich heute eine Ausnahme mache, dann nur, weil Sie mich noch nicht kennen. Die Fensterhaken hängen immer noch. Das ist das letzte Mal, daß ich darüber spreche. Ab jetzt setzt es härteste Strafmaßnahmen für die Blocks, und wenn das nicht hilft, für das ganze Lager!" Ein Wink, und ich kann gehen. Suhren steht noch auf dem Appellplatz, als wir die Blockältesten zur Schreibstube rufen. Ich gebe den Befehl weiter und bin überzeugt, daß die Sache nicht gleich klappen wird. Aber im Lager kann eine Winzigkeit gefährliche Folgen haben. Immer wieder blieben Haken hängen. Um die Sache aus der Welt zu bringen, drehe ich nach einigen Tagen immer noch hängende Haken heraus, die dann auf der Häftlingsschreibstube von den Blockältesten abgeholt werden müssen. Das war jedesmal mit einer Standpauke verbunden. Danach dauerte es nicht mehr lange, und das Fensterhaken-Problem war von der Tagesordnung.

Eines Morgens schickte ein Blockältester eines BVer-Blocks seinen Stubenältesten mit dem Hinweis zur Schreibstube, daß sich der SS-Lagerführer für den Rasen interessiere, der an den Rückseiten der Baracken angelegt war. Wir nahmen den Rasen in Augenschein und stellten fest, daß sich große, gelbe Flecken darauf befanden. Ursache: Die Insassen hatten, um sich den Weg durch die überfüllten und dunklen Schlafsäle zur Toilette zu sparen, nachts einfach aus dem Fenster gepinkelt. Das war in mehreren Blocks geschehen, daher die großen Flecken verbrannten Rasens unter den Fenstern der Schlafsäle. An Ort und Stelle besprechen wir mit den betroffenen Blockältesten, daß in spätestens drei Tagen kein gelber Fleck mehr zu sehen sein darf. Die Blockältesten beratschlagen nun, woher man Grassoden bekommen könne; es müsse unbedingt Kulturrasen sein. Also mußten die Grünanlagen der Kommandantur herhalten. Plötzlich wurden Wege und Rabatten erweitert und Blumenbeete neu angelegt. Die dadurch gewonnenen Grassoden wurden in leeren Essenkesseln oder in irgendeiner Ecke der „Rollwagen" ins Lager gekarrt. Was auch immer geschah, nach wenigen Tagen gab es im ganzen Lager keinen verschandelten Rasenfleck mehr. Als mich der SS-Lagerführer nach einigen Tagen fragt, wie wir das bewerkstelligt hätten, stelle ich mich ahnungslos. Dann erkläre ich ihm, daß es üblich sei, in bestimmten Abständen den Rasen in Ordnung zu bringen. Das täten die Blockältesten mit den ihnen zur Verfügung stehenden Mitteln.

Eine andere Rasengeschichte: Zwischen dem 4. Ring des Lagers und der Gärtnerei verläuft ein breiter, langer Rasenstreifen. Er war durch die Umgestaltung ziemlich verwildert. Eines Tages läßt mich Suhren ans Tor rufen. Er ist ziemlich nervös, denn ihm war gemeldet worden, daß eine Gruppe von „Prominenten" zur Besichtigung des Lagers auf dem Wege sei, die auf keinen Fall den ungepflegten Rasenstreifen sehen dürfe. Suhren ruft mir zu: „Sehen Sie zu, daß der Rasen da oben in Ordnung kommt!" In der Schreibstube kommen wir nach einigen Überlegungen zu dem Ergebnis, daß wir die Häftlinge des Schonungsblocks mit heranziehen müßten. Das ist schnell getan. Wer beide Hände gebrauchen kann und nicht hinfällig ist, wird aus dem Schonungsblock geholt, um den Rasen mit den Händen abzurupfen. Dabei werden sie in Reihen eingeteilt, die aufeinander zu arbeiten. Die Arbeit muß zwar schnell vor sich gehen, aber ohne Antreiberei und Geschrei, um nicht aufzufallen. Wir hatten diese Arbeit geschafft und konnten uns gerade noch hinter den Baracken verstecken. Als Suhren und die Kommission den kurzen Besichtigungsweg passierten, war alles in Ordnung. Beinahe wäre noch alles schiefgegangen, weil zwei SS-Blockführer, die vom Tor aus gesehen hatten, daß da Häftlinge arbeiteten, nun hinzukamen und begannen, die auf der Erde Knieenden zu schikanieren. Mein Hinweis, daß dieser Rasen laut Befehl von SS-Hauptsturmführer Suhren in Kürze in Ordnung sein und ich in spätestens zehn Minuten den Platz räumen lassen müsse, ließ sie schließlich abziehen.

Ende August 1941 besichtigte eine spanische Polizeidelegation unter Leitung des Grafen Mayalda das KZ Sachsenhausen. Himmler führte die Gruppe selbst durch das Lager. Ein Haufen prominenter SS-Führer war auch dabei. Diese Delegation hetzte offensichtlich die SS gegen ihre Landsleute, die als Franco-Gegner ins Lager gekommen waren, so auf, daß diese gleich nach dem Abzug Mayaldas über die kleine Gruppe der spanischen Häftlinge herfielen.

Suhrens Hauptanliegen war, die Arbeitsleistung der Häftlinge zu steigern. Sie sollten einen Nutzen bringen und ihre Arbeitskraft nicht durch wilde SS-Aktionen vergeudet werden. Häftlinge, die als Facharbeiter, Schwerstarbeiter und in der Rüstungsindustrie tätig waren, erhielten eine zusätzliche Brot-

Himmler mit einer spanischen Polizisten-Delegation im August 1941 in Sachsenhausen. Von links 2. und 4.: SS-Gruppenführer Glücks und Wolff; rechts neben Himmler: Lagerkommandant Loritz

ration von 200 Gramm täglich. Von den etwa 11 000 Häftlingen, die 1941 in Sachsenhausen waren, bekamen nach und nach an die 5000 diese Zusatzration. Sonst aber blieb alles beim alten.

Ständig wurde man getrieben: bei der Arbeit, auf dem Wege zur Arbeit und bei der Rückkehr von der Arbeit, zu den Appellen, zum Schlafengehen, nach dem Wecken. Von allen Seiten hieß es: los, los, schnell, schnell, dalli, dalli, bistro, dawei, dawei, Tempo, Tempo!

In Blocks, in denen 350 bis 500 und zeitweise noch mehr Häftlinge untergebracht waren, bestand keine Möglichkeit, auch nur einen Augenblick Ruhe zu finden oder Gespräche zu führen. In jedem Block war nur der Tagesraum zum Aufenthalt freigegeben worden. Das war auf jedem Barackenflügel ein Raum von 72 Quadratmeter. Die Schlafsäle blieben bis kurz vor dem Abklingeln verschlossen. Weit mehr als die Hälfte der Häftlinge lagen aber auf den Massenblocks. Mithin mußte der größte Teil von ihnen seine Freizeit im Freien verbringen. Im Winter allerdings drängte sich alles in den Blocks zusammen, so daß die beiden Tagesräume, der Waschraum und sogar die Toilette immer gedrängt voller Menschen waren. So begann die große Masse der Häftlinge montags müde und zerschlagen mit der Arbeit.

Kommandant Loritz hatte aus dem Frankreich-Feldzug mehrere Sack grünen Kaffee mitgebracht und in der Häftlingskantine verstecken lassen. Durch seinen Kalfaktor Viktor Wolf ließ er dann beutelweise Kaffee abholen. Weil niemand darüber Buch führte, hatten wir einen Sack Kaffee abgezweigt und in der Baracke der Häftlingsbekleidungskammer versteckt. Leider mußten wir dann aber feststellen, daß wir davon gar keinen Gebrauch machen konnten, weil der Geruch beim Rösten und der Duft beim Kochen uns verraten hätten. So blieb der Sack Kaffee erst einmal in seinem Versteck. Dann spielte Köbes, der dritte Lagerälteste, dem Kalfaktor von Suhren nach und nach den Kaffee pfundweise zu, und Suhren nahm ihn entgegen, ohne nachzuforschen, woher er kam. Damit hatten wir ein gefährliches Spiel getrieben, denn wenn er hinter unsere Schliche gekommen wäre, wäre es uns schlecht ergangen. Jedenfalls stand jetzt fest, daß auch er bestechlich war.

Eines Tages rief mich Suhren. Wir gingen zusammen durch das Lager. Ich nahm an, daß er irgendwelche Beanstandungen vorbringen würde. Da sagte er: „Sie wissen ja, im Lager sind Goldschmiede bei der Arbeit. Sie machen Ringe und Schmuck. Besorgen Sie mir mal ein Stückchen Gold, das in Arbeit ist, und damit Sie wissen, was ich will: Ich brauche Beweise." Ich antwortete ihm, daß ich das nicht machen könne, es würde mich den Kopf kosten. „Das geht nicht für Sie und auch nicht für mich." Schweigend gingen wir weiter durch das Lager, und dann entließ er mich.

In der Tat war seit einigen Monaten eine Gruppe von Häftlingen in einer Sonderwerkstatt damit beschäftigt, Zahngold, Goldbestandteile aus Ringen, Uhren, Ketten oder sonstigen Schmuckstücken, die neu eingelieferten Häftlingen abgenommen oder von verstorbenen oder umgebrachten Häftlingen eingezogen worden waren, einzuschmelzen. Das geschah auf Befehl höchster SS-Dienststellen. Das gewonnene Gold sollte der Kriegswirtschaft zugeführt werden. Das Kommando arbeitete unter strengster Bewachung und größtmöglichen Sicherheitsmaßnahmen. Dennoch dauerte es nicht lange, bis einige Häftlinge und auch SS-Aufseher wegen Schiebung in den Zellenbau kamen.

Bei einem Gang durch das Lager sehe ich, wie am Tor sich einige SS-Blockführer mit Zugängen in Zivil beschäftigen. Sie fragen sie aus, verteilen Ohrfeigen, lassen die Zugänge „hüpfen", „hinlegen", „Knie beugen" und treiben es eine ganze Zeit so. Ich will gerade hingehen, da setzt sich der Trupp der Gefangenen in Bewegung. Die Blockführer gehen mit in Richtung Entlausung, wo die Zugänge registriert und umgekleidet werden. Kurz vor dem ersten Barackenring bleibt die Gruppe auf Kommando stehen. Ich stelle mich jetzt hinter eine Barackenecke, wo ich von der Gruppe nicht gesehen werden kann. Die Blockführer fragen die Gefangenen – es sind jüdische Häftlinge – aus und lassen sich Uhren, Ringe und Geldbörsen geben. Zwischendurch blicke ich einmal zum Lagertor und bemerke, daß auch Lagerführer Suhren den Vorgang aus seinem Fenster beobachtet. Von dort aus kann er aber auch mich an meinem Beobachtungsstand sehen. Plötzlich kommt er durch das Tor auf die Gruppe zugeeilt. Er spricht kurz mit den SS-Leuten, dann dreht er sich in meine Richtung und ruft: „Naujoks, kommen Sie mal her!" Ich renne los. „Nehmen Sie Ihre Mütze und tun Sie alles hinein, was meine Männer eingesammelt haben!" Da ich zögere, treibt mich sein: „Los! Machen Sie schon!" Nachdem ich die SS-Männer „abkassiert" habe, fragt Suhren: „Ist alles abgegeben?" Da meldet sich ein Häftling, tritt einen Schritt vor und zeigt mit dem Finger auf einen Blockführer: „Der Herr dort hat meine Uhr noch nicht abgegeben." Ich bekomme dann auch noch die Uhr. Suhren läßt mich die Sachen in sein Zimmer bringen. „Legen Sie alles auf meinen Tisch!" Er sagt nicht: „Geben Sie die Wertsachen den Häftlingen wieder", oder „Geben Sie die Sachen zu den Effekten". Nein, er wird jetzt selbst darüber verfügen.

48.
Massenmord an sowjetischen Kriegsgefangenen

Im Sommer 1941, einige Wochen nach dem Überfall auf die Sowjetunion, fand in Sachsenhausen eine Geheimsitzung statt, an der folgende SS-Führer teilnahmen: der Kommandeur der SS-Totenkopfdivision, SS-Obergruppenführer Eicke; der Inspekteur der Konzentrationslager, SS-Gruppenführer Glücks; der Leiter der Abteilung II der IKL (Abwehr), SS-Sturmbannführer Liebehenschel; der Kommandant des KL Sachsenhausen, SS-Oberführer Loritz; der Lagerführer, SS-Hauptsturmführer Suhren; der 2. Lagerführer, SS-Obersturmführer Forster; der Bauleiter, SS-Untersturmführer Alfred Sorge; der Rapportführer, SS-Hauptsturmscharführer Campe; der Arbeitsdienstführer, SS-Hauptscharführer Gustav Sorge; weiter der leitende Arzt des Lagers und ein Zivilist. Über den Inhalt der Besprechung wurde den Anwesenden strengste Geheimhaltung auferlegt. Wir konnten aber bald in Erfahrung bringen, daß ein Massenmord durchgeführt werden sollte: Eicke hatte den SS-Führern mitgeteilt, der Führer habe befohlen, Tausende sowjetische Kommissare und Mitglieder der KPdSU zu liquidieren. Für Sachsenhausen wurde festgelegt, auf dem Industriehof eine Genickschußanlage zu errichten.

In der zweiten Augusthälfte wurde eine Baracke auf dem Industriehof zu der befohlenen Mordstätte umgebaut. Der Lagerführer bekam Auftrag, 15 bis 20 SS-Blockführer namentlich zur Durchführung der Erschießungen zu melden. Im Häftlingslager mußten vier Baracken freigemacht werden. Die eingezäunten Baracken der Isolierung, in denen bisher die Strafkompanie lag, wurden geräumt, um Platz für die sowjetischen Kriegsgefangenen zu schaffen. Nur nackte Wände und blanker Fußboden blieben. Alle Fenster wurden zugekalkt, Licht und Wasser abgestellt.

Der Rapportführer forderte mich auf, ihm einige Häftlinge für die Posten als Blockälteste und für den Stubendienst in diesen Baracken vorzuschlagen. Er wolle – wie er sagte – „ruhige, besonnene und keine wilden Leute" haben. Wir hofften immer noch, daß die Informationen, die uns über die geplante Mordaktion zugegangen waren, wenigstens übertrieben wären. Als wir dann aber die kahlen Baracken gesehen hatten, in denen die Kriegsgefangenen untergebracht werden sollten, waren wir so niedergeschlagen, daß niemand mehr reden mochte. Gewißheit bekamen wir, als die Wehrmacht vier fahrbare Verbrennungsöfen lieferte, die bei der Genickschußanlage auf Fundamente gesetzt wurden.

Als erste kam eine kleine Gruppe sowjetischer Kriegsgefangener. Drei Tage später wurden sie mit einem Lastkraftwagen abgeholt, um in der Genickschußanlage erschossen zu werden. Unsere Gedanken, unser Reden, alles drehte sich um die Frage: Was können wir tun? Wir müssen doch etwas unternehmen! Das Nächstliegende war erst einmal, ihnen Brot zukommen zu lassen. Sie sollten wenigstens in den letzten Tagen ihres Lebens das Gefühl unserer Solidarität empfinden. Sie sollten wissen, daß es Menschen gab, die Anteil an ihrem Schicksal nahmen. Sie sollten aber auch von der Absicht der SS erfahren, sie ermorden zu lassen. Also mußten wir hierzu nach einer Möglichkeit suchen. Wir wollten alles in Bewegung setzen, damit sie nicht ahnungslos in die Todesfalle der SS liefen. Wenn sie schon sterben mußten, sollten sie selbst darüber entscheiden können, ob sie sich fügen oder zur Wehr setzen wollten, oder – falls sie religiös eingestellt waren – den Wunsch hatten, ein Gebet zu sprechen, bevor man sie abknallte.

Ehe der nächste Transport eingeliefert wurde, schrieb Rudi Grosse auf Streifen russischer Hemden in kyrillischen Buchstaben: „Wir werden alle erschossen!" Diese drei oder vier Streifen brachten wir in den Blocks unter, als wir sie vor der Neubelegung überholten. Dabei merkten wir, daß unser Vorhaben wohl kaum Erfolg haben konnte, weil in den abgedunkelten Blocks die kleinen Streifen nur durch einen Zufall zu finden und noch weniger zu entziffern waren.

Dann kam der zweite Transport – einige Gefangene mehr, aber insgesamt auch eine kleine Gruppe. Offensichtlich wollte die SS den Ablauf der Mordaktion vorher genau testen. Obwohl das „Russenlager", wie es jetzt hieß, total abgesperrt und vom großen Lager abgeschlossen war, konnten wir mit dem Stubendienst – soweit es sich um unsere Leute handelte – sprechen, Informationen holen und Ratschläge geben.

So gingen Rudi Grosse und ich am Abend an das Tor des Russenlagers. Während ich mit dem Stubendienst sprach, rief Rudi einige Male: „Ihr werdet alle erschossen!" Mit kurzen Bewegungen, die in der Dunkelheit von den SS-Posten auf dem Turm A nicht zu erkennen waren, warfen wir dann Brot, das wir in aller Eile in den politischen Blocks gesammelt hatten, über den Zaun. Da es bei der Verteilung des Brots aber dann doch etwas laut zuging, mußten wir neue Möglichkeiten finden. Am nächsten Tag ist auch diese Gruppe sowjetischer Kriegsgefangener erschossen worden.

Der von uns vorgeschlagene Stubendienst wurde von der Lagerführung abgelöst. Aus Bemerkungen des Rapportführers entnahm ich, daß ihm unsere ersten Hilfsmaßnahmen bekannt geworden waren. Jetzt suchte er einen neuen Stubendienst aus, der, wie zu erwarten war, sich aus der SS vollkommen gefügigen Häftlingen zusammensetzte.

Am 31. August 1941, an einem Sonntag nach dem Abendappell, begann dann die systematische Liquidierung sowjetischer Kriegsgefangener in der Genickschußanlage. Das ganze Lager stand unter höchster Nervenanspannung und ständiger Bedrohung. Wird das Morden je ein Ende nehmen, nachdem das Konzentrationslager Sachsenhausen vollends zu einem Menschenschlachthaus gemacht wurde? Werden sie eines Tages das Morden einstellen, oder werden wir die nächsten Opfer sein?

Der Rauch aus den Schornsteinen der Krematorien, die Schwaden, die aus den glimmenden Knochenresten aufstiegen, legten sich auf das Lager und seine Umgebung. Wurden die Feuer zu höheren Leistungen angefacht, so flogen dicke Rußflocken hernieder und hinterließen Flecken auf Kleidern, Händen und Gesichtern. Dieses Morden war uns ständig gegenwärtig. Das Schlimmste war unsere Ohnmacht. So tatenlos zusehen zu müssen, machte uns ganz krank.

Die folgende Darstellung über die Vorgänge in der Genickschußanlage habe ich zusammengetragen aus Schilderungen von Häftlingen aus dem Barakkendienst bei den sowjetischen Kriegsgefangenen, von Häftlingen, die in der Genickschußanlage beschäftigt waren, von bestimmten SS-Leuten, mit denen ich über solche Vorgänge reden konnte, und aus dem Bericht des Kameraden Emil Büge.

Die Erschießungen fanden nach dem Abendappell statt. Lastkraftwagen mit Verdeck fuhren in die Isolierung. Den Gefangenen wurde gesagt, daß sie zum Arbeitseinsatz in ein anderes Lager gebracht werden sollten. Die Arbeit sei gut, sie bekämen ausreichendes Essen, und auch die Unterkunft sei in Ordnung. Vorher gebe es eine ärztliche Untersuchung. Die erste Zeit drängten sich die Gefangenen zu den Lastwagen. Später wurden sie unsicher und mußten mit Prügeln und Drohungen auf die Wagen getrieben werden.

Die Genickschußanlage hatte fünf Räume und war von außen von einer Wohnbaracke kaum zu unterscheiden. Im ersten Raum wurden die Kriegsgefangenen pro forma registriert. Dann zogen sie sich aus und gingen in den zweiten Raum, wo eine körperliche Untersuchung vorgetäuscht wurde. Die SS-Leute, die hier tätig waren, trugen weiße Kittel, um als Ärzte angesehen zu werden. Wirklich untersucht wurde nur der Mund auf Goldzähne. Wer Goldzähne hatte, wurde mit einem blauen Kreuz auf der Brust gekennzeichnet, damit dem Leichnam die Zähne herausgerissen werden konnten.

Der dritte Raum war als Baderaum getarnt. An der Decke befanden sich Brausen, die aber keinen Wasseranschluß hatten. In der Längswand dieses Raumes befand sich ein Spalt, der etwa 1,30 Meter über dem Fußboden begann, eine Länge von 70 Zentimetern und eine Breite von 2,5 Zentimeter hatte. Vor diesem Spalt befand sich eine Meßlatte, wie sie zum Messen der Körpergröße gebraucht wird. In der Meßlatte verlief ein mit einer Kopfplatte versehener Schieber, der zum Messen der Körpergröße an einem Drahtseil bewegt werden konnte. In dem Schieber befand sich eine Öffnung, die beim Messen des Gefangenen dessen Nacken durch den Spalt in der Wand in den dahinterliegenden vierten Raum freigab. Dieser Raum war völlig verdunkelt und schalldicht isoliert. In ihm saßen die SS-Leute, die die Erschießungen ausführten.

Die Gefangenen wurden einzeln in den „Baderaum" geführt, vor die Meßlatte gestellt und beim angeblichen Messen von einem dem Gefangenen nicht sichtbaren Blockführer, der sich in der schalldichten Kabine befand, mit einer Pistole 08 durch den Spalt in der Meßlatte erschossen. In der Kabine saßen jeweils zwei oder drei SS-Leute, die sich beim Schießen abwechselten, wenn ein Magazin leer war. Die beim Erschießen entstehenden Geräusche versuchte man durch überlaute Schallplattenmusik zu übertönen. Unter der Meßlatte befand sich ein Blechkasten, der mit einem Rost überdeckt war. Vor diesem Kasten lief ein Rohr, das unter der Baracke hindurch zu einer mit Holzplanken überdeckten Grube führte. Auf diese Weise konnte das Blut der Erschossenen abfließen bzw. weggespült werden.

Aus dem „Bad" führte eine Tür zum fünften und größten Raum der Genickschußanlage. Der Fußboden war dick mit Sägemehl bestreut. Hier wurden die Leichen gelagert. Vor diesem Raum standen die vier fahrbaren Krematoriumsöfen. Nach Abgabe des Genickschusses wurde der Erschossene sofort in den Leichenraum gezogen und der Erschießungsraum mit Wasser ausgespritzt, um die Blutspuren zu beseitigen. Da es öfter vorkam, daß der Genickschuß nicht tödlich war, gab der anwesende SS-Mann den „Gnadenschuß".

Dann wurden die Leichen verbrannt. Das geschah nach Möglichkeit tagsüber. Die im Freien stehenden Krematoriumsöfen strahlten nämlich, wenn sie in Betrieb waren, einen Feuerschein aus, so daß bei nächtlichem Betrieb die Verdunkelung nicht gewährleistet war. Aus diesem Grunde wurden nachts nur dann Leichen verbrannt, wenn das Krematoriumskommando es tagsüber nicht geschafft hatte.

Der Kommandant des KZ Mauthausen, Franz Ziereis, sagte 1945 aus: „1941 wurden sämtliche Kommandanten nach Sachsenhausen befohlen, um zu sehen, wie man am schnellsten die Politruks und russischen Kommissare liquidieren kann." Dann beschrieb Ziereis die Mordstätte sowie den Mordvorgang und erwähnte, daß die Anlage bei dieser „Demonstration" für die Lagerkommandanten „bereits 14 Tage im Betrieb" gewesen sei und auf einen „Einfall" von Loritz zurückginge.

Am Tage nach den ersten Erschießungen hörten wir im Lager gegen Mittag einen Turmposten vom Industriehof rufen. Die Kleider der Erschossenen wurden im Industriehof auf einen Haufen geworfen und sollten später abgeholt werden. Jetzt war dem Posten eine verdächtige Bewegung unter diesen Kleidern aufgefallen. Einer der Gefangenen war nicht tödlich getroffen worden. Er hatte die Nacht und den ganzen Vormittag über im Leichenhaufen gelegen und versuchte nun, sich unter den Kleidern zu verstecken. Nachdem der Turmposten ihn entdeckt hatte, machte er SS-Hauptscharführer Knittler darauf aufmerksam, der dann den Gefangenen erschoß. Das alles war vor den Augen zahlreicher Häftlinge geschehen, die in der Nähe arbeiteten.

„Köbes", der dritte Lagerälteste, und ich hatten uns eines Sonntags aus der „Schatzkammer" des SS-Oberführers Loritz ein Fernrohr besorgen können. Wir wollten damit die Vorgänge in oder an der Erschießungsanlage beobachten, und zwar durch den Entlüftungsaufbau der Häftlingsbekleidungskammer. Beim erstenmal mußten wir den Versuch abbrechen, nachdem wir von Häftlingen, die sich vor ihren Blocks aufhielten, bemerkt worden waren. Das gab einen ziemlichen Wirbel, aber wir konnten uns herauswinden. Auch das zweite Mal, kurz vor dem Abklingeln, konnten wir nichts Besonderes sehen, und zwar nicht nur wegen der Dunkelheit, sondern weil offensichtlich auch außerhalb der Gebäude nichts geschah, was in unserem Blickfeld lag. So war das, was wir unter großer Gefahr unternommen hatten, ein Fehlschlag gewesen. Wir hatten aber Pistolenschüsse gehört, vermutlich Fangschüsse für die Gefangenen, die noch Lebenszeichen von sich gegeben hatten. An diesem Abend zählten wir 28 Schüsse.

Die Häftlinge, die von der Lagerführung in der Genickschußanlage und im Krematorium herangezogen wurden, waren streng isoliert von uns im Zellenbau untergebracht worden. Die SS tat alles, um Einzelheiten zu verheimlichen, aber von der Genickschußanlage wußten wir von Häftlingen, die im Baubüro und beim Aufbau dieser Anlage beschäftigt gewesen waren. Nach und nach ließen einzelne SS-Führer sich dahingehend aus, daß es sich bei den Massenerschießungen um eine Vergeltungsmaßnahme wegen angeblicher Verbrechen der Roten Armee an deutschen Soldaten handeln solle. Das sagten sie wider besseres Wissen, denn es war ihnen bekannt, daß die Vorbereitungen zu dieser Mordaktion bereits liefen, als der Krieg gegen die Sowjetunion noch gar nicht begonnen hatte. Den SS-Leuten war von der Lagerführung ein OKW-Befehl mitgeteilt worden, daß alle Politischen Kommissare der Roten Armee zu „erledigen" seien. Hierbei ging es um den sogenannten „Kommissarbefehl", den das Oberkommando der Wehrmacht bereits am 6. Juni 1941 erlassen hatte. Wir wußten, daß es sich bei den Ermordeten zum großen Teil um Offiziere und Soldaten aus den weiten ländlichen Gebieten der westlichen Sowjetunion handelte, die in den ersten Wochen nach dem Überfall der Wehrmacht zu Tausenden in deutsche Kriegsgefangenschaft geraten waren.

In Sachsenhausen hatten nur wenige Gefangene die Möglichkeit, etwas über die Mordaktion zu erfahren. Das waren wir in der Häftlingsschreibstube und die im SS-Bereich bei der „Politischen Abteilung" arbeitenden Häftlinge, die gelegentlich mit den Kriegsgefangenen sogar in direkte Berührung kamen. Sprachbarrieren und die strenge Bewachung durch die SS erschwerten aber die Kontakte. Mit der Zeit wurden die SS-Leute zwar etwas gesprächiger, aber es blieb immer nur bei geringen Informationen. Die politischen Häftlinge waren immer bestrebt, diese Vorgänge festzuhalten. Rudi Wunderlich berichtet: „Am Anfang haben wir die Transportlisten sowjetischer Kriegsgefangener abschreiben und an Campe abliefern müssen. Von uns wurde illegal ein Durchschlag mehr angefertigt. An dieser Aktion war ich – bis weit in die Nacht – als Schreibkraft beteiligt. Diese illegalen Listen wurden in Ölpapier eingewickelt, in Gasmaskenbehälter gesteckt und entweder vergraben oder auf andere Weise versteckt. Was danach geschah, davon bin ich nicht unterrichtet..."

Emil Büge arbeitete im Häftlingskommando „Politische Abteilung". Mit viel Mut und Geschick hat er dort wertvolles Aktenmaterial, das er über die Massenmorde zu Gesicht bekam, abgeschrieben. Es gelang ihm, den größten Teil seiner Aufzeichnungen aus dem Lager herauszuschaffen, die uns später bei der Aufklärung dieser Mordaktion eine große Hilfe waren. Emil Büge war zum Beispiel ein Brief in die Hände gefallen, den er in seinem Bericht so schilderte: „Die Frau eines Kriegsgefangenen mit sieben Kindern schreibt an den Lagerkommandanten des Kriegsgefangenen-Stammlagers (der Brief trägt den Zensurstempel vom STALAG 315), daß ihr Mann, wie alle übrigen Einwohner, das Vieh (Kühe und Pferde) zusammentreiben ging, um diese bei der deutschen Behörde im nächsten Dorf abzuliefern, wie befohlen, daß man ihn jedoch gleich dort behalten habe. Der Mann landet im STALAG 315 und wird bei uns verbrannt."

Alles, was wir – auf welchem Wege auch immer – erfahren konnten, bestätigte uns, daß der „Kommissarbefehl" als Vorwand für die Ausrottung der sowjetischen Kriegsgefangenen diente. Auch waren immer wieder ältere Männer und Jugendliche von 15 und 16 Jahren unter den Opfern.

Der Tod der sowjetischen Soldaten in Sachsenhausen wurde weder ihren Angehörigen noch dem Internationalen Roten Kreuz oder der schwedischen Regierung, die die Interessen der Sowjetunion während des Krieges vertrat, mitgeteilt. Es gab keine Soldatengräber, kein Massengrab; es gab nicht einmal eine Stelle, wo die Asche der Ermordeten zu vermuten war. Was von den sowjetischen Kriegsgefangenen blieb, war ihre Erkennungsmarke. Sie wurde mit der Bekleidung abgelegt, blieb zwischen den Kleidern liegen, wurde in den Müll oder auch ins Feuer geworfen. Diese kleine Metallmarke war das letzte Zeugnis, das Auskunft darüber gab, daß ein Mensch in der Welt gewesen war.

Aus dieser Überlegung heraus begann ich jede Erkennungsmarke, die mir in die Hände fiel, aufzubewahren. Mit der Zeit beteiligten sich immer mehr Häftlinge daran, Erkennungsmarken, die sie irgendwo fanden, in der Häftlingsschreibstube abzugeben. Wir stellten einen Behälter auf, in den die Marken hineingelegt wurden. Eines Tages kam Rapportführer Campe mit der Anweisung auf die Häftlingsschreibstube, daß die von uns gesammelten Erkennungsmarken der Kriegsgefangenen abzuliefern seien. Er sah sich die Marken an, trat gegen die Kiste und sagte vor sich hin: „Die machen die Buchführung und wir die Drecksarbeit!"

Kurz bevor die Erkennungsmarken abgeholt wurden, hatte ich sie gezählt, es waren 10 034 Stück. Wo diese Marken dann geblieben sind, konnten wir trotz aller Nachforschungen nicht erfahren. Die Zahl 10 034 sagt jedoch nichts über die Gesamtzahl der Ermordeten aus, denn auch nach Abschluß der Massenexekutionen wurden immer noch Erkennungsmarken gefunden. Nach unseren Schätzungen konnte es sich um die Marken von gut der Hälfte der ums Leben gekommenen sowjetischen Kriegsgefangenen handeln. Nach 1945 wurde bekannt, daß im Herbst 1941 insgesamt 18 000 sowjetische Kriegsgefangene umkamen, davon in der Genickschußanlage allein 13 000.

Inzwischen sammelten wir Familienbilder und Personaldokumente der Ermordeten, soweit sie noch welche bei sich hatten und wir ihrer habhaft werden konnten. Fritz Börner, der im Krankenbau als Masseur arbeitete, war von Beruf Klempner. Er fertigte Blechkästen an, die dann mit diesen Dokumenten und Fotos vergraben wurden. Leider aber ist das alles verlorengegangen.

Es kamen laufend weitere Transporte, Kriegsgefangene in Uniform und Gefangene in Zivil. Zum Skelett abgemagert, in vor Schmutz starrender, zerlumpter Kleidung, sich mühsam auf den Füßen haltend, bewegten sie sich durch das Lager zu den Baracken der Isolierung. Anfangs hatte die SS noch darauf geachtet, daß kein Häftling diese Transporte zu sehen bekam. Vor jeder Ankunft eines Transportes wurde strengste „Blocksperre" angeordnet. Der Rapportführer gab bekannt, daß die Turmposten strengste Anweisung hätten, auf alles, was sich bewegte, ohne Anruf zu schießen. Bald aber wurden die Häftlinge der „Politischen Abteilung" von dieser Sperre ausgenommen, danach auch wir Lagerältesten, so daß wir uns einen Eindruck und eine Übersicht verschaffen konnten, immer unter dem Vorwand, die Einhaltung der Blocksperre kontrollieren zu müssen. So erfuhren wir, durch welche deutschen Lager sie schon geschleppt und wie sie behandelt worden waren. Ihre vollkommen desolate Verfassung sagte alles. Es kam vor, daß vor allem kleinere Transporte in besserer Kleidung und Haltung eintrafen, aber dabei handelte es sich wirklich um Ausnahmen. Durchweg waren alle in einem gleichen Zustand völliger Erschöpfung.

Die Kriegsgefangenen kamen mit der Eisenbahn und wurden auf dem Bahnhof Sachsenhausen ausgeladen. Wohl jeder Transport brachte Tote mit. Bewacht wurden die Gefangenen von Wehrmachtsangehörigen, die den Transport auf dem Bahnhof der SS übergaben. Die Toten warf man auf Lastwagen. Die Lebenden, von denen viele barfuß gingen, wurden von der SS mit Kolbenschlägen und Fußtritten ins Lager getrieben. Ich habe erlebt, daß Gefangene, als sie durch das Lagertor kamen und erkannten, daß vor ihnen Baracken standen, mit letzter Kraft darauf zuliefen. Die Hoffnung, nach so langer Zeit wieder einmal im Schutze einer Baracke leben zu können, brachte ihnen wieder etwas Lebensgefühl. Wer es noch konnte, schleppte seinen Kameraden mit. Sie liefen, mehr stolpernd und wankend, als ob es um ihr Leben ginge – und wußten nicht, daß sie in Wirklichkeit in den Tod liefen.

Reguläre Lagerverpflegung bekamen die Gefangenen nicht. Anfangs wurde extra für sie eine dünne Wassersuppe gekocht. Kam ein größerer Transport und mußten die Gefangenen mehrere Tage auf ihre Erschießung warten, wurde auch eine Portion Brot von etwa 150 Gramm ausgegeben. Das geschah aber immer nur zwischendurch einmal an einigen Tagen. Es war zwar befohlen, den Appellplatz nur in weitem Abstand von den Kriegsgefangenenblocks zu überqueren, aber es war immer noch nahe genug, um die entkleideten Leichen der verhungerten Kriegsgefangenen zu sehen, die im Verlaufe des Tages gestorben waren und am Abend zu den Krematorien gebracht wurden.

Wenn einmal das Gedränge bei der Essensausgabe zu groß wurde, schlug der Stubendienst mit Knüppeln dazwischen; die unter Gewehr stehenden SS-Posten schossen warnend in die Luft, aber auch manches Mal in die Menge der Gefangenen. Als dabei Fehlschüsse die Barackenwände des vollbelegten Nachbarblocks 9 durchschlagen hatten, machte ich eine Meldung. Daraufhin wurde nicht etwa den SS-Leuten das Schießen untersagt, sondern sie erhielten nur die Anweisung, ausschließlich in Längsrichtung zu schießen.

Um die Ermordung der sowjetischen Kriegsgefangenen zu beschleunigen, wurden Lastwagen eingesetzt, die man zu Gaswagen umgebaut hatte. Es waren abgedichtete Kastenwagen, in die die Abgase des Motors geleitet wurden. Die Versuche mit diesen Wagen wurden aber bald wieder eingestellt. Nach Berichten der SS war die Prozedur des Tötens „zu umständlich". Einige Gefangene hatten die Fahrt auch überlebt und „mußten erschossen" werden. Nach jeder Fahrt war eine Reinigung erforderlich. So wurde dieser Versuch aufgegeben und die Wagen nach Berlin zurückgeschickt.

Bei einem Gang durch das Lager sehe ich, wie der SS-Turmposten auf Turm G das Gewehr anlegt und auf einen mit Kriegsgefangenen belegten Block zielt. Ich gehe an dem Kriegsgefangenenblock vorbei und sehe, wie durch ein Loch in der Fensterscheibe eine Hand hervorkommt, sich wieder zurückzieht, und wie sich dieser Vorgang wiederholt. Als ich näherkomme, bemerke ich, was hier vorgeht. Das vom Dach laufende Regenwasser hatte eine Rinne entlang der Baracke ausgespült, in der sich etwas Wasser sammelte. Ein sowjetischer Kriegsgefangener versuchte nun, mit einem Wehrmachtsbecher, den er an einem Bindfaden hatte, von diesem Wasser etwas zu schöpfen. Ob er nun den Posten mit dem angelegten Gewehr sah oder ob er den Becher instinktiv immer wieder zurückzog, weiß ich nicht. Als die Hand aber wieder einmal zum Vorschein kommt, tippe ich sie an und sage laut: „Njet!" Die Hand wird blitzschnell zurückgezogen. Hinter dem Fenster ist alles still. Ich sage noch einmal laut: „Njet! Verboten! Posten schießt!"

Eines Abends nach dem Appell werde ich durch einen Häftling aus der Schreibstube gerufen. In einer dunklen Ecke steht Böhm, einer der übelsten Spießgesellen der SS. Auf dem eingewinkelten Arm trägt er belegte Brote und Zigaretten. „Ich hab' hier etwas für die russischen Kumpels, verteil' das bitte. Ich werde dir jeden Abend etwas bringen." Es waren Sachen aus der Sonderzuteilung, die den Häftlingshelfern bei der Ermordung der sowjetischen Kriegsgefangenen von der SS bewilligt wurden. Ich rufe ihm zu: „Du Lump wagst es, uns so etwas anzubieten?!" und schlage ihm alles aus den Händen. Er läßt es liegen und läuft weg, ohne etwas zu sagen. In wenigen Augenblicken waren Brot und Zigaretten von den umstehenden Häftlingen aufgenommen worden. Das ging so schnell, daß ich es nicht verhindern konnte.

Am nächsten Tag kommt SS-Hauptscharführer Klein zu mir. Klein ist Leiter des Standesamtes II, einer Einrichtung im SS-Kommandanturbereich, u. a. zur Ausstellung der Todesurkunden für die Angehörigen der verstorbenen Häftlinge. Er ist der Kommandoführer Böhms. „Was haben Sie gegen meinen Vorarbeiter Böhm? Glauben Sie nur nicht, daß Sie damit durchkommen, meine Leute zu schikanieren. Wenn Sie Böhm nicht in Ruhe lassen, kriegen Sie es mit mir zu tun, und das könnte sehr unangenehm für Sie werden." – „Hauptscharführer, Böhm kam gestern abend mit einem Haufen belegter Brote und Zigaretten zu mir. Die kann er nur gestohlen haben. Die habe ich ihm aus der Hand geschlagen. Das sollte ihm eine Lehre sein. Von Rechts wegen war ich verpflichtet, eine Meldung zu machen. Abgesehen davon ist mir vom Rapportführer mitgeteilt, daß Böhm im Zellenbau untergebracht ist und das Lager ohne Begleitung eines SS-Manns nicht betreten darf. Böhm hat gegen einen Befehl der Lagerführung verstoßen. Ich riskiere einen ganzen Haufen, wenn ich keine Meldung mache." SS-Hauptscharführer Klein schweigt einige Sekunden und sagt dann: „Ist schon gut. Also lassen Sie den Mann in Ruhe!" Damit ist das Gespräch beendet. Klein ist zufrieden, daß die SS-Lagerführung nicht erfährt, wie ihre Befehle umgangen werden. Er wird seinem Schützling sagen, daß er sich nicht noch einmal von mir erwischen lassen soll. Böhms Versuch, uns wegen unserer Sympathie für die sowjetischen Kriegsgefangenen bei der Lagerführung zu denunzieren, ist nicht gelungen.

Bei unseren Kontrollgängen durch das Lager besuchen wir auch regelmäßig die Häftlingsunterkunftskammer. Wir haben immer Wünsche hinsichtlich der Unterbringung der Häftlinge, und der Chef der Unterkunftskammer hat ebenfalls immer einige Anliegen. In die dann stattfindenden Gespräche mischen sich auch politische Bemerkungen, wobei wir gelegentlich auch einmal weitergehen, als es eigentlich ratsam ist. Der Chef der Kammer, SS-Hauptscharführer Lorenz Landstorfer, sagt dann schon mal: „Das darf ich mir eigentlich gar nicht anhören." Oder: „Da habt ihr wieder einmal Moskau gehört. Eigentlich müßte ich eine Meldung machen." Als dann aber die Erschießungen beginnen, stellen wir die Diskussion mit dem SS-Mann Landstorfer ein. Wir gehen nur noch in dringenden Fällen in die Unterkunftskammer. Nur das Nötigste wird dann kurz besprochen, und sonst gibt es keine Gespräche. Wir mögen nichts mehr mit einem SS-Mann zu tun haben, der vielleicht gerade von der Mordstätte gekommen ist.

Eines Tages sagt Landstorfer ganz unvermittelt: „Wißt ihr, ich muß dauernd an meinen Bruder denken." Sein Bruder ist an der Ostfront. Wir schweigen. Dann sagt er: „Meint ihr nicht, daß die Russen wissen, was wir hier mit ihren Soldaten machen?" – „Natürlich wissen die das!" – „Und wenn die nun dasselbe mit unseren Leuten machen?" – „Die machen nicht dasselbe!" – „Ich muß immer an meinen Bruder denken, wenn ich die Russen sehe. Wie die aussehen! Wenn die Russen mit uns dasselbe machen, kriege ich meinen Bruder nie wieder zu sehen." Dann erzählt er uns, daß er sich nicht an den Erschießungen beteiligt. Er glaube, daß „wir" den Krieg verloren haben. Er meint das nicht militärisch, sondern moralisch, und dabei spricht er immer über seinen Bruder. Dann aber verliert er das Interesse an Gesprächen mit uns.

Ein anderer SS-Hauptscharführer, Max Hohmann, mit dem ich öfter über seinen Block spreche und der uns auch schon öfter einmal dabei half, einen Stein aus dem Wege zu räumen, spricht mich unvermittelt an: „Was meinen Sie, ob das gut geht?" Ich weiß nicht, ob er den Krieg meint oder die Erschießungen. Ich antworte: „Nein, das kann nicht gutgehen." – „Was soll man denn machen?" Was soll ich darauf anderes antworten als: „Den Kopf oben behalten und immer der dicken Luft aus dem Wege gehen." – „Ja, Sie haben gut reden!"

Nach einem Abendappell sehe ich, wie Hohmann sich eigenartig im Lager bewegt, das heißt, wie er versucht, sich hinter einer Baracke aufzuhalten, während die anderen SS-Blockführer sich am Tor sammeln, um zur Genickschußanlage zu gehen. Ich gehe schnell ins Lager, um nachzusehen, was Hohmann macht. Plötzlich fangen die SS-Leute an, laut nach ihm zu rufen, erst einige, dann alle im Chor: „Hohmann!" Sie wollen Hohmann, der sich offensichtlich vor der Beteiligung an den Erschießungen drücken will, mit ihrem Gebrüll zwingen, mitzumachen. Ich finde ihn inzwischen im zweiten Ring hinter einer Baracke. „Was soll ich denn machen?" sagt er zu mir und will zum Tor gehen. Mein Vorschlag: „Gehen Sie in die Gärtnerei und sagen Sie dann, Sie hätten die Zeit verpaßt", läßt ihn einen Augenblick überlegen. Dann geht er achselzuckend zum Tor. Einige Zeit nach diesem Vorfall ist Hohmann nach Informationen von SS-Leuten gestorben – an Typhus, wie sie sagen.

Eines Tages entdecke ich, daß jemand mit einem Drillbohrer einige Löcher in die Wand einer Isolierbaracke gebohrt hat. Offensichtlich tat er es im Liegen, weil vom Turm G dieser Teil der Baracke einzusehen gewesen wäre. Er hat dann seine Arbeit halbfertig liegenlassen, und nun ist schon von weitem das rohe Holz auf der grünen Barackenwand in der Größe etwa eines Markstückes zu sehen. Ich tue so, als wolle ich die Baracke untersuchen, und verschmiere dabei diese Löcher mit Schmutz, damit sie nicht so hervorstechen. Wir konnten nie herausbekommen, wer diese Löcher bohrte und zu welchem Zweck.

Obwohl wir uns unserer Ohnmacht bewußt sind, werden überall von den Häftlingen Vorschläge erwogen, ob nicht doch etwas zu machen sei. Bei den ersten kleinen Transporten konnten wir noch Brot über den Zaun werfen. Diese Möglichkeit wurde uns aber verbaut, weil nun Tag und Nacht bewaffnete Posten hinter dem Zaun vor den Baracken der Kriegsgefangenen stehen. Kamerad Heinrich Grüber, der spätere Propst von Berlin, fragte mich eines Tages, wie er sagte, auch im Sinne anderer Häftlinge, warum wir „so tatenlos" blieben, während unsere Leute „abgeknallt" würden. Ich sagte ihm, wie wenige Möglichkeiten es für uns gäbe, daß wir uns dennoch jeden Tag selbst diese quälende Frage stellten. Ich fügte hinzu, er möge mit seinen Freunden sprechen und mir nach einer Woche seine Vorschläge machen. Damit war das Gespräch mit Grüber erst einmal beendet. Aber wirkliche Vorschläge kamen dann auch von ihm nicht. Und konnte es überhaupt solche Vorschläge geben? Alle in Frage kommenden Häftlingsgruppen – kommunistische, sozialdemokratische und auch die christlichen – stimmten darin überein, daß Proteste oder Auflehnung in einem Blutbad erstickt würden.

Eine alte Diskussion brandete unter den politischen Häftlingen wieder auf: Würde die SS nicht solche Massenmordaktionen wie jetzt gegen die sowjetischen Kriegsgefangenen eines Tages gegen das gesamte Lager durchführen? Wenn wir dann auch unser Leben nicht retten könnten, so wollten wir doch alles vorbereiten, um der Außenwelt ein Signal zu geben. An einen Aufstand konnten wir nicht denken, wir hatten damals noch keine militärische Organisation und kaum Waffen. So zielten unsere Pläne auf einen Ausbruch, eine Bresche durch den elektrischen Draht und durch die Mauer zu schlagen, um vielen Häftlingen zu ermöglichen, aus dem Bereich des Lagers zu entfliehen und Alarm zu schlagen.

Ein Hamburger Kumpel, der Elektriker Hellmuth Wawczyniak, der bei der Anlage des elektrisch geladenen Lagerzauns mitgearbeitet hatte, wußte, wie der Strom abgeschaltet werden konnte. Bei den Wachtürmen F und G standen zwischen den Baracken noch einige Beutewagen des französischen Trains, die dort zerlegt werden sollten. Da diese Wagen mit den Deichseln zum elektrischen Draht standen, müßten sie umgedreht werden. Das könnte unter dem Vorwand, Platz für die Zerlegungsarbeiten zu schaffen, gemacht werden. In der Schlosserei standen einige Platten Stahlbleche, die wir auf Wagen befestigen wollten, um einen Scheinangriff auf das Tor durchzuführen. Der Durchbruchversuch sollte zwischen den Wachtürmen F und G erfolgen. Nach und nach hatten wir einige Dosen Blausäuregas aus dem Verkehr gezogen und sichergestellt. Dazu kamen zwei Gasmasken und zwei Beile, die wir in einem Nebenraum der Entlausung abstellten. Dieser Raum war nach außen statt durch eine Tür nur durch einige leichte Bretter verschlossen. Von einer Ecke der Entlausung aus sollten die SS-Posten des Turms mit geöffneten Blausäuredosen beworfen werden. An den Turm G würde man sich im Schutze der dort aufgestellten Trainwagen heranschleichen können.

Das alles mag im nachhinein recht dilettantisch erscheinen, aber wir waren in einer verzweifelten Lage und haben viele Pläne geschmiedet, und nicht nur wir. Es kam nicht dazu und konnte nicht dazu kommen, die Pläne in Aktionen umzusetzen, weil die Voraussetzungen dazu unter der Masse der Häftlinge fehlten. Als wir damals einige Vorbereitungen für einen Ausbruchsversuch trafen, lebten wir in der Überzeugung, daß unser Kampf gegen den Faschismus für uns nicht in einer dunklen Ecke unter den Schüssen der SS enden würde, auch nicht mit dem einsamen Tod am Galgen, sondern im offenen Kampf auf der Barrikade.

Sowjetische Kriegsgefangene nach ihrer Einlieferung in Sachsenhausen

Mitte Oktober 1941 werden von der Isolierung zwei Baracken abgeteilt. Am Eingangstor wird ein großes Schild angebracht mit der Aufschrift „Kriegsgefangenen-Arbeitslager". Am Samstag, dem 18. Oktober, kommt ein großer Transport sowjetischer Kriegsgefangener: 1800 Mann. Emil Büge, der bei der Aufnahme dabei ist, zählt 18 Tote unter den gerade Angekommenen. Dieser Transport wird in dem neuen „Kriegsgefangenen-Arbeitslager" untergebracht. Wie wir von der SS hören, sollen diese Kriegsgefangenen nicht erschossen, sondern zur Arbeit eingesetzt werden.

Etwa in der dritten Oktoberwoche kommen zwei SS-Unterführer in die Isolierung, um Aufnahmen von den sowjetischen Kriegsgefangenen zu machen. Sie knipsen eine Fotoserie von etwa 70 Bildern. Die beiden politischen Häftlinge, die im SS-Bereich beim „Erkennungsdienst" arbeiten und diese Filme zu entwickeln haben, entwenden Abzüge und geben sie dann einem tschechischen Kameraden bei seiner Entlassung mit. Eine Reihe dieser Fotos sind nach 1945 veröffentlicht worden.

Ende Oktober/Anfang November erfahren wir in der Schreibstube, daß ein neuer Transport sowjetischer Kriegsgefangener angekündigt ist. Der

Sowjetische Kriegsgefangene in Sachsenhausen

Abendappell wird in großer Eile abgewickelt. Der Rapportführer verhängt Blocksperre; das bedeutet, kein Häftling darf den Appellplatz betreten, damit niemand den Transport sehen und beobachten kann. Wir haben den Eindruck, daß die Blockführer unter Alkohol stehen. Lärmend ziehen sie zum Bahnhof. Die Luft ist also rein, und wir lockern die Sperre auf eigene Faust, da von dem Transport noch nichts zu hören ist. Da brüllt der Rapportführer nach mir und schreit mich an, er werde auf jeden schießen lassen, der sich jetzt noch auf dem Appellplatz sehen lasse. Ich würde sowieso erschossen, weil alles, was ich täte, Meuterei sei. Es herrscht eine gespannte, nervöse Atmosphäre, so daß ich vor der Schreibstube stehen bleibe, um bei Komplikationen gleich da zu sein.

Wir haben ein ausgesprochenes Sauwetter. Der Sturm fegt zwischen den Baracken, Schneeregen peitscht nieder. Es scheint uns eine Ewigkeit, bis wir etwas von dem Transport bemerken, aber jetzt sind aus der Ferne Schüsse zu hören. Begleitet vom Gejohle der SS kommen die Gefangenenkolonnen näher. Endlich hat der Zug das Lager erreicht. Oft habe ich beim Eintreffen dieser Todgeweihten gedacht, schlimmer könne es nicht werden. Was sich aber an diesem Abend durch das Tor schleppt, zerlumpt, die meisten barfuß und ohne Kopfbedeckung, sich mit letzter Kraft an einen Kameraden klammernd, der selbst kaum noch gehen kann, übertrifft alle Vorstellungen. Am Ende des Zuges fahren drei Lastwagen mit Toten und Kranken. Die Wagen biegen zum Krankenbau ab, und dort wird die menschliche Ladung einfach über die Bordwand geworfen. Tote und Kranke bleiben die ganze Nacht hindurch liegen. Am nächsten Morgen werden über 100 Leichen ins Krematorium gefahren.

Diese Transporte waren von der Bevölkerung anscheinend nicht unbemerkt geblieben. Schon seit einigen Wochen hörten wir von Bemerkungen einzelner SS-Leute, die Verfassung der sowjetischen Kriegsgefangenen sei so erbärmlich, daß deswegen in der Bevölkerung Stimmen gegen die SS laut würden. Diese SS-Leute versuchten sich damit zu rechtfertigen, daß es die Schuld der Wehrmacht sei, die die Gefangenen in diesen Zustand habe kommen lassen. Deshalb solle auch die Wehrmacht die Gefangenen ins Lager treiben und nicht die SS.

Die in Sachsenhausen an der Mordaktion beteiligten SS-Führer erhielten zusätzliche Zigaretten- und Alkoholzuteilungen, auch ein besonderes warmes Essen. Hatte einer eine bestimmte Anzahl sowjetischer Kriegsgefangener erschossen, so bekam er einen Orden: das Kriegsverdienstkreuz. SS-Oberscharführer Schubert genierte sich nicht, auf dem Appellplatz im Kreis seiner SS-Leute vor zahlreichen Häftlingen zu prahlen: „Heute hole ich mir ‚das da'!" Dabei zeigte er auf die Stelle, an der das Kriegsverdienstkreuz getragen wurde. Das sollte heißen, er werde heute so viele Menschen erschießen, wie ihm noch für den Erwerb des Kriegsverdienstkreuzes fehlten.

Der Massenmord an den sowjetischen Kriegsgefangenen endete erst mit der Verhängung der Lagerquarantäne am 16. November 1941; bzw. das Einstellen der Exekutionen fiel mit dem Beginn der Quarantäne zusammen. Damals haben wir viel darüber diskutiert, was die faschistische Führung dazu

SS-Führer aus dem KZ Sachsenhausen in Urlaub auf der Insel Capri. Erste Reihe von links: Hauptscharführer Meier sowie die Oberscharführer Knittler und Kaiser (Hamburger Illustrierte, 20. Juni 1942)

veranlaßt haben könnte. Heute wissen wir, daß sie auf Grund der Kriegslage
– aus dem „Blitzkrieg" gegen die Sowjetunion war ein militärisches Ringen
auf Leben und Tod geworden – zunächst die Arbeitskraft der sowjetischen
Kriegsgefangenen ausnutzen wollte. Am 15. November 1941 hatte der
Reichsführer SS ein geheimes Schreiben an die Kommandanten der Konzentrationslager geschickt, in dem es hieß: „Der Reichsführer-SS und Chef der
Deutschen Polizei hat sich grundsätzlich damit einverstanden erklärt, daß
von den in die Konzentrationslager zur Exekution überstellten russischen
Kriegsgefangenen (insbesondere Kommissare), die auf Grund ihrer körperlichen Beschaffenheit zur Arbeit in einem Steinbruch eingesetzt werden können, die Exekution aufgeschoben wird."

49.

Flecktyphus

Die Häftlingsschreibstube versuchte immer wieder, für die Häftlinge eine
Verbesserung der sanitären Verhältnisse herauszuholen. Das Wasser reichte
nicht zum Baden aus, weil zur gleichen Zeit in den Blocks Geschirr gespült
oder Fußwaschbecken benutzt wurden. Für diesen Wasserbedarf waren die
Rohrleitungen und Pumpanlagen absolut unzulänglich. Wie uns aus dem
Baubüro berichtet wurde, waren bei Errichtung der Anlage vielfach Korruption und Unfähigkeit im Spiel gewesen. Hinzu kam der Wassermangel. Beim
Baden standen bis zu drei Häftlinge eingeseift unter der nur tropfenden
Brause. Die Seife bestand aus Ton und Soda. Wegen Wassermangels konnte
sie nicht gleich abgespült werden und hinterließ dadurch in vielen Fällen
Hautschäden. Das alles machte das Baden zu einer Qual und brachte uns fast
zur Verzweiflung. Um dem abzuhelfen, veranlaßte die Häftlingsschreibstube,
daß in den Wohnblocks während der ersten Stunde nach dem Abendappell
und dem Abendessen kein Wasser – außer für die Toilettenspülung – verbraucht werden durfte, damit das Bad genutzt werden konnte. Wo es nicht
gelang, diesen Akt der Solidarität begreiflich zu machen und durchzusetzen,
waren die Blockältesten gezwungen, die Waschräume vorübergehend abzuschließen. Wir hatten damit erreicht, daß jeder Häftling wenigstens alle vierzehn Tage einmal baden konnte.
Als durch die Massenzugänge der Läusebefall im Lager rapide angestiegen
war, machte mich der grüne Blockälteste, Karl Harzen, ein Arzt aus Berlin,
darauf aufmerksam, daß – wie bereits in anderen Lagern geschehen – durch
Läuse Flecktyphus übertragen werde und es eines Tages zur Katastrophe
kommen könne. Die im Lager zur Verfügung stehenden Mittel würden keineswegs ausreichen, um das Unheil abzuwenden. Im Kreise der verantwortlichen Lagerfunktionäre und unter Hinzuziehung von Dr. Harzen berieten wir,
welche Vorbeugung und Abhilfe getroffen werden müßten. Wir beschlossen
eine umfassende Entlausungsaktion. Oberster Grundsatz mußte sein: Sauberkeit, das heißt, für jeden Häftling die Möglichkeit regelmäßigen warmen Ba-

dens und Wäschewechselns zu gewährleisten, Desinfektionsmittel zu besorgen, alle Häftlinge durch die Blockältesten, unterstützt von Dr. Harzen, anderen Häftlingsärzten sowie tschechischen Medizinstudenten, regelmäßig zu kontrollieren und bei Läusebefall sofort zur Desinfektion zu schicken.

Schon bei den Vorbereitungen stießen wir auf Skepsis beim Lagerführer. Als ich das Thema anschnitt, sagte er, daß er im Falle einer Epidemie das Lagertor verriegeln und uns unserem Schicksal überlassen würde. Dabei würden die Lebensmittel irgendwie über den Zaun befördert. Damit war die Situation klar. Die Lagerführung war desinteressiert. Wir waren also auf uns selbst gestellt. Dem Chef der Häftlingsunterkunftskammer rangen wir die Erlaubnis ab, sämtliche im Lager befindlichen Wolldecken desinfizieren zu lassen.

Die bisher im Lager betriebene Läusekontrolle war nur sporadisch und ziemlich oberflächlich durchgeführt worden. Es hatte ja auch noch keine Seuchenerscheinungen gegeben. Nun ordnete die Häftlingsschreibstube an, daß an einem bestimmten Tage nach dem Abendappell niemand den Block verlassen dürfe, der sich nicht vorher einer Läusekontrolle unterzogen hätte. Dabei stellte sich heraus, daß nur wenige Blocks ganz läusefrei waren. Bei mehr als 3000 Häftlingen wurden Läuse festgestellt, viele litten an Krätze. Diese große Zahl der Verlausten stellte uns vor neue Schwierigkeiten. Die Desinfektion konnte wegen Mangels an Wäsche und Kleidung nicht an einem Abend durchgeführt werden. Also mußten wir die Befallenen für kurze Zeit isolieren. Das bedeutete für die Kommandos Entlausung, Wäscherei, Häftlingsbekleidungskammer sowie für die Blockältesten und die Stubendienste enorme Belastungen und Anstrengungen. Im Verlaufe unserer Aktion erhielt die Lagerführung Kenntnis von unseren Maßnahmen. Der Lagerführer ließ mich rufen und machte mir klar, daß ich mich der „Amtsanmaßung" und „Befehlsverweigerung" schuldig gemacht hätte. Ihm gehe es um die Arbeitsleistung, und die werde er mit aller Härte durchsetzen. Die Unterlagen über die Entlausungsergebnisse warf er mir wütend ins Gesicht. Erst am Abend ließ er sich meine Unterlagen noch einmal geben. Das Gespräch am anderen Morgen endete dann damit, daß er „trotz aller Bedenken" von einer Bestrafung absehen wolle. Er erließ aber ein strenges Verbot an die Schreibstube, eigenmächtig Maßnahmen im Lager durchzuführen.

Die SS-Rapport- und Arbeitsdienstführer ließen uns dann doch einen gewissen Spielraum. In diesem Fall sicher aus der Erkenntnis, daß, wenn unter den Häftlingen eine ansteckende Krankheit ausbräche, auch die SS-Truppe, die täglich im Lagerbereich und in den Werkstätten Dienst tat, davon nicht verschont bliebe. Da sich der Ablauf inzwischen eingespielt hatte, konnten für eine Reihe läusefreier Blocks die Beschränkungen aufgehoben werden. Es war uns gelungen, aus eigener Kraft, mit nur begrenzten Mitteln, aber mit Hartnäckigkeit und Konsequenz, gestützt auf die Einsicht und Mitarbeit der Lagerfunktionäre, den Läusebefall und die Krätzeerkrankungen herabzudrücken.

Einige Monate später hat es uns aber dann doch erwischt. Im Herbst 1941 stellten sich einige Flecktyphuserkrankungen ein. Besonders betroffen ist das gerade eingerichtete „Arbeitslager" für sowjetische Kriegsgefangene. Die Zahl der an Flecktyphus erkrankten Häftlinge nimmt zu. Fast jeder größere

Transport bringt Typhuskranke ins Lager. Ich mache den Lagerführer darauf aufmerksam, daß das Lager für weitere Zugänge gesperrt werden müsse, um schlimme Folgen zu verhindern. Er lehnt schroff ab. Uns sind inzwischen auch vier bis fünf Fälle typhuskranker SS-Leute bekannt geworden. Anfang November hat sich diese Zahl erhöht, wie wir aus dem Kommandanturbereich erfahren konnten. Wie viele es sind, ist aber nicht zu ermitteln.

Am 16. November 1941 stellt der Regierungspräsident von Potsdam das Konzentrationslager Sachsenhausen unter Quarantäne.

Die Häftlingspfleger des Krankenbaus hatten schon längst alle möglichen Vorbereitungen für den Ernstfall getroffen. Mediziner, die als Gefangene im Lager waren, denen aber die Krankenpflege von der SS-Lagerführung zur damaligen Zeit noch untersagt war, wurden zur Mitarbeit herangezogen. Einige zusätzliche wichtige Medikamente konnten die Kumpels des Krankenbaus von draußen organisieren. Wie? Ich habe nie danach gefragt. In aufopferungsvoller Pflege konnten die meisten Kranken durchgebracht werden. Bei 11 000 Häftlingen gab es über 200 Flecktyphuserkrankte, davon starben 48. Wie viele sowjetische Gefangene im „Kriegsgefangenenarbeitslager" starben, wissen wir nicht, da sie vom großen Lager völlig isoliert waren. Der SS-Arbeitsdienstführer Sorge sagte nach 1945 in seinem Prozeß aus: „Mit Beginn der Quarantäne waren noch etwa 800 sowjetische Kriegsgefangene in der Isolierung. Nach dem Ausklingen der Epidemie lebten noch etwa 300."

Dann begann die Desinfektion des Lagers. Die Baracken wurden leer gemacht, und während sie unter Gas gesetzt wurden, schlief die Belegschaft in der Entlausung. Nach 24 Stunden wurden dann die Fenster und Türen geöffnet, es wurde tüchtig eingeheizt, damit das Gas sich durch die Wärme aus dem Holz löste. Die Vergasung wurde von einer Hamburger Firma vorgenommen. Die Zivilarbeiter dieser Firma gaben nach gründlicher Kontrolle die Baracke frei. Daraufhin ordnete die SS an, daß der Block wieder bezogen werden durfte.

Als alles vorüber war, ließ der Lagerarzt SS-Hauptsturmführer Dr. Frowein sich von mir darlegen, welche Maßnahmen wir getroffen hätten, um der Typhusepidemie entgegenzuwirken. Darüber forderte er dann einen schriftlichen Bericht an. Ich schrieb ihn und gab ihn im Krankenbau ab. Einige Tage später sagte mir Ernst von Hohenberg, der als Schreiber im Revier arbeitete, daß er für den SS-Arzt, Unterstumführer Dr. Schmitz, meine Niederschrift mit einigen geringfügigen fachlichen Korrekturen wörtlich habe abschreiben und als eigenen Bericht des Dr. Schmitz firmieren müssen. Ich weiß heute nicht mehr, an welche SS-Dienststelle dieser Bericht ging.

50.

Sonderlager für sowjetische Kriegsgefangene

Ich habe schon berichtet, daß die Lagerführung im August 1941 die Blocks der Strafkompanie als Übergangsquartier für die sowjetischen Kriegsgefangenen räumen ließ, um sie dann in der Genickschußanlage zu ermorden. Ab Mitte Oktober wurde in den Baracken 10, 11, 12, 34, 35 und 36 ein Sonderkomplex mit der Bezeichnung „Kriegsgefangenen-Arbeitslager" eingerichtet. Eine SS-Kommission hatte aus den zur Liquidierung bestimmten Soldaten und Offizieren die „Arbeitsfähigen" herausgesucht. Mit der Anbringung des Schildes „Kriegsgefangenen-Arbeitslager" – etwa am 20. Oktober – ließ die Lagerführung gleichzeitig eine dichte Bretterwand um die Baracken ziehen. Es war nun nicht mehr möglich, in dieses Isolierungsgelände hineinzuschauen.

Nach unserer Statistik waren am 19. Oktober 1941 im Lager 2500 „Arbeitsrussen" ausgewählt und neu registriert worden. Auf Anordnung des Rapportführers wurden diese jetzt der Gesamtlagerstärke zugeführt. Es gab für sie aber keine Karteikarten wie bei den anderen Häftlingen, sondern Listen mit den Personalien, Geburtsdaten, Geburtsorten und – soweit noch vorhanden – den Kriegsgefangenennummern. Schon drei Tage später, am 22. Oktober, verfügte der Rapportführer, diese Kriegsgefangenen wieder von der Lagerstärke abzusetzen. Sie wurden bei allen statistischen Meldungen gesondert geführt. An Verpflegung bekamen sie das gleiche wie die anderen Häftlinge, da sie aber aus den Kriegsgefangenenlagern der Wehrmacht schon in einem erbarmungswürdigen Zustand gekommen waren, konnte nur ein geringer Teil von ihnen zur Arbeit eingesetzt werden. Die Baracken der Kriegsgefangenen waren völlig ausgeräumt, Tische, Bänke und Spinde herausgenommen worden. Auch die Pritschen und Strohsäcke waren entfernt. Sie mußten auf dem blanken Fußboden schlafen, eng aneinandergepreßt, bedeckt mit ihrer zerlumpten Kleidung. Nur nach und nach konnten wir den SS-Kommandoführer Landstorfer von der Unterkunftskammer bewegen, Wolldecken für Kranke freizugeben. Schließlich erreichten wir auch, daß er aus Holzwolle und Strohsäcken Unterlagen zum Schlafen anfertigen ließ.

Während die am 16. November verhängte Typhusquarantäne noch andauerte, wurde schon mit der Entseuchung der Blocks begonnen. Am Samstag, dem 22. November 1941, sollte Block 12, eine der mit sowjetischen Kriegsgefangenen belegten Baracken, desinfiziert werden. Da die Mitarbeiter der Entwesungsfirma über Sonntag etwas unternehmen wollten, setzten sie noch Samstag abend spät die Baracke unter Gas. Die Kriegsgefangenen schliefen diese Nacht in der Entlausung. Schon am Sonntag früh waren die Angestellten der Hamburger Firma nach Berlin abgerückt, um den Tag zu genießen, und hatten nur einen jungen Mann zur Kontrolle zurückgelassen. Da die Entseuchungszeitspanne vorgeschrieben war, hätte dieser verspätet unter Gas gesetzte Block erst am Montag freigegeben werden dürfen. Die SS aber ließ die Zeit der Entlüftung einfach herabsetzen und ordnete an, daß die Kriegsgefangenen schon am Sonntag in Block 12 zurückkehren und während der Nacht die Fenster weit geöffnet bleiben sollten. Da es nachts schon empfindlich kalt war, meldeten sich die stabilsten Offiziere und Soldaten freiwillig, an den offenen Fenstern zu schlafen. Durch die Körperwärme der vielen Menschen löste sich das Gas, das noch im Holz zurückgeblieben war. Am nächsten Morgen waren 42 sowjetische Kriegsgefangene tot, und zwar überwiegend diejenigen, die in der Nähe der Fenster geschlafen hatten. Die freigesetzten Giftschwaden waren durch die Fenster abgezogen und hatten sie im Schlaf überrascht. Unsere Versuche, den Lagerführer zu bewegen, die Verantwortlichen zur Rechenschaft zu ziehen, lehnte Suhren mir gegenüber mit der Bemerkung ab: „Wir wollen keinen Ärger haben." Für ihn waren 42 tote Menschen kein Ärgernis.

Wir verloren in dieser Nacht auch viele Angehörige einer aktiven Komsomolzengruppe mit ihrem Funktionär Mischa. Mischa sprach deutsch, und wir waren in bestimmten Abständen mit ihm zusammengekommen. Das konnte jedoch nur unter ganz besonderen Sicherheitsmaßnahmen vor sich gehen, da es im Stubendienst seines Blocks Informanten der SS gab. Aber der Blockälteste Dr. Karl Harzen hatte in solchen Fällen für Mischa und andere Komsomolzen immer Aufträge außerhalb der Baracke parat gehabt. Vor dem 23. November 1941 war diese Gruppe des sowjetischen kommunistischen Jugendverbandes etwa 50 Mann stark gewesen.

Obwohl der Zutritt zu den „Russenblocks" verboten war, ging ich zwei- bis dreimal die Woche zu Dr. Harzen, um bei ihm Radio zu hören. Sein Radiogerät war in den hinteren Teil der Tischschublade eingebaut und sorgfältig abgeschirmt. Mir schien diese Abhörmöglichkeit sicherer zu sein, als die in der Häftlingsbekleidungskammer. Hier konnte ich „aus dienstlichen Gründen" offen in den Block gehen, und es gab außer Karl Harzen keine weiteren Zeugen.

Anläßlich eines Besuches erzählte mir Dr. Harzen von einer Kommission, die sich sowjetische Kriegsgefangene mit gesunden Zähnen aussuchte. Wer ein vollständiges Gebiß hatte und wessen Zähne völlig gesund waren, wurde in eine Liste aufgenommen. Von den Lagerärzten sei Dr. Frowein dabei anwesend. Die anderen Teilnehmer dieser Kommission waren unbekannt. Diese Sache, mit der wir nichts anfangen konnten, obgleich wir immer mißtrauisch waren, war schon in Vergessenheit geraten, als plötzlich vier sowjetische Kriegsgefangene zum Krankenbau bestellt wurden. Dr. Harzen, der seinen Arztberuf im Lager nicht ausüben durfte, bat mich, einmal im Krankenbau nach diesen Leuten zu sehen, weil er kein gutes Gefühl dabei habe. Über die Ambulanz waren die vier nicht gegangen. Nach einigem Suchen stellte ich fest, daß sie in der Infektionsabteilung sein müßten. Der Vorarbeiter dieser streng isolierten Abteilung war ein ASO, Willi Maack. Von ihm erfuhr ich, daß diese Häftlinge „abgespritzt" worden seien und bereits in die Anatomie zur Skelettierung gebracht wurden. Sie seien für ein Straßburger Institut bestimmt, aus dem die Anforderung nach vier fehlerfreien Skeletten gekommen sei. Bei dieser Gelegenheit bekam ich einen Brief des Lagerarztes an das Institut zu lesen, in dem er schrieb, daß es schwierig für Sachsenhausen sei, die gewünschten Skelette zu beschaffen, und es leichter sein müsse, Skelette aus dem nähergelegenen Konzentrationslager Struthof zu erhalten.

Die Auswahl sowjetischer Kriegsgefangener mit einem gesunden Gebiß hatte nun aber bewiesen, daß die Sachsenhausener Ärzte weitere Skelette liefern wollten. Karl Harzen hörte sich meinen Bericht an und begann nun, den jungen Gefangenen mit lückenlosem Gebiß nach und nach einen oder zwei Zähnen zu ziehen. Das geschah vor einer Gebißkontrolle, bei der dann festgestellt wurde, daß die Zähne „schlecht" waren. Um nicht aufzufallen, zog sich diese Prozedur einige Zeit hin. So wurde der Zahnverlust zu einer Lebensversicherung.

Ein SS-Blockführer fand im Medikamentenschrank eines Blockführers eine Flasche mit Tabletten, die durch ein Etikett als giftig gekennzeichnet waren. Er nahm einige Tabletten, ließ sich einen Becher Wasser vom Stubendienst besorgen und ging damit zu den sowjetischen Kriegsgefangenen. Diese mußten vor dem Block antreten. Durch den Dolmetscher ließ er fragen, wer Durst habe. Viele meldeten sich. Einem davon gab er freundlich lächelnd den Becher. Der Gefangene bedankte sich mit vielen Verbeugungen und trank das Wasser bis zum letzten Tropfen aus. Das hatte ich im Vorbeigehen beobachten können. Als ich nach einem Augenblick wieder zurückging, sah ich den Gefangenen leblos am Boden liegen. Aller Augen waren auf ihn gerichtet. Er mußte sein Leben lassen, weil ein SS-Mann erleben wollte, wie ein Mensch an Gift stirbt.

Medikamente und Verbandsmaterial des Reviers reichten für die erkrankten Kriegsgefangenen bei weitem nicht aus. So versuchten die Außenkommandos jede Gelegenheit zu nutzen, um das Benötigte von draußen zu beschaffen. Die Küche bemühte sich, ein- bis zweimal in der Woche einen Kessel Essen zusätzlich abzuzuweigen, aber unserer Hilfe waren Grenzen gesetzt, solange die Isolierung bestand. Die Kontaktmöglichkeiten waren beschränkt, weil jede Verbindung illegal bleiben mußte. Auch war unsere Hilfe beim Aufbau einer Organisation, mit der wir uns verständigen und zusammenarbeiten konnten, erschwert.

Wir mußten einen Weg finden, um die Isolierung zu durchlöchern oder überhaupt zu beseitigen. Dabei schien uns die Läusegefahr der beste Ansatzpunkt zu sein. Die sowjetischen Kriegsgefangenen, die ständig in größeren und kleineren Gruppen aus den Wehrmachtslagern nach Sachsenhausen kamen, um zur Arbeit eingesetzt zu werden, waren nicht nur körperlich verfallen, sondern in Lumpen gekleidet, verschmutzt und verlaust. Die einmalige Entlausungsprozedur, welche die Zugänge durchlaufen mußten, reichte nicht aus, so daß wir bei der SS-Lagerverwaltung die Gefahr einer neuerlichen Verlausung des Lagers ins Gespräch brachten. Vorarbeiter, Kalfaktoren und andere Häftlinge, die mit SS-Leuten in Berührung kamen, ließen ein Wort in dieser Richtung fallen, wobei wir aber vor Übertreibungen warnten, um die SS nicht stutzig zu machen.

Inzwischen hatten wir damit begonnen, Brot und Kartoffeln zu sammeln, die zu einem großen Teil von Adolf Soberg in der Häftlingskantine aufbewahrt wurden. Auch in verschiedenen Blocks war es vorübergehend möglich, vor allem Brot in kleineren Mengen unterzubringen. Zum Teil war es gesammelt, zum Teil auch aus dem SS-Bereich, aus der Brotfabrik oder aus den Beständen des Proviantraumes herausgeschmuggelt worden. Zu dieser Zeit gab es in der Häftlingskantine Sirup in Dosen zu kaufen. Er kam von den Maizenawerken und hatte den Namen KARO. Um ihn kaufen zu können, sammelten wir zusätzlich Geld, damit wir einen Teil davon den Kriegsgefangenen zukommen lassen konnten.

Und dann war es endlich soweit. Die SS-Lagerführung hatte eine nochmalige Entlausung und das wöchentliche Baden für die sowjetischen Kriegsgefangenen freigegeben. Es waren traurige Züge, die sich nach und nach von ihren Baracken durch das Lager nach der „Entlausung" bewegten, in mangelhafter Kleidung, viele barfuß, viele körperschwach, andere mit Kriegswunden, die mit schmutzstarrenden Lumpen verbunden waren. Die Zeit brannte uns auf den Nägeln. Wir mußten damit rechnen, daß die SS ihre Genehmigung zurückziehen würde, wenn sie entdeckte, was hier vor sich ging. Von uns brachte es niemand fertig, die Menschen zur Eile anzutreiben. Es fiel kein Schimpfwort. Brach jemand zusammen, wurde er mitgeschleppt, und Sanitäter waren in der Entlausung, um den Kranken zu helfen. Und nun konnten endlich die schon gekochten Kartoffeln und das Brot ausgegeben werden. Auch Sirup wurde verteilt, für je drei Mann eine Dose. Als unsere Vorräte zu Ende gegangen waren, zogen einige Kumpel von Block zu Block, um vor allem mehr Brot und Sirup zu beschaffen. Dadurch entstand eine gewisse Unruhe im Lager, die der SS im Torhaus nicht verborgen bleiben konnte. Alles, was wir eingesammelt hatten, wurde nach und nach heimlich in die Entlausung gebracht.

Unsere Aktion für die sowjetischen Kriegsgefangenen fand zu einem für uns günstigen Zeitpunkt statt. Wir hatten immer noch die Flecktyphusquarantäne. Die SS kam nur zu den Appellen ins Häftlingslager und hielt Abstand von uns. Sie hatte eine panische Angst vor Läusen, nachdem einige ihrer Leute an Typhus erkrankt waren.

Im Augenblick waren wir über unser gelungenes Werk so glücklich, daß wir uns keine Gedanken darüber machten, wie es von der SS aufgenommen würde. Wir hatten aber auch Schwierigkeiten, die Wand des Mißtrauens und der Angst bei den sowjetischen Kriegsgefangenen selbst zu überwinden. Nach allem, was sie erlebt hatten, konnten sie auch uns nicht glauben. Vielen von ihnen war es so ergangen, daß das, was mit freundlichen Worten begann, zu einem grausamen Ende geführt hatte. Aus Sorge vor vorzeitigem Bekanntwerden hatten wir sie auf unsere Aktion auch nicht vorbereiten können. So war der Marsch von ihren Baracken zur Entlausung für sie schon eine Tortur. In ihrem Zustand und mit der kümmerlichen Bekleidung kam er ihnen endlos vor. Wenn sie warten mußten, bis der Baderaum für sie frei war, erschien es ihnen wie Stunden, obwohl es höchstens zehn bis zwanzig Minuten waren. Das Stück Brot und die Kartoffeln nahmen sie noch, aber beim Schluck Sirup hatten viele Angst, es könnte etwas Vergiftetes sein. Wir wußten, daß es noch vieler Arbeit bedurfte, um das von uns erstrebte kameradschaftliche Verhältnis herzustellen.

Der erste Schritt war getan. Die Blocksperre für das „Kriegsgefangenen-Arbeitslager" war wenigsten durchbrochen, wenn auch noch nicht offiziell aufgehoben. Die Häftlingsschreibstube, die Kumpels der „Politischen Abteilung" des Reviers und der Entlausung konnten jetzt daran arbeiten, Verbindungen zu schaffen als Voraussetzung dafür, die sowjetischen Kriegsgefangenen nach und nach ins allgemeine Lagerleben einzubeziehen und im weiteren dann auch Stützpunkte unter ihnen für den Widerstandskampf zu bilden.

Das kostete von Anfang an Opfer. Die ersten waren Oskar Hoffmann und Walter Schönwetter, denen die SS vorgeworfen hatte, geheime Verbindungen mit sowjetischen Kriegsgefangenen angeknüpft zu haben. Sie kamen in den Bunker, wurden ausgepeitscht und anschließend in die Strafkompanie des Klinkerwerks versetzt. Wir fürchteten um ihr Leben, aber sie haben alles mit unserer Hilfe überstanden.

Beim Einsammeln der Lebensmittel hatten wir zwar allgemein gesagt, daß wir versuchen wollten, den sowjetischen Kriegsgefangenen zu helfen, aus Gründen der Geheimhaltung aber nichts über die Art und Weise sowie den Termin unserer Hilfsaktion verlauten lassen. Außerdem spielte sich alles ab, während die meisten Häftlinge zur Arbeit waren; erst am Abend konnten sie Näheres erfahren. Spontan gab es allgemeine Zustimmung. Nur einige wenige Außenseiter, von denen Solidarität als Zwang und Eingriff in ihre persönliche Freiheit empfunden wurde, beharrten auf ihrem Recht: Sie wollten die Dose KARO wiederhaben, die wir den sowjetischen Gefangenen gegeben hatten. Wer darauf bestand, konnte sein Geld zurückbekommen, was dann jedoch von kaum einem verlangt wurde.

Einiges hatten wir erreicht, um den Kriegsgefangenen das Leben zu erleichtern, insbesondere, ihren Lebensmut zu heben und ihnen zu zeigen, daß wir uns solidarisch mit ihnen fühlten. Aber der Erfolg war begrenzt. Von den am 19. Oktober 1941 registrierten 2500 Kriegsgefangenen des „Arbeitslagers" waren am 31. Dezember 1941 nur noch 1360 am Leben.

51.
Kulturelle Veranstaltungen und Konflikte mit der SS

Weihnachten 1941. Wir haben die schlimmste Zeit, die wir bisher in Sachsenhausen erlebten, hinter uns: Den Massenmord an den sowjetischen Kriegsgefangenen. Wir stehen noch ganz unter dem Alpdruck dieses grauenhaften Geschehens. So wird auch der Schallerabend, den wir für den Weihnachtstag vorbereiteten, ganz von der Empörung und dem Zorn über dieses ungeheuerliche Verbrechen geprägt sein. Wir werden der Opfer gedenken und unsere Solidarität mit den Überlebenden bekunden. Es entstehen drei Gedichte. Wir riskieren viel, wenn wir diese Verse jetzt vor einem größeren Kreis vortragen. Wir rechnen aber damit, daß die SS – wie bisher an solchen Feiertagen – sich in Feiertagsstimmung befindet und sich um uns nicht groß kümmern wird.

Unser Genosse Hans Seigewasser, vor 1933 Funktionär der Berliner „Roten Hilfe" und später Staatssekretär für Kirchenfragen in der DDR, spricht auf dieser Veranstaltung. Sie findet im Block 2 statt und ist mit 300 bis 400 Teilnehmern überfüllt. Die Fenster sind ein wenig geöffnet worden, um ein bißchen frische Luft hereinzulassen. So sind vor allem die temperamentvoll rezitierten Gedichte sowie die Darbietungen eines tschechischen Streichorchesters und eines kleinen Chores noch im Nebenblock und im Krankenbau zu hören.

Lange nach dem Abklingeln kommt Victor Wolf, Kalfaktor des Lagerkommandanten, noch auf meinen Block, um mir etwas Wichtiges mitzuteilen. Er hatte in Begleitung eines SS-Postens noch am späten Abend zum Haus des Kommandanten gehen müssen, um einige Schaufeln Koks aufzuwerfen. Bei seiner Rückkehr habe ihm der SS-Torposten gesagt, daß am nächsten Morgen im Lager eine „Bombe hochgehe". Die Lagerältesten würden abgelöst. Es habe einen Bericht über eine kommunistische Veranstaltung im Block 2 gegeben, der gleich an den Rapportführer weitergeleitet worden sei.

Wir – Grosse, Wunderlich und ich – überdenken kurz die Situation und machen uns sofort an die Arbeit. Wir schreiben alles um, was bis zum Morgengrauen dauerte. Der alte Text wurde verbrannt. Die neuen Textbögen werden dann ein wenig auf alt gerieben, geknautscht und auf meinem Platz deponiert. Hans Seigewasser wird informiert, damit er Rede und Antwort stehen kann, falls er verhört wird.

Gleich nach dem Wecken am nächsten Morgen läßt Campe mich rufen und droht uns wegen der Veranstaltung mit Bunker, Strafkompanie und Meldung an die Reichsführung der SS. Ich sage darauf, daß ich alles, was auf der Weihnachtsfeier gebracht worden sei, selbst kontrolliert und in Ordnung befunden hätte. Ich könne ihm Programm und Texte bringen, wenn er mir gestatte, die Unterlagen von meinem Schreibtisch zu holen. „Das könnte Ihnen wohl so passen! Wo liegen die Sachen?" – „Auf meinem Schreibtisch." Er greift zum Telefon und ordnet an, daß Grosse ohne Verzögerung alles, was an Schriftlichem auf meinem Schreibtisch liegt, zu ihm raufbringen soll. Campe steht am Fenster und beobachtet, wie Grosse im Laufschritt – die Schriften an die Brust gedrückt – über den Appellplatz kommt. Dann liest er alles, Wort für Wort, und macht kein Hehl daraus, daß er uns nicht traut. Er läßt uns aber gehen, ohne seine Drohungen noch einmal zu wiederholen. Wir sind überzeugt, daß der Fall nur aufgeschoben, aber noch nicht erledigt ist.

Wochen später organisiert Herbert Bender, Vorarbeiter in der Häftlings-Effektenkammer, in Block 6 einen literarischen Abend unter dem Motto des Wilhelm-Busch-Zitates: „Mir scheint, der Vogel hat Humor". Herbert Bender ist Sozialdemokrat, gehört zu unserem engsten politischen Kreis im Lager und ist ein literarisch sehr versierter Kumpel. Wir sind gerade mitten in der Veranstaltung, da wird die Tür aufgerissen und Campe steht mit einigen SS-Leuten im Eingang. Herbert Bender hat sich schnell gefaßt. Auf das Kommando der SS: „Weitermachen!" fährt er so fort, als sei nichts besonderes in der Anwesenheit der SS zu sehen. Aus den bisher gebrachten Vorträgen läßt Herbert diejenigen wiederholen, die am wenigsten anzüglich sind. Unser Lachen und der Beifall sind durchaus echt. Nur gelten sie nicht nur dem Vortrag, sondern auch dem stillen Vergnügen, der SS ein Schnippchen geschlagen zu haben. Als Herbert das Lied „Willkommen, frohe Sänger..." anstimmt, ziehen die SS-Leute ab.

Als wir später im kleinen Kreis über diesen Abend sprechen, sagt Herbert: „Ich war darauf gefaßt, daß sich die SS die Texte einmal ansehen wollte. Dann wären wir geplatzt. Verschwinden lassen konnte ich nichts, das hätten sie gemerkt. Also mußte ich sie offen liegen lassen, als seien sie die harmloseste Sache von der Welt." Obgleich wir uns darüber freuen, daß es wieder einmal gutgegangen ist, sehen wir doch in dem Auftauchen der SS eine weitere Warnung; ein Zusammenhang mit unserer Weihnachtsveranstaltung ist nicht zu übersehen.

Anfang Februar 1942 war der dritte Lagerälteste, Jakob Groß, genannt „Köbes", in den Krankenbau gekommen. Der Arzt hatte Typhus festgestellt. Er lag in der Isolierabteilung in einem Zimmer allein, und ich war jeden Tag bei ihm. In der Nacht vom 12. auf den 13. Februar 1942 blieb ich während der ganzen Nacht an seinem Bett. Er war davon überzeugt, daß er sterben müsse, und wollte noch mit mir alle Lagerangelegenheiten durchsprechen. Seine persönlichen Angelegenheiten hatte er in einem Kassiber an seine Familie und Freunde bereits erledigt. Kurz vor dem Wecken bat er mich zu gehen; er spüre wie die Kälte von den Füßen her aufsteige und schon seine Knie erreicht habe. Beim Abschied umklammerte er meine Hand mit beiden Händen; ich mußte ihm versprechen, nicht in den Leichenkeller zu gehen, wenn er dort unten liegen würde.

Schlafen konnte ich nun nicht mehr und machte mir über all das, was „Köbes" mir berichtet hatte, meine Notizen. Dabei wurde ich gleich nach dem Wecken unterbrochen. Ein Blockältester meldete, daß ein Pole mit Hilfe einer Leiter geflüchtet sei. Wir stürzten hinaus, um die Sache anzusehen. In diesem Moment kam vom Revier die Mitteilung, daß „Köbes" gestorben sei. Jakob Groß hatte bei Häftlingen aller Kategorien Ansehen und Vertrauen genossen. Vor allem hatte er einen großen Einfluß auf die Zusammenarbeit zwischen Roten und Grünen gehabt. Das alles beschäftigte mich so, daß ich die Fluchtgeschichte gar nicht richtig aufnehmen konnte.

Nachdem die Arbeitskommandos ausgerückt sind, gibt Sorge dem zweiten Lagerältesten, Werner Staake, den Auftrag, die Blockältesten zusammenzurufen. Bisher war das immer meine Aufgabe. Als sie vor der Schreibstube stehen, hat wieder Werner das Kommando auf Befehl des „Eisernen"; ich bin also ausgeschaltet. Rapportführer Sorge tauscht ohne große Umstände zehn politische Blockälteste gegen zehn Grüne aus; das heißt, die Grünen übernehmen politische und die Politischen die grünen Blocks. Sorge hält eine kurze Ansprache – eigentlich nur an die grünen Blockältesten –, und zwar in dem Sinne: Schluß mit der Sauwirtschaft, jetzt müsse hart durchgegriffen werden, und er werde jedem einzelnen, der seine Hilfe brauche, zur Seite stehen. Danach bekommt Werner Staake den Befehl, wegtreten zu lassen.

Noch wissen wir nicht, was die SS vorhat, uns ist aber klar, daß es sich hier um den Beginn einer Aktion gegen den Kern der politischen Häftlinge handelt. Für uns heißt das, wachsam zu sein und herauszubekommen, womit man uns belasten will. Die SS erhofft sich offensichtlich durch ihre Maßnahme, soviel Material gegen uns zusammenzubekommen, daß sie gegen die Häftlingsschreibstube vorgehen kann, und baut auf die Hilfe der BVer.

Wir halten uns nach dem Austausch der Blockältesten zurück. Unseren täglichen Gang durch die Blocks haben wir eingeschränkt. Einmal fehlt uns „Köbes" – damit müssen wir erst einmal fertig werden. Zum anderen ist es auch deshalb nicht ratsam, da wir jetzt unter besonders scharfer Beobachtung der SS stehen. Sorge ist jeden Tag bei den Blockältsten, vorwiegend bei den BVern.

Und dann kamen die ausgetauschten grünen Blockältesten zu uns, erst einzelne, noch zögernd, nach und nach aber, soweit ich mich erinnere, fast alle. Innerhalb weniger Tage wußten wir, worum es der SS ging: Für uns völlig unerwartet wollte sie in Erfahrung bringen, wer von den Politischen sich bei einer kürzlich durchgeführten Hilfsaktion für die französischen Bergarbeiter besonders hervorgetan hatte. Die SS wollte Namen deutscher Häftlinge wissen, die dabei eine Rolle gespielt hatten. Sorge versuchte immer wieder, von den Blockältesten Einzelheiten zu erfahren. Der SS schien diese Gruppe von über 200 ausländischen Häftlingen besonders gefährlich zu sein, da es sich um gewerkschaftlich und politisch organisierte Menschen handelte. Sie waren im Juni 1941 mitten aus einem Streikkampf in Frankreich verhaftet und nach Sachsenhausen gebracht worden.

Weiter galt das Interesse der SS unserer Solidaritätsaktion für die sowjetischen Kriegsgefangenen. Sie wollten wissen, wie die Lebensmittel für die Gefangenen zusammengekommen waren, wer sie bezahlt hatte, zum Beispiel den Sirup. Besonders ging es ihnen um den Namen der „Wortführer". Die Blockältesten sollten überhaupt alles, was ihnen nur aufgefallen war, melden. Dafür wurde ihnen eine andere gute Lagerposition in Aussicht gestellt. Der Rapport- und die Blockführer verhielten sich so, als ob die „rote" Schreibstube demnächst abgelöst und durch eine „grüne" ersetzt werden solle.

Inzwischen wurde die Bekleidung der erschossenen sowjetischen Kriegsgefangenen, die zunächst neben der Mordanlage gestapelt worden war, zur Reinigung und angeblichen Weiterverwendung ins Lager transportiert und vor der Entlausungsbaracke erneut zu Bergen aufgetürmt. Die Sachen waren meist so verschmutzt und zerlumpt, daß sie im Lager keine Verwendung mehr finden konnten. Unsere Anweisung lautete, sie vor der Entlausung liegen zu lassen. Nach ein paar Regengüssen fingen sie an zu gären, und die Hitze trug noch zur Vermehrung der Läuse bei. Läusevertilgungsmittel, die über die Haufen gegossen wurden, wirkten nicht. Es drohten größere gesundheitliche Schäden fürs Lager, worauf wir den Rapportführer mehrfach hinwiesen. Da seitens der SS-Führung nichts unternommen wurde, griffen wir Lagerältesten mit Unterstützung einiger Blockältesten schließlich zur Selbsthilfe. Wir luden die Klamotten auf die Lagerrollwagen und fuhren alles in die Nähe der Gärtnerei, in die äußerste Spitze des Lagers, wo wir einen Platz zum Verbrennen vorbereitet hatten.

Es war Abend geworden. Wir machten ein kleines Feuer. Die blut- und schweißgetränkten Sachen brannten lichterloh. Dann kamen zwei Blockführer von der Wachstube am Lagertor: „Was macht ihr hier?" – „Wir verbrennen die verlausten Lumpen, die sollen weg!" – „Aus dem Dorf ist schon angerufen worden, seht zu, daß ihr fertig werdet!" Damit zogen die beiden wieder ab. Wir warfen immer drauf, die Flammen schlugen viele Meter hoch. Da hörten wir vom Dorf her die Sirenen der Feuerwehr, ahnten aber noch nicht, daß es uns galt. Nach einiger Zeit ertönten Sirenen von der anderen Seite.

Jetzt erst wird uns bewußt, daß wir der Anlaß sind. Zum Glück ist die

Mauer dazwischen. Wir arbeiten wie wild drauflos, schwitzend und hustend. So merken wir nicht, daß der Lagerführer kommt. Man hatte ihn vom Turm aus alarmiert. Plötzlich steht er im Feuerschein vor uns: SS-Hauptsturmführer Forster. „Was ist hier los?" – „Wir verbrennen die verlausten Klamotten." Forster starrt mich an, sagt nichts. „Das sind alles Lumpen", sage ich und hebe mit einer Forke einen Fetzen in den Feuerschein. „In der ganzen Gegend ist Feueralarm!" Und wie zur Bestätigung seiner Worte hören wir erneut Sirenen. „Da!" sagt er nur.

Plötzlich fällt mir ein, woran keiner von uns auch nur gedacht hatte: Es ist ja Verdunkelung angeordnet, und das offene Feuer ein todeswürdiges Verbrechen. Schließlich war von der Lagerführung angekündigt worden, daß jeder Lichtschein als ein Signal für den Feind angesehen werde, und unser Feuer war weit zu sehen. Ich bin wie erschlagen. Stumm stehen wir um das Feuer herum. Ich denke nur: Das ist unser Todesurteil. Wir warten, ob der Lagerführer etwas sagt. Der aber starrt unverwandt auf einen am Rande des Feuers liegenden Schuh. Dann hebt er ihn auf und gibt ihn mir. „Seh'n Sie mal nach, der ist so schwer." Ich gehe mit dem Schuh näher ans Feuer und sehe, daß noch ein Fuß darin steckt. Ich strecke ihm den Schuh hin und sage: „Da ist noch'n Fuß drin." – Ruckartig schleudert er den Schuh ins Feuer. Ich kann nur noch sagen: „Davon haben wir schon mehrere gefunden. Sie sind von denen, die unterwegs vom Lastwagen überfahren worden sind." Er aber ist schon auf dem Wege zum Lagertor und ruft im Gehen nur noch: „Beeilt euch! Macht sofort Schluß!"

Erst in der Nacht komme ich zum Überlegen: Das kann ja nicht gutgehen. Die Gemeindeverwaltungen der umliegenden Orte waren mobil gemacht worden, die Feuerwehren liefern Berichte ab, also wird nichts zu vertuschen sein. Am anderen Morgen ist alles wie üblich. Der Rapportführer spricht mit mir, ebenso der Lagerführer. Erst im Laufe des Tages fragt der Rapportführer: „Was war denn gestern abend los?" – „Wir haben die Berge verlauster Lumpen verbrannt." Damit gibt er sich zufrieden. Von seinem Kalfaktor wußte ich, daß er eine panische Angst vor Läusen hatte, so würde er in diesem Falle also nichts gegen uns anheizen. Auch in den nächsten Tagen passiert nichts.

Wir können es nicht fassen, daß wir wieder einmal davongekommen sind. Ich kann es mir nur so erklären, daß niemand einen Häftling für so verrückt halten könnte, daß er von sich aus so ein Feuer während der angehenden Verdunkelung entfachen würde. Das kann nur auf Befehl geschehen sein. Da aber alle Dienststellen bis einschließlich Lagerführer offensichtlich nichts davon wußten, könne dieser Befehl nur vom Kommandanten selbst gekommen sein. An dessen Befehlen aber wagte niemand zu deuten und zu rütteln, Lagerführer Forster schon gar nicht. Die Feuerwehr kam nur bis zur Lagermauer. Außerdem war bekannt, daß tagsüber aus den Krematorium-Schornsteinen Flammen schlugen und Rauch- und Rußschwaden quollen. Ungewöhnlich mag ihnen der Zeitpunkt vorgekommen sein; aber wer kümmerte sich schon darum, was die Nazis in den KZ-Lagern machten. So mögen die Berichte wahrscheinlich gar nicht geschrieben oder in den Schubladen liegengeblieben sein.

An einem Sonntag im März haben wir einen schönen Frühlingstag. Die Häftlinge sind draußen, gehen auf dem Appellplatz spazieren, sitzen zwischen den Baracken, spielen Schach, unterhalten sich. Wir sind unter uns. Kein SS-Mann ist im Lager. Das Lagertor wird immer im Auge behalten, denn nur von dort kann die SS kommen und die ruhige Stunde stören. Am Tor stehen zwei sowjetische Kriegsgefangene. Sie stehen dort schon viele Stunden, offenbar nicht strafweise, denn sie unterhalten sich gelegentlich. Alles sieht ganz normal aus, und doch drückt ihr Anblick auf unsere Stimmung, weil irgend etwas nicht in Ordnung zu sein scheint.

Ich sitze in der Schreibstube, als ich draußen ein Pfeifen und einen leisen Knall höre. Als ich rausgehe, ist kein SS-Mann zu sehen. Die Häftlinge auf dem Appellplatz sind stehengeblieben, alle blicken zum Tor. Nun sehe ich, daß der eine der Kriegsgefangenen auf der Erde liegt und der andere auf ihn herabschaut. Ich überlege noch, ob ich zum Tor gehen soll, als wieder ein Schuß fällt. Auch der zweite Gefangene liegt am Boden. Über den Platz rufe ich: „Schnell in die Blocks!" und verschwinde wieder in der Schreibstube.

Schon bald erfahren wir, was am Tor und in der Blockführerstube vor sich gegangen war. In der Zeit, als die Schüsse fielen, hielt sich Erich Hornig, ein alter politischer Kumpel, in einem Nebenraum der Blockführerstube auf. Erich ist als „Läufer am Tor", wie diese Häftlingsfunktion offiziell heißt, eingesetzt und macht alle Botengänge zwischen der SS-Torwache und einzelnen Dienststellen der SS. Vor allem konnte er in dieser Funktion, die Mut und Wachsamkeit erforderte, Gespräche unter den Blockführern, ihre Telefonate mitanhören und auch den Inhalt von Kommandanturbefehlen an die Schreibstube übermitteln. Erich Hornig berichtet uns folgendes: Ein Transport sowjetischer Kriegsgefangener war am Vortag von Wehrmachtsangehörigen ins Lager gebracht worden. Bei der Aufnahmekontrolle stellte es sich heraus, daß es zwei Gefangene mehr waren, als auf den Transportpapieren standen. Deshalb waren zwei von ihnen ans Lagertor gestellt worden, bis eine Entscheidung über sie gefällt sein würde. Zwei Soldaten der Wehrmachtsbegleitmannschaft waren zurückgeblieben, um die Entscheidung abzuwarten und ihren Vorgesetzten berichten zu können. Nun wurde den ganzen Vormittag hin- und hertelefoniert. Die Gespräche führte der diensthabende SS-Blockführer, aber auch die beiden Wehrmachtsangehörigen beteiligten sich daran. Am Ende ergab sich, daß die Gefangenen nicht zurückgebracht werden sollten, und die Wehrmachtsangehörigen verließen das Lager. Kurz darauf wurden die beiden überzähligen Kriegsgefangenen von der SS durch das halbgeöffnete Fenster des Toilettenraumes im Torhaus erschossen. Erst durch den Prozeß des sowjetischen Militärtribunals 1947 in Berlin gegen 16 Sachsenhausener SS-Führer erfuhren wir, daß Blockführer Schubert („Pistolenschubert") der Mörder gewesen war.

Nach den beiden Schüssen hatte Erich Hornig die erste Gelegenheit genutzt, um ungesehen aus der Blockführerstube zu kommen. Als Zeuge mußte er sofort verschwinden. Wir brachten ihn vorläufig im Krankenbau unter. Einige Tage später bekam er ein anderes Kommando.

Als am Tag nach diesem Verbrechen die Arbeitskommandos vom Industriehof zum Mittagsappell abrücken, stockt der Zug. Am Fenster des Krematoriums steht einer der beiden Kriegsgefangenen, der, wie sich jetzt herausstellt, nicht tödlich getroffen worden war. Er hat sich an das Fenster geklammert und klopft und winkt mühsam. Daraufhin läßt der Kommandoführer, SS-Oberscharführer Knittler, den Zug halten, geht in das Krematorium und erschießt den sowjetischen Soldaten.

Im März 1942 kommen einige weitere Kolonnen sowjetischer Kriegsgefangener ins Lager. Sie werden in einer Baracke der Isolierung untergebracht. Diese Gefangenen sind gut genährt, ihre Uniformen sind in Ordnung. Die SS läßt sie in Ruhe, und nachdem sie ihre Unterkünfte bezogen haben, darf kein Blockführer diese Baracken betreten. Auch der Häftlingsschreibstube wird jeder Kontakt strengstens untersagt. Informationen über diese Gruppe erhalten wir aus Bemerkungen der Rapportführer, aus Gesprächen von SS-Leuten untereinander und aus dem, was unseren in der Politischen Abteilung arbeitenden Genossen dort aufgefallen ist. Manches erfahren wir von Häftlingen, die in der Entlausung Gespräche der badenden Russen verstehen und übersetzen können. Auch von den sowjetischen Kriegsgefangenen aus dem „Arbeitslager" gelingt es einigen, geheime Verbindung zu dieser isoliert gehaltenen Gruppe aufzunehmen. Aus all diesen Quellen ergibt sich nach und nach ungefähr folgendes Bild: Hier ist beabsichtigt, eine sowjetfeindliche Truppe aufzubauen, die hinter der sowjetischen Front eingesetzt werden soll, um Sprengungen von Brücken und Eisenbahnen, von Vorrats- und Munitionslagern durchzuführen sowie durch Terroraktionen gegen die Zivilbevölkerung und militärische Einheiten Unsicherheit zu verbreiten. Wir haben den Eindruck, daß diese Sache nicht in der Hand der SS liegt, sondern beim Sicherheitsdienst (SD).

Während der nächsten Wochen wird dieser Gruppe Unterricht von Offizieren, wahrscheinlich von der Wehrmachtsabteilung „Fremde Heere Ost", erteilt. Auch lernen sie neue antisowjetische Lieder, wie uns von den anderen sowjetischen Gefangenen mitgeteilt wird. Eines Tages kommt Rapportführer Nowacki auf die Häftlingsschreibstube und fordert Werner Staake und mich auf, mit ihm durch die Baracken zu gehen und Musikinstrumente für diese Gefangenen einzusammeln. Während wir uns nach einigen hergesuchten Verzögerungsgründen auf den Weg machen, werden alle Blocks informiert, die guten Musikinstrumente zu verstecken. So finden wir, wohin wir auch kommen, nur minderwertige vor. Als wir mit der Ausbeute auf dem Block erscheinen, werden einige Mandolinen, Guitarren und Mundharmonikas ausprobiert; die Enttäuschung ist nicht zu übersehen. Inzwischen haben Werner und ich uns in der Baracke ein wenig umgeguckt. Die Tische sind mit weißen Bettlaken bedeckt. Tassen und Teller, die auf einem Tisch stehen, sind aus Porzellan, ebenfalls die – übervollen – Aschenbecher. Nowacki wird ungeduldig und läßt sich schließlich die herumliegenden Instrumente auf eine Trage packen. Einige werden noch schnell von den Russen an sich genommen. Dann ziehen wir los und bringen die übriggebliebenen Instrumente in die Blocks zurück.

Unter diesen „auserwählten" Russen herrscht eine ziemliche Unruhe. Immer öfter hören wir den Lärm von Prügelszenen. Sobald eine Gruppe ein Lied anfängt, brüllt eine andere ein Lied dagegen. Offensichtlich wollen einige nicht mehr mitmachen. Sie sprechen darüber mit Häftlingen der Politischen Abteilung und von der Entlausung. Das aber wird verraten. Zwei der Kommandeure werden grausamen Verhören unterworfen und alle als oppositionell angesehenen Gefangenen exekutiert. Emil Büge schreibt in seinem Bericht, daß 39 Russen erschossen worden seien. Nach anderen Informationen müssen es mehr als 50 gewesen sein von den über 200, die der SD inzwischen in Sachsenhausen zusammengeholt hatte.

Zu Ostern, am 5. und 6. April 1942, wurden diese Russen in neue Uniformen gesteckt und zu einer Art Besichtigungsfahrt nach Berlin geschickt. Die Gruppe soll in der Stadt ziemliches Aufsehen erregt haben. Nach ihrer Rückkehr wurden die Uniformen wieder eingesammelt. Es dauerte nicht mehr lange, bis diese Gruppe aus dem Lager verschwand.

Werner Jacobi, SPD-Funktionär und späterer Bundestagsabgeordneter, hat mit Hans Raspotnik, einem unpolitischen Mann aus dem Theaterfach, ein Kabarett aufgezogen. Werner Jacobi ist uns der Garant dafür, daß bestimmte Grenzen, die uns gezogen sind, nicht überschritten werden. So arbeiten sie so ziemlich auf eigene Faust; nur Szenen, die Werner für brisant hält, spricht er vorher mit mir durch. Er betrachtet unter dem Titel „Sie hören den Sender Naujokshausen" die Verhältnisse im Lager kritisch, wobei humorvoll auch Seitenhiebe gegen einige sich nicht immer einwandfrei verhaltende Blockälteste und Vorarbeiter ausgeteilt werden. Dabei stellt er die Schieber bloß, greift Parolenschmiede an und läßt auch die SS-Leute nicht aus. Jacobi und Raspotnik bauen darauf, alle Texte so verschlüsselt zu haben, daß sie bei der SS-Lagerführung keinen Verdacht erregen können. Es geht auch gut, bis Werner einen „Reim über die Spitzel" bringt. Damit hat er etwas Delikates angesprochen, das für uns als öffentlich zu behandelndes Thema tabu war, weil die SS so etwas niemals dulden würde. Mit mir hatte Werner nicht darüber gesprochen, so daß ich nichts wußte, als Campe mich eines Tages fragt: „Was sind denn das für Leute, die da Theater machen?" Als ich wirklich nicht daraufkomme, nennt er mir die beiden Namen: Jacobi und Raspotnik. Ich weiche einer Beantwortung aus. Campe beendet das Gespräch mit einem vieldeutigen: „So, so!"

Ich spreche sofort mit Werner und Hans und rate ihnen, sich zurückzuhalten und zunächst kein Kabarett mehr zu machen. Den Kameraden sollten sie sagen, sie wollten einmal pausieren. Auf keinen Fall dürften sie erzählen, daß die SS aufmerksam geworden sei, auch sollten sie den Mann, den sie für den Spitzel hielten, nichts merken lassen. Wir hatten schon gehofft, daß sich alles wieder zurechtlaufen würde, da erfuhren wir, daß Campe sich die Akten der beiden angesehen hatte. Nun drängten sie, mit dem nächstmöglichen Transport aus Sachsenhausen fortzukommen. Als dann Handwerker für Arbeitskommandos in Groß-Rosen und in Falkensee gesucht wurden, klappte es. Sie konnten das Lager verlassen, ohne daß Campe etwas gemerkt hatte.

Nicht nur die deutschen, auch unsere ausländischen Kameraden führen kleine oder größere kulturelle Veranstaltungen durch. Ebenso gibt es Abende mit internationaler Beteiligung. Vor allem wird in allen Sprachen gesungen. Fritz Hirsch, Theaterdirektor aus Holland, bietet eigene Lieder zur Laute dar. Die tschechischen Kameraden singen Kampf- und Spottlieder aus der Zeit der Unterdrückung durch Österreich. Das tschechische Volkslied „Tece voda, tece" (Fließ Wasser, fließ) wurde im ganzen Lager bekannt. Diese Zusammenkünfte waren Anlaß für das Entstehen zahlreicher Lieder und Gedichte, die von den Kameraden aller Nationen geschrieben wurden.

Eines Tages beanstandet Campe mir gegenüber, daß im Lager verbotene Lieder gesungen werden. Es geht dabei um das tschechische Lied „Fließ Wasser, fließ..." Campe hatte erfahren, daß es für die Tschechen ein politisches und nationales Bekenntnis beinhalte und ein Lieblingslied Tomas Masaryks, des früheren Staatspräsidenten der ČSR, gewesen sei. Ich sage Campe, daß es sich nach meiner Kenntnis um ein einfaches Volkslied handele und auch so dargeboten werde.

Inzwischen waren verschiedene Häftlingstransporte aus Norwegen in Sachsenhausen eingetroffen. Mit einem der Transporte kam auch der bekannte norwegische Schrifsteller Arnulf Överland. Överland war unter dem Eindruck des Ersten Weltkrieges Sozialist geworden, hatte sich nach dem Überfall der Wehrmacht auf Norwegen dem Widerstand angeschlossen und auch verschiedene antifaschistische Kampflieder geschrieben. Aus dem Kreis um den Publizisten Walter Hammer, der sich im Lager viel mit literarischen und philosophischen Themen beschäftigte, kam damals der Vorschlag, über das Thema „Nordische Literatur" einen Vortragsabend mit anschließender Diskussion zu veranstalten. Överland ist bereit zu sprechen. Wir stellen eine leere Baracke im „Neuen Lager" zur Verfügung. Ich nehme einen Augenblick an dieser Veranstaltung teil, so wie ich es meistens bei anderen Gelegenheiten auf Wunsch Walter Hammers mache. Er ist der Meinung, diese Veranstaltungen seien durch meine Anwesenheit sicherer vor Zugriffen der SS. Nachdem ich gegangen war, wurde u. a. auch darüber gesprochen, daß norwegische Studenten Bücher von Knut Hamsum auf Mistwagen zu Jauchegruben gefahren hätten, daß norwegischen Mädchen die Haare abgeschnitten worden seien, weil sie sich mit deutschen Soldaten eingelassen hätten, und noch über andere Dinge mehr, die im okkupierten Norwegen geschehen waren.

Schon am nächsten Morgen muß ich zu Campe ins Büro kommen. Ohne Einleitung sagt er: „Euer kommunistischer Goethe macht sich ja ganz schön mausig." Ich antworte: „Der hat sicher nicht die Absicht, sich mausig zu machen." – „Arbeitet der nicht bei den Strumpfstopfern?" – „Ich glaube ja. Er ist ja ein alter, kranker Mann." – „Dem würde Bewegung und frische Luft ganz gut tun!" Ich sage darauf nichts und rechne im stillen schon mit einer entsprechenden Anweisung von Campe. Dann läßt er mich gehen, ohne etwas anzuordnen. Ich bin davon überzeugt, daß er all das dem Material beifügt, das er gegen uns zusammenträgt.

Unterhaltungsabende wurden nicht nur bei und von den politischen Häftlingen durchgeführt. Auch die BVer machten so etwas. Je mehr aber die BVer solche Abende organisierten, desto gefährlicher wurde es. Sie brachten immer mehr Frauenrollen auf die Bühne und rissen eine Zote nach der anderen.

Das war für die SS ein Grund, einzugreifen und ihre Nase auch in andere Veranstaltungen zu stecken. Deshalb mußten wir diese Abende bei den BVern immer ein bißchen im Auge behalten.

Seit einiger Zeit benutzten wir den Block 28 für Unterhaltungsveranstaltungen. Der Block war als Wäschetrockenbaracke eingerichtet und stand zur vollen Verfügung der Wäscherei. Da er meistens nur am Tage benutzt wurde, ergab sich in den Abendstunden ein freier Raum, in dem etwa 450 bis 500 Menschen stehen konnten. Hier wurden nun Konzerte, Theateraufführungen und „Bunte Abende" veranstaltet. Andere kleinere Vorführungen gab es auch schon mal im Häftlingsbad, in der Entlausung, in vorübergehend leerstehenden Blocks oder in den Tagesräumen der bewohnten Baracken.

Als Mangel wurde allgemein empfunden, daß wir keine Bühne hatten. So gaben wir dem allgemeinen Wunsch nach und beschlossen, in den Trockenraum der Wäscherei eine kleine flache Bühne einzubauen. Kommandoführer der Wäscherei war SS-Oberscharführer Timmer, der – wenn auch erst nach langem Überreden – seine Zustimmung gab. Häftlinge im Baubüro, in der Tischlerei, Zimmerei und Malerei machten Pläne und stellten Material zusammen. Bei den Vorarbeiten ergaben sich immer neue Wünsche. Am Ende wurde entschieden, daß der ganze Fußboden herausgerissen werden sollte. Eine neue Balkenanlage, die sich nach hinten leicht erhöhte, mußte angebracht werden, damit die Bühne auch von der letzten Reihe aus noch einzusehen war. Zwar wurde uns die Sache schon etwas unheimlich, aber es gab keine Möglichkeiten mehr, zu bremsen. Also ließen wir es laufen, wie die Kumpels es sich gedacht hatten. Werner Staake, der die ganze Aktion leitete, hatte alles so vorbereitet, daß der Umbau nach dem Abendappell vor sich gehen konnte.

Natürlich würde alles klappen – dachten wir. Da läßt der Kommandoführer der Wäscherei, Oberscharführer Timmer, mich rufen. Der Bote kommt atemlos an: „Aber schnell! Es ist dicke Luft!" Als ich die Wäscherei betrete, sitzt Timmer auf einem Stuhl, völlig deprimiert. „Das hab' ich nun davon, daß ich mich mit euch eingelassen habe. Das hätte ich ja wissen müssen, daß das nicht gut geht." Dann sagt er mir, daß Lagerführer Suhren dabeigestanden habe, wie Unmengen Baumaterial und Werkzeug in die Baracke hineingetragen worden seien. Ich bin zutiefst erschrocken, hatten wir doch mit Suhrens Abwesenheit gerechnet. Dem Timmer sage ich dann noch, er könne ganz unbesorgt sein, er habe nichts mit der Angelegenheit zu tun. Wir hätten alles auf eigene Faust gemacht.

Als ich bei der Trockenbaracke ankomme, knalle ich die Hacken zusammen. Suhren reagiert nicht. Kein Donnerwetter, keine Frage. So stehe ich eine ganze Zeit schweigend neben ihm. Um uns herum geht die Arbeit munter weiter. Endlich sage ich: „Wie schnell doch so ein Fußboden verfaulen kann!" Pause. „Na ja, wenn da jeden Tag nasse Wäsche aufgehängt wird." Er schweigt immer noch, sieht mich nicht einmal an. Dann fällt mir noch ein: „Die Leute haben sich freiwillig gemeldet. Gearbeitet wird in der Freizeit." Was sollen wir machen, wenn er ein Verbot ausspricht? Dann sitzen wir fest. Der Fußboden muß schnell verlegt werden, weil täglich neue Wäsche zum

Trocknen kommt. Wir stehen noch einen Augenblick schweigend da. Dann geht Suhren. Er läßt mich im ungewissen, was nun passieren wird.

Der Umbau wird mit Tempo fertiggestellt und kann schon bald mit einer großen Kulturveranstaltung eingeweiht werden. Immer, wenn wir spüren, daß die Lagersituation es zuläßt, werden Veranstaltungen durchgeführt.

Unsere Veranstaltungen hatten vor allem den Sinn, die Menschen nicht in Resignation versinken zu lassen, ihnen neuen Mut zu machen, ihnen die Möglichkeit zu geben, ein paar Stunden abzuschalten. Das war notwendig, denn Hoffnungslosigkeit war eine der größten Gefahren im Lager. Betraf sie einzelne, konnte sie zum Selbstmord führen, wenn sie ganze Gruppen erfaßte, dann zu Desorganisation und zu Erscheinungen, die sich auch zu ernsten Schwierigkeiten mit der SS auswuchsen. Ich sagte den Kumpels ständig: Wer absackt, glaubt nicht mehr an unseren Sieg, der geht davon aus, daß der Nationalsozialismus ewig ist. Wenn du aber davon überzeugt bist, daß er kaputt gehen wird, daß er früher stirbt als du, dann darfst du dich nicht anpassen und dich nicht gehenlassen. Unsere Kulturarbeit war also im wesentlichen darauf gerichtet, den Häftlingen, die noch empfänglich, die überhaupt noch in der Lage waren, etwas aufzunehmen, neue Lebensimpulse zu geben.

Unsere Schallerabende und Feiern unterschieden sich von den Unterhaltungsabenden. Die Unterhaltungsabende hatten überwiegend politischen Charakter, auf dem Programm standen Vorträge über kulturelle und historische Themen, die aktuelle Anspielungen zuließen, sowie Dichterlesungen. Vor allem aber wurden Gedichte vorgetragen, von denen die SS meist nichts wissen durfte. Wenn ein Schallerabend zur Diskussion stand, hatten wir immer das Argument: Wir üben nur, damit das Singen auf dem Appellplatz klappt. Bei den Schallerabenden saßen die Teilnehmer auf dem Fußboden, auf den Bänken, Tischen und Schränken, und sie hingen auch noch im Gebälk. Die Baracke war dann bis unters Dach voller Menschen. Vor allem wurden Volkslieder gesungen; sie sind in unseren Sachsenhausen-Liederbüchern aufgezeichnet. Auf einer Feierstunde wurde einmal ein selbstverfaßtes Gedicht, der „Sang der Alten" vorgetragen. Das Lied sollte besonders den neuen Kameraden Mut machen; sein Sinn kam in den Worten zum Ausdruck: „Wir gehen auf unsern Füßen 'raus und nicht in einer Kiste." Das fand ich großartig. Bei manchen Genossen erregten einige kecke Zeilen aber auch Anstoß. Hier der Text:

Heut singen wir ein neues Lied,
wohlan, es gilt den Alten.
Wir wollen, eh' das Jahr entflieht,
noch einen Sing-Sang halten.
Wir haben ja für jede Zeit,
und auch für heut, ein Lied bereit.
Auf, laßt es hell erklingen!
Hallo! Die Alten singen!

Einst waren junger Zugang wir,
heut sind wir alte Knaben,

die durch die Jahre, die wir hier,
viel auf dem Buckel haben.
Das Gestern hat uns nichts erspart,
drum findet uns das Heute hart,
und drum macht uns das Morgen
im Grunde wenig Sorgen.
Einst war bei jedem Fest dabei
viel Wurst, Kaffee und Kuchen,
und ist das heute auch vorbei,
wir wollen drum nicht fluchen.
Wir haben schon so viel verdaut
und sind trotz kaltem Sauerkraut,
Sudetenquell und Rüben
noch immer frisch geblieben.
So mancher Zugang, den wir sah'n,
der wackelt mit den Ohren,
er gab schon nach zwei Wochen an,
er sei tot und verloren.
Wir raten dir: Geh immer ran,
wo es auch sei, steh deinen Mann!
Vor allem, laß das Flennen
und lerne Kerle kennen!
Auch wir gehn eines Tag's nach Haus,
hinweg aus dieser Wüste.
Wir gehn auf unsern Füßen raus,
und nicht in einer Kiste.
Vielleicht ist's nicht mehr lange hin,
dann sind wir frei und nicht mehr drin!
Wir werden nicht erkalten,
wir halten durch, wir Alten!

Die Melodie des Liedes war von mir. Ich hatte sie 1941 während der Zeit des Bombensuchens gemacht.

Dann ist ein Theaterstück nach dem Muster von „Charlys Tante" geschrieben worden. So etwas haben Fritz Hirsch und Hans Steiner zusammen verfaßt. Fritz Hirsch kam von den Reinhardt-Bühnen, ich kannte ihn von Aufführungen in Hamburg, bevor er nach Holland ging. Im Lager entdeckte ich ihn auf einer Feier der jüdischen Häftlinge. Hans Steiner hatte u. a. im Wiener Theaterleben eine Rolle gespielt. Beide machten zu ihren Stücken auch die Musik. Von Fritz Hirsch gab es außerdem eine Reihe Couplets, darunter „Die Welt ist überall" und „Fauler Schwindel". Die Theaterstücke zeigten wir in der umgebauten Trockenbaracke, deren Nebenräume als Garderobe dienten. Die Kostüme – soweit erforderlich – wurden in der Schneiderei angefertigt, wobei wir uns nicht erwischen lassen durften. Wir haben u. a. den „Biberpelz" aufgeführt und eines Tages ein Stück von und mit Fritz Hirsch und Hans Steiner. Wir hatten immer vermieden, daß SS-Leute dabei waren.

Aber eines Tages kamen sie, sahen zu und machten dem Rapportführer Meldung, daß Juden für uns Theater spielten. Das gab es im ganzen Reich nicht, daß Juden vor „Ariern" auftraten. Ich wurde zum Rapportführer herausgerufen, aber ich konnte uns irgendwie herausreden.

Auch reine Konzertabende wurden veranstaltet. Die tschechischen Studenten hatten ein Streichquartett aufgebaut und brachten klassische Musik zur Aufführung. Unter Leitung von Peter Adam gab es eine vollständige Blaskapelle. Adam war in der wilhelminischen Zeit und dann in der Weimarer Republik Kapellmeister – oder wie er sich selber nannte – Musikdirektor in der kaiserlichen Armee und in der Reichswehr gewesen. Mit Stolz erzählte er, daß er beim letzten Kaisermanöver das Musikkorps geleitet habe. Wegen Spionage für Frankreich war er zu einer hohen Zuchthausstrafe verurteilt worden und anschließend nach Sachsenhausen gekommen. Mit Adam hatte unsere Kapelle einen absolut „kommunistenreinen" Leiter erhalten. Die SS sah zwar auf ihn herab, baute aber trotzdem auf ihn, weil er sein Fach beherrschte und ein alter Militarist war. Je nach Laune der Lagerführung wurde die Kapelle am Sonntag nachmittag auf den Appellplatz beordert, um Marschmusik zu blasen.

Eines Tages ging ich zum Lagerführer und fragte, ob wir nicht einmal den musikinteressierten Häftlingen den Zutritt zu den Übungen der Lagerkapelle ermöglichen könnten. Er erlaubte es. Wir legten diese Zustimmung sehr großzügig aus und haben dann Musikabende in den Blocks überhaupt veranstaltet. Opern- und Operettenmelodien und andere Musikstücke wurden regelrecht einstudiert, was gar nichts mehr mit den allgemeinen Proben der Lagerkapelle zu tun hatte. Aber die Genehmigung des Lagerführers reichte aus, daß wir für unsere Unternehmungen eine gewisse Deckung hatten. Das war natürlich nichts auf Dauer, aber wenn aufgepaßt wurde, konnte man sie lange ausnutzen.

Ein Häftling, von Beruf Friseur – er hieß auch noch Schubert – hatte eine Mundharmonikagruppe aufgezogen, ganz auf eigene Faust. Plötzlich tauchte diese Kapelle mit zwei, drei Mundharmonikaspielern und einem Geiger auf. Bald waren es fünf, dann sieben und schließlich zehn Musikanten. Die Instrumente stammten wahrscheinlich aus der Effektenkammer, wenn nicht, hatte man sie irgendwo „organisiert" oder von Zivilarbeitern besorgen lassen. So etwas war immer ein gewagtes Unternehmen, denn Verbindungen zu Zivilarbeitern über das Lager hinaus wurden sehr hart bestraft. Jetzt versuchte auch manch anderer, der spielen konnte, sich eine Mundharmonika zu besorgen. Wenn er nicht selbst herankam, mußte er einen anderen bestechen. Wir sahen eine Kette ohne Ende und mußten das etwas eindämmen. Wäre die SS darauf gestoßen, hätte sie ihr grausames Spiel mit den Musikanten getrieben.

An einem Abend hörten wir Partien aus dem Violinkonzert von Felix Mendelssohn Bartholdy. Max Hüttner, früher als Geiger beim Berliner Rundfunk tätig und jetzt im jüdischen Lager, wollte unbedingt wieder einmal spielen. Seinen Konzertabend organisierte ich in der Entlausung. Ein Jude, der als Künstler vor einem Publikum auftritt – das hätte zu einer Katastrophe führen können. Also bekam er eine andere Jacke und Hose ohne jüdische Markierungen. Es war natürlich riskant. Wäre es herausgekommen, hätte man mich abgelöst und ihn fertiggemacht. Max war sich der Gefahr gar nicht bewußt, sondern selig, daß er spielen konnte. Die zuhörenden Kumpels waren zum großen Teil Arbeiter und hatten von zu Hause aus nur wenig Zugang zu dieser Musik. Aber sie gingen, besonders unter diesen Umständen, begeistert mit.

Von unseren kulturellen Veranstaltungen darf man sich kein falsches Bild machen. Durch sie wurde nur ein Teil der Häftlinge erreicht. Bei vier oder fünf Aufführungen konnten von etwa 11 000 Häftlingen vielleicht 2000 teilnehmen. Viele besaßen auch gar nicht mehr die Kraft, hinzukommen und das Dargebotene in sich aufzunehmen.

52.
Registrierung für ein Baukommando

Anfang des Jahres 1942 kommt von der SS-Lagerführung der Befehl, alle Häftlinge zu erfassen, die einmal im Bauwesen beschäftigt waren. In Frage kommen: Maurer, Zimmerleute, Bautischler, Dachdecker und Steinmetze. Auch sollen sich Häftlinge melden, die bereit sind, einen Bauberuf zu erlernen. Wir ließen das langsam angehen, weil wir keine Vorstellung davon hatten, was dahinterstecken könnte. Im Lager tauchten Parolen auf, daß nach einer Ausbildungs- bzw. Bewährungszeit diese Handwerker entlassen würden. Bevorzugt wurden Steinmetze angefordert, so daß mancher Häftling, der sich zum Maurerberuf gemeldet hatte, sich von den SS-Leuten überreden ließ, „erst einmal" den Steinmetzberuf zu ergreifen. Inzwischen war bekannt geworden, daß ein Arbeitskommando „SPEER" eingerichtet wurde, in dem zahlreiche Steinmetze ausgebildet werden sollten. Nach und nach kamen andere Bauberufe hinzu.

Vielleicht verläuft alles im Sande, wie so viele Anordnungen der SS. Von Häftlingen, die sonst vieles erkunden, ist nichts Näheres zu erfahren. So spreche ich bei einem Kontrollgang durch das Lager Lagerführer Suhren an, um aus ihm etwas herauszuhören. „Müssen wir bei den Häftlingen, die sich melden, auf Vorstrafen achten? Sollen wir die Lehrlinge in Extrabaracken unterbringen? Steht schon ein Termin fest, bis zu welchem Zeitpunkt diese Aktion läuft?" Am Ende erfahre ich, daß die SS-Führung Baukommandos für die Aufbauarbeiten nach Beendigung des Krieges zusammenstellt. Suhren sagt, der Krieg habe viel zerstört und viel Geld gekostet, und „wir brauchen dann gut ausgebildete, billige Arbeitskräfte". Jetzt erinnerte ich mich, vor Wochen oder Monaten schon einmal etwas Ähnliches in einer Rede Himmlers gelesen zu haben.

Was Lagerführer Suhren mir hier eröffnet, ist ungeheuerlich. Die Häftlinge werden für dieses Baukommando geködert mit dem Versprechen auf zusätzliche Brotration, bessere Behandlung und Aussicht auf Entlassung nach Bewährung oder Beendigung der Lehrzeit. In Wirklichkeit sind sie aber einen Teufelspakt eingegangen auf lebenslange Sklavenarbeit.

Bei Suhrens Ausführungen muß ich an die immerwährende Diskussion unter den Häftlingen denken: Wie lange wird uns die SS im Lager festhalten? In den ersten Jahren waren die Naiven der Meinung: Wenn die Nazis fester im Sattel sitzen, werden sie uns laufenlassen. Als der Krieg begann, sagten sie: Wir kommen bald frei, denn sie werden uns unbedingt brauchen. Dann hieß es nur noch schlicht: Wenn der Krieg zu Ende ist, lassen sie uns nach Hause gehen.

Jetzt haben wir eine Antwort der faschistischen Führung: Die Konzentrationslager sollen auch nach dem „Endsieg" weiterbestehen und für immer Teil des Naziregimes sein. Alles, was nicht nationalsozialistisch ist, bleibt in den KZs isoliert und lebt nur, um für die „Herrenrasse" zu schuften, wenn Hitlerdeutschland den Krieg gewinnt. Der SS-Lagerführer glaubt offensichtlich fest daran. Er spricht von künftigen großen Siedlungen und Sportanlagen, von repräsentativen Führerbauten.

Es ist klar, daß wir eine ganz andere Perspektive verfolgen. Wir gehen von unserer Weltanschauung aus und schätzen die Kriegsentwicklung nüchterner und realistischer ein als die SS. Die Meldungen und Kommentare der Moskauer und Londoner Radiosendungen bestätigen, daß die Zeit der faschistischen Blitzsiege vorbei ist. Unsere Gewißheit wächst, daß die Nazis ihren Krieg nicht gewinnen können. Es fällt mir schwer, Suhren nicht mit einigen entsprechenden Bemerkungen zu unterbrechen, aber das würde mir sicher nicht gut bekommen.

Die Befehle der Lagerführung zur Registrierung für das neue Baukommando geben wir ohne Kommentar weiter. Die Fragen der Lehrstellenbewerber, ob sie nach Beendigung ihrer Ausbildung auch wirklich entlassen werden, beantworten wir mit dem Hinweis, daß die Lehrzeit drei oder vier Jahre dauern würde und daß niemand wissen könne, was dann sei. Es melden sich viele Häftlinge, allein schon wegen der in Aussicht gestellten zusätzlichen Brotrationen. Die SS wählt jetzt aus, und die kräftigsten Männer werden erfaßt und vorgemerkt. Mit der Auswahl und Zusammenstellung der Häftlinge für dieses neue Arbeitskommando sind die „Deutschen Erd- und Steinwerke" (DEST) beauftragt, ein SS-Betrieb, der in allen größeren Konzentrationslagern anzutreffen ist. Da die Arbeit in den Steinbearbeitungswerken von Anfang an schwer ist, werden nachträglich viele wieder gestrichen.

Die Hoffnung auf baldige Entlassung erfüllt sich jedoch nicht. Darüber hat auch nicht die Betriebsleitung der „Deutschen Erd- und Steinwerke" zu bestimmen, sondern das Reichssicherheitshauptamt.

53.

Exekution holländischer Geiseln und jüdischer Häftlinge

Am 30. April 1942 kam Lagerführer Suhren zu mir und wollte eine Baracke sehen, die etwas abseits liege und leicht zu bewachen sei. Er forderte mich auf, ihn zu begleiten. Wie immer war ich mißtrauisch. Meine Frage, welchem

Zweck die Baracke dienen solle, beantwortete er nicht. Bei unserem Gang durch das Lager entschied er sich schließlich für den Block 57. Dieser Block war eine der beiden halben Baracken, die am äußersten Ende des „Neuen Lagers" lagen. Im Unterschied zu den anderen Blocks hatten sie nur einen Tages- und einen Schlafraum. Suhren meinte zwar, sie sei etwas klein, da sich etwa 150 Mann mindestens eine Nacht, vielleicht auch etwas länger darin aufhalten sollten. Er ordnete an, die Baracke sauber zu machen, den Schlafsaal abgeschlossen zu halten, Tische und Bänke zu schrubben und die Fenster zu putzen. Der Fußboden solle nicht geölt, sondern nur gefegt werden. Dann gab er Anweisung, sofort 75 Gläser Tinte, Federhalter und Schreibpapier besorgen zu lassen. Die Federhalter solle ich selbst einzeln ausprobieren, bevor ich sie auf den Tischen verteile.

Im Laufe des Tages kam eine große Kommission von Offizieren der Wehrmacht, der SS und auch Zivilisten. Offenbar gefielen ihnen der Block 57 und auch andere, größere Baracken, die sie sich anschließend ansahen, nicht. Sie gingen dann zum Zellenbau, wo sie nach kurzem Aufenthalt offensichtlich die ihnen richtig erscheinenden Räumlichkeiten gefunden hatten. In aller Eile wurden eine Reihe Zellen geräumt. Häftlinge mit geringen Arreststrafen kamen in die Strafkompanie, andere, die blieben, wurden in andere Zellen verlegt. Federhalter, Papier und Tinte mußte ich in den Zellenbau bringen lassen. Alles geschah in größter Eile.

Wir wurden unruhiger, spitzten die Ohren und hörten von den SS-Leuten, daß es sich bei der Gruppe von Gefangenen, die erwartet wurden, um holländische Prominente handele, die als Geiseln für die Ermordung eines deutschen Offiziers ergriffen worden seien, weil man den Täter nicht gefaßt habe.

Die Gruppe kam am 30. April im Lager an. Am frühen Morgen des 3. Mai informierte mich Lagerführer Suhren kurz und knapp, daß für das ganze Lager strengste Blocksperre angeordnet sei. Niemand dürfe den Block verlassen. Die Blockältesten haften dafür, daß die Türen der Blocks verschlossen blieben, bis die Sperre aufgehoben worden sei. Uns war nun klar, daß die Holländer an diesem Morgen erschossen werden sollten. Es war auch zu erwarten, daß viel Nazi-Prominenz ins Lager kommen würde, was die Nervosität der Lagerführung noch steigerte. Wir hatten allen Grund, die Blocksperre zu respektieren.

Zuerst wurden in einer eigens vorbereiteten Garage der Kommandantur die 27 ranghöchsten Geiseln standrechtlich erschossen. Die Spuren der Kugeleinschläge waren noch lange zu sehen. Nachdem die anderen Niederländer aus dem Zellenbau zur Hinrichtungsstätte im Industriehof gebracht worden waren, ging ich noch einmal durch das Lager. Es war menschenleer und wirkte wie ausgestorben. Aus den Lautsprechern auf dem Appellplatz erklang gedämpfte, klassische Musik. Ich blieb stehen. Aus der Ferne hörte ich den Paukenschlag einer Blaskapelle. Der Wind trieb die Musik aus Oranienburg herüber. Die Kapelle spielte die nationalsozialistischen Hymnen: Das Deutschlandlied und anschließend das Horst-Wessel-Lied. Dann knallten – deutlich zu hören – vom Industriehof die Schüsse herüber. Am Lagertor hatte während der ganzen Zeit ein SS-Mann gestanden, der nun den SS-Leuten in der Blockführerstube Bescheid sagte. Sie kamen heraus, um nach den Schüssen zu hören, bis alles vorbei war.

Walter Schönwetter, der in der Entlausung beschäftigt war, fand unter den Bekleidungsstücken der ermordeten Häftlinge einen Zettel mit einem Namen, den er nicht entziffern konnte, und den Vermerk: „Gefallen am 3. Mai". Häftlinge, die beim Krematorium arbeiteten, erzählten, daß sich die an der Exekution beteiligten Blockführer um die guten Maßanzüge und seidenen Oberhemden der Ermordeten gestritten hätten. Nur die ersten seien in ihrer Bekleidung erschossen worden, die meisten mit entblößtem Oberkörper.

Wenige Tage darauf erhielten wir Gewißheit, daß es sich bei den exekutierten Geiseln um holländische Widerstandskämpfer gehandelt hatte. Einige niederländische Häftlinge erhielten regelmäßig die „Deutsche Zeitung aus den Niederlanden". In der Ausgabe vom 4. Mai 1942 stand auf der ersten Seite ein langer Artikel unter der Schlagzeile „Das Kriegsgericht hat gesprochen" und eine Bekanntmachung folgenden Inhalts:

Den Haag, 4. Mai. Die Dienststelle des Wehrmachtsbefehlshabers in den Niederlanden gibt bekannt: Vor einem deutschen Kriegsgericht in den Niederlanden sind mehrere Prozesse durchgeführt worden gegen die Führerschicht einer Geheimorganisation, die sich in ihrem Aufbau, in ihrer Betätigung und in ihren Zwecken und Zielen gegen die deutsche Besatzungsmacht gerichtet und außerdem versucht hat, Verbindung mit den Kriegsgegnern Deutschlands aufzunehmen. Dabei sind schon jetzt 79 Niederländer der Feindbegünstigung, der Spionage, des verbotenen Waffen- und Sprengstoffbesitzes und zum Teil auch des Bruches eines Offiziersehrenwortes überführt und deshalb zum Tode verurteilt worden. 72 von diesen Todesurteilen wurden durch Erschießen vollstreckt; nur in sieben Fällen ist die Todesstrafe im Gnadenwege in lebenslängliches Zuchthaus umgewandelt worden.

Dann erhalten wir eine Information von einem im Führerheim beschäftigten Häftling: Dort erregen sich die SS-Führer über eine Gedenkrede der holländischen Königin Wilhelmina anläßlich der Ermordung ihrer Landsleute.

Am 28. Mai 1942 kommt nach dem Mittagsappell plötzlich das Kommando: „Juden raustreten!" Alle jüdischen Häftlinge, die im Lager sind, müssen gesondert antreten und bleiben auf dem Appellplatz stehen, während die Arbeitskommandos ausrücken. Da ich von keiner Seite der SS erfahren kann, was mit diesen Häftlingen geschehen soll, werde ich argwöhnisch und lasse erst einmal alle Blockältesten abrücken, die auf dem Appellplatz bleiben sollten, um „Ordnung zu halten".

Alles, was an verantwortlichen Lagerfunktionären schnell zu erreichen ist, wird nach Block 6 bestellt. Niemand kann etwas darüber sagen, was die SS vorhat, aber einig sind wir uns darin, daß hier möglicherweise ein Verbrechen vorbereitet wird. Das heißt für uns: absolute Zurückhaltung. Jeder macht seinen Einfluß geltend, um auch die anderen Blockältesten fernzuhalten. Wir sind noch dabei zu überlegen, ob wir irgend etwas tun können, da erhalten wir die Meldung, daß eine große Gruppe hoher SS-Führer und Zivilisten durch das Lagertor komme. Sie beginnen sofort damit, die auf dem Appellplatz stehenden jüdischen Häftlinge auszufragen und eine Reihe von ihnen auszusondern. Aus der Ferne beobachten wir, wie die Zahl der Ausgesonderten langsam wächst. Anschließend geht die Gruppe der SS-Führer in den Krankenbau, um auch dort kranke jüdische Häftlinge zu selektieren und zu den offensichtlich Todgeweihten auf den Appellplatz zu schicken. Danach ziehen die Herren erst einmal laut plaudernd in das „Führerheim", um sich bewirten zu lassen.

Die Auswahl einer großen Gruppe jüdischer Häftlinge hatte sich so vollzogen, daß erst einmal alle Alten, dann alle Kranken oder Schwachen beiseite gestellt wurden. Die SS-Führer gingen durch die Menschenmenge, sortierten Häftlinge aus der einen Gruppe heraus oder in eine andere hinein. Wenn einer schon geglaubt hatte, gerettet zu sein, wurde er doch wieder zu den Ausgesonderten zurückgeschickt oder auch umgekehrt.

Die meisten jüdischen Häftlinge hatten schon genügend Lagererfahrung, um zu versuchen, den SS-Leuten ein „zackiges Bild" von sich zu geben. Zusammenknallen der Hacken, stramme Haltung, lautes Sprechen, Angabe der Arbeitskommandos: „Schlosser", „Maurer", all das konnte einen vielleicht noch einmal retten. Wenigstens mußte es als letztes Mittel versucht werden. Die Auswahl war schon abgeschlossen, als die SS die Frage stellte: „Wer von Ihnen hat im Krieg als Soldat an der Front gekämpft?" Viele der jüdischen Kameraden sahen darin einen Hoffnungsschimmer und meldeten sich. Jeder einzelne wurde dann in ein Kreuzverhör genommen: In welchem Truppenteil, an welchem Frontabschnitt, Namen von Offizieren, Einzelheiten über Zeit und Ort der Gefechte. Zwischenfragen und Zweifel an den Angaben machten manchen unsicher. Konnte einer nicht wie aus der Pistole antworten, zögerte er, oder kam ins Stottern, wurde er auf Anhieb zurückgejagt. Einigen gelang es, ihr Leben zu retten, aber nur vorübergehend. Nur wenige Monate später gingen auch sie auf Todestransport nach Auschwitz.

Der jüdische Kumpel Friedrich Herz erzählte mir, wie es ihm damals gelang, davonzukommen. Herz ist nervenleidend, das hat ihm den Spitznamen „Zitterherz" eingebracht. In seiner Todesangst konnte er bei dieser Befragung das Zittern unterdrücken. Er betonte besonders, daß er an der Front bei einer bayerischen Einheit gekämpft habe. Von sich aus machte er darauf aufmerksam, einen bayerischen Orden als Auszeichnung erhalten zu haben, desgleichen das Eiserne Kreuz II. Klasse, und für das Eiserne Kreuz I. Klasse sei er vorgeschlagen worden. Dann erzählte er den SS-Führern Kriegserlebnisse, die sie sich interessiert angehört hätten. „Mir war alles egal, ob sie mir glaubten oder nicht. Ich war ja schon für den Tod bestimmt. Schlimmer konnte es für mich nicht werden." Dann habe einer der SS-Führer mit dem Daumen nach seitwärts gewinkt, und damit sei er „dem Leben wiedergegeben" worden.

Die 96 ausgesuchten jüdischen Kumpel müssen sich nun vor der Häftlingsschreibstube aufstellen. Uns ist klar, daß sie liquidiert werden sollen. Sie saßen oder lagen im Schlackenstaub auf der Erde oder lehnten sich an die Barackenwand. Beides aber war bei schwerer Strafe verboten. So dauert es nicht lange, bis von der Blockführerstube am Tor nach dem Lagerältesten gerufen wird. Ich laufe zum Tor und werde dort angebrüllt, weil ich tatenlos dabeigestanden hätte, „als die Häftlinge sich gegen Barackenwände lehnen und im Dreck liegen". – „Lassen Sie die Leute sofort antreten, und sorgen Sie dafür, daß Ordnung gehalten wird!" Die SS-Leute sind sehr nervös, denn die Arbeitskommandos rücken bald ein, und sie haben Angst vor einem Durcheinander. Einer brüllt mich an: „Wenn du keine Ordnung halten kannst, stellen wir dich dazu!" Wortlos drehe ich mich um und laufe zurück. Im Laufen überlege ich: Was tust du nur. Für das Lager sind sie abgemeldet. Sie sind faktisch gar nicht mehr da, und du sollst noch mit Lagermethoden gegen sie vorgehen. Ich höre auf zu laufen und gehe langsam zu den Todeskandidaten. Als ich dort ankomme, sehen sie alle auf mich. Ich stehe schweigend da, als ein junger jüdischer Kumpel mich anspricht: „Na, Harry, du sollst uns wohl hochjagen und auf Vordermann bringen. Hat man dir das am Tor gesagt?" Er bohrt weiter. Auf der Seite liegend, den Kopf gestützt, sieht er mich an: „Warum tust du das nicht?" Ich kann nur sagen: „Ach, hör doch auf!" Nun reden sie alle auf mich ein. Inzwischen ist der Lagerführer Suhren gekommen, steht nur wenige Meter entfernt und hört sich alles an. Von allen Seiten geht nun an ihn die Bitte, sie doch von der Liste zu streichen. Sie seien gesund. Sie würden freiwillig zum Klinkerwerk gehen. Andere bestellen noch Grüße an Kameraden und sagen mir, wer was von ihren Habseligkeiten, die im Block sind, haben soll, aber immer wieder kommt die Forderung, von der Liste abgesetzt zu werden. Als ich dann Suhren sehe, der jedes Wort anhört – und zwar ungerührt anhört –, packen mich zugleich Empörung, Scham und Wut, und ich sage laut und deutlich: „Ihr wißt genau, daß ich euch nicht helfen kann. Geht doch zu dem!" und zeige mit ausgestrecktem Arm auf Suhren. Tatsächlich geht dann eine ganze Reihe Häftlinge zu ihm. Sie umringen ihn und reden von allen Seiten auf ihn ein. Er zuckt mit den Schultern und geht langsam zum Torhaus.

Inzwischen kommen die Arbeitskommandos ins Lager zurück. Viele treten an die jüdischen Kumpel heran und unterhalten sich mit ihnen, können ihnen noch eine letzte Zigarette geben. Nach einiger Zeit schickt der Lagerführer ein paar Blockführer, die die jüdischen Häftlinge in der Nähe des Tores antreten lassen. Ein junger jüdischer Kumpel, der von der Arbeit kommt, sieht seinen Vater in der Gruppe stehen. Er läuft auf sie zu und umarmt weinend seinen Vater. Der beruhigt ihn und sagt: „Was ist denn, mein Junge? Ich gehe doch auf Transport. Dort habe ich leichte Arbeit und werde schon durchkommen. Mein Brot und meine Portion kannst du essen. Wir kriegen je eine gute Marschration. Ich brauche also mein Brot nicht." Als er dann sieht, daß der Wagen, der sie zum Industriehof bringen soll, durch das Tor fährt, sagt er seinem Jungen, ihm den Kopf streichelnd: „Ich habe meine Brille im Block vergessen. Willst du sie mir eben holen?" Der Junge lief los. Als er wiederkam, war alles vorbei. Er war nur mit Gewalt daran zu hindern, dem Wagen, der zum Industriehof fuhr, hinterherzulaufen. Als die SS-Kommission am Abend das Lager verließ, konnte sie melden, daß sie 96 Menschen hat liquidieren lassen.

Nach den Erschießungen fragt mich Suhren: „Warum haben Sie bei der

Judensache die Leute zu mir geschickt?" Da ich eine Antwort überlege, fährt er fort: „Sie wußten doch ganz genau, daß das von Berlin kam. Ich hatte doch nichts damit zu tun." Ich antworte ihm, daß das eine SS-Angelegenheit sei und – wie er ja wisse – ich mich in keine SS-Sache einmische. So bliebe mir nichts anderes übrig, als die an mich gerichteten Fragen an den Lagerführer zurückzugeben. Er schweigt und wird dieses Thema wohl nicht wieder aufgreifen.

Am nächsten Tage, dem 29. Mai 1942, brachte man noch 154 jüdische Bürger aus Berlin nach Sachsenhausen zum Erschießen auf dem Industriehof. So wurden am 28. und 29. Mai insgesamt 250 jüdische Menschen in Sachsenhausen ermordet.

Die 154 erschossenen Berliner sind in Sachsenhausen nicht registriert worden. Später erfuhren wir, daß diese Mordaktion als Vergeltung für die aktive Widerstandsarbeit der Gruppe Baum in Berlin angeordnet worden war. Die Leiter der illegalen Widerstandsgruppe Baum, Herbert und Marianne Baum, waren Funktionäre des Kommunistischen Jugendverbandes Deutschlands. Die meisten Mitglieder dieser Gruppe waren jüdischer Herkunft. Es gab Beziehungen zum Bund Deutscher Jüdischer Jugend und zur kommunistischen Widerstandsgruppe Robert Uhrig. In den Berliner Siemenswerken hatte die Gruppe einen festen Stützpunkt. Sie halfen den französischen und belgischen Zwangsarbeitern und nahmen auch in Flugzetteln Stellung gegen den Krieg. Als die Nazis im Frühjahr 1942 im Berliner Lustgarten ihre Hetzausstellung „Das Sowjetparadies" zeigten, protestierten zehn Mitglieder der Gruppe, indem sie einen Teil der Ausstellung in Brand setzten. Das war am 18. Mai 1942. Es gelang der Gestapo, die meisten Mitglieder der Gruppe zu verhaften. Sie wurden nach grausamen Folterungen vor Gericht gestellt. 28 dieser Widerstandskämpfer wurden zum Tode verurteilt. Herbert Baum wurde ein Opfer der Folterungen. Etwa 50 weitere Angehörige der Gruppe wurden zu Freiheitsstrafen verurteilt oder kamen ins KZ.

54.

Der Lagerälteste in Nöten

Am 11. Februar 1942, noch vor dem Morgenappell, kommt Walter Stolt zu mir. Walter ist wie alle seine Familienangehörigen Kommunist. Im Lager arbeitet er in der Waffenkammer der SS. Er braucht dringend Hilfe und berichtet: Sein Kommandoführer, Johann Schultheis, habe seit einiger Zeit Waffen und Munition an andere SS-Leute verkauft. Nun befürchtet er, daß die Sache bekannt geworden sei. Walter hatte die laufenden Entwendungen zwar bemerkt, aber nicht dabei geholfen. Er gesteht mir dann, daß er einen Revolver und Munition ins Lager gebracht und im Heizungskeller Hein Canzler gegeben habe. Ich solle jetzt die Sachen schnell in Sicherheit bringen, falls die SS auf irgendwelche Art der Angelegenheit auf die Spur komme. Da wir nicht wissen, wieweit die Sache überhaupt gediehen ist, geht Walter Stolt ruhig zur

Arbeit. Er meint, mein Vorschlag, ihn im Revier wegen hohen Fiebers unterzubringen, sei zu früh und könne ihn verdächtig machen. Im Heizungskeller versprechen die Genossen nach einer erregten Diskussion, die Waffe zu beseitigen. Ich will nicht wissen, was sie damit machen werden, weil ich mich auf alle Fälle heraushalten möchte.

Dann kommen am frühen Morgen aus dem Kommandobereich schlimme Nachrichten. SS-Leute erzählen, in der Waffenkammer habe sich ein Häftling erschossen, weil er Schiebungen begangen habe. Nachdem er sich mit der Pistole in die Schläfe schoß, sei die Kugel durch den Schädel und durch die Trennwand zwischen Büro und Arbeitsraum gedrungen und habe den SS-Kommandoführer Schultheis ins Herz getroffen. Beide seien tot. Dieser Bericht war gefälscht und von der SS in die Welt gesetzt worden, um ihrem Ansehen nicht zu schaden. Die Sterbeurkunde des Arztes brachte eine neue Version: „Mittwoch, den 11. 2. 1942, 9.00 h, Johann Schultheis Selbstmord durch Schädeldurchschuß (Hirnschädel)." Über unseren Kumpel hieß es: „Mittwoch, den 11. 2. 1942, 11.45 h, Selbstmord des Häftlings Stolt durch Erhängen."

Wir konnten der von der SS erfundenen Darstellung schnell entgegentreten. Wenige Augenblicke, nachdem der tote Walter Stolt im Krankenbau eingeliefert worden war, kam der Pfleger Magnus Grantin auf die Häftlingsschreibstube, um uns über den wahren Sachverhalt zu informieren. Walter Stolt hatte keine Verletzungen. Der Strick, mit dem er erhängt worden war, lag noch um seinen Hals und war kurz über dem Knoten abgeschnitten worden. Walter Stolt war nach unserer Überzeugung von der SS ermordet worden, weil er Zeuge war, als ein SS-Mann Selbstmord beging und auch, weil die SS befürchtete, daß er über ihre Waffenschiebungen einiges erfahren hatte.

Zwei Tage vor Pfingsten 1942 läßt Lagerführer Suhren mich in sein Büro kommen. Er eröffnet mir, daß der BVer Hans Tröbel, Häftlingsnummer 8352, am Pfingstsonntag, dem 24. Mai 1942, auf dem Appellplatz vor dem angetretenen Lager auf Befehl des Reichsführers SS erhängt werden solle. Tröbel habe unter Ausnutzung der Verdunkelung bei einer Flucht Bekleidungsstücke und Nahrungsmittel gestohlen. Auf Befehl des Reichsführers SS solle die Exekution durch einen Häftling und nicht durch einen SS-Mann vorgenommen werden. Da aber anzunehmen sei, daß der Häftling, der die Exekution durchführen solle, von seinen Mithäftlingen Schwierigkeiten bekommen würde, komme nur jemand in Frage, der über genügend Autorität verfüge, und der sei eben niemand anderer als ich. „Stellen Sie sich darauf ein, den Tröbel am Sonntag morgen zu erhängen."

„Ich? Das kann ich nicht!" – „Das müssen Sie aber können!" – „Wenn ich mir sein Gesicht vorstelle, wenn ich ihm den Strick um den Hals lege – das würde ich in meinem ganzen Leben nicht vergessen. Nein, das kann ich nicht!" – „Sie müssen!" – „Ich soll einen völlig wehrlosen Mann umbringen? Geben Sie mir ein Gewehr und schicken Sie mich an die Front. Da stehe ich Menschen gegenüber, die auch ein Gewehr haben, die sich wehren können. Aber so? Nein, das kann ich nicht!" Ich rede in höchster Erregung auf ihn ein. Er sitzt, den Kopf über den Schreibtisch gebeugt. Nach einer langen Pause sagt er ohne den Kopf zu heben: „Naujoks, das ist ein Befehl!" – „Das kann kein Befehl sein. Geben Sie mir den Befehl, ich soll über eine vier Meter hohe, glatte Mauer ohne Hilfsmittel klettern. Das ist doch unmöglich, da fange ich doch gar nicht erst an. Oder befehlen Sie mir, ein 4-Zentner-Gewicht zu stemmen. Das ist doch sinnlos. Wo jede Voraussetzung auf Erfüllung eines Befehls fehlt, kann es auch keinen Befehl geben." Bei meinen letzten Worten steht er auf: „Sie wissen jetzt Bescheid. Machen Sie keine Dummheiten!"

Ich gehe. Dabei vergesse ich die üblichen Abtrittsformalitäten. Mir ist alles egal. Ob das nun ein Befehl ist oder nicht, auf jeden Fall, meine Entscheidung ist gefallen, und dabei bleibt es, was auch immer kommen mag. Über meinen Entschluß spreche ich nur mit Albert Buchmann. Albert war vor 1933 Mitglied des ZK der KPD und Abgeordneter des Reichstages aus Stuttgart. Im Lager gehörte er der illegalen Leitung an und war in der Häftlingsschreibstube für den Arbeitseinsatz verantwortlich. Albert ist mit meiner Haltung einverstanden und bestätigt mich darin, gleich was kommen mag, an der Befehlsverweigerung festzuhalten. Wir sind uns auch einig, niemanden weiter darüber zu informieren. Jede Diskussion darüber hätte etwas ausgelöst, das wie eine Bombe wirken würde, und das wollten wir nicht riskieren.

Am Samstag nachmittag werde ich über Telefon vom Rapportführer von einer Anordnung des Lagerführers in Kenntnis gesetzt. Der Lagerschreiber und ich sollen zum Morgenappell nicht am Ende des rechten Flügels, sondern am Anfang des linken Flügels stehen. Dort waren zwischen der Effektenkammer und der Häftlingsschreibstube zwei Tonrohre einzementiert worden, wo der Galgen aufgestellt werden sollte. Nach dieser neuen Anordnung muß ich nun in unmittelbarer Nähe des Galgens antreten.

Pfingstsonntag. Wie immer in dieser Jahreszeit wird um 4 Uhr geweckt. Um halb sechs beginnt der Aufmarsch zum Morgenappell. Der Galgen ist, für alle weithin sichtbar, schon aufgebaut. Der Sarg steht daneben. Die Erregung drückt sich in einem zehntausendfachen Flüstern aus. Es ist das erste Mal, daß vor unseren Augen ein Häftling an einem anderen Häftling die Hinrichtung vollziehen soll.

Die Blockältesten müssen immer wieder zur Ruhe mahnen. Ich habe meinen Platz in der Nähe des Galgens eingenommen. Ich bin wie zerschlagen und nehme gar nicht mehr wahr, was um mich herum vorgeht. Obwohl ich immer wieder überlege, weiß ich nicht, was ich sagen werde, wenn ich vom Lagerführer aufgefordert werde, die Arbeit des Henkers zu übernehmen. Daß ich nein sage, steht fest. Das ist alles, was ich denken kann. Nach endlosem Warten kommt Lagerführer Suhren mit einer ganzen Gruppe von SS-Leuten.

Plötzlich steht auch der Todeskandidat unter dem Galgen. Auf dem Appellplatz ist es totenstill geworden. Der Lagerführer verliest das vom Reichsführer SS Himmler ausgesprochene Urteil und die „Begründung": Todesstrafe wegen Diebstahls und zweckentfremdeter Verwendung von Materialien und Werkzeugen des Lagers. Dann winkt er einem bereitstehenden Häftling zu, dem zum Tode Verurteilten den Strick um den Hals zu legen. Mit einer Kurbel wird der Körper hochgezogen. Erst fällt der rechte Pantoffel herunter, dann auch der andere. Die Arme greifen, nach einem Halt suchend, weit zu beiden Seiten aus. Das Gesicht ist auf einen Schlag völlig farblos. Nach einem kurzen Augenblick schlagen die Arme und Beine kurz ausholend mit großer Kraft zusammen. Dann hängt der Körper leblos am Strick. Der Henker, ein junger Schutzhaftgefangener, war Wochen vorher in den Zellenbau gekommen, weil er einen Vorarbeiter, der einen anderen Häftling mißhandelte, niedergeschlagen hatte. Die lange und grausame Folter, die er in völliger Isolierung im Zellenbau hatte erleiden müssen, hatte seinen Willen gebrochen.

Es war das erste Mal, daß ich mich offen geweigert hatte, einen Befehl der SS auszuführen. Als ich gegen meine Überzeugung handeln sollte, hatte ich NEIN gesagt. Bei anderen Befehlen, die ich bisher von der SS bekommen hatte, fand ich Gelegenheiten, sie zu umgehen, abzubiegen oder gar zu ignorieren. Hier aber hatte es kein Ausweichen gegeben. Was würde die SS nun gegen mich unternehmen? Daß sie meine Befehlsverweigerung stillschweigend hinnehmen würde, schien ausgeschlossen zu sein. Und doch geschah das Unmögliche. Wir machten unsere Arbeit wie bisher. Suhren übersah mich. Von ihm kamen keine Fragen, keine Anweisungen. Aber das rührte uns nicht.

55.

Mordaktion gegen „Amtsanmaßer" und Homosexuelle

Im Frühjahr 1942 erscheinen zwei SS-Leute aus der Politischen Abteilung in der Häftlingsschreibstube. Sie vertreiben die an der Kartei arbeitenden Häftlinge von den Kästen und ziehen nach einer mitgebrachten Namenliste Karteikarten heraus. Das haben wir vor einem Jahr schon einmal erlebt. Wir können uns nicht erklären, was die SS diesmal vor hat, sind aber sicher, daß wieder eine Gefahr auf uns zukommt. Die strenge Geheimhaltung der Namen spricht dafür.

Es war uns aber gelungen, drei oder vier Namen auf der Liste zu erkennen. Vorsorglich beschlossen wir, etwas zu unternehmen. Als wir die betreffenden Kumpel, ohne den Anlaß nennen zu können, überreden wollten, sich mit dem nächsten Transport in ein anderes Lager zu melden, war nur einer damit einverstanden. Auch der Blockälteste bei den Norwegern, Georg Fennekohl, hatte als „Amtsanmaßer" auf der Liste gestanden. Als „Amtsanmaßer" galt, wer sich aus irgendwelchen Gründen ein „Amt", einen „Titel" oder einen „Dienstgrad" unerlaubt zugelegt hatte. Ich spreche mit Fennekohl, ob er nicht vorsorglich in ein anderes Lager gehen wolle, da ich den Eindruck hätte, daß sich etwas gegen ihn anbahne. Er faßt aber meine Vermutung und wohlgemeinte Warnung falsch auf, wird böse und verdächtigt mich, etwas gegen ihn zu haben. Das hätte schiefgehen können, denn er spricht mit seinem SS-Blockführer. Der kommt bei mir an und will Aufklärung, warum sein Blockältester auf Transport gehen solle. Ich erläutere das als Angelegenheit

Außenkommando Klinkerwerk vor Kriegsbeginn: Häftlinge beim Bau des Hafenbeckens am Hohenzollern-Kanal

der Lagerführung, über die wir bisher nicht informiert worden seien, im übrigen als eine Routinesache, weil für Transporte immer Blockälteste gesucht würden, die das Lager wechseln wollten. Der SS-Mann gibt sich damit zufrieden.

Seit Anfang 1942 kamen ständig weitere Homosexuelle ins Lager. Sie wurden nach dem entsprechenden Strafparagraphen als „175er" bezeichnet. Eine in ihrer Anzahl schwankende Gruppe von 30 bis 50 Häftlingen dieser Kategorie hatte es schon immer in der Sachsenhausener Strafkompanie gegeben. Im Juni wird nun ein Arbeitskommando zusammengestellt, das ausschließlich aus „175ern" und „Amtsanmaßern" besteht. Das also sind die Häftlinge, deren Namen einige Zeit vorher von SS-Leuten der Politischen Abteilung aus unserer Kartei herausgesucht worden waren. Dann hören wir, daß Vorarbeiter für ein besonderes Arbeitskommando ausgesucht werden. Es sind alles Häftlinge, die den SS-Kommandoführern durch ihr rücksichtsloses

Vorgehen in ihren Arbeitskommandos bekannt waren. Häftlingsschreibstube und Häftlingsarbeitsdienst bleiben ausgeschaltet.

Am 1. Juli 1942 muß das neue Kommando in das Außenlager Klinkerwerk übersiedeln, wo es in der dortigen Strafkompanie untergebracht wird. Der härteste und gefürchtetste Arbeitsplatz der Strafkompanie ist die Tongrube. Da hier aber nur 50 bis 70 Häftlinge arbeiten können, werden die meisten beim Ausbau des Hafenbeckens des Klinkerwerkes eingesetzt. Je drei Mann müssen im Laufschritt vollbeladene Loren schieben. SS-Leute und Vorarbeiter prügeln erbarmungslos auf sie ein. Sobald einer zusammenbricht oder neben die Postenkette gerät, wird sofort auf ihn geschossen. Am 2. Juli wird der erste Tote aus dieser Gruppe ins große Lager gebracht. Dann kommen fast täglich auf den Plattenwagen erschossene Häftlinge des Sonderkommandos; jeweils vier, fünf oder mehr. Von den ersten 21 Ermordeten hatten 12 Kopfschüsse. Sie waren aus unmittelbarer Nähe abgegeben worden, oft waren dabei Teile des Schädels abgerissen.

Seit Bestehen des Lagers Sachsenhausen war die SS bestrebt gewesen, ihre Morde möglichst geheimzuhalten. Fiel ein Schuß, mußten sich alle Häftlinge in der unmittelbaren Umgebung auf den Boden werfen, das Gesicht an die Erde gedrückt. Jetzt fuhr man die Toten auf offenem Wagen ins Lager, während zehntausend Häftlinge und mehr auf dem Wege zum Appellplatz waren. Bisher war bei solchen Morden stets eine Todesursache angegeben worden, die die SS-Ärzte willkürlich aus einer Aufstellung aussuchten. Bei diesen Toten nun wird fast immer standesamtlich dokumentiert: „Kopfschuß bei Fluchtversuch", „Lungendurchschuß bei Fluchtversuch" oder „Schulterschuß mit Durchtrennung der Halsschlagader, erhalten bei Fluchtversuch".

Drei Wochen nach Beginn dieser Liquidierungsaktion schickt der frühere Blockälteste, Georg Fennekohl, einen Häftling mit der dringenden Bitte zu mir, ich möge versuchen, ihn schnellstens aus dem Kommando Tongrube herauszuholen. Er halte es höchstens noch zwei, drei Tage aus. Ich spreche mit dem Lagerführer Suhren. Schon nach dem ersten Satz erwidert er nichts als „Nein!" Ich rede weiter: „... guter Blockältester, drei Jahre im Lager, hat sich nichts zuschulden kommen lassen ..." Mit einem harten „Nein habe ich gesagt" läßt er mich stehen. Das war am 20. Juli mittags. Am Abend bringt man den toten Fennekohl ins Lager. „Tod eingetreten 16.15 h, Herzschuß bei Fluchtversuch" heißt es in der Todesmeldung der SS-Ärzte.

Einige Tage darauf spricht Suhren mich an: „Was sind das bloß für Menschen, die 175er. Sie lassen sich lieber auf der Flucht erschießen, als daß sie arbeiten." Bei diesem Gespräch stehen wir auf dem Appellplatz. Ich deute auf das Dach der großen Garage, das über der Mauer zu sehen ist. „Seh'n Sie, Lagerführer, diese Garage, das Inspektionsgebäude und die Großgaragen im Truppenbereich, die sind alle von der Strafkompanie gebaut worden. Faul sind die Leute sicher nicht." Keine Antwort von ihm. Ich habe aber das Gefühl, daß seine schroffe Ablehnung, Fennekohl herauszuholen, und dessen Tod am gleichen Tage ihn irgendwie zu einer indirekten Rechtfertigung drängt. Uns und unserem Kameraden hilft das aber nicht mehr, und so wende ich mich ab. Ich will dem SS-Führer auch nicht die geringste Gelegenheit geben, seine Verantwortung zu verleugnen.

An der tödlichen Hetzjagd gegen diese Häftlinge war wiederum SS-Hauptscharführer Bugdalle maßgeblich beteiligt. Nachdem er einige Zeit das Außenkommando „Drögen" geleitet hatte, war er im Sommer 1942 als ständiger Blockführer in das Zweiglager „Klinkerwerk" versetzt worden. Kamerad Rudi Wunderlich hat seine Erinnerungen an die gegen die „Amtsanmaßer" und „175er" organisierte Mordaktion sowie ihr plötzliches Ende aufgeschrieben. Er berichtet:

Etwa vom 25. August bis 25. September 1942 war ich wegen Krankheit im Revier untergebracht. Während dieser Zeit kamen jeden Tag drei bis vier Tote oder auch Schwerverletzte vom Klinkerwerk ins Krankenrevier des großen Lagers. Alle Opfer waren erschossen oder angeschossen worden. Die Leichen sahen grauenhaft aus. Sie hatten normale Einschüsse, aber unerhört große und zerfetzte Ausschüsse. Waren Dum-Dum-Geschosse verwendet worden? Von einem der Schwerverletzten erfuhr ich, daß diese Häftlinge beim Ausbau des Hafenbeckens Sand mit den üblichen Kipploren transportieren mußten. Die eine Seite des Schienenstranges war gleichzeitig die Grenze der Postenkette. An einer Stelle des Schienenstranges stand Bugdalle oder einer der Häftlingsvorarbeiter. Wenn die von drei Häftlingen geschobene Lore kam, wurde dem auf der Innenseite Laufenden kräftig gegen den Körper getreten. Der flog gegen den mittleren, und dieser drängte dabei unweigerlich den außen laufenden Häftling über die Postenkette, der damit den „Tatbestand" eines Fluchtversuchs erfüllte. Sofort krachte ein Schuß. Einige Male hat Bugdalle selbst den Schuß abgegeben. Die Toten oder Schwerverletzten blieben bis zum Nachmittag im Klinkerwerk, erst dann wurden sie ins große Lager gefahren.

Diese eigenmächtige oder auch von offizieller Seite geforderte Vernichtungsaktion gegen die „Homosexuellen" und „Amtsanmaßer" wurde erst in der zweiten Septemberwoche abgestoppt, und zwar durch folgendes Ereignis: Ein Häftling, der wegen §175 im Lager war, der Bruder eines hohen Naziführers, war nach acht Tagen Haft auf die geschilderte Art ermordet worden. Der Totenschein enthielt als Todesursache „Lungenschwindsucht". Da der Erschossene jedoch eine Woche vor seiner Einlieferung ins Lager noch von seinem Bruder am Alex besucht worden war, glaubte dieser dem Totenschein nicht und erwirkte eine Leichenbesichtigung und private Beisetzung. Die Leiche sah furchtbar aus. Einschuß: Schulterblatt, Ausschuß: Kehlkopf-Kinn. Die ganze Hals- und untere Gesichtspartie war zerfetzt. Man umwickelte den Hals mit Binden, richtete die Leiche notdürftig her und bahrte sie in einer Garage im Kommandanturbereich auf. Die Angehörigen ließen eine Beschwerde los. Schon einen Tag später wurden die sechs oder sieben Vorarbeiter abgelöst...

Am Samstag, dem 12. September 1942, kommt eine Gruppe von Häftlingsvorarbeitern in die Häftlingsschreibstube hereingestolpert: „Hallo! Da sind wir wieder!" Ehe ich etwas begriffen habe, brüllt Rudi Grosse, der Lagerschreiber, in höchster Erregung und Lautstärke: „Raus!" Und immer wieder: „Raus hier! Ihr wagt es, hier hereinzukommen? Raus!" Inzwischen habe ich mitbekommen, um welche Leute es sich handelt. Sie müssen dann vor der Schreibstube warten, und dort stehen sie den ganzen Vormittag über, die Vorarbeiter des Sonderkommandos Klinkerwerk. Vom Rapportführer bekommen wir die Anordnung, ihnen ihre Blocks und Arbeitskommandos zuzuweisen. Vorläufig aber warten sie noch vor der Schreibstube, und die Häftlinge, die zur Mittagspause einrücken, gehen an ihnen vorbei. Dabei fallen viele unfreundliche Worte, denn alle haben Tag für Tag die grausam zugerichteten Leichen gesehen, und sie alle wissen von dem Anteil, den diese Vorarbeiter an diesen Mordaktionen hatten. Sie machen kein Hehl aus ihrer Empörung und Verachtung.

Wir wissen nicht genau, wie viele Menschen in diesem Kommando ihr Leben lassen mußten. Erfaßt hatten wir 180 tote „175er" und „Amtsanmaßer". Ihre Mörder waren SS-Führer und deren Zutreiber, sechs oder sieben Häftlingsvorarbeiter. Bugdalle und zwei andere SS-Männer kamen an die Front, ihre Helfer aber blieben als Häftlinge unter Häftlingen. Ihr Problem war es nun, mit ihren Taten fertig zu werden.

Am Samstag nachmittag stoße ich bei einem Gang durchs Lager auf eine Gruppe erregt diskutierender Häftlinge. Es sind oberschlesische Genossen, die auf Staniczek, einen der bisherigen Vorarbeiter des Sonderkommandos, einreden. Als er mich sieht, springt er auf mich zu: „Harry, hilf mir! Die wollen mich totschlagen." Nachdem ich mir Ruhe verschafft habe, sage ich zu Staniczek: „Ich kenne die oberschlesischen Kumpels. Da ist keiner, der einen Kameraden erschlägt. Du bist der einzige von ihnen, der sich an Häftlingsmorden beteiligt hat. Ich denke, daß du auch der einzige bleiben wirst." Aus der Gruppe bekomme ich Zustimmung. „Wir wollen aber nichts mit ihm zu tun haben!" – „Das ist eure Sache, da kann ich euch keine Vorschriften machen." Staniczek kommt mir nachgelaufen: „Ich habe wirklich nicht gewußt, was die SS vorhatte. Sonst hätte ich den Vorarbeiterposten nicht angenommen. Aber was sollte ich denn machen? Die SS hätte mich doch umgelegt." – „Du hättest dich am ersten Tag krankmelden sollen oder zum Zahnarzt. Dann hätte ich dir helfen können. Du hast dich durchmogeln wollen. Du bist lange genug im Lager um zu wissen, daß das nicht geht." Dann trennen wir uns.

Als Staniczek auf seinem Block seinen Schrank belegen will, haben die Mitbenutzer ihre Sachen schon herausgenommen. Als er sich an den Tisch setzt, stehen alle anderen auf und essen im Stehen. Am Sonntag morgen ist eine große Anzahl Häftlinge vor seinem Block versammelt. Sie rufen: „Geh' zum Teufel!" – „Mörder!" – „Häng' dich auf!" – „Kameradenschinder!" Eine Zeitlang lassen wir sie gewähren, als aber Unruhe und Verwünschungen zunehmen, löst der Stubendienst die Ansammlung vor dem Block auf. Während dieser Zeit sitzt Staniczek schweigsam am leeren Tisch. Nachdem es draußen ruhig geworden ist, steht er auf und verschwindet im Schlafraum. Zum Mittagsappell meldet der Blockälteste der Schreibstube: „Josef Staniczek, 13. 9. 1942, 10.45 h, Freitod durch Erhängen."

Im Laufe des Vormittags kommt der Schutzhäftling Rottluff zu mir auf die Schreibstube. Rottluff war auch einer der Vorarbeiter dieses Klinkerwerk-

Kommandos. Er hatte sich nach seiner Ablösung in Sicherheit gebracht, indem er sich sofort krank meldete und ins Revier kam. Nun legt er mir ein Stück zusammengerollten Stricks und einen Zettel auf den Schreibtisch. Auf dem Zettel steht sein Name und dann: „Zum persönlichen Gebrauch! Bitte, beeilen!" – „Das hat man mir auf das Bett gelegt." – „Na, und?" – „Ich wollte dir das zeigen, was man mit mir macht. Man will mich umbringen." – „Aber auf dem Zettel steht das nicht. Da steht doch, du sollst dich beeilen. Nun paß' mal auf. Für dich bin ich nur noch als Lagerältester da. Privat haben wir beiden nichts miteinander zu tun. Drück' dich klar aus. Du bringst mir den Strick. Du weißt genau, wer dir den gebracht hat. Willst du, daß ich eine Meldung machen soll? Dazu muß ich aber den Namen angeben." Nach langem Zögern sagt er: „Gib mir den Strick wieder. Ich verzichte auf eine Meldung." Bevor er geht, sage ich: „Ich habe also keine Kenntnis von der Sache genommen, weil du es nicht willst." Er sagt: „Jawohl." Ich gebe ihm noch seinen Zettel, und er geht zurück in den Krankenbau.

Danach erscheint ein BV-Blockältester mit einer ganzen Reihe von Häftlingen aus seiner Baracke bei mir. Sie bringen einen anderen Vorarbeiter des Kommandos, der in diesen Block verlegt wurde. Der Blockälteste schiebt den Mann nach vorn. Er ist schlimm zugerichtet, beide Augen verquollen, die Ohren blutverkrustet. Als er vor mir steht, zeigt er mir eine schreckliche Wunde an seiner gespaltenen Oberlippe und versucht mir etwas zu sagen, was ich aber nicht verstehen kann. Wieder zeigt er auf seine zerrissene Oberlippe. Ich frage ihn: „Was kann ich dabei tun?" Er hebt die Schultern und läßt sie resignierend wieder sinken. Ich frage: „Soll ich vielleicht eine Meldung machen?" Er schüttelt lebhaft den Kopf und weist auch mit den Händen meine Frage zurück. Mühselig bringt er mehrfach „Nein, nein!" hervor. Als ich dem Blockältesten sage, er solle gleich mit ihm in den Krankenbau gehen, um die gespaltene Lippe nähen zu lassen, bringen die Mitgekommenen lautstark ihre Mißbilligung zum Ausdruck. Ich spreche die wütenden Leute an: „Wenn ihr ihn totschlagt, seid ihr nicht besser als er. Wo wir stehen, sitzt vorn die SS an den Fenstern. Was meint ihr wohl, wie die sich freuen würde, wenn ihr ihn umbringt." Alle Köpfe drehen sich zum Tor. Tatsächlich stehen dort und auch hinter den Fenstern SS-Leute, die uns beobachten. Dann ziehen sie alle ab, und der Blockälteste kann den Verletzten ohne Schwierigkeiten ins Revier bringen.

56.
Weitere Ereignisse aus dem Jahr 1942

Am 29. März 1942 werden den Zugängen zum erstenmal die Haare zur „Suhrenallee" geschoren. Während bisher die Haare der Häftlinge radikal heruntergeschnitten worden waren – „drei Millimeter unter der Haut" sagten wir dazu –, so wurde jetzt in der Breite der Haarschneidemaschine ein Streifen vom Nacken bis zur Stirn geschnitten. Das wurde solange wiederholt, bis die übrigen Haare die Länge von mindestens 20 Millimetern hatten. Dann wurden die Haare wieder radikal abgeschnitten, wobei aber die Sache mit der Schneise immer wieder von vorn begann. Da dies alles zum erstenmal unter dem Lagerführer Suhren vollzogen wurde, hieß dieser Schnitt „Suhrenallee". Die Haare wurden eingesammelt und zu Industriefilzen verarbeitet.

Im „Neuen Lager" waren die Blocks 18 und 19 zu Arbeitsbaracken eingerichtet worden. Unter dem Vorarbeiter Peter Adam, der auch der Lagerkapellmeister war, wurde hier ein Kommando alter und schwacher Häftlinge damit beschäftigt, Schrauben und Nieten zu sortieren. Neben diesen Gefangenen bot das Kommando auch manchem Intellektuellen Unterschlupf, der an körperliche Arbeit nicht gewöhnt war. Als die Baracken 18 und 19 im Frühjahr 1942 plötzlich wieder geräumt werden mußten, gab es Unruhe und viele Fragen unter den Häftlingen. Der Fußboden wurde herausgerissen und ein ungewöhnlich starkes Zementfundament verlegt. Dann erfolgte die Anlieferung von Maschinen, die aber so verpackt waren, daß man nicht erkennen konnte, um was für welche es sich handelte. Später wurden die beiden Baracken vom Dachfirst bis zum Boden ganz und gar mit Stacheldraht umwickelt. Hier war eine große Fälscherwerkstatt entstanden, die mit der Herstellung von Falschgeld in verschiedenen Währungen – Dollars, Pfundnoten u. a. in großen Mengen – und gefälschter Personalpapiere aller Art beschäftigt war. Auch diese neue Einrichtung sollte den Nazis helfen, ihren Krieg zu gewinnen und die Finanzwirtschaft der Alliierten zu unterminieren. An den typographischen Maschinen wurden Gefangene des Reichssicherheitshauptamtes in Berlin gezwungen, für die „Aktion Bernhard" zu arbeiten. Was innerhalb der beiden streng abgeschirmten Blocks vor sich ging, davon wußte ich damals noch nichts. Wie wir ebenfalls erst nach der Befreiung erfuhren, erhielten die Häftlinge in der Fälscherwerkstatt eine bessere Verpflegung als im großen Lager. Wenn Kameraden erkrankten, wurden sie von einem Häftlingsarzt, der wie sie dort untergebracht war, behandelt. Gefangene, die schwer erkrankten, durften als „Geheimnisträger" nicht in den Krankenbau; sie wurden einfach von der SS erschossen.

Eines Tages habe ich Fieber. Ich schlucke Brontosyl noch und noch. Das Fieber steigt, und als ich schlappmache, bringt man mich im Krankenbau unter. Das erstemal, seit ich überhaupt in Haft bin, liege ich den ganzen Tag in einem sauber bezogenen Bett und werde betreut. Als ich am dritten oder vierten Tag aufwache, steht vor meinem Bett in voller Größe der SS-Lagerführer. Ich halte es erst für eine Fieberfantasie, aber da fängt er an zu sprechen: „Na, Naujoks, auf Ihre Leute ist ja auch kein Verlaß. Da haben wir einen von Ihren Blockältesten erwischt, wie er Geld unterschlagen hat." Kaum hat er ausgesprochen, bin ich schon aus dem Bett und ziehe mir die Hosen an. Er sagt zwar: „Bleiben Sie ruhig liegen!", aber das kümmert mich nicht. Ich will jetzt Näheres erfahren.

Da hatte also ein SS-Blockführer die Kontrolle der Zeitungskasse eines Blockältesten vorgenommen und entdeckt, daß zehn Mark fehlten. Nach der Meldung des SS-Blockältesten sei dieses Geld unterschlagen worden. Ich fragte den Lagerführer, um welchen Block es sich gehandelt habe. Nachdem er ihn mir nannte, hatte ich das Wort. Ich konnte ihm den Fall aus eigener Kenntnis erklären. Ohne lange zu überlegen, was richtig oder falsch war, legte ich los. Ich hätte in dem in Frage kommenden Block die Buchführung und auch die Kasse kontrolliert. Nachdem wir damit fertig waren, sei ich gegangen, und nach mir sei dann ein Blockführer gekommen. Die Bücher und das Geld hätten offen auf dem Tisch gelegen. Als der Blockälteste alles wegräumen wollte, habe er gesehen, daß ein Zehnmarkschein fehle. Um dem SS-Mann Gelegenheit zu geben, den Geldschein wieder zurückzulegen, habe er auf den Fußboden geschaut und natürlich nichts gefunden. Da der Blockführer das Geld aber nicht herausrückte, habe er ihn darum gebeten. Daraufhin sei er zusammengeschlagen worden, der Blockführer habe eine Meldung gemacht, die eine schwere Strafe zur Folge haben würde. Der Lagerführer war sichtlich beeindruckt von meiner Schilderung. „Warum sagten Sie nichts darüber?" – „Erstens sind das Sachen, mit denen wir Sie nicht belasten wollen, und zweitens würde das unsere Lage nur verschlimmern. Mehrere Blockführer würden sich dann den Block, den Blockältesten und die Blockbelegschaft vornehmen. Der Block würde immer ‚unsauber‘ und die Belegschaft immer ‚disziplinlos‘ sein. Es würde ‚Sport‘ gemacht werden. Die Spinde würden durchwühlt und die Betten durcheinandergeworfen werden." Er hört sich das an und geht, ohne ein Wort zu sagen. Ich melde mich noch am gleichen Tage beim Arzt ab und gehe wieder in meinen Block zurück.

Einer der gefährlichsten Spitzel im Lager ist der BVer Peter Schmitz. Er hat direkte Verbindung zum Lagerführer Suhren. Er ist als Vorarbeiter im Rüstungsbetrieb Heinkel tätig und bespitzelt nicht nur die Häftlinge, sondern auch die Zivilarbeiter bei Heinkel sowie ganz allgemein die Zustände in diesem Kommando. Sein Blockältester weiß Bescheid, auch drei oder vier Vertrauenspersonen sind vom Blockältesten informiert worden. Denen ist es auch gelungen, eine schriftliche Information von Schmitz an den Lagerführer in die Finger zu bekommen. Es handelte sich um den Bericht über einen Unterhaltungsabend in seinem Block, auf dem die Darsteller auch in Damenunterwäsche aufgetreten waren. Er schilderte darin, daß ich zwar den Abend „überwacht" hätte, der Auftritt in Damenwäsche aber erst erfolgt sei, nachdem ich gegangen sei, was aber nicht den Tatsachen entsprach. Es war eine Taktik von ihm, mich herauszuhalten, so wie er auch sonst versuchte, ein vertrauliches Verhältnis zu mir zu schaffen. Ich hielt aber „vornehme Distanz" zu ihm, ohne offen unfreundlich zu sein.

Die BVer waren für eine Gewaltlösung, der ich aber energisch widersprach. Sie hielten Schmitz nun ständig unter Beobachtung und stellten dabei fest, daß er bei Heinkel ein Verhältnis mit einer Frau hatte, die in der Kantine beschäftigt war. Eines Morgens, gleich nach dem Wecken, brachten sie mir einen Brief, den Schmitz an diese Frau geschrieben hatte und aus dem man schlußfolgern konnte, daß er dabei war, seine Flucht vorzubereiten. Nachdem er den Verlust des Briefes bemerkte, hatte er einen neuen Kassiber geschrieben und den Block verlassen. Beim Antreten des Arbeitskommandos hatte er sich zu seinen Kameraden gestellt. Ich forderte ihn auf, im Lager zu bleiben, weil ich mit ihm reden wolle. Er lehnte ab. Inzwischen waren die BVer gekommen und untersuchten ihn nach dem neuen Kassiber, den sie aber nicht fanden. Suhren, der die Unruhe um Schmitz gesehen hatte, war vor dem Abrücken der Arbeitskommandos eiligst fortgegangen. So blieb mir kein anderer Ausweg, als dem SS-Kommandoführer, SS-Unterscharführer Hempel, Spitzname „Astewitsch", nahezulegen, Schmitz nicht ausrücken zu lassen, da wir begründeten Verdacht hätten, daß er fliehen wolle. Hempel lehnte ab, und Schmitz rückte mit aus. Auf dem leeren Platz fanden dann die BVer den Kassiber, den Schmitz vorher noch schnell wegwerfen konnte. Nun wandte ich mich an den Arbeitsdienstführer, nach meiner Erinnerung damals SS-Scharführer Puhr. Auch er lehnte es ab, Schmitz im Lager zu lassen, und so nahm alles seinen Lauf. Schmitz war am Abend nicht mehr da, und das Lager stand viele Nachtstunden Strafe für diese Flucht. In derselben Nacht noch wurde Schmitz wieder ergriffen und in den Zellenbau gebracht.

Am 9. Juli mußte das Lager bereits um 5 Uhr 30 auf dem Appellplatz antreten. Dann wurden drei Gefangene ans Tor gebracht, Peter Schmitz, Emil Glocker und Willy Pohl; alle drei waren BVer. Lagerführer Suhren verlas – vor Schmitz stehend – den Erschießungsbefehl Himmlers. Er trat ganz nahe an Schmitz heran und flüstere noch irgend etwas mit ihm. Dann gab er den SS-Posten das Kommando zum Abrücken an die Hinrichtungsstätte, der Station Z im Industriehof. Wir standen immer noch auf dem Appellplatz. Dann hörten wir die Schüsse fallen. Die Namen von Glocker und Pohl erfuhren wir, als wir sie noch am gleichen Tag von der Lagerstärke absetzen mußten. Suhren hatte einen seiner besten Spitzel in den Tod geschickt.

Schmitz war sich der Gunst des Lagerführers so sicher gewesen. Er war arrogant geworden, auch den SS-Leuten gegenüber, hatte mit seinen „Beziehungen" angegeben und meine Warnung, der Lagerführer würde nicht für alle Zeiten in Sachsenhausen bleiben, in den Wind geschlagen. Als seine Freunde sich von ihm losgesagt und sich gegen ihn gestellt hatten, hatte er keinen anderen Weg mehr gesehen, als die Flucht aus dem Lager zu versuchen.

Eines Abends werde ich zur Blockführerstube gerufen. Dort sagt man mir, ich müsse mich am nächsten Morgen eine Stunde vor dem Wecken bereithalten, SS-Hauptscharführer Palitzsch sei aus Auschwitz gekommen und möchte mit Werner Staake und mir sprechen. Diese Nacht kann ich gar nicht schlafen und bin schon angezogen, als die Nachtwache mir sagt, daß Palitzsch draußen warte. Wir stehen uns im grellen Licht des auf den Barackeneingang gerichteten Scheinwerfers gegenüber. Nach einem Wink von Palitzsch erlischt der Scheinwerfer. Schweigend stehen wir in der Dunkelheit. Ich will das Gespräch nicht eröffnen und warte, bis Palitzsch endlich beginnt: „Ich bin gekommen, um euch eine Freude zu machen." Nach einer kleinen Pause spricht er weiter: „Ich will den Siewertsen und den Windhorst abholen. Deren Laufbahn ist jetzt beendet. Die seid ihr los."

Dann kommt Werner und wird informiert. Palitzsch entscheidet, daß wir die beiden holen. Er bleibt im Wagen. Ich gehe zu Windhorst, wecke ihn und sage ihm, daß er nach Auschwitz geholt werden solle. Auf seine Frage, wer noch dabei sei, antworte ich: „Nur August Siewertsen und du." – „Und dafür

317

kommen die extra aus Auschwitz nach Sachsenhausen? Mensch, Harry, die brauchen uns!" Dann fragt er mich, was er mitnehmen dürfe. „Alles, was du willst. Ich werde nichts sehen." Auf seine Frage, ob er noch mit einigen seiner Freunde sprechen könne, sage ich: „Von mir aus kannst du machen, was du willst. Ich sehe und höre nichts, nur beeil' dich!" Als wir schon gehen wollen, sieht er sich noch einmal um: „Gott sei Dank, daß ich aus diesem langweiligen Laden rauskomme!" Inzwischen hatte Werner den Siewertsen geweckt; wir bringen die beiden zu Palitzsch.

Später – 1944 – hörte ich von früheren Sachsenhausenern, die von Auschwitz nach Flossenbürg evakuiert worden waren, daß Windhorst und Siewertsen umgekommen sind. In Auschwitz waren sie von BVern, die in Sachsenhausen ihre engsten Komplizen gewesen waren, „empfangen" worden. Als sie ihren alten Kumpanen die Hand geben wollten, bekamen sie Faustschläge ins Gesicht. All das, was sie ihnen an Grausamkeiten angetan und auch beigebracht hatten, traf sie jetzt selbst, erbarmungslos, bis zu ihrem Ende.

Die Häftlingskantine hat eine Lieferung Rote Bete bekommen. Der Vorarbeiter, Adolf Soberg, schlägt vor, für jeden der beiden Blocks mit jüdischer Belegschaft je ein Faß abzuzweigen. Dafür ist aber Geld nötig, um wenigstens einen Teil der Kosten aufzubringen. Das Geld können wir beschaffen; die beiden Fässer werden dann gleich beiseitegestellt, so daß der SS-Kommandoführer sie gar nicht erst zu Gesicht bekommt. Nun läuft alles in üblicher Weise ab, und die jüdischen Häftlinge bekommen die beiden Fässer ohne Bezahlung. Es dauert aber nicht lange, da kommen Proteste von einigen Außenseitern, daß in den jüdischen Blocks kostenlos Rote Bete ausgegeben würde, während sie nur begrenzte Mengen kaufen könnten. Bald darauf läßt Campe mich rufen und will wissen, warum die jüdischen Häftlinge Rote Bete ohne Bezahlung bekommen. Ich „weiß von nichts" und sage ihm, daß ich mich erkundigen werde. Nun gibt es eine Aussprache zwischen den Blockältesten der betreffenden Blocks, dem jüdischen Stubendienst und dem Vorarbeiter der Kantine. Wir einigen uns auf eine Finte: Die beiden Fässer Rote Bete seien in Gärung übergegangen und hätten nicht mehr verkauft werden können, darum seien sie den jüdischen Häftlingen übergeben worden. Noch vor der Nachtruhe wird in den betreffenden Blocks bekanntgegeben, die Rote Bete sei schlecht geworden und dürfe nicht gegessen werden. Wer noch welche habe, müsse sie wegwerfen. So wurde alles gleich aufgegessen für den Fall, daß die SS deswegen eine Kontrolle durchführte. Ich melde Campe, daß die Rote Bete verdorben sei. Er winkt ab, keine Nachfrage, keine Bemerkung.

Wir hatten Anfang 1942 etwa 480 jüdische Häftlinge im Lager, die in Block 38 und 39 untergebracht waren. Im Mai kam noch eine große Gruppe, aber am 28. Mai verloren wir durch die Mordaktion der SS 96 jüdische Kameraden, worüber ich schon berichtete. Zugänge gab es kaum noch. Später, im Oktober 1942, ging ein Transport mit fast allen jüdischen Häftlingen nach Auschwitz. Solange sie in Sachsenhausen waren, ließen wir uns immer wieder Hilfsmaßnahmen einfallen.

Jeder der beiden Blocks 38 und 39 konnte in Absprache mit der Häftlingsschreibstube einige Gefangene von der Arbeit freistellen oder auch vorübergehend in leichteren Arbeitskommandos unterbringen. Der Häftlingsarbeitsdienst legte die Anzahl fest, und die jüdischen Blockfunktionäre bestimmten, wer in den Genuß der Erleichterung kommen sollte. Sie folgten dabei den Entscheidungen des jüdischen Arztes Zycholcz, der lange Zeit das Vertrauen seiner Blockbelegschaft besaß. Aber dann hatte er sich geändert. Wir erfuhren davon, als eines Nachts in Block 39 ein junger jüdischer Häftling einen Selbstmordversuch machte. Nach langem Zögern enthüllte der Verzweifelte einige der Machenschaften von Zycholcz. Danach hatte er vermögende jüdische Häftlinge veranlaßt, einen Brief an ihre Angehörigen zu schreiben mit dem Auftrag, einen Geldbetrag an eine bestimmte Adresse zu schicken. Zycholcz hatte diese Briefe über SS-Leute und Zivilarbeiter illegal aus dem Lager befördern lassen. Sobald das Geld eingegangen war, hatte Zycholcz dem Häftling arbeitsfrei gegeben. Da nun im Falle des jungen Häftlings die Angehörigen kein Geld mehr aufbringen konnten, hatte Zycholcz den tatsächlich kranken Häftling arbeitfähig geschrieben. Das war der Grund seiner Verzweiflungstat.

Der Blockälteste von Block 39, Franz Hasenjäger, und die Kumpels vom Stubendienst, Horst Jonas und Walter Blass, informierten uns sofort. Werner Staake und ich gingen in den Block, um Zycholcz zur Rede zu stellen. Er machte gar nicht den Versuch zu leugnen. Im Gegenteil, er pöbelte lautstark über die Juden im Block und im allgemeinen und drohte, die Geldgeber und die beteiligten SS-Leute hochgehen zu lassen.

Zycholcz wurde nicht weiter herangezogen, und es konnte auch nichts gegen ihn unternommen werden, um Folgen für die betroffenen Häftlinge und deren Angehörige zu vermeiden. Dennoch hatte der zuständige Blockführer, SS-Oberscharführer Kaiser, Kenntnis von der Angelegenheit erhalten und, wenn ich mich recht erinnere, eine Meldung wegen mangelnder Kontrolle bei der Arbeitseinteilung der jüdischen Häftlinge gemacht. Es schien aber zunächst alles so zu laufen, daß keine über den Block hinausgehende Untersuchungen stattfanden.

Einige Tage darauf kam SS-Blockführer Kaiser zu mir und sagte, daß Zycholcz jetzt in der Strafkompanie sei und einen Brief an den Kommandanten Loritz geschrieben habe. In diesem Brief stehe auch allerhand über mich. Ich solle, wenn ich interessiert sei, diesen Brief bei Mandel einmal einsehen. Ich erwiderte, daß ich kein Interesse habe. Am nächsten Tage kam Richard Mandel, ein äußerst undurchsichtiger Häftling, mit dem Brief zu mir. Ich lehnte es ab, ihn zu öffnen. Er sagte: „Der ist offen, du kannst ihn ruhig lesen", und faltete den Brief auseinander. Er enthielt einen umfassenden Bericht über die „Tätigkeit der Kommunisten in den Judenblocks". Da wurde genau angegeben, wann einmal ein Essenkessel mehr angeliefert wurde, wann die Kantine zwei Fässer Rote Bete außer der Reihe geliefert hatte; genannt wurden auch die illegal bereitgestellten Medikamente und die – an sich verbotene – Behandlung der Kranken durch Pfleger aus dem Krankenbau. Selbst von der Feier anläßlich des 50. Geburtstages des kommunistischen Reichstagsabgeordneten Ernst Schneller am 8. November 1940 war noch die Rede. Zycholcz bezeichnete diese Veranstaltung als getarnte Revolutionsfeier zum Jahrestag der Russischen Revolution. Mich schilderte er auch in seinem Brief: Ich sei zwar ein umgänglicher Mensch, hätte aber Ambitionen und Verpflichtungen gegenüber den Kommunisten.

Als ich den Brief gelesen hatte, fragte mich Mandel, was wir nun damit machen sollen. Ich sagte: „Abgeben." Er redet und redet, sucht immer neue Argumente, ich aber bleibe dabei: „Der Brief ist an den Kommandanten gerichtet, und ich denke nicht daran, ihn zu zerreißen". Ich konnte mich unmöglich in die Hände dieses Zuträgers begeben. Und wie würde erst die Hauptperson, der Briefschreiber Zycholcz, reagieren? Für mich gab es nur die Ablehnung. Nach Gesprächen mit Genossen im kleinen Kreis entschieden wir, in dieser Angelegenheit nichts zu unternehmen. Wir wollten aber darauf achten, daß über diese Denunziation keine Diskussion im Lager entstand.

Übrigens hat SS-Oberscharführer Kaiser in seinem Prozeß nach 1945 versucht, diese Briefaffäre zu seinen Gunsten anzuführen. Nach seiner Aussage sollten dreißig Häftlingsfunktionäre abgelöst werden, weil sie in Geldschiebungen mit den Juden verwickelt gewesen wären. Jüdische Häftlinge hätten auf illegalen Wegen vermögende Juden, die noch in Freiheit waren, zu Geldspenden aufgefordert. Diese Sammlung habe zehntausend Mark erbracht. Davon habe die „Rote Hilfe" im Lager etwa dreitausend Mark zur Unterstützung notleidender Häftlinge erhalten. Für uns war die Aussage Kaisers ein Hinweis, mit welchen Anschuldigungen wir damals zu rechnen gehabt hätten.

Lange Zeit nach den geschilderten Vorgängen berichtete unser Vertrauensmann im Zellenbau, der Kieler Genosse Hans Appel, daß Richard Mandel sich im Zellenbau erhängt habe. Mit solchen Selbstmorden gab es aber schon Erfahrungen. Hatte die SS sich einen ihrer Zuträger als „Geheimnisträger" vom Halse geschafft?

Eines Tages hatte sich ein Häftling vor dem Morgenappell im Lager versteckt. Das ganze Lager stand zum Appell angetreten, alle Blockältesten waren zum Suchen ausgeschwärmt. Plötzlich rief jemand laut: „Da ist er!" und zeigte auf einen Block. Zehntausend Häftlinge sahen in die Richtung und erkannten, daß sich im Luftschacht oberhalb des Daches eines Blocks etwas bewegte. Die SS-Leute stürzten auf den Block zu, aber keiner holte ihn heraus. Als er deutlich machte, daß er aufgeben wollte, knallte man ihn einfach ab.

Die antifaschistischen Häftlinge aus allen Nationen organisierten in Sachsenhausen den Widerstand gegen die Nazis und deren Eroberungskrieg, oft auch unbemerkt von uns. Vieles erfuhren wir erst nach der Befreiung, durch unsere Tätigkeit im Internationalen Sachsenhausen-Komitee oder durch die europäische Forschung und Literatur. Aus Gründen der Sicherheit wurde damals über manche Widerstandsaktionen nicht gesprochen, sondern sie wurden im engsten nationalen Kreis beraten und durchgeführt. So organisierten zum Beispiel polnische Antifaschisten einen eigenen Radioabhördienst und die Verbreitung von Informationen, illegale Schulungen, die Verlangsamung der Arbeit in der Rüstungsproduktion, gezielte Materialverschwendung und

Sabotageakte. Sie unterstützten die schon erwähnten von uns initiierten internationalen Solidaritätsaktionen für die französischen Bergarbeiter und für die sowjetischen Kriegsgefangenen. Dr. Stanislaw Kelles-Krauz sowie andere polnische Ärzte und Pfleger waren an der Beschaffung von Arzneimitteln und an der medizinischen Betreuung der Rotarmisten und anderer Gefangener beteiligt.

Am 21. Juli 1942 wurden vier Polen vor allen Häftlingen auf dem Appellplatz gehängt. Zwei von ihnen, der Lehrer Stanislaw Piotrowski und der Schlosser Josef Ruszkowski, hatten bei der Arbeit, den Anstrich von Stahlhelmen mit Sandgebläse zu entfernen, den Sandstrahl länger draufgehalten, um die Stahlhelme unbrauchbar zu machen. Die beiden anderen hatten davon gewußt, aber ihre Kameraden nicht verraten. Die Hinrichtung stürzte das Lager in neue Unruhe. War doch jeder bemüht, so langsam und gleichgültig wie möglich zu arbeiten. Als die Blocks den Appellplatz verließen, sah man viele polnische Häftlinge, die sich untergehakt hatten und sich gegenseitig stützten. Manch einer weinte oder war dem Zusammenbruch nahe.

Wegen kommunistischer Zellenbildung sollten sieben sowjetische Kriegsgefangene am 8. August 1942 auf dem Appellplatz gehängt werden. Der Morgenappell fand deshalb eine Stunde früher statt. Nachdem der Mord an vier Gefangenen ausgeführt war, kamen die drei anderen zurück in den Zellenbau; sie sollten nach dem Abendappell gehängt werden. Wieder mußte das gesamte Lager antreten und diese grausame Hinrichtung miterleben. Schon den Strick um den Hals, riefen die Soldaten: „Nieder mit Hitler! Es lebe Stalin!" Auch diese drei Kameraden starben gefaßt. Der letzte hatte noch einige Worte an die mehr als 10 000 angetretenen Häftlinge gerichtet: Sie sollten den Mut nicht verlieren, die Rote Armee werde sie eines Tages hier herausholen. Dem Lagerführer rief er zu: „Das sage ich dir – heute stehe ich unter dem Galgen, aber bald wirst du es sein!" Der Lagerführer ließ sich alles übersetzen und ging schweigend in sein Büro. Nur wenige Häftlinge hatten verstanden, was der Russe gerufen hatte, aber es dauerte keine Stunde, da hatten seine Worte die Runde durch das Lager gemacht.

Auch die Hinrichtungen von Menschen, die keine Lagerinsassen waren, dauerten an. Manches Mal sahen wir die nach Sachsenhausen geholten Todeskandidaten am Tor stehen, wo sie warten mußten; einige von ihnen kamen auch für kurze Zeit in den Zellenbau. Unsere Versuche, über sie etwas zu erfahren, waren fast immer vergeblich. Auf dem Wege außerhalb des Lagers wurden sie zum Industriehof gebracht und dort erschossen oder gehenkt. Später hörten wir, daß es ein Abkommen über die „politische Sonderbehandlung bei nicht ausreichenden Urteilen" zwischen dem Reichsführer SS und dem Reichsjustizminister gab, wonach Verurteilte, deren Strafen den Naziinstanzen zu niedrig erschienen, aus dem Strafvollzug geholt und in Sachsenhausen umgebracht wurden. Emil Büge, Häftlingsschreiber in der Politischen Abteilung, hat allein im Februar 1942 vierzig bis fünfzig Ermordete geschätzt. Manchmal brachte die Nazipresse Meldungen über diese Exekutionen, die „auf Befehl des Reichsführers SS und Chef der Deutschen Polizei" angeordnet worden waren.

„Station Z"

Gelegentlich konnten wir auch die Namen der Getöteten erfahren. So wurde laut Standesamtseintrgung am 22. Mai 1942 um 17 Uhr 15 Leo Sklarek „wegen Widerstandes gegen die Staatsgewalt" erschossen. Seinen präparierten Schädel ließ sich Lagerführer Suhren als „Ausstellungsstück" aushändigen. Schon in den Jahren 1940/41 waren uns solche Meldungen in die Hände gefallen. So wurden die Brüder Saß, zwei bekannte Einbrecher aus der Weimarer Zeit, vom Strafvollzug nach Sachsenhausen zur Exekution gebracht. Nach dem Standesamtsbericht vom 27. März 1940 ist Franz Saß um 20.05 Uhr und Erich Saß um 20.10 Uhr erschossen worden. Wegen „Widerstandes gegen die Staatsgewalt" erschoß die SS am 29. Dezember 1941 drei Männer: Harry Reimer, Kurt H. Skibbe und Heinz Hasse.

Die Tötungsanlage im Industriehof wurde unter der Bezeichnung „Station Z" im Mai 1942 fertiggestellt. Die Schießgrube war schon im Jahre 1940 hinter dem Krematorium gebaut worden. Sie war etwa 20 Meter lang und rund fünf Meter breit. Zur Stirnseite fiel sie ab, war am Ende etwa zwei Meter tief und überdacht. Die untere Seite dieser Überdachung war als stationärer Galgen ausgestattet, der in Abständen nebeneinander vier Schlingen hatte, wodurch mehrere Erhängungen zur gleichen Zeit durchgeführt werden konnten. Die Opfer zog der Henker mit einer Winde hoch. Im Fußboden befand sich eine Vorrichtung, mit der die Füße des Opfers festgehalten wurden. Die Genickschußanlage wurde 1941 zur Ermordung der sowjetischen Kriegsgefangenen in Betrieb genommen. Jetzt ließ die SS ein neues Krematorium mit vier Verbrennungskammern bauen. Im März 1943 wurde in der „Station Z" eine Gaskammer eingerichtet.

Das Reichssicherheitshauptamt, der Reichsführer SS schickten immer mehr Menschen zur Exekution nach Sachsenhausen. Sie kamen einzeln und auch in Gruppen an. Ununterbrochen wurden Frauen und Männer in diese Todesfabrik geführt. Wir wissen nicht, wie viele Menschen auf dem Industriehof umgebracht worden sind. Es gab niemanden, der diese Morde vollständig registrierte.

Die Maßnahmen der SS-Führung im Zusammenhang mit der Strukturänderung der Konzentrationslager, dem forcierten Einsatz der Häftlinge in der Rüstungsproduktion, wirken sich im Lagerleben nach und nach aus. Die Häftlingsschreibstube und die Blockältesten haben ein neues Argument, das sie dem Terror der SS entgegensetzen können: „Die Arbeitskraft der Häftlinge muß laut Anweisung des Kommandanten erhalten bleiben und nutzbringend eingesetzt werden." So gibt es Zeiten, in denen uns die SS in unseren freien Stunden nicht mehr so oft durcheinanderwirbelt.

Verbrennungsöfen in der „Station Z"

Im April 1942 ist um 4 Uhr Wecken; von 5 bis 5.30 Uhr ist Morgenappell. Je nach den Lichtverhältnissen wird zur Arbeit ausmarschiert. Um 12 Uhr rücken die Arbeitskommandos zum Mittagsappell ein, um 13 Uhr ist wieder Ausmarsch zur Arbeit, um 19 Uhr Abendappell. Um 21 Uhr ist erstes Abklingeln. Der Block darf nicht mehr verlassen werden. Dann gibt um 22 Uhr das Klingelzeichen die Nachtruhe an.

Die Häftlingsbelegschaft ist stark angewachsen, die Anzahl der täglich aus- und einrückenden Arbeitskommandos hat bedeutend zugenommen. Ihr Einsatz liegt oft kilometerweit vom Lager entfernt, was zu Verzögerungen bei der Rückkehr ins Lager – also zu den Appellen – bedeutet. All das macht die Appelle komplizierter, schwieriger und zeitraubender, und alles geht zu Lasten der Häftlinge. Der Sonntagvormittag wird zur Arbeitszeit erklärt. Wer nicht zur Arbeit ausrücken kann, weil die Wachtruppe nur in beschränktem Umfang aufzieht, wird im Lager oder im Kommandobereich beschäftigt. Alle anderen Häftlinge müssen im Block zur Arbeit herangezogen werden. In den Anweisungen der SS-Lagerführung an die Arbeitskommandoführer heißt es: „Der Einsatz der Arbeitskräfte der Häftlinge muß im wahrsten Sinne des Wortes erschöpfend sein, um ein Höchstmaß an Leistungen zu erreichen."

Als Mittagessen gibt es vorwiegend Kohl- und Rübensuppe. Da über längere Zeit keine Kartoffeln vorrätig sind, reichen die Mahlzeiten nicht aus, um den Hunger zu stillen. Dreimal in der Woche haben wir morgens eine dünne Suppe aus Grütze, Hirse oder Sago, wobei dieser halbe Liter nicht einmal zum Stillen des Hungergefühls ausreicht. An den übrigen Tagen erhalten wir „gefärbtes Wasser", wie der Ersatzkaffee genannt wird.

An Bemühungen der Vorarbeiter der Arbeitskommandos, für ihre Häftlinge zusätzliche Lebensmittel zu beschaffen, fehlt es nicht. Die Vorarbeiter der Kraftfahrtechnischen Versuchsanstalt haben es geschafft, je einen halben Liter Mittagessen zusätzlich an die Häflinge ihres Kommandos auszugeben. Auch andere Vorarbeiter bemühen sich um zusätzliche Schwerarbeiterportionen für ihre Arbeitskommandos. Wenn die Rapportführer bei Blockführern oder Häftlingen irgendwelche Lebensmittel aus dunklen Quellen beschlagnahmen, übergeben sie diese in der Regel den Lagerältesten, und diese leiten sie an den Krankenbau weiter.

Wir brauchen aber auch eine kleine Reserve an Lebensmitteln für besonders gefährdete Häftlinge im Lager. Da kommen als Zugänge Menschen, die eine schwere Zeit in den Folterkammern der Gestapo hinter sich haben oder unter verschärften Bedingungen im Zuchthaus leben mußten. Sie kommen oft schon in einem erbarmungswürdigen Zustand im Lager an, und es ist nicht schwer einzuschätzen, daß sie ohne Hilfe die ersten Wochen, die immer die schwersten sind, kaum überstehen würden. Ihnen gilt in erster Linie unsere Unterstützung in der Ernährung und bei der Beschaffung leichter Arbeit.

Die jüdischen Kameraden waren während der ganzen Jahre im Lager von der SS besonders geschunden worden. Sie wurden von uns, soweit wir es konnten, in der Ernährung und in der medizinischen Betreuung bevorzugt. Einige Häftlinge sind wegen ihrer politischen Arbeit und ihrer organisierten

Hilfe für andere Häftlinge über den Bock und anschließend in den Bunker oder in die Strafkompanie gegangen.

Zu den Hilfsmaßnahmen der Häftlingslagerführung kam die Solidarität in den einzelnen Blocks, die Hilfe der Tischgemeinschaften und die Hilfe von Kumpel zu Kumpel. Aber das war in den einzelnen Blocks sehr unterschiedlich, in Stammblocks des ersten und zweiten Ringes ausgeprägter als in den später eingerichteten Baracken des dritten und vierten Ringes mit ihrer Massenbelegschaft und der ständigen Fluktuation durch die Massentransporte. Immer hing in dieser Hinsicht sehr viel von der Persönlichkeit des Blockältesten ab.

Bei vielen aus kleinbürgerlichen Kreisen kommenden Häftlingen wurde solidarische Hilfe mit Unverständnis und Neid angesehen. Sie waren nicht aus dem Widerstand ins Lager gekommen, sondern weil sie ihre Unzufriedenheit mit dieser oder jener Maßnahme der Nazis zum Ausdruck gebracht hatten. Viele von ihnen lebten sich nach einiger Zeit großer persönlicher Schwierigkeiten und Überwindungen ein; manche von ihnen schlossen sich im Lager dem Widerstand an. Es blieben aber immer noch einige Sonderlinge, die aufgrund ihrer vorherigen gesellschaftlichen Position oder ihrer höheren Bildung besondere Ansprüche stellten und Vorrechte erwarteten. Je unterwürfiger sie sich vor der SS verhielten, um so arroganter und fordernder traten sie den Blockältesten und ihren Helfern entgegen. Für sie war schon das kameradschaftliche „Du" ein Verstoß gegen die individuelle Souveränität. Jede Aufforderung, sich an Solidaritätsaktionen zu beteiligen, wurde von ihnen als Druck und Zwang empfunden oder als Unbequemlichkeit abgewehrt. Alle Maßnahmen der Häftlingsschreibstube und des Stubendienstes für ein kameradschaftliches Zusammenleben und die Sicherheit vor dem SS-Terror wurden von ihnen nicht verstanden oder bewußt ignoriert. Sie beriefen sich auf das, was sie „persönliche Freiheit" nannten, wenn sie sich Regelungen im Interesse der Häftlingsgemeinschaft versagten.

Die langen politischen und zum Teil kontrovers ausgetragenen Diskussionen der Kameraden aller weltanschaulichen Richtungen hatten durch die Kriegsentwicklung an Schärfe verloren. Die meisten hofften auf die militärische Niederlage Hitlerdeutschlands. Die Wehrmacht hielt zwar fast ganz Europa sowie Nordafrika besetzt und war weiter in die südlichen Gebiete der Sowjetunion eingedrungen, aber ihr Vormarsch war vor Moskau zum Stehen gekommen, und Leningrad verteidigte sich standhaft. Dies waren zwei wichtige Tatsachen, die uns darin bestärkten: Die Faschisten können den Krieg gegen die Sowjetunion nicht gewinnen, aber die Wende im Kriegsgeschehen ist noch nicht erreicht. So verliefen in etwa unsere Diskussionen, oft genug wechselnd zwischen Hoffnung und Enttäuschung.

Da die SS sich in Anwesenheit der Lagerältesten zu sehr beobachtet fühlte, verbot sie ihnen, bei der Aufnahme der Zugänge dabei zu sein. Sobald es die SS aber zu toll trieb, konnten wir doch schon manches Mal unter dem Vorwand, die Zugänge müßten dem Arzt vorgestellt werden, helfend eingreifen.

Mit einem größeren Zugangstransport kommt ein Häftling, in dessen Begleitpapieren steht, daß er Ukrainer sei und anscheinend kaum hören und sprechen könne. Nachdem er einem Block und einem Arbeitskommando zugewiesen worden war, kommen schon bald Beschwerden, daß er laufend seinen Arbeitsplatz verlasse, umherlaufe und das ganze Arbeitskommando dadurch gefährde. Wir lassen ihn deshalb ab sofort sicherheitshalber nur zu Arbeiten im Lagerbereich heranziehen. Wenn er angesprochen wird, zeigt er auf seinen Mund und seine Ohren und hebt die Schultern, womit er andeuten will, daß er taubstumm sei. Als ich ihn anspreche, weil er mir bekannt vorkommt, schweigt er. Sein Verhalten bringt ihn eines Tages über den Bock und anschließend in den Bunker. Dort macht er einen Selbstverstümmelungsversuch. Der Vorarbeiter des Krankenbaus, der ihn behandeln muß, berichtet mir anschließend: Er kenne diesen Mann. Der sei schon einmal in Sachsenhausen gewesen und habe sich in der Bunkerhaft einen Hoden herausgeschnitten. Er heiße Karl Helbig und sei schon vor 1937 inhaftiert gewesen.

Nachdem Helbig in den Krankenbau verlegt worden ist, kann ich ihn bewegen, mit mir zu sprechen. Er berichtet, daß er vor längerer Zeit von Sachsenhausen nach Neuengamme und von dort nach Ravensbrück gekommen sei. Er habe vor, unter allen Umständen vom Krieg verschont zu bleiben. In Ravensbrück sei er geflüchtet, um in die Nähe der Front zu gelangen, von dort in das Innere Rußlands und damit in Sicherheit. Die Flucht sei aber mißglückt und er wieder eingefangen worden. Er würde aber auch in Sachsenhausen seinen Fluchtversuch wiederholen. Ich bitte alle Mitwisser, über die Absichten des Mannes absolutes Stillschweigen zu bewahren, um sich nicht selbst zu gefährden. Würde die SS von der Sache erfahren, könne der Mann mit seinem Leben abschließen. Ihm selbst verspreche ich, ihn – soweit es möglich ist – mit dem nächsten Transport nach Groß-Rosen zu schicken, das ja weiter im Osten liege. Bald aber wird doch über Helbig und sein Vorhaben diskutiert. Das bleibt der SS nicht verborgen, und Campe läßt mich rufen, warum ich keine Meldung gemacht habe. Meine Antwort: Ich könne ihn doch nicht mit jedem Kleinkram oder wirren Äußerungen eines kranken Häftlings belästigen. Er erwidert, ob ich auch noch von „Kleinkram" spräche, wenn der Mann abhaue.

Die Sache ist also geplatzt. Ich muß jetzt schnell den Helbig finden. Versteckt in einer Ecke entdecke ich ihn, er hält seine Hände über einige Brotportionen, die er vermutlich gestohlen hat. Ich nehme ihm das Brot ab, um es seinem Blockältesten zurückzubringen, und verspreche ihm, daß er keine Strafe zu erwarten habe. Da gerade die Arbeitskommandos einrücken, muß ich ihn allein lassen. Helbig hat im Gedränge des Einmarsches der Arbeitskolonnen inzwischen einen Weg gefunden, an den Posten am Torhaus vorbeizukommen; wie er das geschafft hat, ist mir unverständlich. Er fehlt beim Abendappell. Wie in solchen Fällen üblich, müssen alle Häftlinge auf dem Appellplatz stehenbleiben. Nach einiger Zeit wird er gefunden und als Toter ins Lager gebracht.

Wieder geschieht das Unwahrscheinliche: Rapportführer Campe verliert kein Wort über Helbig. Diese Fälle des Schweigens führe ich auf seine Beförderung zum SS-Untersturmführer zurück. Campes ganzes Denken und Handeln ist auf seine Karriere konzentriert und das Lager für ihn schon abgeschrieben. Eine andere Erklärung finde ich nicht. Außerdem hat er sicher auch schon vor dem Vorstoß Suhrens und Dannels gegen den Lagerkommandanten Loritz gewußt, was ihn darin bestärkte, sich in Sachsenhausen nicht mehr als unbedingt nötig zu engagieren. Die umfangreichen Schiebungen zur persönlichen Bereicherungen des Kommandanten unter Mithilfe einer Reihe von Unterführern drohte sich zu einem öffentlichen Skandal der SS zu entwickeln. Im August 1942 wird Loritz durch den neuen Kommandanten SS-Sturmbannführer Kaindl ersetzt. Auch Campe wird aus Sachsenhausen abberufen und geht in das KZ Natzweiler. Wir sind alle erleichtert, daß wir einen Feind weniger haben. Später hören wir, daß er nach Bergen-Belsen versetzt worden sein soll. Campe ist nach 1945 nirgends aufgetaucht und wurde 1952 durch Gerichtsbeschluß für tot erklärt.

57.

Kampagne gegen die Häftlingsschreibstube

Im Jahre 1942 war der grüne Häftling Wilhelm Thierhoff (BVer) Vorarbeiter des gesamten Krankenbaus. Er stammte aus Westfalen, war ein intelligenter Mann, aber eine schillernde Figur. Ich erinnere mich an Silvester 1941, als einige Häftlingsfunktionäre im Block 6 zusammenkamen, Politische, ASOs und BVer, um den Geburtstag von Jakob Groß („Köbes") zu feiern. Fritz Selbmann hielt die Geburtstagsansprache. Thierhoff war auch anwesend und lobte die Zusammenarbeit zwischen Krankenbau und Häftlingsschreibstube. Ich nahm zu einem Vorgang Stellung, der sich erst wenige Tage zuvor ereignet hatte, und zwar zu den Folgen einer Weihnachtsfeier auf Block 2, auf der Hans Seigewasser gesprochen hatte. Diese Feier war von Spitzeln belauscht und der SS darüber berichtet worden. Die Geburtstagsfeier für „Köbes" war für mich eine Gelegenheit, um auf die sich mehrenden Machenschaften gegen die Häftlingsschreibstube aufmerksam zu machen. Thierhoff fühlte sich angesprochen und bestritt, damit etwas zu tun gehabt zu haben.

Im Juni 1942 befanden sich bei einer Lagerstärke von 12 000 Häftlingen etwa 1500 im Revier. Da der Krankenbau nicht alle erkrankten Häftlinge aufnehmen konnte, hatte die Häftlingsschreibstube für eine Behandlung in den Wohnblock vorgesorgt. Dazu zogen wir Gefangene, die von Beruf Arzt oder Sanitäter waren, aber im Revier nicht arbeiten durften, als Pfleger heran. Durch die Vorarbeiter einiger Arbeitskommandos, die in der Umgebung Berlins eingesetzt waren, und Kalfaktoren in den SS-Dienststellen konnten wir einiges an Medikamenten und Verbandmaterial beschaffen. Das war ein sehr mühsames und riskantes Unterfangen. Wer erwischt wurde, mußte mit harten Strafen rechnen. Also wurde der Kreis der Eingeweihten zwangsläufig eng gehalten. Thierhoff gehörte nicht dazu, weil wir aufgrund seiner engen Beziehungen zum SS-Personal des Krankenbaus und zu den Blockführern zu ihm kein Vertrauen hatten.

Bei dem täglichen Rundgang der Lagerältesten durch die Häftlingsblocks wurde auch der Krankenbau einbezogen. Wir gingen durch die Krankensäle, die Operationsräume, die Pathologie und den Leichenkeller, also durch alle Räumlichkeiten des Krankenbaus. Wir sprachen mit den Kranken, mit den Häftlingssanitätern und den Vorarbeitern. Am Ende des Besuches fand in der Regel eine Aussprache mit dem Vorarbeiter Thierhoff statt. Das lief alles so selbstverständlich ab, daß niemand auf die Idee kam, uns das Betreten des Krankenbaus zu verbieten. Dennoch war unsere Einflußnahme begrenzt. Die Häftlingsschreibstube konnte nur wirksam werden mit Hilfe von politischen Pflegern und einigen anderen Kameraden, die ihre Tätigkeit im Revier verantwortungsbewußt ausübten.

Der frühere Reichstagsabgeordnete Reinhold Wulle befand sich seit Spätsommer 1940 als politischer Häftling im Lager. Er war ein deutschnational und völkisch eingestellter Politiker, der Anfang der zwanziger Jahre als erbitterter Gegner der Weimarer Republik, als Judenhasser und Antikommunist bekannt geworden war. Sein Wahlslogan hieß „Wer weise wählt, wählt Wulle!" Zuerst hatte er die Deutschnationale Volkspartei, dann die „Nationalsozialistische Freiheitspartei" im Reichstag vertreten, später war er als Abgeordneter der „Deutschvölkischen Freiheitspartei" im Preußischen Landtag. Seine Grundeinstellung hatte auch Sachsenhausen nicht erschüttern können, und es war im Lager bekannt, daß er sich mit seinen engen Beziehungen zum Preußenprinzen Auwi und zu anderen prominenten Nazis brüstete.

Eines Tages rief mich Rapportführer Campe zu sich und fragte: „Kennen Sie den Wulle?" – „Ja, von früher, aus Versammlungen." – „Bringen Sie den Mann mal her!" Ich holte Wulle. In meiner Gegenwart gab Campe ihm den Auftrag, seine Sachen zu packen und in den Krankenbau umzuziehen. Er dürfe sich die Haare wachsen lassen, könne in der Häftlingskantine unbegrenzt einkaufen, Besuche empfangen und Pakete erhalten, seine Frau werde entsprechend informiert. Als Wulle gegangen war, sagte Campe zu mir: „Sorgen Sie dafür, daß der Mann in Ruhe gelassen wird!" – Natürlich machte es mich sofort mißtrauisch, daß Wulle diese außergewöhnlichen Vergünstigungen erhielt. Galten sie nur dem gefallenen Glaubensbruder, oder war Wulle auch eine besondere Rolle im Krankenbau zugedacht?

Im Verlaufe der Zeit bildete sich um Wulle und Thierhoff ein politischer Kreis von ausgesprochen reaktionär eingestellten Leuten, die sich jetzt im Krieg mehr mit den Nazis als mit deren Gegnern verbunden fühlten. Thierhoff als Vorarbeiter des Krankenbaus ließ es jedoch noch nicht zu einem offenen Bruch mit der Häftlingsschreibstube kommen. Er war aber immer weniger bereit, auf Vorschläge von uns einzugehen und aufgezeigte Mängel und Mißstände im Krankenbau abzustellen. In seinen Entgegnungen berief er sich immer stärker auf die SS-Ärzte Frowein und Schmitz. Jeden neuen SS-Arzt versuchte Thierhoff für sich einzunehmen. Da er ein redegewandter Mann war und sich auch einige medizinische Kenntnisse erworben hatte, erreichte er meist sein Ziel. Gleichzeitig versuchte er, SS-Ärzte und Sanitätsgrade durch Lebensmittelzuwendungen, die aus Sonderzuteilungen für Kranke stammten, zu beeinflussen. Auch Wertsachen benutzte Thierhoff als Tauschobjekte. Er erhielt sie durch Beziehungen zur Schuhfabrik, in der Kleider und Schuhe von Ermordeten nach Wertsachen und Geld untersucht wurden.

Ein Häftling mit rotem Winkel namens Busch war Vorarbeiter der Schuhfabrik, die im Industriehof lag. Das Tor zum Industriehof befand sich direkt am Krankenbau. Um an die Wertsachen heranzukommen, wurde Busch von Thierhoff in den Krankenbau aufgenommen. Er bekam ein Zimmer in unmittelbarer Nähe des Durchgangs zum Industriehof, allgemein das „Fürstenzimmer" genannt. Beim abendlichen Einrücken der Arbeitskommandos, vorbei am „Fürstenzimmer", ergab sich alles weitere fast von selbst. Da diese Manipulationen ziemlich offen vor sich gingen und die Arbeitskommandos der Schuhfabrik und des Krankenbaus dadurch stark gefährdet wurden, griffen wir ein. Wir versuchten zuerst eine gütliche Regelung, aber Aussprachen mit Thierhoff und Busch blieben erfolglos. So gab es für uns keinen anderen Weg, als Busch durch den Häftlingsarbeitsdienst als Vorarbeiter der Schuhfabrik abzulösen. Wir boten Busch an, sich eine andere Arbeitsstelle auszuwählen. Busch dagegen verfaßte mit Thierhoff einen Brief an den SS-Kommandoführer der Schuhfabrik. Da Busch sich krank gemeldet hatte, gab er diesen Brief einem Vertrauensmann, einem „Grünen", der ihn aber zu mir brachte. In dem Brief wurde behauptet, daß „seine, Buschs Absetzung eine kommunistische Intrige der Häftlingsschreibstube sei und er den SS-Hauptscharführer bitte, dies der Lagerführung zu melden. Natürlich habe ich diesen Brief nicht weitergegeben. Da ich aber davon ausging, daß Busch und Thierhoff sich auf anderen Wegen an die SS-Lagerführung heranmachen würde, packte ich lieber den Stier bei den Hörnern und wandte mich selbst an Suhren. Ohne Buschs Namen fallenzulassen, sprach ich das Thema allgemein an. Ich wollte mir vom Lagerführer bestätigen lassen, daß die Schreibstube auch im Krankenbau für reine Häftlingsangelegenheiten zuständig sei. Suhren erwiderte aber, daß ich mich um den Krankenbau nicht zu kümmern habe. So mußten wir auf eigene Faust handeln; und Busch bekam ein anderes Arbeitskommando.

Reuter, ein anderer enger Vertrauter Thierhoffs und Vorarbeiter einer Krankenbaracke, war ein sogenannter Berufsverbrecher. Er prahlte mit medizinischen Kenntnissen, behandelte aber die Kranken so leichtfertig und gleichgültig, daß er nach unserer Meinung an einer Reihe von Todesfällen mitschuldig war. Außerdem vergriff er sich an den Lebensmittelzuteilungen für die Kranken. Diese hatten den Verdacht uns gegenüber schon öfter ausgesprochen und eines Tages konnten wir ihn wirklich überführen. Unser Verlangen, Reuter abzulösen, lehnte Thierhoff ab. Auch nächtliche Saufgelage Reuters mit seinen Kumpanen in der Krankenbaracke reichten nicht aus, ihn zu entfernen. Sowohl Thierhoff als auch die SS-Ärzte stellten sich hinter ihn. Erst als Reuter eigenmächtig und völlig unsachgemäß eine Meniskusoperation vornahm und das Bein eines Häftlings verpfuschte, mußte er den Krankenbau verlassen.

Bei unseren Kontrollgängen durch den Krankenbau, die wir entgegen Suhrens Anweisung und trotz zunehmender Auseinandersetzungen mit Thierhoff und Konsorten fortsetzten, stießen wir immer häufiger auf Mißstände. Die Rationen der Kranken wurden gekürzt, Medikamente unterschlagen und für Tauschzwecke benutzt, die Pflege vernachlässigt. Nur durch die Unterstützung aus dem Kreis der bewußten antifaschistisch und christlich eingestellten Pfleger, die ihre Tätigkeit im Krankenbau ernst nahmen, konnten wir da und dort Schlimmeres verhindern. Aber täglich fühlten wir deutlicher, daß uns bei der Wahrung der Häftlingsinteressen im Krankenbau immer engere Grenzen gezogen wurden.

Eines Tages kam Franz Primus, ein österreichischer Genosse, aufgeregt in die Häftlingsschreibstube und berichtete, daß sein Zimmerkamerad in der Tb-Abteilung, der Häftlingspfleger Eduard Jakubeit, von Thierhoff eine Namenliste von Tb-kranken Häftlingen erhalten habe, die er abspritzen solle. Diese Liste hätten SS-Arzt Dr. Frowein und Thierhoff zusammengestellt. Jakubeit sei vollkommen verzweifelt.

Hier ging es offen um Mord, um Mord auf eine teuflische Weise: Kameraden sollten die eigenen Kameraden umbringen. Hier mußten wir uns einschalten. Wir gingen sofort zum Krankenbau und fanden einen völlig verstörten Jakubeit vor. Wir rieten ihm, Thierhoff mitzuteilen, daß er die Häftlingsschreibstube informiert habe, denn schließlich sei er, Thierhoff, ja selbst Häftling und kein SS-Befehlshaber. Weiter solle er sich zunächst nicht äußern, um sich nicht noch mehr zu gefährden. Wir konnten Jakubeit diesen Ausweg nur anraten, weil wir vermuteten, daß jetzt, nachdem das Mordvorhaben bekannt geworden war, Thierhoff nicht den Makel eines Mörders auf sich nehmen wollte. Jakubeit war erleichtert, daß er sich in dieser Sache auf mich berufen konnte.

Daß mein Eingreifen Folgen haben würde, war mir klar. Thierhoff konterte prompt. Er behauptete, im Krankenzimmer des Häftlings Primus fänden politische Versammlungen statt. Dies sei ihm von SS-Arzt Dr. Frowein vorgehalten worden. Als dann auch der Leiter der „Politischen Abteilung" mir gegenüber die Angelegenheit Primus zur Sprache brachte, wußte ich, was die Stunde geschlagen hatte. Franz ließ sich, halb genesen, aus dem Krankenbau entlassen, und wir verhalfen ihm sofort zu einem anderen Arbeitskommando in einem Nebenlager.

Da im Zimmer von Jakubeit aber tatsächlich regelmäßig politische Kurse und Diskussionen stattgefunden hatten und das Versteck für unsere illegale Literatur in Gefahr war, mußten wir die Zusammenkünfte einstellen und alles beiseite schaffen. Genossen, bei denen ähnliche Treffen stattfanden, wurden ebenfalls gewarnt. Für die politischen Häftlinge der Schreibstube hatten wir schon Anfang 1942 den Beschluß gefaßt, aus Sicherheitsgründen nicht mehr an Zusammenkünften im Krankenbau teilzunehmen. Wir erfuhren, daß man uns „unter Wind" hatte, daß registriert wurde, mit wem wir uns trafen, und nach Möglichkeit auch, was dabei besprochen wurde.

Eines Tages kam Viktor Wolf aus dem Krankenbau zu uns und berichtete, Reinhold Wulle sei auf dem Weg zum Lagerführer, um eine Meldung über die Häftlingsschreibstube anzubringen. Was war zu tun? Eile tat not. Als ich aus der Schreibstube trat, sah ich Wulle zum Tor gehen. Ich hoffte, ihn, den Gehbehinderten, noch vorher abfangen zu können. Als ich ihn kurz vor dem Tor erreichte, fragte ich ihn: „Wohin willst du?" – „Das geht dich gar nichts an!" – „Mich geht alles an. Also, was hast du vor?" Er blieb stehen, zeigte mir irgendwelche Papiere und sagte: „Ich will zum Lagerführer und mich über eure Machenschaften beschweren." Ich antwortete: „Das ist gut. Da komme ich gleich mit." – „Was willst du denn da?" – „Ich will den Lagerführer bitten, mit uns beiden zum Krankenbau zu gehen und erst einmal deinen Schrank zu inspizieren." Er blieb stehen und überlegte. Als ich ihn drängte, weiterzugehen, drehte er wortlos bei und ging in den Krankenbau zurück. Anscheinend hatte mein Einfall ins Schwarze getroffen.

Kurz danach ersuchte mich Wulle, zu einem Gespräch unter vier Augen in die Infektionsabteilung des Krankenbaus zu kommen. Nach Rücksprache mit meinen Genossen sagte ich zu. Dort legte mir Wulle einen Bericht vor, den er dem Lagerführer unterbreiten wollte. Er enthielt eine Aufzählung politischer Äußerungen und Auslassungen von Kameraden über Zustände im Lager. Wulle sagte mir, daß er dieses Material nicht gegen uns verwenden wolle, daß er aber von uns erwarte, die Kritik am Krankenbau einzustellen. Ich erklärte ihm, daß wir als Schreibstube verpflichtet seien, die Interessen aller Häftlinge zu wahren und zu schützen, und das gelte auch für das Revier. Sein Bericht über Krankenbau und Lager sei eine reine Denunziation. Er wolle uns damit nicht nur drohen, sondern uns auch hindern, etwas für die kranken Häftlinge zu tun.

Aus dem Kreis um Thierhoff hörten wir, daß man mit dem Verlauf dieser Besprechung nicht zufrieden war. Kurz darauf machte Thierhoff mir den Vorschlag, zu einer Aussprache mit ihm und Dr. Frowein in den Krankenbau zu kommen. Als ich etwas zu früh erschien, traf ich Dr. Frowein auf dem Flur von Revier II. Er suchte für uns ein leeres Zimmer und überfiel mich ohne lange Vorrede: „Sie sind also nicht zufrieden mit dem Krankenbau?" – „So möchte ich das nicht sagen. Der Krankenbau ist Ihre Sache und nicht meine. Die Häftlingsschreibstube muß aber darauf achten, daß die Häftlinge überall ihr Recht bekommen und auch selbst nicht gegen die Lagerordnung verstoßen." Er fiel mir ins Wort und sagte: „Wie Sie wissen, habe ich einige Ihrer Leute im Krankenbau aufgenommen, ohne daß ihnen etwas fehlte. Die haben sich erholt, und jetzt können Sie mir vier andere Freunde benennen." Meine schnelle Antwort war: „Ich habe keine Freunde, die ich im Krankenbau unterbringen möchte. Dazu sind nicht genug Betten da." Mit dieser Entgegnung hatte der SS-Arzt nicht gerechnet; ich hatte seine Autorität angetastet, indem ich indirekt kritisierte, daß in seinem Revier Krankenbetten mit Gesunden belegt würden. Brüsk unterbrach er das Gespräch mit den Worten: „Sie scheinen vergessen zu haben, daß ich SS-Führer bin!" Damit ließ er mich stehen.

Ich ahnte, was der Ausgang dieses Gesprächs und dessen plötzlicher Abbruch bedeuteten. Man mußte mit Maßnahmen und auch mit Provokationen gegen die Häftlingsschreibstube rechnen. So verlangte Thierhoff wenige Tage danach von dem Häftlingspfleger in der aseptischen Abteilung, Magnus Grantin, daß er ein Drittel seiner Patienten, gleichgültig ob arbeitsfähig oder nicht, zur Entlassung bringen sollte. Grantin lehnte das erregt ab, weil es unabsehbare Folgen, wenn nicht gar den sicheren Tod für einige dieser Menschen bedeutet hätte. Thierhoff drohte, wenn die Politischen sich weiterhin gegen ihn stellen und seine Anordnungen sabotieren würden, dann könne er uns dahin bringen, wohin wir gehörten, und bevor es ihm an den Kragen gehe, wolle er vorher noch einige von uns hängen sehen.

Im Sommer erhielt die Gruppe Wulle/Thierhoff Verstärkung. Der NS-Schriftsteller Herbert Volck war als Zugang ins Lager gekommen. Man brachte ihn in einem Zimmer im Krankenbau unter, in dem außer ihm zwei politische Häftlinge und ein christlicher Professor lebten. Volck erzählte, daß er nur vorübergehend im Lager sei, da ihn der Führer wegen seiner Asien-Kenntnisse brauche. Außerdem kenne er sich wie kein zweiter im Kaukasus aus. Er fand damit eifrige Zuhörer. Es wurde diskutiert und philosophiert über die Kriegslage, über die Zukunftsaussichten nach Beendigung des Krieges. Inzwischen hatten Herbert Schämel und Heinz Jordan sich in der Politischen Abteilung Einsicht in Volcks Akte verschaffen können. Dort hieß es: „Volck eignet sich für vertrauliche Aufgaben und ist für keine schweren körperlichen Arbeiten einzusetzen." Damit war die Rolle, die ihm im Lager zugedacht war, klar. Wir konnten nichts weiter tun, als allseits vor ihm zu warnen.

Es war im August 1942, zur Zeit der Ermordung der „175er" und der „Amtsanmaßer", als mich Lagerführer Suhren auf dem Appellplatz ansprach: „Was ist mit Ihnen, Sie laufen den ganzen Tag mit finsterem Gesicht herum." Ich: „Wie kann ich bei allem, was ich in letzter Zeit hier erlebe, ein anderes Gesicht machen?" Im weiteren Gespräch sage ich ihm, daß im Zellenbau ein Kalfaktor gebraucht werde und ich einen guten Vorschlag machen könne. Seine Antwort: „Lassen Sie die Finger vom Zellenbau! Was kümmert Sie das? Sie wissen sowieso schon zuviel!" – „Soll das eine Warnung sein?" Er gab mir darauf keine Antwort, sondern wechselte das Thema. „Übrigens, Naujoks, ich werde versetzt. Ich gehe nach Ravensbrück."

Mit Suhren war der letzte SS-Mann höherer Chargen aus der Lagerführung, unter deren Befehlen wir hatten arbeiten müssen, gegangen. Außer ihm waren in den letzten Wochen und Monaten versetzt worden: Kommandant Loritz, Rapportführer Campe, Arbeitsdienstführer Sorge, der Leiter der Politischen Abteilung, Dannel, und eine Reihe von SS-Blockführern.

Etwa seit Ende Juli 1942 waren im Lager Gerüchte im Umlauf, daß die SS-Lagerführung Maßnahmen gegen die Häftlingsführung plane. Wir erhielten immer mehr Hinweise dafür. Fritz Gebauer, Vorarbeiter in der Gärtnerei, informierte uns, daß Thierhoff und sein Kreis etwas gegen die Kommunisten plane. Der grüne Blockälteste, Dr. Karl Harzen, mit dem ich oft zusammengearbeitet hatte, teilte mir mit, daß in den nächsten Tagen unsere Ablösung vor sich gehen solle. Klaus Rendtorf, der Sohn des evangelischen Bischofs von Pommern, der bei Thierhoff ein- und ausging, hatte gehört, daß unsere Absetzung durch die Lagerleitung bevorstehe. Queißer, ein sudetendeutscher Häftling, erzählte tschechischen Studenten, an deren Paketbezug er teilhatte, daß er bald Lagerältester sein und sich ihnen dann erkenntlich zeigen werde. Der neue Rapportführer, SS-Hauptscharführer Michael – „Hungerturm" genannt – ließ Werner Staake wissen, daß Unangenehmes auf uns zukomme.

Und immer wieder fielen dabei die Namen der SS-Ärzte Frowein und Schmitz.

Gerüchte, Drohungen, Warnungen, über Wochen hindurch im Lager im Umlauf, zerren an unseren Nerven. Der entscheidende Schlag kann jeden Tag gegen uns fallen. Wir können nicht einmal Vermutungen anstellen, wen es treffen wird. Unsere Überlegungen drehen sich um die Frage: Haben wir etwas falsch gemacht? Was wird die SS gegen uns vorbringen? Wir müssen damit rechnen, daß uns neue Vernehmungen bevorstehen. Die SS sieht in uns aufgrund unserer langjährigen Tätigkeit als Häftlingsfunktionäre „Geheimnisträger". Wir haben die Erfahrung gemacht, daß die SS solche Gefangenen rücksichtslos liquidiert, wenn sie sich ihrer entledigen will. Wir setzen alles daran zu erfahren, was die SS vorhat. Da wir aber eine vollkommen neue Lagerführung haben, können wir aus deren Verhalten noch keine Schlußfolgerungen ziehen. Wir bekommen auch keine internen Berichte mehr über die SS-Kommandantur. Rudi Wunderlich und Franz Primus, die uns eine lange Zeit hindurch Informationen aus dem SS-Bereich geben konnten, sind nicht mehr im Hauptlager.

Wir hatten mit der Übernahme wichtiger Funktionen in der Verwaltung des Häftlingslagers für einen reibungslosen Tagesablauf, für die Einhaltung von Ordnung und Disziplin einzustehen, wie sie das Zusammenleben so vieler Menschen auf so engem Raum erforderte. Unsere entscheidende Aufgabe aber sahen wir darin, gegen Terror und Vernichtungsstrategie der SS die Abwehrbereitschaft der Häftlinge, ihren Überlebenswillen zu stärken und ihr Denken vorwärts, auf die Zeit nach Hitler zu richten.

Wir wußten von vornherein, daß die SS unsere Tätigkeit willkürlich beenden konnte. Wir haben mehr als einmal im Interesse aller ihre Befehle umgangen, sie umfunktioniert und ihnen entgegengehandelt, und wir haben auch NEIN gesagt. Alles das war fast dreieinhalb Jahre lang gutgegangen. Jetzt ist spürbar eine neue Situation eingetreten.

Wir bewegen uns so normal wie bisher. Wir wollen Verwirrung und Aufregung unter den Häftlingen vermeiden. Die Zahl der Informierten wird klein gehalten, um jeder Unruhe vorzubeugen. Wir selbst dürfen uns nicht unterkriegen lassen von der Angst vor neuen grausamen Vernehmungen und von der Ungewißheit, was alles noch auf uns zukommen kann.

58.

Im Zellenbau

Am Donnerstag, dem 1. Oktober 1942, werde ich zum Lagerarzt gerufen. Ich melde mich: „Schutzhäftling 10595 zur Stelle." Dr. Schmitz steht am Schreibtisch und sagt nach einer Pause: „Was wollen Sie denn?" Dabei sieht er immer in die Ecke, die von der offenen Tür verdeckt ist. Ich schließe die Tür und stehe vor Dr. Frowein, der dahinter gestanden hatte. Ich frage ihn: „Wissen Sie, wer mich angefordert hat?" Dr. Frowein schweigt, und erst als Dr.

Schmitz sich an ihn wendet, ob er etwas wisse, sagt er „Nein". Ich kann wieder gehen.

Am Tor des Krankenbaus werde ich von einem SS-Mann angehalten und aufgefordert, ihm zu folgen. Er bringt mich in den Zellenbau, in die absolute Isolierung des Lagers. Dort im Büro muß ich meinen Tascheninhalt auf den Tisch legen. Dann führt mich der SS-Mann in eine Zelle. Es ist die letzte im Gang, eine Dunkelzelle, die nur bei geöffneter Tür ein wenig erhellt wird. Die Zelle ist leer, nur ein Kübel steht in der Ecke, keine Pritsche, kein Tisch, kein Hocker, soviel kann ich noch erkennen. Dann knallt die Tür zu, und ich bin im Dunkeln. Vor dem Fenster unterhalb der Zellendecke ist ein Bretterverschlag angebracht. Um mich herum ist es totenstill.

Ich bin plötzlich vollkommen erschöpft und müde und setze mich auf den Fußboden, mit dem Rücken gegen die Betonwand gelehnt. Sofort rasselt der Schlüssel, und die Tür wird aufgerissen. „Es ist verboten, sich auf den Boden zu setzen!" Im gleichen Atemzug werde ich aufgefordert, meine Lederschuhe abzugeben. Ein Paar Holzpantoffeln werden mir zugeworfen. Das Schloß knarrt, und ich bin wieder im Dunkeln. Um mich zu orientieren, taste ich die Wände ab. Ich versuche, die Zelle abzuschreiten. Ich denke über die bevorstehende Vernehmung nach, stelle mir Fragen und beantworte sie. Ich stoße gegen die Wand, aber das Grübeln treibt mich immer wieder an zu gehen, bis ich mich wieder stoße. Wenn ich doch nur wüßte, wer außer mir noch im Zellenbau ist.

Am nächsten Morgen wird die Zelle aufgeschlossen: Kübel leeren und waschen. Ein SS-Mann hält Wache an der Tür des Waschraumes, damit ich mit keinem anderen Gefangenen zusammentreffe. Erst in den nächsten Tagen sehe ich mal den einen oder anderen Genossen, und man kann sich etwas zuflüstern. Nach und nach erfahre ich, daß eine ganze Gruppe kommunistischer Funktionäre zusammen mit mir in den Zellenbau kam. Die meisten Genossen liegen in einem anderen Flügel des Zellenbaus und haben eher Möglichkeiten, Beobachtungen und Informationen auszutauschen. In meiner Nachbarzelle liegt Ernst Guckenhahn; er war von der Gestapo Leipzig ins Lager geschickt worden und hatte als Bäcker in der Häftlingskantine gearbeitet. Er und ich sind abseits von den anderen Genossen untergebracht und vollkommen isoliert.

Es dauert Tage, bis ich weiß: Es sind insgesamt 18 Kommunisten in den Zellenbau gebracht worden, alle haben Einzelhaft in Dunkelzellen. Aus der Häftlingsschreibstube sind es fünf Genossen, die beiden Lagerältesten Werner Staake und ich, der Lagerschreiber Rudi Grosse, der Leiter des Häftlingsarbeitsdienstes, Albert Buchmann, und der Leiter der Bibliothek, Karl Schirdewan. Von den Häftlingspflegern aus dem Krankenbau sind es Heinz Golessa, Magnus Grantin, Willi Hannemann, Emanuel Petri, Klaus Pieper und Hein Meyn, weiter die beiden Blockältesten Rudolf Rothkegel und Fritz Gallein sowie der Vorarbeiter der Häftlingskantine, Adolf Soberg, und sein Stellvertreter Ernst Guckenhan. Außer diesen Häftlingsfunktionären sind es noch drei Kommunisten, die im Lager durch ihre politischen Aktivitäten und in Diskussionen hervorgetreten waren: Fritz Selbmann, Willi Girnus und Karl Schweiger.

Jetzt ist klar, daß es der SS-Lagerführung darum geht, die entscheidende Gruppe politischer Häftlinge auszuschalten. Es war der Lagerführung nicht gelungen, uns gefügig zu machen, uns zu demoralisieren oder uns Bestechlichkeit nachzuweisen. Wir wußten zuviel, waren der SS-Führung zu selbstbewußt, handelten selbständig und – wir waren ein politischer Faktor im Lager mit großem Einfluß und als solcher der entscheidende Gegenpol zu ihr.

Ich denke an das, was uns bevorsteht. Nach bisherigen Erfahrungen müssen wir mit dem Allerschlimmsten rechnen. Bisher hatte ich aus kritischen Situationen immer einen Ausweg gefunden. Hier bin ich im Augenblick völlig ratlos und wehrlos. Ich will es mir nicht schwer machen, nicht mein Schicksal beklagen. Ich denke an die Menschen, die mir nahestehen, mit denen ich mich verbunden fühle, die ich gern habe, die ich liebe. Ich denke an frohe und glückliche Zeiten, an schöne Stunden, die ich längst vergessen hatte. Mit Bedauern denke ich an begangene Fehler, an Unterlassungssünden. Ich bin traurig, daß ich den Menschen, die ich liebe, nicht mehr sagen kann, wie glücklich ich mit ihnen war. Ich fühle mich zutiefst verbunden mit all den Menschen, mit denen ich bisher in Freiheit und hinter Gittern um ein besse-

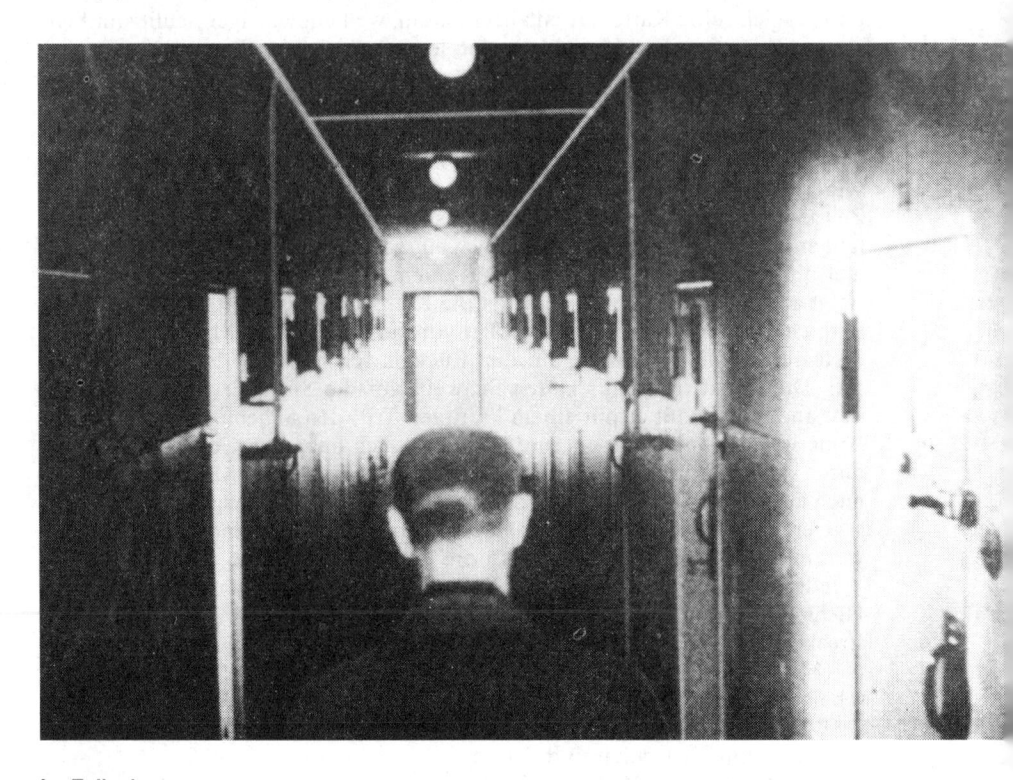

Im Zellenbau

res Leben gekämpft habe. So habe ich die Angst vor dem Tode und über das armselige Leben, das ich jetzt führe, zu überwinden versucht.

Während der langen Zeit der Dunkelhaft – es waren insgesamt 58 Tage – standen immer wieder die Ereignisse, die mein Leben, mein Denken, meine Entwicklung zum politischen Kämpfer prägten, vor mir. Ich erinnerte mich so lebhaft an Parteidiskussionen und -auseinandersetzungen in Versammlungen und in Freundeskreisen, daß ich begann, laut mit mir selbst zu streiten und zu polemisieren. Es dauerte nicht lange, bis die Wache das Licht anknipste, durch den Spion schaute und rief: „Halt die Schnauze!" Da war sie wieder, die nackte Wirklichkeit.

Eines Tages gibt mir der Kalfaktor, ein Bibelforscher, eine Feldpostkarte. Sie ist von Klaus Rendtorf, der nach seiner Entlassung aus Sachsenhausen zur Wehrmacht eingezogen worden war. Die Post unserer Angehörigen wird uns nicht ausgehändigt, aber diese Karte bekomme ich. Die Karte ist eng beschrieben. Das Thema ist Hölderlin und bezieht sich auf einen literarischen Abend in Sachsenhausen, der lebhafte Diskussionen zur Folge hatte. Klaus dachte wohl, diese Diskussion mit mir fortführen zu können. Wie konnte er ahnen, daß ich in einer Dunkelzelle sitze, eigentlich keine Post erhalten darf, und daß ich seine Karte nur entziffern kann, weil ein winziger Schlitz im Fensterverschlag mir die Möglichkeit gibt, je nach Stand der Sonne mühsam Zeile für Zeile zu entziffern.

Einmal während der Nacht geht das Licht an, und es kommt der leitende wachhabende SS-Mann, SS-Scharführer van Deetzen, in meine Zelle. Er beginnt mich auszufragen, warum ich im Zellenbau sei. Als ich sage, daß ich es selber nicht wisse, schlägt er mit einem Handstock auf mich ein. Nach einer Zeit unterbricht er das Prügeln und lauscht zum Korridor. Als alles ruhig ist, läßt er von mir ab und geht. Aber nach einiger Zeit kommt er mit einem Schemel und einer Kette, verbunden mit einem Tau, in meine Zelle zurück. Er steigt auf den Schemel und befestigt die Kette am Fenstergitter. Dann fordert er mich auf, mit dem Gesicht zur Tür vor ihn hinzutreten. Mit dem Strickende fesselt er mir die Hände auf den Rücken. Ich muß auf den Schemel steigen. Die Angst treibt mir kalten Schweiß auf die Stirn. Er zieht Kette und Tau an. Dann stößt er mit einem kräftigen Tritt den Schemel beiseite, meine Arme werden hochgerissen, und ich hänge. Ich habe das Gefühl, als ob mir durch den Fall die Arme aus den Gelenken gerissen sind. Mehrmals zieht er mich zu sich, um mich dann gegen die Wand zurückprallen zu lassen. Dann sagt er: „Sie bleiben die ganze Nacht so hängen, und dann sagen Sie mir, warum Sie hier sind." Er geht, und die Tür fällt ins Schloß.

Jeder Versuch, meine Lage zu verändern, bereitet nur größere Schmerzen. Nicht nur in den Armen, sondern im ganzen Körper. Ich versuche, mich zu strecken, um mit der Fußspitze den Boden zu erreichen. Es geht nicht. Ich möchte schreien vor Schmerz. Wie lange ich so hänge weiß ich nicht, mir scheint es endlos. Plötzlich sehe ich den SS-Scharführer wieder vor mir. Ich weiß nicht, wie lange er schon dort steht. Dann hängt er mich ab, läßt mich auf den Fußboden fallen und geht.

Ich bekomme am 26. November 1942 Bescheid, daß wir am nächsten Tag rasiert und uns die Haare geschnitten werden. Der Kalfaktor sagt mir: „Ihr kommt weg." – „Wohin?" – „Das weiß ich nicht." Ich frage ihn: „Was meinst du, was soll ich anziehen, die Schuhe oder die Holzpantoffeln?" – „Warum fragst du?" – „Wenn die mich fertigmachen wollen, nehme ich lieber die Holzpantoffeln, damit kann ich eventuell um mich schlagen." Er überlegt, dann zeigt er auf die Holzpantoffeln und sagt: „Nimm die!" Dann verläßt er mich. Nachdem es ruhig geworden ist, klopft mein Zellennachbar, Ernst Guckenhan: „Wohin?" Ich klopfe zurück: „Industriehof". Dann ist es still. Ernst reagiert nicht, denn „Industriehof" – Station Z – bedeutet Tod.

Am anderen Morgen stehen wir 18 Häftlinge in aller Frühe in der Mitte des Zellenbaus, alle in großer Unruhe und Erregung über das, was auf uns zukommen wird. Nach und nach erscheinen der Kommandant, der Lagerführer, der Lagerarzt und zahlreiche andere SS-Leute. Dann wird Marschverpflegung ausgegeben. Was ist denn nun los? Wofür Haareschneiden und Rasieren und jetzt Verpflegung? Da beginnt Karl Schirdewan erregt zu sprechen. Er warnt uns davor, dem faulen Zauber zu trauen. Man wolle uns ruhighalten, damit wir ohne Aufsehen in die Mordanlage gehen. Alle hören zu. Auch die SS läßt ihn reden. Als Karl seinen Appell beendet hat, werden wir auf den Vorhof geführt und in einen Gefangenentransportwagen verfrachtet. Der Wagen fährt langsam aus dem Zellenbautor hinaus und beschleunigt die Fahrt am Rande des Appellplatzes entlang zum Lagertor.

Wir erleben Minuten höchster Erregung: Wird der Wagen bremsen, bevor er durchs Lagertor fährt? Niemand sagt etwas. Jeder versucht, vielleicht eine Winzigkeit durch die abgeblendeten Fenster zu erkennen oder etwas zu hören. Biegt der Wagen hinter dem Tor nach rechts ab, dann fährt man uns zur Erschießungsanlage, fährt er aber geradeaus, dann geht es zum Bahnhof.

Der Wagen fährt geradeaus. Wir atmen auf. Jedenfalls haben wir einen Aufschub. Bald sind wir am Bahngelände. Raus aus dem Wagen! Die SS-Leute treiben uns quer über Schienen und Schotter. Als einziger in Pantoffeln bleibe ich zurück. Ich nehme sie in die Hand und laufe auf Strümpfen über den Schotter.

Wir erfahren, daß unsere Fahrt ins Konzentrationslager Flossenbürg geht.

Nachtrag zu Flossenbürg

Vorbemerkung: Der folgende Beitrag von Harry Naujoks ist ein Auszug aus seinem frühesten, unter dem 28. Oktober 1945 datierten Erinnerungsbericht über seine Haft in den Konzentrationslagern Sachsenhausen und Flossenbürg. Die Idee, eine Neuauflage seines im letzten Lebensjahrzehnt geschriebenen und 1987 herausgegebenen Manuskripts „Mein Leben im KZ Sachsenhausen 1936–1942" durch diesen Nachtrag zu bereichern, entstand durch Leserwunsch. Eine Reihe von Lesern stellte zu den Seiten 241 und 334ff. des Buches die Frage, was mit Harry Naujoks und seinen 17 Kampfgefährten geschah, nachdem sie im November 1942 von Sachsenhausen nach Flossenbürg strafverlegt und dort neben dem roten Winkel noch mit besonderen blauen Punkten gekennzeichnet wurden. Wir folgen dieser Anregung auch aus anderem Grund. In seinem im Herbst 1945 verfaßten Bericht geht der Autor auf einige den Häftlingsbereich betreffende Unterschiede zwischen den beiden Konzentrationslagern ein. Während in Sachsenhausen politische Gefangene den Lageralltag beeinflußten und ihre Häftlingsfunktionen dazu nutzten, den Terror der SS abzuwehren, bestimmten in den Blocks und Arbeitskommandos von Flossenbürg die BVer, Häftlinge, die – meist wegen früherer krimineller Vergehen vorbestraft – mit „Befristeter Vorbeugehaft" ins KZ eingeliefert wurden. Von ihnen ließen sich viele durch die SS zu deren Komplizen machen. Gleichzeitig schildert Harry Naujoks aber auch das kameradschaftliche Verhalten von BVern, die – entgegen der SS-Anweisung – dazu beitrugen, daß 16 der „Blaupunkte" im April 1945 die Freiheit erlebten.

Hamburg, im Februar 1988   *Ursel Hochmuth*

Von Sachsenhausen nach Flossenbürg

Am 1. Oktober 1942 wurde plötzlich eine Reihe Häftlingsfunktionäre von SS-Blockführern aus dem Lager geholt und in den Zellenbau von Sachsenhausen gebracht. Es waren dies: Albert Buchmann, Fritz Gallein, Wilhelm Girnus, Heinz Golessa, Magnus Grantin, Rudi Grosse, Ernst Guckenhan, Willi Hannemann, Hein Meyn, Harry Naujoks, Emanuel Petri, Klaus Pieper, Rudolf Rothkegel, Fritz Selbmann, Karl Schirdewan, Karl Schweiger, Adolf Soberg und Werner Staake. Verraten hatte uns der BVer Wilhelm Thierhoff aus Stiepel in Westfalen; Anstifter dieser Lumperei waren die SS-Ärzte Frowein und Schmitz. Ohne Vernehmungen, ohne Anschuldigungen lagen wir zwei Monate in Dunkelarrest. Am 27. November kamen wir 18 plötzlich auf Transport nach dem Straflager Flossenbürg bei Weiden in der Oberpfalz.

In Flossenbürg mußten wir wieder in den Bunker bei Einzelhaft und Dunkelarrest. Der Lagerführer, SS-Hauptsturmführer Fritzsch, und der Kommandant, SS-Standartenführer Zill, sagten uns unter schweren Beschimpfungen, daß wir wegen bolschewistischer Propaganda und politischer Zellenbildung im Konzentrationslager auf Befehl des Reichsführers SS unser Leben verwirkt hätten. An die Blockältesten, Vorarbeiter und Blockführer kam die Anweisung heraus, daß in spätestens einer Woche keiner von uns mehr am Leben sein dürfe. Unter Androhung des Todes wurde den Häftlingen verboten, uns zu unterstützen oder etwas zu essen zu geben.

Nach einigen Tagen mußten wir zur Arbeit im Steinbruch ausrücken. Wir blieben in Einzelhaft, Dunkelarrest und auf hartem Lager im Bunker. Jedem von uns wurde ein BVer zugeteilt, der dafür verantwortlich war, daß wir mit niemandem zusammenkamen und auch untereinander keinerlei Verbindung hatten. Wenn wir zur Arbeit in den Steinbruch ausrückten, ging in jeder Hundertschaft in der ersten Reihe einer von uns mit seinem Wächter, der uns auch den ganzen Tag nicht aus den Augen lassen durfte. Abends wurden wir bis an die Tür des Bunkers gebracht. Zur Kennzeichnung mußten wir uns einen Blaupunkt (blau angestrichenen Konservenbüchsendeckel) auf der Brust, auf dem Rücken und am Hosenbein befestigen.

Wir wurden zu schwerster Arbeit im Steinbruch eingeteilt. Die Frühstücksportion wurde uns entzogen. Als das Steinbruchkommando wegen der großen Kälte die Arbeit einstellte, mußten die Strafkompanie und die Blaupunkte weiterarbeiten. Die SK durfte Mäntel und Handschuhe anbehalten, uns wurde das verboten. Wenn das Lager Freizeit hatte, mußten wir im Laufschritt unter Bewachung Koks tragen. Als wir beim Kokstragen einmal am Lagerführer Fritzsch („Stäubchen" genannt) vorbeiwankten, schrie er uns nach: „Ihr Scheißkerle, ihr Bolschewiken, ihr Stalingradgarde! Wenn ihr glaubt, noch einmal lebendig aus diesem Lager herauszukommen, dann irrt ihr euch. Ihr denkt, wir verlieren diesen Krieg. Aber das eine sage ich euch, vorher werde ich euch alle aufhängen!" Immer wieder trieb er die SS-Blockführer, die Blockältesten und Vorarbeiter (Capos) gegen uns an.

Flossenbürg war ein Lager, in welchem die BVer die Gewalt in den Händen hatten. Es waren nur wenige Politische dort, die außerdem nichts zu bestimmen hatten. Wer nicht parierte, wurde von den Capos verprügelt oder totgeschlagen. Jede Anweisung der Lagerführung wurde bedenkenlos ausgeführt. Es war aber wohl das erste Mal in der Geschichte der deutschen Konzentrationslager, daß solch ein eindeutiger Mordbefehl der Lagerführung, ja sogar des Reichsheinis (Himmler) gegen uns 18 von den Werkzeugen der SS nicht ausgeführt wurde. Sie gingen sogar noch weiter und drohten den SS-Leuten, ihnen die Lebensmittel- und Tabaklieferungen einzustellen, wenn sie uns nicht in Ruhe ließen. Trotz großer Gefahr gaben sie uns Zeitungen, die unter uns von Hand zu Hand wanderten. Ich führe das darauf zurück, daß sie uns aus Sachsenhausen kannten. Wer uns nicht persönlich kannte, hatte unsere Namen gehört. Sie hatten unsere Taten gesehen oder davon gehört. Die große Solidarität aller Konzentrationäre war stärker als alle Mordbefehle Himmlers.

Als ich meine Arbeit in der Strafkompanie antrat, sagte der Capo, der BVer Willi Freudenberg, zu mir: „Du bist lange genug im Lager, um zu wissen, was dir blüht. Ich habe auch Anweisung des Lagerführers über dich. Ich weiß, wer du bist. Ich werde meine Anweisung nicht durchführen. Du hast also von mir nichts zu befürchten. Ich kann dir aber auch nicht helfen. Kümmere dich um nichts, mache deine Arbeit. Wenn du in den Draht gehen willst, dann ist dort die beste Gelegenheit."

Ich habe in dieser schweren Zeit kein schlechtes Wort von einem Häftling gehört. Als der SS-Unterscharführer Wodak mich tagelang auf das schwerste mißhandelte, kamen immer wieder Häftlinge zu mir, um mir im Vorbeigehen zuzuflüstern: „Durchhalten, nicht weich werden!" Wodak konnte mir zwar das Nasenbein brechen und einige Zähne ausschlagen, mich windelweich prügeln, aber geschafft hat er mich nicht. Dieser Verbrecher hat unseren Kameraden Rudi Grosse aus Berlin in den Tod gejagt. Hoch auf dem Felsen lag in einer Ecke ein gewaltiger Steinblock, der losgesprengt und gespalten war und jeden Moment abrutschen mußte. Grosse wurde von Wodak so lange in diese Ecke hineingeprügelt, bis der Stein abrutschte und Grosse zermalmte. Unser Kamerad Ernst Guckenhan aus Leipzig verlor bei der Arbeit einen Arm. Er bekam später Flecktyphus, dem der geschwächte Körper nicht genügend Widerstand entgegensetzen konnte. Guckenhan war das zweite Todesopfer unter den Blaupunkten. Unser Kamerad Karl Schirdewan wurde unter einem Stein begraben, kam aber trotz schwerer Verletzungen mit dem Leben davon.

Nach einem Jahr kamen wir aus dem Bunker heraus und wurden ins Lager verlegt. „Stäubchen" wollte uns ärgern und ordnete an, daß die Blaupunkte einzeln auf Polen- und Russenblocks verlegt werden. Wenn er gesehen hätte, mit welchem Jubel wir in den Blocks empfangen wurden, hätte er sich die Pest an den Hals geärgert.

Wir erlebten jetzt die letzte Phase der Konzentrationslager unter den ungünstigsten Bedingungen im Straflager Flossenbürg. Im Jahre 1943 waren etwa 5 000 Häftlinge im Lager, überwiegend Polen und Russen. Blockälteste, Vorarbeiter (in der Bekleidungskammer usw.), Küchenpersonal waren alles BVer. Stubendienst und Hilfsvorarbeiter waren meistens Polen und einige deutsche BVer. Die Tschechen hatten ebenfalls einige Positionen. Vorherrschend waren aber deutsche BVer. Sie bestimmten die Form des Lagerlebens. Vorübergehend gab es zweimal politische Lagerälteste, die aber auch an dem BVer-Kurs nichts änderten, sondern selbst das Lager terrorisierten.

Nach dem SS-Sturmbahnführer Zill war Obersturmbannführer Kögel Kommandant des Lagers. Lagerführer war SS-Hauptsturmführer Fritzsch. Als er versetzt wurde, wechselten die Lagerführer öfters. Die eigentliche Lagerführung hatte der Adjutant des Kommandanten, SS-Hauptsturmführer Baumgärtner, ein besonders brutaler und heimtückischer Geselle. Die SS-Blockführer kümmerten sich nicht viel um das Lager. Ohne Ausnahme waren sie durch und durch korrumpiert. Jeder von ihnen bekam von den BVern Lebensmittel, Tabakwaren, Bekleidungsstücke oder Wertsachen, die den Zugängen gestohlen worden waren.

Im Juni 1943 wurde ein Betrieb der Messerschmittwerke in Flossenbürg aufgemacht. Dieser Betrieb wurde mit der Zeit so erweitert, daß der Steinbruch an die zweite Stelle rückte. Die Leute arbeiteten dort in großen Hallen und waren der Witterung nicht mehr so ausgesetzt. Es wurde die Messerschmitt 109 gebaut. Wer bei der Arbeit einen Fehler machte, wurde erbarmungslos verprügelt. Wer sein Arbeitspensum nicht schaffte, wer bei einem Augenblick des Ausruhens erwischt wurde, bekam Prügel.

Während die Mehrheit der Häftlinge wegen der absolut unzureichenden Ernährung Kartoffelschalen, andere Küchenabfälle und sogar Gras aß, lebten die Blockältesten und Vorarbeiter aus dem vollen. Das Lageressen, in dem kaum ein Stück Fleisch zu finden war, rührten sie und ihre Vertrauten nicht an. Fleisch, Nährmittel usw. wurden in großen Mengen aus der Küche gestohlen. Jeden Mittag und jeden Abend begannen die Blockältesten und Vorarbeiter ein großes Kochen, Schmoren und Braten. Die herrlichsten Gerüche durchzogen die Baracken oder die Arbeitsräume und ließen den hungrigen Häftlingen das Wasser im Munde zusammenlaufen.

Das gute Essen genügte dieser kleinen Schicht von Kriminellen bald nicht mehr. Es mußte auch etwas zu trinken angeschafft werden. Für eine Flasche Sprit wurde Leib und Leben riskiert. Parfüm, Gesichtswasser, Haarwasser und Medikamente, zum Beispiel Evipan, wurden in großen Mengen konsumiert. Viele haben sich mit diesem Zeug vergiftet, sind blind geworden. Dann wurde Brennsprit angeschafft, besorgt durch SS-Leute oder Zivilarbeiter der Messerschmittwerke. Für eine Flasche Brennsprit wurde ein Brillantring, eine goldene Uhr oder ein guterhaltener Zivilanzug gezahlt. Auch hier wurde manches Mal vergiftetes Zeug geliefert. Manch einer ist daran gestorben.

Die Trunkenheit steigerte die Exzesse. Die Homosexualität verbreitete sich ungeheuerlich. Es gehörte zum „guten Ton" des Lagers, einen Lustknaben zu haben oder wie diese Jungen genannt wurden: „Ponimaimänner". Fast jeder Blockälteste, fast jeder Vorarbeiter hatte solch einen Ponimaimann, auf deutsch: Versteh-Mann, ein Mann, der viel versteht. Auf uns blickte man mit lächelnder Überlegenheit herab, weil wir keinen Ponimaimann hatten. Auf dem Zugangsblock war ein BVer Blockältester, der ein besonderer Fachmann in diesen Dingen war. Kamen Zugänge, suchte er sich die hübschesten Jungen aus. Er gab ihnen ein eigenes Bett, schob ihnen Essen und kleine Leckereien zu, behielt sie am Tage im Block, daß sie nicht zu arbeiten brauchten. Diese Jungen sahen nach wenigen Tagen, was aus ihren Kameraden, die keine Protektion hatten, geworden war. Wenn diesen Jungen von 16, 17 oder 18 Jahren klar wurde, was ihnen im Lager blühte, daß ihr Leben durch Hunger, Kälte, Prügel und Strapazen gefährdet war, holte ein Blockältester sie in sein Bett. Wer sich weigerte, ging am nächsten Tag mit besonderer Anweisung in den Steinbruch.

Während die große Masse der Häftlinge hungerte und unter den unwürdigsten Bedingungen leben und arbeiten mußte, führte diese kleine Clique von BVern ein unerhörtes Herrenleben. Die SS-Bewachung wurde durch diese Clique so korrumpiert, daß sie ihr immer wieder den Rücken stärkte. Unsere kleine Gruppe von Politischen, überwiegend kommunistische Funktionäre, die strafweise nach Flossenbürg gekommen waren, stand untereinander in allerengster Verbindung. Durch politische Information, dauernde Kritik der schlechten Maßnahmen und durch das gute Beispiel, welches die wenigen politischen Vorarbeiter gaben, gewannen wir an Vertrauen und Einfluß im

Lager. Einzelne BVer schlossen sich uns an und handelten nach unseren Richtlinien. Mit den Russen und Tschechen hatten wir engsten Kontakt. Auch kleinere Gruppen von Polen schlossen sich uns an.

Das Jahr 1945 brachte das Finale des Hungers, der Not und des Grauens. Alles bisher Erlebte verblaßte vor diesem Inferno. Ununterbrochen kamen Tausende von Zugängen. Am 1. März 1945 hatten wir eine Lagerstärke von 14 824 Mann. Immer wieder wurden neue Nebenlager aufgemacht, zuletzt waren es über 80 mit einer Belegstärke von etwa 5 000 Männern und Frauen. Die Totenziffer stieg von Tag zu Tag. Es gab Tage mit 150 Toten. Es war unmöglich, alle Leichen im Krematorium zu verbrennen. Riesige Scheiterhaufen wurden aufgebaut. Eine Schicht Holz, eine Schicht Leichen, eine Schicht Holz usw. Darüber wurde Verdünnung gegossen, ein leicht brennbares Farblösemittel, und dann wurde alles angezündet. Die Scheiterhaufen brannten Tag und Nacht.

Wir rückten zwar noch täglich zur Arbeit aus, aber von geordneter Arbeit konnte man kaum noch reden. Oft hatten wir nur wenige Stunden in der Woche zu tun, weil immer wieder Material fehlte. Kuriere von Messerschmitt fuhren nach Regensburg, Augsburg, Berlin und in andere Städte, bis sie schließlich in Wiener Neustadt 50 Schrauben bekamen. Die reichten für einen Tag, dann gab es wieder wochenlang nichts. Die Häftlinge wurden zum Schneeräumen und für den Straßenbau herangeholt, aber die meisten verdrückten sich vor der Arbeit.

In den Baracken herrschten chaotische Zustände. Auf den Blocks, die ein Fassungsvermögen von 224 Mann hatten, lagen bis zu 1 100 Häftlinge. In jedem Bett lagen mindestens vier Menschen, immer zwei mit dem Kopf zum Fußende und zwei zum Kopfende. In meinem Block lagen 1 100 Menschen. Es waren aber nur 80 Schemel da. Überall in den Blocks standen die Menschen Kopf an Kopf, Brust an Brust gedrängt. Ihr Essen mußten die meisten im Stehen einnehmen, im Tagesraum, im Schlafsaal, im Waschraum, auf dem Korridor, auf dem Abort. Das Essen wurde immer weniger und noch schlechter. Bei der Essenausgabe kam es zu Schlägereien mit den hungrigen Menschen. Brot gab es die letzten Wochen nur noch zwei- oder dreimal in der Woche je 350 Gramm. Unser Brot wurde von der SS aus dem Lager geholt. Die Läuseplage wuchs von Tag zu Tag. Ansteckende Krankheiten, wie Krätze oder Ausschlag, verbreiteten sich rapide. Der Flecktyphus raste im Lager und raffte unzählige Menschen hinweg.

Die Auflösungserscheinungen wurden von Tag zu Tag sichtbarer. Wer nahm noch vor einem SS-Mann die Mütze ab? Die Blockältesten hielten zwar fast täglich Reden über das, was alles gemacht werden sollte, aber wer kümmerte sich noch darum? In vielen Blocks wurden ganz offen Glücksspiele veranstaltet. Es gab Leute, die drei- oder viertausend Mark an einem Abend gewannen und ebensoviel am nächsten wieder verloren. Die SS-Leute hatten die Hosen bis zum Kragenknopf voll. Immer wieder kamen sie zu uns und fragten, was unserer Meinung nach mit ihnen geschähe, wenn der Krieg verlorenginge. Wir sagten ihnen, daß diejenigen, die nichts auf dem Kerbholz hätten, nichts zu befürchten brauchten.

Im März 1945 war SS-Hauptsturmführer Baumgärtner in betrunkenem Zustand auf dem Appellplatz herumgelaufen und hatte geschrien, daß wir alle umgelegt würden, wenn Hitler den Krieg verliere. Kurz darauf, an einem Sonntagmorgen, wurden alle Deutschen vor das Schutzhaftlager geführt, und der Kommandant, SS-Obersturmbannführer Kögel, hielt eine Rede. Er wies die Gerüchte zurück, nach denen alle liquidiert werden sollten, wenn alliierte Truppen sich dem Lager näherten. Er sagte: „Einmal ist es noch lange nicht soweit, und zweitens ist uns das deutsche Blut viel zu heilig, um es sinnlos zu vergießen. Wir werden dann jedem von euch ein Gewehr geben, und jeder kann dann entweder für sein Vaterland kämpfen oder überlaufen. Was wir mit den Ausländern machen, weiß ich noch nicht. Umlegen werden wir sie auf keinen Fall."

Kurze Zeit danach wurden die meisten deutschen Häftlinge zur Lagerpolizei eingeteilt. Sie erhielten SS-Uniformen ohne Abzeichen, mußten exerzieren und Ordnungsdienst im Lager machen. Nach wenigen Tagen wurde die Lagerpolizei in SS-Unterkünfte verlegt. Dort bekamen sie gleich Brot, Margarine, Konserven und konnten auch Zigaretten kaufen. Die anständigen Kerle in der Lagerpolizei und die Kumpel warfen jetzt Lebensmittel und Zigaretten in großen Mengen über den Drahtzaun. Als sich alles am Drahtzaun versammelte, fiel das dem Kommandanten auf, und er drohte, daß jeder Angehörige der Lagerpolizei, der sich noch einmal am Zaun sehen ließe, erschossen werde.

Am Sonnabend, dem 14. April, bekamen wir kurz vor Arbeitsschluß Bescheid, alles ordentlich zusammenzupacken, weil nicht mehr ausgerückt würde. Schon einige Tage vorher waren die SS-Blockführer durch die Barakken gegangen und hatten den Blockältesten die Peitschen und Knüppel weggenommen. Auch die Karteikarten der Häftlinge wurden vernichtet. Am Sonntag teilte der Kommandant sein Ehrenwort mit, daß das Lager nicht evakuiert werde. Die SS gehe in den nächsten Tagen in die Wälder, um gegen die Amerikaner zu kämpfen. Es sei Aufgabe der Lagerpolizei, amerikanische Transporte zu überfallen, um mit der Beute die SS zu versorgen. Das Lager solle durch den Lagerältesten den Amerikanern übergeben werden. Am Montag, dem 16. April, rückte ein Teil der SS-Bewachung ab. Vorher hatte sie alle wichtigen Lebensmittel aus der Häftlingsküche herausgeholt und mitgenommen. Die Wachtürme blieben mit SS-Posten besetzt. Auf allen Baracken wurden weiße Fahnen aufgezogen.

Trotz der freudigen Stimmung lastete eine bange Erwartung über dem Lager. War das alles nicht nur wieder eines der bekannten Betrugsmanöver der SS? Würden sie das Lager nicht doch noch zusammenschießen? Wir standen in dauernder Verbindung mit unseren Kumpeln von der Lagerpolizei. Alle Möglichkeiten wurden beraten. Am Dienstagabend kam plötzlich Befehl von der Lagerführung, die weißen Fahnen sofort einzuziehen. Die abgerückte SS kehrte wieder zurück. Am Mittwoch kam der Befehl, eine neue Kartei von allen Häftlingen, die im Lager waren, anzufertigen. Jeder Häftling erhielt eine neue Nummer. Die Blockschreiber arbeiteten Tag und Nacht, um die Arbeit zu schaffen. Zu essen gab es morgens mit Trockenmilch gefärbtes Wasser, mittags und abends eine dünne Wassersuppe.

Am Freitag, dem 20. April, kam kurz vor dem Mittagessen der Befehl, das Lager zu evakuieren. Als Marschverpflegung erhielt jeder einen Becher Roggenkörner und einen Eßlöffel Malzextrakt. Die Kranken sollten im Lager zurückbleiben. In Abständen von einer Stunde setzten sich drei getrennte Marschkolonnen in Richtung Süden in Bewegung. Wir versteckten uns im Lager, weil wir immer noch auf das Eintreffen der Amerikaner hofften. Als wir aber sahen, daß die SS für den nächsten Transport die Baracken durchsuchte, rückten wir mit der letzten Kolonne ab. Wir, etwa 60 bis 80 Aktivisten, hatten uns zu einer Gruppe vereinigt und blieben auch bis zum Ende zusammen. Zum Schutz gegen die Kälte hatte jeder einen Mantel und eine Wolldecke. Schon nach der ersten halben Stunde war die Straße mit Wolldecken besät. Die entkräfteten Menschen konnten sie nicht mehr tragen und warfen sie trotz Regen und Kälte fort. Nachts wurde marschiert und am Tage auf Wiesen oder in kleinen Wäldern Rast gemacht. In diesen Tagen gab es nur einmal zu essen, und zwar eine Scheibe Brot mit etwas Leberwurst. Dabei regnete es in Strömen. Völlig durchnäßt, wankten wir auf den Landstraßen dahin. Wer nicht mehr konnte, wurde von der SS beiseite gezerrt und bekam aus nächster Nähe einen Kopfschuß. Einmal kreuzte ein anderer Transport unseren Weg. Wir sahen, wie in zehn Minuten 35 Menschen niedergeknallt wurden. Von den aus Flossenbürg insgesamt in Marsch gesetzten 14 000 Häftlingen kamen noch 4 000 ums Leben.

Schon als wir aus dem Lager abrückten, hatten uns amerikanische Flugzeuge umkreist. Sie begleiteten uns während des ganzen Marsches. Als wir am 23. April in der Nähe des Dorfes Freundelsdorf rasteten, hörten wir ganz in der Nähe Geschützdonner und sahen auch die Einschläge von Granaten. Mit großer Hast mußten wir aufbrechen und im Eiltempo weitermarschieren. Dabei wurden noch etwa 20 Mann, die nicht mehr mithalten konnten, von der SS niedergeknallt. Nachdem wir einige hundert Meter marschiert waren, hörten wir hinter uns das Rasseln von Panzern. Beim Näherkommen sahen wir, daß es amerikanische waren. Die SS warf ihre Waffen weg und lief in den Wald. Unsere Kumpel von der Lagerpolizei warfen ihre Gewehre weg und schlossen sich uns an. Ein ungeheurer Jubel erfaßte die Tausenden von Häftlingen. Die Mützen wurden hochgeworfen. Alles beglückwünschte sich. Die amerikanischen Offiziere und Soldaten wurden immer wieder umarmt und geküßt. Die uns von den Befreiern zugeworfenen Lebensmittel wurden gierig verschlungen, und dann strömte alles zurück. Aus dem Todesmarsch war für viele ein Marsch in die Freiheit geworden. –

Der stete Kampf um das Leben, gegen Hunger, Tod und gegen die SS-Massenmörder formte den Menschen, schuf den Konzentrationär. Er handelte immer als Angehöriger seiner Klasse, als Vertreter seiner religiösen oder politischen Gruppe, gleichgültig, ob er Angestellter, Arbeiter oder Intellektueller, ob er Kommunist, Sozialdemokrat, Nationalist, Katholik oder Protestant war. Die ganzen Jahre hindurch gab es eine organisierte politische Aktivität. Im Konzentrationslager entstand eine feste kameradschaftliche Gemeinschaft, deren Bedeutung weit über die Lagerzeit hinausgeht. Hier wurden Bindungen geschaffen, die nie wieder zerrissen werden können. So, wie wir gemeinsam aller Not und Gefahr die Stirn boten, so werden wir in der gleichen Kameradschaftlichkeit aus dem Trümmerhaufen Europa ein neues, freies demokratisches Europa schaffen.

Hamburg-Harburg, den 28. Oktober 1945 Harry Naujoks

Nachwort zur ersten Auflage in der Deutschen Demokratischen Republik

Wir sagen dem Dietz Verlag der DDR und dem Pahl-Rugenstein Verlag in der BRD sowie all den mitwirkenden Kameraden und Freunden unseren herzlichen Dank, daß die Erinnerungen des ehemaligen Lagerältesten im Konzentrationslager Sachsenhausen, Harry Naujoks, nun der Öffentlichkeit als Publikation übergeben werden konnten. Es ist ein einzigartiges Buch!

Wir haben den Kommunisten Harry Naujoks so in Erinnerung, wie ihn unser tschechischer Freund auf den ersten Seiten des Buches warmherzig schildert. Diese wenigen Sätze sollte jeder, bevor er diese Schrift aus der Hand legt, noch einmal lesen, sie sind uns aus dem Herzen geschrieben.

Das Anliegen dieses Buches ist es, den aufrechten Kommunisten Harry Naujoks in seiner gefahrvollen und schwierigen Tätigkeit als Lagerältesten im Konzentrationslager Sachsenhausen zu zeigen. Die Beschreibung gerade dieser Jahre in der langen Haftzeit unseres Kampfgefährten Harry Naujoks vermittelt neue und wichtige historische Erkenntnisse.

Mit dem Transport von Harry Naujoks und weiteren 17 Antifaschisten in das Konzentrationslager Flossenbürg endet dieses Buch. Unter weitaus schwierigeren Bedingungen und größeren Leiden als im Konzentrationslager Sachsenhausen setzte dieser tapfere Antifaschist auch dort bis zu seiner Befreiung im April 1945 ungebrochen den Kampf gegen Faschismus und Krieg fort.

Wir wünschen diesem Buch einen großen Leserkreis, besonders in den heranwachsenden jungen Generationen.

Berlin, Juli 1988

Die Lagerarbeitsgemeinschaft
Sachsenhausen der Zentralleitung
des Komitees der Antifaschistischen
Widerstandskämpfer der DDR

Personenregister

Abshagen, Robert 46f. 102 107 116f.
Adam, Peter 299 315
Agatz, Willi 119
André, Etkar 19
Andresen, Otto 193f.
Appel, Hans 223 320
Arabscheilis, Häftling 151
Arnau, Gerhard 67
August Wilhelm (Auwi) Prinz von Preußen 328
Aulbach, Sepp 245

Bach, Hilmar 93
Bach, Peter 49
Baehr, Paul 70f. 212
Ballhorn, Franz 16 20
Baranowski, Hermann 74f. 78 80f. 83ff. 96 108 128 141f. 167
Bästlein, Bernhard 12 19 41 43 45 48f. 52 102 117 134 236 240
Baum, Herbert 306
Baum, Marianne 306
Baumgarte, August 23
Baumgärtner, SS-Führer 340 343
Beerbaum, Heinz 109
Beierle, Alfred 47
„Bello" (Spitzname), SS-Führer 109f.
Bender, Herbert 288
Bennert, Edgar 8 49 121 154
Bergner, Herbert 154
Birke, Anton 31 195 227
Bischburg, Leonard 48
Blass, Walter 319
Blumenthal, Paul 30
Blume, Franz 88
Bobzien, Franz 46 102 104 117f. 122 137 176 197f. 236 245
Bock, Hellmut 121
Böhm, Wilhelm 272f.
Born, August 248
Börner, Fritz 271
Brand, Walter 223
Brandt, Johannes 95
Braun, Otto 44
Brettschneider, Hein 55f. 116f.

Bringmann, Fritz 23f. 106ff. 111 126
Brink, Robert 109
Brodniewicz, Bruno 180 193 196
Bruhn, Elisabeth 236
Bruhn, Gustav 116 236
Bruhn, Hans 217ff.
Brumm, Karl 51 70f.
Brust, Herbert 110
Buchmann, Albert 114 224 258 308 334 338
Bugdalle, Richard 179ff. 191f. 312f.
Büge, Emil 23 152 215 226 235 267 270 277 294 321
Burg, Julius 48
Busch, Wilhelm 288
Busch, Häftling 329

Campe, Hermann 67 118f. 128 130 136f. 146ff. 152 168f. 172f. 175 177 180f. 189 192 195 197ff. 210 215 242 247f. 256ff. 265 270f. 288 294ff. 318 326f. 328 332
Canzler, Hein 306
Chamberlain, Neville 87f.
Christoffers, Hans 51 55ff. 65 116f.
Chwalek, Roman 16 116 118 121
Claussen, Wilhelm 190
Cohn, Max 41
Cyranek, Franz 108

Daladier, Edouard 88
Dannel, Helmut 326 332
Deetzen, Georg Wilhelm van 336
Demuth, Jindrich 173
Dettmann, Fiete 20
Deus, Fritz 245
Dickmann, August 142f.
Dickmann, Heinrich 142f.
Dolansky, Jaromir 8 154
Dollfuß, Engelbert 145
Drews, Paul 202f.
Duddins, Walter 102
Dworznik, Hugo 23 111
Dzuber, Hans 74 81

Eckardt, Karl 106

Ehrsam, Ludwig 34f. 93 107ff. 127
Eicke, Theodor 10 33 73 265f.
Eilers, Willi 248
Eisermann, Ludwig 107f. 126
Eisfeld, Walter 124ff. 128 131 167
Eisner, Kurt jr. 40
Elser, Georg 222f.
Engels, Friedrich 44
Erdmann, Lothar 144f.
Erdmann, Otto 27 30
Eschert, Xaver 41 70 74

Fennekohl, Georg 309 311
Ficker, Fritz 183ff.
Figat, Henryk 214 216
Fischer, Karl 52
Flatau, Häftling 145
Fleischhauer, Otto 242
Fliegerbauer, Hans 248 250
Florstedt, Hermann 210f. 221
Floßdorf, August 50 125 204
Forster, Heinrich 167f. 189 210 257 265 291
Franco, Francisco 151 263
Fränkel, Siegbert, Martin 249f.
Frankfurter, David 50
Freudenberg, Willi 339
Frick, Wilhelm 85
Fritsch, Conny 191
Fritzsch, SS-Führer 338ff.
Frowein, Ernst 282 284 328 330f. 333f. 338
Frystak („Owczarek"), Stanislaw 219
Fugger, Karl 241

Gäde, Otto 126
Gallein, Fritz 334 338
Gebauer, Fritz 172f. 332
Georg, Enno 115
Geschonneck, Erwin 19
Geyer, Florian 49
Girnus, Wilhelm 8 334 338
Glocker, Emil 317
Glücks, Richard 263 265
Goebbels, Joseph 43 47 66 90
Goethe, Johann Wolfgang von 49
Golessa, Heinz 334 338
Göring, Hermann 60 86 95 256
Graf, Gustav 245
Gräfe, Karl 126
Grantin, Magnus 249 307 331 334 338

Grosse, Rudi 117ff. 121 142 168 177f. 236 241 248 266f. 288 312 334 338 340
Groß, Jakob („Köbes") 122 132 177 194 264 269 289 327
Grüber, Heinrich 205 274f.
Grune, Richard 175
Grynszpan, Herschel 90f. 223
Guckenhan, Ernst 241 334 337f. 340
Guddorf, Willi 12 69 102f. 121 134 212 237
Gustloff, Wilhelm 50
Gutjahr, Karl 47

Hackert, Wilhelm 147 150 192 201ff.
Hackmann, Hermann 50 67
Haller, August 66
Hammer, Walter 295
Hamsum, Knut 295
Hannemann, Willi 334 338
Harder, Hannes 89
Harzen, Karl 280f. 284f. 332
Hasenjäger, Franz 319
Hasse, Heinz 322
Hattler, Josef 249
Heidrich, Hermann 112
Heilmann, Ernst 40f.
Heinen, Johann 142
Heitsch, Franz Otto 188
Helbig, Karl 326
Helf, Jakob 41 74
Hellmann, Walter 195
Hellriegel, Alfred 183ff.
Helwig, Hans 67f. 73
Hempel, Horst 317
Henlein, Konrad 87 223
Herz, Friedrich 304
Heyde, Werner 247
Hillgenfeld, SS-Mann 93
Himmler, Heinrich 61 85 135f. 167 223f. 226 256 260 263 300 308 317 339
Hirsch, Fritz 295 298
Hitler, Adolf 15 50 60 86ff. 90 116 135 137ff. 222 227 256 321 343
Hoegg, Clemens 168
Hoffmann, Oskar 114 287
Hoffmann, Reinhold 245
Hohenberg, Ernst von 282
Hohmann, Max 274
Hölderlin, Friedrich 336
Homes, Rudi 23 256
Höpken, SS-Führer 115

Horn, Lambert 102 126f. 237 240
Hornig, Erich 23 292
Höß, Rudolf 84 141f. 164 167ff. 171ff. 176ff. 193 196
Hövel, André 40
Hüttig, Hans 221f.
Hüttner, Max 299f.

Jacob, Franz 12 19 34 39 41 43ff. 70ff. 89 94 102ff. 114 117 121 129 134 137 168 176f. 189f. 196 212ff. 224 236f. 253
Jacobi, Werner 294
Jakubeit, Eduard 330
Jarmalowic, Josef 188ff.
Jasco, Zdzislaw 197 219
Jendretzky, Hans 102
Jonas, Horst 319
Jordan, Heinz 152 332
Junge, Heinz 20 24

Kaas, Ludwig 144
Kaindl, Anton 327
Kaiser, Otto 112 147 279 319f.
Kalamarski, Pawel 198f.
Kelles-Krauz, Stanislaw 321
Klangwarth, Willi 34f. 106
Klann, Erich 32 39 41 170 204f.
Klein, Alfred 273
Klosterschulte, August 187
Klug, Rudolf 59
Klüß, August 46
Knittler, Martin 109 183ff. 269 279 293
Koch, Ilse 67
Koch, Karl Otto 30 33 60f. 67 221
Koch, Werner 48 50
Kögel, SS-Führer 340 343
Koloska, Walter 187
Konsorski, Willi 23f. 51
Körbs, Hans 32
Krankemann, Willi 149
Kraus, Franz 76 89
Kronenberg, Hermann 190
Krüger, Bernhard (Aktion „Bernhard") 315
Krützer, Hein 170 245
Kuhn, SS-Führer 109
Küsel, Otto 122 177 224
Kuzba, Josef 219

Lademann, Max 137 237 245
Lampe, Gustav 31f. 36
Lampe, Häftling 74
Landmann, Hermann 186
Landstorfer, Lorenz 273f. 283
Leber, Julius 15 40f. 43ff. 102 134 238
Lehner, Toni 227
Leistner, Karl 64f.
Lembcke, Walter 106f.
Lenin, Wladimir 44 133
Leu, Walter 30 102 116
Levinsson, Max 39ff. 48
Lewinski, Antoni 219
Liebehenschel, Arthur 265
Liebknecht, Karl 14
Lodes, Rudi 224
Loritz, Hans 167f. 182 188f. 200 226f. 248 260f. 263ff. 269 319 327 332
Lübbe, Erich 145
Lüdke, Albin 109
Lukas, Albert 107
Luxemburg, Rosa 14

Maack, Willi 284
Mach, Walter 107 126
Mahler, Christian 154 177
Mai, Matthias 181f.
Mandel, Richard 319f.
Marker, Wilhelm 150 192 202
Marx, Karl 44 133
Masaryk, Tomas 295
Maschke, Walter 145
Mayalda, Graf 263
Mehrer, Rudolf 106 109
Meier, Heinrich 243ff. 248 279
Meisele, Salomon 186
Meißner, Fritz 154
Mendelssohn Bartholdy, Felix 299
Mennecke, Friedrich 247
Metzler, Max 253ff.
Meyer, Bruno 23
Meyn, Hein 25 110 126 334 338
Michael, SS-Führer 332
Mickeleit, Hans 67
Mierzwinski, Lucjan 197f.
Mindus, Herbert 39 48
Moll, Wilhelm 71 172 221
Molotow, Wjatscheslaw 137
Montanus, Hein 224
Müller, Oskar 74 81 103 116
Müller, Paul 155
Mussolini, Benito 88

Naujoks, Henry 14f.
Naujoks, Luise 14f. 17 96 158 171 213
Naujoks, Martha 14f. 20 23f. 27 219
Naujoks, Rainer 20
Neumann, Georg 41
Neurath, Konstantin von 86 153
Nickel, Egon 245
Noll, Willi 106
Nowacki, Johann 257 293
Nußbaum, Abraham 186f.

Oelbermann, Robert 175
Ohlendiek, Oskar 245
Opletal, Jan 153
Ortmann, Gustav 209f.
Ossietzky, Carl von 51f.
Otto, Emil 114 214 224
Överland, Arnulf 295

Palitzsch, Gerhard 67 168f. 177f. 196 317f.
Papen, Franz von 44
Passarge, Otto 145
Petri, Emanuel 126 334 338
Pfitzner, Hans 106
Pfitzner, Walter 106
Pia, Schwester (Eleonore Bauer) 61
Pieper, Klaus 199 334 338
Piotrowski, Stanislaw 321
Plaul, Wolfgang 67
Pohl, Willy 317
Primus, Franz 152 330 333
Prokop, Pavel 8 154 190ff.
Puhr, Roland 317

Quaiser, Waldemar 332

Rakers, Bernhard 32 195 235
Raspotnik, Hans 294
Rath, Ernst von 90 223
Ratschak, Willi 241
Rau, Kurt (Walter?) 243
Reiersbach, Franz 48
Reimer, Harry 322
Reith, Kati von der 24
Rendtorf, Klaus 332 336
Reuter, Häftling 329
Ribbentrop, Joachim von 137
Richter, Hubert 41 101
Ring, Karl Heinz 126
Ringelnatz, Joachim 49

Rossa, Bohdan 153 173
Rothkegel, Rudolf 109 233 334 338
Rottluff, Max 313f.
Ruppel, Hans 222
Ruszkowski, Josef 321

Saalwächter, Ernst 126
Saefkow, Anton 12 46 236
Sandtner, Gustl 27 30 238 240
Saß, Erich und Franz 322
Saß, Karl 195 241
Sauer, Albert 67 258
Sbosny, Fritz 41
Schacht, Hjalmar 60 86
Schämel, Herbert 332
Schirdewan, Karl 102 121 139 175 204 334 337f. 340
Schitli, Wilhelm 43 49ff.
Schlapp, Christian 221f.
Schliwski, Kurt 114
Schlote, Hein 195
Schmedemann, Walter 19
Schmittmann, Benedikt 144
Schmitz, Emil 282 328 333f. 338
Schmitz, Peter 316f.
Schnabrich, Michael 145
Schneller, Ernst 114 238 240 320
Schöler, Martin 154
Schondorf, Diplomingenieur 115
Schönwetter, Walter 287 303
Schubert, Wilhelm 131 146 152 179 229 278 292
Schubert, Häftling 299
Schultheis, Johann 306f.
Schumann, Georg 76 102 122 134 239
Schumann, Heinz 259
Schütte, Friedrich 33
Schwantes, Martin 134 137 176 189f. 212 239
Schweiger, Karl 334 338
Schwerin von Krosigk, Lutz Graf 75 85
Schwichow, Walter von 106
Seigewasser, Hans 287f. 327
Sekanina, Ivan 8 154f. 176 180 190ff. 214 238
Selbmann, Fritz 8 327 334 338
Severing, Carl 44
Siedlecki, Michal 156
Siewertsen, August 182 184 317f.
Skibbe, Kurt H. 322
Sklarek, Leo 322

Soberg, Adolf 285 318 334 338
Sohl, Albrecht 243
Sorge, Alfred 265
Sorge, Gustav („Der Eiserne") 66 95 111 118 126 128ff. 139f. 144 146 152 168ff. 179 200f. 212 255 257 259f. 265 282 289f. 332
Speer, Albert 300
Sredzki, Siegmund 114
Staake, Werner 66 122 132 139 150 177 194 219 228 259 289 293 296 317 319 332 334 338
Stalin, Josef 321
Stange, Hermann 106
Staniczek, Josef 313
Stelling (Kurt?), SS-Arzt 126f.
Steiner, Hans 298
Steinmeyer, Theodor 247
Steinwand, Rudi 109
Stolt, Walter 306f.
Suchy, Josef 223
Suhren, Fritz 260ff. 265 284 296f. 300ff. 305f. 307ff. 311 315ff. 322 327 329 332

Thälmann, Ernst 14f. 22 115 154f. 191
Thesen, Matthias 45ff. 102 239f.
Thierhoff, Wilhelm 327ff. 338
Thorell, Ernst 89 214
Tillich, Ernst 50
Timmer, Oltmann 296
Tröbel, Hans 307ff.
Tschäpe, Herbert 12 152
Tucholsky, Kurt 49
Tuppy, Karl 145f.

Uhrig, Robert 306

Vodicka, Jan 154
Volck, Herbert 332
Vollmerhaus, Carl 145 168

Wallnoch, Alfred 154 245
Wand, Ewald 162
Warnke, Willi 51
Wawczyniak, Hellmuth 275
Weihe, Friedrich 93f. 123 132 149 169 171 193
Weimann (?), Fritz 133
Weise, Martin 102 134 239
Weiseborn, Jakob 35 52 67
Weißler, Friedrich 50 130
Weltlinger, Siegmund 91 93
Wendt, Addi (Adolf) 52
Westphal, Heinrich 254ff.
Wicki, Bernhard 16
Wiegandt, Heinz 190
Wiesenberger, Paul 71ff.
Wilhelmina, Königin der Niederlande 303
Windhorst, Fritz (?) 317f.
Winzer, Fritz 23 111
Witkowski, Czeslaw 215
Wittig, Alfred 211f.
Wloch, Karl 52 102
Wodak, Wenzel 241 340
Wolf, Viktor 264 288 330
Wolff, Karl 263
Wulle, Reinhold 328 330ff.
Wunderlich, Rudi 21 117 131 145f. 154 171 176 185 190 243 270 288 312 333

Zalanowski, Tadeusz 198
Zapotocky, Antonin 8 154
Zeckendorf, Kurt 48
Zeitler, SS-Führer 50
Zerres, Hans 93 132 149 169 171 193
Ziereis, Franz 268
Zill, SS-Führer 338 340
Zollikofer, Ludger 114
Zycholcz, Häftling 319f.

Verzeichnis der Abbildungen

1 Skizze KZ Sachsenhausen 1942 11
2 Sachsenhausen befreit 13
3 Geburtshaus von Henry und Harry Naujoks in Harburg 13
4 Meldung im „Hamburger Anzeiger" vom 30. 10. 1934 16
5 Ausweis Harry Naujoks vom Juni 1945 17
6 Urkunde des Hamburger Senats 1946 18
7 Hamburger Gedenkkundgebung 1946 19
8 Eröffnung der Gedenkstätte Sachsenhausen 1961 21
9 Ehrung in der Prager Karls-Universität 1964 21
10 Harry Naujoks vor einer Schulklasse 1980 22
11 Harry und Martha Naujoks 1981 24
12 Geheimes Schreiben der Gestapo 1936 28
13 Meldung in der „Prawda" vom 5. 2. 1939 57
14 Torhaus A mit einrückenden Häftlingen 63
15 Zählappell 63
16 Skizze Wohnbaracke und Block B mit Häftlingsschreibstube 99
17 Skizze Klinkerwerk 112
18 Außenlager Klinkerwerk 113
19 Robert Abshagen, Hein Brettschneider und Hans Christoffers 117
20 Skizze Häftlingsschreibstube und Bücherei 120
21 Hängepfähle beim Zellenbau 127
22 SS-Rapportführer Sorge und Lagerkommandant Baranowski 128
23 Häftlinge vor einem Spruch Himmlers 136
24 Erschießungsgraben im Industriehof des Lagers 141
25 Professor Michal Siedlecki aus Krakau 156
26 Postkarte an die Mutter vom Dezember 1939 158
27 Lagerliederbuch 1941 174
28 Postkarte an die Mutter vom Dezember 1941 213
29 Todesurkunde für Henryk Figat 216
30 Häftling im elektrischen Draht 218
31 Bernhard Bästlein, Franz Bobzien, Gustav Bruhn, Rudolf Grosse 236
32 Wilhelm Guddorf, Lambert Horn, Franz Jacob, Max Lademann 237
33 Julius Leber, Gustl Sandtner, Ivan Sekanina, Ernst Schneller 238
34 Georg Schuman, Martin Schwantes, Matthias Thesen, Martin Weise ... 239
35 Himmler mit spanischer Polizistendelegation in Sachsenhausen 1941 . 263
36 Sowjetische Kriegsgefangene in Sachsenhausen 276/277
37 Titelseite der „Hamburger Illustrierten" vom 20. 6. 1942:
   SS-Führer aus Sachsenhausen auf Capri 279
38 Häftlinge im Klinkerwerk beim Bau des Hafenbeckens 310
39 „Station Z" 322
40 Verbrennungsöfen in der „Station Z" 323
41 Im Zellenbau 335